Aquitaine

Bordelais, Landes, Pays basque, Béarn, Lot-et-Garonne

Le fracas des vagues, St-Jean-de-Luz.
Office du tourisme de St-Jean-de-Luz

Les microrégions du guide :
(voir la carte à l'intérieur de la couverture ci-contre)

1	Bordeaux et le vignoble bordelais	p. 101
2	Le littoral médocain et le bassin d'Arcachon	p. 223
3	Les Landes de Gascogne et le pays de l'Adour	p. 263
4	La Côte landaise	p. 319
5	Le Pays basque	p. 345
6	Le Béarn	p. 447
7	Le Lot-et-Garonne	p. 521

Sommaire

NOS INCONTOURNABLES

Une sélection de nos plus beaux sites étoilés ... 4

ORGANISER SON VOYAGE

ALLER EN AQUITAINE

Par la route ... 10
En train ... 10
En avion ... 11

AVANT DE PARTIR

Météo ... 12
Adresses utiles ... 12
Se loger ... 13
Se restaurer ... 14
Suggestions d'itinéraires ... 16
Types de séjour ... 20

SUR PLACE DE A À Z

De baignade à voile ... 22

EN FAMILLE

Tableau des activités ... 29

MÉMO

Agenda ... 32
Bibliographie ... 38
Presse ... 39

COMPRENDRE L'AQUITAINE

L'AQUITAINE AUJOURD'HUI

Le Bordelais ... 42
Les Landes ... 44
Entre Lot et Garonne ... 47
Les Pyrénées-Atlantiques ... 48
Le berceau européen du surf ... *49*

L'AQUITAINE GOURMANDE

En Gironde ... 52
Dans les Landes ... 53
Dans le Lot-et-Garonne ... 54
En Béarn ... 55
Au Pays basque ... 56

VINS ET AUTRES « CRUS » AQUITAINS

De la vigne au vin ... 57
Quels cépages pour quels vins ? ... *58*
L'art de la dégustation ... *59*
Les vins de Bordeaux ... 61
Les vins du sud de l'Aquitaine ... 65
Cidre, bières et liqueurs ... 66

TRADITIONS ET FOLKLORE

Deux langues régionales ... 68
Sports et jeux ... 69
Les chants basques ... 71
La transhumance ... 72

HISTOIRE

Une terre convoitée ... 73
Ils ont fait l'histoire ... 79

LE PÈLERINAGE À SAINT-JACQUES

Le pèlerinage à Saint-Jacques ... 81

ART ET ARCHITECTURE

L'empreinte gallo-romaine ... 84
La cité médiévale ... 84
Du classicisme à l'Art déco ... 86
ABC d'architecture ... *88*
L'habitat traditionnel ... 94
Quelques grands artistes d'Aquitaine ... 96

DÉCOUVRIR L'AQUITAINE

POUR CHAQUE SITE, RETROUVEZ NOS ADRESSES

BORDEAUX ET LE VIGNOBLE BORDELAIS 1

Bordeaux 104
Cadillac Côtes de Bordeaux 148
Saint-Macaire 155
Graves, Sauternes et Barsac 157
L'Entre-Deux-Mers 165
La Réole 174
Saint-Émilion 177
Libourne 191
Blaye 198
Bourg 205
Le Haut-Médoc 209

LE LITTORAL MÉDOCAIN ET LE BASSIN D'ARCACHON 2

Soulac-sur-Mer 224
Lacanau-Océan 233
Arcachon 239
Bassin d'Arcachon 248

LES LANDES DE GASCOGNE ET LE PAYS DE L'ADOUR 3

Parc naturel régional des Landes de Gascogne 266
Bazas 277
Château de Cazeneuve 281
Mont-de-Marsan 284
Aire-sur-l'Adour 292
Saint-Sever 296
Dax 304
Peyrehorade 313

LA CÔTE LANDAISE 4

Biscarrosse 320
Mimizan 325
Hossegor 331
Capbreton 338

LE PAYS BASQUE 5

Bayonne 348
Biarritz 363
Saint-Jean-de-Luz 383
La Rhune 399
Espelette 406
Cambo-les-Bains 409
La Bastide-Clairence 414
Les chemins de Saint-Jacques 419
Saint-Jean-Pied-de-Port 425
Saint-Étienne-de-Baïgorry 431
Larrau 437
Mauléon-Licharre 442

LE BÉARN 6

Pau 450
Orthez 474
Salies-de-Béarn 478
Navarrenx 485
Oloron-Sainte-Marie 491
Vallée d'Aspe 498
Vallée d'Ossau 506
Château de Montaner 518

LE LOT-ET-GARONNE 7

Agen 524
Nérac 535
Marmande 542
Duras 551
Villeneuve-sur-Lot 556
Penne-d'Agenais 568
Monflanquin 571

Index général 580
Légende cartographique 591
Index cartographique 592

Nos incontournables

Le miroir d'eau de la place de la Bourse★★, Bordeaux★★★, *p. 110*

La dune du Pilat★★,
la plus haute d'Europe, *p. 257*

Une sélection de nos plus beaux sites étoilés.

Le passionnant écomusée de Marquèze★★, *p. 268*

Une borne sur les chemins de St-Jacques★★★, *p. 419*

Le château de Pau★★, où naquit Henri IV, *p. 454*

Le château de Bonaguil★★,
exceptionnellement conservé, *p. 574*

La Rhune★★★, montagne
emblématique du Pays basque, *p. 399*

.es vagues de Biarritz★★, *p. 363*

Musée basque et de l'Histoire de Bayonne★★★, *p. 352*

Les toits et le clocher de Saint-Émilion★★, *p. 177*

Crédits photographiques :
page 4 : D. Schneider/Photononstop (haut) ; J.- M Barrère/hemis.fr (bas)
Page 5 : P.- O. Signe/ Michelin (haut gauche) ; M. Vahlsing/Blickwinkel/age fotostock (haut droit) ; Pearson Douglas/SIME-4Corners Images/ Sime/Photononstop (bas)
page 6 : ICP/age fotostock (haut) ; J.-D. Sudres/hemis.fr (bas)
Page 7 : J.-D. Sudres/hemis.fr (haut gauche) ; Musée Basque et de l'histoire de Bayonne (haut droit) ; A. Duquénoy/Michelin (bas)

ORGANISER SON VOYAGE

Lac de Bious-Artigues dans le Parc national des Pyrénées.
R. Manin / hemis.fr

Aller en Aquitaine

Par la route

LES GRANDS AXES

A 10 (Paris-Bordeaux)
A 62 (Agen-Bordeaux)
A 63 (Bordeaux-Bayonne)
A 64 (Toulouse-Pau)
A 89 (Bordeaux-Clermont-Ferrand)
A 65 (Bordeaux-Pau)
Infos autoroutières – www. autoroutes.fr - fréquence FM 107.7.

LES CARTES MICHELIN

Cartes **Départements 335** (Gironde, Landes), **336** (Gers, Lot-et-Garonne) et **342** (Hautes-Pyrénées, Pyrénées-Atlantiques).
Carte **Région 524** (Aquitaine).
Carte de France 721.
Carte Zoom 161 Chemins de Compostelle (France) au 1/50 000.
En ligne : calcul d'itinéraires sur **www.ViaMichelin.fr.**

En train

Informations et réservations – ✆ 3635 (0,34 €/mn) - www.voyages-sncf.com.

GRANDES LIGNES

Au départ de Paris, nombreux **TGV** pour Bordeaux (3h15), Agen ou Dax (4h30), Pau (5h30).
Train Intercités entre Bordeaux et Montpellier, Marseille, Toulon, Nice.
Train Intercités de nuit entre Pau et Paris (8h50), entre Bordeaux et Nice (9h) ou Lyon (6h15).

TRAINS EXPRESS RÉGIONAUX

Depuis Bordeaux, vous pouvez rejoindre la pointe de Grave (2h), Arcachon (50mn), Dax (1h15), Mont-de-Marsan (1h30), Agen (1h ou 1h30).
Depuis Dax, gagnez Orthez (30mn), Pau (1h) d'où vous accéderez à Oloron-Ste-Marie (40mn).

DISTANCES	Agen	Arcachon	Bayonne	Bordeaux	Mont-de-Marsan	Pau
Agen	-	192	252	141	120	166
Arcachon	192	-	180	72	125	210
Bayonne	252	180	-	191	106	114
Bordeaux	141	72	191	-	134	205
Mont-de-Marsan	120	125	106	134	-	86
Pau	166	210	114	205	86	-

Aéroport de Bordeaux-Mérignac.
J. D. Dallet/age fotostock

En avion

LES AÉROPORTS DE LA RÉGION

Aéroport international Bordeaux-Mérignac – 33700 Mérignac - ✆ 05 56 34 50 50 - www.bordeaux.aeroport.fr.

Aéroport international Pau-Pyrénées – 64230 Uzein - ✆ 05 59 33 33 00 - www.pau.aeroport.fr.

Aéroport international de Biarritz-Anglet-Bayonne – 7 esplanade de l'Europe - 64600 Anglet - ✆ 05 59 43 83 83 - www.biarritz.aeroport.fr.

LES COMPAGNIES AÉRIENNES

Air France – ✆ 3654 (0,34 €/mn, achat de billets, infos réservation) - www.airfrance.fr. Vols pour Bordeaux, Biarritz et Pau au départ de Paris et de province.

Easternairways – www.easternairways.fr. Vols pour Bordeaux depuis Dijon.

Easyjet – www.easyjet.com. Vols pour Bordeaux de Genève, Lyon et Nice, pour Biarritz de Lyon et Paris.

Chalair – www.chalair.eu. Vols pour Bordeaux depuis Brest et Rennes.

Hop – www.hop.fr. Vols pour Bordeaux depuis Bruxelles et plusieurs villes françaises, pour Pau depuis Lyon et Bastia.

Ryanair – www.ryanair.com. Vols pour Bordeaux et Biarritz depuis Bruxelles et vols Bordeaux-Marseille.

Volotea – www.volotea.com. Vols pour Biarritz depuis Strasbourg et Lille.

Avant de partir

Météo

SERVICES MÉTÉO FRANCE

Prévisions par département – ✆ 3250 suivi du numéro du département (1,35 €/appel et 0,34 €/mn) - www.meteo.fr.

SAISONS

Printemps : douceur, pluies fréquentes, attention aux changements rapides de météo.
Été : chaleur, ciel dégagé, orages fréquents mais vite dissipés, imprévisibilité.
Automne : très doux et ensoleillé.
Hiver : douceur, imprévisibilité, brume, neige en basse altitude près des Pyrénées.

Adresses utiles

LES INSTITUTIONS

Comité régional du tourisme d'Aquitaine
4-5 pl. Jean-Jaurès - CS 31759 - 33074 Bordeaux Cedex - ✆ 05 56 01 70 00 - www.tourisme-aquitaine.fr.

Maison de l'Aquitaine
21 r. des Pyramides - 75001 Paris - ✆ 01 55 35 31 42 - www.maisonaquitaine.com**.**

Comités départementaux de tourisme
Maison du tourisme de la Gironde – 21 cours de l'Intendance - 33000 Bordeaux - ✆ 05 56 52 61 40 - www.tourisme-gironde.fr.
Landes – 4 av. Aristide-Briand - BP 407 - 40012 Mont-de-Marsan Cedex - ✆ 05 58 06 89 89 - www.tourismelandes.com.
Lot-et-Garonne – 271 r. de Péchabout - BP 30158 - 47000 Agen - ✆ 05 53 66 14 14 - www.tourisme-lotetgaronne.com.
Béarn Pays basque – 2 allée des Platanes - 64100 Bayonne ; 22 ter r. J.-J.-de-Monaix - 64000 Pau - ✆ 05 59 30 01 30 ou 05 59 46 52 52 - www.tourisme64.com.

Offices de tourisme
Les adresses des offices de tourisme se trouvent dans la rubrique « S'informer » de la partie « Découvrir l'Aquitaine ».
www.macotebasque.com – Les offices du tourisme de la Côte basque ont créé une application téléchargeable consacrée au tourisme sur leur territoire.
Scoop-it ! – Revue de presse et actualités en ligne du tourisme en Pays basque et Béarn Pyrénées. www.scoop.it/t/nouvelles-du-tourisme-en-bearn-pays-basque.

TOURISME DES PERSONNES HANDICAPÉES

Le symbole ♿ signale les sites accessibles aux personnes à **mobilité réduite**.

Infrastructures touristiques
Association Tourisme & Handicaps – 43 r. Marx-Dormoy - 75018 Paris - ✆ 01 44 11 10 41 - www.tourisme-handicaps.org.
Association La Pierre Handis Pyrénées – Maison de La Pierre - 64570 Arette-Pierre-St-Martin - ✆ 06 85 60 51 14 - www.lapierrehandiski.com.
Association Handiplage - 39 r. des Faures - 64100 Bayonne - ✆ 05 59 50 08 38 - www.handiplage.fr. Le guide *Handi-Plus Aquitaine* informe sur les loisirs,

sites touristiques, plages aménagées.
Une vingtaine de postes **handipêche** ont été ouverts sur les plans d'eau du **littoral landais**.

Transports

SNCF Accès Plus – 0 890 640 650 (0,11 €/mn, 7h-22h) - www.accessibilite.sncf.fr.
Avion – Air France propose aux personnes handicapées le service d'assistance Saphir : 09 69 36 72 77 - www.airfrance.fr.

Se loger

Retrouvez notre sélection d'hébergements dans la rubrique « Nos adresses… » de la partie « Découvrir l'Aquitaine ».

NOTRE SÉLECTION

Les établissements sont classés par catégories de prix *(voir le tableau p. 14)*. Les tarifs communiqués, prix mini/maxi pour une chambre double, sont ceux pratiqués en haute saison.
Le Guide Michelin France et *Le Guide Camping Michelin France*.

SERVICES DE RÉSERVATION

Les **comités départementaux de tourisme** et les **offices de tourisme** proposent des services de réservation en ligne ou par téléphone, des formules thématiques de courts séjours et des offres promotionnelles. Vous y trouverez des hôtels et chambres d'hôte, mais aussi des hébergements locatifs labellisés (Gîtes de France, Clévacances…).
Fédération nationale Clévacances – 05 32 10 82 30 - www.clevacances.com - locations de vacances et chambres d'hôte.
www.camping-gironde.fr : campings sur le bassin d'Arcachon, sur le littoral ou dans les vignes.
www.landes-reservation.fr : campings et résidences de vacances sur le littoral, de la pointe de Grave au Pays basque.

HÉBERGEMENT RURAL

Gîtes de France Aquitaine – www.gites-aquitaine.org ; Gironde : 05 56 81 54 23 ; Landes : 05 58 85 44 44 ; Lot-et-Garonne : 05 53 47 80 87 ; Pyrénées-Atlantiques : 05 59 11 20 64.
Gîtes de séjours et d'étape – www.grandsgites.com.
Gîtes d'étape et refuges – www.gites-refuges.com.

LABELS

Les gîtes Bacchus, dans le vignoble ou Taste-Vin – Ces gîtes ont pour vocation de vous accueillir au cœur du vignoble, dans les domaines d'exploitation viticole ou chez des personnes désireuses de partager leur passion du vin.
www.gites-aquitaine.org.
Label St-Jacques – Il concerne les gîtes et chambres d'hôte situés à proximité des chemins de St-Jacques s'étant engagés à valoriser ce thème : accueil, mise à disposition de documentation, etc.
Éco-label européen – L'Aquitaine est leader national en termes de nombre d'établissements ayant obtenu ce label certifiant le respect de l'environnement.
Fédération française des Stations vertes de vacances et des villages de neige – www.stationverte.com.

AUBERGES DE JEUNESSE

Fédération unie des auberges de jeunesse (FUAJ) – 27 r. Pajol - 75018 Paris - 01 44 89 87 27 - www.fuaj.org.
Ligue française pour les auberges de jeunesse (LFAJ) – 67 r. Vergniaud - bâtiment K - 75013 Paris - 01 44 16 78 78 - www.auberges-de-jeunesse.com.

NOS CATÉGORIES DE PRIX		
	Hébergement	**Restauration**
Premier prix	jusqu'à 65 €	jusqu'à 16 €
Budget moyen	de 65 € à 100 €	de 16 € à 30 €
Pour se faire plaisir	de 100 € à 160 €	de 30 € à 50 €
Une folie	plus de 160 €	plus de 50 €

POUR DÉPANNER

Centrales de réservation des principales chaînes hôtelières :
B & B – ✆ 0 892 78 29 29 (0,34 €/mn) - www.hotel-bb.com.
Campanile – ✆ 0 892 23 48 12 (0,35 €/mn) - www.campanile.fr.
Kyriad – ✆ 0 892 23 48 12 (0,35 €/mn) - www.kyriad.fr.
Ibis – ✆ 0 825 88 22 22 (0,15 €/mn) - www.ibishotel.com.

Se restaurer

Retrouvez notre sélection de restaurants dans la rubrique « Nos adresses… » de la partie « Découvrir l'Aquitaine ». Comme pour « Se loger », ils sont listés par catégories de prix, sur la base mini/maxi en haute saison.

NOTRE SÉLECTION

Nous proposons des tables simples, des restaurants régionaux et des classiques gastronomiques.
Le Guide Michelin France.

LABELS

Assiette et café de pays – Créée par la Fédération nationale des pays touristiques, l'**assiette de pays,** composée de produits du terroir, peut être un plat régional, un assortiment de fromages ou de charcuteries ou un dessert, et est toujours accompagnée d'un verre de vin du pays.
Le **café de pays** est un bar convivial qui propose l'« assiette de pays » ou le « casse-croûte de pays ». Il donne aussi des informations sur le patrimoine, les traditions et les manifestations.
Sites remarquables du goût – www.sitesremarquablesdugout.com. En Aquitaine, ce label récompense St-Aubin (Lot-et-Garonne) pour sa fête du pruneau qui se tient le 2e samedi de septembre, et Labastide-d'Armagnac… pour son armagnac.
Bienvenue à la ferme – www.bienvenue-a-la-ferme.com.

Suggestions d'itinéraires

6 jours	BORDEAUX ET LE VIGNOBLE BORDELAIS
Itinéraire au départ de Bordeaux (entre 350 et 400 km)	**Jour 1 :** Rendez-vous sur les quais aux abords du Miroir d'eau puis découvrez le site Bordeaux Patrimoine mondial. Faites du lèche-vitrines dans le quartier St-Pierre. Visitez le musée d'Aquitaine et découvrez le Triangle d'or. **Jour 2** : Goûtez aux cadillac-de-bordeaux au château de Langoiran et au château des ducs d'Épernon à Cadillac. Flânez dans Ste-Croix-du-Mont et St-Macaire. Dégustez les vins des châteaux d'Yquem et de Malle dans le vignoble de sauternes-et-barsac. **Jour 3** : Dans l'Entre-Deux-Mers : baladez-vous à Sauveterre-de-Guyenne, recueillez-vous à l'abbaye de Blasimon, musardez dans Rauzan et visitez le château des Duras ou la grotte Célestine. **Jour 4** : Dans le St-Émilion, sirotez quelques crus avec modération et rendez-vous à Castillon-la-Bataille. Visitez Libourne, Fronsac et le château de Vayres. **Jour 5** : Commencez la journée à Blaye. Devenez ornithologue amateur à Terres d'oiseaux et longez la route de la corniche fleurie jusqu'à Bourg. **Jour 6** : Traversez l'estuaire avec le bac. Dans le Haut-Médoc, ne manquez pas le château d'Agassac, le château Maucaillou, Pauillac et son vignoble.
Étapes	Bordeaux, Langon, St-Émilion, Blaye (2 nuits).
Conseil	Pour passer de Blaye au Médoc, prenez le bac ! Préférez les châteaux de moindre renommée pour accéder aux visites et dégustations plus abordables.
7 jours	**L'ARRIÈRE-PAYS BASQUE**
Itinéraire au départ d'Ascain (280 km env.)	**Jour 1** : Faites le tour d'Ascain. Visitez la Maison Ortillopitz. Installez-vous dans le petit train de la Rhune pour admirer de splendides paysages. **Jour 2** : Profitez d'Espelette. **Jour 3** : À Cambo-les-Bains, ne manquez pas la villa Arnaga. Découvrez La Bastide-Clairence. Savourez la fraîcheur des grottes d'Isturitz et d'Oxocelhaya. **Jour 4** : Promenez-vous à St-Étienne-de-Baïgorry avant de randonner dans la vallée des Aldudes au départ d'Aldudes ou d'Urepel. **Jour 5** : Profitez de St-Jean-Pied-de-Port. Empruntez la route des Ports de Cize pour ses paysages et, si vous avez le temps, faites une pause dans la forêt d'Iraty. **Jour 6** : Baladez-vous dans les crevasses d'Holçarté et dans les gorges de Kakuetta. **Jour 7** : Déambulez dans Ste-Engrâce puis devenez spéléologue dans la salle de La Verna. Finissez votre séjour à Mauléon-Licharre.
Étapes	Sare, Cambo-les-Bains (2 nuits), St-Étienne-de-Baïgorry, Larrau, Ste-Engrâce.
Conseils	Les petites routes de montagne rendent les déplacements plus longs.

SUGGESTIONS D'ITINÉRAIRES

8 jours	LA CÔTE OCÉANE
Itinéraire au départ de Soulac-sur-Mer (370 km env.)	**Jour 1** : Prenez le petit train pour une balade de Soulac-sur-Mer à la pointe de Grave puis rejoignez le phare de Cordouan. **Jour 2** : Baignez-vous à Carcans, Lacanau ou dans le lac d'Hourtin-Carcans. Entrez au musée des Arts et Traditions de Maubuisson puis montez dans les arbres. **Jour 3** : Détendez-vous au Cap-Ferret et à L'Herbe. Naviguez sur le bassin d'Arcachon jusqu'à l'île aux Oiseaux. Promenez-vous dans la réserve ornithologique du Teich. **Jour 4** : Déambulez dans Arcachon. Emmenez les enfants au parc de loisirs de La Hume. Grimpez sur la dune du Pilat et passez la soirée au Moulleau. **Jour 5** : Rendez-vous à Biscarrosse-Plage. Visitez le musée-prieuré de Mimizan. Descendez le courant de Contis ou celui d'Huchet en fin de journée. **Jour 6** : Passez un moment près de l'étang de Soustons et dans la réserve naturelle de l'étang Noir avant d'atteindre Hossegor, ses villas et ses plages. Découvrez Capbreton et le marais d'Orx, puis foulez la dune sauvage de Tarnos. **Jour 7** : Appréciez le patrimoine et les plages de Bayonne et Biarritz, sans oublier l'Aquarium de Biarritz-Musée de la Mer et le Musée basque et de l'Histoire de Bayonne. **Jour 8** : Continuez votre périple par St-Jean-de-Luz et la corniche basque jusqu'à Hendaye. Pénétrez dans le château-observatoire Abbadia.
Étapes	Lacanau-Océan, Arcachon (2 nuits), Vieux-Boucau, Bayonne (2 nuits) et Hendaye.
Conseil	L'accès au phare de Cordouan dépend des marées, prévoyez une demi-journée et votre traversée à l'avance.
7 jours	**ARRIÈRE-PAYS LANDAIS**
Itinéraire au départ de Dax (350 km env.)	**Jour 1** : Parcourez Dax et le pays de Chalosse qui abrite Montfort et le musée de la Chalosse. Visitez le château de Gaujacq. **Jour 2** : Voyez la maison de la Dame de Brassempouy, Hagetmau et l'abbaye de St-Girons. **Jour 3** : Admirez les pièces du musée de la Faïence de Samadet. Rejoignez Aire-sur-l'Adour puis faites une halte à N.-D.-du-Rugby à Grenade-sur-l'Adour et à St-Sever. **Jour 4** : Faites le tour de Mont-de-Marsan, sans manquer le musée Despiau-Wlérick. Flânez dans la bastide de St-Justin et à Labastide-d'Armagnac. **Jour 5** : Entrez dans la chapelle N.-D.-des-Cyclistes et dans l'écomusée du château Garreau. Laissez-vous séduire par le château de Ravignan à Villeneuve-de-Marsan. **Jour 6** : Emmenez les enfants à l'écomusée de Marquèze et si vous avez le temps, arrêtez-vous au château de Cazeneuve. **Jour 7** : Terminez votre circuit par Bazas, la collégiale d'Uzeste et le château de Roquetaillade.
Étapes	Hagetmau, Mont-de-Marsan, Labastide-d'Armagnac, Sabres, Bazas.

6 jours	LE BÉARN
Itinéraire au départ de Pau (400 km env.)	**Jour 1** : Commencez votre itinéraire par Pau, son boulevard des Pyrénées et son château d'Henri IV. Continuez sur Nay, le zoo d'Asson et les grottes de Bétharram. **Jour 2** : Partez du col du Soulor ou du col d'Aubisque pour une randonnée. Faites une pause à Gourette et à Laruns. **Jour 3** : Grimpez au pic de la Sagette puis montez à bord du petit train pour le lac d'Artouste. Observez la colonie de vautours des falaises d'Aste-Béon. **Jour 4** : Traversez la vallée d'Aspe en passant par Lescun, la Maison du Parc national des Pyrénées à Etsaut et le col du Somport. **Jour 5** : Prenez le pouls des petites villes d'Oloron-Ste-Marie, Navarrenx et Sauveterre-de-Béarn. **Jour 6** : Pour tout savoir sur le sel, allez à Salies-de-Béarn. Visitez la vieille ville d'Orthez, Morlanne et la cathédrale N.-D. à Lescar.
Étapes	Lestelle-Bétharram, Laruns, Arudy, Oloron-Ste-Marie, Sauveterre-de-Béarn.
Conseils	Programmez à l'avance une promenade naturaliste avec le Parc des Pyrénées. Équipez-vous bien (chaussures, eau…) pour randonner.
6 jours	**LE LOT-ET-GARONNE**
Boucle au départ d'Agen (400 km env.)	**Jour 1** : Découvrez la vieille ville d'Agen et son musée des Beaux-Arts. **Jour 2** : Visitez le musée du Foie gras à Frespech. Rejoignez Hautefage et plongez dans les grottes de Fontirou. Admirez Penne-d'Agenais. Flânez dans les jardins du château et dans l'église de Monsempron. Terminez la journée à Fumel. **Jour 3** : Suivez la visite du château de Bonaguil. Retournez dans le passé au musée de Préhistoire de Sauveterre-la-Lémance. Entrez dans l'église de St-Avit et dans le donjon de Gavaudun. Voyez la bastide de Monflanquin et le musée des Bastides. **Jour 4** : Découvrez Villeneuve-sur-Lot depuis les hauteurs de Pujols. Apprenez tout sur le pruneau dans le musée de Granges-sur-Lot. Arpentez la ville de Clairac et détendez-vous sur la plage. Avec les enfants, la ferme pédagogique de Brugnac est tout indiquée. L'église d'Allemans-du-Dropt vaut aussi le détour. **Jour 5** : Faites le tour de Duras et entrez dans son château. Profitez du calme de l'église de Marmande. Plongez-vous dans le musée de la Mémoire paysanne à Villeton. Déjeunez au bord du canal des Deux-Mers ou aux jardins Latour-Marliac. Faites connaissance avec les « Gens de Garonne » à Couthures-sur-Garonne puis dirigez-vous vers Casteljaloux, les fortifications de Barbaste et la vieille ville de Nérac. **Jour 6** : Jetez un coup d'œil à l'église de Moirax. Intéressez-vous à l'Antiquité à Villascopia à Castelculier ou, avec les enfants, amusez-vous au parc d'attractions Walibi Sud-Ouest à proximité d'Agen.
Étapes	Agen, Fumel, Villeneuve-sur-Lot, Duras, Nérac.

Ma route des vacances

18 cartes des Régions de France

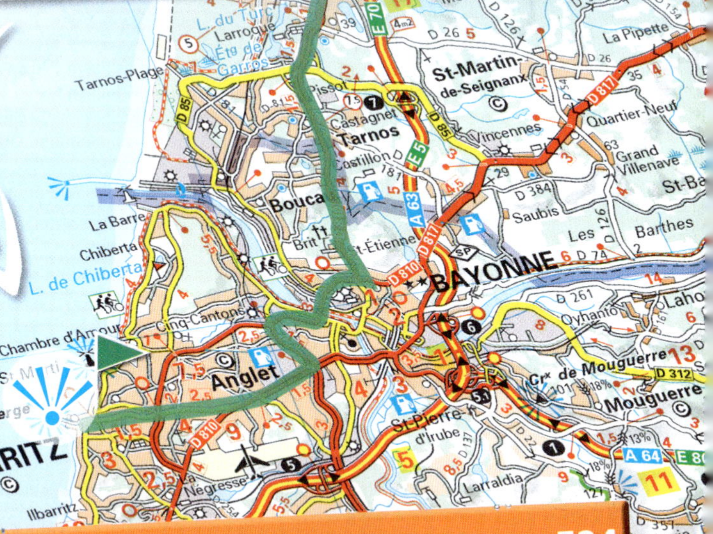

524 REGIONAL France INDÉCHIRABLE 524

MICHELIN

Aquitaine

Types de séjour

CÔTÉ OCÉAN	
Baignade	**Région 2** : Soulac-sur-Mer, Lacanau-Océan, Arcachon, le bassin d'Arcachon. **Région 4** : Biscarrosse, Mimizan, Hossegor, Capbreton. **Région 5** : Anglet, Biarritz, Bidart, Guéthary, St-Jean-de-Luz.
Surf	**Région 2** : Lacanau-Océan. **Région 4** : Hossegor. **Région 5** : Anglet, Biarritz, Guéthary.
Visite de phares	**Région 2** : Le phare de Cordouan, le phare du Cap-Ferret. **Région 4** : Le phare de Contis.
Coquillages et poissons	**Région 2** : Les ostréiculteurs du bassin d'Arcachon, les crevettes de l'estuaire de la Gironde à St-Vivien-de-Médoc. **Région 4** : Le marché au poisson de Capbreton. **Région 5** : La criée de St-Jean-de-Luz.
CÔTÉ NATURE	
Visites naturalistes	**Région 1** : Terres d'oiseaux au nord de Blaye. **Région 2** : La réserve ornithologique du Teich. **Région 3** : La Réserve naturelle d'Arjuzanx. **Région 4** : La Réserve naturelle de l'Étang Noir, la Réserve naturelle du Marais d'Orx. **Région 6** : Le Parc national des Pyrénées.
Découvertes à vélo	**Région 2** : Le bassin d'Arcachon. **Régions 2 et 4** : La côte océane sur la Vélodyssée. **Région 1** : Le vignoble bordelais. **Région 3** : Le Parc naturel régional des Landes de Gascogne. **Région 5** : Les chemins de St-Jacques-de-Compostelle. **Région 7** : Le canal latéral à Agen, le val de Garonne à Marmande.
Canoë-kayak, rafting et canyoning	**Région 3** : Sur le gave d'Oloron à Peyrehorade. **Région 5** : La Nivelle à St-Pée-de-Nivelle, la Nive à Itxassou. **Région 6** : Les torrents de la Haute-Soule à Arette, le gave de Pau à Orthez, le gave d'Oloron à Navarrenx.
Balades en bateau	**Région 1** : À Bordeaux sur la Garonne. **Région 2** : L'estuaire de Blaye à Soulac-sur-Mer, le bassin d'Arcachon. **Région 5** : L'Adour à Bayonne, le long de la Côte basque de Bayonne à St-Jean-de-Luz. **Région 7** : Le canal de Garonne à Marmande ; la Dordogne à Ste-Foy-la-Grande.
Ski	**Région 5** : Iraty pour le ski de fond uniquement. **Région 6** : Arette-La Pierre-St-Martin, Somport-Candanchu, Gourette, Artouste.
Randonnées	**Région 5** : La Rhune, La route des Ports de Cize, le col de Lepeder à partir des Aldudes, les chemins de St-Jacques-de-Compostelle. **Région 6** : Le Béarn des Gaves, les vallées du Barétous, d'Aspe et d'Ossau.

Parcs à huîtres à marée basse sur le bassin de Lège-Cap-Ferret.
Ph. Roy/hemis.fr

CÔTÉ VINS	
Les Routes des vins	Voir « Sur place de A à Z », *p. 28.*
CÔTÉ CULTURE	
Châteaux	**Région 3** : Le château de Roquetaillade, modèle de forteresse ; le château de Cazeneuve, fief d'Henri IV. **Région 5** : Le château-observatoire Abbadia à St-Jean-de-Luz, signé Viollet-le-Duc. **Région 6** : Le château de Pau au style éclectique. **Région 7** : Le château de Bonaguil, exemple d'invincibilité.
Musées	**Région 1** : Le musée d'Aquitaine à Bordeaux ou l'Aquitaine et son histoire. **Région 3** : L'écomusée de Marquèze à Sabres, la vie au 19e s. dans les Landes. **Région 5** : Le Musée basque et de l'Histoire de Bayonne pour transmettre les traditions ; le musée Bonnat à Bayonne, du nom du peintre local ; le musée de la Mer et la cité de l'Océan à Biarritz, la mer comme si on y était ; la villa Arnaga à Cambo-les-Bains ou la maison d'Edmond Rostand. **Région 7** : Le musée des Beaux-Arts à Agen, des collections remarquables.
Grottes	**Région 5** : Les grottes d'Isturitz et d'Oxocelhaya, une visite didactique ; la salle de La Verna ou une découverte engageante. **Région 6** : Les grottes de Bétharram pour ses concrétions.

Sur place de A à Z

Pour connaître les activités proposées et obtenir de la documentation, adressez-vous aux **comités départementaux** et **comités régionaux** de tourisme *(voir p. 12)*. Certaines brochures sont téléchargeables sur leurs sites Internet.

BAIGNADE

http://baignades.sante.gouv.fr – Information sur la propreté des plages.

Plages océanes – Attention aux vagues déferlantes et aux courants des *baïnes* (cuvettes séparées de la mer qui, avec la marée, se remplissent d'eau et créent, en se vidant, un fort courant vers le large). Un conseil : si vous êtes pris dans une baïne, ne cherchez pas à nager à contre-courant, mais laissez-vous porter par le courant jusqu'à ce que, celui-ci ayant perdu de sa force en se fondant dans la masse de l'Océan, vous puissiez regagner le rivage.

Lacs et étangs – Vous trouverez des plans d'eau douce à Hourtin-Carcans, Lacanau, Biscarosse, Aureilhan-Mimizan, Léon, Hossegor… Mais attention, la baignade n'est pas autorisée partout ; renseignez-vous dans les offices de tourisme.

Centres naturistes – Grayan-et-l'Hôpital (au sud de Soulac), Montalivet-les-Bains (au sud de Soulac), Le Porge (entre Lacanau et Arcachon), Vielle-St-Girons (au nord de Moliets-Plage), mais aussi Anglet, Biarritz et Hendaye.

CERF-VOLANT

L'ensemble de la côte atlantique, par la largeur de ses plages et ses vents d'ouest, est un terrain de prédilection pour cette activité : de la pointe de Grave ou de la dune du Pilat en Gironde jusqu'à Hossegor et Moliets dans les Landes.

COURSE À PIED

Marathon du Médoc – www.marathondumedoc.com. Début septembre, les concurrents, déguisés, traversent villages et châteaux, en se ravitaillant de kilomètre en kilomètre au gré des dégustations !

Course des Crêtes du Pays basque – www.force-basque.org. Couvre des distances de 7 à 26 km. Les adeptes prennent le départ à Espelette chaque année au début du mois de juillet.

CYCLOTOURISME

La région est un paradis pour les cyclistes, qui peuvent emprunter **véloroutes** (itinéraires fléchés, de moyenne ou longue distance, qui permettent de relier des villes ou des régions) et **voies vertes** (anciennes voies ferrées réaménagées pour les deux-roues et les piétons).

La **Vélodyssée** relie, en France, Roscoff à Hendaye en passant par Le Verdon-sur-Mer. Elle longe en Aquitaine la côte océane sur 388 km et s'appuie sur la marque nationale Accueil Vélo qui rassemble différents prestataires situés à moins de 5 km du tracé. En 2015 a été inauguré un nouvel itinéraire cyclable national reliant l'Atlantique à la Méditerranée le long du canal de Garonne et du canal du Midi : **le canal des 2 Mers à vélo**. Pour obtenir les cartes des voies cyclables, adressez-vous aux comités départementaux du tourisme et aux offices de tourisme de toute la région.

www.af3v.org ; www.voiesvertes.com ; www.lavelodyssee.com ; www.canaldes2mersavelo.com.

ESCALADE

Ne partez pas sans un guide ou un moniteur d'escalade breveté d'État.

Fédération française de la montagne et de l'escalade – 01 40 18 75 50 - www.ffme.fr

Un des plus hauts murs d'escalade d'Aquitaine se trouve à **Oloron-Ste-Marie** *(voir p. 497)*.

GASTRONOMIE

http://gastronomie.aquitaine.fr – Tous les produits phares de la région.

« L'Aquitaine gourmande », *p. 52.*

Route gourmande des Basques – www.laroutegourmandedesbasques.com.

Route du fromage ossau-iraty Pyrénées – www.ossau-iraty.fr.

« Routes des vins », *p. 28.*

STAGES DE CUISINE

Retrouvez les grands chefs de la région, leurs conseils et leurs recettes sur www.cuisine-aquitaine.org.

En Gironde

L'Atelier des chefs – 25 r. Judaïque - 33000 Bordeaux - 05 56 00 72 70 - www.atelierdeschefs.fr.

Quai des Saveurs – 16 quai des Chartrons - 33000 Bordeaux - 05 56 52 94 22 - gastronomie.aquitaine.fr/le-quai-des-saveurs.

Le Chapon fin – 5 r. Montesquieu - 33000 Bordeaux - 05 56 90 91 92/79 10 10- www.chapon-fin.com.

Planète Cooking – Planète Bordeaux - RN 89 - sortie 5 - 33750 Beychac-et-Caillau (à 20mn de Bordeaux) - 05 57 97 19 36 - www.planete-bordeaux.fr.

Saint-James Côté cours – 3 pl. Camille-Hostein - 33270 Bouliac - 05 57 97 06 00 - www.saintjames-bouliac.com.

Dans les Landes

Office du tourisme d'Hagetmau – Pl. de la République - 40700 Hagetmau - 05 58 79 38 26 - www.tourisme-hagetmau.com.

Dans le Lot-et-Garonne

L'Atelier des sens – Restaurant Michel Trama - 52 r. Royale - 47270 Puymirol - 05 53 95 31 46 - www.aubergade.com.

Dans les Pyrénées-Atlantiques

Office du tourisme du Béarn des Gaves – 18 pl. de la Trompe - 64270 Salies-de-Béarn - 05 59 38 00 33 - www.tourisme-bearn-gaves.com.

GOLF

C'est à **Pau** que le golf a fait son apparition en France en 1856. Il est rapidement devenu un sport roi en Aquitaine, qui compte aujourd'hui une cinquantaine de parcours. Demander la brochure *Golf en Aquitaine* du comité régional du tourisme *(voir p. 12)* et consultez www.golf-bordeaux-gironde.fr.

Fédération française de golf – 01 41 49 77 00 - www.ffgolf.org.

PATRIMOINE

Musées – http://musees-aquitaine.com - Le site recense une centaine d'établissements.

Châteaux – Fédération nationale des routes historiques : www.routes-historiques.com - En Aquitaine, la Route des seigneurs du Béarn et du Pays basque réunit 26 châteaux et sites.

Bastides – Route des bastides 64 : www.bastides64.org.

Métiers d'art – Route des métiers d'art en Aquitaine : www.tourisme-aquitaine.fr.

Villes et pays d'art et d'histoire – www.vpah.culture.fr. Les villes ou pays concernés proposent des visites générales ou insolites (1h30 ou plus) conduites par des guides conférenciers et des animateurs du patrimoine agréés par le ministère. Ils mettent en place également des visites découvertes et ateliers du patrimoine pour les enfants (merc., sam. et vac. scol.).

Bayonne *(p. 348)*, Bordeaux *(p. 104)*, Pau *(p. 450)*, pays du Béarn des Gaves *(p. 478)*, pays du Grand Villeneuvois *(p. 556)*, pays des Pyrénées béarnaises *(p. 491)*.

PÊCHE EN EAU DOUCE

Le **Parc national des Pyrénées** est réputé avec ses quelque 230 lacs, alevinés de salmonidés, et ses gaves.

Dans les vallées du **Lot** et de la **Garonne**, on trouve des carnassiers (brochet, sandre), des aloses et des mulets : ils remontent la Garonne, respectivement au printemps et en été. En Gironde, outre la Garonne, les eaux poissonneuses de la **Dordogne** et de l'**estuaire** sont notamment fréquentées par les lamproies et les aloses.

www.federationpeche.fr.

PÊCHE EN MER

On la pratique à pied, en bateau ou en plongée dans l'enclave du **bassin d'Arcachon** ou sur les **côtes landaises**. Des sorties de pêche en mer sont organisées à la belle saison : pêche à la ligne, à la traîne, au « gros » sur la Côte basque (thon), à la demi-journée ou à la journée. Mieux vaut s'inscrire à l'avance.

Fédération française des pêcheurs en mer – ✆ 05 59 31 00 73 - www.ffpm-national.com.

PELOTE BASQUE

Chaque village du **Pays basque**, du **Béarn** et des **Landes** du Sud possède son fronton ou son **trinquet**, où des parties de pelote ont lieu régulièrement. En outre, ce sport s'est fortement développé en **Gironde** et dans le **Lot-et-Garonne**. En été, il vous sera très facile d'assister à un match, voire de vous exercer sur les frontons.

Fédération française de pelote basque – ✆ 05 59 59 22 34 - www.ffpb.net.

« Comprendre l'Aquitaine », p. 70.

PROMENADES EN BATEAU

Vous trouverez des informations (location de bateaux, croisières accompagnées) dans la rubrique « Nos adresses… » de la partie « Découvrir l'Aquitaine ». Voici les cours d'eau sur lesquels on peut naviguer :

- Adour (de Bayonne à Dax).
- Gaves Réunis (de Peyrehorade au bec du Gave).
- Luy (d'Oeyreluy à Tercis-les-Bains).
- Baïse (de St-Léger à Moncrabeau).
- Lot (de Nicole à Lustrac).
- Garonne et canal latéral (Meilhan-sur-Garonne à St-Romain-le-Noble).
- Estuaire de la Gironde (Bourg à la pointe de Grave, *via* l'île Nouvelle).
- Courants de Contis et d'Huchet (Landes).
- Douze, Midouze et Leyre (Landes).
- Isle (au départ de Libourne).
- Dordogne (au départ de Ste-Foy-la-Grande).
- Vous pouvez également explorer le bassin d'Arcachon.

Location de bateau habitable – Pour deux à douze personnes, le bateau habitable permet une approche insolite des sites parcourus sur le canal latéral de Garonne, sur le cours inférieur du Lot et sur la Baïse.

Diverses formules existent : à la journée, au week-end ou à la semaine.

Aquitaine Navigation – Port de Buzet-Val d'Albret - 47160 Buzet-sur-Baïse - ✆ 05 53 84 72 50 - www.aquitaine-navigation.com.

Canalous Plaisance – BP 63 - 71160 Digoin - ✆ 03 85 53 76 74 - www.canalous-plaisance.fr.

RANDONNÉE ÉQUESTRE

Il existe des itinéraires balisés dans toute la région, à travers la forêt, la campagne ou la montagne.

Comité national de tourisme équestre – www.ffe.com/tourisme.

RANDONNÉE PÉDESTRE

Itinéraires

Renseignez-vous auprès des comités régionaux et départementaux de tourisme et des offices de tourisme, qui éditent souvent leurs propres parcours et disposent de fiches de descriptions ou d'itinéraires téléchargeables.

Les GR

Le **GR 6** relie St-Macaire et Monbazillac (Dordogne). Sa variante, le **GR 636**, traverse le Lot-et-Garonne par Monflanquin.

Le **GR 8** parcourt la Côte d'Argent et se prolonge dans le Pays basque, de Lacanau à Sare.

Le **GR 10** traverse les Pyrénées d'ouest en est, franchissant plusieurs cols à plus de 2000 m d'altitude. Il s'adresse aux randonneurs bien entraînés, habitués à marcher en terrains variés.

Fédération française de la randonnée pédestre – ✆ 01 44 89 93 90 - www.ffrandonnee.fr.

Randonnées accompagnées

Elles sont intéressantes pour la découverte de la faune et de la flore ainsi que pour les parcours en montagne, nécessitant une certaine expérience du terrain.

La Balaguère – ✆ 05 62 97 46 46 - www.labalaguere.com. Cet organisme propose des « voyages à pied » dans les Pyrénées, libres ou accompagnés, avec ou sans portage, parfois thématiques (histoire, santé, musique) et pour tous niveaux.

Chemins de St-Jacques-de-Compostelle

Il existe **quatre voies** principales et historiques partant de quatre points différents et aboutissant à Ostabat (sauf la route d'Arles qui passe par le col du Somport) ; après Ostabat, un chemin commun, le *Camino Francés*, conduit à Puente-la-Reina (Espagne) où il rejoint le chemin d'Arles pour finir à St-Jacques-de-Compostelle :

– **Via Turonensis**, ou chemin de Tours, *via* Poitiers, Aulnay, Saintes, Blaye, Bordeaux et Dax.

– **Via Lemovicensis**, ou chemin de Vézelay, *via* Bourges, Neuvy-St-Sépulchre, St-Léonard-de-Noblat, La Coquille, Périgueux, Ste-Foy-la-Grande, Bazas, St-Sever, Orthez et Sauveterre-de-Béarn.

– **Via Tolosane**, ou chemin d'Arles, *via* Montpellier, St-Guilhem-le-Désert, Castres, Toulouse, Auch, Oloron-Ste-Marie, le col du Somport.

– **Via Podiensis**, ou chemin du Puy-en-Velay, *via* Saugues, Aubrac, Conques, Cahors, Moissac, Lectoure, Aire-sur-l'Adour, Navarrenx et St-Jean-Pied-de-Port.

Il existe aussi une voie littorale, qui longe la côte de Soulac-sur-Mer à Hendaye, puis le littoral espagnol.

La Fédération française de randonnée pédestre a balisé le chemin du Puy : il s'agit du **GR 65**, dit « sentier de St-Jacques », et de sa variante, le **GR 653**, qui passe à Pau, reliant le col du Somport à Auch et Toulouse. Les autres chemins étant partiellement balisés, mieux vaut se procurer un bon guide ou suivre un pèlerinage organisé.

Informations – Le comité régional du tourisme d'Aquitaine édite une brochure : *Chemins de St-Jacques-de-Compostelle*.

www.aucoeurduchemin.org ; www.compostelle-france.fr ; www.compostelle.asso.fr.

« Le pèlerinage à St-Jacques », p. 81 et « Les chemins de St-Jacques », p. 419.

RUGBY

En dehors des grands matchs nationaux et internationaux, vous pourrez vous procurer le calendrier des matchs d'amateurs auprès des offices de tourisme.

Fédération française de rugby – 01 69 63 64 65 - www.ffr.fr.

SKI ET MONTAGNE

À **Arette-Pierre-St-Martin** et **Gourette**, on peut s'adonner à différents types de glisse moderne. On pratique plus spécialement le ski de fond dans les stations de **Somport-Candanchu** et d'**Iraty**.

www.lespyrenees.net et www.pyrenees-online.fr

Carte N'Py – www.n-py.com. Huit stations des Hautes-Pyrénées se sont associées pour proposer une carte évitant l'achat de forfaits séparés.

SOUVENIRS

Retrouvez notre sélection d'adresses dans la rubrique « Nos adresses… » de la partie « Découvrir l'Aquitaine ».

Produits du terroir

« L'Aquitaine gourmande », *p. 52*.

Les marchés au gras – Sur ces marchés traditionnels, on peut acheter des canards et des oies, des foies crus ou déjà préparés. Les plus pittoresques se tiennent à Agen, Dax, Langoiran, Monségur, Orthez, Peyrehorade et Villeneuve-sur-Lot.

Folklore

Les sonnailles – Chaque cloche possède un son particulier permettant au berger de reconnaître ses bêtes.

Sonnailles Daban, *p. 461*.

Les échasses – Hautes de 85 cm à 1,20 m, elles sont maintenues à la jambe par des sangles de cuir, le pied reposant sur un petit plateau de bois. Une démonstration ? Rendez-vous aux ferias de Dax ou de Mont-de-Marsan, entre autres.

Le chistera – Équipement indispensable à la pelote (au moins l'une de ses trois variantes), il prend la forme d'un long gant d'osier courbe, dans lequel la balle vient se loger avant d'être immédiatement relancée.

Fabrique Gonzalez, *p. 374*.

Le makhila – Cette canne de marche typiquement basque possède une lame cachée dans son pommeau.

M. Leoncini, *p. 361*.

La gourde du marcheur – Originaire d'Espagne, cette gourde souple et légère en peau de chèvre fait désormais partie du patrimoine béarnais.

Habillement et décoration

Le parapluie du berger – Constitué d'armatures en rotin, en jonc ou en bois pour éviter la foudre, ce parapluie se caractérise principalement par sa grande taille (de 140 à 180 cm d'envergure), qui permettait aussi aux bergers de se protéger du soleil. Vous en trouverez à Pau.

L'espadrille – Cousue en spirale, fermée par une toile de lin ou de coton, il s'agit de la chausse par excellence du Pays basque.

Mauléon-Licharre, *p. 443*.

Le linge basque – Vous en trouverez partout au Pays basque.

St-Jean-de-Luz, *p. 386*, Oloron-Ste-Marie, *p. 497*, et Orthez, *p. 477*.

La pure laine – Dans les Pyrénées, la laine apportée par les bergers à la filature est tricotée puis frottée sur un « métier de cardes », qui remplace les chardons d'autrefois, pour donner aux couvertures et aux pull-overs une douceur pelucheuse.

Le béret – Symbole de la France, le béret est en fait originaire du Béarn, avant d'être basque. Une grande fabrique de bérets subsiste à Oloron-Ste-Marie (société Beatex Prod) ainsi qu'à Nay (société Blancq-Olibet). On peut également s'en faire faire sur mesure à Bayonne.

SURF

Avec les impressionnants rouleaux du golfe de Gascogne, les plages de la côte océane constituent un paradis pour les adeptes du surf.
Les **meilleurs spots** se trouvent à Lacanau-Océan, Le Porge-Océan, Arcachon (Arbousiers), Mimizan, Seignosse-Le Penon, Hossegor, Capbreton, Anglet (Sables d'Or et Cavaliers), Biarritz (côte des Basques et Grande Plage), Bidart (Centre), Guéthary (Parlementia), St-Jean-de-Luz (Lafitenia) et Hendaye (Grande Plage).
Fédération française de surf – ✆ 05 58 43 55 88 - www.surfingfrance.com.
Météo – www.yadusurf.com.
« Le berceau européen du surf », *p. 49*.

THALASSOTHÉRAPIE

Les côtes d'Aquitaine sont célèbres pour leurs centres de thalassothérapie, notamment sur la Côte basque.
France Thalasso – Syndicat national professionnel de la thalassothérapie - www.france-thalasso.com.
www.thalassocotebasque.com – Un site spécialement dédié à la thalasso sur la Côte basque.

THERMALISME

L'abondance des sources minérales et thermales depuis la rive sud de l'Adour dans les Landes jusqu'aux Pyrénées a fait la renommée de la région dès l'Antiquité.
Le thermalisme fut remis au goût du jour au 19e s., grâce notamment à la création par Napoléon III d'une route thermale reliant les stations de Cambo-les-Bains et Eaux-Bonnes (sources sulfurées), Salies-de-Béarn (source salée) et Dax (boues).
www.medecinethermale.fr.

URGENCES

Appel d'urgence européen – ✆ 112.
Urgences médicales – ✆ 15.
SOS Médecins – ✆ 3624 (0,12 €/mn).
Centre antipoison – ✆ 05 56 96 40 80 (CHU de Bordeaux).

Chéquiers et cartes de crédit

Chéquiers volés – ✆ 0 892 683 208 (0,34 €/mn).
Carte de paiement – ✆ 0 892 705 705 (0,34 €/mn).
American Express – ✆ 01 47 77 72 00.

Téléphone portable

Orange – ✆ 0 800 100 740.
Bouygues Télécom – ✆ 0 800 291 000.
SFR – ✆ 06 10 00 19 63.

VIGNOBLES ET VINS

Consultez les offices de tourisme et la brochure *Vignobles d'Aquitaine* disponible sur le site Internet du comité régional du tourisme : www.tourisme-aquitaine.fr.

Maisons du vin

Vous retrouverez les coordonnées des maisons du vin dans le chapitre « Découvrir l'Aquitaine ».

Visites de caves

Les caves sont généralement ouvertes à la visite et proposent quelquefois des dégustations. Vous trouverez leurs coordonnées dans les offices de tourisme et les Maisons du vin.

Stages de dégustation

Office du tourisme de Bordeaux – *Voir p. 104*. Il fournit des informations sur les stages de dégustations.

École du vin de Bordeaux – 1 cours du 30-Juillet - 33075 Bordeaux Cedex - ✆ 05 56 00 22 85 - www.bordeaux.com

Le Bar à vin du CIVB – 1-3 cours du 30-Juillet - 33000 Bordeaux - ✆ 05 56 00 43 47 - http://baravin.bordeaux.com.

École du bordeaux – 2 r. Michel-de-Montaigne - 33000 Bordeaux - ✆ 05 56 90 91 92 - www.bordeauxsaveurs.com.

Circuits

Office du tourisme de Bordeaux – *Voir p. 104*. Il propose différentes formules thématiques (réservation obligatoire, places limitées).

http://yourwinetrip.tourisme-gironde.fr – Un site imaginé par le comité départemental du tourisme et le conseil général de Gironde pour construire son circuit sur mesure.

La Route des vins – 22 Quater allée de Jafeine - 33470 Gujan-Mestras - ✆ 05 56 66 18 91. www.routedesvins.fr. Cette agence organise des séjours œnotouristiques sur un jour, un week-end, une semaine…

www.wineinntour.com – Un site consacré au Médoc et ses trésors.

Bordeaux Wine Trip – www.bordeauxwinetrip.com. Cette application, conçue par le Conseil interprofessionnel du vin de Bordeaux, présente de nombreux lieux en lien avec le vin et le vignoble bordelais et permet d'organiser sa propre visite du territoire.

Routes des vins

Les offices de tourisme et les Maisons du vin fournissent cartes et informations sur les différentes routes des vins dépendant de leur territoire. Certains circuits se parcourent à l'aide d'un GPS. Renseignez-vous.

Les Routes du vin (en Gironde) – *Voir l'office du tourisme de Bordeaux, p. 104.*

Route des vins de l'Entre-Deux-Mers ou Route des bastides – *Voir la Maison du vin de l'Entre-Deux-Mers, p. 173.*

Route des vins du jurançon – www.vins-jurancon.fr.

Route des vins de Bergerac – http://routedesvinsdebergerac.jimdo.com.

Route des vins de Bordeaux en Graves et Sauternes – www.bordeaux-graves-sauternes.com.

En Gironde

La Maison de la Gironde (comité départemental du tourisme) propose un guide gratuit : *Voyages au pays des vins de Bordeaux*. Demandez la liste des sites appartenant au label **Vignobles et chais en Bordelais**, garantissant un accueil de qualité.

Dans le Béarn

Le comité départemental du tourisme du Béarn *(voir p. 12)* édite une carte guide gratuite, *Destination vignoble* : appellations, contact des propriétés, calendrier des manifestations…

VOILE, PLANCHE À VOILE, CHAR À VOILE

La côte atlantique et bon nombre de lacs (lacs de Cazeau, du Sanguinet, de Soustons, de Carcans, d'Aureilhan ; lacs de Bordeaux et de Christus à Dax) attirent les amateurs de voile et de planche à voile. Ceux qui pratiquent le char à voile apprécieront les grandes plages de sable de la Côte d'Argent.

Fédération française de voile – ✆ 01 40 60 37 00 - www.ffvoile.fr.

En famille

Les principales activités à faire en famille sont classées par sites. Retrouvez-les dans la partie « Découvrir l'Aquitaine » grâce au pictogramme.

Famille Plus – www.familleplus.fr. Les localités concernées sont Arès, Carcans-Maubuisson, Hourtin, Lacanau et Seignosse.

Sur les pistes de Robin – www.surlespistesderobin.com. Circuits touristiques nature ou patrimoine en Gironde, élaborés pour les 7-12 ans.

Stations vertes – www.stationsvertes.com. 3 stations en Gironde, 9 dans les Landes, 2 dans le Lot-et-Garonne, 6 dans les Pyrénées-Atlantiques.

SITES ET ACTIVITÉS À FAIRE EN FAMILLE

Chapitre du guide	P.	Nature	Musées, monuments	Loisirs
Agen	524		Musée des Beaux-Arts, Villascopia (Castelculier)	Walibi Sud-Ouest
Aire-sur-l'Adour	292		Musée du Jambon de Bayonne (Arzacq)	
Arcachon	239		Aquarium et musée	
Bassin d'Arcachon	248	Parc ornithologique du Teich, zoo (La Teste), île aux Oiseaux en bateau, randonnées Arès & Le Porge	Maison de l'huître (Gujan-Mestras)	Petit train (Cap-Ferret), parc de loisirs (La Hume)
La Bastide-Clairence	414	Les grottes d'Isturitz et d'Oxocelhaya		
Bayonne	348		Muséum d'histoire naturelle, Musée basque	Atelier du Chocolat
Bazas	277		Château de Roquetaillade	
Biarritz	363	Forêt du Pignada (Anglet)	Aquarium-musée de la Mer, cité de l'Océan, planète musée du Chocolat	
Biscarrosse	320		Musée de l'Hydraviation, musée des Traditions	
Blaye	198	Site Terres d'oiseaux (St-Ciers-sur-Gironde)	Citadelle	Petit train
Bordeaux	104	Jardin public	Cap Sciences, Planète Bordeaux (Beychac), Bordeaux Patrimoine mondial, musée d'Aquitaine et musée des Compagnons	Balade en calèche, miroir d'eau, skate park
Bourg	205	Grottes de Pair-non-Pair	Musée « Au temps des calèches »	
Cadillac	148		Musée de la Vigne et du Vin	

Cambo-les-Bains	409		Musée de la Chocolaterie	
Capbreton	338	Pinède des Singes, Reptilarium, zoo de Labenne		
Dax	304	Conservatoire avicole (Magescq)	Musée de l'Hélicoptère	
Duras	551	Sentier bio de Berticot	Maison des vignerons	
Entre-Deux-Mers	165	Grotte Célestine (Rauzan)		Ferme « Oh ! Légumes oubliés » (Sadirac)
Espelette	406		Atelier du piment	
Graves, Sauternes et Barsac	157	Réserve géologique de Saucats-La Brède	Écomusée de la Vigne et du Vin (Gradignan)	
Haut-Médoc	209		Fort Médoc	Les Noisettines du Médoc
Hossegor	331			Port miniature (Soustons)
Lacanau-Océan	233	Parcours accrobranche, balades avec un âne		Monkey Beach, L'Île aux enfants, surf
Larrau	437	Gorges de Kakuetta		
Libourne	191	Lac des Dagueys	Musée du Chemin de fer (Guîtres)	Parcours d'énigmes au château de Vayres (été)
Marmande	542	Réserve de l'étang de la Mazière (Villeton)	Scénovision « Gens de Garonne » (Couthures-sur-Garonne), musée de la Mémoire paysanne (Villeton)	CastelAdventure (Casteljaloux)
Mimizan	325	« Les Pieds sur Terre » (Onesse-et-Laharie)		Plages, descente en barque du courant d'Huchet, Forêt bois et nature
Mont-de-Marsan	284	Parc naturel urbain, parc de Nahuques, Ganaderia de Buros		
Monflanquin	571	Promenade en gabare (Fumel)	Visites-spectacles de la ville, musée des Bastides, SauveTerre (musée de la Préhistoire à Sauveterre-la-Lémance), château de Bonaguil	
Navarrenx	485	Arboretum de Payssas (Lasseube)		Domaine Nitot
Nérac	535		Conservatoire végétal régional d'Aquitaine (Montesquieu)	
Oloron-Ste-Marie	491		Le voyage immobile, Parcours patrimoine	

Orthez	474		Château Moncade	Chasse aux trésors, canoë
Parc des Landes de Gascogne	266	Forêt d'art contemporain	Écomusée de Marquèze et son pavillon, Graine de forêt (Garein)	Centre du Graoux (Belin-Béliet), domaine de loisirs d'Hostens
Pau	450	Haras national de Gelos, zoo d'Asson, grottes de Bétharram, lac des Carolins (Lescar), stade d'eaux vives Pau-Pyrénées	Musée des Parachutistes, Féerie gourmande (confiserie Francis Miot), musée du Béret (Nay), maison du jambon de Bayonne, (Arzacq), les Outils d'autrefois (Labastide-Cézéracq)	Balade en calèche, petit train touristique, enquêtes de la FBI à Nay, domaine de Sers
Peyrehorade	313		Musée de l'Abbaye d'Arthous	Aire autoroutière d'Hastingues
La Réole	174	Oseraie de l'île (Barie)		
La Rhune	399	Maison Ortillopitz	Écomusée de la Pelote et du Xistera (St-Pée-sur-Nivelle)	Petit train de la Rhune, base de loisirs (St-Pée-sur-Nivelle)
St-Émilion	177	Jardin de la Lamproie (Ste-Terre)	Clocher de l'église monolithe, tour du Roi, Écomusée du Libournais (Montagne)	Train des Grands Vignobles, Son et lumière (Castillon-la-Bataille)
St-Étienne-de-Baïgorry	431	Randonnées dans les Aldudes		Ferme aquacole (Banca), chocolaterie Laia
St-Jean-de-Luz	383	Plage, promenade en mer	Écomusée de la Tradition basque	Activités nautiques
St-Sever	296	Moulin de Poyaller		Archéoparc - Ateliers préhistoriques (Brassempouy)
Salies-de-Béarn	478	Le Pain de Sucre	Musée du Sel et des Traditions béarnaises, maquette de Sauveterre-de-Béarn	
Soulac-sur-Mer	224	Promenade du marais du Conseiller (Le Verdon-sur-Mer)	Phare de Cordouan, phare de Richard, moulin à vent (Vensac)	Petit train Soulac-pointe de Grave
Vallée d'Aspe	498	Parc Ours (Borce)	Écomusées de la Vallée d'Aspe, moulin d'Orcun (Bedous)	Balade à dos d'âne (Etsaut)
Vallée d'Ossau	506	Falaise aux Vautours (Béon)		Petit train d'Artouste, lac de Castet (Bielle)
Villeneuve-sur-Lot	556	Grottes de Lastournelle et de Fontirou, ferme du Chaudron magique (Brugnac)	Espace archéologique d'Eysses, musée du Foie gras (Frespech), musée du Pruneau (Granges-sur-Lot)	

Mémo

Agenda

JANVIER-FÉVRIER

Bazas – Fête des bœufs gras : défilé des bœufs dans la ville et concours de races. Un banquet clôture la fête (jeu. précédant le Mardi gras). www.ville-bazas.fr.
Biarritz – Festival international des programmes audiovisuel (5 j. fin janv.). www.fipa.tv.
Espelette – Foire aux pottoks (derniers mar. et merc. de janv.). www.espelette.fr/agenda/foire-au-pottok.
Hendaye – Fêtes de la Bixintxo en l'honneur de saint Vincent. www.ciboure-paysbasque.com.
Monségur – Foire au gras.
Pau – Carnaval Biarnés (fév.-mars) : des animations pour revivre les traditions. www.carnavalbiarnes.fr.

MARS

Bayonne – Foire au jambon. www.bayonne-tourisme.com/fr/decouvrir-bayonne/ville-festive/foire-au-jambon.php.
Biarritz – Bi Harriz Lau Xori (mi-mars) : journées d'expressions basques et d'ailleurs : théâtre, expositions, concerts... en langue basque. www.biarritz-culture.com.
Médoc – Printemps des châteaux du Médoc : portes ouvertes dans les châteaux viticoles. www.pauillac-medoc.com/tourisme/culture-loisirs/126-animations.

AVRIL

Biarritz – Championnats du monde des professionnels de cesta punta. http - www.cesta-punta.com.
Bidart – Festival de culture basque. www.eke.eus/fr/acteurs-culturels/repertoire-artistes-acteurs-basques/festival-de-la-culture-basque-de-bidart.
Blaye – Printemps des vins de Blaye. www.printemps.vin-blaye.com.
Bordeaux – Marathon nocturne au cœur de Bordeaux et à travers les vignobles (mi-avr.). www.marathondebordeauxmetropole.com/fr.
Hendaye – Filmar : festival du film de la mer. http://filmar.hendaye.com.
Médoc – Printemps des châteaux du Médoc - www.vinsdumedoc.com.

MI-AVRIL - MI-MAI

Landes - CDT Mont-de-Marsan - Animations, spectacles, surf, visites nature, ateliers dégustations... Les Landes s'animent à prix mini. www.printemps-des-landes.com.
St-Étienne-de-Baïgorry – Journée de la Navarre (chants et danses).
Ste-Terre (près de St-Émilion) – Fête de la lamproie.

PÂQUES

Biarritz – Quiksilver Biarritz Maïder Arosteguy : compétition de surf.

MARS-JUILLET

Navarrenx – Championnats du monde de pêche au saumon.

MAI

Arcachon – Jumping des Sables : course sur la plage (mai ou juin). www.arcachon.com.
Bascons – Fête de Notre-Dame de la course landaise (Ascension).

www.bascons.fr/Agenda-et-actualites.
Bayonne – Journées du chocolat. www.bayonne-tourisme.com.
Biarritz – Festival des arts de la rue (fin mai). www.biarritz-evenement.fr/festival-des-arts-de-la-rue.
Blaye – Marathon des vins (2e w.-end). www.marathondesvinsdeblaye.com.
Bordeaux – Foire internationale de Bordeaux. www.foiredebordeaux.com ; week-end des Grands Crus : dégustations et visites.
Bourg – Journées portes ouvertes en côtes-de-bourg (2e w.-end). www.cotes-de-bourg.com/rendez-vous.
Cadillac – Journées portes ouvertes en cadillac-côtes-de-bordeaux. www.cadillaccotesdebordeaux.com.
Cambo-les-Bains – Festival d'*otxote* (chant choral, années paires). www.otxote.com.
Carcans – Carcan'Scène : danse, théâtre, art de la rue, concerts.
Gaujacq – Ra.Na.Pe.Co : rassemblement national des pépiniéristes collectionneurs. www.thoby.com.
Hendaye – Mai du théâtre. www.hendaye-culture.fr/edition-2015.
Hossegor – Oceanman : festival de sauvetage côtier.
Landes – Raid XL : surf et itinérance douce entre dune et forêt - www.surfingaquitaine.com/evenement.
Laàs – Transhumances musicales (Ascension). http://transhumances-musicales.com.
Marquèze – La Maïade (1er Mai) : décoration d'arbres fleuris. www.parc-landes-de-gascogne.fr.
Pau – Grand Prix historique et Grand Prix de Pau (les 2 premiers w.-ends). Circuit en ville et animations culturelles et festives autour de l'automobile. www.grandprixdepau.fr. Mai aux jardins, 70 animations gratuites.
Pauillac – Fête de l'agneau (fin avr.-déb. mai). La Médocaine (3e sam. de mai), course VTT sur 4 parcours de 30 à 100 km. www.medocainevtt.com.
St-Émilion – Journées portes ouvertes à St-Émilion, Lussac et Puisseguin (1er w.-end). www.vins-saint-emilion.com/journees-portes-ouvertes.
Sauternes – Marathon de Sauternes (fin mai) - www.marathon-sauternes.com.

PENTECÔTE

Hastingues – Festival international de la céramique à l'abbaye d'Arthous. www.terresdaquitaine.com.
St-Jean-de-Luz – Festival andalou.

JUIN

Aire-sur-Adour – Feria. Fête foraine, bals, repas… http://feriaaire.fr.
Biarritz – Les Casetas (fin juin) : festival de la mer. www.biarritz-evenement.fr/les-casetas.
Bordeaux – www.vinexpo.com ; Fête du vin : animations, concerts (années paires, dernière sem. de juin). www.bordeaux-fete-le-vin.com ; Fête du fleuve : dégustations de vins et de fruits de mer, son et lumière (années impaires, 3e w.-end de juin). www.bordeaux-fete-le-fleuve.com.
Cadillac – Journées portes ouvertes en premières-côtes-de-bordeaux (3e w.-end) – www.premierescotesdebordeaux.com.
Capbreton – Fête de la mer : fête traditionnelle des marins-pêcheurs.
Contis-Plage – Festival international de Contis : courts métrages. www.cinema-contis.fr.
Dax – Festival Art et Courage : courses landaises.
Hourtin-Port – Bambino Party : festival des enfants de 3 à 12 ans.

Itxassou – Fête des cerises (1er dim. de juin). Messe, partie de pelote, repas, danses, etc.
Lacanau – Lacanau Gliss'Festival (fin mai-déb. juin) : initiation et animations, skate, surf…
Landes – Festival des abbayes : musique classique. www.festivaldesabbayes.org.
Lourdios-Ichère – Fête de la transhumance en vallée d'Aspe (déb. juin) : départ des troupeaux, présentation de races locales, expositions, chants et danses traditionnels.
Marmande – Garorock : festival de musique. www.garorock.com.
Sadirac – Céramique en fête (mi-juin).
St-Émilion – Jurade de printemps (3e dim.). Défilé dans les rues de la cité. www.vins-saint-emilion.com.
St-Jean-de-Luz – Fête de la St-Jean : grand-messe, concerts, chistera, force basque, feux de la St-Jean, bal, *toro de fuego*, etc.
St-Sever – *Novilladas* et *encierro* : fête de la St-Jean (24 juin).
Soulac – Soulac 1900 : grande parade de la Belle Époque, train à vapeur, découverte de l'estuaire en bateau, spectacles de rue et petits métiers d'autrefois (1er w.-end). www.label-soulac.fr.

JUILLET

Andernos-les-Bains – Festival jazz en liberté (dernier w.-end) : concerts gratuits en plein air. www.andernoslesbains.fr/culture-loisirs-sports/199-andernos-jazz-festival.html.
Anglet – International Surf Film Festival (mi-juil.). http://surf-film.com.
Arcachon – Les 18 Heures d'Arcachon (1er w.-end) : régates en mer et village de guinguettes plage Pereire.
La Bastide-Clairence – Fête du village : pendant 4 jours et 4 nuits, la ville se pare de rouge et de blanc. *Bandas, encierros*, courses de vaches et méchoui…
Biarritz –Big Festival (Biarritz International Groove Festival ; fin du mois). www.bigfest.fr.
Biscarrosse – Kiwi Surf Festival (4e w.-end) : étape du championnat du monde de surf tandem. www.kiwisurfbiscarrosse.com.
Blaye – Jumping international (w.-end du 14 Juil.). www.jumpingdeblaye.fr.
Château de Montaner – Les Médiévales : spectacles, reconstitutions, jeux, etc. www.chateau-montaner.info.
Château de Vayres – Festival de cape et d'épée (fin juil.). www.chateaudevayres.com.
Espelette – Course des Crêtes du Pays basque. www.course-des-cretes.org - *voir p. 22.*
Etsaut – Fête du fromage. www.fetedufromage-aspe.com/programme-fete-fromage-aspe.html.
Hendaye – Fêtes de la mer : dégustation des produits de la mer.
Hendaye – Hendaye fête l'été/ Fête du chipiron *(10-13 juil.)*. 4 j. de spectacles de rue. www.hendayefetelete.com.
Hossegor – Grand Prix des Landes de golf amateur (4e w.-end). www.golfhossegor.com.
Itxassou – Errobiko Festibala : festival de création en Pays basque (3e w.-end). www.errobikofestibala.fr.
Laruns – Fête de la transhumance : passage des troupeaux dans les villages. www.ossau-pyrenees.com.
Marmande – Tomato Fiesta : fête de la tomate.
Mont-de-Marsan – Festival Arte flamenco (déb. juil.). http://arteflamenco.landes.fr ; feria de la Madeleine (2e quinz.) : cavalcades, corridas, courses landaises et bodegas. www.fetesmadeleine.fr.

Orthez – Fêtes d'Orthez (dern. sem.) : bandas, paella géante, courses de vaches… et corrida.
Penne-d'Agenais – Foire à la tourtière (2e dim.) : concours et démonstration.
La Pierre-St-Martin – Junte de Roncal (le 13 juil.). *Voir p. 72.*
St-Émilion – St-Émilion Jazz Festival (3e w.-end de juil.) Concerts et dégustations musicales au parc Guadet. www.saint-emilion-jazz-festival.com.
St-Jean-de-Luz – Fête du thon : dégustations, bandas, *toro de fuego* et bals (1er sam.).
St-Jean-de-Luz/Ciboure – Régates de traînières.
Villeneuve-sur-Lot – Festival du rire. www.festivaldurire47.fr.

JUILLET-AOÛT

Arès (bassin d'Arcachon) – Fête de l'huître : animations, bandas, dégustation. www.fetedelhuitre.fr.
Bayonne – Fêtes de Bayonne : courses de vaches, parties de pelote (pdt 5 j.). http://fetes.bayonne.fr.
Biarritz – Le Gant d'or, compétitions de cesta punta ; Festival Piano classique. www.festivalpianoclassique.com.
Castillon-la-Bataille – Son et lumière de plein air reconstituant la bataille de Castillon. www.batailledecastillon.com.
Château de Bonaguil – Médiévales. www.chateau-bonaguil.com.
Hendaye – Les Nuits du port : marché nocturne d'art et artisanat.
St-Jean-de-Luz – Internationaux professionnels de cesta punta. www.cestapunta.com.

AOÛT

Agen – Grand Pruneau Show d'Agen (dern. w.-end) : parade, concerts, gastronomie… www.grandpruneaushow.fr.
Anglet – Surf de nuit, festival.
Arcachon – Fêtes de la mer (14 et 15) : bénédiction des bateaux, régates de pinasses à voile et musique en soirée. www.arcachon.com.
Ascain – Concours de chiens de berger et Course de la Rhune (déb. août).
La Bastide-Clairence – Fête à l'ancienne du Pont de Port (9 août) : repas champêtre, abattage du blé, démonstration de métiers d'antan…
Blaye – Les Chantiers (fin août) : festival de théâtre. www.chantiersdeblaye-estuaire.com.
Cambo-les-Bains – Festival international de théâtre d'Arnaga.
Capbreton – Festival du conte ; Fugue en pays Jazz.
Claouey (bassin d'Arcachon) – Festivoiles (dernier w.-end d'août) : fêtes du port. www.cnclaouey.com.
Dax – Feria : corridas, concours landais, jeux avec vachettes, spectacles folkloriques, bandas, bodegas, feux d'artifice. www.dax.fr.
Duras – Fête des vignerons. http://cotesdeduras.com/festivites/3.
Hagetmau – Les Fêtes d'Hagetmau ou Feria du Novillo : corridas, courses landaises, cavalcade…
Hossegor – Swatch Girls Pro : championnat du monde de surf pro féminin ; Latinossegor : festival de musiques et danses latino, place des Landais (fin août).
Lacanau – Soöruz Lacanau Pro (mi-août) : étape des championnats du monde de surf. http://sooruzlacanaupro.com.
Laruns – Hesta de Noste Dama (mi-août) : fête traditionnelle ossaloise avec danses, chants, costumes.
Luxey – Musicalarue (w.-end du 15 août) : musique, danse, théâtre, cirque, etc. www.musicalarue.com.

Mauléon-Licharre – Fête de l'espadrille (15 août).
Marmande et sa région – Festival Nuits lyriques de Marmande (2e quinz.). http://festilyrique.fr.
Miramont-de-Guyenne – Bastid'art : festival des arts de la rue (1er w.-end). www.bastidart.org.
Moncrabeau – Festival international de menteries (1er dim.) : élection du roi des menteurs. www.academiedesmenteurs.fr.
Monflanquin – Fêtes médiévales : reconstitutions historiques, spectacles, animations de rue, banquet médiéval.
Nérac – Fête des vins et du terroir de l'Albret. www.albret-tourisme.com.
Pau – Hestiv'Oc : pendant 4 jours, vivez au rythme de la culture occitane et sportive *La Camada de Pau*, course pédestre dans la ville (12 km). Théâtre, musique, danse, cinéma. www.hestivoc.com.
St-Étienne-de-Baïgorry – Festival musical de Basse-Navarre (musique baroque, août et automne). www.festival-basse-navarre.com.
St-Jean-Pied-de-Port – Quatre jours de bals, feu d'artifice depuis la citadelle, etc. (autour du 15 août).
St-Macaire – Les Journées médiévales (fin août) : marché, jeux, visites, banquet médiéval.
Salies-de-Béarn – La Piperadère et les métiers d'art d'antan (le 15) : concours de piperades béarnaises, repas champêtre.

SEPTEMBRE

Aramits – Fête des bergers et foire aux fromages : concours de chiens de berger (3e w.-end). www.valleedebaretous.com.
Arcachon – Cadences : festival de danse (3e sem.). www.arcachon.com.
La Bastide-Clairence – Grand marché potier (12 et 13 sept.).
Bazas – Fête de la palombe (dern. w.-end) : reconstitution d'une chasse, intronisations.
Biarritz – Le Temps d'Aimer la danse : festival de danse. www.letempsdaimer.com ; Festival Biarritz Amérique latine (fin sept.-déb. oct.) : festival consacré au cinéma et à la culture d'Amérique latine. www.festivaldebiarritz.com.
Bidart – Fêtes d'automne.
Bourg – Foire Troque Sel (1er w.-end) : depuis le Moyen Âge, elle commémore le privilège, accordé à la ville par le roi d'Angleterre, de troquer du sel sans payer la gabelle.
Capbreton – Fête du Chipiron (1er w.-end) : sortie en mer, repas et animation musicale.
Dax – Toros y Salsa (déb. sept.) : tauromachie et concerts au rythme de la musique latino-américaine.
Entre-Deux-Mers-Monségur – Festival Ouvre la voix : sur la piste verte cyclable Lapébie, entre découvertes musicales et balade à vélo. www.rockschool-barbey.com/ouvre-la-voix.
Marmande – La Farfelue, parcours nature ludique course d'obstacles, sur 10 km - www.lafarfelue.com.
Médoc – Marathon du Médoc au départ de Pauillac. www.marathondumedoc.com. *Voir p. 22.*
Oloron-Ste-Marie – Championnat international de garbure. www.lagarburade.org.
St-Émilion – Jurade d'automne (3e dim.). Défilé dans les rues de la cité. www.vins-saint-emilion.com.
St-Jean-de-Luz – Musique en Côte basque. www.musiquecotebasque.fr.
St-Jean-Pied-de-Port – Mois de la photo. ✆ 06 07 49 83 09 -www.argian-photo.com.

Salies-de-Béarn – Fête du sel (2e w.-end) : marché aux salaisons, artisans en costumes traditionnels, chants et danses du Béarn, etc. www.fetedusel.org.
La Sauve-Majeure – Les Nuits de La Sauve (1er w.-end) : spectacle nocturne, théâtre et lumière. www.nuitsdelasauve.jimdo.com.

FIN SEPTEMBRE- DÉBUT OCTOBRE

Seignosse-Hossegor-Capbre – Étape du Quiksilver Pro France et du Roxy Pro France (1 sem.) : seule étape française du championnat du monde de surfeurs professionnels.

OCTOBRE

Ascain – Pastore Lore (2e dim.) : fête de terroir avec danseurs, producteurs, pottoks, *joaldunak*...
Cadillac – Balades vendanges en cadillac-côtes-de-bordeaux (1er w.-end) – www.premierescotesdebordeaux.com.
Crouseilles – Fête des vendanges.
Espelette – Fête du piment.
Fronsac – Journées portes ouvertes dans les châteaux (3e w.-end).
Gaujacq – Ra.Na.Pe.Co : rassemblement national des pépiniéristes collectionneurs. www.thoby.com.
Graves – Journées portes ouvertes (2e w.-end). www.vins-graves.com.
Hossegor – Quiksilver Pro France : championnat du monde de surf.
Laruns – Foire aux fromages, avec marché à l'ancienne (1er w.-end). www.foireaufromage.com.
Pau – Les Étoiles de Pau : concours complet international d'équitation au centre d'entraînement de Sers. www.event-pau.fr.
Pessac – Vibrations urbaines (fin oct.-déb. nov.) : danse, glisse et musique. www.vibrations-urbaines.net.
St-Jean-de-Luz – Festival international du film. www.fifsaintjeandeluz.com.

NOVEMBRE

Bordeaux – Novart Bordeaux : théâtre, danse, musique. www.novartbordeaux.com.
Hendaye – Fêtes de la St-Martin (à Biriatou, autour du 11 Nov.) : fête du village durant une dizaine de jours.
Jurançon – Fête des vendanges.
Loupiac – Loupiac et foie gras - Journées Gourmandes (dern. w.-end) : une vingtaine de propriétés accueillent des producteurs de foie gras, dans leurs chais.
Médoc – Margaux Saveurs (3e w.-end). www.margaux-saveurs.com.
Sauternes – Journées portes ouvertes en sauternes (2e w.-end). www.sauternes-barsac.com.
St-Paul-lès-Dax – Festival européen des artistes du cirque. www.festivalcirquesaintpaul.com.

DÉCEMBRE

Andernos-les-Bains (bassin d'Arcachon) – Cabanes en fête. Les plus grands chefs étoilés girondins donnent RV tous les 1ers w.-end de décembre dans les 40 cabanes ostréicoles du port. Bandas, parades, expositions, concerts et feu d'artifice. http://cabanesenfete.blogspot.fr.
Bazas, Montfort, St-Sever – Hailha de Nadau : le 24 déc., chants traditionnels en gascon ; vin chaud et défilé.
Jurançon – Portes ouvertes sur la Route des vins du Jurançon. www.vins-jurancon.fr.
Pau – Anniversaire d'Henri IV (autour du 13), la poule au pot est reine. www.tourismepau.com.
Pessac-Léognan – Journées portes ouvertes (2e w.-end). www.vins-graves.com.

Bibliographie

OUVRAGES GÉNÉRAUX

Gironde, collectif, éd. Bonneton, 2002.
Landes, collectif, éd. Bonneton, 2001.
Lot-et-Garonne, J.-P. Poussou, éd. Sud-Ouest, 2003.
Pays basque, terre et gens, A. Sorondo, éd. Elkar, 2004.
Fêtes et traditions du Pays basque, O. de Marliave, éd. Sud-Ouest, 1999.

HISTOIRE ET PATRIMOINE

Histoire de l'Aquitaine, M. Suffran, éd. Calmann-Lévy, 2003.
L'Aquitaine au temps de François Mauriac, 1855-1970, G. Fayolle, Hachette Littératures, 2004.
La Gironde et les Girondins, F. Furet, M. Ozouf, Payot, 2004.
Aliénor d'Aquitaine, la reine insoumise, J. Flori, Payot, 2004.
Gaston Fébus : le prince et le diable, C. Pailhès, Perrin, 2007.
L'Aventure des bastides, G. Bernard, G. Jungblut, Privat, 2003.
Histoire de Bordeaux, C. Higounet, Privat, coll. Univers de France, 2001.
Autrefois Bordeaux, S. Pacaud, Atlantica, 2004.
Bordeaux Patrimoine Mondial, 3 t. : *La Fabrication de la ville, Habiter le patrimoine, La Ville monumentale*, C. Callais et T. Jeanmonod, éd. Geste, 2014.
Autrefois Pau, P. Mirat, Atlantica, 2003.
Bordeaux secret et insolite, P. Prévôt, R. Zéboulon, Les Beaux Jours, 2015.
Le Bassin d'Arcachon : à l'âge d'or des villas et des voiliers, F. Cottin, L'Horizon Chimérique, 2003.
La Garonne : de sa source à son embouchure, L. Barron, Les Chemins de la mémoire, 2004.
La Vie d'autrefois dans les Landes, J.-F. Ratonnat, éd. Sud-Ouest, 2000.
Histoire de Bayonne, J. Pontet, Privat, 1991.
Histoire du peuple basque, J.-L. Davant, éd. Elkar, 2000.
La vie d'autrefois en Pays basque, M.-F. Chauvirey, éd. Sud-Ouest, 2011.

LITTÉRATURE

Les Rives de la Garonne, A. Dufilho, éd. Aubéron, 1990.
Le Pont de la Garonne, H. Sarrazin, éd. Aubéron, 1996.
Bordeaux, une enfance, F. Mauriac, M. Suffran, L'Esprit du Temps, coll. Contrastes, 2000.
La Villa Belza, B. Pécassou-Camebrac, Flammarion, 2007.
Le Pays basque, P. Loti, éd. Aubéron, 1994.
Ramuntcho, P. Loti, Gallimard, 1989.
Voyages au Pays basque, Stendhal, T. Gautier, V. Hugo, éd. Pimientos, 2002.
Ma communale avait raison, G. Coulonges, éd. Pocket, 2001.
Ciné-Roman, R. Grenier, Gallimard, 1972.
Thérèse Desqueyroux, F. Mauriac, Grasset, 1927.
Crépuscule, taille unique, C. de Rivoyre, Grasset, 1989.
Bords d'eaux, P. Veilletet, Arléa Poche, 1989.

GASTRONOMIE ET VINS

Les Bonnes Recettes des Landes, M.-F. Chauvirey, éd. Lavielle, 2000.
Les Bonnes Recettes du Béarn, C. Lagréoulle, éd. Lavielle, 2000.
La Bonne Cuisine basque, E. Bonche, éd. J et D, 1995.
Bordeaux, grands crus classés 1855-2005, collectif, Flammarion, 2005.
L'Esprit du Bordeaux, A. Lebègue, Hachette, 1999.
La Route du vin de bordeaux en Graves et Sauternes, www.bordeaux-graves-sauternes.com, 2014.
Les Routes du vin de Bordeaux en Entre-Deux-Mers, www.vacances-vignoble.com, 2014.

Les Routes du vin de Bordeaux - Bordeaux, porte du vignoble, www.bordeaux-tourisme.com, 2014.

MUSIQUE

Grand choix de disques chez Agorila (13 r. Montalibet, 64100 Bayonne, www.agorila.com), label spécialisé dans l'édition musicale du Pays basque.
Tatoo, fêtes du Sud-Ouest, Agorila.
Chœurs basques, Argileak, Agorila.
Desertore, Oskorri, éd. L'Autre Distribution.

NATURE

Les Landes de Gascogne, C. Maizeret, Delachaux et Niestlé, 2005.
Apprenez à découvrir la faune des Pyrénées, collectif, Tétras, 2004.
La Grande Flore illustrée des Pyrénées, M. Saule, Rando Éditions, 2002.
Le Guide du Parc national des Pyrénées, P. Mayoux et F. Elman, Rando Éditions, 2001.

ITINÉRAIRES

La Fédération française de la randonnée pédestre édite de nombreux topoguides *(voir p. 25)*.

Chez Rando Éditions

100 sommets des Pyrénées, collectif, 2007.
Randonnées sur les sentiers du Pays basque, A.-M. Minvielle, 2005.
Le Guide Rando Pays basque, M. Record, 2006.
Collection *Les Sentiers d'Émilie* :
- *en Gironde*, J.-Y. Rossignol, 2007.
- *dans les Landes*, B. Valcke, 2003.
- *dans le sud des Landes*, B. Valcke, 2011.
- *en Lot-et-Garonne*, J.-P. Siréjol, 2008.
- *en Béarn*, F. Breitenbach, 2008.
- *au Pays basque*, N. Magrou, 2013.

Autres éditeurs

La Gironde à vélo, C. Feigné, éd. Sud-Ouest, 2012.
Balades nature au Pays basque, collectif, éd. Dakota, 2015.

BANDE DESSINÉE

Esprits Médoc, coll. Esprits du Vin, 2014 : une BD en ligne, interactive.
Histoire(s) de Bordeaux, P.-R. St-Dizier, Éd. Grand Sud, 2012.

JEUNESSE

Macaron et canelé à Bordeaux, C. Piantanida, Mollat, 2012.
Escapade au miroir d'eau, J. Cardouat et A. Santos de Lima, Milathéa, 2014.
Raconte-moi le Béarn, C. Desplat, éd. Cairn, 2002.
Contes des Landes de Gascogne, F. Arnaudin, P. Dumas, L'École des Loisirs, 2001.
Sylvie et la forêt des Landes, J. Doutreloux, P. Morin, L'École des Loisirs, 2001.
Contes traditionnels des Pyrénées, 2 t., M. Cosem, Milan, 2003.
Téodosio et *Olentzero*, C. Labat, éd. Elkar, 2005. Ces deux ouvrages sont des contes basques adaptés pour petits et grands enfants.

LANGUES / TOPONYMIE

Que parli gascon – Initiation à la langue gasconne, 3 CD, Princi Negue, 2005.
Guide de la conversation français-basque, éd. Elkarlanean, 2000.
Noms de lieux du Pays basque et de Gascogne, Michel Morvan, éd. Bonneton, 2004.
Le comité départemental du tourisme Béarn-Pays basque édite un petit guide : *La Langue basque*.

Presse

Quotidiens : *L'Éclair des Pyrénées, La République des Pyrénées, Sud-Ouest, Le Journal du Pays basque, La République des Pyrénées, La Dépêche du Midi (Lot-et-Garonne).*
Hebdomadaires : *Sud-Ouest Dimanche, La Semaine du Pays basque.*
Bimestriel : *Pyrénées Magazine, Le Festin.*

COMPRENDRE L'AQUITAINE

Carrelets le long de la Gironde.
H. Lenain / hemis.fr

L'Aquitaine aujourd'hui

Que d'images évoque le seul nom d'Aquitaine! Forêts des Landes et plages océanes, vins de Bordeaux et poule au pot, mousquetaires gascons et surfeurs bronzés, bergers en houppelande des vallées perdues, « bobos » en espadrilles sur le bassin d'Arcachon, fier profil d'une Aliénor deux fois reine, lyrisme rauque de Noir Désir et consonances déroutantes d'une langue basque qui ne ressemble à aucune autre… pour être convenus, ces clichés n'en disent pas moins la diversité de ce vaste territoire qui se déploie en de nombreux « pays » aux visages variés, aux histoires singulières. Si, pour les résumer tous, il fallait retenir une seule image, ce serait sans doute celle d'une certaine douceur de vivre, d'une tranquille vitalité.

Ce n'est pas un hasard si l'Aquitaine est aujourd'hui la sixième région touristique de France. Les visiteurs viennent y goûter les délices gastronomiques qui font son quotidien (huîtres et vins, foie gras et fromages…). Ils y découvrent un riche patrimoine de pierre qui raconte l'histoire des générations passées. Ils profitent aussi des attraits indéniables qu'apportent l'Océan, les grands espaces parfois vierges, un climat agréable et une nature que les autorités régionales et locales s'efforcent de protéger et de valoriser. Pour les habitants de la région, le tourisme représente en effet une source importante d'emplois et de revenus, ce qui justifie un effort constant sur les capacités d'accueil et les activités proposées: œnotourisme, aménagement de voies cyclables, équipements balnéaires et tourisme fluvial…

Avec un littoral de plus de 200 kilomètres, partagée entre étangs, dunes et plages de sable fin, la côte offre une étendue ouverte sur l'immensité océanique. Si l'on pénètre plus avant dans les terres, les Landes constituent un décor extraordinaire: la plus grande forêt artificielle d'Europe fait face à l'Atlantique. Côté Bordelais, ce sont les vignes qui dominent le paysage. Puis se dessine le pays des délicates collines du Lot-et-Garonne. Plus au sud, formé de hauts sommets, de vertes vallées et de gaves, le Béarn abrite une faune et une flore exceptionnellement denses.

Le Bordelais

L'ESTUAIRE DE LA GIRONDE

C'est l'estuaire le plus vaste d'Europe. Il s'allonge sur 75 km, du bec d'Ambès, point de jonction entre la Dordogne et la Garonne, à l'embouchure de cette dernière. Dragué en permanence afin d'assurer sa navigabilité, c'est un lieu de passage et d'échanges. La route de la **corniche fleurie**, entre

Bordeaux, quai Louis-XVIII et les Chartrons.
P. Jacques / hemis.fr

Bourg et Blaye *(voir p. 201)*, offre de beaux points de vue. Elle est bordée de petits ports aménagés dans les esteys (cours d'eau qui s'évanouissent dans l'estuaire) et de carrelets. Sur l'autre rive, la **pointe du Médoc** compte aussi de charmants ports, tandis que, à l'intérieur des terres, s'étendent les marais (asséchés sur l'ordre d'Henri IV) et des parcelles viticoles.

DES TERRES VITICOLES

Si l'Aquitaine est la **première région viticole française**, c'est le département de la Gironde qui concentre l'essentiel de la production. De l'estuaire de la rivière du même nom aux rives de la Garonne et de la Dordogne, le Bordelais s'étend en une immense terre viticole. Étiré le long des fleuves, c'est un maillage serré et savant de terres de caractère. Le département ne compte pas moins de **60 appellations**, soit autant de terroirs ! Dans le **Médoc**, l'Océan est presque déjà là. Au sud de Bordeaux, la région des **graves** évoque un terrain très caillouteux, fait de graviers, de sables et de galets. Plus à l'est, les vignes de l'**entre-deux-mers**, entre Garonne et Dordogne, s'écartent pour laisser place à des forêts et des coteaux. Au-dessus, **St-Émilion** rappelle que vigne et patrimoine architectural sont étroitement mêlés.

Vins et autres « crus » aquitains, p. 57.

L'ACTIVITÉ PORTUAIRE

Le **Grand Port maritime de Bordeaux,** qui fut longtemps l'une des principales sources de richesse de la ville, a perdu sa position de leader national pour occuper aujourd'hui le septième rang en termes de tonnage. En effet, le commerce entretenu avec les Antilles, en partie lié à la traite des esclaves, lui permit d'être le premier port de France au 18ᵉ s. Mais avec la décolonisation et la fermeture des trois raffineries bordelaises, il enregistra une baisse d'activité. Même le vin bordelais destiné aux États-Unis ne part plus de ses quais, mais de ceux des ports du Havre ou du Benelux. Sa position au fond

LE MASCARET

Phénomène naturel fascinant et unique en France, le mascaret est une longue **vague déferlante** produite dans la Gironde et ses affluents par le flux et le reflux quotidiens : lorsque la marée monte, l'eau qui s'engouffre dans l'estuaire se heurte au courant du fleuve, créant ainsi, par effet d'entonnoir, une série de 5 à 10 vagues rapprochées qui s'amplifient au fur et à mesure de leur progression et peuvent atteindre jusqu'à 2 m de haut, selon la largeur et la profondeur du fleuve. Visible toute l'année, le mascaret est plus spectaculaire en **août** et **septembre**. Lors des grandes marées d'équinoxe, il remonte le fleuve jusqu'à plus de 200 km à l'intérieur des terres, à une vitesse de 30 km/h. Pas étonnant que cette fameuse vague attire des **surfeurs** venus de loin. Pour les amateurs de glisse, le meilleur spot se trouve sur la Dordogne, au port de **St-Pardon** (commune de Vayres) : de là, il est courant de pouvoir surfer la vague sur tout un kilomètre.
Pour connaître les horaires de passage du mascaret, contactez la mairie de Vayres (05 57 55 25 55) ou consultez www.mairie-vayres.fr.

de l'estuaire de la Gironde, à plus de 100 km de la pleine mer, a aussi joué en sa défaveur, occasionnant la construction d'**avant-ports** : Le Verdon, Blaye, Pauillac, Ambès, Grattequina et Bassens. Ceux-ci gardent toutefois la première place dans l'exportation du maïs, du pétrole brut des Landes et du papier kraft. Les quais du centre-ville de Bordeaux continuent, eux, d'accueillir les bateaux de croisière (jusqu'à 250 m de long).
La ville a su tirer parti de ces changements économiques en aménageant les quais et les bassins à flot de manière à les intégrer pleinement dans la ville. Signe de la reconversion réussie de ce site portuaire en foyer de vie urbaine et culturelle, le port de la Lune a été inscrit au **Patrimoine mondial de l'Unesco en 2007.**

LES RESSOURCES DE LA MER

Dans le **port d'Arcachon**, à la pêche industrielle (du thon et de la sardine) a succédé une importante pêche artisanale (soles, merlus, bars, rougets, dorades…). L'**huître** cultivée sur le bassin, particulièrement réputée, fait vivre plus de 300 entreprises. On compte environ 700 ha de parcs ostréicoles pour une production annuelle variant entre 7 000 et 8 000 t. En outre, le bassin, véritable « maternité » européenne, est l'un des principaux producteurs de naissains (jeunes huîtres) naturels en Europe. L'ostréiculture, partagée entre l'élevage et le ramassage effectués à bord de pinasses (bateaux traditionnels), se révèle un atout touristique non négligeable. Le secteur constitue l'une des principales sources locales d'emplois, estimés à plus de 1 000.
« Coquillages et crustacés », p. 252.

Les Landes

L'ÉCOTOURISME LANDAIS

Les **Landes** recèlent un patrimoine naturel d'une richesse remarquable. La vaste façade océanique, la situation sur un axe migratoire majeur et la proximité des Pyrénées concourent à la diversité des espèces animales et végétales.
Les forêts-galeries le long des cours d'eau, caractéristiques du plateau landais, offrent par exemple un refuge pour de nombreuses espèces de chauves-souris, la loutre ou le vison d'Europe.
Précurseur en la matière, le Parc

naturel régional des Landes de Gascogne s'est associé au pays des Landes de Gascogne pour développer l'écotourisme. Ils ont ainsi mis en place une gamme de produits et un réseau de prestataires engagés à limiter leur impact sur l'environnement par une gestion plus respectueuse des ressources (utilisation de matériaux recyclables, plantation d'essences locales adaptées au sol…), avec pour objectif la signature de la charte européenne du tourisme durable. Le pôle touristique des Landes de Gascogne fédère les collectivités et les acteurs du tourisme réunis autour de ce projet.

LA CÔTE D'ARGENT

La vaste plaine des Landes, qui s'étend sur 14 000 km², s'inscrit dans un triangle dont la base couvrant 230 km est constituée par la côte atlantique, de la Gironde à l'Adour. Cette côte rectiligne formait, à l'origine, une immense **plage** où se sont déposés les sables rapportés par la mer. Ces sables desséchés et transportés par le vent d'ouest vers l'intérieur se sont accumulés jusqu'au 19e s., pour former des **dunes** mobiles, obligeant parfois des villages à se déplacer. Aujourd'hui boisées et fixées *(voir encadré ci-dessous)*, ces dunes bordent la côte.

Ce sont les plus étendues et les plus hautes d'Europe: la dune du **Pilat** *(voir p. 257)*, mondialement renommée, culmine à un peu moins de 110 m.

Comme le littoral girondin, celui des Landes est victime de l'érosion maritime et éolienne, processus qui s'est nettement accéléré depuis les années 1960. Les barrages et les travaux de protection des communes, à l'efficacité limitée, ont favorisé ce phénomène.

Un groupement d'intérêt public réunissant la Région et l'État a vu le jour en 2005 pour tenter d'apporter des solutions concertées à la protection de la bande côtière.

UNE FORÊT REMARQUABLE

Au 19e s., la zone intérieure du département était une **lande insalubre**, rebelle à toute tentative de colonisation agricole et que les pluies transformaient en marécage. Là vivait une population de bergers, se déplaçant sur des échasses pour surveiller les moutons qu'ils élevaient pour l'engrais de leur fumier, indispensable aux cultures vivrières. Sous le Second Empire, l'ingénieur **Chambrelent** établit un plan de drainage, de défrichement et d'ensemencement forestier qui aboutit à la plantation massive de pins maritimes.

LA FIXATION DES DUNES

À partir de 1788, l'ingénieur des Ponts et Chaussées **Brémontier** met au point un projet de fixation des dunes. Il construit d'abord une digue destinée à arrêter le cheminement des sables. À 70 m de la ligne atteinte par les plus hautes mers, il dispose une palissade de madriers contre laquelle le sable s'accumule. Relevant les madriers à mesure que le sable monte, il crée une « dune littorale » de 10 à 12 m de haut, formant barrière. Pour fixer les dunes intérieures, des graines de **pin maritime** mélangées à des graines d'ajonc et de genêt sont semées. Après quatre ans, le genêt atteint près de 2 m de hauteur. Le pin, d'une croissance plus lente, grandit ainsi protégé. En 1867, 3 000 ha de dunes littorales sont couverts de **gourbet** (plante dont les racines fixent le sable) et 80 000 ha de dunes intérieures sont plantés en pins maritimes.

Une source de revenus

La forêt des Landes de Gascogne couvre environ un million d'hectares, boisés à 85 % de pins maritimes. Elle est détenue à 90 % par des propriétaires privés et son exploitation engendre près de 35 000 emplois.

Un site exposé…

Cet espace subit de multiples attaques : le feu, les tempêtes et les insectes nuisibles.

Pour le préserver des **incendies**, un corps de sapeurs-pompiers forestiers a été créé. De nombreux observatoires reliés par téléphone et radio permettent la détection rapide des feux. L'accès, dans les délais les plus courts, au matériel de lutte a été amélioré et des points d'eau établis. Enfin, pour obtenir des coupures plus larges et simultanément assurer le maintien sur place des populations, l'extension des cultures a été encouragée.

L'Aquitaine a été l'une des régions les plus touchées par les **tempêtes** Martin en décembre 1999 puis Klaus en janvier 2009, encore plus dévastatrice. Le premier ouragan a détruit un peu plus de 10 % de la surface boisée de la forêt landaise, tandis que le second en anéantissait plus de 25 %. À ces dégâts s'est ajoutée, en 2010, une attaque de scolytes (insectes) qui a touché encore près de 30 ha de pins. Ainsi, le volume de 8 millions de m³ de bois en production annuelle est-il passé à 6 millions. Si l'incroyable force des vents explique de tels dommages, la particularité de la forêt landaise n'y est pas étrangère : constituée d'arbres identiques s'alignant comme des dominos, elle s'avère

LE PIN MARITIME

C'est un arbre peu fourni mais élégant, dont la croissance est rapide. Depuis l'Antiquité, il a été, dans les **Landes**, à l'origine d'une activité traditionnelle aujourd'hui révolue : le **gemmage** (ou récolte de la résine).

Autrefois, le gemmeur incisait périodiquement le pin à l'aide d'un « hapchot ». Par cette plaie, la gemme coulait dans de petits pots de terre « cramponnés » au fût ou dans des sachets en plastique. Les techniques modernes ont introduit l'acide sulfurique qui active le processus et a l'avantage de réduire considérablement la blessure faite à l'arbre.

Pour en savoir plus sur le gemmage et la lutte contre les feux de forêt, rendez-vous dans le Parc naturel des Landes de Gascogne, à la **Maison de l'estupe-huc** à Luxey *(voir p. 272)*.

Embouchure du courant Huchet.
M. Rauch/Biosphoto

plus vulnérable que les autres. Des aides financières importantes ont été débloquées pour soutenir la reconstitution de la forêt qui prendra de nombreuses années.

ÉTANGS ET COURS D'EAU

Les Landes sont un département particulièrement arrosé. À l'exception de la **Leyre** (appelée aussi Eyre dans son cours inférieur) qui vient s'évanouir dans l'Océan au creux du bassin d'Arcachon, les cours d'eau ont été arrêtés par la barrière des dunes, formant ainsi de nombreux **étangs**. Si ces derniers communiquent entre eux, leurs eaux se frayent péniblement un passage jusqu'à l'Océan par des « courants » capricieux dont la descente fait la joie des amateurs de sports nautiques. Les plus typiques sont les **courants d'Huchet** et **de Contis** *(voir p. 326-327)*.

LE PAYS DE L'ADOUR

C'est la rivière Adour qui a donné son nom à ce regroupement de plusieurs pays du sud des Landes : pays de Seignanx, de Gosse, de Maremme, sans oublier le pays d'Orthe qui entoure Peyrehorade *(voir p. 314)*. Plus à l'est des Landes se déploient de verdoyantes collines lacérées par les affluents de l'Adour et jalonnées de vignes, les versants s'abaissant en terrasses vers les fonds cultivés des rivières. La Chalosse et le Tursan, intégrés aux pays de l'Adour, sont de riches régions agricoles où le maïs a de loin détrôné le blé. Côté élevage, on ne tarira pas d'éloges sur le fameux bœuf de Chalosse ni sur les oies et canards qui fournissent des foies gras, faisant des **Landes** l'un des plus importants producteurs du Sud-Ouest dans ce domaine (près de 4 500 t de foie gras sont produites chaque année dans le département).

Entre Lot et Garonne

L'AGENAIS

Région de transition entre le Périgord méridional, le bas Quercy et les Landes, l'**Agenais** doit son unité à la vallée de la Garonne. Dans la partie nord au climat humide, sur les terrains argileux de Lauzun couverts de pâturages, abondent les vaches laitières. Plus à l'est, entre Monflanquin et Gavaudun, les bois de châtaigniers, de chênes et de pins apparaissent. Peu industrialisé, l'Agenais ne possède qu'une ville de tradition ouvrière : Fumel. L'exploitation des sables riches en minerai de fer a jadis permis la création de petites usines métallurgiques avant de céder la place aux fonderies pour l'automobile.

LA VALLÉE DU LOT

La **vallée du Lot** est un immense verger coupé de jardins et de champs de tabac. Les petits pois, haricots verts et melons de Villeneuve-sur-Lot ont gagné depuis quelques lustres leurs galons de renommée. Villeneuve-sur-Lot s'est également spécialisée dans la prune d'ente, utilisée pour confectionner le pruneau d'Agen : 70 % de la production française, concentrée dans le Sud-Ouest, vient du Lot-et-Garonne. Depuis le 18e s., des plantations de peupliers permettent de tirer profit des terres inondables, le bois servant en menuiserie et papeterie.

Le **pays des Serres**, caractérisé par de bas plateaux allongés séparés par des vallons fertiles, s'étend au sud du Lot et porte principalement du blé sur les plateaux limoneux de Tournon-d'Agenais, tandis que les vignes se multiplient sur les pentes.

LA VALLÉE DE LA GARONNE

Dans la **vallée de la Garonne**, des cultures délicates très variées s'étagent en terrasses, favorisées par la qualité des alluvions et la douceur du climat. Chaque ville ou bourgade possède une spécialité : Tonneins a été jusqu'en 2000 la capitale de la cigarette (Gauloise bleue), Port-Ste-Marie produit pêches et cerises, tandis que Marmande, proche du Bordelais, est une importante zone productrice de tomates et potirons.

Les Pyrénées-Atlantiques

LA CÔTE BASQUE

Cette côte est extrêmement découpée, très sauvage et abrupte par endroits. Les roches, fortement plissées et feuilletées, forment des petites falaises inclinées qui ont fait la réputation pittoresque de la « corniche basque » de St-Jean-de-Luz à Hendaye. Biarritz offre un remarquable panorama de la Côte basque, alternant promontoires, plages et falaises. Après les villages côtiers que sont Bidart et Guéthary, St-Jean-de-Luz, avec sa baie tout entière ouverte sur l'Océan et protégée par des digues, représente un havre de paix avant la longue descente sur Hendaye, ville frontière très appréciée pour ses plages étirées de sable fin. Depuis les années 1920, le tourisme balnéaire représente pour ces villes une manne financière importante.

LA PÊCHE

La pêche est en grande difficulté. La raison principale en est l'appauvrissement de la ressource. En outre, les relations entre pêcheurs se sont considérablement dégradées à cause des différentes pêches pratiquées (la guerre, parfois ouverte, oppose schématiquement pêcheurs traditionnels et chalutiers pélagiques). Il ne reste qu'une seule criée, à St-Jean-de-Luz, dont la valeur des ventes a beaucoup baissé ces dernières années.

LE MASSIF MONTAGNEUX

Résultat de plissements de la vieille structure hercynienne (Massif central, Ardennes), la **chaîne des Pyrénées**, que l'on voit de Pau se dessiner au-dessus des coteaux béarnais, frappe par la continuité de ses crêtes finement échancrées. Vue depuis la capitale régionale, elle ne laisse place à aucun seuil ni cime maîtresse, hormis le **pic du Midi d'Ossau** (alt. 2 884 m), qui doit la majesté de sa silhouette à des pointements de roches volcaniques.

L'**érosion** n'a cessé de niveler le massif. Multipliant ses attaques contre les régions surélevées, elle fait réapparaître, par décapage, les

Le berceau européen du surf

La Côte basque est le berceau européen du surf. La qualité de ses *tubes (voir encadré ci-dessous)* est mondialement reconnue. Le surf constitue même une discipline à part entière au baccalauréat dans la région Aquitaine.

UNE EXPLICATION GÉOGRAPHIQUE

Le **golfe de Gascogne** forme une espèce d'entonnoir, où viennent s'écraser les vagues formées par les tempêtes et dépressions de l'Atlantique Nord. D'autre part, le plateau continental est ici très court et les fonds marins plongent de manière très abrupte, ce qui permet d'obtenir ces **vagues puissantes et rondes** que recherchent les amateurs de sensations fortes. Les vagues les plus spectaculaires sont situées au large, entre Hendaye et Ciboure, sur un site appelé **Belharra**, où le fond rocheux fait que des vagues démesurées s'écrasent en pleine mer!

UN SPORT GRAND PUBLIC

Le phénomène du surf touche désormais le grand public: la France compte 150 000 pratiquants et 31 000 licenciés: deux surfeurs sur trois sont aquitains! Les plages de la région, notamment celles situées au sud d'**Hossegor**, qui concentrent les meilleurs spots européens, attirent un nombre croissant de touristes venus de toute l'Europe et même d'ailleurs. Des compétitions internationales sont régulièrement organisées dans le coin (l'une des épreuves du championnat du monde de surf se déroule à Hossegor ou à Seignosse-Le-Penon), et de grandes marques de matériel ou d'habillement y sont nées ou s'y sont implantées, comme Billabong à Hossegor. En quelques années, le secteur de la glisse est donc devenu une activité de poids. Selon la chambre de commerce et d'industrie, il représente en Aquitaine plus de 170 entreprises et plus de 2 000 emplois, pour un chiffre d'affaires annuel de 700 millions d'euros. Pour accompagner ce succès, le conseil général des Landes a cofinancé un nouveau siège pour la Fédération française de surf à Hossegor, qui respecte les normes HQE (haute qualité environnementale).

« Organiser son voyage », p. 27.

Encadré « Le mascaret », p. 44 et page thématique « Reine des plages », p. 371.

VOCABULAIRE DU SURF

Le *spot* indique le lieu propice à la pratique du surf, appréciable selon la houle *(swell)*.
Le *line up* désigne la zone où les surfeurs attendent les vagues, derrière la *barre* (l'endroit où elles se cassent).
Le *take-off* (départ) s'effectue au *peak*, au sommet de la vague.
Le *tube* désigne le cylindre formé par la vague, dans lequel le surfeur vient se glisser.
Le *roller* est le virage à négocier en haut de la vague.
Le *off-shore* est le vent d'est qui fait se redresser les vagues.

formations sédimentaires primaires et, en certains endroits, le noyau cristallin.

Les Pyrénées basques

L'écrasement des plis pyrénéens, les vallées tortueuses et les communications difficiles entre les différents bassins sont autant de raisons qui font de cette région un « pays fort bossu » selon l'expression d'un chroniqueur du 17e s. L'ensemble du Pays basque s'étend sur les deux versants de la chaîne des Pyrénées. Les accidents de relief les plus remarquables se situent à l'est du département. Le sous-sol de ces calcaires fissurés et criblés de gouffres est devenu pour les spéléologues un immense domaine d'exploration et d'étude (grottes d'Isturitz et d'Oxocelhaya). C'est aussi là que l'on rencontre le plus grand nombre de pins à crochets capables de vivre près de 700 ans.
Ces « basses » Pyrénées présentent une montagne abondamment boisée et relativement peu pénétrable, telle la forêt d'Iraty, étendue sur 2300 ha, la plus importante concentration de hêtres en Europe. Plus près de l'Océan, la topographie se révèle plus calme, témoignant de roches gréseuses ou cristallines composant le décor du Pays basque, tel le sommet de la Rhune, culminant à 900 m. Mais, dans l'ensemble, le paysage entre l'Adour et l'Espagne fait la part belle aux collines modelées dans une masse hétérogène de sédiments de formation marine.

Les vallées béarnaises

Trois superbes vallées forment l'ossature de la montagne béarnaise. À l'ouest, pays de pâturages, court la vallée de **Barétous**. Au centre, la vallée d'**Aspe**, la plus sauvage, suit la route naturelle menant d'Oloron-Ste-Marie au col du Somport. Dominée par le pic du Midi d'Ossau, la vallée d'**Ossau**, découpée par les torrents et les lacs, est réputée pour son marbre d'Arudy et les eaux chaudes de Laruns.

L'OURS EN VOIE DE DISPARITION

La dernière ourse de souche pyrénéenne, **Cannelle**, a été tuée le 1er novembre 2004 lors d'une battue aux sangliers dans la vallée d'Aspe : il ne reste désormais que trois mâles. Pour pallier la menace d'extinction, 7000 ha avaient pourtant été interdits à la chasse en automne, saison où l'ours constitue ses réserves avant l'hibernation. Par ailleurs, en 1996 et 1997, trois ours slovènes, un mâle, Pyros, et deux femelles, Melba et Ziva, ont été réintroduits dans le massif béarnais. Tous se sont bien acclimatés au climat pyrénéen et plusieurs naissances ont eu lieu. En 2006, cinq de leurs congénères (un mâle et quatre femelles) les ont rejoints. Malgré leur succès, ces mesures suscitent encore de vives polémiques, principalement en raison des menaces que cette présence fait planer sur les troupeaux. Plusieurs attaques ont en effet eu lieu, mais, pour les défenseurs de la sauvegarde de l'ours dans les Pyrénées, soucieux de l'image du massif et de la préservation de son patrimoine faunistique, seule l'absence de gardiennage et de protection est responsable de ces dégâts. Outre l'indemnisation des pertes, des mesures ont été mises en place par l'État visant à une meilleure cohabitation entre ours et éleveurs. Le massif compte aujourd'hui plus d'une quinzaine d'individus.

La **Maison du Parc national des Pyrénées** à Etsaut *(voir p. 503)* présente une exposition « L'ours brun des Pyrénées ».

Encadré « Le va-nu-pieds », p. 502.

OBSERVER LES OISEAUX

Vous pourrez observer des oiseaux migrateurs ou autochtones sur les sites suivants :
- En **Gironde** : le marais du Conseiller *(voir p. 228)*, la pointe du Cap-Ferret *(voir p. 251)*, le domaine des Certes d'Audenge et la réserve ornithologique du Teich *(voir p. 255)*, le marais de Bruges *(voir p. 135)*, l'étang de Cousseau *(voir p. 234)* ;
- dans les **Landes** : le courant d'Huchet *(voir p. 327)*, l'étang Noir *(voir p. 333)*, le marais d'Orx *(voir p. 340)* ;
- en **Béarn** : la falaise aux Vautours à Béon *(voir p. 510)*.

En outre, de nombreuses sorties ornithologiques peuvent vous être proposées par les offices de tourisme, les associations ornithologiques ou les guides de montagne, notamment dans les **Pyrénées**.

LES TERRES D'ESTIVE

Vie agricole dans la plaine, vie pastorale dans la montagne, voilà ce qui caractérise le **Béarn**. Brebis et moutons fournissent laine, viande et lait. Activité traditionnelle apparue entre le 5e et le 3e millénaire avant J.-C., le pastoralisme joua un rôle essentiel dans le développement des vallées pyrénéennes. Les montagnards des **vallées d'Aspe, d'Ossau** et **de Barétous**, jouissant de la propriété collective des pâturages, vécurent jusqu'à la fin de l'Ancien Régime à l'écart du système féodal sous un régime de « fors », pratiquement assimilable à l'autonomie politique. Un compte de « feux » datant du Moyen Âge fixe toujours la répartition, par commune, des bénéfices de gestion.

Le **pastoralisme** demeure une activité économique vitale qui permet le maintien d'emplois dans des régions difficiles et contribue à des productions de qualité, comme les fromages, dont certains sont labellisés. En assurant l'entretien de paysages ouverts et la préservation de la biodiversité, les pratiques pastorales participent à la protection de l'environnement.

UN BASSIN INDUSTRIEL

Initiée depuis 1949, l'exploitation du plus grand gisement de gaz naturel d'Europe occidentale, situé à Lacq, touche à sa fin. Véritable enjeu économique pour ce territoire, la question de la reconversion est désormais effective puisque l'activité a fait vivre pendant des années 500 entreprises représentant, en 2013, 9 000 emplois. La chimie verte devrait prendre le relais sur le site industriel et des expérimentations sont en cours sur le captage et le stockage de dioxyde de carbone.

L'Aquitaine gourmande

Grâce aux ressources de l'Aquitaine, des femmes et des hommes perpétuent et développent des savoir-faire souvent ancestraux, toujours de qualité, maintenant une activité identitaire : vins des côtes, huîtres du bassin, fromages du Pays basque ou foie gras des Landes... Autant de métiers qui attestent d'un véritable art de vivre. Fière de ses traditions et de la qualité des produits de son terroir, l'Aquitaine sait ainsi cultiver ses foyers d'art culinaire. Ici, la qualité est reine et le goût souverain.

En Gironde

POISSONS ET FRUITS DE MER

La cuisine bordelaise accommode les **aloses**, saumons, **lamproies**, anguilles et éperlans que lui apporte la Garonne. La lamproie à la bordelaise est cuite dans son sang, comme un civet, puis agrémentée de vin rouge corsé et de poireaux. Avant d'être servie, l'alose est marinée dans du vin blanc et de l'huile parfumée de laurier.

Mais le « poisson roi » de l'estuaire demeure l'**esturgeon**. Vers 1920, un Russe blanc apporta en Aquitaine la recette de la confection du caviar. En une quinzaine d'années, l'industrie du caviar s'organise. Dans les années 1950, la production était de 3 à 5 t par an. Aujourd'hui, la quasi-disparition des esturgeons russes et iraniens qui tenaient le haut du marché profite aux entreprises aquitaines qui en produisent environ 20 t, plaçant la France au premier rang à l'échelle européenne.

Les **chevrettes** de l'estuaire sont devenues une spécialité de Bourg-sur-Gironde. Ces crevettes blanches que l'on pêche en été se préparent avec du laurier et un peu d'anis. Nombreux sont les cafés qui vous en proposeront à l'apéritif.

Si vous passez par le bassin d'Arcachon, impossible d'en repartir sans une bourriche, après avoir goûté les **huîtres** dans une cabane traditionnelle de pêcheur.

Bassin d'Arcachon, p. 248.

VIANDES

En matière d'élevage, la Gironde n'est pas en reste. L'**agneau de Pauillac** est réputé pour son exceptionnelle tendreté. Élevé en bergerie, il est abattu non sevré à l'âge de 75 jours maximum.

Label Rouge lui aussi, le **bœuf de Bazas**, connu pour sa finesse, est issu d'élevages sélectionnés des meilleures races à viande, en particulier la fameuse bazadaise. Élevé en pâturage, il est nourri de maïs, d'orge ou de blé.

SAUCE

La **sauce bordelaise**, sauce au vin, agrémente nombre de plats. Pour la préparer, mettre à bouillir deux verres de bordeaux rouge et ajouter

Le pastis landais, gâteau régional.
J.-D. Sudres/hemis.fr

6 échalotes hachées, du thym, sel, poivre et muscade. Faire réduire le mélange aux trois quarts. Hors du feu, ajouter 60 g de moelle de bœuf hachée, ébouillantée auparavant, et une pincée de persil ciselé. Enfin ajouter des noisettes de beurre et remettre à cuire sans laisser bouillir.

DOUCEURS

À Bordeaux, on se régale de **canelés**, petits gâteaux caramélisés dont l'intérieur est moelleux. La ville de St-Émilion est, quant à elle, célèbre pour ses délicieux **macarons**. Trempées dans du vin rouge à l'apéritif ou servies avec le café, ces petites merveilles moelleuses et délicatement croustillantes ont été inventées en 1620 par les religieuses de la ville. La légende affirme que les **pralines** (amandes rissolées dans le sucre) furent créées à Blaye, en 1649, par le duc César de Choiseul du Plessis-Praslin. Celui-ci, envoyé par Mazarin pour mettre fin à l'insurrection de la ville de Bordeaux hostile au pouvoir royal, invita à dîner les jurats bordelais et les séduisit en leur servant ces confiseries, inventées pour l'occasion par son cuisinier. On raconte que ce bonbon, « le plus simple qui soit », permit aussi au duc de conquérir le cœur de nombreuses dames de la Cour! Enfin, la **figue de Bourg** est aussi appelée « gourmandise du roi »: le jeune Louis XIV voulut, lors d'une promenade à Bourg, cueillir une figue sur une branche trop haute pour lui. Un moine le souleva pour l'aider, mais ce geste lui valut d'être condamné pour crime de lèse-majesté. La reine mère gracia le moine et l'histoire se conclut avec la création d'une confiserie à base de figue confite, enrobée de pâte d'amande et de chocolat.

Dans les Landes

VIANDES

Le **foie gras** d'oie et de canard relève d'une tradition régionale qui a depuis longtemps traversé les frontières. Aujourd'hui, à l'aide d'une gaveuse pneumatique, les palmipèdes ingurgitent de la

semoule puis des grains de maïs, deux à trois fois par jour. Après un mois, ils sont si lourds qu'ils ne marchent plus qu'avec peine. Quand ils refusent de se lever, ils sont « à point ».
Filet détaché des flancs des bêtes, le **magret** se mange frais et grillé, plus ou moins saignant selon les goûts. Fumé, il agrémente la salade landaise. Quant à la graisse, elle sert à confectionner le **confit**.
Mais les volailles des Landes, non grasses, possèdent aussi leurs lettres de noblesse. Ainsi, le **canard fermier**, élevé 102 jours en plein air, a acquis un tel prestige que le Label Rouge a même été étendu aux produits cuisinés. Le **poulet fermier** est le premier produit à s'être vu décerner le Label Rouge en France, en 1965. Élevé en plein air et en totale liberté, sa chair tendre en fait un mets de choix.
Côté gibier à plume, le département est réputé pour être le pays de la **palombe** (ou pigeon ramier). Elle se mange rôtie, de préférence saignante, en salmis ou en confits.
Le **salmis** se prépare à partir de gibier ou de volaille rôtie détachée en morceaux. La chair de la carcasse et les abats sont hachés menu pour obtenir une sauce épaisse, passée au tamis fin. Après cuisson, on ajoute les morceaux du volatile.
Les bovins sont également fièrement représentés dans les Landes par le célèbre **bœuf de Chalosse**, issu de la race limousine ou de la blonde d'Aquitaine. Élevé en alternance entre prairie et étable, l'animal, nourri de fourrage et de maïs, produit une viande goûteuse et fondante.

PIBALES

À la fin de l'hiver, on pêche les civelles, ici nommées **pibales**, petits alevins d'anguilles qui remontent la Gironde et l'Adour et qui sont capturés la nuit dans des filets à mailles serrées. Vendues à prix d'or sur les marchés aquitains, les pibales, que l'on fait revenir dans l'huile d'olive, constituent un mets très prisé, notamment des Espagnols. C'est une pêche réglementée en raison de la raréfaction de la petite anguille, dont le marché asiatique a fait flamber les prix.

FRUITS ET LÉGUMES

Associé au pays d'Orthe *(voir p. 313)*, le **kiwi de l'Adour** est le seul kiwi reconnu par une Identification géographique protégée (l'IGP succède à l'AOC à l'échelle européenne) : il est, dit-on, le meilleur d'Europe ! Favorisé par un climat océanique doux et des terres alluviales riches, il est cultivé sur plus de 600 ha dans les vallées du Gave et de l'Adour qui fournissent un quart de la production française.
L'**asperge des sables**, dont le département produit 3 500 t par an, a elle aussi été reconnue (en 2005) par une IGP. Le sol sablonneux des Landes, ainsi que celui du Blayais en Gironde, lui fournit un terroir idéal. Blanche, fraîche et tendre, elle garnit les étals dès le mois de mars. Aussi bien cuisinée en vinaigrette qu'en omelette, elle accompagne également les salades landaises aux côtés des gésiers et du magret.

Dans le Lot-et-Garonne

FRUITS ET LÉGUMES

La **tomate de Marmande**, cultivée sous serre, est disponible sur le marché de février à novembre.
La **noisette** se récolte de mi-septembre à mi-octobre.
La culture de cinq variétés de **fraises**, dont trois possèdent le Label Rouge, fait du Lot-et-Garonne le premier producteur national.
Mais l'aliment le plus connu ici reste le **pruneau d'Agen,** base de

nombreuses friandises, comme la **tourtière**, gâteau feuilleté garni de pruneaux. S'il existe plusieurs variétés du fruit, la robe-de-sergent fournit la presque totalité des plantations actuelles. Mais Agen n'est en réalité qu'un lieu de transit. La prune est surtout cultivée dans la vallée du Lot, où elle est calibrée dès la cueillette puis séchée au four ou en étuve. Étendue sur plus de 11 000 ha, la filière du pruneau rassemble près de 1 500 producteurs.

Musée du Pruneau à Granges-sur-Lot, p. 561, Maison de la noisette à Lacépède, p. 560.

En Béarn

GARBURE

C'est le potage de campagne typique du Béarn. Il se prépare à partir de légumes frais : pommes de terre, choux, fèves, haricots… auxquels on ajoute un confit d'oie en cours de cuisson.

VIANDES

Les Béarnais s'enorgueillissent de posséder une race de vache locale très caractéristique : la **blonde des Pyrénées**. Élégante, avec sa couleur froment et son cornage en lyre haute, elle est élevée aussi bien pour sa viande que pour son lait. Elle est l'une des ancêtres de la **blonde d'Aquitaine** valorisée pour sa chaire tendre et racée.

Contre toute attente, le **jambon de Bayonne** n'est pas fabriqué à Bayonne, mais dans les montagnes environnantes, et surtout béarnaises. Produit à partir d'élevages porcins qui pâturent dans les forêts de hêtres, de châtaigniers et de chênes, il est mis à sécher neuf mois durant, après sa salaison au sel de Salies-de-Béarn. Grâce à un climat où alternent les périodes humides et sèches, il n'est pas nécessaire de le fumer.

Maison du jambon de Bayonne, à Arzacq, p. 459.

LE SAUMON

Il est également présent sur les cartes du Béarn. Le saumon remonte les eaux de l'Adour pour venir frayer dans le gave d'Oloron. On le pêche dès l'automne et jusqu'au printemps.

FROMAGE DE BREBIS

Ce « fromage du pays » au goût fort et fruité, confectionné par les bergers sur les estives, compte autant de variétés qu'il y a de producteurs. Les bergers béarnais fabriquent par exemple l'**ossau-iraty** *(voir ci-contre)* et un fromage frais, le **greuilh** (ou breuihl), mousseux et léger.

LA POULE AU POT

Elle était l'un des mets favoris du bon roi Henri. La tradition exige de barder une poule de 2 kg avant de préparer la farce en mélangeant le foie de la volaille, le gésier, éventuellement 200 g de jambon de Bayonne coupés en petits morceaux, 2 œufs battus salés, poivrés et muscadés, un hachis d'échalote, d'ail, de persil et d'estragon, et 30 g de mie de pain préalablement trempée dans du lait froid. Brider soigneusement la poule. Dans une marmite, on met la poule avec le cou et les ailerons dans au moins 3 l d'eau que l'on porte à ébullition. On écume, on sale modérément et on laisse frémir 40mn à petits bouillons. On ajoute carottes, navets, poireaux, oignon piqué de clous de girofle, branche de céleri, gousse d'ail et on laisse cuire pendant 1h30 à 2h. Ce plat savoureux se sert avec tous les légumes accompagnés de moutarde à l'ancienne, de cornichons et de gros sel.

CONDIMENT

Le **sel de Salies**, issu d'une source d'eau salée, entre dans la composition du jambon de Bayonne. Il est également produit comme sel de table et apprécié par de nombreux chefs de la région.
Musée du Sel p. 479, L'espace muséographique de la Saline, p. 480.

FRUIT

Très juteuse, la **pêche roussanne**, produite autour de Monein, était jadis plantée aux bouts des rangs de vigne. Elle est reconnaissable à sa chair jaune piquetée de rouge et sa forme arrondie.

SAUCE

La sauce béarnaise fait merveille sur une viande. Pour l'obtenir, faire réduire une échalote ciselée, de l'estragon et du vinaigre blanc. Y ajouter 3 jaunes d'œuf, de l'eau et battre vigoureusement l'ensemble jusqu'à consistance d'une crème. Verser du beurre fondu (125 g), passer au chinois, saler et poivrer.

Au Pays basque

POISSONS

Autrefois, chaque saison apportait son poisson : au printemps l'**anchois**, à partir du 29 juin le **thon**, et pendant l'hiver la **dorade**, sans oublier les pêches plus lointaines qui ramenaient de Terre-Neuve la morue. Aujourd'hui, grâce au commerce mondial ou à la congélation, on trouve ces poissons toute l'année, mais, si vous le pouvez, dégustez-les de préférence en saison, sur les nombreux ports de pêche de la côte.
La **morue** en risotto, en salade ou en ragoût n'en sera que meilleure. Le **marmitako guipúzcoan**, ragoût à base de thon, de pommes de terre, de tomates et de poivrons en prendra plus de goût, et le **ttoro**, cette soupe de poissons préparée avec ail et piment à St-Jean-de-Luz, n'en aura que plus de saveur.

FROMAGES

Culture pastorale oblige, les Basques utilisent le lait de brebis pour produire des fromages. Ainsi, l'**ossau-iraty**, AOC depuis 1980, dans les Pyrénées-Atlantiques, et plus spécifiquement aux abords de la forêt d'Iraty dont il tire son nom, se fabrique à partir du lait entier de brebis manech à tête noire ou rousse, brassé, moulé et pressé puis salé au gros sel et affiné au minimum trois mois. Autre produit laitier que vous retrouverez sur les tables des deux côtés de la frontière hispano-française : le *mamia*, du lait caillé de brebis que l'on déguste avec du miel liquide.

CONDIMENT

AOC depuis 2000, le **piment d'Espelette**, d'origine mexicaine, est à l'honneur sur toutes les tables basques et se fête le dernier week-end d'octobre dans la ville du même nom.

DOUCEURS

Impossible de repartir du Pays basque sans avoir goûté à son **chocolat** ! Les meilleurs se dénichent à Bayonne, selon une tradition remontant au 16e s.
Côté pâtisseries, les gourmands se régaleront des **macarons** de St-Jean-de-Luz, de *goxua* (une sorte de baba au rhum nappé de crème pâtissière et de caramel) et, bien entendu, de **gâteau basque** au cœur de cerise ou de crème d'amandes.

Vins et autres « crus » aquitains

L'Aquitaine constitue la première région viticole de France en AOC (Appellation d'origine contrôlée) avec plus de 30 % de la production française. Si les vignobles sont particulièrement concentrés autour de Bordeaux, la région se distingue aussi par le jurançon, l'irouléguy ou encore le vin du pays de Tursan. Certains terroirs, ou crus, sont plus connus, plus prestigieux et plus coûteux que d'autres ; quoi qu'il en soit, qu'il s'agisse d'un grand nom ou d'une petite exploitation, le vin est toujours le résultat d'un croisement entre un sol spécifique, un climat propice et le travail des vignerons, nourri de traditions et d'innovations.

De la vigne au vin

La vigne est une plante pérenne, c'est-à-dire qu'elle survit, se développe et donne du fruit même si elle n'est pas cultivée. Mais produire du raisin destiné à faire du vin est une autre histoire…

UNE CULTURE CONTRAIGNANTE

Sans le travail de l'homme, la vigne demeurerait à l'état de liane : il faut la tailler pour maîtriser son développement, la palisser sur des murs ou l'attacher sur des fils de fer pour la maintenir à la verticale et favoriser ainsi l'exposition au soleil de ses feuilles et de ses fruits…
Toute l'année, les viticulteurs sont à pied d'œuvre, bien avant la période des vendanges.
La durée de vie d'un pied de vigne varie entre quarante et soixante ans. Jeune, il produit de gros volumes de vins légers et acides. Plus il est âgé, plus ses rendements sont modestes et ses raisins concentrés. La loi n'autorise pas à faire du vin avec des raisins d'un pied qui a moins de trois ans, ce qui implique de consacrer parfois une part importante du terrain au renouvellement des cultures.

SOLS, CLIMATS ET CÉPAGES

La vigne peut pousser sur des sols pauvres. On dit qu'elle doit souffrir pour fournir de bons résultats, c'est-à-dire des raisins lentement mûris. Les plants croissent en absorbant par leurs racines l'eau qu'ils relâchent par leurs feuilles (c'est l'évapotranspiration).
L'épanouissement des fruits de la vigne est conditionné par la qualité du terroir sur lequel elle pousse. Par « terroir », on entend la combinaison d'un sol, d'un sous-sol et d'un climat. Une bonne terre viticole se distingue par sa capacité à gérer le régime hydrique de la vigne, en fonction des saisons et du climat. Mais le résultat dépend aussi du cépage cultivé *(voir p. 58)*. Un cépage donne sa meilleure expression aromatique s'il est implanté sur un sol qui lui convient. Ainsi, les calcaires donnent des vins

Quels cépages pour quels vins ?

Un cépage est un plant de vigne identifiable à ses sarments, ses feuilles et ses grappes. Tous ne sont pas à égalité face aux maladies et aux parasites, tous ne sont pas non plus aptes à produire des vins de qualité. En matière viticole, on ne retient que les cépages dits nobles.

LES CÉPAGES ROUGES

Cabernet franc

Ce cépage, bien implanté dans le Bordelais, aime les sols sablo-graveleux chauds. Ses grappes sont petites et composées de baies rondes et bleues.

Il apporte aux vins une robe rouge cerise qui prend des tons grenat avec le temps et un nez de fruits rouges (cerise, framboise), de réglisse ou de poivron. Sa présence va parfois de pair avec une petite acidité, mais se caractérise toujours par des tanins très fins. Il est souvent associé au cabernet-sauvignon.

Cabernet-sauvignon

C'est LE cépage du Médoc. Tardif, il est remarquable sur des sols de graves, chauds et secs. Ses grappes sont formées de petits grains violet foncé.

Il confère au vin une robe très colorée, rubis foncé à grenat profond. En cas de sous-maturité, il apporte un parfum caractéristique de poivron. Autrement, son bouquet mêle des arômes de cassis et des notes de cuir, de fumée. Ce cépage donne des vins de longue garde, très tanniques, qui gagnent en finesse avec le temps.

Merlot

Ce cépage noir est particulièrement bien implanté à St-Émilion, dans le Médoc et à Pomerol (pétrus). Précoce et vigoureux, il pousse sur des sols argilo-calcaires. Ses grappes portent des raisins d'un bleu noir.

Il apporte au vin une robe grenat, un nez marqué par la violette, les fruits rouges, les épices et parfois le pruneau. Sa bouche est puissante et complexe, plus souple lorsqu'il est associé au cabernet-sauvignon.

LES CÉPAGES BLANCS

Sauvignon

Ce cépage vigoureux, d'origine bordelaise, s'adapte aux marnes calcaires, aux argiles à silex comme aux calcaires durs. Ses petites grappes sont composées de baies ovoïdes jaune d'or.

Il revêt une robe pâle à reflets verts. Marqué par le terroir, il présente en général des odeurs de buis et de cassis, des notes fumées, et peut avoir des accents de pierre à silex. En bouche, les arômes sont vifs, plus ou moins charpentés.

Sémillon

Cépage bordelais, il donne en assemblage, toujours avec le sauvignon et la muscadelle, de grands vins liquoreux comme le sauternes, et des vins blancs secs (graves), moelleux ou mousseux (premières-côtes-de-bordeaux). Vigoureux, il apprécie les sols de graves ou argilo-calcaires. Ses grappes sont reconnaissables à leurs raisins de forme sphérique, blanc doré qui deviennent rosés à maturité.

Dans un vin sec, il apporte une robe paille à reflets dorés, des arômes discrets de fruits secs et de miel. Il en résulte des vins gras, puissants, marqués en bouche. Dans les liquoreux, il offre une robe dorée, brillante, des arômes typiques de miel et d'agrumes, de la rondeur en bouche, bref, de l'opulence !

L'art de la dégustation

« On prend son verre au creux de la main, on le réchauffe, on l'agite en lui donnant une impulsion circulaire afin que l'alcool dégage son parfum. Alors on le porte à ses narines, on le respire, et puis on pose son verre et on en parle… » (Talleyrand).

Faites comme lui et, avant même de porter le verre à vos lèvres, goûtez le vin avec vos yeux et votre nez. Prenez votre temps et oubliez vos complexes ! Si vous voulez mettre des mots sur vos sensations, nous vous indiquons les termes les plus usités *(voir encadré ci-dessous)*.

LA VUE

La dégustation commence par un examen visuel de la « robe » et du « disque » du vin. La **robe**, différente selon les crus, désigne la couleur et la limpidité du vin. Le **disque** est la surface du vin dans le verre : il doit être brillant et ne présenter aucune particule. La transparence est un gage de qualité du vin.

L'ODORAT

Chaque vin a son **parfum**, à l'odeur évocatrice classée en 10 familles : animale, boisée, épicée, balsamique, chimique, florale, fruitée, végétale, empyreumatique et éthérée.

On commence par inhaler le nectar puis on le fait tourner dans le verre pour mieux libérer les **arômes**, en essayant de distinguer chaque famille.

LE GOÛT

L'examen gustatif débute par une **« attaque en bouche »** de quelques secondes, où le vin entre brièvement en contact avec la langue. Ensuite, l'**« évolution en bouche »** permet d'apprécier plus longuement toutes les nuances du vin qui éclatent sur le palais. On avale alors une gorgée pour se délecter de la **« fin de bouche »**.

UN PEU DE VOCABULAIRE

Bien en bouche : vin riche et équilibré, qui remplit la bouche.
Charnu : vin qui a du corps et donne la sensation de mordre dans un fruit.
Gras : vin à la fois moelleux, charnu, corsé et riche en alcool (signes d'un grand vin).
Corsé : vin riche en alcool, qui a du « corps », de la « cuisse »…
Souple : vin peu chargé en tanin, agréable au palais.
Gouleyant : vin facile à boire, fruité, frais.
Nerveux : vin qui dénote un caractère vif, avec une pointe d'acidité.
Rond : vin souple, charnu, légèrement velouté.
Chaleureux : vin qui procure, par sa richesse en alcool, une sensation de chaleur.
Épais : vin très coloré, donnant une sensation de lourdeur et d'épaisseur.
Râpeux : vin très astringent, qui racle le palais.

LE BAN DES VENDANGES

Plus connu pour désigner une manifestation folklorique, c'est avant tout un **arrêté préfectoral** qui définit chaque année et pour chaque appellation la date à partir de laquelle les viticulteurs peuvent commencer les vendanges. Le préfet se soumet pour cela à l'avis d'un comité technique composé de responsables syndicaux, de techniciens, d'œnologues et de chercheurs qui analysent le degré de maturité et la richesse en sucre d'une parcelle témoin. Libre ensuite à chaque vigneron de fixer la date de démarrage de ses propres vendanges, après avoir analysé et goûté son raisin, la maturité étant aussi fonction du type de vin recherché. Car si le viticulteur ne peut pas, sauf dérogation, vendanger avant la date autorisée (le non-respect de cette convention entraîne le risque que toute sa récolte soit exclue de l'appellation), rien en revanche ne lui interdit de la retarder. Une telle réglementation vise à garantir la qualité du vin : certains viticulteurs, par crainte de voir leurs raisins endommagés par les premières pluies d'automne, seraient tentés de se livrer à des vendanges précoces.

qui se distinguent par leur rondeur, leur moelleux ; l'argile produit des vins colorés, tanniques. Dans le Bordelais, les vins de Médoc sont produits sur des graves (cailloux et argile), ceux de St-Émilion en partie sur du calcaire, tandis que le fameux vignoble de pétrus se trouve sur une boutonnière d'argile qui a une excellente capacité de rétention hydrique. On se réfère souvent au terroir comme à une sorte de carte d'identité du vin, car il donne des indications sur le type de vin produit ; c'est pourquoi on parle de « typicité ».

LE TRAVAIL DU VIGNERON

Tout au long de l'année, le vigneron entretient les vignes, il parcourt les rangs, surveille la météo et les plants de vigne, goûte le raisin pour évaluer la maturité du fruit, décider de la nécessité d'un effeuillage, estimer la date des vendanges ou déterminer la qualité de la récolte.
Le moment des vendanges est attendu avec bonheur mais aussi avec inquiétude, car tant que les raisins n'ont pas été récoltés et mis en cuve, rien n'est acquis et le travail d'une année peut être subitement anéanti par un orage ou la grêle.
Pour empêcher les impatients de cueillir le raisin avant qu'il ne soit mûr, le ban des vendanges *(voir encadré ci-dessus)* est proclamé officiellement, donnant souvent lieu à des manifestations, processions et dégustations.
St-Émilion, p. 177.
Lorsque les grappes sont cueillies par les vendangeurs, elles sont coupées avec un sécateur, déposées dans une hotte ou une cagette, puis déchargées dans une benne. Il existe aussi des machines à vendanger qui ont pour inconvénient de secouer les ceps et de ne récolter que les baies, sans les rafles (cette « charpente » de la grappe, qui contient de l'eau, du tanin et des acides organiques).

L'ÉLABORATION DU VIN

Une fois cueillis, les grains de raisin sont rassemblés, selon leurs cépages et les parcelles dont ils proviennent, dans de grandes cuves. La **vinification** commence : elle consiste à produire du vin par la fermentation alcoolique de raisin frais, de moût de raisin et de jus de raisin. Au cours de la **fermentation**, qui est un phénomène naturel, les sucres du raisin se transforment en alcool sous l'action des levures et dégagent du gaz carbonique.

Vendanges dans le Bordelais.
Ph. Roy/hemis.fr

Une fois la **macération** achevée, les vins sont stockés dans des fûts ou des cuves qui devront toujours être pleins sous peine d'oxydation. L'**ouillage** consiste donc à ajouter du vin de même qualité dans les barriques au fur et à mesure de l'évaporation, soit une fois par semaine.

L'opération suivante consiste à **clarifier le vin** pour éliminer toutes les particules indésirables. On procède par filtrage à travers un filtre de coton, ou par **collage** (cette méthode consiste à introduire dans la cuve ou le fût des blancs d'œufs qui entraînent par gravité les impuretés vers le fond). Le vin doit alors être soutiré afin de le séparer du dépôt qui risque de l'altérer. Un deuxième soutirage est effectué au printemps et un troisième en septembre de l'année qui suit les vendanges.

Enfin, le vin subit une dernière opération délicate : il est **mis en bouteilles** à l'aide d'une machine embouteilleuse.

Toute visite d'une exploitation viticole s'organise autour de la présentation des chais. On vous y présentera les étapes de l'élaboration du vin, ainsi que les machines et les opérations nécessaires… avant de vous faire déguster quelques échantillons des vins produits.

Les vins de Bordeaux

L'HISTOIRE D'UN SUCCÈS

Ce sont les Romains, dit-on, qui ont introduit la vigne en Aquitaine. Mais le vin que l'on buvait alors ressemblait sans doute à une piquette relevée de miel et d'épices. Ce sont surtout les trois siècles de domination anglaise, du 12e au 14e s., qui ont pérennisé la réputation des vins de Bordeaux au-delà des mers. Les vins clairets appréciés en Europe du Nord n'avaient vraisemblablement pas grand-chose à voir avec les bordeaux d'aujourd'hui, mais ils n'en ont pas moins assuré la prospérité d'une région à laquelle se sont intéressés dès la Renaissance des marchands des Pays-Bas et de l'Allemagne hanséatique. Bordeaux doit en effet son succès tout autant à ses terroirs et à son climat qu'à ces marchands venus du froid (là où la vigne ne poussait pas) qui ont mis en place un système encore en vigueur aujourd'hui, fondé sur la trilogie « producteurs, négociants, courtiers ». Les premiers exploitent la vigne et transforment le jus de raisin en vin. Les deuxièmes vendent la production. Les troisièmes servent d'intermédiaires entre les deux premiers.

Musée du Vin et du Négoce à Bordeaux, p. 129.

Le 18e s. est l'âge d'or de Bordeaux, avec l'institution des crus, terroirs délimités autour des principaux villages, et des châteaux, bâtis sur la prospérité viticole. Ainsi naît une « aristocratie du bouchon » qui, faute de blason, acquiert ses titres sous le Second Empire grâce au fameux classement de 1855 *(voir p. 63)*, véritable privilège héréditaire transmis non aux hommes mais aux châteaux.

Victime, comme les autres vignobles, du phylloxéra et autres calamités naturelles, le vignoble bordelais n'en a pas moins survécu avec brio, voire insolence, si l'on en juge par les prix actuels des grands crus dans un contexte que d'autres jugent morose. Sur ses marchés d'export, le vin de Bordeaux est de plus en plus concurrencé par les vins du Nouveau Monde, mais il reste une référence incontournable sur les marchés internationaux et les cartes des restaurants, comme dans les caves des particuliers.

APPELLATIONS ET CLASSEMENTS

Le vin de Bordeaux n'est pas toujours rouge : l'entre-deux-mers est un vin blanc, la couleur du vin de Sauternes est dorée et il existe des vins AOC bordeaux blancs ! En réalité, la production des vins de Bordeaux se partage entre 75 % de rouges et 25 % de blancs.

Les appellations

Au sein d'une région délimitée, plusieurs niveaux d'appellations peuvent se superposer, de l'appellation la moins restrictive à la plus restrictive (géographiquement et qualitativement). La région de Bordeaux en est un bon exemple : de manière générale, les vins produits dans la région de Bordeaux sont appelés bordeaux ou bordeaux supérieur. On distingue en plus les appellations dites régionales (entre-deux-mers, graves, médoc, haut-médoc…) ou communales (pessac-léognan, pomerol, st-émilion, pauillac, st-estèphe…). À chacune de ces AOC correspond un cahier des charges spécifique.

VINS DE TABLE, VINS DE PAYS ET AOC

En France, il existe trois catégories de vins : les vins de table, une catégorie intermédiaire dans laquelle on trouve majoritairement des vins de pays, les vins d'AOC (Appellation d'origine contrôlée) ou, à l'échelle européenne, d'AOP (Appellation d'origine protégée).

Les vins de pays et les vins d'AOC sont issus d'une zone géographique délimitée et répondent à des règles strictes (par exemple, seuls les cépages autorisés dans l'aire de production peuvent être implantés et leur nombre est réglementé à l'hectare ; de même, la durée et les conditions dans lesquelles doit être effectué l'élevage sont réglementées) rassemblées au sein d'un cahier des charges spécifique à chaque appellation.

Le respect de ces conditions est contrôlé par des organismes tiers, qui garantissent la qualité du vin produit.

63

VINS ET AUTRES « CRUS » AQUITAINS

Le classement de 1855

Le premier classement officiel des vins de Bordeaux est établi en 1855, à la demande de Napoléon III, pour l'Exposition universelle de Paris. Ce classement est effectué par le syndicat des courtiers sur un critère de prix (le cru classé premier étant le plus cher…), qu'on associe assez naturellement à la renommée du cru. Le classement des vins rouges ne comprend que des vins du Médoc, à l'exception du château haut-brion (graves). 61 châteaux sont répertoriés et répartis en 5 classes. À une modification près (ajout dans la première classe, en 1973, du château mouton-rothschild), le classement de 1855 fait toujours référence pour les vins du Médoc. Les vins blancs et liquoreux de Sauternes sont également classés à cette occasion (soit 26 châteaux classés en 3 catégories). Château-d'yquem, inclassable, figure seul en tant que cru exceptionnel.

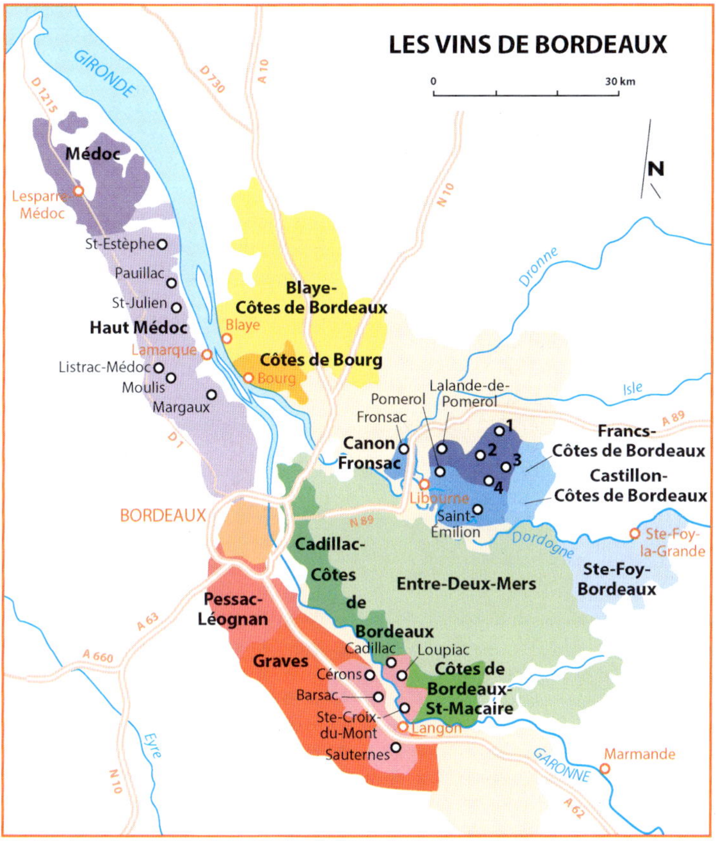

1	Lussac-Saint-Émilion	3	Puisseguin-Saint-Émilion
2	Montagne-Saint-Émilion	4	Saint-Georges-Saint-Émilion

Les AOC bordeaux et bordeaux supérieur sont produites sur l'ensemble du vignoble

o Appellations communales

Autres classements

Un siècle plus tard, les vins de St-Émilion et les vins de Graves font à leur tour l'objet de classements. Le classement de st-émilion, révisable tous les dix ans (dernière révision en 2006) comporte 3 catégories (premiers grands crus classés, grands crus classés et grands crus).
Le classement des vins de Graves, en 1959, recense 16 châteaux qui produisent aussi bien du vin blanc que du vin rouge.
S'ils restent globalement valables, les classements des vins sont régulièrement contestés… par les vignerons mécontents de ne pas en faire partie. Mais le seul classement qui vaille est celui que le consommateur peut faire en comparant le rapport qualité-prix.

ÉVOLUTION ET RÉVOLUTION

Quel que soit le classement qui lui est attribué, dans le Bordelais, un château, c'est d'abord **des vignes et un chai**, auxquels s'ajoute bien souvent une majestueuse maison de maître. Derrière des noms aux consonances aristocratiques vivent des domaines viticoles de taille, d'organisation et de revenus très divers. Cependant, depuis les années 1990, certains parmi les domaines les plus prestigieux ont été achetés par des industriels et des financiers… Citons l'initiative de Daniel et Florence Cathiard, anciens champions de ski et propriétaires des magasins Go Sport, qui ont créé à Château Smith-Haut-Lafitte un luxueux Spa de vinothérapie, les Sources de Caudalie. Autre exemple, l'acquisition par LVMH de château d'yquem (sauternes) et cheval-blanc (st-émilion). Le vin garde une valeur symbolique importante pour l'image et la communication des marques auxquelles les domaines sont progressivement associés… jusqu'à leur prochaine revente ?
Autre sujet parfois sensible : il arrive aujourd'hui que certains domaines français suivent plus ou moins les goûts et les exigences de leurs clients étrangers, surtout lorsque ceux-ci représentent plus de 30 % des débouchés de la propriété. Dans ce contexte sont apparues certaines polémiques, liées par exemple au rôle joué depuis les

LECTURE D'UNE ÉTIQUETTE

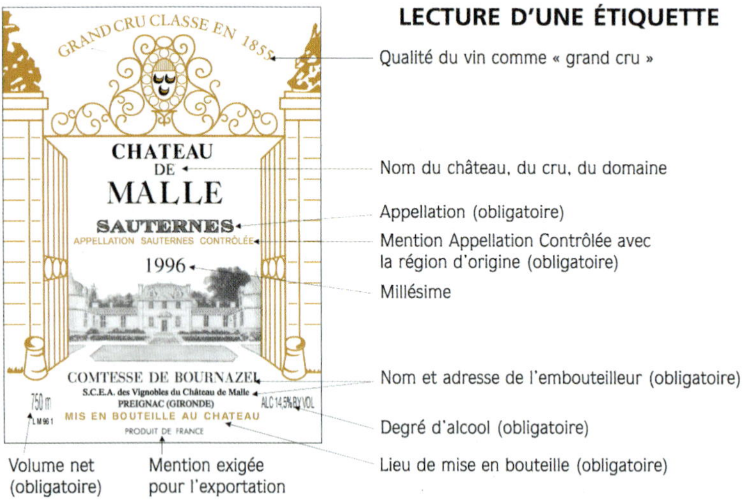

Château de Malle.

années 1980 par Robert Parker, célèbre critique américain et inventeur d'un nouveau système de notation des vins sur 100.
Ce faisant, Parker a largement contribué à populariser les vins de Bordeaux aux États-Unis, mais aussi à encourager une certaine uniformisation (« parkerisation ») de la production bordelaise, selon ses détracteurs. Parmi ces derniers, Jonathan Nossiter critique dans son film *Mondovino* (2004) la tendance à la mondialisation des pratiques et la standardisation du goût des vins, dominés par des préférences pour des crus concentrés, riches en extraits… et en degré d'alcool.
Vu l'importance des sommes en jeu dans la commercialisation des vins de Bordeaux, les domaines attirent logiquement les convoitises internationales. Après les Anglais, les Hollandais, les Allemands, les Américains et les Japonais, c'est au tour des Chinois d'investir.

Les vins du sud de l'Aquitaine

Les vignobles du sud de l'Aquitaine ne sont pas rattachés à Bordeaux. Ils sont rassemblés avec les vins de Cahors, de Bergerac et de Gaillac sous la bannière « vins du Sud-Ouest » qui regroupe en réalité tous les vins qui, durant des siècles, furent tenus à l'écart du marché par Bordeaux. Jaloux de leurs privilèges géographiques et commerciaux, les Bordelais ont en effet inventé toutes sortes de ruses fiscales et réglementaires pour empêcher les vins du « haut pays » de les concurrencer. Ainsi, ces vins ne pouvaient atteindre le port de la Lune, à Bordeaux, qu'après le départ des vins bordelais. Leur qualité en était souvent affectée, sans parler des taxes auxquelles les consuls bordelais et libournais les soumettaient. Le développement du chemin de fer et du réseau routier a fort heureusement permis à ces vins de sortir de leur enclavement, sans perdre pour autant leur identité. Aujourd'hui, le sud de l'Aquitaine reste un véritable laboratoire de cépages anciens, dont la culture est, dans certains cas, probablement antérieure à la conquête romaine.

DANS LES LANDES

L'appellation **tursan**, classé VDQS (vin délimité de qualité supérieure), dont le vignoble s'étend sur 450 ha autour du bassin de l'Adour, se décline en vins blancs, vins rouges et rosés corsés et généreux.

DANS LE LOT-ET-GARONNE

Sur la rive gauche de la Garonne, le terroir des vins de **Buzet**, adossé à la forêt des Landes, s'étend sur une quarantaine de kilomètres de coteaux, entre Bordeaux et Toulouse. Il existe une petite production de blancs et de rosés, mais le vignoble de Buzet est surtout apprécié et reconnu pour ses vins rouges souples et légers qui, grâce aux arômes du chêne apportés par le passage en barrique, prennent beaucoup de corps après quelques années de garde. Pour les rouges, l'encépagement (ensemble des cépages constituant un vignoble) est celui de la trilogie bordelaise : merlot, cabernet franc et cabernet-sauvignon.
Le vignoble des **côtes-du-brulhois**, au sud d'Agen, entre Dunes, Donzac, Goulens et Layrac, produit des vins rouges et rosés légers aux parfums fruités et épicés, classés VDQS.
Dans la vallée de la Dourdèze se trouvent les **côtes-de-duras**. Les vins rouges sont légers et fruités, les blancs de sauvignon très fruités.
Au nord de Marmande, sous l'influence bordelaise, les

Chais de la cave Gan, jurançon.
N. Thibaut/Photononstop

côtes-du-marmandais produisent des vins rouges bien charpentés, aux parfums de fruits.

EN BÉARN

Une appellation vient immédiatement à la bouche : **jurançon** ! Ses vignobles s'étendent sur la rive gauche du gave de Pau (environ 1 000 ha), englobant 25 communes. On distingue le blanc sec du blanc moelleux, dont on a chanté « la couleur de maïs » et « la couleur d'ambre », issus des petit et gros manseng. Les plants tardifs sont vendangés souvent après la Toussaint, au stade de la pourriture noble.

Au sud-est de la Gascogne, le terroir de **madiran** produit un vin rouge, réputé pour sa vigueur tannique, qui développe des arômes de pain grillé et d'épices. Il jouxte l'appellation **pacherenc-du-vic-bilh**, vin blanc sec ou moelleux, apprécié pour son bouquet agréable. Les **côtes-de-st-mont** se déclinent en vins blancs, rouges et rosés corsés et fruités (VDQS).

Les vins d'appellation **béarn-bellocq** comptent parmi les plus anciens du Béarn. Le rosé léger et fruité est produit principalement près de Salies-de-Béarn et Bellocq. Le rouge est puissant et généreux.

AU PAYS BASQUE

Le vignoble d'**Irouléguy** couvre un peu plus de 200 ha plantés à l'origine par les moines de Roncevaux au 13e s., non loin de St-Étienne-de-Baïgorry. AOC depuis 1970, il produit des vins rouges exclusivement à partir de tannat (*bordelesa* en basque), de cabernet franc *(acheria)* et de sauvignon. Les blancs s'obtiennent à partir de courbu *(xuri cerratia)* et de manseng *(ixiriota xuri)*.

Cidre, bières et liqueurs

EN GIRONDE

Apéritif produit à Podensac depuis 1872 à partir de vin et de liqueur de fruits, le **Lillet** se décline en blanc, rouge et depuis peu, en rosé. Comme dans de nombreuses régions françaises, la **bière**

UN PUISSANT VOISIN

Les congrégations religieuses et les commerçants d'Agen firent prospérer le **vignoble de Buzet**, implanté par les Romains, jusqu'à ce qu'Aliénor d'Aquitaine autorise les seuls vignerons et négociants du Bordelais à commercer avec l'Angleterre et l'Europe du Nord. L'abolition de ce privilège permit aux vins de Buzet de connaître un certain développement jusqu'au milieu du 19e s. Ils resteront néanmoins colonie bordelaise, vendus sous le nom de bordeaux jusqu'en 1911 : un décret réserve depuis lors l'appellation bordeaux aux seuls vins de la Gironde. L'AOC buzet fut accordée en 1973.

artisanale a fait son apparition en Gironde, parfois même à l'initiative de viticulteurs. Cette boisson s'ancre dans son territoire grâce à son nom (l'entre-deux-bières, la gasconha…) et aux ressources du terroir qui la composent. Production et dégustation s'effectuent dans un esprit de convivialité et de simplicité qui tranche avec l'atmosphère plus protocolaire des chais.

DANS LES LANDES ET LE LOT-ET-GARONNE

L'**armagnac** est une eau-de-vie à l'arôme délicat de pruneau et de violette. Les Landes accueillent l'une de ses trois régions de production, le Bas-Armagnac ou pays de sables fauves et le Lot-et-Garonne, le nord de l'Armagnac-Ténarèze. Résultat de la distillation de vins blancs, l'armagnac titre 40°. Composé d'un savant mélange d'armagnac jeune et de jus de raisin frais, le **floc de gascogne** se décline en blanc ou rosé (ou floc rouge). Cet apéritif a obtenu son classement en AOC en 1990.

Écomusée de l'Armagnac, à Château-Garreau, p. 287.

AU PAYS BASQUE

Les Basques se revendiquent les premiers producteurs de **cidre**, avant même les Bretons et les Normands. Ils dégustaient autrefois ce breuvage acidulé et pétillant directement au tonneau, ou *kupela*.

Actuellement, la tradition se perd un peu, mais les cidreries continuent de proposer du cidre maison en hiver.

Élaborée à partir de plantes aromatiques, de graines, d'écorces et d'armagnac, l'**izarra**, spécialité d'Hendaye, peut être de couleur verte (à dominante de menthe poivrée) ou jaune (à dominante d'amandes amères).

Traditions et folklore

Des tonalités de la langue basque ou gasconne aux sons des bandas et des « olés » des aficionados de la corrida, en passant par le siffleur des montagnes, les chants dans les églises basques, les fêtes traditionnelles du Sud-Ouest sont hautes en couleur ! Les fêtes de la Madeleine à Mont-de-Marsan, les grands rendez-vous du Bordelais, le Pruneau Show d'Agen ou la feria de Dax sont autant d'événements où retentissent ces accents chantants si caractéristiques de l'Aquitaine.

Deux langues régionales

LE GASCON

Le gascon est la langue ancestrale d'une bonne partie de l'Aquitaine et possède des liens avec les langues du Languedoc et de l'Espagne. Il est considéré par certains comme un dérivé de l'**occitan** – parlé au sud de la Loire et opposé aux langues d'oïl, parlées au nord de la Loire dont provient le français actuel –, par d'autres comme une des langues le composant. Le gascon est divisé en six grands dialectes, eux-mêmes divisés en sous-dialectes : le **béarnais**, le bigourdan et le commingeois dans les zones de montagne, le landais, l'armagnacais et le girondin dans la plaine.

La langue gasconne est utilisée au quotidien et en littérature, mais les textes administratifs et officiels sont rédigés en latin, hormis dans le Béarn où, à partir de 1270, ils sont rédigés en béarnais en raison de son statut de principauté indépendante. Henri II d'Albret puis sa fille Jeanne consacrent même le béarnais comme langue d'État au 16e s. tandis qu'en 1539, par l'ordonnance de Villers-Cotterêts, le français est imposé au reste de la Gascogne, comme au reste de la France. Le français ne prend progressivement sa place en Béarn qu'à partir de l'annexion de ce dernier à la France en 1620, mais on continue d'y rédiger les délibérations en béarnais jusqu'à la veille de la Révolution.

Aujourd'hui, le gascon reste toujours pratiqué, voire enseigné à l'école, et vous pourrez l'entendre sur les marchés.

LE BASQUE

Objet de fascination pour les linguistes du monde entier, le basque fait partie, avec les langues finno-ougriennes (le finnois, l'estonien et le hongrois), des seules langues non indo-européennes du Vieux Continent et l'on a coutume de le considérer comme le plus ancien d'Europe. Il possède, en outre, la particularité de n'être apparenté à aucune autre langue répertoriée. Son enracinement géographique actuel remonte à

Cérémonie d'ouverture de la feria de Dax.
A. Felix/hemis.fr

plusieurs millénaires, bien que la première mention écrite de son existence ne date que de la *Guerre des Gaules* de César.

L'originalité d'*euskara* ne réside pas tant dans son vocabulaire que dans sa grammaire : 22 cas de déclinaison, langue agglutinante (les mots sont formés en collant au radical des préfixes, suffixes, voire des infixes), conjugaison complexe, syntaxe sujet-objet-verbe et, enfin, genre (masculin/féminin) inexistant, sauf pour le tutoiement.

La langue basque est en perte de vitesse côté français, contrairement au côté espagnol, et ne bénéficie d'aucune officialité, la France n'ayant pas ratifié la Charte européenne des langues minoritaires. Mais l'enseignement public (depuis 1983), l'enseignement privé, et les *ikastolas* (écoles associatives créées à partir des années 1960) désormais sous contrat avec l'État, proposent l'*euskara* tantôt comme matière, tantôt comme langue d'enseignement.

Encadré p. 78.

Sports et jeux

LA COURSE LANDAISE

Entre l'Adour et le bassin d'Arcachon, la course landaise reste la forme la plus prisée de la tauromachie en Guyenne. Un document de 1457, relatant la coutume immémoriale de faire courir des vaches et des bœufs dans les rues de St-Sever à l'occasion des fêtes de la St-Jean, atteste qu'elle était déjà pratiquée au Moyen Âge. Mais c'est au 19ᵉ s. que se fixent les règles telles que nous les connaissons aujourd'hui.

Chaque **écarteur** affronte une vache de course. Installé au centre de la piste, il doit esquiver le coup de tête de la bête maintenue en ligne par un teneur de corde. Le **sauteur** s'adonne, lui, à diverses acrobaties par-dessus les cornes de la vache : sauts les pieds dans le béret, de l'ange, périlleux.

Par sécurité, les cornes sont emboulées. Le spectacle dure deux heures et il n'y a jamais de mise à mort.

À la différence des trois autres formes de tauromachie (corrida, corrida portugaise et course camarguaise), la course landaise se pratique exclusivement avec des femelles. Les **vaches** ne sont autres que les cousines, sœurs ou filles des taureaux de corrida. Élevées spécialement à l'usage de cette manifestation, elles proviennent pour la plupart d'élevages espagnols et sont réparties entre quinze **ganaderías**. Chaque vache est entourée de soins par son *ganadero* et participe à une vingtaine de courses par an pendant au moins dix ans.

LA CORRIDA

C'est en Espagne que la corrida fut codifiée à la fin du 18e s., avant d'arriver en France en 1853. Le spectacle commence par le passage des *bandas* (groupes musicaux) à travers les rues de la ville et se poursuit par la corrida dans une arène où six taureaux sont combattus et mis à mort par trois matadors. La corrida se déroule en trois parties pendant lesquelles le taureau va affronter les *picadores*, les *banderilleros* puis le *matador* qui le mettra à mort avec son épée après une série de passes réalisées avec la *muleta*. Dans le **Sud-Ouest**, la corrida est pratiquée dans la même zone que la course landaise. Plusieurs arènes constituent des rendez-vous incontournables pour les *aficionados*, dont les principales sont à Aire-sur-l'Adour, St-Sever, Mont-de-Marsan (fêtes de la Madeleine) et Dax (feria).

LA PELOTE BASQUE

Malgré un nom très empreint de sa région d'origine, la pelote basque se pratique aussi dans le Béarn, dans les Landes et en Gironde. Alliant la rapidité au coup d'œil, l'intelligence stratégique à la finesse, elle revêt plusieurs formes. Par exemple, le jeu au **grand chistera**, du nom de la gouttière en osier qui prolonge le gant protecteur, se pratique à deux équipes de trois joueurs ; il est de loin le plus prisé des touristes. La pelote, plus grosse qu'une balle de tennis, allie dureté et élasticité. Elle comporte un noyau de buis ou de caoutchouc enrobé de laine et garni de cuir de chevrette ou de veau. Lancée contre le mur du fronton, elle est reprise de volée ou après un premier rebond, à l'intérieur des limites tracées sur le terrain.
Une variante importée d'Amérique latine, la **cesta punta**, se joue sur un fronton couvert à trois murs. Le point se marque sur le « mur à gauche », entre deux des lignes verticales numérotées. Les connaisseurs préfèrent cependant des jeux plus anciens et plus subtils, comme le **« jeu net »** au petit gant et le jeu à **main nue**.
Autres jeux : la **pala** et la **paleta** se pratiquent avec une raquette en bois sur un fronton ou dans

LES SIFFLEURS DES MONTAGNES

C'est dans le village d'**Aas**, aux confins de la vallée d'Ossau, que l'on peut encore aujourd'hui rencontrer les derniers dépositaires béarnais de l'art de siffler. Pour communiquer sur de longues distances (jusqu'à 2 km), au cœur d'un relief escarpé, les bergers d'Aas avaient inventé un langage à forts décibels leur permettant d'échanger des phrases courtes relatives à leur vie pastorale ou quotidienne. L'efficacité d'un tel langage fit ses preuves pendant la Seconde Guerre mondiale, lorsqu'un passeur arrêté par les Allemands parvint à s'enfuir et à obtenir l'aide d'un berger des environs pour échapper à ses poursuivants.

un **trinquet** (surface fermée comportant quatre murs). La première utilise une pelote en cuir et la seconde une pelote en gomme pleine ou en gomme creuse (ou « baline »).
Voir « Pelote basque », p. 24.

LES JEUX DE FORCE

Le goût du défi est un trait essentiel du caractère basque. Ainsi des équipes de douze colosses venus défendre l'honneur de leur village aiment se mettre en concurrence. Parmi huit épreuves inspirées des activités quotidiennes à la ferme, chacun des équipiers doit réaliser sa spécialité le plus rapidement possible. Ces jeux animent de nombreuses fêtes locales, dont la plus connue est celle de St-Palais. L'**orga yoko** (lever de charrette) consiste à faire tourner à bout de bras une charrette de 350 kg sur son timon, tandis que l'*aizkolari* (bûcheron) coupe à la hache des troncs de 35 à 60 cm de diamètre et que le *segari* (scieur de bois) scie dix troncs de 60 cm de diamètre. Le **zakulari** (porteur de sac) court avec un sac de 80 kg sur les épaules. Le **lasto altari** (lever de bottes de paille) consiste à hisser à 8 m de hauteur une botte de paille de 45 kg. Pour le **harri altxatzea**, on soulève des pierres de 250 ou 300 kg. Les *esneketariak* (porteurs de bidons de lait) doivent parcourir la plus grande distance avec deux bidons de 40 kg. Enfin, la **soka tira** (tir à la corde), épreuve reine, oppose deux équipes de huit hommes tirant chacune de son côté une corde afin que le milieu de celle-ci (marqué par un foulard noué) franchisse un repère au sol.

LE CŒUR ET LE CORPS

La discipline emblématique des Aquitains est sans conteste le **rugby** dont les clubs de Biarritz, Bordeaux-Bègles, Agen, Mont-de-Marsan, Dax, Bayonne et Pau évoluent dans les deux championnats de l'élite. L'Aquitaine s'illustre également dans le **football**, avec le club des Girondins de Bordeaux, le basket de Pau-Orthez, le hand-ball, notamment féminin, avec l'Union Mios-Biganos-Bègles qui évolue au plus haut niveau.

Les chants basques

Vecteur de culture, le chant est omniprésent, depuis les offices religieux jusqu'aux fêtes patronales. Celles-ci donnent parfois lieu à des défis entre **otxote** (formation à huit voix) ou entre **bertsolari**, ces poètes qui improvisent en public des vers chantés. Chanter est une telle institution que même pendant les parties de pelote les points sont psalmodiés !

Les chants les plus anciens se reconnaissent à leur caractère modal (à l'instar du grégorien), tandis que les musiques plus récentes sont tonales, et syllabiques pour les mélodies populaires, c'est-à-dire qu'à chaque note correspond une syllabe. L'une des formes mélodiques les plus répandues, le **zortziko**, adopte un rythme irrégulier de 5 croches par mesure pour accompagner les danses.

Au niveau du répertoire, chaque région a développé ses propres traditions musicales, mais certaines mélodies sont connues de tous. Elles correspondent généralement à des poèmes épiques. Le plus répandu est le **Chant de Lelo**, relatant la résistance des Cantabres (supposés être les ancêtres des Basques) face aux troupes romaines conduites par Auguste. Il provient d'un manuscrit du 16ᵉ s. Autre chant arrivé jusqu'à nous, le **Jeiki jeiki** fait allusion à la rivalité opposant marins basques et hollandais à propos des zones de pêche à la morue à la fin du 18ᵉ s.

UN TRAITÉ ANCESTRAL

Chaque année, lors d'une cérémonie au col de La Pierre-St-Martin, élus français et espagnols des vallées de Barétous et de Roncal perpétuent le **traité de la Junte de Roncal**, conclu le 13 juillet 1375 et qui mit fin à d'âpres querelles. En échange de trois génisses, les éleveurs du Barétous prolongent leurs droits de faire paître les bêtes sur le versant espagnol de la montagne, où les pâtures sont bien plus grasses *(voir p. 495)*.

Aujourd'hui, le patrimoine musical est transmis et développé entre autres par le biais des **sociétés chorales** qui ont adapté les chansons populaires pour l'orphéon. En France, on n'en compte pas moins d'une cinquantaine dont les plus renommées seraient Oldarra de **Biarritz**, le chœur d'hommes d'**Arcangues**, Adixkideak, celui d'**Hendaye**, Gaztelu Zahar, et le chœur mixte Xaramela de **Bayonne**. Elles s'inspirent pour beaucoup du répertoire folklorique.

La transhumance

Progressivement remplacée par le transport en camion des troupeaux tout au long du 20e s., la transhumance a été remise au goût du jour dans les années 1990. Constatant combien les bêtes supportaient mal le voyage routier pour gagner les estives, les bergers ont renoué avec cette pratique. C'est ainsi que, depuis 1996, la **vallée d'Ossau** retentit durant deux jours – ou plutôt deux nuits, car les éleveurs font leur possible pour que ces déplacements massifs ne perturbent pas la circulation routière – des sonnailles de milliers de bêtes, ovins, bovins, caprins et équidés. Ces **sonnailles** au timbre unique permettent à l'oreille exercée du berger de surveiller la bonne conduite du troupeau ou de déceler une brebis égarée. En tête sont placées les brebis les plus robustes, tandis que le berger et les chiens ferment la marche.

Compagnons indispensables du berger, les chiens sont en effet toujours là pour regrouper et protéger le troupeau. Le **berger des Pyrénées**, ou labrit, tend aujourd'hui à être remplacé par son collègue d'outre-Manche, le **border collie**, réputé moins caractériel et plus efficace. Mais comme ce petit chien noir et blanc n'aboie pas, il ne peut garantir la sécurité des bêtes. Aussi le **patou** se révèle-t-il excellent pour cette tâche : les associations militant pour la réintroduction de l'ours octroient même des subventions aux bergers qui souhaitent en acquérir.

Pendant tout l'été, les troupeaux vont paître dans les pâturages d'altitude et la cabane du berger servira de maison, de laiterie et de fromagerie. Fait de murs en pierres sèches et d'un toit très pentu, le *cuyala* est constitué de deux pièces : l'une pour les bergers, l'autre pour les fromages. Puis dès les premiers froids, les troupeaux emprunteront le chemin inverse pour redescendre dans la plaine et hiverner.

UN PRÉTEXTE FESTIF

La transhumance donne lieu à de nombreuses fêtes dans les villages traversés. À cette occasion, la **vallée d'Aspe**, début juin, et la **vallée d'Ossau**, début juillet, résonnent des chants béarnais et s'emplissent du fumet de la garbure.

Histoire

Théâtre de querelles historiques, objet de revendications, l'Aquitaine a connu un passé tumultueux. Des conquêtes romaines au royaume des Wisigoths, de Charlemagne aux invasions normandes, du duché de Guyenne à la guerre de Cent Ans, des guerres de Religion au gouvernement Poincaré de 1914, l'Aquitaine s'est toujours trouvée intimement liée à l'histoire de France, et de l'Europe.

Une terre convoitée

LA PRÉHISTOIRE

À l'époque de l'*Homo sapiens*, entre -35 000 et -10 000 av. J.-C. (paléolithique supérieur), l'homme de **Cro-Magnon**, caractérisé par le fort volume de son crâne et par son langage articulé, consacrait une part non négligeable de son temps à la création d'œuvres artistiques, comme en témoignent les dessins et ornements découverts en 1881 dans la **grotte de Pair-non-Pair** en Gironde. Quant à la **Dame de Brassempouy**, elle gisait dans les Landes. Sculptée il y a plus de 20 000 ans dans de l'ivoire de mammouth, cette Vénus serait la plus ancienne représentation de visage humain que l'on ait retrouvée dans le monde.

DE L'ÂGE DES MÉTAUX À L'EMPIRE CAROLINGIEN

Dès -1800, de grands mouvements de peuples fixent la physionomie ethnique de l'Occident. Les populations des Pyrénées atlantiques forment déjà une souche homogène résistant aux influences extérieures. Entre le 6e et le 3e s. av. J.-C., les **Celtes**, surnommés « les plus raffinés des barbares », apportent les prémices de la civilisation. Selon la thèse la plus répandue, la tribu des Bituriges Vivisques s'installe sur un méandre de la Garonne et crée le port de **Burdigala**, future ville de Bordeaux, qui devient la capitale de l'Aquitaine. Le commerce se développe et, déjà, le vin fait la fortune de la nouvelle cité.

Mais la conquête de la Gaule par **César** vient bouleverser les rapports établis: en 56 av. J.-C., P. Licinius Crassus, légat de César, mène deux campagnes victorieuses et soumet l'Aquitaine, malgré l'active résistance de certaines peuplades. L'**Aquitania**, dont le territoire s'étend alors des Pyrénées à la Loire, devient, sous la férule d'Auguste, l'une des quatre provinces de la Gaule romaine; elle s'urbanise et s'organise grâce à l'aménagement de voies de communication et à la création d'administrations. À partir du 4e s. pénètre progressivement le christianisme.

Avant même que l'Empire romain ne sombre en 476, l'Aquitaine est envahie en 418 par les **Wisigoths** qui la rattachent à leur royaume d'Espagne. Ils perpétuent la culture latine et le droit romain écrit. En 466, Bordeaux devient la capitale d'un royaume florissant qui s'étend de Gibraltar à la Loire. Mais en 507, c'est au tour de **Clovis** de s'emparer de l'Aquitaine tant convoitée ; les Wisigoths sont battus à Vouillé et la province est intégrée au royaume franc. Peu après, à la fin du 6e s., les **Vascons**, peuple ibérique dont descendent les Basques, se répandent dans le plat pays, la « Gascogne ». Pendant toute la période mérovingienne, l'Aquitaine ne cesse d'être un duché indépendant gouverné par divers parents des souverains, malgré une tentative de **Dagobert** en 630 de créer un royaume aquitain.

Au siècle suivant, ce sont les **Arabes** qui tentent d'envahir le pays : Bordeaux est incendiée et de nombreuses villes rasées. Si la progression des Arabes est enrayée au début des années 730, il faudra plusieurs années à **Charlemagne** pour refouler les « Sarrasins » jusqu'aux Pyrénées. C'est en 778 qu'a lieu la célèbre **bataille de Roncevaux**, contée dans *La Chanson de Roland*, où l'arrière-garde de Charlemagne est écrasée, non seulement par les Arabes, mais aussi par les Vascons.

LES GRANDES DATES

- **56 av. J.-C.** – Crassus, lieutenant de César, conquiert l'Aquitaine.
- **418** – Invasion de l'Aquitaine par les Wisigoths, eux-mêmes chassés par les Francs de Clovis en 507.
- **778** – L'arrière-garde de Charlemagne est écrasée à Roncevaux.
- **781** – Charlemagne fait sacrer son fils Louis roi d'Aquitaine.
- **1137** – Le prince Louis, fils du roi de France et futur Louis VII, épouse Aliénor d'Aquitaine.
- **1152** – Mariage d'Aliénor d'Aquitaine avec Henri Plantagenêt. Le Labourd et la Soule passent sous suzeraineté anglaise.
- **1154** – Henri Plantagenêt, duc d'Aquitaine, devient roi d'Angleterre ; l'Aquitaine passe sous domination anglaise pendant trois siècles.
- **1347** – Gaston Phébus proclame l'indépendance du Béarn.
- **1453** – Dernière bataille de la guerre de Cent Ans, gagnée à Castillon-la-Bataille par les frères Bureau ; l'Aquitaine revient à la France.
- **1571** – Au cœur des guerres de Religion, Jeanne d'Albret impose le calvinisme aux Béarnais.
- **1607** – Henri IV réunit à la France son propre domaine royal (Basse-Navarre) et les fiefs qu'il détient comme héritier de la maison d'Albret (Foix-Béarn).
- **1659** – Traité des Pyrénées, qui fixe les limites des royaumes de France et d'Espagne.
- **1771** – Le trafic maritime de Bordeaux est à son apogée.
- **1789** – Abolition des fors, institutions populaires basques au nord des Pyrénées.
- **1914** – Devant l'offensive allemande, le président Poincaré, le gouvernement et les Chambres s'installent temporairement à Bordeaux.
- **1940** – Le gouvernement Reynaud s'installe à Bordeaux.
- **1998** – Procès de Maurice Papon, secrétaire général de la préfecture de la Gironde de 1942 à 1944, accusé de crimes contre l'humanité.
- **2007** – Inscription du Vieux Bordeaux au Patrimoine mondial de l'Unesco.
- **2011** – Signature de l'arrêt de la lutte armée par l'ETA.
- **2013** – Inauguration du pont Jacques-Chaban-Delmas à Bordeaux.
- **2016** – La réforme des régions de l'administration territoriale regroupe les régions Aquitaine, Poitou-Charentes et Limousin.

Pour soumettre ces derniers, Charlemagne crée la même année, pour son fils **Louis le Pieux**, un royaume d'Aquitaine sous l'autorité du roi franc. L'Aquitaine passe alors entre les mains des différents souverains carolingiens qui doivent lutter contre les invasions des **Normands**, tandis que ces derniers détruisent Bordeaux en 848. En 877, l'Aquitaine est à nouveau constituée en duché par le roi carolingien **Louis le Bègue**, avant d'être, deux siècles plus tard, unie au duché de Gascogne (1058). Le titre de duc revient alors à la dynastie poitevine qui s'illustre surtout par le prince troubadour **Guillaume IX**, grand-père d'Aliénor d'Aquitaine.

L'AQUITAINE AU CŒUR DES GUERRES MÉDIÉVALES

Les deux mariages d'**Aliénor d'Aquitaine** vont marquer un tournant dans l'histoire du duché et de la France tout entière. En 1137, Aliénor, qui vient tout juste d'hériter de l'Aquitaine à la suite de la mort de son père, épouse le futur **Louis VII**. La même année, tous deux se retrouvent propulsés à la tête du royaume de France alors que s'éteint Louis VI le Gros. Ce mariage laissait espérer un prochain retour de l'Aquitaine au royaume de France, mais le couple royal se brouille et l'annulation du mariage est prononcée en 1152. Aliénor épouse aussitôt **Henri Plantagenêt**, livrant du même coup l'Aquitaine à l'héritier de la dynastie angevine qui règne alors sur l'Angleterre.
Les effets ne s'en font pas attendre : deux ans plus tard, en 1154, la couronne d'Angleterre revient à Henri II. La France est cernée de toutes parts par les possessions de son vassal anglais. Jusqu'au 15e s., l'Aquitaine ne cessera d'être ballottée entre les deux puissances. Confisquée à Jean sans Terre par

L'ÉTAT PLANTAGENÊT À SON APOGÉE (Milieu du 12e s.)

LE « FOR DE MORLAÀS »

De tout temps, les Béarnais, à l'instar des populations pyrénéennes, ont montré un goût très vif pour la liberté. Le suzerain, qu'il soit roi de Navarre, d'Angleterre ou de France, devra rendre très lâches les liens assujettissant le petit État. À l'intérieur du Béarn même, le vicomte accorde nombre de privilèges aux habitants. Au 11e s., Gaston IV le Croisé octroie le « for (droit) de Morlaàs ». C'est une sorte de charte politique et judiciaire qui limite les pouvoirs seigneuriaux et soumet tout le monde à l'impôt de la taille. À leur avènement, les vicomtes de Béarn sont tous tenus de « jurer le for ».

Philippe Auguste en 1204, elle revient aux Anglais par le **traité de Paris**, signé par Saint Louis en 1259. L'accord est remis en question à plusieurs reprises et les troupes royales envahissent la Guyenne en 1296 puis en 1324. Cette période est marquée par la fondation des **bastides**, villes neuves *(voir p. 85)*.
La **guerre de Cent Ans** éclate en 1337, lorsque Édouard III d'Angleterre affiche ses prétentions sur la couronne de France. En 1356, son fils, surnommé le Prince Noir, capture le roi de France Jean II le Bon et demande en rançon les pleins droits sur l'Aquitaine. En 1360, lors du **traité de Brétigny**, la France abandonne à nouveau l'Aquitaine aux Anglais, tandis que le Prince Noir renonce au trône de France. En 1380, c'est au tour des Anglais de se plier à la force française, mais ils conservent Bordeaux et Bayonne. La France reconquiert définitivement l'Aquitaine après la **bataille de Castillon** en 1453, qui marque la fin de la guerre de Cent Ans.
« Bordeaux, une ville du sud-ouest », p. 112-113.

LE RATTACHEMENT DU BÉARN ET DE LA BASSE-NAVARRE À LA COURONNE DE FRANCE

Côté pyrénéen, le Béarn, vicomté vassale de l'Aquitaine depuis le 9e s., suit les aléas du duché jusqu'en 1290, où il est réuni par mariage au comté de Foix. En proclamant l'indépendance du Béarn en 1347, **Gaston III Phébus**, dernier comte de Foix-Béarn, maintient une paix relative au nord des Pyrénées. Son héritage passe de main en main pendant la guerre de Cent Ans et finit par échoir à la famille de Navarre. Avec l'union de Catherine de Navarre et de Jean d'Albret en 1484, les Albret, désormais « rois de Navarre », deviennent prépondérants dans les Pyrénées gasconnes. Mais, dépossédés par Ferdinand le Catholique en 1512, ils ne conservent que le pays situé au nord des Pyrénées (Basse-Navarre). **Jeanne d'Albret**, reine de Navarre de 1555 à 1572, mariée à Antoine de Bourbon, veille à maintenir l'indépendance de ses États entre la France et l'Espagne et, durant les **guerres de Religion**, elle impose le calvinisme. Son lieutenant, Montgomery, et, du côté catholique, Blaise de Monluc, rivalisent d'atrocités. C'est le fils de Jeanne d'Albret et d'Antoine de Bourbon, **Henri IV**, qui, roi de France et de Navarre, réunit son propre domaine royal (Basse-Navarre) et les fiefs qu'il détient comme héritier de la maison d'Albret (Foix-Béarn) à la Couronne en **1607**. La paix religieuse s'installe enfin grâce à la promulgation de l'**édit de Nantes** par le même Henri IV. En 1620, l'indépendance du Béarn et de la Basse-Navarre est définitivement oubliée avec la proclamation de l'**édit d'Union** par Louis XIII ; les deux territoires sont rattachés au royaume de France. La révocation de l'édit de Nantes en

La reine Aliénor d'Aquitaine.
Image Asset Managemen/age fotostock

1685 par Louis XIV occasionne de nombreuses persécutions contre les protestants, exécutées par les dragons du roi, et permet surtout à ce dernier d'asseoir l'autorité royale sur la province.

Enfin, en 1659, le **traité des Pyrénées** confirme le partage de la Navarre entre les royaumes de France et d'Espagne, fixant peu ou prou les limites actuelles entre les deux États. C'est à l'occasion du **mariage de Louis XIV** avec l'infante Marie-Thérèse d'Espagne, mariage hautement politique puisqu'il scelle une alliance entre deux ennemis traditionnels, que ce traité est signé sur l'île des Faisans, en plein milieu de la Bidassoa, fleuve désormais frontière.

L'ESSOR DE BORDEAUX ET LA NAISSANCE DU PYRÉNÉISME

Provoquant des disettes et des épidémies, les guerres de Religion et les luttes de pouvoir ont rendu la vie dure aux Aquitains tout au long des 16e et 17e s.

Au 17e s., les seigneurs de Navarre affirment leur autorité face au pouvoir royal un peu partout en Guyenne, en érigeant des forteresses défensives (château Trompette à Bordeaux, citadelle de Blaye). La **Fronde** est très vive en Gironde : en 1649, Bordeaux s'érige en république autonome, avec le soutien des Anglais. Au début du 18e s., un redressement s'amorce : les villes connaissent une forte croissance et les populations urbaines doublent ou triplent de volume. De 1743 à 1757, **Tourny**, intendant de Guyenne, donne au développement économique de Bordeaux une impulsion décisive.

À la veille de la Révolution, le Bassin aquitain est considéré comme l'une des régions les plus prospères de France, en particulier grâce au développement des grands vignobles et à celui du commerce colonial et maritime.

Le 18e s. voit réellement l'apogée de Bordeaux, sous l'égide de son parlement. En 1754, la thèse de **Théophile de Bordeu** sur les eaux minérales d'Aquitaine contribue à la spécialisation des stations de cure et à l'essor du thermalisme.

Le Second Empire est une période faste pour les stations thermales des Pyrénées centrales. Par ailleurs, la côte est aménagée : en 1786, l'ingénieur **Brémontier** présente son projet de fixation des dunes et d'assainissement des marais grâce à la plantation de pins dans les Landes *(voir encadré p. 46)*.

LE TOURNANT DU 19ᵉ S.

Modernisation

Au 19ᵉ s., le développement des chemins de fer apporte la consécration balnéaire de la côte atlantique ; le train arrive à Bordeaux en 1852 et le tourisme prend son essor. Cependant, la Côte landaise reste encore inexplorée en raison des marécages qui la recouvrent et qui ne seront asséchés que vers la fin du siècle. Il faudra attendre 1905 pour que le journaliste bordelais **Maurice Martin** décide de se lancer dans une expédition de découverte des lieux qu'il rendra célèbres sous le nom de « Côte d'Argent ».

Cependant le succès touristique de la région doit beaucoup à la viticulture. Le premier **classement des vins**, esquissé dès les années 1725 avec haut-bon, margaux, lafite et latour, s'élargit en 1855 avec la classification des grands crus du Médoc, établie à la demande de Napoléon III en vue de l'Exposition universelle de Paris.

L'Aquitaine profite peu du développement industriel et demeure avant tout agricole. Le 19ᵉ s. verra en outre une émigration massive des Béarnais et des Basques vers les États-Unis.

L'AQUITAINE CONTEMPORAINE

En 1914, devant l'offensive allemande, le président **Poincaré**, le gouvernement et les Chambres s'installent temporairement à Bordeaux, comme l'avait fait le gouvernement **Gambetta** en 1870 durant la guerre franco-prussienne. Le réflexe sera le même en 1940, avant que le gouvernement de Pétain, élu chef de l'État à Bordeaux, ne déménage à Vichy.

L'Aquitaine devient une région productrice d'énergie, tout particulièrement grâce à l'exploitation du gaz de Lacq en 1951 et du pétrole à Parentis en 1954. L'économie de la région continue de reposer sur l'agriculture et l'élevage, et sur le tourisme : balnéaire, thermal et, depuis quelques années, vert. Ainsi, des infrastructures se sont développées et le patrimoine (historique, culturel, gastronomique, viticole…) est mis en valeur, avec par exemple l'ouverture, en 2003,

L'ÈRE DES NATIONALISMES

Les hommes politiques de la IIIᵉ République, considérant que le sentiment national n'est pas assez puissant dans les régions, décident d'y remédier grâce à deux principaux moyens : l'école et l'armée. D'une part, l'école, devenue laïque, gratuite et obligatoire avec les lois Ferry (1881-1882), répand la langue française et diffuse une histoire et une géographie nationales aux enfants. Ce système éducatif est destiné à imposer le français, langue nationale depuis 1851, au détriment des langues régionales, interdites en classe. D'autre part, le service militaire se charge de transformer les jeunes adultes en citoyens soldats, et de leur inculquer un sentiment d'appartenance nationale très fort. À partir des années 1950, et surtout 1970, les langues régionales, comme le basque, commencent à être reconnues. En 2008, elles sont inscrites dans la Constitution française, pour avoir contribué au patrimoine de la France.

LES FILS DE L'AIR

Du fait de conditions climatiques particulièrement favorables, la région entretient des rapports privilégiés avec l'**aviation** dès ses débuts. En 1909, les **frères Wright**, deux Américains qui avaient effectué le premier vol au monde à bord d'un aéroplane motorisé de leur conception (1903), créent la première école de pilotage sur la lande du Pont-Long, au nord de Pau (les frères reposent dans la chapelle du Mémorial de l'aviation, sur la commune de Lescar). Ils seront imités par **Blériot**, puis, en 1912, l'armée française y établit la première école militaire d'aviation. En 1953, l'ETAP (École des troupes aéroportées) s'implante à son tour sur le site. Elle formera au saut tous les parachutistes français. Aujourd'hui, l'aéronautique reste un secteur puissant de l'économie régionale (Pau, Bordeaux), au voisinage de Toulouse. Vous pourrez visiter l'exposition « Pau, terre d'aviation » au palais Beaumont et le musée national des Parachutistes à **Pau** *(p. 458)*, mais aussi le musée de l'Hélicoptère et de l'Aviation légère de l'armée de terre à **Dax** *(p. 308)*, et le musée historique de l'Hydraviation à **Biscarrosse** *(p. 320)*.

d'un tunnel routier pour traverser les Pyrénées au col du Somport, plus de soixante-dix ans après le percement du tunnel ferroviaire. Le Vieux Bordeaux a aussi obtenu son classement au Patrimoine mondial de l'Unesco en 2007.

Ils ont fait l'histoire

ALIÉNOR D'AQUITAINE

Née aux environs de 1122, elle est la fille aînée de Guillaume X d'Aquitaine. En 1137, alors qu'elle n'a que 15 ans, la mort de son père, son mariage au futur Louis VII et la mort de son beau-père Louis VI font d'elle la duchesse d'Aquitaine et la reine de France. Dix ans plus tard, elle prend part à la 2e croisade. De retour en France, les époux se brouillent malgré la naissance de leur deuxième fille et obtiennent l'annulation du mariage sous prétexte d'une parenté trop proche (cousinage au 9e degré). Sans attendre, Aliénor épouse **Henri Plantagenêt**, héritier de la Normandie et de l'Anjou, mais aussi du royaume d'Angleterre, à la tête duquel il est bientôt appelé, sous le nom d'Henri II. Aliénor met alors au monde huit enfants dont le troisième fils sera **Richard Cœur de Lion** (1157) et le dernier **Jean sans Terre** (1166). Après quelques années aux côtés de son époux aussi bien en Normandie qu'en Angleterre, elle se retire à Poitiers dans son duché de France où elle s'entoure d'une cour joyeuse. Instigatrice d'un complot qui oppose Henri II à deux de ses fils, Aliénor est arrêtée et emprisonnée par son mari pendant près de quinze ans. À la mort de ce dernier, en 1189, la reine, libérée par son fils Richard, s'empresse de le faire couronner avant son départ en croisade. Elle assume le pouvoir pendant l'absence de son fils et garantit le trône des tentatives d'usurpation de Jean sans Terre. Richard revenu, Aliénor se retire à l'abbaye de Fontevrault. En 1199, elle accourt à son chevet et négocie avec lui la mise sur le trône de son frère Jean sans Terre. Avant de s'éteindre à Fontevrault le 31 mars 1204, elle part en Castille, où sa fille Aliénor règne aux côtés d'Alphonse VIII : son dernier acte politique sera de ramener sa petite-fille Blanche et de l'unir au futur Louis VIII, dont le fils **Saint Louis** réunira l'Aquitaine à la France.

« Bordeaux, une ville du sud-ouest » p. 112-113.

LES ESPRITS FORTS DU BÉARN

Gaston Phébus

Le plus célèbre des comtes de Foix et vicomtes de Béarn est Gaston III (1331-1391), qui adopte vers 1360 le surnom de Phébus (ou Fébus), signifiant « le brillant » ou « le chasseur ». Ayant pour devise « toques-y si gauses » (touches-y si tu l'oses), c'est un politique avisé, qui exerce un pouvoir absolu, méprisant les « fors » pourtant jurés par lui. Lettré, poète, il s'entoure d'écrivains et de troubadours ; mais brutal et sans scrupule, il fait assassiner son frère et tue involontairement son fils unique au cours d'une querelle. Au retour d'une expédition de chasse, il tombe foudroyé par une hémorragie cérébrale.

La Marguerite des Marguerites

Grâce à la protection des rois de France et à la suite de mariages profitables, les **Albret**, petits seigneurs landais, se trouvent au 16e s. en possession du comté de Foix, du Béarn et de la Basse-Navarre. Henri d'Albret épouse **Marguerite d'Angoulême**, sœur de François Ier, en 1527. La beauté, l'intelligence et la bonté de Marguerite de Navarre seront célébrées par les poètes. Elle use de son influence sur son frère pour protéger les esprits libres et les novateurs religieux (Clément Marot, Calvin…). En 1542, elle commence la composition d'un recueil de contes galants dans la lignée des fabliaux, l'*Heptaméron*, resté inachevé. Son château de Pau, où se déroulent fêtes et bals, sera un des grands centres d'activité intellectuelle en Europe.

La rude Jeanne d'Albret

On avait dit de Marguerite de Navarre : « Corps féminin, cœur d'homme et tête d'ange. » Sa fille, Jeanne d'Albret, n'a pas éveillé autant de lyrisme : « Elle n'a de femme que le sexe », disait crûment un contemporain. Son mariage l'unit à **Antoine de Bourbon**, descendant de Saint Louis, ce qui permettra à leur fils (futur Henri IV) de recueillir l'héritage des Valois quand cette branche s'éteindra avec Henri III. Jeanne devient reine de Navarre à la mort de son père, puis abjure le catholicisme pour la religion réformée. Assurant l'avenir de sa maison et de sa religion, elle obtient le mariage de son fils Henri avec **Marguerite de Valois**, fille de Catherine de Médicis et d'Henri II. Elle meurt à Paris, en 1572, deux mois avant les noces de son fils.

« Lou Nouste Henric », le grand Béarnais

Henri de Navarre, futur **Henri IV**, naît à Pau le 13 décembre 1553. On raconte que le grand-père d'Albret lui frotta d'abord les lèvres avec une gousse d'ail et les mouilla d'un peu de vin de Jurançon. Puis, avant de placer l'enfant dans l'écaille de tortue qui lui servira de berceau, il le montra à la foule, s'écriant : « Voici le lion enfanté par la brebis de Navarre », répondant ainsi au trait insolent qui avait accueilli autrefois la naissance de sa mère : « Miracle ! La vache a enfanté une brebis. »
Le jeune Henri passe les premières années de sa vie au château de Coarraze, entre Pau et Lourdes. À 12 ou 13 ans, il entre officiellement en religion réformée. Six jours après son mariage avec Marguerite de Valois éclate le massacre de la **St-Barthélemy** (1572). Henri n'échappe à la mort que par l'abjuration ; il reviendra ensuite à la religion réformée jusqu'à l'abjuration solennelle précédant son avènement (1589). Pour ménager l'esprit d'indépendance de ses Béarnais, Henri IV prend le titre de « roi de France et de Navarre ». Louis XIII, en 1620, réunira définitivement le Béarn à la Couronne.

Le pèlerinage à Saint-Jacques

Vieux de plusieurs siècles, le chemin de St-Jacques-de-Compostelle rassemble encore aujourd'hui des adeptes de plus en plus nombreux. Longeant l'ancienne voie romaine qui va de Bordeaux à Astorga, en passant par St-Jean-Pied-de-Port, en Basse-Navarre, c'est un pèlerinage toujours chargé d'émotions.

L'APÔTRE ET SA POSTÉRITÉ

Selon la légende, l'apôtre Jacques le Majeur, aujourd'hui saint patron de l'Espagne, aurait été chargé par Jésus d'évangéliser l'Espagne. De retour en Palestine, il fut décapité en l'an 42 sur l'ordre d'Hérode et son corps, placé dans une barque, aurait échoué sur la côte de Galice où il fut enterré. Cependant, lors de la bataille de Clavijo opposant en 844 le roi des Asturies aux Maures, Jacques serait apparu pour prodiguer ses conseils au roi chrétien. Il aurait même participé au combat sur un cheval blanc et terrassé les Maures (d'où son surnom de « Matamore »). Bien que cette bataille et ce haut fait soient imaginaires, l'apôtre est le symbole de la Reconquête. Son image de saint batailleur lui valut même d'être « exporté » aux Amériques par les *conquistadores* sous le surnom de « Mataindios » !

Au début du 9e s. un ermite du nom de Pelayo (Pélage) aperçoit une mystérieuse étoile le guider vers le tombeau du saint. Il y découvre les saintes reliques qu'un évêque local décrète appartenir à l'apôtre (Rome n'officialisera cette identification qu'en 1884). Le roi des Asturies Alphonse II ordonne alors d'élever une église sur le « champ de l'étoile », ou *Campus stellae* qui devient Compostelle. Le lieu attire aussitôt les pèlerins malgré une interruption lors d'un raid audacieux conduit par le futur calife de Cordoue, al-Mansūr (997).

LE CHEMIN DE LA FOI

Au Moyen Âge, le tombeau de saint Jacques le Majeur attire en Espagne une foule considérable de pèlerins venus de toute l'Europe. La dévotion envers « Monsieur saint Jacques » est si vivante que **Santiago de Compostela** devient un lieu de rassemblement exceptionnel, d'autant que les deux grands lieux de pèlerinage de la chrétienté sont alors inaccessible (Jérusalem) et en plein déclin (Rome). Depuis le premier pèlerinage accompli par l'évêque du Puy en 951, des millions de jacquets, jacquots ou jacobits, ont pris la route.

Une organisation très complète d'**hospices** facilitait le voyage et pourvoyait, le long des principaux itinéraires, à l'hébergement des pèlerins et au maintien de leur bonne santé spirituelle.

Les itinéraires venant du nord

convergeaient à Ostabat, en Basse-Navarre, avant le franchissement des Pyrénées. St-Jean-Pied-de-Port était la dernière étape avant l'ascension vers le col frontière. Les pèlerins gagnaient Roncevaux par la route des hauteurs, section de l'ancienne voie romaine de Bordeaux à Astorga. Ils portaient une croix de feuillage faite de leurs mains avant la montée. Au terme de la première escalade, au col de Cize (Ibañeta), près de la Croix de Charles, les jacquets priaient, chantaient et plantaient leur croix. À l'ermitage voisin, la cloche sonnait par temps de brouillard et durant une partie de la nuit afin de rallier les égarés.

LE PÈLERIN

Au Moyen Âge, le pèlerin était un personnage familier. Il était accueilli avec respect, voire enthousiasme, car il contribuait à la vitalité du commerce local. Son costume ressemblait à celui des voyageurs de l'époque: une vaste cape et un mantelet court (esclavine), une panetière (musette), une gourde, un couvert et une écuelle. Il était également équipé d'un coffret contenant papiers et sauf-conduits ainsi que d'un gros bâton à crosse (bourdon).
La route n'était pas sans dangers: des bandes de « coquillards », faux pèlerins, dont fit partie le poète **François Villon**, rançonnaient les jacquets en leur imposant des péages, quand ils ne les dépouillaient pas tout simplement. De multiples trafics sévissaient aussi. À l'église de Villafranca del Bierzo (León), les pèlerins découragés par l'ascension du dernier col avant la Galice pouvaient acheter de faux certificats.
Enfin parvenus à Santiago, ils se voyaient remettre les insignes du pèlerinage: coquille et médaille, ainsi que la « **compostela** », attestation en latin donnée comme preuve du chemin accompli. À son retour, le fidèle était considéré comme un notable. Les confréries de St-Jacques avaient leur chapelle particulière dans les églises; elles constituaient des fraternités (frairies ou *hermandades* en Espagne) et conservaient les comptes rendus de voyage.

LA COQUILLE

Fréquente sur les côtes de Galice et en particulier au cap Finisterre, la coquille de *vieira* est devenue l'un des symboles du pèlerinage; elle prit bientôt le nom de coquille St-Jacques. Depuis lors, elle orne les façades d'églises et de demeures nobles, qui ne sont parfois liées que de loin au pèlerinage.

DÉCLIN ET RENOUVEAU

Accentuant l'insécurité, la guerre de Cent Ans marque l'amorce du déclin. La Réforme, qui s'oppose au culte des reliques, s'accompagne d'un changement des mentalités. Il devient, en outre, de plus en plus difficile, du point de vue administratif, de franchir les frontières: au 18e s., quiconque voulait se rendre à St-Jacques-de-Compostelle devait se munir d'un extrait de baptême légalisé par l'autorité de police, d'une lettre de recommandation de son curé et d'un formulaire, dûment rempli, de son évêque.
Depuis les années 1980, les pèlerins reprennent la route de Compostelle. Si nombre d'entre eux sont animés par des préoccupations spirituelles, randonneurs ou cyclotouristes, voire cavaliers, sont tout aussi nombreux.

« Randonnée pédestre », p. 25.
Les chemins de St-Jacques, p. 423.

Carnet de route d'un pèlerin de St-Jacques-de-Compostelle.
Ch. Boisvieux/hemis.fr

SIGNATURE, DATE ET CACHET DE LA HALTE

le 31-08-96

DIOCESE DE BAYONNE
Secteur Paroissial
LEDEUIX • ESTOS
VERDETS • POEY • SAUCEDE

S.A. Le Chalet
(Restaurant - Bar)
Col du Somport
64490 URDOS
Tél. 59 36 00 60
RCS Oloron B 390 169 464

le 01-09-96
17 H

PARROQUIA DE SANTIAGO
JACA

2-9-1996

CAMINO DE SANTIAGO
ARAGON
3-9-96
JACA

Albergue del Peregrino
Camino de Santiago - JACA

3-9-96

PARROQUIA DE SANTIAGO DE SANGUESA
4-9-96

Art et architecture

De la présence romaine aux châteaux féodaux et aux villas excentriques du 19e s., chaque siècle a su apposer son cachet en léguant à la région de véritables chefs-d'œuvre. Sur les chemins de Compostelle, l'Aquitaine a hérité des nombreuses églises et abbayes romanes jalonnant les itinéraires de St-Jacques. Mais ce sont les bastides qui illustrent tout particulièrement la Guyenne. L'édification de ces villes neuves au plan rigoureux fut encouragée par les ducs, les princes et les rois pour mettre en valeur le pays aux alentours du 13e s. Si le 17e s. voit fleurir les fortifications Vauban, le 18e s. est marqué par un souci d'urbanisation d'un style très classique. Quant aux habitats traditionnels, ils sont surtout remarquables dans le Béarn, fier d'arborer ses imposantes cases béarnaises, et dans les Landes où l'habitat rural se groupait autour de l'airial.

L'empreinte gallo-romaine

Anciennes voies rectilignes, villas comme celles de **Plassac** en Gironde, de **Géou** à Labastide-d'Armagnac (Landes) et de **Lalonquette** en Béarn, tracés de villes, trésors monétaires retrouvés au gré des recherches et du hasard, mosaïques de Labastide ou statues repêchées dans la Garonne, la présence romaine, ou plutôt l'époque gallo-romaine, a laissé de très nombreux témoignages en Aquitaine. À ce titre, les archéologues, dont les services d'archéologie préventive, continuent d'effectuer un travail exceptionnel. Et c'est loin d'être fini ! À Bordeaux, par exemple, où trônent encore les restes du **palais Gallien**, les travaux d'urbanisme et du tramway ont permis de mettre au jour des découvertes significatives, comme ce quartier d'artisans gallo-romain fouillé en 2009, cours Georges-Clemenceau. À Villeneuve-sur-Lot, le site d'**Eysses**, avec visites et atelier, est toujours étudié et se révélera, à terme, d'une grande importance.

S'il reste peu d'édifices dans la région, des musées permettent de se familiariser avec la vie de nos lointains ancêtres. Ne manquez pas le musée d'Aquitaine de Bordeaux, bien sûr, mais aussi, par exemple, le musée des Beaux-Arts d'Agen avec, notamment, sa splendide Vénus. On peut également découvrir des sites : celui de Brion sur la commune de St-Germain-d'Esteuil, dans le Médoc, est passionnant, avec son théâtre de 57 m de diamètre, capable d'accueillir 3 000 spectateurs, ou le site de Lamarque à proximité d'Agen.

La cité médiévale

Du 11e au 14e s., les villes nouvelles se sont multipliées, adoptant une architecture militaire. Du mouvementé Moyen Âge, la région a conservé nombre de bastides, donjons, églises fortifiées, châteaux, sauvetés et castelnaux, au caractère à la fois défensif et résidentiel.

L'ARCHITECTURE MILITAIRE

L'émiettement de l'autorité féodale au Moyen Âge a entraîné une dispersion générale des points fortifiés. Le Sud-Ouest, et particulièrement l'ancienne Aquitaine, partagée trois siècles durant entre deux couronnes, fut alors saupoudré de châteaux forts. Des fortifications grossières se multiplièrent en rase campagne : un fossé, une palissade d'enceinte (*pau* en langue d'oc, *plessis* en langue d'oïl), une tour de bois puis de pierre élevée sur une « motte » suffisaient à offrir un simple refuge.

Les premiers donjons

Au début du 11e s. apparaissent des donjons de pierre, rectangulaires, caractérisés par une maçonnerie peu épaisse et l'absence de meurtrières. Le rez-de-chaussée, obscur, servant de magasin, l'accès se fait par le premier étage au moyen d'une échelle ou d'une passerelle escamotable.

Les châteaux de brique

Certains châteaux du Béarn portent la marque de **Sicard de Lordat**, ingénieur militaire de Gaston Phébus au 14e s. Construits en brique par souci d'économie, ils possèdent une tour carrée, à cheval sur l'enceinte polygonale, tandis que les casernements et le logis d'habitation s'adossent intérieurement aux courtines. **Morlanne** et surtout **Montaner** en sont les exemples les plus achevés.

Les châteaux clémentins

Bertrand de Got devient pape sous le nom de Clément V en 1305. Rome étant alors en pleine révolution, il demeure dans sa région natale bordelaise. Il est à l'origine des « châteaux clémentins » : Villandraut, Roquetaillade, Duras, Budos et Fargues sont des **« palais-forteresses »**, résidentiels et défensifs. Tous sont dépourvus de donjon. Leur plan rectangulaire porte à chaque angle une tour cylindrique. Un des côtés est percé d'une entrée, précédée d'une bastille, accostée de deux tours cylindriques de mêmes proportions que les tours d'angle. L'intérieur est bordé sur trois côtés par les appartements, vastes salles voûtées et superposées. Seul le **château de Roquetaillade** échappe à ce plan intérieur : il possède un donjon carré central plus élevé que les tours.

Les églises fortifiées

Nombreuses dans le Sud-Ouest, elles occupent une place importante dans l'histoire de l'architecture militaire.

Les deux types de **mâchicoulis** seraient apparus pour la première fois en France, à la fin du 12e s., sur des églises des pays de langue d'oc : mâchicoulis classiques sur corbeaux et mâchicoulis ménagés sur des arcs bandés entre les contreforts.

Traditionnel **lieu d'asile**, l'église représentait, avec son architecture robuste et son clocher tout désigné comme poste de guet, un refuge pour les populations menacées par les assaillants.

LES « VILLES NOUVELLES » DU MOYEN ÂGE

Sauvetés et castelnaux

Les **sauvetés** sont issues d'initiatives ecclésiastiques : prélats, abbés ou dignitaires d'un ordre militaire de chevalerie ont recouru à des « hôtes », initialement des fugitifs et des errants, pour assurer le défrichement et la mise en valeur de leurs terres.

Les **castelnaux** sont, à l'origine, des agglomérations créées par un seigneur dans la dépendance d'un château. Muret, Auvillar, Mugron et Pau en sont autant d'exemples.

Les bastides

Nées des besoins démographiques, financiers et économiques ou liées aux préoccupations politiques et militaires, les bastides constituent le premier **habitat aggloméré** dans la région Aquitaine. La plupart sont issues d'un contrat de **paréage** entre le roi et le seigneur du lieu ou entre un abbé et le seigneur laïc. Cette charte de coutumes précisait le statut des habitants, le programme du lotissement et les redevances. Le peuplement était encouragé par la garantie du droit d'asile et l'exemption du service militaire.

Si le plan des bastides se rapproche souvent d'un **modèle type**, en échiquier carré ou rectangulaire, il s'en éloigne parfois selon le relief et la nature du site. On reconnaît l'intervention d'un arpenteur professionnel dans le tracé rectiligne des rues se coupant à angle droit et dans le découpage de lots de valeur égale. Les colons recevaient, outre une parcelle à bâtir, une parcelle de jardin et, hors de l'agglomération, une parcelle cultivable.

La multiplication des bastides s'est accompagnée de l'édification de nombreuses **églises**. Bâties près de la place centrale ou à la périphérie, solidaires du cimetière, elles sont caractéristiques du gothique languedocien, avec une nef unique, comme à Geaune, dans le Tursan.

Musée des Bastides à Monflanquin, p. 572 et Route des bastides 64, p. 23.

Du classicisme à l'Art déco

Du 16e au 19e s., l'Aquitaine s'enrichit de nouvelles bâtisses. Aux fortifications érigées par Vauban succèdent un style Louis XVI inspiré de l'art antique, puis un éclectisme triomphant. Le style néoclassique s'accompagne d'un mélange des genres pour s'offrir de somptueuses villas, rehaussées par l'avènement de l'Art déco.

L'ÉPOQUE CLASSIQUE

La fin de la Renaissance avait été une époque de stagnation pour l'art français. Avec Henri IV commence une ère de prospérité matérielle qui permet aux artistes de s'engager dans une voie nouvelle. L'avènement de la dynastie des

BORDEAUX : LA RENAISSANCE

Bordeaux a longtemps souffert d'une image peu flatteuse : centre ancien noirci par la pollution (et du fait de la composition de la pierre, très calcaire), quais de la Garonne encombrés d'entrepôts abandonnés, ville repliée sur elle-même malgré sa longue tradition portuaire… Tout cela appartient désormais au passé : une politique ambitieuse de grands travaux a réussi à redonner à la ville son cachet et son attractivité : les rives du fleuve ont été rendues à la vue et aux piétons, les façades néoclassiques ont retrouvé leur éclat… Pour couronner cet effort de valorisation, et suite au classement par l'Unesco de 3 édifices religieux situés sur les chemins de St-Jacques-de-Compostelle (St-Seurin, St-André et St-Michel), Bordeaux a obtenu en 2007 le classement du plus vaste périmètre urbain (1 800 ha) jamais classé au **Patrimoine mondial** au titre d'« ensemble urbain exceptionnel ». Ce souci de préserver l'héritage du passé est aussi une manière de préparer l'avenir. La ville s'est d'ailleurs dotée d'une charte d'écologie urbaine et de développement durable pour accompagner ses transformations.

Bordeaux Patrimoine mondial : une exposition incontournable pour cerner l'évolution de la ville *(voir p. 111)*.

Bourbons amène un changement radical. L'art dit classique se développe de 1589 à 1789.

Les fortifications

Nées au 16e s., elles protègent surtout les cités frontalières. Courtines et bastions sont couronnés d'une plate-forme où sont placés les canons, tandis que des tourelles permettent de surveiller fossés et alentours.

Sébastien Le Prestre de **Vauban** (1633-1707), maître incontesté en matière de fortifications, établit son système caractérisé par des bastions que complètent des demi-lunes, dans un ensemble protégé par de profonds fossés. Profitant des obstacles naturels, utilisant les matériaux du pays, il s'attache à donner aux ouvrages une valeur esthétique.

En Gironde, son empreinte reste manifeste à **Blaye**, où la citadelle protectrice du port de Bordeaux en avant-poste sur l'estuaire, participait d'un système de défense, nommé verrou Vauban, comprenant aussi **fort Pâté** et **fort Médoc**. Dans le Béarn, **Navarrenx** témoigne également des travaux de l'architecte militaire.

L'architecture Louis XVI

De majestueux bâtiments évoquent le style Louis XVI, inspiré de l'art antique, dont l'architecte parisien Victor Louis fut un insigne représentant : sa manière, noble et sobre, s'exprime au **Grand Théâtre** de Bordeaux.

Le Bordeaux des intendants, p. 112.

Quant aux **chartreuses**, ce sont ces petits châteaux caractéristiques de la Guyenne et plus particulièrement du vignoble bordelais. Bâties aux 18e et 19e s., elles ont été conçues par l'aristocratie locale pour servir de maisons de campagne. Basses, habituellement sans étage, les chartreuses s'ouvrent de plain-pied sur une terrasse ou un parterre fleuri ; celle de **Loudenne** compte parmi les plus charmantes.

L'ÉCLECTISME DU 19e S.

Au 19e s., l'architecture européenne tend vers l'éclectisme, remettant au goût du jour les styles passés (antique, roman, gothique, Renaissance et classique) et empruntant largement aux styles étrangers, notamment à l'Orient. De la Gironde aux Pyrénées thermales, en passant par la côte, ce type

ABC d'architecture

Architecture religieuse

BORDEAUX – Plan de la cathédrale St-André (11e-14e s.)

La nef de la cathédrale de Bordeaux ne possède pas de bas-côtés. Elle était primitivement divisée en trois travées carrées dont le nombre fut doublé au 13e puis au 16e s.

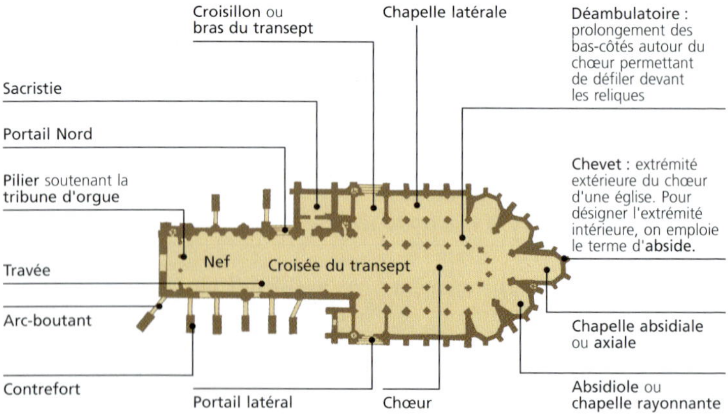

MARMANDE – Coupe longitudinale de l'église Notre-Dame (13e-16e s.)

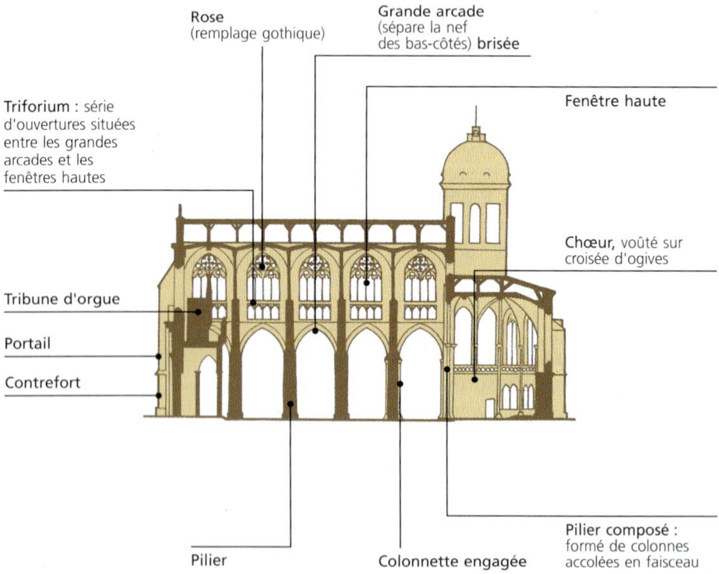

MOIRAX – Chœur de l'église Ste-Marie (11e-12e s.)

PETIT-PALAIS – Église St-Pierre (fin 12e s.)

La façade occidentale de l'église de Petit-Palais s'inspire de l'art saintongeais (voir le Guide Vert Michelin Poitou-Vendée-Charentes), caractérisé par la superposition d'arcatures et le pignon triangulaire.

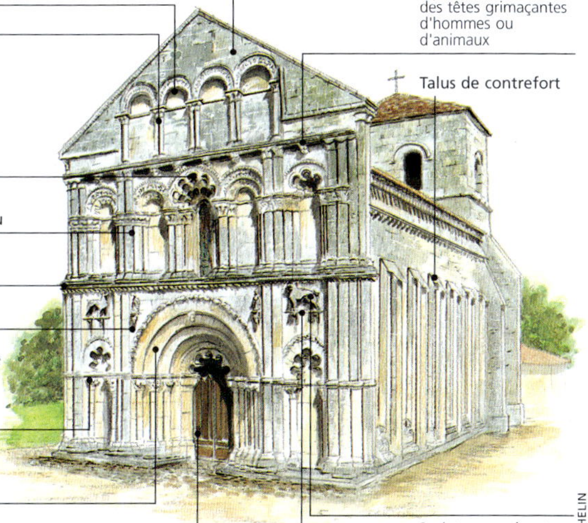

R. Corbel/MICHELIN

BAZAS – Façade de la cathédrale St-Jean (13e s.)

La particularité de cette façade tient dans la superposition de trois étages de styles et d'époques différentes : le 1er, gothique rayonnant (13e s.), le second, gothique flamboyant (16e s.) et le troisième, baroque (18e s.).

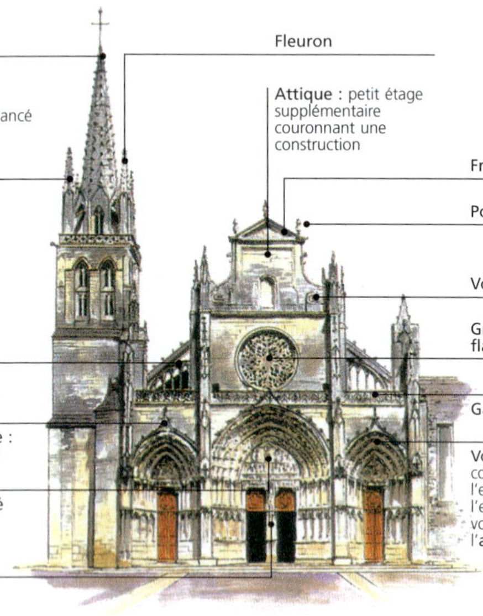

ST-JEAN-DE-LUZ – Intérieur de l'église St-Jean-Baptiste (17e s.)

Transformées pour la plupart au 17e s., les églises basques se distinguent par leur nef unique sur les murs latéraux de laquelle sont posées des galeries. Un retable monumental occupe le chœur.

R. Corbel/MICHELIN

Architecture militaire

ORTHEZ – Pont Vieux (13e-14e s.)

Ce pont fortifié, édifié au 13e s. par Gaston VII Moncade, vicomte de Béarn, a été terminé par Gaston Fébus au 14e s. ; il comporte de nombreuses similitudes avec le pont Valentré à Cahors, qui date de la même époque.

ROQUETAILLADE – Château neuf (14e s. – restauré au 19e s.)

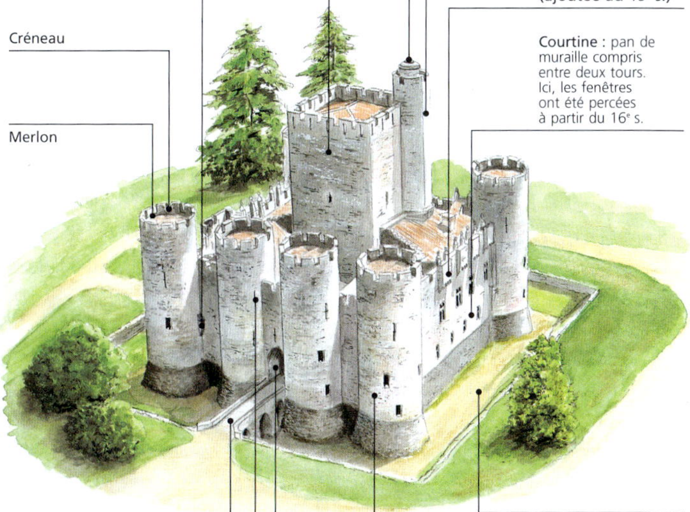

R. Corbel/MICHELIN

Architecture civile

Château de MALLE (17e s.)

BORDEAUX – Palais de la Bourse (18e s.)

R. Corbel/MICHELIN

BORDEAUX – Cage d'escalier du Grand Théâtre (fin 18e s.)

ARCACHON, Ville d'Hiver – Villa Trocadéro (fin 19e s.)

R. Corbel/MICHELIN

d'architecture est prétexte à des constructions originales et à des **villas** somptueuses qui ont fait la réputation de certaines stations.
Terre de prédilection pour cet art de bâtir si varié, le **bassin d'Arcachon** s'est couvert de bâtiments de tous styles : villa algérienne au Cap-Ferret, ville d'hiver à Arcachon, conçue par les frères Pereire (chalets suisses, maisons basques, cottages anglais, villas mauresques, etc.).
En Bordelais, si le style néoclassique domine, il existe de curieux mélanges au **château Lanessan** (Renaissance espagnole et style batave) ou au **château Cos-d'Estournel** (orientalisme et classicisme).
Quand les Pyrénées découvrent le tourisme en 1860, les **stations thermales** bénéficient de cette vague d'éclectisme : à **Eaux-Chaudes**, l'établissement thermal est de style néoclassique ; à **Salies-de-Béarn**, il s'affiche oriental.

L'ART DÉCO

L'architecture Art déco hérite de l'Art nouveau le goût pour la décoration ; mais cette fois, les formes sont épurées et les lignes se redressent. Les architectes ont souvent recours à la ferronnerie, à l'art du verre et à la céramique. À Dax, l'Atrium et le Splendid Hôtel reflètent encore aujourd'hui le faste de cette décoration.
À **Hossegor**, dans les Landes, entre 1920 et 1930, les architectes des villas balnéaires s'inspirent fortement de l'habitat rural basco-landais : ce style néorégional allie colombages et appareillage de brique en épi, typiquement landais, aux toits en débord, murs porteurs saillants et façades crépies blanches propres au Pays basque, tout en introduisant çà et là une décoration Art déco.

L'ARCHITECTURE CONTEMPORAINE

L'architecture contemporaine est de plus en plus présente en Aquitaine, particulièrement à Bordeaux et dans le vignoble bordelais. Avec la caserne des pompiers de la Benauge dans les années 1950 et le quartier de Mériadeck dans les années 1970, la capitale girondine a fait le choix du contemporain. Elle continue aujourd'hui dans la même voie pour la réhabilitation de ses quartiers et nombre de ses édifices : le tribunal de grande instance, l'hôtel Seeko'o et sa façade « iceberg », le pont Jacques-Chaban-Delmas… Alentour, quelques domaines de renom, tels Château Lafite Rothschild, Faugères, Cos-d'Estournel, La Dominique… ont fait appel à des architectes renommés – Jean Nouvel, Mario Botta, Jean-Michel Wilmotte, Christian de Portzamparc – pour repenser leurs chais.

L'habitat traditionnel

DANS LE BÉARN

Les **cases béarnaises** sont bâties sur un même plan rectangulaire et dotées d'un toit d'ardoises (ou de tuiles, au nord), dont les quatre pentes sont fortement inclinées pour évacuer la neige ou la pluie. L'extrémité de la pente du toit est parfois adoucie par un « coyau » en surplomb qui protège les murs de la pluie. De vastes dimensions, ces demeures utilisent des matériaux locaux : galets roulés et polis par les gaves pour les murs de clôture ou ceux des bâtiments, pierres de taille de la montagne voisine, bois, marbre, pierres sèches qui servent aussi pour les **cabanes de bergers**.
Si la maison est dotée de dépendances (étable, hangar, poulailler), elles s'articulent autour de la « parguie », la **cour centrale**.

L'ART DE LA TERRE CUITE

Du fait de la nature argileuse de certains sols d'Aquitaine, les hommes ont très tôt développé le travail de la terre. Ainsi la Gironde est-elle internationalement réputée pour ses carreaux, moulés et non pressés. Jadis, les tuiles étaient façonnées par les femmes… sur leurs cuisses, de différents gabarits ! Aujourd'hui, une dizaine de tuileries artisanales résistent dans le département. Dans l'Entre-Deux-Mers, la pratique très ancienne de la poterie à **Sadirac** s'est perpétuée en se spécialisant. Dans le Lot-et-Garonne, c'est le céramiste de la Renaissance **Bernard Palissy** (1510-1590) qui a laissé son empreinte. Dans les Landes, une manufacture royale de faïence fut créée à **Samadet** dans le Tursan, qui devint célèbre au 18e s.

Le musée souterrain de la Poterie à St-Émilion (voir p. 180), le musée de céramique Bernard Palissy à St-Avit (voir p. 573), le musée des Beaux-Arts à Agen (voir p. 525), le musée de la Faïence et des Arts de la table et la Maison de la céramique contemporaine à Samadet (voir p. 293 et 294) et enfin le Festival international de la céramique à la Pentecôte à l'abbaye d'Arthous (voir p. 317).

Vous verrez de telles bâtisses à Oloron-Ste-Marie, Sarrance, Lourdios-Ichère, Lescun et Borce, jusqu'aux Hautes-Pyrénées, avec quelques variantes suivant l'altitude.

Les **façades** des maisons de plaine sont toujours très sobres : le seul élément décoratif est un tympan de marbre que l'on peut observer au-dessus de la porte. Dans les vallées, le marbre est également utilisé pour encadrer les fenêtres et la plupart des maisons sont dotées d'un balcon de bois.

DANS LES LANDES

Crépie de couleur claire et s'élevant le plus souvent dans une clairière – survivance de l'ancien *airial* –, la maison landaise typique fait partie du paysage. Elle est dépourvue d'étage et ne comporte qu'un grenier avec lucarne sous le toit de tuiles. La façade est protégée par un large auvent soutenu par des poutres de bois, l'*estantade*.

Écomusée de Marquèze à Sabres (voir p. 268).

On peut encore voir, le long des routes forestières, de petites **cabanes** où les gemmeurs *(voir encadré p. 46)* rangeaient leurs outils. Ces cabanons rectangulaires, assez bas et sommaires, sont fabriqués en pin des Landes (planches assemblées horizontalement) et couverts d'un toit de tuiles peu pentu. Deux cabanes sont souvent accolées l'une à l'autre.

AU PAYS BASQUE

En **Basse-Navarre**, l'habitat est dispersé, mais les maisons rassemblées en quartiers. Les constructions, munies parfois de balcons, possèdent souvent de beaux encadrements de portes et de fenêtres en grès, pierre du pays.

Dans la **vallée de la Soule**, les maisons réunies le long d'une route ou près d'un pont sont petites et peu profondes. Les murs en galets, la charpente dont la forte pente se termine par un ressaut (coyau), la toiture couverte d'ardoises et percée de lucarnes caractérisent ces maisons montagnardes qui peuvent posséder plusieurs dépendances encadrant une cour.

Les constructions rurales basques se sont continuellement adaptées aux modes de vie. Ainsi, l'introduction du maïs au 16e s. a nécessité plus de place pour entreposer le matériel agricole et les récoltes, mais aussi pour accueillir l'augmentation de la population résultant de ce

LES LINTEAUX DES MAISONS NAVARRAISES

De nombreuses maisons rurales, en particulier en Basse-Navarre, portent des linteaux au-dessus de leurs portes d'entrée et parfois de leurs fenêtres. Ces pierres sculptées présentent des symboles solaires tels que rosaces, croix basques, ostensoirs… Mais on peut y lire le nom de la maison, les prénoms et noms du maître et de la maîtresse de maison, de la date de construction ou de reconstruction et, parfois, du nom du « maître maçon ». Ces inscriptions témoignent de l'importance de la maison dans la société traditionnelle : « l'*etxe* » donnait son nom à ses habitants.

contexte économique favorable. Les agrandissements en largeur et en hauteur, tout en s'intégrant dans la volumétrie traditionnelle, ont fait davantage appel à la pierre.
On peut lire ces évolutions sur les façades des maisons rurales. Les murs pignons ont une allure plus ou moins symétrique, soulignée par les jeux de lignes des pans de bois.

Quelques grands artistes d'Aquitaine

La région a inspiré les Aquitains de naissance ou d'adoption : dans nombre de musées, dont certains de premier ordre, vous pourrez notamment admirer les œuvres d'artistes qui lui sont liés par leur biographie ou leurs sources d'inspiration.

LETTRES

Né en 1533 au château de Montaigne en Périgord et fils de riches négociants gascons anoblis, **Michel de Montaigne** apprend le latin dès son plus jeune âge. À 6 ans, il entre au collège de Guyenne, haut lieu de l'humanisme bordelais. Après des études de droit, il devient magistrat, d'abord à Périgueux, puis au parlement de Bordeaux où il se lie d'amitié avec Étienne de La Boétie. En 1570, il résilie ses charges pour se consacrer à l'administration de son domaine et, surtout, à l'écriture des *Essais*, qui paraissent à compte d'auteur, à Bordeaux. Montaigne se lance ensuite dans un grand voyage européen et fréquente plusieurs villes d'eaux pour soigner ses calculs vésicaux. En juin 1581, alors qu'il séjourne aux eaux de Lucques, il reçoit une lettre des jurats de Bordeaux qui lui annoncent son élection comme maire. Pendant ses deux mandats, jusqu'en 1586, Montaigne doit user d'une habile diplomatie pour empêcher la ville de sombrer dans le chaos des guerres de Religion. Il meurt le 13 septembre 1592. Son cœur est déposé en l'église St-Michel et son corps enterré à l'église des Feuillants à Bordeaux.

PEINTURE ET SCULPTURE

Le musée des Beaux-Arts de Bordeaux consacre une petite salle à **Odilon Redon** (1840-1916) : natif de la ville, il passa une partie de son enfance au domaine de Peyrelade, près de Listrac dans le Médoc. C'est dans cette campagne que naîtront les premiers fusains de l'enfance, inspirés par ses promenades à travers champs, vignes et bois. Il y retournera régulièrement après son installation à Paris. Le musée accueille également quelques toiles des peintres bordelais **Pierre Lacour** (1745-1814), qui en fut le fondateur, et **André Lhote** (1885-1962). Ce peintre cubiste, théoricien et critique d'art, qui fit ses études aux Beaux-Arts de Bordeaux, est aussi l'auteur des peintures murales de la faculté de médecine de cette ville (1957), inspirées par l'Art nouveau. Aux

OÙ VOIR DE L'ART CONTEMPORAIN ?

Les amateurs se précipiteront à Bordeaux au CAPC, musée d'Art contemporain de **Bordeaux** *(voir p. 127)* et à l'Institut culturel Bernard-Magrez *(voir p. 134)*. Quant au musée de la Création franche à **Bègles** *(voir p. 134)*, il s'attache à faire connaître au public les figures multiples de l'art brut. À **Mont-de-Marsan** *(voir p. 286)*, le Centre d'art contemporain Raymond-Farbos accueille d'importantes expositions temporaires.

alentours, le prieuré de Cayac à Gradignan *(voir p. 161)* restitue l'univers d'un autre peintre bordelais méconnu, **Georges de Sonneville** (1889-1978).

L'**école libournaise** s'est développée à la fin du 19e s. autour des figures du romantique Théophile Lacaze, de Jeanne-Louise Brieux, et surtout de **René Princeteau** (1843-1914), dont les toiles sont exposées au musée des Beaux-Arts de Libourne. Issu d'une riche famille libournaise, cet artiste sourd et muet connut le succès parmi la société mondaine parisienne grâce à son talent pour peindre les scènes équestres, ses autres thèmes de prédilection tournant autour de la chasse, des scènes militaires et de la vie rurale. Il fut l'ami et le premier maître de **Toulouse-Lautrec** (1864-1901), qu'il encouragea à se lancer dans la peinture et accueillit à ses débuts dans son atelier parisien. L'artiste passera lui-même dans la région de nombreux étés, puis la fin de sa vie, au château de Malromé (propriété acquise par sa mère, au sud de Bordeaux), mais aussi à Arcachon et Taussat, sur la côte.

Le très beau musée des Beaux-Arts d'Agen présente des œuvres décoratives réalisées par des artistes originaires de la région, et possède aussi des toiles de **Goya** (1746-1828), qui passa la fin de sa vie en exil à Bordeaux, où il mourut. À signaler aussi : un fonds de tableaux impressionnistes, parmi lesquels ceux de l'artiste roumain **Grigorescu** (1838-1907).

À Pau, le musée des Beaux-Arts mêle habilement œuvres anciennes et contemporaines, toiles de maîtres et d'artistes locaux ou régionaux. Il accueille notamment *La Naissance d'Henri IV* (1827) qui assura le succès à **Eugène Devéria** (1805-1865), l'un des principaux représentants du mouvement romantique français en peinture qui s'était installé à Pau. On peut aussi y voir des tableaux de son élève palois **Victor Galos** (1828-1879), dont les paysages, qui s'inscrivent dans une lignée pré-impressionniste, n'ont de cesse de célébrer la beauté des Pyrénées.

À Mont-de-Marsan, le musée Despiau-Wlérick abrite une importante collection de sculptures modernes figuratives, dont celles de **Charles Despiau** (1874-1946) et **Robert Wlérick** (1882-1944), originaires de la ville, mais vous pourrez également admirer leurs œuvres et celles d'autres sculpteurs dans les rues de la ville. Le musée consacré à **Georgette Dupouy** (1901-1992), à Dax, permet de découvrir cette artiste peintre injustement méconnue, qui vécut dans la ville thermale.

MUSIQUE

Né au Pays basque, à Ciboure précisément, en 1875, dans une maison aisément reconnaissable à son style hollandais, **Maurice Ravel** est le compositeur du fameux *Boléro*, mais également de plusieurs autres pièces directement inspirées du Pays basque et de sa musique populaire. Il passa régulièrement ses vacances dans son port d'origine jusqu'en 1910.

DÉCOUVRIR L'AQUITAINE

La dune du Pilat.
J.-D. Sudres/hemis.fr

VICARD

Bordeaux et le vignoble bordelais 1

Carte Michelin Départements n° 335 - Gironde (33) et Landes (40)

BORDEAUX★★★ 104

Au sud-est de Bordeaux :

CADILLAC CÔTES DE BORDEAUX ET SON CIRCUIT 148

SAINT-MACAIRE★ 155

GRAVES, SAUTERNES ET BARSAC ET LEURS CIRCUITS 157

L'ENTRE-DEUX-MERS ET SON CIRCUIT 165

LA RÉOLE ET SON CIRCUIT 174

À l'est de Bordeaux :

SAINT-ÉMILION★★ ET SES CIRCUITS 177

LIBOURNE ET SON CIRCUIT 191

Au nord de Bordeaux :

BLAYE ET SON CIRCUIT 198

BOURG ET SON CIRCUIT 205

Au nord-ouest de Bordeaux :

LE HAUT-MÉDOC★ ET SON CIRCUIT 209

Au château Gruaud Larose, dans le Médoc.

Ph. Roy/hemis.fr

BORDEAUX ET LE VIGNOBLE BORDELAIS

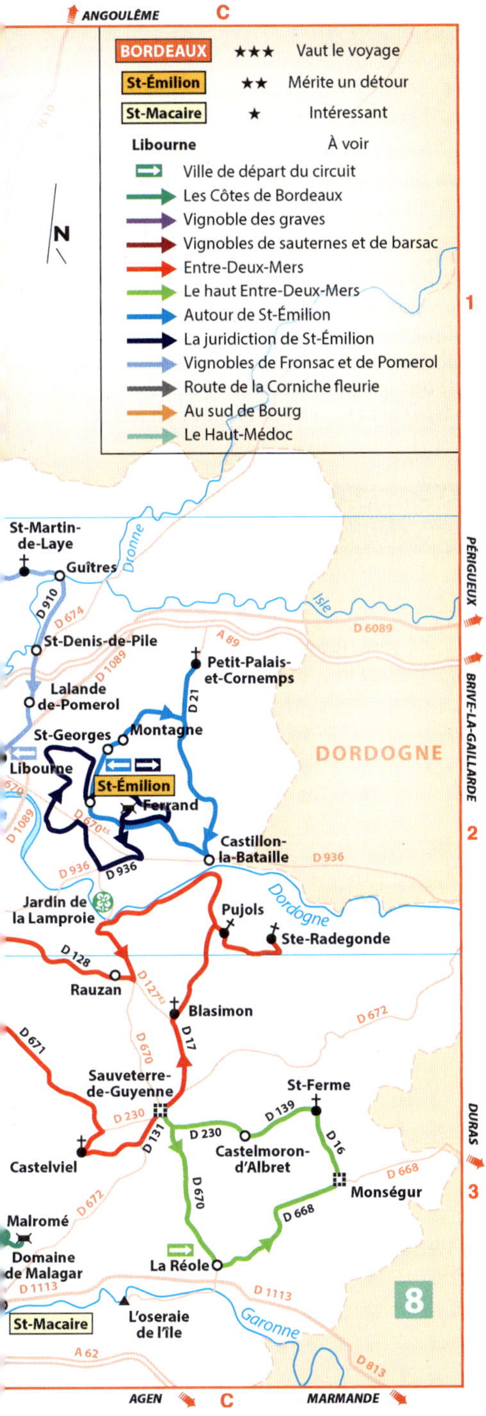
ANGOULÊME
C
BORDEAUX ★★★ Vaut le voyage
St-Émilion ★★ Mérite un détour
St-Macaire ★ Intéressant
Libourne À voir
Ville de départ du circuit
Les Côtes de Bordeaux
Vignoble des graves
Vignobles de sauternes et de barsac
Entre-Deux-Mers
Le haut Entre-Deux-Mers
Autour de St-Émilion
La juridiction de St-Émilion
Vignobles de Fronsac et de Pomerol
Route de la Corniche fleurie
Au sud de Bourg
Le Haut-Médoc
N
1
St-Martin-de-Laye
Guîtres
Dronne
Isle
D 910
D 674
D 6089
PÉRIGUEUX
St-Denis-de-Pile
A 89
D 1089
Petit-Palais-et-Cornemps
BRIVE-LA-GAILLARDE
Lalande de-Pomerol
D 21
St-Georges
Montagne
DORDOGNE
Libourne
St-Émilion
Ferrand
D 670
D 1089
2
Castillon-la-Bataille
D 936
D 936
D 936
Jardin de la Lamproie
Pujols
Dordogne
Ste-Radegonde
D 128
Rauzan
D 127
Blasimon
D 672
D 671
D 670
D 17
Sauveterre-de-Guyenne
St-Ferme
D 230
D 139
DURAS
D 230
D 131
Castelmoron-d'Albret
D 16
Castelviel
D 668
Monségur
3
D 672
D 670
D 668
Malromé
Domaine de Malagar
La Réole
D 1113
D 1113
8
St-Macaire
L'oseraie de l'île
Garonne
A 62
D 813
AGEN
C
MARMANDE

1

Bordeaux

★★★

239399 Bordelais – Gironde (33)

Bordeaux a hérité sa richesse de la vigne et de son commerce avec l'outre-mer au 18e s. Son centre historique, magnifique ensemble classé au Patrimoine mondial de l'Unesco, est l'un des plus vastes de France. Affichant un dynamisme prodigieux, la ville se métamorphose depuis les années 1990 au gré de nombreux aménagements urbains : l'arrivée du tramway, la mise en valeur des façades de pierre blonde, la réhabilitation des quais rendant l'accès au fleuve, le développement rive droite de nouveaux quartiers où les espaces verts abondent… Aujourd'hui, Bordeaux séduit autant ses habitants que les visiteurs, par sa beauté, son ambiance à la fois chic et festive, et son animation de grande ville du sud.

NOS ADRESSES PAGE 136
Hébergement, restauration, achats, activités, etc.

S'INFORMER

Office du tourisme de Bordeaux – *12 cours du 30-Juillet - 33000 Bordeaux - ✆ 05 56 00 66 00 - www.bordeaux-tourisme.com - juil.-août : 9h-19h30, dim. et j. fériés 9h30-18h30 ; mai-juin et sept.-oct. : 9h-19h, dim. et j. fériés 9h30-18h30 ; reste de l'année : 9h-18h30, dim. et j. fériés 9h45-16h30, 1er dim. du mois 9h45-18h - fermé 1er janv. et 25 déc.*

2e bureau gare St-Jean – *Parvis Louis-Armand - r. Charles-Domercq - ✆ 05 56 91 64 70 - horaires, se rens.*

Il propose de la documentation, de nombreuses visites thématiques, des itinéraires de découverte à pied, à vélo, en tuk-tuk, en car cabriolet, en bus et en bateau ; également des excursions dans le vignoble et des croisières sur le fleuve tte l'année ainsi que des circuits sur mesure.

Visites guidées – Bordeaux, labellisée Ville d'art et d'histoire et classée depuis 2007 au Patrimoine mondial de l'Unesco, a mis en place des visites découvertes animées par des guides conférenciers agréés par le ministère de la Culture et de la Communication *(2h, 10 €, -12 ans 9 €).*

Rubrique « Visite » dans « Nos adresses », p. 136.

SE REPÉRER

Carte de microrégion AB2 (p. 102-103) – Sur la rive gauche de la Garonne, derrière le « front » majestueux des façades 18e, les **quartiers historiques** s'organisent autour de chaque église (Ste-Croix, St-Michel…), de part et d'autre des axes qui les relient aux quais.

De nombreuses communes jouxtent Bordeaux, dont elles sont séparées par une ceinture de grands boulevards.

La **rocade** est accessible depuis les quais de la Garonne. Elle rejoint plusieurs autoroutes : l'A 10 (Paris-Bordeaux), l'A 63 (Bordeaux-Bayonne-Espagne) et l'A 62 (Bordeaux-Toulouse-Marseille).

Le miroir d'eau entre la place de la Bourse et la Garonne.
R. Cintract/hemis.fr

1

SE GARER

Chaque 1er dim. du mois, le centre-ville est interdit aux voitures.
Pour vous garer en ville, vous avez le choix entre 27 parkings (soit 15 000 places). Parmi les plus grands : parking couvert de Tourny (pl. de Tourny), parking couvert Mériadeck (r. Claude-Bonnier), parking couvert de la Cité mondiale (20 quai des Chartrons), parking couvert de la place de la Bourse, parking couvert du Chapeau-Rouge (cours du Chapeau-Rouge) et parking couvert des Salinières (quai des Salinières).

À NE PAS MANQUER

Le Grand Théâtre, place de la Comédie ; la cathédrale St-André et son portail royal ; la vue depuis la tour Pey-Berland ou depuis la flèche St-Michel ; le musée d'Aquitaine ; la place de la Bourse ; les quais et le miroir d'eau ; déguster quelques grands crus (avec modération !).

ORGANISER SON TEMPS

Bordeaux en un ou plusieurs jours p. 110.

Comptez plusieurs jours pour visiter Bordeaux jusque dans ses moindres recoins. Un passage par l'exposition Bordeaux Patrimoine mondial vous donnera un aperçu général et vous permettra de bâtir un itinéraire en fonction de vos centres d'intérêt. Prévoyez une journée autour du quartier Pey-Berland où sont rassemblés les principaux musées.

AVEC LES ENFANTS

Les animations de Bordeaux Patrimoine mondial, du musée d'Aquitaine et de Planète Bordeaux (à Beychac) ; une visite de la ville en calèche ; le miroir d'eau et ses fontaines à effet brouillard ; le Jardin public ; Cap Sciences ou le musée des Compagnons du Tour de France.

D 1215 LACANAU
LE VERDON
D 1 CASTELNAU
PAUILLAC
BLANQUEFORT
MARAIS DE BRUGES
BLANQUEFORT
BORDEAUX
plan I
0
2 km
LACANAU
ST-MÉDARD-EN-JALLES
R. des Quatre-Ponts
BORDEAUX FRET
Av. du Médoc
Av. de la Libération
LE VIGEAN
EYSINES
BRUGES
Av. du Haillan
D 6
Rte du Taillan-Médoc
Av. de l'Hippodrome
Av. du Médoc
Av. Gal de Gaulle
LE HAILLAN
Av. Pasteur
Av. J. Mermoz
A 630-E 5
LA FORÊT
Av. de la Libération
Av. de la Libération
d'Eysines
D 211E3
Av. de St-Médard
Av. de Magudas
Av. de Lattre de Tassigny
Av. H. Barbusse
Av. St-Amand
Av. Gal Leclerc
PHARE AÉRIEN
Rue Stehelin
PARC BORDELAIS
Barrière St-Médard
CAP-FERRET
D 213
Av. M. Dassault
MÉRIGNAC
CAUDÉRAN
POL.
Barrière Judaïque
Av. de Beaudésert
D 213E2
Pl. du Gal Gouraud
Av. de l'Yser
Av. de Verdun
Av. de Mérignac
CITÉADMTIVE
Barrière d'Arès
PARC DE MÉRIGNAC
Av. Mal Leclerc
Av. d'Arès
N 563
Av. de la Marne
Barrière d'Ornano
BORDEAUX-MÉRIGNAC
Av. R. Cassin
Av. de la Somme
PARC PELUS
Av. Roland Garros
Av. de Belfort
TOUR DE VEYRINES
Av. de Peychotte
CHU
CHABAN-DELMAS
Av. de Argonne
Av. A. Briand
Av. A. Briand
Av. Bon-Air
Av. du Souvenir
BOIS DU BURCK
ARLAC
Av. de Kaolack
D 106
Av. du Bourgailh
Chin de la Princesse
A 630-E 5
Av. Dr.-Nancel-Pénard
R. P. Montagne
R. de Madran
Av. J. Jaurès
Av. du Transvaal
Av. de Beutre
Av. Pasteur
Av. Schweitzer
PESSAC
DOMAINE UNIVERSITAIRE
Av. de l'Université
QUARTIERS MODERNES FRUGÈS-LE CORBUSIER
CHR X. ARNOZAN
Av. Dr. A. Schweitzer
Av. du Gal Leclerc
CHR HAUT-L'ÉVÊQUE
Av. du Ht L'Évêque
ÉTABLISSEMENT MONÉTAIRE
A 63-E 5-E 70
D 214E3
Crs du Gal de Gaulle
GRADIGNAN
BIGANOS
D 1250
ARCACHON
BAYONNE
Prieuré de Cayac
D 1010 BELIN-BÉLIET
SE LOGER
Chambre d'hôte Bordeaux libre............1
Chambre d'hôte La Ferrade.................3
Chambre d'hôte Le Clos des bambous.5

BORDEAUX

PARC FLORAL STADIUM
NOUVEAU STADE
18 MACAU
BEC D'AMBES BASSENS
PARIS ANGOULÊME
CARBON-BLANC
PARC DES EXPOSITIONS
Le Lac
PALAIS DES CONGRÈS
CASINO
D 209
D 10
D 911
A 10-E 5 E 606
BORDEAUX-LAC
Bd du Parc des Expositions
LE LAC
Pont d'Aquitaine
A 630
Av. de Tourville
Bd. Brandenburg
N 210
Daney
BACALAN
LORMONT
N 230
Route de Paris
LES 4 PAVILLONS
Château de Reignac Planète Bordeaux
voir plan III
Pl. de Latule
BOUSCAT
Crs Louis-Blanc
Bd Godard
Pl. Ravesies
R. L. Faure
St-Louis
Pont Jacques-Chaban-Delmas
Cap Sciences
LES CHARTRONS
R. Lombard
Quai de Bacalan
Barrière du Médoc
Cours
PORT
D 113
Quai de Brazza
Av. Carnot
CENON
Av. R. Cassagne
PÉRIGUEUX N 89 LIBOURNE
Institut culturel Bernard-Magrez
voir plan II
LA BASTIDE
Av. Thiers
R. Galin
Curie
Bd. de L'Entre-Deux-Mers
D 241
D 936
Crs Gambetta
Joliot-
GRD THÉÂTRE
CATHÉDRALE
Av. Pasteur
BERGERAC
Bd.
Quai de la Souys
FLOIRAC
R. J. Guesde
Av. G. Cabannes
N 230
Crs de la Somme
Bd. Georges V
Barrière de Pessac
Barrière St-Genès
Quai de Brienne
M.I.N.
GARONNE
A 631
Barrière de-Bègles
Bd. J. J. Bosc
Bd. Franklin Roosevelt
Crs Gambetta
Bd Albert 1er
Av. A. Capelle
Av. J. Guesde
BOULIAC
R. Lamartine
Barrière de Toulouse
Crs V. Hugo
TALENCE
Rte de Toulouse
R. F. Buisson
BÈGLES
Musée de la Création Franche
Pont François Mitterrand
D 10 E4
Rte de Latresne
Av. de Thouars
Libération
Leysotte
Av. J. d'Arc
ARCINS
TARTIFUME
ST-BRIS
R. A. Labro
D 651 E1
A 630
D 10
LATRESNE
D 113
PONT-DE-LA-MAYE
VILLENAVE-D'ORNON
D 113 E1
D 10 LANGON
SARCIGNAN
D 108 E1
SE RESTAURER
Julien Cruège 2
LÉOGNAN D 651
D 1113 LA BRÈDE
A 62-E 72 PAU, TOULOUSE

SE LOGER

Adagio Aparthotel ... (5)	Hôtel de l'Opéra ... (12)	Le Boutique Hôtel Bordeaux ... (7)
Hôtel Acanthe ... (3)	Hôtel des Quatre Sœurs ... (8)	La Maison du Pèlerin ... (1)
Hôtel de la Presse ... (14)	Hôtel La Cour Carrée ... (2)	Mama Shelter ... (10)
Hôtel de la Tour Intendance ... (6)	Hôtel La Maison du Lierre ... (4)	

E RESTAURER

ar-cave de la Monnaie........... 5
omptoir Cuisine..................... 11
omptoir de Sèze...................... 1
a Brasserie bordelaise............ 16
a Cheminée Royale.................. 8
a Petite Gironde....................... 4
La Robe.. 2
La Tupina..................................... 10
Le Bistro du Musée...................... 6
Le Bistrot du Gabriel................... 12
Le Bocal de Tatie Josée.............. 7
Le Caillou..................................... 13
Le Davoli...................................... 17
Le Miles.. 15
Le Petit Commerce........................ 9
Le Petit Mignon............................. 14
L'Oiseau Cabosse......................... 3
Une Cuisine en Ville..................... 18

BORDEAUX EN UN OU PLUSIEURS JOURS	
Jour 1	Rendez-vous sur les quais aux abords du Miroir d'eau puis à Bordeaux Patrimoine mondial (p. 111) et faites du lèche-vitrines dans le quartier St-Pierre entre la place de la Bourse et le cours Alsace-Lorraine (p. 110). L'après-midi, visitez le musée d'Aquitaine (p. 116) et découvrez le Triangle d'or. En soirée, dégustation au bar à vin du CIVB (p. 143).
Jour 2	Le matin, déambulez dans le quartier Pey-Berland (p. 118) et visitez la cathédrale St-André. Petite pause au jardin public (p. 126), puis l'après-midi, découvrez le musée d'Art contemporain (p. 127) et le quartier des Chartrons (p. 127), sans oublier les quais du même nom qui mènent aux Bassins à flots (p. 130). Fin de soirée sur une péniche (p. 146).
Jour 3	Le matin, promenez-vous dans le parc aux Angéliques (p. 133) sur la rive droite, non sans avoir franchi le nouveau pont Jacques-Chaban-Delmas (p. 132). Déjeunez au marché des Capucins (p. 116) avant de flâner dans les quartiers St-Éloi et St-Michel. Le soir, installez-vous aux terrasses animées des cafés et allez danser quai de Paludate.
Jour 4	Échappez-vous dans le vignoble bordelais (voir les circuits pages suivantes).

★★★ Découvrir le Vieux Bordeaux

Le secteur du **Vieux Bordeaux★★★**, inclus entre le quartier des Chartrons et le quartier St-Michel, compte quelque 5 000 immeubles d'une architecture 18e s. La vaste campagne de réhabilitation a redonné tout son éclat à la belle pierre ocre extraite des carrières alentour (St-Macaire, Bourg-sur-Gironde).

Remarquez les **mascarons** qui ornent les façades bourgeoises. Ces clefs de fenêtres, dont le nom vient de l'italien *maschera* (« masque »), représentent des têtes souvent grotesques et introduisent des éléments évoquant principalement le vin (pampres, tonneaux).

Se promener Plans de ville

★★ DE LA PLACE DE LA BOURSE AU QUARTIER ST-MICHEL
Plan p. 108-109

Circuit 1 tracé en vert sur le plan de ville p. 108-109. Cette visite parcourt le lacis de ruelles pittoresques s'étendant entre les quartiers St-Pierre et St-Michel. Compter une journée.

★★ Place de la Bourse E1

Cette jolie place en fer à cheval fut aménagée de 1730 à 1755 d'après les plans des architectes Gabriel père et fils. Elle est cantonnée par deux édifices caractérisés aux étages par des colonnes portant des frontons triangulaires : au nord le palais de la Bourse *(voir l'« ABC d'architecture », p. 92)*, et au sud l'ancien hôtel des Fermes, qui abrite le **musée national des Douanes**. La **fontaine des Trois-Grâces** (1860) orne le milieu de la place.

En face, côté fleuve, le **miroir d'eau★** avec sa dalle de granit, imaginé par **Michel Courajoud**, reflète l'élégante façade 18e s. grâce à un système original de fontaines alternant effet miroir (avec 2 cm d'eau) et effet brouillard. Petits et grands se sont approprié le lieu : on s'y rafraîchit, on se photographie pieds nus… Une animation permanente incontournable !

Détail de la fontaine des Trois-Grâces, sur la place de la Bourse illuminée.
R. Cintract/hemis.fr

Musée national des Douanes E1

1 pl. de la Bourse - ✆ 05 56 48 82 82 - www.musee-douanes.fr - ♿ - 10h-18h - fermé lun., 1er janv., 25 déc. - 3 € (-18 ans gratuit) - billet donnant accès à l'exposition temporaire, gratuit 1er dim. du mois et 14 Juil. Audioguide disponible (2 €). Parcours enf.

C'est dans une grande salle aux belles voûtes restaurées de l'**hôtel des Fermes** qu'est retracée l'histoire des douanes en France. À droite, présentation chronologique avec gravures, archives, matériel, dont la balance de l'hôtel des Fermes (1783). À côté du guichet, un portrait de saint Matthieu, patron des douaniers, rappelle que celui-ci exerçait les fonctions de publicain (collecteur d'impôts et douanier) lorsque Jésus fit sa rencontre. À gauche, l'organisation est thématique : la douane armée (uniformes, armes), la vie de la brigade et la vie des bureaux, les activités douanières (saisies de drogues ou de contrefaçons) et, pour clore la visite, l'ordinateur, nouvel allié du douanier qui a avantageusement supplanté l'arithmomètre !

Par la rue Fernand-Philippart, gagner la place du Parlement.

Remarquez les façades Louis XV avec les arcades au rez-de-chaussée, les fenêtres hautes aux étages surmontées de mascarons et d'agrafes et les balcons ornés de ferronnerie.

Bordeaux Patrimoine mondial E1

2 pl. de la Bourse - ✆ 05 56 48 04 24 - avr.-oct. : 10h-13h, 14h-19h ; reste de l'année : 9h30-13h, 14h-18h, dim. et j. fériés 9h30-13h, 14h-17h - fermé 1er janv. et 25 déc. - gratuit.

Installé au rez-de-chaussée d'un édifice de la fin du 18e s., voisin du musée national des Douanes, cet espace ressources est une vitrine permanente du patrimoine de Bordeaux. Il présente la richesse architecturale de la ville, classée au Patrimoine mondial de l'Unesco, et invite à la découverte de Bordeaux au cours des âges, avec une exposition et un plan topographique animé et

Bordeaux, une ville du sud-ouest

Le mot *Aquitania*, « le pays des eaux », apparaît pour la première fois dans les *Commentaires* de César. Avec la prononciation anglaise, Aquitaine se transforme en Guyenne, nom qui lui restera jusqu'à la Révolution.

LA CITÉ DES « ROIS DU MONDE »

Burdigala est fondée par une tribu celte au 3e s. avant J.-C., les Bituriges Vivisques. Leur nom signifie « rois du monde », rien de moins ! Au 7e s., le bon **roi Dagobert** crée un duché d'Aquitaine dont Bordeaux est la capitale. L'un des ducs d'Aquitaine, le mythique **Huon de Bordeaux**, est resté célèbre. Ayant occis, sans le connaître, l'un des fils de Charlemagne, il est condamné à l'exil. Après moult aventures, il épouse la fille de l'émir de Babylone. Une chanson de geste (13e s.) a raconté ses étonnantes péripéties : afin de gagner le pardon de Charlemagne, Huon doit se rendre à Babylone, couper la barbe de l'émir, lui arracher quatre molaires et rapporter le tout à l'empereur. Exploit couronné de succès, bien entendu, et cela grâce au roi des elfes, Obéron.

LA DOT D'ALIÉNOR

En 1137, Louis, fils de Louis VI, roi de France, épouse Aliénor d'Aquitaine, qui lui apporte en dot le duché d'Aquitaine, le Périgord, le Limousin, le Poitou, l'Angoumois, la Saintonge, la Gascogne et la suzeraineté sur l'Auvergne ainsi que sur le comté de Toulouse. Le mariage a lieu à Bordeaux. Le couple est mal assorti et sans héritier. Au bout de quinze ans, le roi, à son retour de croisade, divorce (1152). Outre sa liberté, Aliénor recouvre sa dot. Son remariage, deux mois plus tard, avec Henri Plantagenêt, comte d'Anjou, suzerain du Maine et de la Touraine et duc de Normandie, est pour les Capétiens une véritable catastrophe politique : les domaines réunis d'Henri et d'Aliénor sont aussi vastes que ceux du roi de France. En 1154, le Plantagenêt devient, par héritage, roi d'Angleterre, sous le nom d'Henri II. Cette fois, l'équilibre territorial est rompu, et la lutte franco-anglaise qui s'engage durera trois siècles.

LA CAPITALE DU PRINCE NOIR

Au 14e s., Bordeaux est la capitale de la Guyenne, rattachée depuis deux siècles à la couronne anglaise. Le commerce ne ralentit pas pendant la guerre de Cent Ans : la ville exporte ses vins en Angleterre et fournit des armes à tous les belligérants. Le Prince Noir (fils du roi d'Angleterre Édouard III), ainsi nommé à cause de la couleur de son armure, y établit son quartier général et sa cour. C'est l'un des meilleurs capitaines de son temps et l'un des plus féroces pillards. Il répand la terreur tour à tour sur le Languedoc, le Limousin, l'Auvergne, le Berry et le Poitou, mais il meurt sans avoir pu régner ailleurs qu'à Bordeaux. En 1453, la ville est reprise définitivement par l'armée royale française avec toute la Guyenne. C'est la fin de la guerre de Cent Ans.

LE BORDEAUX DES INTENDANTS

C'est Richelieu qui, le premier, installe dans les provinces ces hauts représentants du pouvoir central, puis Colbert qui met l'organisation au point. D'une cité aux rues étroites et tortueuses, entourée de marais, Claude Boucher, le marquis de Tourny, et Dupré de St-Maur font de Bordeaux, au 18e s., l'une des plus belles villes de France, aux solides constructions de pierre. Apparaissent alors les grandioses ensembles que forment les quais, la place de la Bourse, les allées de Tourny, des monuments comme l'hôtel de ville, le Grand Théâtre, l'hôtel des Douanes, l'hôtel de la Bourse, des plantations comme les cours et le Jardin public. Bordeaux exploite au maximum les avantages de sa situation atlantique et devient le premier port du royaume.

UN GRAND PORT

Sur la Garonne, Bordeaux (à 98 km de l'Océan) occupe la situation privilégiée de « ville de premier pont » et, par la vallée de la Garonne et le seuil de Naurouze (franchi par le canal du Midi), commande la plus courte liaison continentale Atlantique-Méditerranée. L'exportation du « claret » (vin rouge) au temps de la domination anglaise ainsi que le commerce triangulaire sont la clé de son dynamisme portuaire.

LE COMMERCE TRIANGULAIRE

Au 18e s., Bordeaux devient le deuxième port négrier français, après Nantes. À partir de 1672, le commerce triangulaire se met en place : en Afrique sont embarqués des prisonniers destinés à être vendus comme esclaves en Amérique, en particulier aux Antilles, d'où les navires repartent vers l'Europe, chargés des denrées cultivées dans les plantations des « Isles » appartenant à des grandes familles bordelaises. Après une interruption durant la Révolution, ce trafic reprend sur autorisation de Bonaparte. Longtemps occulté dans la mémoire bordelaise, il est désormais reconnu et condamné.

DES HAUTS ET DES BAS

La ville fait grise mine à l'Empire, car son commerce maritime est profondément atteint par le blocus continental instauré par Napoléon, qui interdit aux ports français de commercer avec l'Angleterre. Elle retrouve le sourire sous la Restauration. Le grand pont de Pierre et l'immense esplanade des Quinconces datent de cette époque. Sous le Second Empire, le commerce continue à se développer grâce à l'amélioration des communications et à l'assainissement des Landes.
En 1870, en 1914 et en 1940, Bordeaux sert de refuge au gouvernement. On la dit « capitale tragique ». À la fin de la dernière guerre, la cité du 18e s. retrouve le dynamisme de ses armateurs, financiers et négociants d'autrefois.

UNE VILLE EN MUTATION

Dans les années 1990 débute un important programme de réhabilitation couplé à un plan de sauvegarde du patrimoine architectural. En 2007, le classement de plus de 1 800 ha au Patrimoine mondial de l'Unesco récompense les efforts accomplis. Tandis que les places du centre-ville font peau neuve, la place de la Bourse se reflète dans un miroir d'eau et celle des Quinconces est bordée d'arbres plantés. De vastes zones deviennent piétonnières et des espaces verts sont aménagés. Sur les rives gauche et droite, les quais valorisés, en partie en promenade, s'intègrent à nouveau dans l'activité de la ville. La construction du nouveau **pont Jacques-Chaban-Delmas** rapproche les deux rives. La réorganisation des transports en commun et des zones de stationnement ainsi que la création de pistes cyclables fluidifient la circulation. Ce programme de rénovation et de modernisation doit se poursuivre jusque dans les années 2030 et concerne encore une quinzaine de quartiers.

interactif. Bordeaux Patrimoine mondial poursuit sa mission de sensibilisation à l'évolution architecturale de la capitale girondine.
Le centre d'interprétation explore les différentes étapes du développement de la ville, jusqu'aux projets urbains de demain : des maquettes en bois présentent tous les types de maisons du 19e et 20e s., professionnelles et publiques, chais et magasins, jusqu'à la ville rêvée des années 2000. Une carte des échanges maritimes revient sur l'importance du port atlantique depuis l'Antiquité. La fusion entre la ville, le port et le vin est également expliquée. Un film revient sur les marqueurs de l'identité urbaine.
Une borne interactive permet de consulter des fiches thématiques et d'imprimer l'itinéraire de son choix, des ateliers pédagogiques, un kiosque tourisme et une boutique.

★ Place du Parlement DE1

Anciennement place du Marché-Royal, elle présente un harmonieux quadrilatère d'immeubles Louis XV ordonnés autour d'une cour centrale au pavage ancien remis en valeur. Au centre, fontaine du Second Empire.
Par la rue du Parlement-St-Pierre, gagner la place St-Pierre.

Place Saint-Pierre E1

Occupant l'ancien port romain, cette placette charmante est illuminée par son église des 14e et 15e s. (très remaniée au 19e s.).
Poursuivre par la rue des Argentiers jusqu'à la place du Palais.
Au n° 14 de cette rue, la **maison dite de l'Angelot**, construite vers 1750, présente un beau décor sculpté (haut-relief avec un enfant et des agrafes rocaille).

Place du Palais E2

Elle doit son nom au palais de l'Ombrière, qui fut érigé au 10e s. par les ducs de Guyenne. Reconstruit au 13e s., il devint le séjour des rois d'Angleterre, ducs d'Aquitaine, puis en 1462, sous Louis XI, le siège du parlement de Bordeaux, avant d'être démoli en 1800 pour ouvrir la rue du Palais.

★ Porte Cailhau E2

Pl. du Palais - ☎ 05 56 48 04 24 - www.bordeaux-tourisme.com - avr.-oct. : 10h-12h, 13h-18h ; reste de l'année : w.-end et vac. scol. (zone C) 10h-12h, 13h-18h - fermé 1er janv., 25 déc. - possibilité de visite guidée (1h) - 3,50 € (-12 ans gratuit) - gratuit avec le Bordeaux Métropole Citypass.
Cet arc de triomphe dédié à Charles VIII date de 1495. Il juxtapose les éléments défensifs et décoratifs (toits coniques, mâchicoulis, lucarnes et fenêtres surmontées d'arcs en accolade), à tel point qu'il prend des airs de décor de théâtre. Son nom viendrait soit des Cailhau, vieille famille bordelaise, soit des cailloux accumulés en contrebas par la Garonne et qui servaient à lester les navires. À l'intérieur, une **exposition** retrace l'histoire de cette porte. Au dernier niveau, sous les combles, **vue** insolite sur les quais et le pont de Pierre.
Prendre la rue Ausone et traverser le cours d'Alsace-et-Lorraine, pour emprunter à droite la rue Porte-St-Jean qui rejoint la rue de la Rousselle.
Dans cette rue s'alignent les anciennes boutiques de marchands de vins, de grains ou de salaisons, caractérisées par un rez-de-chaussée en hauteur surmonté d'un entresol bas de plafond. Au n° 25 se trouve la **maison de Montaigne**.
Prendre à droite pour rejoindre la rue Neuve et tourner à gauche pour gagner l'impasse de la Rue-Neuve.

Elle conserve, du 14e s., un mur percé de deux fenêtres géminées à remplage. Après le porche, à droite, s'élève la **maison de Jeanne de Lartigue** (E2), épouse de Montesquieu, aux arcades surmontées de bustes.

Tourner à gauche dans la rue Renière puis à droite dans la rue de la Rousselle.

En traversant le cours Victor-Hugo, vue sur la **porte de Bourgogne** (18e s.) (E2), parfois surnommée porte des Salinières en hommage aux ouvriers du sel qui habitaient le quartier.

De là, vous pouvez rejoindre le **pont de Pierre** (19e s.). Ce beau pont de pierres blondes et rouges fut le premier de Bordeaux, et le seul de la ville jusqu'en 1965. Édifié en 1822, il s'étire sur 487 m et compte 17 arches… comme le nombre de lettres de « Napoléon Bonaparte ». Des travaux sont programmés dans les années à venir, pour renforcer les piles, malmenées par les courants.

Emprunter en face à gauche la rue de la Fusterie qui mène à la place Duburg et à la place St-Michel.

Place Saint-Michel E2

La place entièrement réaménagée a été rendue complètement piétonne. Les terrasses des bars et restaurants ont envahi le cœur de ce quartier populaire et bobo où il fait bon flâner les jours de marché *(sam.)* et de marché aux puces *(tlj sf mar., et particulièrement le dim.)*. Des enclos ont été élevés pour protéger la végétation, et l'extension vers la place Maucaillou accueille une aire de jeux. De nombreux commerces bordant l'esplanade ajoutent à l'animation quotidienne.

1

★ Basilique Saint-Michel E2

Pl. Canteloup - ✆ 05 56 48 04 24 - www.bordeaux-tourisme.com - ♿ - 14h-17h30, lun., w.-end et j. fériés 10h-12h30, 14h-17h30 - possibilité de visite guidée sur demande (30mn).

La construction de la basilique, commencée en 1350, se poursuivit durant deux siècles, au cours desquels elle subit nombre de remaniements, comme l'édification des chapelles latérales qui ne débuta qu'à partir de 1475. L'ensemble s'impose par l'ampleur de ses dimensions. Dans la première chapelle du bas-côté droit, statue de sainte Ursule abritant mille vierges sous son manteau. Les vitraux modernes, derrière le maître-autel, sont dus à Max Ingrand. Le croisillon gauche offre un portail à voussures moulurées qui abrite un tympan orné de la scène du péché originel (à gauche), et d'Adam et Ève chassés du paradis (à droite). La tribune d'orgue et la chaire datent du 18e s. ; la chaire, faite d'acajou et de panneaux de marbre, est surmontée d'une statue de saint Michel terrassant le dragon. C'est la plus grande des églises paroissiales de Bordeaux. La basilique est classée au Patrimoine de l'Unesco depuis 2007.

★ Flèche Saint-Michel E2

Pl. Canteloup - ✆ 05 56 48 04 24 - www.bordeaux-tourisme.com - 10h-12h, 13h-18h - fermé oct.-mai - possibilité de visite guidée (1h) - 5 € (-12 ans 3,50 €) - gratuit avec le Bordeaux Métropole Citypass.

C'est le clocher (fin 15e s.) isolé de la basilique St-Michel, doté d'un carillon de 22 cloches (1865). Les Bordelais en sont fiers car, avec ses 114,60 m, c'est le deuxième plus haut du Midi, laissant loin derrière lui les 50 m de la tour Pey-Berland. La flèche offre une vue panoramique sur la ville et le fleuve. Sous la crypte, les momies de St-Michel en furent l'attraction pendant deux siècles et font l'objet d'un spectacle audiovisuel, en cours de restauration. Cinq ans de nouveaux travaux sont prévus en 2017 pour sa restauration.

Prendre la rue Camille-Sauvageau.

Abbatiale Sainte-Croix F3

Pl. Pierre-Renaudel - ✆ 05 56 94 30 50 - 10h-18h.

L'église de l'ancienne abbaye Ste-Croix, construite aux 12e et 13e s., a été fortement restaurée au 19e s. La **façade★** est de style roman saintongeais (voûtes en berceau, arc en plein cintre et chapiteaux historiés, *voir église St-Pierre à Petit-Palais dans l'« ABC d'architecture », p. 89)* tandis que la tour de gauche est plus récente. Les voussures des fenêtres aveugles qui encadrent le portail central sont décorées de curieuses sculptures représentant l'Avarice et la Luxure. L'orgue de Dom Bedos, chef-d'œuvre du genre, réalisé au 18e s., a été restauré. En été, concert gratuit le mercredi à 18h30.

Rejoindre la place des Capucins en passant par la rue du Portail, la place Léon-Duguit et la rue du Hamel.

Place des Capucins E3

✆ 05 56 00 66 24 - www.bordeaux-tourisme.com - marché 6h-13h, w.-end 5h30-14h30 - balade gourmande (2h) mai-juin et oct.-nov. : sam. 11h30 - 22 €.

Si le premier **marché** se tient ici au milieu du 18e s., il a fallu attendre la fin du 19e s. pour voir apparaître une structure en dur composée de deux pavillons répartis de part et d'autre d'une allée centrale. Depuis lors, l'activité de cet important lieu d'échanges s'est étendue aux rues voisines et le week-end, nombre de Bordelais s'y retrouvent pour faire leurs courses, déguster quelques huîtres *(voir « Nos adresses », p. 140)* ou terminer une nuit festive.

Rejoindre la place de la Victoire en empruntant la rue Bigot puis la rue Broca.

Porte d'Aquitaine D3

Piqué de manière un peu anachronique au milieu de la place de la Victoire où se déploient les terrasses de café, cet imposant **arc de triomphe** élevé au 18e s. arbore un fronton triangulaire aux armes royales ainsi qu'à celles de la ville. La colonne en marbre, sculptée par **Theimer**, présente des bas-reliefs racontant l'histoire du vin.

Prendre le cours Pasteur à droite ou le tramway ligne B direction Quinconces.

★★ Musée d'Aquitaine D2

20 cours Pasteur - ✆ 05 56 01 51 00 - www.musee-aquitaine-bordeaux.fr - ♿ - 11h-18h - fermé lun., certains j. fériés - 4 € (-18 ans gratuit) - 6,50 € billet combiné avec les expositions temporaires - gratuit 1er dim. du mois - possibilité de visite guidée, se rens.

Livret « Jeu de découverte sur les collections permanentes » (gratuit).

Aménagé dans les locaux de l'ancienne faculté des lettres et des sciences, ce musée d'histoire retrace, à travers d'importantes collections réparties sur deux niveaux, la vie de l'homme aquitain de la préhistoire à nos jours. Le musée s'est enrichi d'un nouvel espace de 600 m² sur Bordeaux au 19e s. et pendant l'entre-deux-guerres.

Préhistoire et protohistoire – Cette section rassemble de précieux témoins des activités artisanales et artistiques des chasseurs de l'âge de pierre. Vous verrez notamment la *Vénus à la corne*, trouvée à Laussel (20 000 ans av. J.-C.), et le bison de l'abri du Cap-Blanc (magdalénien moyen). Une vitrine montrant un ensemble de haches découvertes dans le Médoc illustre la diversité de l'outillage façonné par les métallurgistes de l'**âge du bronze** (4000-2700 av. J.-C.). L'**âge du fer** est représenté par l'abondant matériel funéraire (urnes, bijoux, armes) découvert dans les nécropoles girondines ou les tumulus pyrénéens, mais surtout par le prestigieux **trésor de Tayac**, masse d'or composée d'un torque (collier rigide en métal), de monnaies et de petits lingots datant du 2e s. av. J.-C.

Période gallo-romaine – Ici sont rassemblés, autour d'un rempart antique reconstitué, des mosaïques, des fragments de corniches ou de bas-reliefs, des céramiques, verreries et autres objets illustrant tous les aspects de la vie quotidienne, économique et religieuse dans la capitale de la province d'Aquitaine. Remarquez en particulier l'autel dit « des Bituriges Vivisques » en marbre gris des Pyrénées, le **trésor de Garonne** composé de 4000 pièces de monnaie aux effigies des empereurs Claude à Antonin le Pieux et l'altière statue d'Hercule en bronze.
Les premiers temps chrétiens et le haut Moyen Âge – Cette période est évoquée à travers des sarcophages en calcaire ou en marbre gris, des mosaïques et d'autres pièces significatives découvertes lors de travaux urbains (chapiteaux romans de la cathédrale St-André, rosace flamboyante du couvent des Grands Carmes). D'autres pièces proviennent de Gironde, dont de beaux bas-reliefs en albâtre.
Les 16e et 17e s. – Les collections évoquent la vie quotidienne en Aquitaine et le commerce maritime. Deux pièces majeures retiennent l'attention : un buste de François de Sourdis par Le Bernin et le cénotaphe de Montaigne réalisé en 1593. Ce dernier fut enterré dans l'ancien couvent des Feuillants situé à l'emplacement de l'actuel musée.
Le 18e s. – Rénovée en 2009, cette partie du musée met en évidence la traite des Noirs et l'esclavage, et le rôle joué par Bordeaux dans ce trafic. Les salles retracent l'embellissement de la ville grâce aux revenus du commerce, les échanges directs entre Bordeaux et les colonies, le commerce triangulaire, la vie dans les plantations, les révoltes et l'héritage du métissage.
Le 19e s. – Cette section, ouverte en 2014, insiste sur les relations que Bordeaux entretenait avec les colonies et l'outre-mer. Les œuvres sont mises en scène avec une ambiance sonore et des vidéos.
L'espace s'ouvre au 18e s. sur le Bordeaux révolutionnaire et la chute des Girondins. Le commerce bordelais subit le contrecoup de la tourmente révolutionnaire, en particulier de la Terreur, durant laquelle de nombreux armateurs et négociants sont guillotinés.
Le renouveau du commerce intercontinental à partir de 1820 est ensuite illustré par des tableaux, des maquettes (un navire-école et le port autonome) et des sculptures (allégorie de la Dordogne par Dominique Félix Maggesi en 1851, destinée à orner le pont de pierre). Le port, moteur de l'économie bordelaise, est agrandi et réaménagé. Son développement s'accompagne de celui de l'industrie navale. Des bornes interactives permettent de zoomer dans les tableaux du port en transformation : saurez-vous trouver le curieux détail dans *La Vue du port et des quais des Chartrons et de Bacalan*, Pierre Lacour, 1804-1806 ?
Un second espace est consacré à l'horizon maritime mondial : grâce aux denrées issues des colonies, notamment le sucre et le rhum, de nouvelles industries alimentaires apparaissent (raffineries, huileries…). L'ouverture sur le monde engendre également un nouveau mode de vie : la collection extra-européenne (cercueil d'Itéféramon issu de la 21e dynastie égyptienne, art africain et colonial, défenses d'éléphants, instruments de médecine…) montre comment l'exotisme s'est installé dans la ville et la vie quotidienne.
On retrouve ces influences (affiches publicitaires pour le rhum Negrita ou la maison Bardinet) dans la partie consacrée à « la ville en expansion ». En effet, l'enrichissement de l'aristocratie et de la bourgeoisie grâce aux échanges commerciaux engendre des modifications du visage de la ville : élargissement des rues, restauration des édifices religieux (vitraux), construction d'hôtels particuliers, dont la décoration conduit au développement de l'artisanat : sont présentés des objets de la manufacture Jules Vieillard, des costumes régionaux et des vitraux de décoration civile.

L'essor industriel conduit également à celui de la classe ouvrière et marchande. Dans une superbe scénographie, une épicerie des années 1930 est entièrement reconstituée, dans laquelle le visiteur peut évoluer.

Le 20e s. – Les salles consacrées à la population et la culture de Bordeaux et de l'Aquitaine au 20e s. sont pour l'instant mises en réserve. Y figurent pêle-mêle un plan interactif de la ville qui permet d'agrandir des photos anciennes, une évocation de la corrida et des sports à Bordeaux, des outils de vignobles anciens, un retour sur l'urbanisme de 1919 à 1939, des informations sur le tram et l'aviation et pour finir une grande fresque de Jean Dupas en 1925, *La Vigne et le Vin*.

Collection d'art primitif – Présentée dans les salles permanentes du musée, sa plus ancienne pièce date de la seconde moitié du 19e s. Parmi les objets phares : une statue en écorce peinte de Vanuatu (État d'Océanie), une marmite sacrificielle décorée d'êtres totémiques de Nouvelle-Calédonie.

Prendre le cours Victor-Hugo puis tourner à gauche dans la place de la Ferme Richemont prolongée par la rue Ravez.

Église Saint-Paul-les-Dominicains D2

20 r. des Ayres - ✆ 05 57 85 59 59 - http://bordeaux.dominicains.com - 10h-12h45, 14h30-19h30 - possibilité de visite guidée 1er dim. du mois 14h-17h.

Construite au 17e s. pour les jésuites sur le site d'une ancienne maison professe (résidence jésuite dont les habitants n'avaient aucun revenu et dépendaient donc de la générosité d'autrui), elle abrite un riche mobilier baroque dont un **retable** représentant *L'Exaltation de Saint-François-Xavier*. Remarquez, en levant la tête, le superbe **lustre** contemporain, l'*Astre de St-Paul*, œuvre monumentale réalisée par Jean-François Buisson en 2007.

★ Porte de la Grosse Cloche (E2, N)

R. St-James - visite et rens. à l'office de tourisme - 5 €.

Les Bordelais sont très attachés à leur « Grosse Cloche », rescapée de la démolition d'un beffroi du 15e s. Autrefois, quand le roi voulait punir Bordeaux, il faisait enlever la cloche et les horloges.

Prendre l'étroite rue St-James qui passe sous la Grosse Cloche, et la place Fernand-Lafargue, puis suivre en face la rue du Pas-St-Georges, pour atteindre à gauche la place Camille-Jullian.

En face de la place se trouve le **square Vinet** (E1), un nouvel espace vert où s'élève le plus long **mur végétal** du monde, réalisé par le paysagiste Michel Desvignes, dans le sillon du botaniste Patrick Blanc (à qui l'on doit, entre autres, le mur végétal du musée du Quai-Branly à Paris).

Longer la place Camille-Jullian vers la rue Ste-Catherine.

Rue Sainte-Catherine D1-2

Cette très longue rue piétonne, réaménagée par l'architecte Wilmotte, suit le tracé d'une ancienne voie romaine. C'est la plus longue rue commerçante de la ville. En la remontant, remarquez certaines maisons au rez-de-chaussée sous arcades et au 1er étage percé de larges baies en arc de cercle. À l'angle avec la rue de la Porte-Dijeaux s'ouvre la **Galerie-Bordelaise**, passage couvert édifié par Gabriel-Joseph Durand en 1833, qui débouche sur le Grand Théâtre.

À droite, la rue St-Rémi ramène à la place de la Bourse.

★★ QUARTIER PEY-BERLAND Plan p. 108-109

Circuit 2 tracé en vert sur le plan de ville p. 108-109. Compter une demi-journée.

La cathédrale St-André et sa célèbre tour occupent le centre de la place, aux alentours de laquelle se situent les principaux musées de la ville.

★ **Cathédrale Saint-André** D2

Pl. Pey-Berland - ✆ 05 56 81 64 36 - ♿ - juil.-août : tlj sf lun. 10h-13h, 15h-19h30, dim. 9h30-13h, 15h-20h30 ; juin et sept. : tlj sf lun. 10h-13h, 15h-19h30, dim. 9h30-13h, 15h-19h30 ; reste de l'année : 10h-12h, 14h-18h, lun. 14h-19h, merc. et sam. 10h-12h, 14h-19h, dim. 9h30-12h, 14h-18h - possibilité de visite guidée (30mn).
« ABC d'architecture », p. 88.

C'est le plus majestueux des édifices religieux de Bordeaux. La nef a été élevée aux 11e-12e s. et modifiée aux 13e et 15e s. ; le chœur, de style gothique rayonnant, et le transept actuel ont été reconstruits aux 14e et 15e s. Plus tard, la voûte de la nef menaçant de s'écrouler, on ajouta les importants contreforts et arcs-boutants qui la flanquent irrégulièrement. En 1862 la cathédrale est classée Monument historique.

Aborder la cathédrale par la face nord et la contourner par la droite.

★★ **Portail Royal** (13e s.) – Il est célèbre pour ses sculptures inspirées de la statuaire de l'Île-de-France. Admirablement restauré, il renaît après cinq siècles. Le dégagement des salissures a permis de remettre à jour ses couleurs médiévales, à dominante bleue pour le tympan. La polychromie des statues augmente la lecture de la sculpture. Admirez les dix apôtres qui ornent les ébrasements, et le tympan gothique représentant le Jugement dernier inspiré de saint Matthieu. Une scène consacrée à la résurrection des morts est symbolisée sur le linteau. Le Christ entouré de six anges est figuré sur le tympan principal, la Vierge et saint Jean agenouillés devant eux. Deux séries de dix anges sont représentées sur deux voussures, quatre séraphins sur la troisième et des prophètes identifiables (Moïse, David…) sur la dernière. Viollet-le-Duc, ébloui par cette finesse, les reproduisit au portail de Notre-Dame de Paris. Une galerie de huit statues de rois et de reines couronne l'ensemble. Antérieur aux portails nord et sud, le portail Royal occupe un emplacement restreint en contrebas. Le **portail nord** (porche de bois) date quant à lui du 14e s. Ses sculptures illustrent l'Ascension. Le **chevet** se distingue par l'harmonie de ses proportions et par son élévation. Remarquez, dans les contreforts séparant la chapelle axiale de la chapelle de gauche, Thomas, patron des architectes, tenant une équerre, et Marie Madeleine avec son vase de parfum. Enfin, gagnez le **portail sud** : ce dernier est surmonté d'un fronton percé d'un oculus et de trois rosaces. L'étage supérieur, orné d'arcades trilobées, est dominé par une élégante rose, inscrite dans un carré.

À l'intérieur de l'édifice, la nef forme un beau vaisseau dont les parties hautes, de la fin du gothique, prennent appui sur des bases du 12e s. L'opulente chaire, en acajou et marbre de différentes couleurs, est du 18e s. Le **chœur** gothique de cinq travées est plus élevé que la nef. Son élévation est accentuée par la forme élancée des grandes arcades surmontées d'un triforium aveugle, éclairé par les fenêtres hautes flamboyantes. Il est entouré d'un déambulatoire sur lequel s'ouvrent cinq chapelles.

Contourner le déambulatoire par la droite.

Contre le quatrième pilier à droite du chœur, jolie sculpture du début du 16e s. figurant sainte Anne et la Vierge. La chapelle axiale renferme des stalles du 17e s. En face, fermant le chœur, belle porte en bois sculpté du 17e s. Revenez vers la façade ouest, au revers de laquelle s'élève la tribune d'**orgue Renaissance**. En dessous, deux bas-reliefs également Renaissance : à droite, le Christ descendant aux enfers ; à gauche la Résurrection (le Christ est représenté monté sur un aigle, comme Jupiter).

De très importants travaux de rénovation intérieurs ont été effectués, pour restaurer la salle des trésors et une importante collection d'objets liturgiques, la collection Marcadé. La chaire à prêcher a été déplacée au fond de la nef, le sol réaménagé et des grilles de protection posées pour l'isoler du jardin. À l'extérieur, le contrefort de Gramont, de style Renaissance, rythmé par cinq contreforts, a été entièrement nettoyé.

★ Tour Pey-Berland D2

Pl. Pey-Berland - ✆ 05 56 81 26 25 - http://pey-berland.monuments-nationaux.fr - juin-sept. : 10h-13h15, 14h-18h ; reste de l'année : tlj sf lun. 10h-12h30, 14h-17h30 - fermé 1er janv., 1er Mai, 25 déc. - 5,50 € (-18 ans gratuit).

La montée est assez ardue (229 marches par un étroit escalier à vis). À la 2e terrasse, faire attention à ne pas se cogner la tête : la porte est étroite et très basse. Construite au 15e s. à l'initiative de l'archevêque du même nom et couronnée d'un clocher, elle est toujours restée isolée du reste de la cathédrale. La flèche, tronquée par un ouragan au 18e s., supporte la statue de Notre-Dame d'Aquitaine installée au 19e s. Du sommet de la tour, **vue★★** panoramique sur la ville et ses clochers. Prenez un peu de recul pour voir, côté sud, les deux flèches dominant le transept nord et, au premier plan, les deux puissantes tours carrées en terrasses qui flanquent le transept sud. Le bourdon (8 t) date de 1869. L'édifice gothique est inscrit au Patrimoine mondial de l'Unesco.

Se rendre sur la place Jean-Moulin qui jouxte la place Pey-Berland au nord.

Centre Jean-Moulin D2

Pl. Jean-Moulin - ✆ 05 56 10 19 91 - www.bordeaux.fr - ♿ (rdc seult) - 14h-18h - fermé lun. et j. fériés (sf 14 Juil., 15 août) - gratuit.

Le centre Jean-Moulin est un musée consacré à la Résistance et à la déportation. Au rez-de-chaussée, tracts, correspondances clandestines, imprimerie, poste de radio… illustrent la Résistance dans la clandestinité, notamment le rôle qu'a joué Jean Moulin. Au 1er étage, la déportation et le nazisme sont évoqués par des toiles pathétiques de J.-J. Morvan sur le thème *Nuit et Brouillard* ainsi que par des maquettes, photos de camps et uniformes de détenus. Au 2e étage, les Forces françaises libres : les hommes et le matériel, dont le bateau *S'ils-te-mordent* qui relia Carantec à l'Angleterre, rempli de volontaires, et la reconstitution du bureau clandestin de Jean Moulin.

Revenir sur la place Pey-Berland.

Hôtel de ville - palais Rohan D2

Pl. Pey-Berland - ✆ 05 56 48 04 24 - www.bordeaux-tourisme.com - ♿ - visite guidée (1h) merc. 14h30 - fermé j. fériés - 5 € (-12 ans gratuit) - gratuit avec Bordeaux Métropole Citypass.

L'hôtel de ville occupe l'ancien palais épiscopal, construit au 18e s. pour l'archevêque **Ferdinand Maximilien Mériadeck**, prince de Rohan, et marque l'introduction du néoclassicisme en France. La **cour d'honneur** est fermée sur la rue par un portique à arcades ; à l'opposé s'élève le palais dont la façade, quelque peu solennelle, est animée par le ressaut de l'avant-corps central et des pavillons d'angle. Lors de la visite, on remarquera notamment l'escalier d'honneur, des salons ornés de beaux lambris d'époque et une salle à manger avec grisailles de Lacour.

Prendre la rue des Trois-Conils vers la gauche et tourner à droite rue Bouffard.

★ Musée des Arts décoratifs et du Design D2

39 r. Bouffard - ✆ 05 56 10 14 00 - www.bordeaux.fr - ♿ (rdc seult) - 14h-18h - fermé mar., certains j. fériés - possibilité de visite guidée (1h) - 4 € (-18 ans gratuit) - 5 € (-18 ans gratuit) expositions temporaires, gratuit 1er dim. du mois.

L'**hôtel de Lalande** (1779), l'un des plus beaux bâtiments de Bordeaux, a conservé ses lucarnes et ses hauts toits d'ardoise. Il est tout à fait représentatif

des hôtels particuliers, organisés autour d'une cour et d'un jardin, que se fit construire l'aristocratie parlementaire du 18e s. Ici, Pierre de Raymond de Lalande fit appel aux services de l'architecte Étienne Laclotte.
Dans l'aile des communs, quatre petits salons, traités dans le goût et l'esprit du 19e s., présentent la **collection Raymond Jeanvrot**, qui rassembla au cours de sa vie (1884-1966) de nombreux éléments sur l'histoire de sa famille (appartenant à la société créole bordelaise) et sur les Bourbons de la Restauration.
Viennent ensuite les salles du musée proprement dit, aux élégantes boiseries et pièces de mobilier, dont la salle de compagnie, décorée d'une terre cuite du 18e s. symbolisant l'Amérique. La **salle à manger** présente une collection de faïences stannifères (contenant de l'étain) bordelaises et un ensemble de porcelaines dures du 18e s. À côté, le **salon Cruse-Guestier**, avec ses meubles en marqueterie et ses bronzes de Barye, est caractéristique d'un intérieur de négociant bordelais.
Par l'**escalier d'honneur**, orné d'une remarquable rampe en fer forgé, on atteint les pièces du 1er étage : céramiques françaises et étrangères, verreries. Belles carafes et gourdes du 18e s. dans le **salon Jonquille**, décoré d'un lustre en verre de Venise. Une pièce regroupe le mobilier bordelais que l'on trouvait chez les aristocrates de la ville. Dans les combles sont rassemblées les collections antérieures au 18e s. : mobilier Renaissance et 17e s., ferronnerie, serrurerie, émaux champlevés. Une salle expose le design des années 1950 à nos jours.
Prendre la rue de Montbazon vers la droite et tourner à gauche cours d'Albret.

★ Musée des Beaux-Arts CD2

20 cours d'Albret - ✆ 05 56 10 20 56 - www.musba-bordeaux.fr - ♿ - 11h-18h - fermé mar. et j. fériés - possibilité de visite guidée (1h15) - gratuit - 5 € (-18 ans gratuit) expositions temporaires.
Situé dans les jardins de l'hôtel de ville, le musée recèle environ 8 000 pièces constituant un intéressant panorama de l'art occidental du 15e au 20e s. Il présente dans les deux ailes, rénovées en 2013, sous de grandes verrières, une sélection d'environ 500 œuvres, mises en valeur par un éclairage naturel : tableaux du Titien, Véronèse, Rubens, Delacroix, Picasso, et un fonds de l'école hollandaise du 17e s. Il permet également une redécouverte de la ville à travers de nombreuses et remarquables œuvres de l'école bordelaise : Redon, Marquet ou Lhote. De par sa scénographie tout en perspective, de larges salles jalonnées de statues, et la richesse de sa collection, l'une des dix plus importantes de France, l'aile nord mérite que l'on s'y attarde particulièrement. Le parcours de visite est jalonné de tablettes numériques offrant à la consultation l'ensemble du fonds et une documentation sur une période, un mouvement, un artiste et des œuvres associées.
Aile sud : 15e-1re moitié du 19e s. – Elle abrite des tableaux de la Renaissance italienne comme *Tarquin et Lucrèce* du Titien, *La Vierge à l'Enfant entre saint Jérôme et saint Augustin* du Pérugin, maître de Raphaël, ou la *Sainte Famille avec sainte Dorothée* de Véronèse, des œuvres françaises du 17e s., dont une toile de Vouet, *David tenant la tête de Goliath*, qui n'est pas sans rappeler le style du Caravage ; des œuvres de l'école hollandaise du 17e s. dont le *Chanteur s'accompagnant au luth* par Ter Brugghen, le symbolique *Chêne foudroyé* par Van Goyen et le beau portrait de *L'Homme à la main sur le cœur* attribué un temps à Frans Hals ; des tableaux de l'école flamande du 17e s. avec l'admirable *Danse de noces* par Bruegel de Velours, d'un style populaire et rustique. Le grand baroque international est à son apogée dans le style de l'italien

Pierre de Cortone et quatre tableaux de Pierre Paul Rubens, dont *Le Martyre de saint Georges*, en 1615, honorent l'école flamande. Le 18e s. et le début du 19e s. sont représentés, entre autres, par deux saisissantes toiles du Génois Magnasco, *Scènes de galériens*, le gracieux *Portrait de la princesse d'Orange-Nassau* par Tischbein, la *Nature morte aux morceaux de viande* par Chardin et quatre tableaux du Bordelais Pierre Lacour, qui fut le premier conservateur du musée en 1811, dont *Vue d'une partie du port et des quais de Bordeaux*, en 1806. L'école anglaise est représentée par des portraits peints par Reynolds et Lawrence. Une belle statue d'*Apollon* par le baron François-Frédéric Lemot, achevée par Jean-Pierre Cortot, trône dans la dernière salle. Parmi les nouvelles acquisitions, présentées grâce à un QR Code, *L'Inconsolable* de Jean-Baptiste Greuze, vers 1780.

★ **Aile nord : 2e moitié du 19e s.-1990** – Elle est consacrée à la peinture moderne et contemporaine. La 1re salle présente la peinture d'histoire et les années romantiques (célèbre toile de Delacroix, *La Grèce sur les ruines de Missolonghi)*, en réaction au néoclassicisme à la mode sous la Révolution et l'Empire. Les dernières heures du classicisme apparaissent dans *Le Baptême et la mort de Clorinde* de Jean-Baptiste Mauzaisse et les œuvres de Lethière, Eugène Isabey et du baron Antoine-Jean Gros, précurseur du mouvement qui place l'homme face à la mort, à ses passions et ses angoisses, et célèbre l'individualité du génie artistique. La 2e salle explore le renouveau de la peinture d'histoire, entre académisme et réalisme. William Bouguereau, *Le Jour des morts* (1858), en est l'un des plus célèbres représentants. C'est le retour des sujets mythologiques qui tentent de représenter le « beau idéal ». La 3e salle est consacrée aux paysages et à la peinture animalière, dont le réalisme, né en 1848, se base sur des sujets simples. Une œuvre de Diaz de la Peña (né à Bordeaux), *La Forêt de Fontainebleau*, illustre l'école de Barbizon, qui fut la première à peindre en plein air. Bordeaux a vu naître deux grands peintres animaliers, Brascassat et Rosa Bonheur, mais aussi Princeteau né à Libourne. La salle suivante, impressionnisme et naturalisme, seconde moitié du 19e s. s'ouvre sur le scandaleux *Rolla* d'Henri Gervex, tableau de nu refusé au Salon de 1878. Les impressionnistes sont représentés par Auguste Renoir, Berthe Morisot et Mary Cassatt. Figurent également un beau plâtre d'Auguste Rodin, *Cybèle* (1904) et un tableau représentant *Les Quais de Bordeaux*, par Alfred Smith (1892). Salle suivante, Odilon Redon, né à Bordeaux, et l'art autour de 1900, est associé au symbolisme, précurseur du mouvement fauve. Ils sont les précurseurs d'un mouvement plus international, l'expressionnisme : *L'Église Notre-Dame à Bordeaux* de l'Autrichien Kokoschka, le sinueux et tourmenté *Homme bleu sur la route* par Soutine. À ces œuvres vient s'ajouter *L'Entrée du bassin à flot à Bordeaux* (1912) du Bordelais André Lothe, artiste largement exposé, qui intègre les concepts cubistes (à l'origine Picasso et Braque) à la tradition picturale. La salle 6 est consacrée aux années 1910-1940 : du cubisme au retour à l'ordre. L'Art déco triomphe à partir de 1925, à l'image de ce beau bronze de Charles Despiau, originaire de Mont-de-Marsan, *Petite Fille des Landes*. La dernière salle est consacrée à des œuvres contemporaines et aux arts après la guerre. Attaché à Bordeaux, Roger Bissière y incarne la non-figuration et Mondrian, l'abstraction.

Prendre le cours d'Albret vers la droite jusqu'à la place du Colonel-Raynal.

Galerie des Beaux-Arts – *20 pl. du Col.-Raynal - Des expositions temporaires complètent la visite du musée des Beaux-Arts.*

En revenant vers le musée des Beaux-Arts, poursuivre le cours d'Albret jusqu'à la rue des Frères-Bonie.

★ Tribunal de grande instance D2

Réalisé en 1998 par Richard Rogers, le TGI de Bordeaux s'inscrit dans un îlot comprenant l'hôtel de ville, l'ancien palais de justice néoclassique de Thiac et l'École nationale de la magistrature. Il se dresse à l'extrémité de l'ancienne enceinte médiévale bordée de deux tours, vestiges du fort du Hâ. L'architecte du Centre Pompidou a fait ici le choix d'une architecture symbolique et fonctionnaliste : la transparence de la justice est figurée par le bâtiment de verre, d'acier et de bois. L'escalier monumental et l'immense parvis évoquent une justice plus accessible et plus ouverte. L'originalité de l'édifice vient des sept coques de bois sur pilotis qui s'élèvent au-dessus du toit et renferment les salles d'audience.

QUARTIER MÉRIADECK Plan p. 108-109

Ferdinand Maximilien de Mériadeck, prince de Rohan, était archevêque de Bordeaux au 18e s. Ce quartier, érigé dans les années 1970, est le centre directionnel de la région Aquitaine. Englobant bureaux, bâtiments administratifs, habitations, centre commercial, bibliothèque municipale et patinoire, il est aussi agrémenté de pièces d'eau et d'espaces verts. Des passerelles suspendues assurent l'accès vers les rues limitrophes. Les immeubles sont en verre et béton, arrondis ou cubiques, et parfois encagés dans des structures métalliques. Les plus caractéristiques sont la **Caisse d'épargne** avec ses plans courbes et rectangulaires empilés, la **bibliothèque** aux parois réfléchissantes, l'**hôtel de région** (C2) à la façade rythmée par des lames verticales en béton et l'**hôtel des impôts** où triomphe le métal.

À l'extrémité ouest du quartier, l'église St-Bruno et le cimetière de la Chartreuse témoignent de l'installation des chartreux à Bordeaux à la fin du 16e s.

Église Saint-Bruno C2

R. François-de-Sourdis - 8h30-19h - fermé j. fériés.

Seul élément subsistant du couvent des Chartreux, cette ancienne chapelle a été construite en 1611-1620 sur d'anciens marais asséchés pour répondre aux exigences de la Contre-Réforme. Accolée au cimetière de la Chartreuse, elle mérite le détour pour son somptueux **décor intérieur★** représentatif de l'architecture baroque du 17e s. Remarquez les **fresques** en trompe l'œil de l'Italien Gian Antonio Berinzago et l'*Assomption* de Philippe de Champaigne, pièce maîtresse du retable, datant de 1673.

Cimetière de la Chartreuse C2

R. François-de-Sourdis - ✆ 05 56 93 17 20 - ♿ - du 1er lun. d'avr. à la Toussaint : 8h30-17h30, dim. et j. fériés 9h-17h ; reste de l'année : 8h30-17h, dim. et j. fériés 9h-17h - possibilité de visite guidée le sam. à la tombée de la nuit, s'adresser à l'office de tourisme.

La diversité de l'architecture funéraire dégage une atmosphère romantique. Dans ce « riant pré de la mort », comme le surnommait Stendhal, des épitaphes portent de nombreux noms célèbres tels que Goya, Delacroix, Flora Tristan… et tant d'autres qui ont fait l'histoire de la région.

★★ DU TRIANGLE AU JARDIN PUBLIC Plan p. 108-109

Circuit 3 tracé en vert sur le plan de ville p. 108-109. Compter une journée.

Ce quartier s'inscrit autour du triangle formé par de grandes artères : le cours Clemenceau, le cours de l'Intendance, piétonnier, et les allées de Tourny, pourvues d'une agréable esplanade.

1

Esplanade des Quinconces DE1

Son intérêt réside avant tout dans sa superficie (126 000 m²). Elle a été aménagée, pendant la Restauration, sur l'emplacement du château Trompette qui avait été bâti après la guerre de Cent Ans par Charles VII et agrandi par Louis XIV. On agrémenta alors l'esplanade d'une série d'arbres disposés en quinconce, d'où son nom.

Vous saluerez au passage deux grandes figures de Bordeaux : **Montaigne**, qui fut maire de la ville à deux reprises, et **Montesquieu**, qui résidait au château de La Brède *(voir p. 160)* et était membre du parlement de Bordeaux (statues datant de 1858). Face au fleuve se dressent deux colonnes rostrales (élevées en souvenir d'une bataille navale).

Longtemps parc de stationnement, l'esplanade est célèbre pour son **monument aux Girondins** (D1). Monument allégorique érigé entre 1894 et 1902 à la mémoire des Girondins décapités en 1792, il forme un ensemble sculptural étonnant. En haut d'une colonne de 50 m de haut, la *Liberté brisant ses fers* surmonte deux remarquables **fontaines★** en bronze : des chevaux marins toute crinière au vent, cabrés et levant haut leurs sabots palmés, y tirent les chars du *Triomphe de la République* (côté Grand Théâtre) et celui du *Triomphe de la Concorde* (côté Jardin public). À terre, côté Grand Théâtre, les trois personnages tragiques ne représentent pas les Girondins, mais le Vice, l'Ignorance et le Mensonge.

Prendre le cours du 30-Juillet.

Place de la Comédie D1

Elle délimite, avec les places Tourny et Gambetta, le cœur des plus beaux quartiers de Bordeaux. La restauration du Grand Hôtel de Bordeaux achève de lui redonner tout son cachet.

★★ Grand Théâtre D1

Pl. de la Comédie - ✆ 05 56 00 85 95 - www.opera-bordeaux.com - ♿ - 13h-18h30 - fermé dim.-lun. - possibilité de visite guidée (1h) sur demande à l'office de tourisme juil.-août et à l'Opéra national au ✆ 05 56 00 85 95 - merc. et sam. apr.-midi.

« ABC d'architecture », p. 93.

L'édifice fut élevé de 1773 à 1780 sur les vestiges d'un temple gallo-romain détruit par ordre de Louis XIV. Restauré, il compte parmi les plus beaux de France et symbolise l'alliance de la richesse architecturale et de la culture. Construit par l'architecte Victor Louis, il se distingue par son péristyle à l'antique, surmonté d'une balustrade ornée des neuf Muses et des trois Grâces. Le plafond à caissons du **vestibule** repose sur seize colonnes. À l'arrière s'ouvre un bel escalier droit, puis à double volée, dominé par une coupole (disposition imitée par Garnier pour l'Opéra de Paris).

La **salle de spectacles**, parée de lambris et de douze colonnes dorées à l'or fin, bénéficie d'une géométrie harmonieuse et d'une acoustique parfaite. Du plafond, peint en 1917 par Roganeau sur le modèle des fresques primitives de Jean-Baptiste Robin, se détache un lustre scintillant de 14 000 cristaux de Bohême.

En face du théâtre, la petite rue Mautrec mène à la place du Chapelet.

★ Église Notre-Dame D1

Pl. du Chapelet - ✆ 05 56 81 09 37 - ♿ - 8h30-19h, lun. 14h-19h - fermé dim. - possibilité de visite guidée - gratuit.

La façade de l'église Notre-Dame, de style jésuite baroque, donne un air très romain à la place du Chapelet. Ancienne chapelle des Dominicains, elle fut

Les arcades du Grand Théâtre.
J.-P. Azam/hemis.fr

1

édifiée entre 1684 et 1707. Le portail central est surmonté d'un bas-relief illustrant l'apparition de la Vierge à saint Dominique. On y voit le frère mendiant recevoir le chapelet des mains de la Vierge, ce qui explique le nom de la place. L'**intérieur** frappe par la pureté du travail de la pierre : voûte en berceau de la nef percée par les lunettes des fenêtres hautes, voûtes d'arêtes des collatéraux, tribune d'orgue prolongée sur les côtés par deux balcons arrondis aux courbes harmonieuses. La décoration de ferronnerie contribue à la noblesse de l'ensemble ; remarquez les portes qui ferment les deux côtés du chœur. Dans le **cloître** du 17e s., appelé cour Mably, et accolé au mur latéral droit de l'église, la magnifique salle capitulaire, à droite en entrant, sert de lieu d'exposition.

Prendre le passage Sarget à gauche de la place du Chapelet.

Le **passage Sarget** (19e s.), agrémenté d'une verrière, relie la place du Chapelet au cours de l'Intendance. Récemment restauré, il héberge boutiques et restaurants *(fermé le soir)*.

Prenez le cours de l'Intendance sur la gauche, vers le Grand Théâtre.

★ Cours de l'Intendance D1

C'est peut-être la plus belle rue de Bordeaux. Ici alternent les commerces de luxe et les enseignes à la mode. En levant le nez, on remarque la façade de l'**hôtel Pichon** (déb. 17e s.) au no 4, dont le 2e étage est orné de sculptures coiffées de corbeilles de fruits, de part et d'autre des fenêtres à meneaux. Au no 5, l'**hôtel Acquart** (fin 18e s.) lui fait quasiment face et présente des atlantes entre les arcades. À l'extrémité, on voit le Grand Théâtre. En repartant vers la place Gambetta, au no 21, se trouve la **Maison du tourisme de la Gironde** *(voir p. 12)*. Puis à droite, au niveau de la rue Voltaire, on aperçoit la jolie rotonde des Grands-Hommes (centre commercial). Des abords du no 57 (maison de Goya, qui y mourut en 1828, aujourd'hui centre culturel espagnol), bel aperçu sur les tours de la cathédrale St-André, dans l'échancrure de la rue Vital-Carles.

Place Gambetta D1

Cette place, agrémentée d'un petit jardin à l'anglaise, se caractérise par l'unité architecturale des maisons Louis XV, au rez-de-chaussée sur arcades et au dernier étage mansardé. C'est là que fut dressé l'échafaud durant la Révolution. Un peu en retrait s'élève la **porte Dijeaux** (D1), datée de 1748, point de départ de la rue commerçante piétonnière du même nom.
Remonter la rue Judaïque vers la place des Martyrs-de-la-Résistance.

Basilique Saint-Seurin C1

Pl. des Martyrs-de-la-Résistance - 8h30-19h45 - fermé lun. - possibilité de visite guidée sur demande.
Comme la cathédrale St-André et la basilique St-Michel, qui se trouvent, elles aussi, sur le chemin de St-Jacques-de-Compostelle, la basilique St-Seurin est depuis 1999 inscrite au Patrimoine mondial de l'Unesco.
Le porche ouest (11e s.) présente d'intéressants chapiteaux romans. Il est enterré d'environ 3 m car l'église fut remblayée au début du 18e s. À l'entrée du **chœur**, beau siège épiscopal en pierre (14e-15e s.) ; en face, retable orné de quatorze bas-reliefs en albâtre retraçant la vie de saint Seurin. À gauche du chœur, dans la chapelle N.-D.-de-la-Rose (15e s.), un retable orné de douze panneaux d'albâtre figure la vie de la Vierge. La **crypte**, du 11e s., recèle des colonnes et des chapiteaux gallo-romains, de beaux sarcophages en marbre sculpté du 6e s. et le tombeau (17e s.) de saint Fort.

Site archéologique de Saint-Seurin C1

Pl. des Martyrs-de-la-Résistance - ✆ 05 56 48 04 24 - www.bordeaux-tourisme.com - 13h-18h - fermé oct.-mai - possibilité de visite guidée (1h) - 3,50 € (-12 ans 3 €) - inclus Bordeaux Métropole Citypass.
Une nécropole du 4e au 6e s., des fresques, des sarcophages et des amphores, véritable musée archéologique, nous révèlent l'art des premiers chrétiens.
Prendre la rue Capdeville, puis à droite la rue du Dr-Albert-Barraud.
Au n° 9, remarquez l'atlante de la façade. Il fut sculpté par Gaston Schnegg (1866-1953) qui résida ici et voulut offrir un exemple de son art.

Palais Gallien C1

R. du Dr-Albert-Barraud - ✆ 05 56 48 04 24 - juin-sept. : 13h-18h - possibilité de visite guidée (30mn) - 3,50 € (-12 ans 3 €).
Les gradins en bois de cet amphithéâtre romain pouvaient contenir 15 000 spectateurs. Il n'en reste que quelques travées et arcades envahies par les herbes folles, qui charmeront les âmes romantiques.
Poursuivre rue du Dr-Albert-Barraud, traverser la rue Fondaudège pour prendre en face la rue St-Laurent.
Au n° 13, le **Petit Hôtel Labottière** *(entrée 14 r. Francis-Martin - ✆ 06 75 67 86 21 - www.petithotellabottiere.fr - visite guidée (1h30) sur demande préalable - 9 €)*, hôtel particulier néoclassique, construit entre 1783 et 1788, est dû à Laclotte, l'architecte du musée des Arts décoratifs *(voir p. 121)*.

★ Jardin public D1

Cours de Verdun - été : 7h-21h ; avr.-mai et sept. : 7h-20h ; reste de l'année : 7h-19h - entrée libre.
Entouré de belles façades bourgeoises et cerné de grilles en fer forgé, c'est le jardin le plus agréable de la ville. Il fut aménagé à la française au 18e s., et transformé en parc à l'anglaise sous le Second Empire. On s'y promène à l'ombre de beaux arbres (palmiers, magnolias, etc.), au milieu de massifs richement fleuris. Il abrite le **Muséum d'histoire naturelle** *(fermé pour travaux*

LES TEMPS MODERNES
Bordeaux, dont le patrimoine architectural est indiscutable, bouillonne d'une modernité qui la place à la pointe de l'avant-garde. Dès 1950, **la caserne de pompiers de la Benauge**, avec sa façade en aluminium conçue par Jean Prouvé, faisant face à la vieille ville, impose une silhouette audacieuse inspirée d'Oscar Niemeyer. Les tours de la cité administrative, le quartier de Mériadeck, les entrepôts de la Rocade perpétuent cet élan, entériné par la structure en béton de **la Caisse d'épargne** d'Edmond Lay (1980), qui rappelle le musée Guggenheim, et le **tribunal de grande instance** à l'ossature métallique high-tech (1998). La modernité se propage dans la ville, avec les **hangars 14 et G2**, et nombre de bâtiments et équipements de l'**îlot des Chartrons** *(voir ci-dessous)*.
Dans les années 2000, l'arrivée du **tramway** fait bouger les frontières, du **bassin à flots** au **Jardin botanique**, du **pôle universitaire de gestion** à la façade déstructurée de **l'hôtel Seeko'o**, le tout sous la tutelle protectrice du **pont Jacques-Chaban-Delmas,** qui relie les deux rives.

de restauration jusqu'en 2018), dont seules les salles des 18ᵉ et 19ᵉ s. seront conservées à l'issue des travaux.
Diverses animations pour les enfants.
Retourner au Grand Théâtre par le cours de Verdun, la place de Tourny puis les allées du même nom.

1

★ LES CHARTRONS Plan p. 128-129

Circuit 4 tracé en vert sur le plan p. suiv. Compter une bonne demi-journée.
Le quartier des Chartrons s'étend au nord des Quinconces, entre le quai des Chartrons et les cours de Verdun, Portal et St-Louis. Son nom évoque un ancien couvent de chartreux qui fut transformé au 15ᵉ s. en entrepôt de vins. Le quartier connut, comme toute la ville, son heure de gloire au 18ᵉ s. La haute société bordelaise, enrichie par le négoce, y édifia alors de beaux hôtels. Au 19ᵉ s. se multiplient de petites maisons populaires de plain-pied aux hautes portes étroites, dont les façades ornées de clefs de fenêtres sculptées imitent celles des demeures bourgeoises. Ces **échoppes** dessinent le paysage urbain bordelais, dès que l'on s'éloigne du centre-ville.

★ Cours Xavier-Arnozan A3
C'est l'ancien « pavé » des Chartrons. De grands négociants, qui souhaitaient disposer d'une habitation somptueuse à l'écart de la cohue du port, y firent bâtir de belles demeures vers 1770. De splendides **balcons** sur trompe sont ornés d'un garde-corps en ferronnerie.
À mi-chemin du cours, la rue Foy permet de rejoindre le musée d'Art contemporain.

★ CAPC (Centre d'arts plastiques contemporains) - musée d'Art contemporain de Bordeaux A3
7 r. Ferrère - ✆ 05 56 00 81 50 - www.capc-bordeaux.fr - 11h-18h, merc. 11h-20h - fermé lun. et j. fériés (sf 14 Juil., 15 août) - possibilité de visite guidée (1h) - 5 € (-18 ans gratuit) durant les expositions temporaires, gratuit reste de l'année.
Le CAPC est installé dans l'ancien **entrepôt Lainé★★**, construit en 1824 pour servir de stockage aux denrées coloniales de Bordeaux. Il a été réaménagé de façon particulièrement réussie. Autour de la spectaculaire **nef centrale** sont répartis les galeries d'exposition, une bibliothèque et le centre d'architecture

Arc en rêve. La terrasse, située au second étage entre les toits du bâtiment, abrite le Café du Musée, aménagé par Andrée Putman.

Le **musée** présente des collections permanentes qui couvrent une période allant de la fin des années 1960 jusqu'aux tendances les plus actuelles de la création, ainsi que des expositions temporaires.

Rejoindre le quai des Chartrons et prendre à gauche.

Cité mondiale A3

20 quai des Chartrons. Conçue sur les plans de l'architecte bordelais Michel Pétuaud-Létang, elle arbore, côté quai, une harmonieuse façade de verre incurvée, dans laquelle s'imbrique une tour ronde. Inaugurée en janvier 1992, la Cité

mondiale, consacrée aux vins et spiritueux jusqu'en 1995, est aujourd'hui devenue un centre d'affaires et de congrès, avec divers commerces et restaurants. *Prendre le passage Notre-Dame situé derrière la Cité, puis tourner à droite.*

Rue Notre-Dame A3

La colonne vertébrale du quartier des Chartrons incite à la balade : aux négociants d'hier se sont substitués les antiquaires et les brocanteurs. Il y règne une atmosphère de calme et de village privilégiant la découverte des façades en pierre, des têtes coiffées des mascarons (motifs architecturaux ornementaux), au gré des ruelles pavées et de leurs nombreuses boutiques. Le village Notre-Dame regroupe 35 antiquaires. Fin octobre a lieu une brocante géante, avec dégustation de vins et concerts de jazz.

Église Saint-Louis-des-Chartrons A3

R. Notre-Dame. Elle dresse fièrement ses deux flèches, illuminées de bleu la nuit, pour marquer le cœur du quartier. Sa rosace monumentale, ses vitraux et ses contreforts en font un édifice de type néogothique, achevé en 1880. Elle renferme le plus important orgue symphonique d'Aquitaine (1881) et le plus beau de la facture Wermer-Maille.
Remonter la rue Sicard.

Place du Marché-des-Chartrons A3

C'est à l'emplacement de l'ancien couvent des Carmes que l'architecte Charles Burguet réalisa en 1869 une première halle métallique à six faces. Aujourd'hui restaurées, les 18 baies de la halle associent pierre, fer et verre pour offrir un espace lumineux et ouvert sur l'extérieur, endroit idéal pour accueillir des manifestations culturelles et faire une pause aux terrasses des cafés qui l'entourent.
Reprendre la rue Notre-Dame vers la gauche.

Musée du Vin et du Négoce de Bordeaux A3

41 r. Borie - ✆ 05 56 90 19 13 - www.museeduvinbordeaux.com - 10h-18h - fermé 1er janv., 25 déc. - possibilité de visite guidée sur demande (45mn) - 10 € (-12 ans 5 €) - visite avec dégustation de 2 vins.
Installé dans trois très belles caves voûtées, typiques des Chartrons, cet espace retrace l'histoire du négoce du vin à Bordeaux. Objets et supports visuels contribuent à la mise en scène des grands thèmes abordés : histoire des grandes familles, classements des vins, travail dans les chais et rôle du port.
Descendre la rue Borie et traverser le quai des Chartrons.

★ Quai des Chartrons A3-B2

Ligne B du tramway, direction Claveau.

Au pied de la façade ravalée des immeubles 18e s., le quai des Chartrons a changé de visage et propose aujourd'hui un nouvel espace de vie aux Bordelais. Depuis la réhabilitation des anciens hangars portuaires (H 14, 15 et 20) en lieux culturels ou de commerce, les Bordelais ont retrouvé leur fleuve et le plaisir d'une balade (à vélo, à rollers ou à pied), avec vue imprenable sur le port de la Lune. L'assiette d'huîtres et le verre de vin blanc se dégustent le dimanche matin à l'incontournable marché des Chartrons, installé près du skate park de 110 m de long et 2350 m^2.

Rejoindre le cours Alfred-Daney par le cours Lucien-Faure.
Ligne B du tramway, direction Claveau.

BASSINS À FLOT Plan p. 128-129

Circuit 5 tracé en vert sur le plan p. 128-129. Compter 1h sans les visites.

Un quartier libre : au nord des Chartrons, les Bassins à flot, inscrits depuis 2007 au Patrimoine mondial de l'humanité, affichent une identité propre dans le quartier populaire de **Bacalan**. Ils furent créés entre 1869 et 1879 (premier bassin) et 1906 et 1911 (second). Prospères jusqu'aux années 1930, ils furent occupés durant la Seconde Guerre mondiale par les forces allemandes qui y construisirent une base sous-marine. Dédiée ensuite à l'accueil des navires marchands, l'activité du port et de la zone industrielle fut progressivement délaissée dans les années 1970. Le quartier des Bassins à flot fait aujourd'hui l'objet d'une réhabilitation complète, qui s'étend jusqu'en 2030, dans un souci de mixité fonctionnelle et sociale : réaménagement des quais, mise en valeur du port de plaisance et des activités économiques existantes, construction d'îlots d'habitat avec des jardins suspendus et un réseau de sentes pour piétons et vélos, installation de la **Cité du vin**... Un programme de développement conduit par l'architecte Nicolas Michelin, qui vise à aménager 700 000 m^2 dédiés au logement (Ginko, quartier écologique de Bacalan de 5 400 habitations, autour du thème de la perpendicularité et du respect de l'environnement), aux activités, aux équipements publics et à la mixité urbaine. Ce pôle majeur en devenir, terres d'eau poétiques et magiques, est à découvrir, de jour comme de nuit.

Maison du projet des Bassins à flot B1

Hangar G2 - bassin à flots n°1 - quai Armand-Lalande - ✆ 05 24 99 60 29 - www.bassins-a-flot.fr - 14h-18h - fermé dim.-mar., août.

Elle présente l'évolution du quartier et informe sur l'actualité événementielle. Une maquette évolutive, au fur et à mesure que les permis de construire sont accordés, présente le projet : du **pont Jacques-Chaban-Delmas** aux hangars qui abritent aujourd'hui **le FRAC**, de **la Cité du vin** à l'atelier associatif **Le Garage moderne**. La Maison du projet détaille les ambitions de ce nouveau quartier connecté et écologique : « Faire la ville autrement ». Dans cet esprit, de nombreux équipements voient peu à peu le jour : culturels (**Vivres de l'art, base sous-marine, I.boat...**), pédagogiques (**Cap Sciences**, école du cirque, bibliothèque), mais aussi des commerces, des restaurants, des bureaux et des logements. Viendront s'y greffer **le musée de la Mer et de la Marine**, un pôle numérique, des résidences-service de tourisme, le ponton fluvial, des équipements sportifs et scolaires et un complexe balnéo-congrès de Bordeaux maritime resort. *Voir aussi « Nos Adresses », p. 140 et 143.*

Les Vivres de l'art, sur le site des anciens abattoirs des vivres et la marine royale.
P.-O. Signe/Michelin

Fonds régional d'Art contemporain (FRAC) B2

Hangar G2 - bassin à flots n°1 - quai Armand-Lalande - ✆ 05 56 24 71 36 - www.frac-aquitaine.net - ♿ - 10h-18h, sam. 14h30-18h30 - fermé dim. - gratuit.
Le fonds régional d'Art contemporain organise des expositions temporaires. Il est installé dans le hangar G2, dans l'attente de son implantation dans la future Maison de l'économie créative et de la culture en Aquitaine (Meca) à côté du pont Jean-Jacques-Bosc, prévu en 2018.

Le Garage Moderne B1

1 r. des Étrangers - ✆ 06 78 23 02 81 - http://legaragemoderne.org - ♿ - 10h-12h30, 14h-18h, w.-end lors des manifestations - fermé 1er Mai, 25 déc. - possibilité de visite guidée sur demande (20mn).
Cet immense hangar héberge un atelier associatif consacré à la réparation de tout type de véhicules, où l'on peut également se retrouver entre amis autour d'un thé à la menthe, assister à des expositions temporaires ou assister à l'un des nombreux événements qui s'y tiennent, pendant que professionnels et particuliers se livrent à la mécanique. Que vous soyez en vieille carlingue, à pied ou en pétrolette, la visite de cette caverne d'Ali Baba de l'automobile (on ne compte plus les vieux bus, caravanes, cycles et voitures qui y sont entreposés, à tous les étages) vaut largement le coup de la panne !

Les Vivres de l'art C2

4 bis r. Achard - ✆ 06 78 23 02 81 - www.lesvivresdelart.org - ♿ - 10h-12h30, 14h-18h, w.-end lors des manifestations - fermé 1er Mai, 25 déc. - possibilité de visite guidée sur demande (20mn).
Sur le site des anciens abattoirs des vivres de la marine royale se tiennent des expositions d'art contemporain et des événements (concerts, théâtre, cirque...) autour de l'atelier du sculpteur Jean-François Buisson, auteur, entre autres, d'un **lustre** monumental visible à l'église St-Paul et de la décoration de l'I.boat (dont sa femme est la gérante). L'artiste, qui a signé un bail de quaranteans, a pour mission de faire émerger les nouveaux talents, abrités dans l'impressionnant hall central, de faire vivre un espace de production, de mise en réseau et de rencontre avec le public. N'oubliez pas de passer une tête dans l'atelier du sculpteur *(r. des Ayres - 10h-12h45, 14h30-19h30, dim. 10h30-12h30).*

Cité du vin B2

94 quai de Bacalan - ✆ 05 56 81 38 47 - www.laciteduvin.com. - ouverture prévue en juin 2016.

Située en bord de Garonne, elle se dresse comme un nouveau phare à l'entrée de la ville. Sur 14 000 m² se déploient 3 500 m² de parcours sensoriel sur la culture de tous les vins du monde, 750 m² d'expositions temporaires, des systèmes numériques, interactifs et multisensoriels, des scénographies innovantes. Un restaurant panoramique est installé sous le belvédère, à 40 m de haut. L'objectif est de valoriser le patrimoine des civilisations du vin, leur universalité et leur singularité dans leur démocratisation ainsi que de développer l'œnotourisme, au sein d'une architecture audacieuse. Le bâtiment en verre et aluminium, où le bois est présent partout comme au cœur d'un tonneau, rappelle une carafe : ses courbes et nervures évoquent les ceps de vigne et le mouvement du vin que l'on fait tourner dans son verre.

Cap Sciences B2

20 quai de Bacalan - ✆ 05 56 01 07 07 - www.cap-sciences.net - ♿ - juil.-août et vac. scol. : 14h-18h, vend. 14h-21h, w.-end 14h-19h ; reste de l'année : se rens. - 6 € (-25 ans 3 €).

Le Centre de culture scientifique technique et industrielle de la région accueille une grande exposition annuelle, ludique et pédagogique, avec des animations organisées autour de la thématique. À l'étage prend place une autre exposition temporaire, plus petite mais également interactive. Espaces lecture et multimédia, ateliers enfants *(merc., w.-end et vac. scol., sur réserv.)*.

Pont Jacques-Chaban-Delmas B2

Inauguré en 2013, le pont Jacques-Chaban-Delmas, accessible aux automobilistes, cyclistes et piétons, relie le quartier de Bacalan à celui de la Bastide. Cet ouvrage d'art, résolument moderne avec ses quatre tours élancées hautes de 77 m, laisse passer les bateaux de croisière sur la Garonne grâce à son tablier central levant. Il offre aussi une large perspective sur la ville, dont de nombreux promeneurs profitent ici. Une intégration parfaitement réussie.

Base sous-marine B1

Bd Alfred-Daney - ✆ 05 56 11 11 50 - mar.-dim. 14h-19h - ouvert seult pdt les expositions temporaires (se rens.).

En pénétrant ce lieu aux dimensions impressionnantes (43 000 m²), vous ne pourrez qu'être saisis par la force de cette structure qui allie l'eau (qui pénètre dans la base), l'acier et le béton. De larges galeries se succèdent les unes après les autres dans une symétrie vertigineuse. L'impact des explosions des sous-marins qui meurtrissent les murs et les plafonds renvoie de façon frontale aux plus sombres et fascinantes heures de l'Histoire. Vestige impressionnant de la Seconde Guerre mondiale, construite de 1941 à 1943 pour abriter la 12e flottille de sous-marins de l'armée allemande, la Base sous-marine est un nouvel équipement culturel qui organise des expositions temporaires et plurisdisciplinaires d'art contemporain (photo, peinture, sculpture…) et des concerts (festival Jazz à la base, chorales, musique classique), sur des scènes implantées sur l'eau. Sur 1 200 m² accessibles au public, le lieu prête également son cadre *underground* à des événements privés. Quelques exceptionnelles visites permettent d'explorer les coursives du toit, où les impacts de bombes et d'obus et la végétation sauvage se côtoient dans un décor surréaliste et unique. À voir absolument.

DES PROJETS JUSQU'EN 2030

Alors que dans le nord, le nouveau **stade** de 42 000 places, terrain d'accueil de l'UEFA 2016, a ouvert ses portes en 2015, le sud et le **chantier Euratlantique** se développent à grands pas. Il accueillera la MECA, nouvelle Maison de l'économie créative en Aquitaine, arche monolithique en bordure de Garonne. Le pont Jean-Jacques-Bosc, 44 m de large et 540 m de long, fera la liaison avec Floirac sur la rive droite. La création d'un espace public au-dessus de la Garonne (rendu piéton pour les grands événements), d'une partie récréative, de l'Arena, salle de concerts de 10 000 places, sur l'emplacement d'anciennes friches industrielles et cimenteries, Garonne Eiffel et 7 500 nouveaux logements, s'inscrivent dans le projet d'aménagement Bordeaux Euratlantique qui débute autour de la gare St-Jean. La grande halle a été modernisée pour plus de confort et de clarté. Une extension côté Belcier, sur 6 niveaux, tout en transparence, accueillera des services, des commerces et un parking. Pour suivre l'avancée des travaux, renseignez-vous auprès du **Pavillon projet** *(parvis de la gare, lun.-vend. 11h-13h, 13h20-18h)*. À Bègles, la cité numérique atteste du dynamisme de la métropole qui a reçu le label national *french tech*. Un vaste programme artistique réalisé par une dizaine d'artistes fleurira tout au long de la Garonne.

LA BASTIDE Plan p. 108-109

Pour rejoindre ce quartier, prendre la ligne A du tramway, direction Dravemont ou La Gardette.

Une belle **vue★** se dégage sur les quais de la rive gauche qui épousent la courbe de la Garonne sur plus de 1 km. Au pied du pont, le nouveau quartier Brazza et la Bastide-Niel accueillent des logements nouvelle génération et le long des berges, le **parc aux Angéliques** occupe 9 ha entre le pont Jacques-Chaban-Delmas et le pont St-Jean, et permet aux piétons, joggeurs et cyclistes d'emprunter ses larges allées loin du tumulte de la ville.

Jardin botanique F1

Espl. Linné - ✆ 05 56 52 18 77 - www.bordeaux.fr - avr.-oct. : 8h-20h ; reste de l'année : 8h-18h - possibilité de visite guidée sur demande - gratuit.

Conçu par l'architecte paysagiste Catherine Mosbach, il renouvelle le genre du jardin botanique à vocation scientifique, par sa présentation thématique. Le visiteur est sensibilisé à l'écologie à travers une « galerie des milieux », à l'ethnobotanique avec les « champs de cultures ». On le parcourt en long et en large sur les 450 m de l'allée des plantes jusqu'au jardin vertical, peuplé de plantes grimpantes. Outre un jardin aquatique et un jardin partagé où l'on apprend les techniques écologiques et économiques, une serre dédiée aux climats méditerranéens complète l'ensemble. Expositions et animations pédagogiques à l'atelier vert.

Darwin F1

83 quai des Queyries - ✆ 05 56 77 52 06 - www.darwin-ecosysteme.fr.

Ce nouveau lieu hors du commun, plate-forme incontournable des nouvelles tendances, se place en fervent défenseur d'une économie responsable et d'une citoyenneté engagée. S'y côtoient jeunes cadres en cravate, designers, graphistes, ingénieurs, auto-entrepreneurs en coworking, skaters en practice sur le park indoor, et mamans bohèmes en quête de produits sains et frais au

Darwin, plate-forme d'une économie responsable et d'une citoyenneté engagée.
P.-O. Signe/Michelin

grand Magasin Général *(voir « Nos adresses », p. 140)*. Tous se retrouvent autour d'un verre ou lors d'un concert, assis dans de larges canapés, accoudés au *food-truck* ou dans la salle cosy du bistrot réfectoire, pendant que les plus jeunes sont au bivouac. Déco vintage, street art et caserne en friche assurent le dépaysement. Ce melting-pot extrêmement dynamisant a déjà un pied dans le Bordeaux de demain.

À voir aussi Plans p. 106-107 et 108-109

Musée des Compagnons du Tour de France Plan p. 108-109, F3

112 r. Malbec - ✆ 05 56 92 05 17 - www.bordeaux.compagnonsdutourdefrance.org - jeu. 14h-17h30, sam. 10h-17h - fermé j. fériés, de fin déc. à déb. janv. - 5 € (-12 ans gratuit).
Ce musée présente sur trois niveaux un parcours historique et thématique évoquant les origines, l'organisation et le fonctionnement du compagnonnage. Une importante collection de chefs-d'œuvre de charpente, menuiserie, ébénisterie ou maçonnerie illustre les prouesses techniques de ces métiers. Plaquettes de visites adaptées aux enfants, de 5 à 12 ans.

Institut culturel Bernard-Magrez Plan p. 106-107, B2

16 r. de Tivoli - ✆ 05 56 81 72 77 - www.institut-bernard-magrez.com - ♿ - 14h-19h - fermé lun.-merc., certains j. fériés - 7 € (-25 ans 5 €) - possibilité de visite guidée (1h) 16h.
Bernard Magrez, viticulteur bordelais, a décidé de consacrer l'un de ses domaines, le château Labottière, à l'art contemporain. Construit à la fin du 18e s. pour les frères Labottière, la propriété accueille des artistes en résidences, des expositions temporaires et une partie de la collection personnelle du mécène. La visite guidée présente les œuvres de façon très didactique.

À proximité Plan p. 106-107

Musée de la Création franche à Bègles B3

Au sud de Bordeaux (par la route de Toulouse, ou la sortie 20 de la rocade : suivre Bègles-centre, puis mairie) - depuis la gare St-Jean, bus 2 (dir. Bègles-Rives d'Arcins, arrêt Mairie de Bègles) ou 23 (dir. Bègles-Mussonville, arrêt Bibliothèque) - 58 av. du Mar.-de-Lattre-de-Tassigny - ✆ 05 56 85 81 73 - www.musee-creationfranche.

com - ♿ (rdc seult) - mars-oct. : 15h-19h ; reste de l'année : 14h-19h - fermé certains j. fériés - possibilité de visite guidée sur demande (1h) - gratuit.
Voilà un site original qui ne laisse pas indifférent. D'abord, c'est une histoire : celle d'une galerie, créée en 1989, attachée à diffuser **« l'Art Brut et apparentés »**, devenue musée municipal en 1996 et qui s'impose désormais comme une référence dans le domaine (prêtant des œuvres à des musées de par le monde). Ensuite, c'est un lieu : une ancienne maison bourgeoise entourée d'un parc, qui accueille au rez-de-chaussée des expositions temporaires (5 par an) et à l'étage la collection permanente (le fonds compte 10 000 œuvres). Que l'on apprécie ou pas, on ne peut ignorer ce courant d'art fondé sur la spontanéité de la créativité, en marge de toutes les institutions.

Quartiers modernes Frugès-Le Corbusier à Pessac A3

Au sud-ouest de Bordeaux, par le cours du Mar.-Gallieni, ou la rocade sortie 13. Fléché depuis le centre-ville de Pessac.
Construite en 1926 à la demande d'Henri Frugès, un industriel bordelais qui souhaitait investir dans une cité-jardin pour loger des ouvriers, la Cité témoigne de l'esprit d'avant-garde de son concepteur, **Le Corbusier** (1887-1965), qui put mettre ici en pratique ses réflexions en matière d'urbanisme, d'habitat collectif et de maisons standardisées. Les 50 pavillons, sur les 150 initialement prévus, ont subi d'importantes altérations au fil du temps, mais une politique de protection et de mise en valeur tente de restituer l'unité originelle du quartier, dans le respect de ses occupants.
La **Maison Frugès-Le Corbusier** est ouverte au public et accueille des expositions temporaires sur l'urbanisme et l'architecture. *4 r. Le Corbusier - ✆ 05 56 36 56 46 - www.pessac.fr - 10h-13h, 14h-19h, dim. 14h-19h - fermé lun.-mar., 1er janv., 1er Mai, 25 déc. - gratuit.*

Marais de Bruges A1

Au nord de Bordeaux, sortie 6 de la rocade. Prendre l'av. des Quatre-Ponts. ✆ 05 56 66 45 87 - www.sepanso.org - accès libre tte l'année - possibilité de visite guidée et sorties nature sur réserv. juil.-août : merc. ; reste de l'année : se rens. - 20 € (-12 ans 15 €).
Attention, ne vous aventurez pas hors de l'itinéraire balisé. Des grands marais de Bruges, il ne reste que cet îlot de 280 ha qui se partage entre prairies humides pour les trois quarts, jalles (anciens bras de rivières), plans d'eau et boisements pour le reste. Cette réserve naturelle est située sur l'un des axes migratoires les plus importants d'Europe.

Château de Reignac B1

À 17 km au nord-est de Bordeaux, en direction de Libourne. 38 chem. de Reignac - 33450 Saint-Loubes - http://reignac.com - ✆ 05 56 20 41 05.
Classé grand cru de l'édition 2015 du concours Best of Wine Tourism, dans la catégorie « Architecture et paysages », ce vignoble est situé au confluent de l'Entre-Deux-Mers. Construit au 16e s., le domaine n'a cessé de se transformer, comme en témoignent la cour d'honneur ou les serres, signées Gustave Eiffel.

Planète Bordeaux à Beychac B1 (en dir.)

26 km par la N 89 dir. Libourne (sortie 5) - ✆ 05 57 97 19 20 - www.planete-bordeaux.net - ♿ - juil.-sept. : 10h-19h ; juin : 9h-19h, sam. 10h-19h ; avr.-mai et oct. : 9h-12h, 14h-19h, sam. 10h-19h ; reste de l'année : se rens. - fermé dim. - possibilité de visite guidée (1h30).
Siège du syndicat des **AOC Bordeaux et Bordeaux supérieur**, cet espace propose un parcours pédagogique multimédia et interactif permettant de

1

découvrir les terroirs au fil des saisons, les techniques de production et le processus de transformation du raisin en vin, le fonctionnement de l'odorat et du goût… La visite se termine bien sûr par une dégustation! La cave-boutique propose un très vaste choix de châteaux au prix de la propriété. À l'accueil, informations et orientation vers les différentes propriétés des deux appellations.

Un questionnaire ludique est distribué aux enfants et un espace de jeu est réservé aux plus jeunes.

NOS ADRESSES À BORDEAUX

TRANSPORTS

Liaisons depuis l'aéroport

En bus – *Depuis l'aéroport : 7h45-22h45 ; depuis la gare St-Jean : 6h45-21h45 - durée 45mn - 7 € aller, 12 € AR.* Une navette (hall B, niveau Arrivée) relie l'aéroport à la gare de Bordeaux *via* le centre-ville, ttes les 45mn.

En taxi – Devant l'aérogare, côté hall A.

En voiture – Les comptoirs de location de voitures se trouvent dans le hall A.

Liaisons gare SNCF - centre-ville

Pour rejoindre le centre-ville, prenez le tramway (ligne C) ou un bus des lignes 9, 10, 11, 16 ou 45.

Transports en commun

05 57 57 88 88 - www.infotbc.com, www.batcub.fr. Voir le plan du tramway de Bordeaux à l'intérieur de la couverture, en fin de guide. La desserte urbaine combine 3 lignes de tramway, un réseau de bus et, depuis mars 2013, deux bateaux-bus, le BatCub *(navette fluviale pour une traversée de 30mn, accessible avec le Bordeaux City Pass).* On utilise le même titre de transport dans tous les cas, la « Tickarte » (carte magnétique) valable pour un voyage ou plus selon la formule choisie. Un trajet coûte 1,40 € et un titre journalier 4,30 €. Distributeurs sur les quais des stations. Bon plan : le Citeis 47, petite navette électrique qui passe partout dans les rues étroites du centre-ville.

VISITES

L'accès aux collections permanentes des musées municipaux de Bordeaux est gratuit.

Monument Tracker – *www.monument-tracker.com.* Lorsque vous passez près d'un monument, cette application gratuite vous alerte et fournit des informations patrimoniales et pratiques.

Imayana – Pour découvrir Bordeaux au 18e s. à l'aide d'une tablette numérique (location 2h) fournie par l'office de tourisme ou Bordeaux Patrimoine mondial. *2-8 pl. de la Bourse - 05 56 48 04 24 - 10h-19h, dim. et j. fériés 10h-17h - fermé 1er janv., 25 déc. - www.imayana.fr.*

Balades urbaines – *www.bordeaux.fr.* Proposés par Bordeaux Patrimoine mondial, ces rendez-vous permettent de découvrir les grands chantiers du moment ainsi que le patrimoine : des parcours ludiques (Bordeaux nature) pour petits et grands, les facettes de Nansouty, des Bassins à flot, de la Bastide et Darwin, de Belcier, St-Genès, du grand parc ou du quartier de la gare.

Bordeaux visites – *www.bordeaux-tourisme.com.* Insolites : une nuit au musée des Arts décoratifs et du Design, les mystères de Bordeaux, le bourreau de Bordeaux, contes et légendes du vieux Bordeaux, street art et graffitis à vélo, Bordeaux architecture contemporaine. Confidentiels : Bordeaux souterrain, Bordeaux maçonnique, cachots et graffitis de la grosse cloche. Autrement : en bateau, en 2CV.

Bordeaux Métropole City Pass – *Agences TBC - www.bordeauxcitypass.com - 25/35 € - de 1 à 3 jours : accès aux transports, principales visites et accès gratuit ou réduction pour les sites emblématiques mentionnés dans son livret. Nombreux services, application Iphone.*

BAC Bus de l'art contemporain – *Kiosque Bordeaux Culture - allées de Tourny - ✆ 05 56 79 39 56 - www.bordeaux.fr - 1er dim. du mois à 14h30 - 5 €.* Découverte commentée (3h) des différentes expositions d'art contemporain organisées dans les musées, galeries privées, lieux associatifs.

En bateau – *✆ 05 56 49 36 88 - www.croisieresburdigala.fr - ♿ - juil.-août : tlj ; avr.-juin : merc. et w.-end ; mars : dim. - 15 € (-12 ans 8 €) - dép. quai Richelieu (rive gauche).* Visite commentée *(1h30, sur réserv.)* du port et des façades des quais.

Maison écocitoyenne – *Quai Richelieu - ✆ 05 24 57 65 20 - http://maisoneco.blog.bordeaux.fr - fermé lun. - 11h-18h30 (jeu. 21h).* Ce lieu de vie et d'échanges est conçu pour accompagner les changements de comportements dans une démarche de haute qualité environnementale. Expositions, ateliers, balades, rencontres… Le meilleur moyen de se sentir bien dans sa ville.

HÉBERGEMENT

Lors du salon professionnel Vinexpo (5 jours en juin, années impaires), il est pratiquement impossible de se loger à Bordeaux et dans la région.

Les Refuges périurbains – *www.lacub.fr/nature-cadre-de-vie/les-refuges-periurbains* et *http://lesrefuges.bordeaux-metropole.fr/.* 6 refuges insolites (en forme de hibou, de nuage, d'étoile, de hamac…) vous permettent de dormir gratuitement dans des abris en pleine nature. Réservation indispensable sur le site.

PREMIER PRIX

Village du Lac – *Bordeaux Lac - bd J.-Chaban-Delmas - 33250 Bruges - rocade sortie n° 5 - ✆ 05 57 87 70 60 - www.camping-bordeaux.com - tte l'année - 340 empl. 32 € - 240 locatifs 39/240 €/nuitée.* Une bonne alternative dans un cadre boisé autour de plusieurs petits étangs. Bus pour le centre-ville.

La Maison du Pèlerin – Plan p. 108-109, E2 ① *28 r. des Argentiers - ✆ 06 47 67 50 14 - 15h-20h - 12 lits 13 € - 15 € pour les non-pèlerins.* Hébergement spartiate répartis en 6 cabines. Celles-ci ne ferment pas et n'ont pas de rideaux, mais elles disposent de casiers à codes. Grande salle commune pour préparer son petit-déjeuner.

Hôtel Notre-Dame – Plan p. 128-129, A3 ① - *36 r. Notre-Dame - ✆ 05 56 52 88 24 - www.hotelbordeauxchartrons.com - ♿ - 22 ch. 63/81 € - ☕ 8 €.* Dans la pittoresque rue des antiquaires, cet hôtel propose une halte pratique, au cœur de la ville. Chambres fonctionnelles et actuelles. Bon rapport qualité-prix.

Hôtel de l'Opéra – Plan p. 108-109, D1 ⑫ - *35 r. de l'Esprit-des-Lois - ✆ 05 56 81 41 27 - www.hotel-bordeaux-centre.com - 28 ch. 59/74 € - ☕ 8 €.* L'atout de cet hôtel

1

familial loti dans un immeuble du 18e s. est sa proximité du quartier historique. Chambres simples et bien tenues, mansardées au dernier étage.

Adagio Aparthotel – Plan p. 108-109, C2 ⑤ - *1 bis r. Jean-Renaud-Dandicolle - ✆ 05 56 56 18 00 - http://adagio-city.com -* ♿ - 🅿 - *70 studios et 9 appart. 55/140 € - ☕ 7,50 €.* Cette résidence hôtelière propose studios et 2 pièces, tous avec une cuisinette équipée. Possibilité de prendre le petit-déjeuner dans le salon commun. Prix dégressifs selon la durée du séjour.

BUDGET MOYEN

Hôtel Acanthe – Plan p. 108-109, E1 ③ - *12 r. St-Rémi - ✆ 05 56 81 66 58 - www.acanthe-hotel-bordeaux.com - fermé de fin déc. à déb. janv. - 20 ch. 76/98 € - ☕ 8 €.* Sa situation centrale et ses prix très raisonnables sont les points forts de cet établissement. Les chambres, de taille correcte, sont claires mais bruyantes. L'accueil est agréable.

Chambre d'hôte Bordeaux Libre – Plan p. 106-107, A2 ①- *110 r. Émile-Combes - ✆ 06 75 61 04 17 - www.chambre-hote-bordeaux.fr - parking (5 €/nuit) - 5 ch. 80/90 €.* À 20mn de l'aéroport et à proximité du tram A qui rejoint le centre-ville, cette ancienne échoppe bordelaise abrite 5 chambres aménagées avec goût. Douche à l'italienne et kitchenette pour préparer son petit-déjeuner… de viennoiseries toutes fraîches accrochées à la porte le matin par le propriétaire !

Chambre d'hôte La Maison du Lierre – Plan p. 108-109, CD1 ④ - *57 r. Huguerie - ✆ 05 56 51 92 71 - www.hotel-maisondulierre-bordeaux.com - 18 ch. 95/145 € - ☕ 10 €.* Retrouvez tout le charme de la campagne à Bordeaux dans cette ancienne échoppe du 18e s. au parquet craquant. Chapeaux de pailles, branches d'arbres, tête d'ours et volatiles empaillés, photos anciennes composent une décoration poétique et apaisante qui change constamment. L'atout principal de ce petit havre de paix : une cour-jardin intérieure, où vous pourrez prendre votre petit-déjeuner ou déguster une planche de fromage et un verre de vin.

Mama Shelter – Plan p. 108-109, D1 ⑩ - *19 r. Poquelin-Molière - ✆ 05 57 30 45 45 - www.mamashelter.com- 69/139 €. formule déj. 16/19 € - 34 €.* À l'instar de ses prédécesseurs en France (Paris, Lyon et Marseille) et ailleurs (Istanbul, LA…), le Mama Shelter Bordeaux est *the place to be* : du restaurant branché à la pizzeria en passant par le *rooftop*, tous les espaces sont incontournables. Entre 2 sets de DJ, rechargez les batteries dans l'une des chambres équipées high-tech…

Hôtel La Cour Carrée – Plan p. 108-109, D1 ② - *5 r. de Lurbe - ✆ 05 57 35 00 00 - www.lacourcarree.fr - 16 ch. 95/135 €. ☕ 10 €.* L'immeuble en pierre bordelaise cache un intérieur sobre et design où le blanc se marie avec la pierre et un camaïeu de gris. Les chambres se répartissent sur trois niveaux et donnent sur une petite rue calme ou sur une courette intérieure, toute de bois vêtue. Accueil sympathique.

Hôtel de la Presse – Plan p. 108-109, D1 ⑭ - *6 r. Porte-Dijeaux - ✆ 05 56 48 53 88 - www.hoteldelapresse.com - fermé 23 déc.-5 janv. - 27 ch. 75/144 € - ☕ 10 €.* Au cœur du secteur piétonnier, ce sympathique petit hôtel décline le thème de la presse de façon originale sur 4 étages : design, fashion, news et sports. Façade en pierre de taille et chambres fonctionnelles. Accès automobile réglementé.

POUR SE FAIRE PLAISIR

Hôtel des Quatre Sœurs – Plan p. 108-109, D1 ⑧ - *6 cours du 30-Juillet - ✆ 05 57 81 19 20 - www.hotel-bordeaux-centre.com - 34 ch. 105/135 € - ☕ 11 €.* Ce vénérable établissement, idéalement situé en plein cœur de Bordeaux, s'enorgueillit d'avoir hébergé le musicien Richard Wagner et l'écrivain John Dos Passos. Restauré, il abrite aujourd'hui des chambres claires, climatisées, très bien insonorisées et aménagées avec de jolis meubles peints.

Une chambre chez Dupont – Plan p. 128-129, A3 ③ - *2 r. Cornac - ✆ 06 95 15 77 37 - www.chez-dupont.com - 5 ch. 125/145 € et 1 appt 185 €. ☕ 5/9 €.* Ce Dupont n'est pas si banal. Ici, les chambres sont chic et de bon goût, avec ce brin d'originalité qui fait la différence : la pierre de Bordeaux côtoie des à-plats de couleurs franches, l'accessoire de choix sait animer une commode design, le couvre-lit ose le motif inattendu. Une adresse prometteuse… Quant au restaurant, il n'a, lui, plus rien à prouver *(voir « Restauration », p. 141).*

Hôtel de la Tour Intendance – Plan p. 108-109, D1 ⑥ – *14-16 r. de la Vieille-Tour - ✆ 05 56 44 56 56 - www.hotel-tour-intendance.com - ♿ - 36 ch. 125/175 € - ☕ 12 €.* Rénovation réussie pour cet hôtel du centre-ville : façade typiquement bordelaise bien mise en valeur, pierres apparentes et tomettes à l'intérieur. Les chambres confortables, modernes, climatisées et personnalisées participent au charme de l'endroit. Accueil agréable et souriant.

UNE FOLIE

Le Boutique Hôtel Bordeaux – Plan p. 108-109, D1 ⑦ - *3 r. Lafaurie-de-Monbadon - ✆ 05 56 48 80 40 - www.hotelbordeauxcentre.com - 27 ch. et suites 188/355 €. ☕ 17 €.* Dans le Triangle d'or, un séjour de rêve en perspective ! Passé l'entrée qui, déjà, en dit long sur le luxe ambiant, les chambres (particulièrement à partir des supérieures) vous plongent dans une atmosphère où design et confort se répondent avec raffinement. Le petit-déjeuner buffet est servi dans la superbe cour intérieure. Brunch le dimanche.

À proximité

BUDGET MOYEN

Chambre d'hôte Le Clos des bambous – Plan p. 106-107, B2 ⑤ - *15 r. Mazagran – 33130 Bègles - ✆ 06 81 67 50 62 - www.leclosdesbambous.fr - 4 appt. 80/100 €.* L'établissement, qui abrite des chambres-studios, se veut un lieu de détente et de sérénité. Pour cela, il s'inscrit dans un espace de verdure où, vous l'aurez compris, le bambou est en bonne place. Chambres aux tonalités sombres. Sur place, massages, yoga… Vous avez dit zen ? Également 3 appartements (35 m², 490 €/sem.).

Chambre d'hôte La Ferrade – Plan p. 106-107, B3 ③ - *26 r. Berthelot - 33130 Bègles - ✆ 05 56 49 01 16 ou 06 81 74 25 00 - www.laferrade.com - 4 ch. 75/115 €.* Dans une belle échoppe bordelaise restaurée de façon moderne, les couleurs et le mobilier rappellent les ambiances marocaines, pays cher à l'hôte des lieux. La terrasse est prolongée par un petit jardin et une agréable piscine chauffée. Les chambres aux couleurs d'épices sont spacieuses et confortables. Délicieux petit-déjeuner.

RESTAURATION

Bordeaux regorge de restaurants en tout genre, néanmoins :
pour la vue sur le fleuve, choisissez l'une des terrasses des quais des Chartrons et de Bacalan *(voir p. 127)*, sans oublier La Petite Gironde, rive droite *(voir ci-contre)* ;
pour déguster des huîtres du bassin d'Arcachon, rendez-vous Chez Jean-Mi au marché des Capucins ou sur le marché des Chartrons le dimanche matin *(voir p. 144)* ;
pour l'ambiance, débarquez dans les hangars réaménagés des Bassins à flot au H36, Bar de la Marine, Blanqui, Olaketal ou Resto Passion *(voir p. 131)*...
pour élargir son horizon, rejoignez le cosmopolite quartier St-Michel.

PREMIER PRIX

L'Oiseau Cabosse – Plan p. 108-109, E2 ③ - *30 r. Ste-Colombe - ✆ 05 57 14 02 07 - mar. 9h30-19h30, merc.-sam. 9h30-22h, dim. 10h30-19h30 - 9,50/14,50 €.* Un salon de thé-librairie qui propose du bio très bon : tartes, plats mijotés, salades saines et colorées... Quand vient le dessert, impossible de faire l'impasse sur l'atelier chocolat maison ! Le dimanche, brunch copieux et savoureux, en terrasse ou à l'intérieur, autour d'une grande table.

Le Bocal de Tatie Josée – Plan p. 108-109, D2 ⑦ - *71 r. des Trois-Conils et 57 r. de Ruat - ✆ 09 80 79 80 79 - http://lebocaldetatiejosee.com - 9/16 €.* Point de Tatie ici, mais une cuisine de famille faite de plats simples et honnêtes : lasagnes, pâtes, brandade, salades, et une longue liste de desserts maison. En guise de bocal, une salle aux murs orange vif qui s'ouvre sur quelques tables à l'extérieur. Un établissement bienvenu pour le déjeuner. Plats à emporter.

Bois dit « vin » – Plan p. 128-129, A3 ④ - *138 r. Notre-Dame - ✆ 05 56 02 20 60 - www.bordeaux-wine-bar.fr - 18h-2h - fermé lun. et dim.* Au cœur des Chartrons, le bar à vin-bistrot, à l'ambiance tendance et très conviviale, propose une large sélection de *pintxos* (3 €) et de tapas (6/10 €), qui changent tous les jours. Installés sur de hauts tabourets, dégustez pruneaux au lard, calamars ou camembert chaud, accompagné d'un cru conseillé avec discernement par l'adorable maître des lieux. Admirez le lustre, entièrement fait maison...

Le Magasin Général – Plan p. 128-129, B3 ⑥ - *87 quai des Queyries - Réfectoire ✆ 05 56 77 88 35, épicerie ✆ 05 56 77 28 37 - réfectoire : lun.-mar. 8h30-18h, merc.-vend. 8h30-0h, sam. 10h-0h, dim. 10h-18h ; épicerie : lun.-sam. 11h-19h30, dim. 12h-17h - formule déj. 14/18 € - carte 23 € - brunch 24 €.* Ce bistrot à la déco vintage (où l'art de la récup est porté au sommet) surfe sur la tendance de la bistronomie : approvisionnement local, produits frais, lutte contre le gaspillage alimentaire... Dans l'assiette, la marmite du jour ou une croquante salade de saumon et fenouil, par exemple. L'épicerie propose des produits frais bio, fruits et légumes mais aussi fromage et charcuterie.

BUDGET MOYEN

La Cheminée Royale – Plan p. 108-109, D1 ⑧ - *56 r. St-Rémi - ✆ 05 56 52 00 52 -*

www.restaurantchemineeroyale.fr - fermé lun. midi et dim. - formule déj. 13,90 € - 19/22 €. La grande cheminée où sont préparées les grillades (pavé de bœuf maître d'hôtel, brochettes, etc.) trône dans la salle à manger de ce restaurant du centre-ville. Les menus tournent autour d'une cuisine traditionnelle parfaitement maîtrisée.

Le Miles – Plan p. 108-109, DE1 ⑮ - *33 r. du Cancera - ✆ 05 56 81 18 24 - http://restaurantmiles.com - lun.-vend. 12h-14h30, 19h30-22h - formule déj. 24/29 € - 45 €.* Ce restaurant cosy est né du désir de deux jeunes couples, originaires des quatre coins du monde, de mettre en commun leurs expériences. Dans une ambiance très japonisante, derrière un bar en bois en arc de cercle auquel vous êtes attablés, les cuisiniers élaborent devant vous des plats minimalistes aux saveurs parfumées extrêmement raffinées. Autre particularité du lieu : il n'y a pas de carte mais vous pouvez faire confiance au menu dégustation surprise…

Le Petit Mignon – Plan p. 108-109, D1 ⑭ - *33 r. St. Rémi - ✆ 05 56 81 06 83 - 12h-14h30, 19h30-22h30 - fermé lun.-mar. - 18/25 €.* La Corse est à l'honneur dans ce resto à l'ambiance décontractée et sympathique.

La Petite Gironde – Plan p. 108-109, E1 ④ - *75 quai des Queyries - ✆ 05 57 80 33 33 - www.lapetitegironde.fr - fermé 24 déc.-déb. janv. et dim. soir - ♿ - 🅿 - formule déj. 17/21 € - 28/42 €.* Ce restaurant posé sur la rive droite de la Garonne arbore un joli décor, parfaitement dans l'air du temps. Terrasse « les pieds dans l'eau » très prisée. Plats traditionnels.

Chez Dupont – Plan p. 128-129, A3 ① - *45 r. Notre-Dame - ✆ 05 56 81 49 59 - fermé dim.-lun. - ✕ 20,80/23,90 € - 4 ch. (voir « Hébergement » p. 139).* Une cuisine du marché présentée avec goût et raffinement sur un mode bistrot, dans un lieu chaleureux, en plein cœur des Chartrons.

Bar-cave de la Monnaie – Plan p. 108-109, F2 ⑤ - *34 r. de la Porte-de-la-Monnaie - ✆ 05 56 31 12 33 - www.latupina.com - lun.-sam. 12h-14h, 19h-23h, dim. 12h-14h30 - formule déj. 13/18 € - 39/74 €.* Dans une petite rue qui semble entièrement possédée par le très médiatique Jean-Pierre Xiradakis (6 enseignes, dont ce bar-cave et La Tupina), un bistrot traditionnel de quartier pour les amoureux de terroir : pièce du boucher, andouillette à l'ancienne, pied de porc et vin à prix doux.

Julien Cruège – Plan p. 106-107, B2 ② - *245 r. de Turenne - ✆ 05 56 81 97 86 - www.juliencruege.fr - fermé w.-end et j. fériés, 3 sem. en août, 1 sem. fin déc., 1 sem. fin fév. - 20/50 €.* Un nouveau nom, une nouvelle décoration mais un chef et une équipe inchangés. Dans un décor contemporain épuré et un mobilier moderne, vous dégusterez une cuisine dans l'air du temps. Chaleureuse petite terrasse.

La Robe – Plan p. 108-109, E1 ② - *3 quai Louis-XVIII - ✆ 05 56 69 04 80 - www.la-robe.com - mar.-sam. - formule déj. 14/17 € - env. 16/25 €.* Produits locaux d'une fraîcheur irréprochable, recettes traditionnelles et goûteuses qui ne cèdent pas aux sirènes de la sophistication vaine : la Robe sert une cuisine familiale de bon goût, du boudin et pommes sur pousses d'épinard à la tarte tatin en passant par le tartare tout juste poêlé. Et pour accompagner ces saveurs, une sélection exigeante de crus issus exclusivement de vignobles de femmes. Terrasse.

L'Atelier de Franck – Plan p. 128-129, A3 ③ - *80 quai des Chartrons - ✆ 05 57 87 67 72 - www.latelierdefranck-bordeaux.fr - fermé dim. soir - formule déj. 13/16 € - 28/59 €.* Derrière la façade ancienne de ces entrepôts du 18e s. officie Franck Descas depuis 2012. Sa cuisine marie les produits locaux et exotiques dans des mélanges « sucrés-salés ».

La Brasserie bordelaise – Plan p. 108-109, D1 ⑯ - *50 r. St-Rémi - ✆ 05 57 87 11 91 - www.brasseriebordelaise.fr - 12h-15h, 19h-0h - formule déj. 20 € - 28/38 €.* La bouteille est reine dans ce grand restaurant-cave aux pierres apparentes, partout décoré d'hommages à Bacchus. Passé chez Jean-Pierre Xiradakis (La Tupina, *voir p. 143*), Nicolas Lascombes y délivre, sur de longues tables de bois ou au comptoir de dégustation, ce que la région fait de mieux : jambon de porc noir, épaule d'agneau braisée, andouillette, entrecôte de bœuf de Bazas, lamproie à la bordelaise. À voir : la superbe salle voûtée, au sous-sol.

Le Davoli – Plan p. 108-109, E1 ⑰ - *13 r. des Bahutiers - ✆ 05 56 48 22 19 - www.ledavoli.com - mar.-sam. 12h-13h45, 19h30-21h - formule déj. 17/19 € - 34/52 €.* En plein centre de Bordeaux, une cuisine fine et originale, inspirée des plus grands chefs (Ducasse, Senderens, Coutanceau…).

Le Bistrot du Gabriel – Plan p. 108-109, E1 ⑫ - *10 pl. de la Bourse - ✆ 05 56 30 00 80 - www.bordeaux-gabriel.fr - mar.-sam. 20h-21h30 - vend.-sam. midi 12h-14h30 - 22,90/44,50 €.* Privilégiez la terrasse qui offre une jolie perspective sur les quais et le plan d'eau, à un intérieur chic mais un brin austère, pour déguster une cuisine raffinée nappée de *french touch*. Parmi les produits frais maison, la panacotta de fenouil et saumon, l'esturgeon semoule de betterave ou le tartare au couteau sont des délices. Également un bar cosy *lounge*, Le Dix.

Le restaurant-club Le Caillou du Jardin botanique – Plan p. 108-109, F1 ⑬ - *R. Gustave-Carde - ✆ 06 85 99 32 42 - www.lecaillou-bordeaux.com - formule déj. 18,50/29 € - 33 €.* À l'entrée du Jardin botanique, dans un décor digne de la famille Pierrafeu, ce bar-restaurant abrite une calme terrasse et une salle en forme d'œuf, à la déco exotique. Une cuisine simple, petites terrines fraîches à tartiner, grandes salades et plats traditionnels. Il accueille tous les soirs en été, du merc. au sam., les estivales music(at)caillou, jazz, blues et musiques du monde. De quoi se détendre loin de la foule du centre-ville.

Comptoir Cuisine – Plan p. 108-109, D1 ⑪ - *2 pl. de la Comédie - ✆ 05 56 56 22 33 - www.comptoircuisine.com - 12h-14h30, 19h-22h30 - formule déj. 19,50 € - 22,50/30 €.* Sa situation exceptionnelle offre une vue privilégiée sur le Grand Théâtre, et la cuisine fraîche et précise du chef Kendji Wongsodikromo, maître restaurateur, comblera vos papilles.

Comptoir de Sèze – Plan p. 108-109, D1 ① - *23 allées de Tourny - ✆ 05 56 14 16 12 - www.hotel-de-seze.com- 12h-14h30, 19h-22h30 - formule déj. 16 € - à partir de 26 €.* La passion de six jeunes chefs se retrouve dans les assiettes autour d'un même mot d'ordre : le goût du vrai. Hôtel élégant de 55 chambres et suites, golf, Spa, bar *lounge*.

Une Cuisine en Ville – Plan p. 108-109, C1 ⑱ - *77 r. du Palais-Gallien - ✆ 05 56 44*

70 93 - www.une-cuisine-en-ville.com - mar.-sam. - formule déj. 15/18 € - 39/50 €. Philippe Lagraula a raccroché son tablier étoilé à Dax pour ouvrir, avec son épouse, un restaurant qui ne désemplit pas. À vous de définir ce qui, des plats aux saveurs étonnantes, du cadre branché façon pays scandinaves ou de l'ambiance détendue, fait la différence… à moins que le succès ait à voir avec le savant dosage de tous ces ingrédients orchestré par des professionnels accomplis.

Café Maritime – Plan p. 128-129, B1 ⑤ *- Bassin à flot n° 1 - Quai Armand-Lalande - ✆ 05 57 10 20 40 - www.cafemaritime.com - fermé lun. soir, sam. midi et dim. - 12h30-14h, 19h30-22h, vend. et sam. soir 19h30-23h - formule déj. 17,80 € - 34 €.* Seules ses dimensions laissent deviner que le Café Maritime est installé dans un ancien hangar, tant il est paré de parquet, bois sombre et flotté, mobilier cossu… La clientèle sélecte choisit entre viandes et poissons déclinés en recettes plutôt traditionnelles, aux accents parfois méditerranéens. Une autre adresse à Lacanau.

Le Bistro du Musée – Plan p. 108-109, D2 ⑥ *- 37 pl. Pey-Berland - ✆ 05 56 52 99 69 - www.lebistrodumusee.com - fermé dim. - ♿ - formule déj. 14,20 € - 24,50/33,90 €.* D'emblée, on éprouve de la sympathie pour ce bistrot à la devanture en bois vert foncé et au cadre soigné : murs de pierres apparentes, parquet en chêne, banquettes en moleskine et décor d'outils vignerons. Cuisine du Sud-Ouest escortée de bons vins du Bordelais.

POUR SE FAIRE PLAISIR

Le Boucher – Plan p. 128-129, A3 ② *- 35 r. Borie - ✆ 05 57 87 20 58 - mar.-dim. 20h-0h - 30/40 €.* Cachée dans une rue ombragée du quartier des Chartrons, une salle à manger de grand-mère pour de copieuses pièces de viande grillées dans la cheminée.

Le Petit Commerce – Plan p. 108-109, E1 ⑨ *- 22 r. du Parlement-St-Pierre - ✆ 05 56 79 76 58 - 10h-2h - formule déj. 14 € - 30/60 €.* Tables de bistrot, comptoir en formica et poissons selon l'arrivage (turbot, morue, anguille, merlan…) : dans cette cantine colorée et décontractée où Fabien, le chef d'orchestre, vient saluer ses habitués, on fait beaucoup d'effet avec peu de moyens. Un coup de cœur !

La Tupina – Plan p. 108-109, F2 ⑩ *- 6 r. Porte-de-la-Monnaie - ✆ 05 56 91 56 37 - www.latupina.com - fermé le lun. formule déj. 18 € - 39/74 €.* Ambiance décontractée dans cette maison à l'atmosphère champêtre. Plats du Sud-Ouest rôtis dans la cheminée ou mijotés sur le fourneau, comme autrefois. Belle carte des vins.

BOIRE UN VERRE

L'apéritif du jeudi soir dans les bars de la ville est devenu une institution. La tendance est aux bars musicaux qui voient émerger la scène musicale bordelaise, à L'Apollo, L'Azuli (techno), El Chicho (rock) ou au Wunderbar.

L'Œnolimit – *2 r. des Ayres - ✆ 05 57 88 34 19 - 12h-0h.* Les bouteilles bien rangées dans leur casier ne demandent qu'à être achetées, ou goûtées car cette cave fait aussi bar à vins. Les verres virevoltent en terrasse, au comptoir et même dans la salle du fond, dévolue aux joueurs, de billard notamment. Un lieu à géométrie variable : où vous installerez-vous ?

1

Le Bar à Vin du CIVB – *1-3 cours du 30-Juillet - ✆ 05 56 00 43 47 - http://baravin.bordeaux.com - 11h-22h - fermé dim. et j. fériés.* Une ode au vignoble bordelais en une trentaine de crus. Dans l'hôtel Gobineau du 18e s., dont l'intérieur luxueux a été redécoré pour s'adapter à la vocation du lieu : dégustation, service sommelier et assiettes gourmandes. Un bon préalable à la visite du vignoble. Initiation et perfectionnement à l'école du vin de Bordeaux *(voir p. 28).*

Aux 4 Coins du Vin – *8 r. de la Devise - ✆ 05 57 34 37 29 - www.aux4coinsduvin.com - lun.-mar. 18h-1h, merc.-sam. 18h-2h.* Ce caviste offre à la production viticole bordelaise, française et internationale, une chic vitrine. Vous pourrez goûter le vin au verre grâce à un ingénieux système de conservation, acheter l'élue de vos papilles ou encore prolonger le plaisir de la dégustation sur place, en grignotant fromages et charcuteries. Décor mêlant bois et pierre de Bordeaux.

Café Brun – *45 r. St-Rémi - ✆ 05 56 52 20 49 - www.cafebrun.fr - 9h-2h ; concerts* live *jeu. et dim. 19h-21h30.* Un endroit hors du temps : le décor de bois, les murs recouverts d'affiches du début du siècle plairont aux amateurs de bière et de piano jazz pour une soirée dans une ambiance chaleureuse et décontractée qui en fait un lieu original à Bordeaux.

L'Apollo Bar – *19 pl. Fernand-Lafargue - ✆ 05 56 01 25 05 ou 06 84 31 45 04 - www.apollobar.fr.* Ce bar attire la foule, où le coude à coude est de rigueur – attention à ne pas renverser son *mojito* ou son verre rempli de tout autre breuvage ! – et où les décibels des morceaux soul et funk résonnent sans fin. Un bar qui bouge jusque tard dans la nuit, déversant sa frénésie sur une place réhabilitée du quartier historique.

ACHATS

Sélection d'adresses où acheter des vins de Bordeaux dans les chapitres suivants.

Rues commerçantes

La **rue Ste-Catherine**, dans le Vieux Bordeaux, longue de près de 2 km, est bordée, avec la **rue de la Porte-Dijeau** qui la coupe à angle droit, de commerces en tout genre. À l'angle de ces deux rues et à quelques pas de la Comédie, le passage de la Galerie-Bordelaise permet de faire du lèche-vitrines dans un cadre romantique. Dans le quartier des Chartrons, la **rue Notre-Dame** (et rues adjacentes) est devenue celle des antiquaires et des brocanteurs, tandis que la rue du **Faubourg-des-Arts** accueille de nombreux artisans et créateurs. On trouve aussi des antiquaires **passage St-Michel** *(pl. Canteloup),* dans un ancien entrepôt reconverti. Sur les quais des Chartrons et de Bacalan, **Quai des Marques** *(hangars 15-19)* offre en journée l'occasion d'une balade shopping (marques à prix réduits) et d'une escale gourmande et ensoleillée en bord de fleuve.

Le **centre commercial de Mériadeck** réunit également de nombreuses marques nationales. La **Galerie des Grands-Hommes**, au cœur du Triangle d'or, est quant à elle très chic.

Marchés

Marchés traditionnels – *Lun.-sam., quartier St-Michel ; mar.-dim. pl. des Capucins ; dim. quai des Chartrons et pl. Pey-Berland.*

Marchés biologiques – *Jeu. quai des Chartrons ; sam. pl. St-Amand (quartier Caudéran).*

Gourmandises

Chocolaterie Saunion – *56 cours Georges-Clemenceau - ✆ 05 56 48 05 75 - lun. 14h-19h15, mar.-sam. 9h30-12h30, 13h30-19h15*. C'est l'un des chocolatiers les plus réputés de Bordeaux : à ne pas manquer !

Baillardran Canelés – *Galerie des Grands-Hommes - ✆ 05 56 79 05 89 - www.baillardran.com - tlj sf dim. 10h-19h30 - fermé j. fériés*. Cette boutique confectionne les fameux canelés, spécialité bordelaise : ce sont de délicieux petits gâteaux à la robe caramélisée, croquants à l'extérieur et moelleux à l'intérieur. Sept autres adresses dans la ville.

Maison Darricau – *7 pl. Gambetta - ✆ 05 56 44 21 49 - www.darricau.com - tlj sf dim. 10h-19h - fermé j. fériés*. Depuis 1913, la maison régale les gourmands avec son Week-End à Bordeaux (spécialité), ses ganaches fondantes, son chocolat pétillant ou ses dernières créations qui associent grands crus de cacao, épices et herbes aromatiques.

Maison Seguin – *160 av. Charles-de-Gaulle - ✆ 05 57 88 22 20 - www.lepuitsdamourdecaptieux.com - 8h-13h, 16h-19h30, dim. 8h30-13h - fermé lun*. Située à côté du Parc Bordelais, le détour par cette petite boutique s'impose pour aller déguster le « puits d'amour », coque de pâte à choux garnie d'une crème chiboust, léger mélange de crème pâtissière et meringue italienne, un délice.

Confiserie Cadiot-Badie – *26 allées de Tourny - ✆ 05 56 44 24 22 - www.cadiot-badie.com - 10h-19h (lun. 14h) - fermé dim., 2 sem. en août et j. fériés sf 25 déc. et Pâques*. Vous serez sûrement charmé par le style rétro de cette belle boutique fondée en 1826. Truffes (surnommées les Diamants noirs) et bouchons bordelais confectionnés avec passion valent vraiment le détour.

La Fabrique, pains & bricoles – *47 r. du Pas-St-Georges*. Ou Chez Manu, boulangerie adossée au restaurant du même nom, qui propose toutes sortes de pains (paprika-tomate, chorizo, pesto…) pour tous les goûts et toutes les envies. Sandwichs, mousse au fromage, pâtisseries…

Autres achats

We Are Nothing – *1 r. des Lauriers - ✆ 05 56 58 15 41 - www.wanweb.fr*. La boutique pour dénicher les derniers objets design à Bordeaux : sacs, luminaires, décoration, sculptures, mobilier, accessoires, le tout dans des matières recyclées, chambres à air, métal, carton… Et beaucoup de bonnes affaires.

Librairie Mollat – *15 r. Vital-Carles - ✆ 05 56 56 40 40 - www.mollat.com - 9h30-19h30 - 1er dim. du mois 14h-18h - fermé j. fériés*. La première librairie indépendante de France, une véritable institution régionale.

Trente Trois 33 – *R. des Remparts - ✆ 05 56 51 30 06 - www.trentetrois33.com - 10h30-13h30, 14h30-19h - fermé lun. mat. et dim.* Une marque locale de prêt-à-porter et accessoires hommes, femmes et enfants.

EN SOIRÉE

Sur la **place de la Victoire**, fief des jeunes Bordelais et des étudiants, une douzaine de bars et de cafés programment concerts et soirées à thème. Citons **El Bodegon**, réputé pour son ambiance et **Le Plana**, lieu de passage obligé, dit-on, pour tout étudiant digne de ce nom. Pour une ambiance moins estudiantine, dirigez-vous vers le **quartier**

1

St-Michel, plus populaire et alternatif, voire *underground*, ou vers les **quartiers St-Pierre** et **St-Éloi** où les bars à vins foisonnent. Côté Garonne, bars et petits restaurants avec terrasses comptent désormais parmi les adresses branchées de Bordeaux. Guidés par un instinct festif très sûr, de nombreux noctambules finissent la nuit dans l'un des bars ou l'une des discothèques le long du **quai Paludate**. Aux alentours de 3h du matin, c'est bien simple : l'endroit est bondé. À fréquenter en priorité : le Comptoir du Jazz (concerts de jazz et de blues) et la Distillerie, spécialisée dans les whiskys. Enfin, les péniches installées sur le **Bassin à flot** n° 1 abritent également des discothèques, le Deck Club *(jeu.-sam. 23h-6h)* et la Dame de Shangaï *(bistrot fermé pour travaux, discothèque vend.-sam. 0h-4h)* qui résonnent de house music et d'electro-funk, le Tiradito, le Theatro, la boîte qui monte, et le Black Pearl.

L'I.Boat – *Quai Armand-Lalande - ✆ 05 56 10 48 35 - www.iboat.eu -* Haut lieu de la nuit bordelaise, cet immense ferry propose sur 3 niveaux une salle de concert (250 spectacles par an), un club, un restaurant de poissons et fruits de mer, un espace événementiel dédié aux arts visuels sur le pont supérieur, un deck avec vue sur la base sous-marine éclairée de nuit, et une terrasse chauffée. Là, en dépit de la sélection musicale très pointue, vous pourrez aussi vous livrer à une partie géante de super loto, en toute décontraction.

Agenda – Toutes les sorties bordelaises sont réunies dans l'hebdomadaire *Bordeaux Plus*, disponible à l'office de tourisme et dans quelques hôtels. Même vocation pour *Clubs et Concerts (www.clubsetconcerts.com)*, mensuel gratuit disponible dans les bureaux de tabac, magasins et cafés. Consultez aussi le webzine *Happen (www.happen.fr)*.

Kiosque Bordeaux Culture – *Allées de Tourny - ✆ 05 56 79 39 56 - www.bordeaux.fr - lun.-sam. et 1er dim. du mois 11h-19h.* Informations sur la vie culturelle de la ville et vente de billets à prix réduits pour les spectacles du jour.

Le Grand Théâtre - Opéra national de Bordeaux – *Pl. de la Comédie - ✆ 05 56 00 85 95 - www.opera-bordeaux.com - rens. et réserv. mar.-sam. 13h-18h30.* L'un des plus beaux opéras de France, bénéficiant d'une excellente acoustique. Concerts symphoniques, opéras et ballets y sont donnés.

Auditorium – *9-13 cours Georges-Clemenceau - rens. et réserv. mar.-sam. 13h-18h30 - ✆ 05 56 00 85 95 - www.opera-bordeaux.com.* Dernier-né des lieux culturels bordelais, il accueille les spectacles programmés autrefois au Palais des sports qui retrouvera bientôt sa vocation première.

Théâtre national de Bordeaux en Aquitaine – *Sq. Jean-Vauthier - ✆ 05 56 33 36 80 - www.tnba.org - billetterie : mar.-sam. 13h-19h.* Trois salles pour une programmation pluridisciplinaire : théâtre, cirque, danse, musique, etc. Pièces classiques et contemporaines et spectacles dédiés au jeune public avec le Théâtre des Enfants.

Le Rocher de Palmer – *1 r. Aristide-Briand - 33152 Cenon - ✆ 05 56 74 80 00 - http://lerocherdepalmer.fr.* Première scène numérique des cultures du monde en Aquitaine dans un lieu d'exception créé par Bernard Tschumi. 6 700 m^2 de scènes et de studios, trois salles de spectacles et un centre de ressources. À proximité, le bar-restaurant Ze

Rock vous attend avant et après les spectacles *(www.zerock.fr)*.

La Boîte à Jouer – *50 r. Lombard - ✆ 05 56 50 37 37 (réserv.) - www.laboiteajouer.com - spectacles 21h - fermé juil.-août, dim., lun. et mar. - 13 €.* Deux salles où l'on vient voir des petites compagnies de théâtre contemporain et de théâtre burlesque, ainsi que des spectacles musicaux.

Théâtre Fémina – *10 r. de Grassi - ✆ 05 56 52 45 19 - www.theatrefemina.fr - horaires d'ouv. selon spectacles.* Ce bel édifice accueille pièces de théâtre, comédies, *one-man-shows*, opérettes, chorégraphies et concerts.

L'Utopia – *5 pl. Camille-Jullian - ✆ 05 56 79 39 25 - www.cinemas-utopia.org/bordeaux -12h-15h, 19h-23h, w.-end 12h-23h30 - 7/13 €.* Ancienne église réhabilitée en cinéma au style gothique, L'Utopia programme des films d'art et d'essai à petits prix. C'est également un lieu d'échanges, de passage très animé pour une pause-café intelligente ou un en-cas à base de produits du terroir.

ACTIVITÉS

Pour les enfants

Histoire de Voir – *✆ 06 25 04 14 90 - www.histoiredevoir.org.* Des visites guidées (2h) et des animations (patrimoine, expositions, musées, artistes, artisans…) pour les 7-12 ans et les familles.

Parc Bordelais – *Av. du Gén.-de-Gaulle.* À 10mn à l'ouest du centre-ville, un grand parc idéal pour les enfants : animaux de la ferme, plan d'eau, petit train, manèges, aires de jeux…

Jardin public – *Voir p. 126.*

Au bord de l'eau

Le lac – Des équipements sportifs (centre de voile et d'aviron, golf, tennis…) et un ensemble de grands hôtels entourent ce lac de 160 ha. Le quartier du Lac, en cours de réhabilitation, est desservi par le pont d'Aquitaine.

Les plages – La mer n'est jamais très loin de Bordeaux (à partir d'une cinquantaine de kilomètres) : Le Porge, Arcachon, Lacanau, Biscarrosse… mais gare aux embouteillages !

AGENDA

Marathon nocturne – *Avr. - www.marathondebordeauxmetropole.com/fr.* Au cœur de Bordeaux et à travers les vignobles.

Foire internationale de Bordeaux – *Mai - www.foiredebordeaux.com.*

Week-end des Grands Crus – *Mai - www.ugcb.net.* Dégustations et visites.

Fête du fleuve – *Années impaires, 3e w.-end de juin - www.bordeaux-fete-le-fleuve.com.* Dégustations de vins et de fruits de mer, son et lumière.

Vinexpo – *Juin - www.vinexpo.com.*

Fête du vin – *Années paires, dernière sem. de juin - www.bordeaux-fete-le-vin.com.* Animations, concerts.

Novart Bordeaux – *Nov. - www.novartbordeaux.com.* Théâtre, danse, musique.

Cadillac Côtes de Bordeaux

Gironde (33)

Cette région viticole est bordée par des coteaux qui, sur une soixantaine de kilomètres, forment l'aire d'appellation cadillac-côtes-de-bordeaux. La rive de la Garonne offre de beaux points de vue et est parsemée de petits châteaux où vécurent les peintres Henri de Toulouse-Lautrec et Rosa Bonheur, ainsi que les écrivains François Mauriac et Anatole France.

NOS ADRESSES PAGE 152
Hébergement, restauration, achats, activités, etc.

S'INFORMER

Office du tourisme de Cadillac et du Langoirannais – *8 r. du Gén.-de-Gaulle - 33410 Cadillac - ✆ 05 56 62 12 92 - http://cadillac-tourisme.com - juil.-août: 9h30-12h, 14h-19h; mai-juin et sept.: tlj sf lun. 9h30-12h, 14h-19h; reste de l'année: tlj sf dim.-lun. 9h30-12h, 14h-19h - fermé 1er janv. - visite guidée de la ville; livret de découverte libre; jeu spécial familles.*

Informations – *www.cadillaccotesdebordeaux.com.*

SE REPÉRER

Carte de microrégion BC3 (p. 102-103) – Sur la rive droite de la Garonne, en direction de Langon par les D 113 et D 10.

À NE PAS MANQUER

Les ruelles de Rions; le château des ducs d'Épernon à Cadillac; la maison de François Mauriac au domaine de Malagar et son panorama; la cité médiévale de St-Macaire.

AVEC LES ENFANTS

Le musée de la Vigne et du Vin à Cadillac.

Circuit conseillé Carte de microrégion p. 102-103

LES CÔTES DE BORDEAUX

Circuit de 84 km au départ de Bordeaux, tracé en vert foncé sur les cartes p. 102-103 et p. 168-169. Compter une journée. Prendre la D 113 puis la D 10 qui suivent la Garonne au sud-est de Bordeaux.

Château de Langoiran B3

14 rte du Château - ✆ 05 56 67 12 00 - www.chateaudelangoiran.com - vac. scol.: 9h-12h, 14h-18h; reste de l'année: 14h-18h - fermé 1er janv., Vend. saint, 25 déc. - 3 € (-6 ans gratuit).

De ce château du 13e s., laissé à l'abandon pendant plus de trois siècles, seuls subsistaient une enceinte ruinée et un **donjon** rond très imposant envahis par la végétation. Depuis 1972, une association veille à son entretien: dégagement des douves, aménagement de la chapelle oratoire… L'ensemble ne manque pas de charme.

Au-dessous du château médiéval se trouve le **château viticole** de Langoiran.

Rions B3

On pénètre dans cette petite cité médiévale fortifiée par la **porte du Lhyan** (14e s.), qui a conservé ses éléments défensifs d'origine: mâchicoulis, assommoir, rainures de herse et loges latérales pour les hommes d'armes. Vous

Bastide de Cadillac au bord de la Gironde.
D. Schneider/Photononstop

ferez une jolie balade au milieu des maisons anciennes en passant par la **halle** du 18e s. avant de rejoindre le bucolique sentier des remparts, bordé de jardinets.

Château du Payre B3

13 Le Vic - 33410 Cardan - ✆ 05 56 62 60 91 - www.chateau-du-payre.fr.
Ce château a reçu le prix *Best of* d'or catégorie « Découverte et innovation » du concours Best of Wine Tourism 2015. Munis de votre smartphone, vous pourrez suivre la visite en flashant des panneaux munis de QR codes. Le domaine, géré de main de maître de mère en fille depuis cinq générations, propose également un hébergement de 4 chambres d'hôte *(75/95 €)*.

Cadillac B3

Cette bastide, fondée en 1280, a donné son nom au cadillac, petite appellation de **vins blancs** liquoreux.
Musée de la Vigne et du Vin - Maison des vins de Cadillac – *D 10 - rte de Langon - ✆ 05 57 98 19 20 - www.maisondesvinsdecadillac.com - mai-août : 10h30-13h, 14h30-19h ; reste de l'année : tlj sf w.-end 9h-12h30, 14h-17h - fermé 1er janv., lun. de Pâques, 1er et 11 Nov., 25 déc. - gratuit.* La Maison des vins est installée dans le beau domaine viticole la Closière, authentique chartreuse du 18e s. Elle propose les vins de la région à la vente et à la dégustation et s'est tout récemment dotée d'un musée, très ludique et coloré. Vous pourrez ainsi tenter de reconnaître les arômes des vins, grâce à l'atelier des odeurs. Les enfants ont aussi leur espace jeux, carnet de visite et coloriages sur le même thème. Le week-end, vous pourrez rencontrer et échanger avec les vignerons qui assurent la permanence.
Encadré « Les vignobles de Cadillac Côtes de Bordeaux », p. 152.
Sur la **porte de la Mer** (la Garonne, à proximité, est sensible à l'influence des marées) figure une impressionnante échelle des crues du fleuve.
Château des ducs d'Épernon – *4 pl. de la Libération - ✆ 05 56 62 69 58 - http://cadillac.monuments-nationaux.fr/fr - juin-sept. : 10h-13h15, 14h-18h ; reste de*

AUX ORIGINES DE LA MARQUE CADILLAC
Antoine Laumet (1658-1730), ayant émigré en Amérique, prit le nom de Lamothe-Cadillac. Il créa en Louisiane un comptoir qui devint plus tard Detroit, la capitale de la construction automobile. C'est en son honneur que la célèbre firme reprit son nom en 1902.

l'année : tlj sf lun. 10h-12h30, 14h-17h30 - fermé 1er janv., 1er Mai, 25 déc. - 5,50 € (-18 ans gratuit) - possibilité de visite guidée (1h) sur demande 11h, 14h30 et 16h.
Il fut élevé et décoré de 1598 à 1620 pour le fastueux et irascible **Jean-Louis de Nogaret de La Valette** (1554-1642), ancien mignon d'Henri III et haut personnage sous Henri IV et Louis XIII. Sa devise : « C'est dans l'adversité qu'il brille le plus. » Le château, l'un des premiers exemples d'architecture à la française, fut transformé en prison pour femmes au 19e s. Les vastes appartements aux plafonds à la française abritent huit cheminées monumentales, auxquelles travailla le sculpteur Jean Langlois ; elles sont remarquables par la richesse de leur décor de marbres rares : trophées, Amours, chutes de fleurs et de fruits. Le château accueille des expositions temporaires en saison.
L'**église St-Martin**, édifiée au 14e s. sur le mur d'enceinte de la bastide, a été modifiée au 19e s. (façade et clocher). La chapelle funéraire, commandée à **Pierre Biard** par le duc d'Épernon, accueille la sépulture de son épouse, Marguerite de Foix Candale, et sa crypte les dépouilles des ducs d'Épernon.
La route longe le coteau calcaire portant les vignobles compris dans l'appellation premières-côtes-de-bordeaux : vins blancs, rouges et clairets.

Loupiac B3

Célèbre pour ses vins blancs, la localité existait déjà du temps des Romains. Le poète Ausone (4e s. apr. J.-C.) y aurait vécu. Témoins de cette époque, les vestiges d'une **villa gallo-romaine** (1er s.-5e s.) dont les thermes, abrités sous une serre, conservent de belles mosaïques. À côté, prieuré bénédictin du 12e s.
Lieu-dit St-Romain - ✆ 06 07 01 64 88 - http://villaloupiac.wix.com/villa-gallo-romaine - visite guidée sur demande préalable (1h) été : 14h-18h ; reste de l'année : dim. 14h-18h, reste de la sem. sur demande - fermé 1er janv., 25 déc. - 5 € (-12 ans 3 €).
Château Dauphiné-Rondillon – *✆ 05 56 62 61 75 - www.dauphinerondillon.fr - ♿ - 10h-12h30, 14h-18h, w.-end et j. fériés sur demande préalable - fermé 1er janv., dim. de Pâques, 14 Juil., 15 août, 25 déc. - possibilité de visite guidée (30mn) - visite et dégustation.* La famille Darriet, propriétaire depuis huit générations, propose une visite œnotouristique aux enfants, à l'aide d'un jeu de piste à travers des vignes de soixante-dix ans d'âge (les plus vieilles de la propriété). Et pendant la dégustation (des parents), les chérubins pourront se plonger dans *Les Aventures d'un grain de raisin*, une BD tout à propos.
Prendre la D 230 puis la D 229 et la D 120. Enfin la D 19 et la D 19E5.
La route traverse des mamelons couverts de vignes. Les châteaux se dissimulent au creux de bouquets d'arbres.

Château Malromé B3

St-André-du-Bois - ✆ 05 56 76 44 92 - www.malrome.com - visite guidée (1h30) mai-oct. : 15h ; reste de l'année : sur demande préalable - fermé j. fériés - 7 € (-18 ans 5 €) - avec dégustation.
C'est dans ce château construit au 14e s. par Guiraud de Taste, comte de Béarn, puis reconstruit et agrandi aux 16e et 19e s., que **Toulouse-Lautrec** passa quelques années de sa vie aux côtés de sa mère, la comtesse Adèle de Toulouse-Lautrec. Le célèbre peintre y mourut à l'âge de 37 ans. Visite du musée suivie d'une dégustation et vente de vin du domaine.
Reprendre la D 19 vers St-Macaire puis la D 19E6 sur la droite.

Verdelais B3

Se garer près de la basilique, voisine du cimetière et du chemin de croix.

Notre-Dame de Verdelais protège les affligés. Est-ce pour cela que Toulouse-Lautrec et Mauriac séjournèrent chacun un temps dans son ombre ? Toujours est-il que ce petit village de pierre blonde, caché au creux des vignes, dégage un charme certain que ne vient entamer nulle morosité.

Basilique Notre-Dame – L'église a été reconstruite au 17e s. Les jours de fête mariale (15 août et 8 septembre) et les dimanches d'été, elle accueille une grande foule. Aussi les murs de ce sanctuaire, doucement éclairé par la lueur des cierges, sont-ils presque entièrement garnis d'**ex-voto**. Au-dessus du maître-autel trône la statue du 14e s., en bois, de la Vierge, invoquée surtout dans les naufrages et pour la guérison des paralytiques. À l'entrée de l'église, un cahier invite le fidèle à noter sa prière à Notre-Dame de Verdelais, consolatrice des affligés.

Tombe de Toulouse-Lautrec – À droite de la basilique, dans le paisible cimetière de Verdelais, repose le peintre **Henri de Toulouse-Lautrec-Monfa** (1864-1901). Sa pierre tombale, très simple, se trouve à l'extrémité de l'allée centrale, à gauche *(repérez une grande tombe fleurie, couronnée d'un ballon de foot : la tombe de Lautrec est juste derrière).*

Calvaire – Après un agréable chemin de croix qui grimpe à travers bois, vous atteignez le grand calvaire (19e s.). Le Christ en croix est entouré des deux larrons. À ses pieds se tiennent la Vierge et saint Jean. **Jolie vue★** sur la vallée de la Garonne et le Sauternais. Avec de la chance, vous pourrez voir les ailes du moulin de Cussol en fonction.

Prendre la D 19 en direction de St-Macaire.

Domaine de Malagar - Centre François-Mauriac C3

17 av. Malagar - ✆ 05 57 98 17 17 - http://malagar.aquitaine.fr - ♿ (partiellement) - visite guidée sur demande préalable (30mn) avr.-sept. : 10h-13h, 14h-18h ; reste de l'année : tlj sf mar. 10h-13h, 14h-17h30 - visite libre du parc - fermé déc.-janv., 1er Mai - 7,50 € (-25 ans 4,50 €).

Surplombant la vallée de St-Maixant et la ville de Langon, ce domaine fut le lieu de villégiature de **François Mauriac** (1883-1970) pendant de nombreuses années. Sa maison, simple bâtisse de deux étages, s'ouvre, au rez-de-chaussée, sur le salon, « cœur de Malagar », dans lequel Mauriac rédigea *Le Nœud de vipères*, et sur le bureau, tous deux renfermant de nombreux souvenirs.

Installé dans un des chais attenant à la maison, un musée présente l'œuvre et la vie de Mauriac dans cet environnement tant aimé. Une promenade dans le parc s'impose, avec une halte sur la terrasse de pierre d'où Mauriac aimait contempler ses vignes et au loin les Landes.

★ St-Macaire *(voir p. 155)* C3

Sortez à l'est et reprendre la D 10 en direction de Bordeaux.

★ Ste-Croix-du-Mont B3

Mairie - 33410 Ste-Croix-du-Mont - ✆ 05 56 62 01 39 - www.sainte-croix-du-mont.fr - 14h30-18h30 - fermé w.-end et j. fériés.

De la terrasse du château de Tastes *(actuelle mairie)*, **vue★** très étendue en direction des Pyrénées (table d'orientation). À l'extrémité de la colline, l'**église** remaniée au cours des siècles conserve un portail roman.

Des **grottes★** s'ouvrent en contrebas, creusées dans un banc d'huîtres fossiles déposé par l'Océan à l'époque tertiaire.

1

LES VIGNOBLES DE CADILLAC CÔTES DE BORDEAUX

Terroir : Situées sur la rive droite de la Garonne, les côtes de Bordeaux suivent une bande étroite, de 60 km de long et 5 km de large, de Bassens à St-Maixant. L'aire est implantée sur des sols de graves caillouteuses ou d'argile sur une couche profonde de calcaire.

Production : La région produit des vins rouges bien charpentés, avec une dominante de merlot (55 %) qui leur donne rondeur et un arôme puissant. Les vins rosés ou clairets sont une des spécialités du secteur. Les vins blancs sont moelleux à liquoreux, fruités en bouche, amples, gras et aromatiques (les vins blancs secs produits dans la région ne relèvent pas des AOC suivantes, mais peuvent bénéficier de l'AOC Bordeaux).

AOC cadillac-côtes-de-bordeaux : rouges aux cépages merlot, cabernet-sauvignon, cabernet franc et malbec.

AOC cadillac : blancs moelleux aux cépages sauvignon, sémillon et muscadelle.

AOC côtes-de-bordeaux-saint-macaire, loupiac, sainte-croix-du-mont : cépages sémillon, sauvignon et muscadelle qui produisent des blancs liquoreux.

Vous trouverez une présentation des vignobles, des animations et dégustations et la liste des châteaux ouverts à la visite à la **Maison des vins de Cadillac** – *Voir p. 149.*

NOS ADRESSES AUTOUR DE CADILLAC

Voir aussi « Nos adresses » à St-Macaire (p. 156).

HÉBERGEMENT

Le label **Gîtes Bacchus,** *(21 cours de l'Intendance - 33000 Bordeaux - 05 56 81 54 23 - gites-de-france-gironde@wanadoo.fr - - à partir de 50 €)* créé en 1996 à l'initiative des Gîtes de France de Gironde, est attribué à des hébergements situés chez des viticulteurs, au cœur de domaines viticoles. L'hôte y est accompagné et conseillé dans sa découverte du vignoble : présentation des cépages, accès aux chais, dégustations…

PREMIER PRIX

Chambre d'hôte Château du Broustaret – *Le Truilley - 33410 Rions - 4 km au nord-ouest de Cadillac par D 10 - 05 56 76 93 15 - www.broustaret.net - fermé de nov. aux vac. de printemps - - 5 ch. 58/65 €.* La tradition d'hospitalité a plus de vingt-cinq ans dans cette propriété viticole édifiée au cœur des premières côtes de Bordeaux. Bois et prairies entourent la noble maison où sont aménagées des chambres simples et néanmoins confortables. Une halte au grand calme, parfaite pour découvrir le vignoble bordelais.

BUDGET MOYEN

Chambre d'hôte Le Relais des remparts – *13 pl. du Repos - 33410 Rions - 05 56 27 28 31 - www.lerelaisdesremparts.com - 4 ch. 70/90 € - table d'hôte sur réserv. 25 €.* Au cœur de Rions, cette maison du 16e s. s'organise autour d'une tour et d'une agréable cour, très paisible. Le premier étage est réservé aux chambres d'hôte, claires et spacieuses. Sophie, l'hôtesse, propose également des cours de cuisine ou des paniers pique-niques, savoureux et pratiques, si vous souhaitez partir en excursion dans les vignobles.

Chambre d'hôte Les Batarelles – *103 Deyma - 33550 Villenave-de-Rions - 1,5 km à l'ouest de Villenave-de-Rions par D 237 - 05 56 72 16 08 ou 06 08 28 42 54 - www.batarelles.com - - - P - 4 ch. 70/80 € - 1 gîte 6 pers./150 €/nuit.* Voici une adresse idéale pour qui souhaite faire une pause douillette au cœur du vignoble bordelais. Les chambres sont coquettes et confortables. Elles comportent 2 suites, l'une avec balcon, l'autre avec une terrasse privative. Une cuisine est à disposition, ainsi qu'une petite salle de fitness avec Spa. Au petit-déjeuner, la propriétaire propose miels et confitures maison, au coin du feu en hiver et sur la terrasse bordée de vignes en été.

Chambre d'hôte Château Grand Branet – *859 Branet sud - 33550 Capian - 9 km au sud de Créon dir. Cadillac - 05 56 72 17 30 - http://chateaugrandbranet.free.fr - P - fermé janv. - - 5 ch. 68 €.* Joli château du 17e s., rénové au 19e s., entouré d'un parc ombragé planté d'arbres centenaires. Les 5 chambres (murs de pierres apparentes, meubles anciens) peuvent accueillir 3 ou 4 personnes. Le propriétaire vous proposera certainement une visite de son exploitation et des chais… avec dégustation à la clé !

Chambre d'hôte Les Logis de Lestiac – *71 rte de Bordeaux - 33550 Lestiac-sur-Garonne - 10 km au nord-ouest de Cadillac par D 10 - 05 56 72 17 90 - www.logisdelestiac.com - - P - 4 ch. 95/115 € - table d'hôte 30 €.* Maison de maître du 18e s. rénovée comprenant, à l'étage, 4 chambres spacieuses et élégantes décorées sur le thème des saisons ainsi qu'une dernière au rdc remplie d'antiquités drôlement utilisées… À l'extérieur, invitation à la détente dans le jardin avec la piscine d'eau salée.

POUR SE FAIRE PLAISIR

Château de la Tour – *2 av. de la Libération - 33410 Cadillac - 05 56 76 92 00 - - www.hotel-restaurant-chateaudelatour.com - 32 ch. 127/232 € - 12 € - rest. formule 15 €, carte 31/50 € - wifi.* À l'entrée de la ville, cet hôtel propose des chambres contemporaines et fraîches (côté parc). Sauna et belle piscine extérieure. Depuis le parc de 3 ha, belle vue sur le château d'Épernon et parcours de santé. Côté cuisine, on savoure des plats élaborés concoctés avec des produits du terroir.

RESTAURATION

PREMIER PRIX

Le Petit Naples – *7 r. Porte-de-la-Mer - 33410 Cadillac - 05 56 27 47 63 - merc.-dim. 12h-14h, 19h-22h - pizzas 9/12 €, pâtes 9/15 €.* Ici, l'Italie s'invite dans l'assiette. Francesco pétrit et cuit ses pizzas devant vous, et propose ses pâtes fraîches ou sèches, en fonction de l'accompagnement. Toutes les préparations sont faites maison, avec des produits du terroir. Pensez à réserver !

BUDGET MOYEN

L'Auberge Girondine – *1 Le Peyrat - 33410 Ste-Croix-du-Mont - 05 56 27 00 72 - www.aubergegirondine.com - jeu.-sam. midi et soir, et dim. midi - formules déj. 12/15 € - carte 25/30 €.* Trois salles de restaurant et une terrasse sont à disposition pour savourer la cuisine gourmande de Vincent Poussard, qui a fait les beaux jours de L'Oiseau bleu et du Quai des saveurs à Bordeaux. La carte change chaque semaine, afin de vous donner l'envie de revenir.

L'Entrée Jardin – *27 av. du Pont - 33410 Cadillac - ✆ 05 56 76 96 96 - www.restaurant-cadillac.com - P - ♿ - fermé lun., dim. et merc. soir - déj. 8,50/15,50 € - 26/68 €.* Toutes les chambres d'hôte de la région recommandent cette adresse qui marie avec brio accueil souriant, service efficace et cadre agréable. La cuisine régionale, comme le pigeonneau royal ou un hamburger sauce cacao, a de quoi combler les appétits les plus féroces.

POUR SE FAIRE PLAISIR

Auberge de l'Ancienne Poste – *Pl. Cazeaux-Cazalet - 33410 Rions - 4 km au nord-ouest de Cadillac par D 10 - ✆ 05 56 27 43 31 - www.restaurant-rions.com - P - fermé dim. soir et lun. - déj. 16 € - 33/39 €.* Ambiance rustique pour cette maison de maître, où l'on déguste des grillades et une spécialité : la côte de bœuf préparée devant vous dans l'immense cheminée.

ACHATS

Marché au gras de Langoiran – *✆ 05 56 67 01 06 (mairie) - 1er dim. de déc.*

Safran de Garonne – *Chem. Profond - 33410 Béguey - ✆ 05 56 62 16 64 ou 06 79 10 78 52.* Cette safranière vous accueille sur le terrain même de production de ces bulbes dit « fleur d'un jour » (ramassés le jour de l'éclosion).

VINS

Maison des vins cadillac-côtes-de-bordeaux et cadillac – *Voir p. 149.*

ACTIVITÉS

Randonnées à Cadillac – *L'office de tourisme propose des carnets de route (1 €). Découvrez, à travers des randonnées pédestres, les villages de Cadillac-Laroque, Lestiac, Paillet, Langoiran, Rions, Ste-Croix-du-Mont, Loupiac, Donzac, Capian, Gabarnac et Monprimblanc.*

Le Lac aux Branches – *Lac de Laromet - ✆ 06 44 18 38 05 - www.lacauxbranches.fr - de mars à fin oct. - 10/19 €.* 6 parcours à partir de 4 ans, 1 parcours au-dessus du lac avec la plus grande tyrolienne de Gironde. Formules nuit + jour, parcours nocturne 25 €, barbecue et douches à disposition.

AGENDA

Journées portes ouvertes en cadillac-côtes-de-bordeaux – *3e w.-end de mai - www.cadillaccotesdebordeaux.com/evenements.*

Journées portes ouvertes en premières-côtes-de-bordeaux – *3e w.-end de juin - www.premierescotesdebordeaux.com.*

Balades vendanges en cadillac-côtes-de-bordeaux – *1er w.-end d'oct. - www.premierescotesdebordeaux.com.*

Loupiac et foie gras Journées gourmandes – *Dern. w.-end de nov.* Une vingtaine de propriétés accueillent des producteurs de foie gras, dans leurs chais.

Saint-Macaire

★

2007 Macariens – Gironde (33)

Une cité médiévale à deux pas de Bordeaux... quel bonheur! De l'image de carte postale, St-Macaire a le charme, mais certainement pas le glacé du papier. Vous y sentirez une vie permanente derrière les balcons et les façades restaurées des vieilles ruelles. Une balade à ne pas manquer!

NOS ADRESSES PAGE 156
Hébergement, restauration, achats, activités, etc.

S'INFORMER

Office de tourisme – *8 r. du Canton - 33490 St-Macaire - ✆ 05 56 63 32 14 - www.entredeuxmers.com - juin-sept.: 10h-13h, 15h-19h; janv.: merc.-vend. 14h-18h, sam. 10h-12h, 14h-18h; fév.-mars et oct.-déc.: merc.-vend. 14h-18h, w.-end 10h-12h, 14h-18h; avr.-mai: merc.-jeu. 14h-18h, vac. scol. lun.-mar. 14h-18h - fermé 25 déc.-1er janv. - plan commenté de la cité médiévale; documentation sur l'Entre-Deux-Mers et la Gironde sud, les randonnées pédestres ou cyclotouristiques. Cave à vins et dégustation gratuite tous les jours en juil.-août.*

SE REPÉRER

Carte de microrégion C3 (p. 102-103) – À 18 km à l'ouest de La Réole. Longé par la D 1113, St-Macaire est cependant étonnamment préservé du bruit de la route. On en a une jolie vue d'ensemble depuis la route de Sauveterre (D 672).

À NE PAS MANQUER

La place du Mercadiou; les peintures murales et la curieuse architecture de l'église St-Sauveur.

ORGANISER SON TEMPS

Comptez une demi-journée pour faire le tour de la ville. Marché le jeudi matin.

Se promener

Enceinte

Remontant au 12e s., époque de l'établissement de la ville, elle a conservé trois portes. L'une d'elles (porte de Benauge), couronnée de puissants mâchicoulis, constitue encore, au nord, l'accès principal à la vieille ville. Admirez la perspective du front sud des remparts, au bord de la falaise calcaire baignée jadis par la Garonne et creusée par elle de cavités.

Église St-Sauveur

Agréablement située sur le rocher de St-Macaire, au-dessus du front sud de l'enceinte, elle domine la vallée. Vaste et imposant, l'édifice possède une abside romane ceinturée d'un cordon de billettes. Le plan de cette église dessine un trèfle suivant une formule peu courante (que l'on retrouve au St-Sépulcre de Jérusalem), la quatrième abside étant remplacée par la nef. Sous le porche du 13e s., couronné d'une rosace flamboyante, se trouvent de curieux vantaux (battants) de cœur de chêne à ferrures, de la même époque. Au tympan, scènes sculptées montrant onze apôtres auréolés et assis. De la terrasse, vue sur la Garonne.

À la croisée du chœur et sur la voûte de l'abside est, **peintures murales★** aux couleurs chaudes (14e s.), sur le thème de l'Apocalypse et de la vie de saint Jean.

Place du Mercadiou ou Marché-Dieu

Très séduisante place entourée de couverts gothiques et Renaissance, ou « embans ». Belles demeures des 15e et 16e s., avec baies en accolade ou fenêtres à meneaux.

NOS ADRESSES À SAINT-MACAIRE

HÉBERGEMENT

PREMIER PRIX

Appart'hôtel Les Tilleuls et restaurant Le Médiéval – *16 allée des Tilleuls - ✆ 05 56 62 28 38 - www.tilleul-medieval.com - rest. fermé 15 j. en fév. - P - 10 ch. 45/70 € - ☕ 8,50 € - ✕ déj. 12,50 € - 20/40 €.* Ces murs du 16e s., voisins de la mairie, abritent des petits studios fonctionnels, sobrement meublés et dotés de cuisinettes aménagées. Le restaurant, de style traditionnel, est ouvert à tous, avec produits du terroir au menu.

BUDGET MOYEN

Hôtel-restaurant Les Feuilles d'Acanthe – *5 r. de l'Église - ✆ 05 56 62 33 75 - www.feuilles-dacanthe.fr - fermé du 25 déc. à fin janv. - P - 11 ch. 85/144 € - ☕ 11 € - ✕ 26 €.* Cette belle bâtisse des 14e et 17e s. située au cœur de la cité médiévale de St-Macaire a été parfaitement restaurée. Les chambres et la suite sont charmantes : sol en carreaux de Gironde, mobilier en chêne, murs de pierres apparentes. Jacuzzi avec nage à contre-courant installé dans une cour intérieure.

RESTAURATION

BUDGET MOYEN

L'Abricotier – *2 r. François-Bergœing - D 1113 - ✆ 05 56 76 83 63 - www.restaurant-labricotier.com - P - ♿ - fermé 12 nov.-12 déc., mar. soir et lun. - 23/44 € - 3 ch. 68 € - ☕ 8 €.* Cet établissement en léger retrait de la D 1113 abrite de coquettes salles à manger actuelles et s'agrémente d'une terrasse ombragée de mûriers. En cuisine, son chef mitonne de bons petits plats régionaux, que vous pourrez arroser d'une bouteille choisie parmi la judicieuse sélection de vins. Trois chambres côté verdure.

AGENDA

Les Journées médiévales – *Fin août.* Marché, jeux, visites, banquet médiéval.

Graves, Sauternes et Barsac

Gironde (33)

Voici une terre agréable à parcourir, avec son lot de visites, dont le beau château de Montesquieu, et de végétation souveraine. Elle est aussi indissociable du vin. Sur la rive gauche de la Garonne, en partie imbriqué dans l'agglomération bordelaise, le vignoble des Graves est le seul de France à porter un nom géologique. Depuis 1987, la partie nord des Graves, où sont concentrés les meilleurs terroirs, porte l'AOC pessac-léognan. Le sud des Graves englobe les fameuses appellations barsac et sauternes, sans oublier cérons, la plus petite appellation.

NOS ADRESSES PAGE 162
Hébergement, restauration, achats, activités, etc.

S'INFORMER

Office du tourisme du Sauternais-Graves-Pays de Langon – *11 allée Jean-Jaurès - 33210 Langon - 05 56 63 68 00 - www.tourisme-sauternes-graves.com - juil.-sept.: 10h30-12h30, 14h-18h; reste de l'année: 10h30-12h30, 14h-17h30 - fermé dim., certains j. fériés - idées de week-end, découverte du vin et du patrimoine.*

SE REPÉRER

Carte de microrégion A-B3 (p. 102-103) – Région viticole au sud-est de Bordeaux, proche de Langon.

À NE PAS MANQUER

Le château de Montesquieu à La Brède, les jardins à l'italienne du château de Malle, une dégustation de Lillet ou de sauternes.

ORGANISER SON TEMPS

Prévoir une à deux journées pour parcourir la route des vins de Bordeaux en graves et sauternes - *www.bordeaux-graves-sauternes.com*

AVEC LES ENFANTS

La Réserve naturelle géologique de Saucats-La Brède, l'écomusée de la Vigne et du Vin à Gradignan.

1

Circuits conseillés Carte de microrégion p. 102-103

VIGNOBLE DES GRAVES

Circuit de 94 km au départ de Bordeaux, tracé en mauve sur la carte p. 102-103. Compter une demi-journée. Depuis Bordeaux, prendre la rocade sortie 20, puis suivre la D 108.

Château de Malleret à Cadaujac B3

Du centre du bourg, suivre la dir. port de Grimat et continuer sur le chemin de Malleret. S'avancer jusqu'à la grille. 06 85 85 88 67 - visite guidée (1h) juil. et sept.: 9h30-12h30, 14h-17h; reste de l'année: se rens. - fermé w.-end et j. fériés, août, 13 juil. - 5 € (-15 ans gratuit).

Ce château (17e s.-19e s.), posté sur les bords de la Garonne, reçut Napoléon III. Le parc abrite plusieurs « fabriques » (belvédère, pigeonnier…) et un tulipier de Virginie du 18e s. On peut visiter les salons du rez-de-chaussée, mais surtout les beaux **jardins à thème**: roseraie, jardins de couleurs, labyrinthe… Agrémentés de bassins, ils accueillent aussi de superbes **paons** et quelques volières.

Continuer sur la D 108, puis prendre la D 1113.

Portets B3

Le village de Portets est situé au cœur du vignoble des Graves. Ceux qui apprécient les vins de Bordeaux seront servis !

Château de Mongenan – *16 r. de Mongenan - ✆ 05 56 67 18 11 - www.chateaudemongenan.com - visite guidée (1h) w.-end et j. fériés 14h-18h, sem. sur demande préalable 14h-18h - 10 € (-12 ans gratuit) - 15 € billet combiné avec le château Lagueloup - avec dégustation. Animations dim.* Toute parée de vignes et de fleurs, la jolie chartreuse de Mongenan (1736) est précédée d'une terrasse qui se prolonge vers un **jardin botanique** inspiré par les préceptes de J.-J. Rousseau. Là poussent pêle-mêle plantes aromatiques, fleurs, légumes anciens et arbres fruitiers. Notez aussi un jardin d'utilité, selon le modèle du 18e s., labellisé Jardin remarquable, avec plus de mille variétés de plantes médicinales, potagères et tinctoriales. Enfin, un **musée,** consacré au 18e s. (collection d'herbiers, documents historiques, costumes, etc.), inclut la reconstitution d'un temple maçonnique (objets de collection). Visite des vignobles et dégustation des vins du domaine (gratuit).

Château Lagueloup – *2-4 r. de la Liberté - ✆ 05 56 67 18 11 - www.chateaudemongenan.com - ♿ - visite guidée (1h) 14h-18h - fermé 1 sem. déb. janv. - 10 € (-12 ans gratuit) - 15 € billet combiné avec château de Mongenan - avec dégustation.* La propriétaire du château de Mongenan a acquis, en 2000, le château Lagueloup, dans lequel elle a aménagé un **musée de la Vigne et du Vin** présentant le patrimoine technique exceptionnel trouvé sur les lieux. En effet, les immenses chais ont été conçus à la fin du 19e s. par l'ingénieur **Samuel Wolf** comme une usine. Différents documents illustrent l'histoire de cette réalisation révolutionnaire. Vous verrez ces installations « modernes » (transport du

LES VIGNOBLES DES GRAVES, SAUTERNES ET BARSAC

Terroirs : C'est entre la rive gauche de la Garonne et la lande girondine, sur les croupes graveleuses bien drainées, résultant de l'érosion pyrénéenne, que s'est développé au Moyen Âge le premier vignoble bordelais. Jusqu'au 17e s., la région des **Graves** assurait en effet, quasiment à elle seule, la réputation des vins de Bordeaux et la production des nombreuses quantités envoyées vers l'Angleterre. Enclavé dans la zone méridionale de la région des Graves, le **Sauternais** est fameux pour les vins liquoreux qui y sont produits sous trois appellations différentes.

Production : AOC graves et **graves supérieures** (appellations régionales) et **pessac-léognan** (appellation communale) : vins très travaillés, élevés sur lie grâce au procédé du remontage, ce qui donne des vins rouges colorés et onctueux, tout en rondeur, et des vins blancs secs et nerveux.

AOC sauternes, barsac et cérons : ces vins blancs liquoreux bénéficient d'un microclimat. Ainsi, les grains de raisin, parvenus à maturité, ne sont pas cueillis aussitôt afin qu'ils puissent subir la « pourriture noble », causée par le *Botrytis cinerea* : à l'endroit où le Ciron se jette dans la Garonne se produit une alternance de brouillards matinaux et de journées sèches. Cette sécheresse stoppe le développement des moisissures. N'en reste que le bénéfice : les enzymes des moisissures concentrent les sucres de la baie du raisin. Ces grains comme « confits » sont alors détachés un par un, puis pressés. Ils donnent des vins de très longue garde.

ℹ Vous trouverez aux adresses suivantes une présentation des vignobles, des animations et dégustations et la liste des châteaux ouverts à la visite. **Syndicat viticole des graves**, à Podensac ; **Maison du sauternes**, à Sauternes ; **Maison du vin de Barsac**, à Barsac : voir p. 163.

Sauternes, le vignoble du bordelais, le château d'Yquem.
Ph. Roy/hemis.fr

1

raisin par wagonnets, pressoir à vapeur, foulopompe…), ainsi que le matériel de tonnellerie (car le château avait son propre atelier) et une collection d'outils de la vigne depuis le 18e s.
Dans le parc du château, un baptistère datant du 3e s. a été découvert.
Continuer sur la D 1113.

Podensac B3
Ce gros bourg est la patrie de l'apéritif **Lillet**, boisson à base de vin, aromatisée aux herbes et au quinquina. Visite des installations de la **Maison Lillet**, du cuvier Art déco et collection d'étiquettes. *8 cours du Mar.-Foch - ✆ 05 56 27 41 41 - www.lillet.com - ♿ - de mi-juin à mi-sept. : 9h30-18h ; reste de l'année sur demande préalable - fermé j. fériés - possibilité de visite guidée sur demande (1h30) - gratuit.* À Podensac se trouve aussi la **Maison des vins de Graves** *(voir la rubrique « Achats », p. 163).*
Suivre la N 113 jusqu'à Cérons.

L'« HONNÊTE HOMME »
En l'an de grâce 1689 naît au château de La Brède Charles de Segondat, futur baron de Labrède et de **Montesquieu** ; en signe d'humilité, c'est un mendiant qui le tient sur les fonts baptismaux. Devenu président au parlement de Bordeaux, Montesquieu aime à se retirer fréquemment sur sa terre de La Brède : « C'est le plus beau lieu champêtre que je connaisse. » Là, il expédie sa correspondance commerciale (il vend beaucoup de vin aux Anglais), parcourt ses vignes, interpellant chacun en patois, visite ses chais… D'humeur égale et d'abord facile, Montesquieu trouve, comme Montaigne, le délassement dans son activité intellectuelle : « L'étude a été pour moi le souverain remède contre les dégoûts de la vie, n'ayant jamais eu de chagrin qu'une heure de lecture n'ait dissipé. » Pendant dix-sept ans, il travaillera ici à la rédaction de *L'Esprit des lois*.

Cérons B3

Ce petit village a donné son nom à une minuscule appellation de vins blancs liquoreux, qui couvre moins de 100 ha. Ce sont des vins très fins.

Château de Cérons – *1 Latour - ✆ 05 56 27 01 13 - www.chateaudecerons.fr - visite guidée (1h) sur demande préalable - 5 € (-10 ans gratuit).* Caroline et Jean Perromat, les propriétaires, cherchent à faire partager leur amour du vin et des traditions. Ils proposent ainsi une découverte de cette magnifique chartreuse et vous dévoilent tous les secrets de ce riche patrimoine. Dégustation des vins de la propriété, déclinés en trois couleurs : rouge, blanc et or.

Presque en face, **l'église** du 12e s. derrière laquelle se jette le Ciron, qui permet d'obtenir des vins liquoreux *(voir encadré p. 158).*

Des sentiers pédestres partent du village, dont un qui traverse les vignes, les kiwis et les écluses, accessible aux enfants (1h, départ depuis l'église).

Suivre la D 117 jusqu'à Illats et St-Michel-de-Rieufret, puis prendre la D 109 vers le nord, par la D 220E1 et la D 108.

★ Château de La Brède B3

Av. du Château - ✆ 05 56 78 47 72 - www.chateaulabrede.com - visite guidée (45mn) juil.-août : 10h-18h ; de mi à fin juin et 1er-20 sept. : 14h-18h, w.-end 10h-18h ; de déb. à mi-juin et 21-30 sept. : 14h-18h ; reste de l'année : se rens. - fermé mar. - 7 € (-16 ans 4,50 €) - 12 € billet combiné avec le parc.

Une large avenue conduit à l'austère château gothique (12e-15e s.), protégé par son plan d'eau. Commencez le tour du propriétaire par les douves. Par de petits ponts jetés entre deux anciens ouvrages fortifiés, gravés d'inscriptions latines, on rejoint le vestibule soutenu par six colonnes torses ; le long des murs sont disposées les malles de voyage de Montesquieu. De ce vestibule, on passe dans le salon orné d'un beau cabinet du 16e s. et de portraits de famille. Très simple, la **chambre** de Montesquieu est restée meublée telle qu'elle l'était de son vivant ; un montant de la cheminée porte la marque de frottement de son soulier, car il avait coutume d'écrire là sur son genou. À l'étage se trouve la bibliothèque qui renfermait 5 000 ouvrages.

« La nature s'y trouve dans sa robe de chambre et au lever de son lit », *dixit* le maître des lieux, à propos du **parc à l'anglaise** dont il prit l'idée lors d'un séjour outre-Manche.

Emprunter la D 108, direction Saucats.

Réserve naturelle géologique de Saucats-La Brède B3

✆ 05 56 72 27 98 - www.rngeologique-saucatslabrede.reserves-naturelles.org - juil.-août : tlj sf dim. 15h ; mai-juin et sept. : sam. 15h ou sur demande préalable - fermé j. fériés - 5 € (-12 ans 4 €) - visite libre : 2 itinéraires de randonnée (2h au total), plan et documentation à la Maison de la réserve - visite guidée (2h30). Vêtements longs et antimoustiques de rigueur. Un véhicule est nécessaire pour rejoindre les sites.

Il fut un temps où l'Aquitaine était sous les eaux : les roches et fossiles qui affleurent dans cette réserve de 75 ha témoignent des trois dernières invasions de l'Atlantique à la fin de l'ère tertiaire. Sept sites, avec panneaux d'interprétation, sont aménagés sur trois secteurs (certains affleurements sont protégés par une vitrine). La Maison de la réserve présente des collections géologiques et paléontologiques.

Nombreux ateliers pour les enfants *(sur réserv.).*

Rejoindre Léognan au nord par la D 651.

Léognan A3

Cette commune en lisière de la forêt compte un nombre impressionnant de châteaux viticoles dont la direction est indiquée depuis le centre du village. *Suivre la D 109.*

Gradignan A3

Ancien prieuré de Cayac – *À la sortie sud de Gradignan, par la D 1010.* Sis dans le beau parc de Cayac, agrémenté de voies d'eau et d'un moulin, ce prieuré bâti au début du 13e s., mais restauré au 17e s., constituait jadis une étape sur la route de Compostelle. Ses dépendances accueillent aujourd'hui des expositions temporaires, ainsi que le **musée Georges-de-Sonneville** (1889-1978), peintre bordelais des Années folles et créateur de la Société des indépendants bordelais. *1 r. de Chartrèze - ✆ 05 56 75 34 28 - vend. et w.-end 14h-18h - gratuit.*
Écomusée de la Vigne et du Vin – *288 cours du Gén.-de-Gaulle - ✆ 05 56 89 00 79 - visite guidée merc., vend.-sam. et 2e dim. du mois 14h-18h, reste de la semaine sur demande préalable - fermé 1er janv., 25 déc. - 6,30 € avec dégustation.* Installé dans une ancienne ferme, ce musée présente une collection d'objets liés au travail de la vigne et à la fabrication du vin entre 1850 et 1950.
Pour revenir à Bordeaux, suivre la direction « Rocade » ou « Universités, Talence ».

VIGNOBLES DE SAUTERNES ET DE BARSAC

Circuit de 30 km au départ de Barsac, tracé en rouge foncé sur les cartes p. 102-103 et p. 168-169. Compter environ 2h.
Petits par la surface, mais grands par le renom de leurs vins blancs, les vignobles de Sauternes et de Barsac forment un « pays » constitué par la basse vallée du Ciron, près de son confluent avec la Garonne. Le terroir se limite à cinq communes : Sauternes, Barsac, Preignac, Bommes et Fargues. Sur les coteaux s'alignent les rangées de ceps (muscadelle, sauvignon et sémillon), généralement perpendiculaires au cours du Ciron et séparées en « clos ». Ici, les vendanges sont tardives. La cueillette des grains de raisin parvenus à maturité est retardée afin que les grains puissent subir la « pourriture noble », causée par un champignon propre à la région. Ces grains « confits » sont alors détachés un par un et transportés avec d'infinies précautions *(voir encadré p. 158).*

Barsac B3

Barsac est situé à 10 km au nord-ouest de St-Macaire par la D 1113, ou à 39 km au sud-est de Bordeaux par l'A 62, puis la D 1113.
L'**église**, curieux monument de la fin du 16e et du début du 17e s., comprend trois nefs de même hauteur dont les voûtes constituent un exemple de la survivance du gothique en période classique. Le mobilier est Louis XV : tribune, autels, retables et confessionnaux. Les sacristies sont revêtues de boiseries ou de panneaux de stuc.
À Barsac se trouve aussi la maison du vin de Barsac *(voir p. 163).*
Quitter Barsac par le sud en direction de Pujols-sur-Ciron, puis la D 114.

Budos B3

Un peu extérieur au Sauternais proprement dit, Budos conserve les ruines d'un **château féodal** (début 14e s.), propriété d'un neveu du pape Clément V. Le chemin d'accès passe sous le châtelet d'entrée, que couronne une tour carrée à merlons, puis atteint l'esplanade du château. De là, descendez dans le fossé du front ouest pour vous rendre compte de la puissance de la courtine et des tours, renforcées de bretèches.
Suivre la D 125.

Sauternes B3

Un bourg viticole incontournable pour les amateurs. Au sud du village, le **château Filhot** (premier grand cru classé) a été construit au 17e s. et remanié au 19e s.

Vous trouverez également à Sauternes la Maison du sauternes *(voir p. 163)*.

Quitter Sauternes par le nord (D 125E1).

Château d'Yquem B3

Le plus prestigieux (premier grand cru classé) des crus de sauternes était déjà connu au 16e s. Du parc *(ouv. lun.-vend.)*, **vue** sur le Sauternais en direction de la Garonne.

Poursuivre vers le nord en direction de Preignac.

★ Château de Malle B3

À Preignac - ✆ 05 56 62 36 86 - www.chateau-de-malle.fr - visite guidée (1h) 10h-12h, 14h-18h - fermé w.-end et j. fériés - 7 € (-7 ans gratuit). Voir « ABC d'architecture », p. 92.

Un portail d'entrée orné de superbes ferronneries donne accès au domaine. L'aimable composition qu'offre l'ensemble du château et des jardins a été conçue au début du 17e s. par un aïeul de l'actuelle propriétaire. Le château lui-même, charmante demeure à pavillon central aux frontons sculptés semi-circulaires, coiffé d'un toit d'ardoise à la Mansart, rappelle par son plan les chartreuses girondines. Deux ailes basses en fer à cheval aboutissent à deux grosses tours rondes. Les bâtiments latéraux renferment les chais. L'intérieur du château, garni d'un beau mobilier ancien, abrite une **collection de silhouettes en trompe l'œil** du 17e s., unique en France. Elles servaient autrefois de figuration immobile au petit théâtre en rocaille du jardin.

Les **jardins** en terrasses, à l'italienne, présentent des groupes sculptés du 17e s. et un curieux nymphée en rocaille orné de statues d'Arlequin, Pantalon et Cassandre. Prolongeant ces jardins, le vignoble s'étend – fait unique en Gironde – sur les deux terroirs de Sauternes (vin blanc) et de Graves (vin rouge). La visite se termine par une dégustation de sauternes.

Par la D 8E4, Preignac et la D 1113, regagnez Barsac.

NOS ADRESSES DANS LES GRAVES

HÉBERGEMENT

BUDGET MOYEN

Villa Còrtèrra – *16 rte de Mounic - 33210 Fargues - ✆ 05 57 98 55 17 ou 06 14 21 11 42 - www.villacorterra.com -* 4 ch. 88 € ☕ ✕ 25 €. Piscine, sauna, billards, baby-foot et trampoline garantissent repos et divertissements au sein de cette maison d'hôte des vignobles de Sauternes. Une table d'hôte sur réservation comblera les petites faims que n'auront apaisé le plateau de courtoisie et les gourmandises mises à disposition dans la chambre.

Chambre d'hôte Peyraguey Maison Rouge – *Haut Bommes - 33210 Bommes - ✆ 05 57 31 07 55 - www.peyraguey-sauternes.com* - 3 ch. 86/112 € ☕. Êtes-vous plutôt sauternes, st-émilion ou médoc ? Les noms de ces trois ravissantes et spacieuses chambres d'hôte situées en plein cœur du vignoble de Sauternes donnent le ton. Avec une invitation à la dégustation le soir, l'acclimatation se poursuit sans difficulté !

Domaine de Larchey – *28 rte de Larchey - 33650 St-Médard d'Eyrans - ✆ 05 56 72 19 59 - www.domainedelarchey.com - 🏊 - 10 ch. 79/125 € ☕.* Trois catégories de chambres, standard, supérieure et familiale, décorées avec une touche de romantisme et de poésie. Services et prestations haut de gamme, dont des massages ayurvédiques et des séances d'ostéopathie.

POUR SE FAIRE PLAISIR

Le Relais du château d'Arche – *33210 Sauternes - rte de Bommes, 200 m à gauche après la sortie de Sauternes - ✆ 05 56 76 67 67 - visites ✆ 05 56 76 66 55 - http://chateau-arche.fr - P - 9 ch. 140/160 € - ☕ 10 €.* Une charmante chartreuse du 17e s. au cœur du domaine viticole du château d'Arche, dont on peut déguster les grands crus après une visite. Chambres classiques et cosy, avec une vue superbe sur les vignes alentour Un circuit autoguidé équipé de QR codes permet de découvrir le grand cru classé de sauternes à son propre rythme. Le domaine propose des ateliers accords mets et vins, et dégustation verticale (découverte de l'évolution d'un vin dans le temps).

RESTAURATION

BUDGET MOYEN

Café de l'Espérance – *10 r. de l'Esplanade - 33270 Bouliac - ✆ 05 56 20 52 16 - www.cafe-esperance.com - déj. 15 € - menu 29 €, carte 30/57 €.* Les nostalgiques du troquet de village aimeront ce petit bistrot où l'on s'attarde sous la treille, autour d'un verre. Plats traditionnels et grillades au feu de bois, frites maison.

POUR SE FAIRE PLAISIR

Le Saprien – *R. Principale - 33210 Sauternes - ✆ 05 56 76 60 87 - www.restaurantlesaprien.fr - P - fermé dim. soir et lun. - menus 29/41/90 €.* À l'élégante salle à manger, vous préférerez peut-être la véranda ou la terrasse qui offrent une jolie vue sur les vignes. Terrine à la gelée de sauternes, parfait glacé au sauternes, belle sélection de sauternes au verre : le grand vin blanc liquoreux est mis à toutes les sauces pour le plus grand plaisir des gourmets !

ACHATS

Maison des vins de Graves – *61 cours du Mar.-Foch - 33720 Podensac - ✆ 05 56 27 09 25 - www.vinsdegraves.com - P - 9h30-18h30, w.-end et j. fériés 10h30-18h30 ; nov.-déc. et mars-avr. : tlj sf dim. 9h-18h ; janv.-fév. : tlj sf w.-end. 9h-18h.* Vous trouverez ici 300 références de vins de l'ensemble des Graves, ainsi que des informations touristiques.

Maison du sauternes – *14 pl. de la Mairie - 33210 Sauternes - ✆ 05 56 76 69 83 - www.maisondusauternes.com - janv.-mars : 10h-18h ; avr.-mai et oct.-déc. : 10h-19h ; juin-sept. : 9h-19h - fermé 25 déc. et 1er janv.* Pour les amateurs du plus prestigieux des vins liquoreux, cette maison est une aubaine : les bouteilles de certains grands châteaux qui ne pratiquent pas la vente aux particuliers sur leur propriété, comme le château d'yquem et autres crus classés, sont disponibles ici.

Maison du vin de Barsac – *Pl. de l'Église - 33720 Barsac - ✆ 05 56 27 15 44 - www.maisondebarsac.fr - 14h-18h30 (19h en été).* Ce bâtiment appartient au syndicat des viticulteurs de Barsac qui élit périodiquement un

1

gérant chargé de sélectionner les meilleurs vins du vignoble. Citons, entre autres, les crus classés ou non de barsac, de sauternes de cérons ainsi que le prestigieux château d'yquem. Grand choix également de demi-bouteilles.
Les amateurs de vins de Sauternes auront aussi intérêt à traverser la Garonne pour découvrir sur l'autre rive des vins liquoreux, proches des sauternes et barsac et d'un prix plus accessible dans les AOC sainte-croix-du-mont et loupiac *(voir encadré p. 152)*.

ACTIVITÉS

Maison du vélo – *Parc forestier du Lac bleu - Léognan* - Location de vélos et nombreux circuits à thème.

Les Ateliers de Bardins – *124 route de Toulouse - 33140 Cadaujac - ✆ 06 45 22 28 27 - http://ateliersdebardins.fr - 55 €/ enfant 25 €.* Situés au château Bardins, ces ateliers de découverte des vins proposent des activités sur mesure, en lien avec des balades à vélo, des randonnées pédestres, des pique-niques champêtres et des séances de dégustation avec vos enfants.

Les Sources de Caudalie – *Chemin de Smith Haut Lafitte - 33650 Bordeaux-Martillac - ✆ 05 57 83 83 83 - www.sources-caudalie.com.* Le Spa de Caudalie propose un programme exclusif et original de vinothérapie. Les soins allient les bienfaits d'une eau de source naturelle puisée à plus de 540m aux bienfaits de la vigne et du raisin. Deux restaurants et deux bars permettent d'apprécier les produits de façon plus traditionnelle.

AGENDA

À Sauternes

Marathon – *Fin mai - www.marathon-sauternes.com.*

Journées portes ouvertes – *2e w.-end de nov. - www.sauternes-barsac.com.*

À Gaujacq

Ra.Na.Pe.Co – *Mai et oct. - www.pepiniere-botanique.com.* Rassemblement national des pépiniéristes collectionneurs.

À Graves

Journées portes ouvertes – *2e w.-end d'oct. - www.vinsdegraves.com.*

À Pessac

Vibrations urbaines – *Fin oct.-déb. nov. - www.vibrations-urbaines.net.* Danse, glisse et musique.

À Pessac-Léognan

Journées portes ouvertes – *2e w.-end de déc. - www.pessac-leognan.com.*

L'Entre-Deux-Mers

Gironde (33)

Douces et verdoyantes, les collines de l'Entre-Deux-Mers déroulent entre Garonne et Dordogne leurs versants couverts de vignobles, de bosquets et de prairies. L'AOC entre-deux-mers est vouée aux seuls vins blancs secs à dominante de sauvignon. Ce sont des vins fruités que l'on boit jeunes avec les huîtres du bassin d'Arcachon ou une alose de la Garonne.

NOS ADRESSES PAGE 172
Hébergement, restauration, achats, activités, etc.

S'INFORMER

Office du tourisme de l'Entre-Deux-Mers – *4 r. Issautier - 33580 Monségur - ☏ 05 56 61 82 73 - www.entredeuxmers.com - 10h-13h, 14h-18h - fermé mar. et dim.*

SE REPÉRER

Carte de microrégion BC 2-3 (p. 102-103) et carte p. 168-169 – Région viticole sur la rive droite de la Garonne, au sud-est de Bordeaux.

À NE PAS MANQUER

Les abbayes de La Sauve-Majeure et de Blasimon ; les bastides de l'Entre-Deux-Mers.

ORGANISER SON TEMPS

Une partie du charme de l'Entre-Deux-Mers réside dans son caractère en retrait, à l'écart des sentiers battus : pensez à organiser votre journée en fonction du lieu où vous souhaitez déjeuner (en particulier, dimanche et lundi, jours de fermeture pour de nombreux établissements). La piste cyclable Roger-Lapébie est ponctuée d'aires de pique-nique et de stations vélo aménagées *(voir p. 173)*.

AVEC LES ENFANTS

La ferme-parc « Oh ! Légumes oubliés » à Sadirac ; la grotte Célestine à Rauzan.

1

Circuit conseillé Carte de microrégion p. 102-103

ENTRE-DEUX-MERS

Circuit de 105 km au départ de Bordeaux, tracé en rouge sur les cartes p. 102-103 et p. 168-169. Compter la journée. Quitter Bordeaux à l'est par la D 936 et emprunter la D 936^{E5} sur la droite pour atteindre Carignan-de-Bordeaux.

Maison Ginestet à Carignan-de-Bordeaux B2

19 av. de la Fontenille - ☏ 05 56 68 81 82 - www.ginestet.fr - visite guidée sur demande préalable (1h30) 9h-17h - fermé w.-end et j. fériés - 5 € (-12 ans gratuit).
Cette maison de négoce fondée en 1897 ouvre ses installations à la visite, du cuvier au chai de vieillissement, et fait découvrir le métier méconnu d'éleveur et de vinificateur. Ne vous fiez pas aux apparences : la bâtisse moderne n'a pas le charme d'un château mais le guide est passionnant, un vrai puits de science : vous aurez du mal à en toucher le fond… et à repartir sans acheter une bouteille !
Prendre au sud-est la D 10^{E4} puis la D 115.

Sadirac B3

Important centre potier artisanal exploitant surtout l'argile « bleue », le bourg présente cette activité traditionnelle, dont l'apogée se situa au 18e s., dans la **Maison de la poterie-musée de la Céramique sadiracaise**. Aménagée sur le site d'un ancien atelier construit en 1830 (four d'origine au fond du hall), elle abrite notamment des pièces datant du 13e s. au 18e s., issues de fouilles archéologiques et des maquettes de fours anciens. La production actuelle, assurée par des ateliers, est axée sur la poterie du bâtiment, la poterie horticole et la reconstitution de formes anciennes. *Pl. Fouragnan - ✆ 05 56 30 60 03 - www.maisonpoteriesadirac.fr - ♿ - mar.-vend. 14h-18h, lun. et w.-end se rens. - possibilité de visite guidée sur demande (45mn) - 2 € (-12 ans gratuit).*

La **ferme-parc « Oh ! Légumes oubliés »** remet à l'honneur des légumes et des plantes tombés en désuétude : potimarron, rutabaga, nèfles... Au programme : découverte du verger et du potager-conservatoire, initiation aux saveurs anciennes, visite d'une conserverie traditionnelle et de l'exploitation agricole. Enfin, petits et grands s'aventureront dans le **labyrinthe végétal** pour remonter le fil des grands changements alimentaires survenus au cours des siècles. *Château de Belloc - ✆ 05 56 30 62 00 - www.ohlegumesoublies.com - ♿ - juil.-août : tlj sf dim. et j. fériés 14h-18h ; reste de l'année : sur réserv.*

La D 115^E8^ puis la D 671 mènent à Créon.

Créon B3

62 bd Victor-Hugo - 33670 Créon - ✆ 05 56 23 23 00 - www.tourisme-creonnais.com - de mi-juin à mi-sept. : 9h30-12h30, 14h-18h, dim. 9h-13h ; reste de l'année : tlj sf dim. 9h30-12h30, 14h-18h, sam. 9h30-12h30 - fermé lun. - documentation sur les randonnées pédestres dans le Pays créonnais.

Cette ancienne bastide, avec sa place à arcades du 13e s. qui accueille un important marché le mercredi matin, est la capitale de l'Entre-Deux-Mers. Elle occupe un site très vallonné qui lui a valu le surnom de « Petite Suisse ». À présent, c'est le premier village à porter le titre de « station vélo » *(voir la rubrique « Activités », p. 173).*

Quitter Créon par le sud sur la D 20.

Saint-Genès-de-Lombaud B3

Sur fond de grands arbres se découpe la jolie silhouette de l'**église** N.-D.-de-Tout-Espoir, sise à mi-pente d'un vallon. Siège d'un pèlerinage à la Vierge noire, elle se trouve à l'emplacement présumé d'une villa romaine. Sa façade à clocher-pignon présente un portail roman dont l'archivolte est sculptée d'animaux et de petits personnages. Dans la nef, chapiteaux romans, et à gauche, pierre sculptée provenant vraisemblablement d'un autel domestique romain.

Poursuivre vers le sud sur la D 20, puis tourner sur la gauche en direction d'Haux.

Haux B3

Ce hameau caractéristique de l'Entre-Deux-Mers s'organise autour d'une jolie petite église, à clocher ouvert.

Traverser Haux et, arrivé aux Faures, prendre la D 239 pour rejoindre La Sauve.

★ Ancienne abbaye de La Sauve-Majeure B3

R. de l'Abbaye - ✆ 05 56 23 01 55 - www.monuments-nationaux.fr - juin-sept. : 10h-13h15, 14h-18h ; reste de l'année : tlj sf lun. 10h30-13h, 14h-17h30 - possibilité de visite guidée sur demande (1h) - 7,50 € (-18 ans gratuit). Au pied de l'abbaye se trouve la Maison du vin de l'Entre-Deux-Mers.

Son nom signifie la « grande forêt » en latin, *silva major*, défrichée par les moines. Fondée en 1079 par le bénédictin **Gérard de Corbie**, futur saint Gérard, l'abbaye de La Sauve-Majeure devint une puissante seigneurie foncière. Elle établit de nombreux prieurés jusqu'en Espagne et en Angleterre. Interrompue au 16e s., la vie monastique reprit au 17e s., pour s'achever avec la

L'ancienne abbaye de La Sauve-Majeure et le vignoble bordelais.
Ph. Roy/hemis.fr

Terreur. En 1793, l'abbaye devint une prison, puis elle servit de carrière avant d'être laissée à l'abandon.

L'abbatiale, du 12e s., de style roman saintongeais, et du début du 13e s. *(restaurée)*, marque la transition du roman au gothique. L'abside et les absidioles orientées, en cul-de-four, sont en effet romanes, ainsi que les magnifiques **chapiteaux★** qui surmontent les colonnes de la travée droite du chœur. En revanche, les voûtes, dont subsistent les départs d'ogives, et le clocher à hautes baies abrasées, sont gothiques.

À droite de l'abbatiale s'étendent les vestiges du cloître du 13e s., de la salle capitulaire et du réfectoire. L'ensemble est inscrit au Patrimoine mondial de l'Unesco dans le cadre des Chemins de St-Jacques-de-Compostelle.

Pour aller à l'église St-Pierre à pied, suivre, à la sortie de l'abbaye, la rue de l'Église. En voiture, prendre une petite route à gauche à la sortie du village.

Église Saint-Pierre à La Sauve B3

Élevée en style gothique à la fin du 12e s., elle occupe une situation dominante. Prenez du recul pour sentir le caractère d'austère grandeur que revêt sa façade terminée par un clocher-mur et rythmée par des contreforts à ressauts. Le chevet plat est percé de trois baies aux côtés desquelles s'alignent quatre statues du 13e s.: de droite à gauche, saint Michel, saint Jacques, la Vierge et saint Pierre. Le portail sud est surmonté d'une autre statue de saint Pierre.

Poursuivre sur la D 671 jusqu'à St-Brice. À la sortie du village, prendre à droite la D 123 puis la D 230.

Église de Castelviel C3

Elle se caractérise par une superbe **porte romane★** de style saintongeais dont les chapiteaux et les voussures portent un riche décor sculpté formant l'un des plus beaux ensembles de la Gironde.

On identifie les Travaux des mois *(1re voussure en partant du haut)*, le Combat des Vertus et des Vices *(2e voussure)*, des personnages reliés par une corde symbolisant la communauté des fidèles *(3e voussure)*. Sur les chapiteaux,

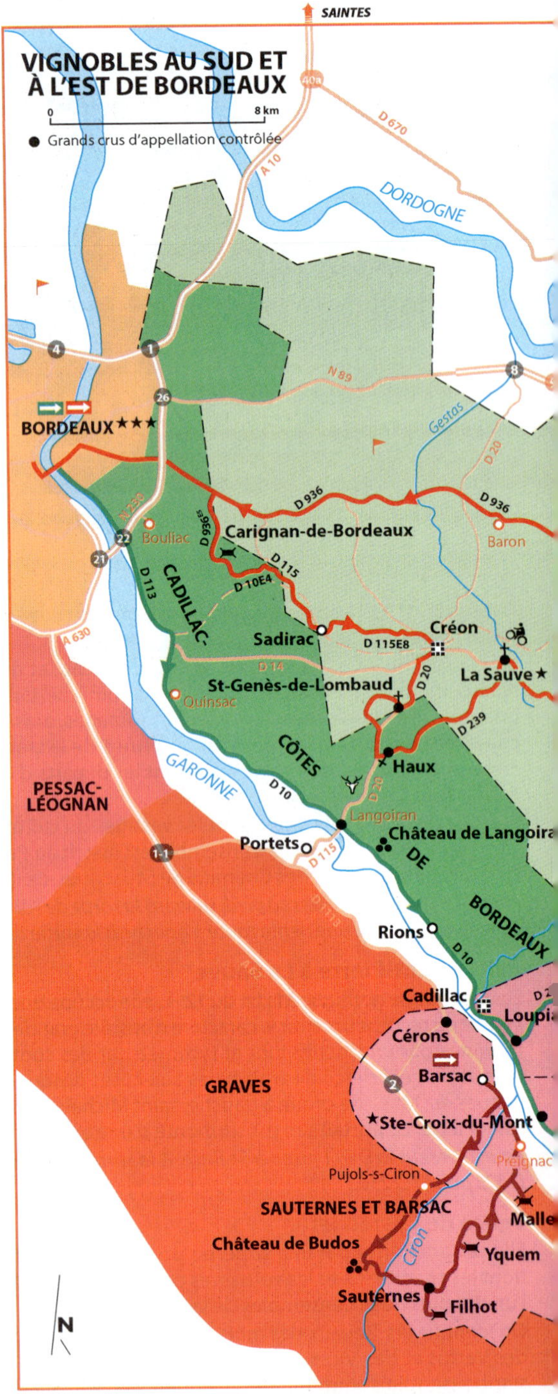
SAINTES
VIGNOBLES AU SUD ET À L'EST DE BORDEAUX
0
8 km
Grands crus d'appellation contrôlée
DORDOGNE
GARONNE
BORDEAUX ★★★
Carignan-de-Bordeaux
Bouliac
Baron
Sadirac
Créon
La Sauve ★
St-Genès-de-Lombaud
Quinsac
Haux
CADILLAC
CÔTES DE BORDEAUX
Langoiran
Château de Langoira
Portets
Rions
Cadillac
Loupia
Cérons
Barsac
Ste-Croix-du-Mont
Preignac
Pujols-s-Ciron
SAUTERNES ET BARSAC
Château de Budos
Ciron
Malle
Yquem
Sauternes
Filhot
PESSAC-LÉOGNAN
GRAVES
Gestas
D 670
A 10
N 89
D 936
D 20
D 115
D 10E4
D 115E8
D 14
D 239
D 10
D 113
D 1113
A 62
A 630
N 230
N

L'ENTRE-DEUX-MERS

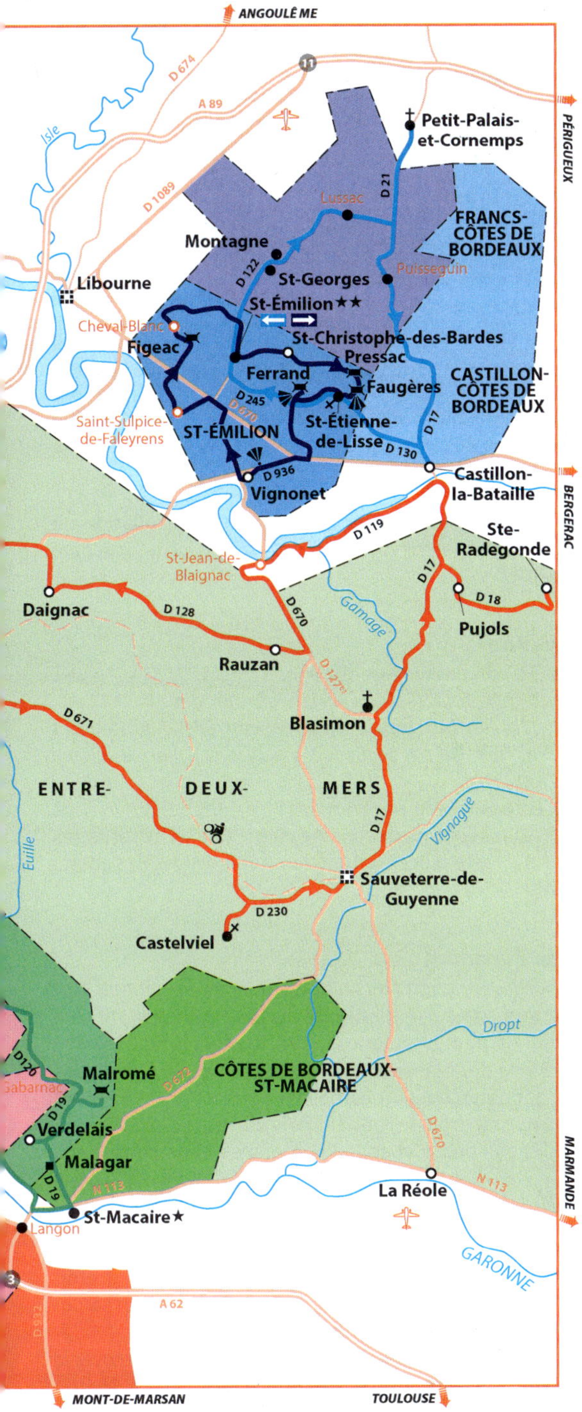

Détail sur le portail de l'église de Rauzan.
J. D. Dallet/age fotostock

remarquez à droite les Saintes Femmes au Tombeau et la Décollation de saint Jean Baptiste, à gauche les Péchés capitaux *(le 1er chapiteau à l'extrémité gauche représente la Luxure).*

Poursuivre sur la D 230.

Sauveterre-de-Guyenne C3

28 pl. de la République - 33540 Sauveterre-de-Guyenne - ✆ 05 56 71 53 45 - www.sauveterre-de-guyenne.eu - juil.-août: tlj sf lun. 9h-12h, 14h-18h, dim. 9h30-12h30, 14h30-17h30, j. fériés 9h-12h, 14h-18h; reste de l'année: mar. 9h-12h30, merc. et vend.-sam. 9h-12h30, 14h-17h30 - fermé de fin déc. à déb. janv. - plan de la bastide et du canton.

Cette bastide typique, créée en 1281 par Édouard Ier, devint définitivement française en 1451 après avoir changé dix fois de camp. Elle a conservé ses quatre portes fortifiées. La vaste place centrale entourée d'arcades s'anime le mardi, jour de marché.

Prendre la D 17 au nord.

Ancienne abbaye de Blasimon C3

✆ 05 56 71 52 12 - w.-end 9h-18h, se rens. au préalable à la mairie - gratuit.

Cette abbaye bénédictine ruinée se dissimule au fond d'un vallon. Une enceinte fortifiée l'entourait, dont témoigne encore une tour isolée.

L'**église** du 12e-13e s. associe des éléments romans (décor sculpté, quelques baies en plein cintre) et gothiques (arcs brisés, belles voûtes d'ogives). Clocher-pignon ajouté au 16e s. Au côté droit de l'abbatiale, le **cloître** a conservé seulement quelques arcades aux beaux chapiteaux romans et une partie de la salle capitulaire.

Poursuivre sur la D 17 vers le nord. Prendre à droite la D 18 pour rejoindre Pujols.

Pujols-sur-Dordogne C2

Élevée sur un site stratégique, l'église St-Pierre de Pujols (11e-15e s.), autrefois fortifiée, domine la vallée de la Dordogne. À l'intérieur se trouve un sarcophage mérovingien en marbre gris des Pyrénées.

Traverser le village de Pujols et suivre l'agréable D 18 jusqu'au croisement avec la D 15. Prendre celle-ci à gauche en direction de Ste-Radegonde.

LES VIGNOBLES DE L'ENTRE-DEUX-MERS

Terroirs : Ce plateau calcaire, où les sols sont à prédominance argileuse, est le berceau de terroirs très divers. Plusieurs abbayes (à commencer par La Sauve-Majeure) y jouèrent un rôle décisif dans les grands défrichements et peuplements de ces contrées puis dans la culture de la vigne (utiles notamment pour le vin des messes célébrées quotidiennement en ces lieux).

Production : Si les **AOC entre-deux-mers et entre-deux-mers-haut-benauge** ne concernent que les vins blancs secs, aux arômes délicats et fruités, seulement 1 700 ha sur les 2 700 que compte la région sont consacrés à ce type de production, obtenue par assemblage des cépages sémillon, sauvignon et muscadelle. L'**AOC sainte-foy-bordeaux** (cépages sémillon, sauvignon, muscadelle pour les vins blancs secs et moelleux ; cépages cabernet-sauvignon, cabernet franc, merlot, malbec et petit verdot pour les rouges) et l'**AOC graves-de-vayres** (cépages cabernet-sauvignon, cabernet franc, malbec, petit verdot, carmenère et merlot pour les rouges assez charpentés ; cépages sémillon, muscadelle et merlot blanc pour les blancs secs) sont aussi produits dans la région.

Présentation des vignobles, animations et dégustations ainsi que liste des châteaux ouverts à la visite à la **Maison du vin de l'Entre-Deux-Mers** – *voir p.173*.

1

Sainte-Radegonde C2

Cette minuscule église, bâtie au 12e s. sur un site plus ancien, présente un intéressant tympan roman ouvragé. On y reconnaît notamment Adam et Ève et l'arbre de la connaissance du bien et du mal.

Revenir vers Pujols et reprendre la D 17 vers Castillon-la-Bataille. Ne pas traverser la Dordogne mais prendre la D 15, puis la D 119 jusqu'à St-Jean-de-Blaignac. Rejoindre Rauzan par la D 670.

Rauzan C3

Gros bourg-marché de l'Entre-Deux-Mers, Rauzan conserve les ruines romantiques d'un **château** bâti à la fin du 13e s., qui témoigne du conflit franco-anglais durant la guerre de Cent Ans. Une enceinte à merlons et un logis seigneurial (14e-15e s.) percé de fenêtres à meneaux accompagnent le majestueux donjon rond, haut de 30 m, d'où l'on a une belle vue sur la campagne. À voir également, la tour d'honneur (fin 15e s.) avec sa magnifique voûte en palmier. *12 r. de la Chapelle - ✆ 05 57 84 03 88 - http://chateaufortderauzan.jimdo.com - juil.-août : 9h30-12h30, 14h-18h30 ; sept.-juin : tlj sf lun. 9h30-12h, 14h-18h - fermé 21 déc.-5 janv., 1er Mai, 1er et 11 Nov. - possibilité de visite guidée sur demande (1h) - 3 € (-8 ans gratuit) - chasse au trésor pour enf. à partir de 3 ans - gratuit.*

De l'autre côté du vallon, au fond duquel niche un charmant lavoir, l'**église** montre trois beaux portails du 13e s. et un clocher-pignon déjà de type pyrénéen.

Grotte Célestine – *6 r. Lansade - ✆ 05 57 84 08 69 - http://grottecelestine.jimdo.com - réserv. obligatoire - juil.-août : 9h30-12h, 14h-18h ; reste de l'année : tlj sf lun., merc. et dim. mat. 9h30-12h, 14h-17h - fermé vac. de Noël, 1er Mai - 6,50 € (-3 ans 5 €) - 16 € billet famille (2 adultes + 1 enf.). Taille mini 1,20 m. 14 °C dans la grotte, prévoir un vêtement chaud. Tout le matériel (casque, bottes) est fourni.*

Les galeries d'une **rivière souterraine** furent découvertes au milieu du 19e s. lors du creusement d'un puits au centre du village. On y organisa des visites à la lueur des bougies jusqu'en 1930, date de fermeture du site afin de le

préserver. À l'époque, l'accès aux galeries se faisait par un escalier donnant dans une maison au-dessus ; une aire de pique-nique avait été aménagée et les villageoises venaient même y cancaner ! Pendant la Seconde Guerre mondiale, la grotte servit de cachette à des résistants.
À votre tour de descendre à 13 m de profondeur, vêtu de la panoplie du spéléologue, pour explorer les lieux. Vous parcourrez aisément 250 m dans 5 à 15 cm d'eau, appréciant au passage les diverses **concrétions**, dont une impressionnante colonne de 3,50 m de haut et de surprenantes draperies « à dents de baleine ».
Prendre la D 128 vers Daignac.

Daignac B2

Un ruisseau, le Canedone, a creusé là un ravin que franchit un **vieux pont**. En aval, ruines d'un moulin du 13e s.
Retourner à Bordeaux par la D 936.

NOS ADRESSES DANS L'ENTRE-DEUX-MERS

HÉBERGEMENT

BUDGET MOYEN

Chambre d'hôte La Lézardière – *Boimier-Gabouriaud - 33540 St-Martin-de-Lerm - 8 km au sud-est de Sauveterre-de-Guyenne par D 670, D 230 puis D 129 - 05 56 71 30 12 - www.lalezardiere-chambresdhotes.com - fermé de mi-nov. à mi-mars - - 4 ch. 78 € - 27 €.* Des chambres colorées ont été aménagées à l'étage de cette métairie du 17e s. dominant la vallée du Dropt. Table d'hôte dans la haute grange. Abondante documentation sur la région dans le petit salon.

Chambre d'hôte La Closerie – *15 chem. de Menusey - 33670 Sadirac - 05 56 23 70 30 ou 06 11 86 05 90 - http://lacloserie33.com - 2 ch. 95/115 € - wifi.* Au sein d'une villa aux allures californiennes, deux grandes suites aux couleurs vives ou zen vous attendent, autour d'une belle piscine accessible par une terrasse privative.

Chambre d'hôte Château Dardenac – *Chemin du Turon - 33420 Dardenac - 06 83 32 34 68 - 2 ch. (2 nuits mini) 72 €.* Atmosphère détendue dans cette grande maison familiale, à l'écart des routes touristiques. Le confort est simple, l'accueil sympathique et discret. La table d'hôte vous donnera l'occasion de goûter à la production viticole du domaine.

POUR SE FAIRE PLAISIR

Chambre d'hôte La Petite Source – *Moulin de Labbeye, 6 Laula - 33540 Blasimon - 3 km à l'est de Rimons par D 230 et rte de Monségur, puis chemin à gauche - 05 56 61 21 77/06 30 02 34 89 - www.la-petite-source.fr - - P - 5 ch. 110 €.* Piscine, jardin ombragé, chambres douillettes… Cette demeure du 18e s. invite au repos entre collines et vignes. Le propriétaire propose d'intéressants mariages entre produits locaux et vins du terroir et dispense des cours de cuisine bordelaise.

Les Cabanes de la Romaningue – *2 chem. de Bon-Ange - 33370 Pompignac - 05 35 54 62 95 - http://cabanes.laromaningue.fr - 10 ch. 115/170 €.* À la recherche de magie et de romantisme, des bulles transparentes comme tombées du ciel, posées sur des terrasses sur pilotis, vous garantissent une nuit insolite. Deux roulottes et cinq cabanes sont aussi disponibles pour buller tout autant.

RESTAURATION

BUDGET MOYEN

Le Baron Gourmand – *4 rte de Montesquieu - 33750 Baron - 7 km au nord de Créon par la D 20 - ✆ 05 57 24 26 40 - www.barongourmand.com - P - ♿ - merc.-dim. 12h-19h30, réserv. conseillée - déj. 13/16 € - 21/36 €.* En hiver près de la cheminée, en été sous les figuiers, créez votre menu à la carte: plats traditionnels, grillades au feu de bois et plateau de fromages affinés.

POUR SE FAIRE PLAISIR

Le Flore – *1 Petit-Champ-du-Bourg - 33540 Coirac - 7,5 km à l'ouest de Sauveterre-de-G. par D 671 puis D 228 après St-Brice - ✆ 05 56 71 57 47 - http://restaurantleflore.wordpress.com - mar.-dim. 12h-13h15, jeu.-sam. 19h30-21h - P - déj. 15,50/18,50 € - 31/35 €.* Sur la terrasse ombragée ou dans la salle à manger fleurie, préparez-vous à un repas de choix, œuvre d'un jeune chef très créatif. Réservation conseillée.

ACHATS

Maison du vin de l'Entre-Deux-Mers – *16 r. de l'Abbaye - 33670 La Sauve - ✆ 05 57 34 32 12 - www.vins-entre-deux-mers.com - juin-sept.: 10h-12h30, 14h-17h30; reste de l'année: tlj sf sam. et j. fériés 10h-12h, 14h-17h - fermé dim.* Depuis quelques années, plusieurs **microbrasseries artisanales** ont fait leur apparition dans la région, venant ainsi compléter l'éventail des plaisirs dionysiaques. Certains brasseurs organisent des visites et des dégustations; renseignez-vous auprès des offices de tourisme.

ACTIVITÉS

La **piste cyclable Lapébie (55 km)** relie Sauveterre-de-Guyenne à Bordeaux, traverse l'Entre-Deux-Mers et passe par Créon, première « station vélo » de Gironde.

Cyclotourisme dans l'Entre-Deux-Mers – *✆ 05 56 61 82 73 - document disponible dans les offices de tourisme.*

Point relais vélo (Créon) – *62 bd Victor-Hugo - ✆ 05 57 34 30 95 - www.lepointrelaisvelo-creon.fr.* Location à la demi-journée ou à la journée.

AGENDA

Festival Ouvre la Voix – *Sept. - www.rockschool-barbey.com/ouvre-la-voix.* Balade musicale et bucolique sur la piste Roger-Lapébie, ponctuée de pique-niques géants et de nombreux concerts.

À Sadirac

Festival Céramique en Fête – *Mi-juin - www.maisonpoteriesadirac.fr.*

À La Sauve-Majeure

Les Nuits de La Sauve – *1er w.-end de sept. - www.nuitsdelasauve.jimdo.com.* Spectacle nocturne, théâtre et lumière.

La Réole

4 178 Réolais – Gironde (33)

Si La Réole veut dire « la règle », elle n'a rien d'une cité tracée au cordeau. Ses rues étroites et sinueuses grimpent au-dessus des quais de la Garonne, où les cafés ont installé leur terrasse. Jadis close, apte à rester vaillante siège après siège, La Réole ne demande pas mieux qu'à ouvrir ses portes, à l'image de ses artisans d'art, pour notre plaisir.

NOS ADRESSES PAGE 176
Hébergement, restauration, achats, activités, etc.

S'INFORMER

Office du tourisme de La Réole – *15 r. Armand-Caduc - 33190 La Réole - 05 56 61 13 55 - www.entredeuxmers.com - juil.-août: 9h30-12h30, 14h30-18h30, dim. 9h30-12h30; juin et sept.: tlj sf dim. 9h-12h, 14h30-18h30; reste de l'année: tlj sf dim. et mar. 9h-12h, 14h30-18h - fermé lun., 1er janv., 1er Mai, 25 déc.*

SE REPÉRER

Carte de microrégion C3 (p. 102-103) – À 19 km au nord-ouest de Marmande par la D 1113. La D 9E1 qui longe la Garonne offre une jolie vue sur le château, l'église et les bâtiments conventuels.

À NE PAS MANQUER

Les chapiteaux historiés de l'abbaye de St-Ferme; Castelmoron-d'Albret, le plus petit village de France.

ORGANISER SON TEMPS

La ville de La Réole mérite que l'on s'y attarde quelques heures. Pour le circuit de découverte, comptez 3h.

AVEC LES ENFANTS

L'oseraie de l'île à Barie.

Se promener

Un circuit pédestre fléché (1h30) libre ou guidé (juil.-août, sur réserv.) permet de découvrir la cité médiévale, dont le château des Quat'Sos, avec son jardin paysager d'inspiration médiévale. Plan du circuit et livret d'explication disponibles à l'office de tourisme.

Ancienne abbaye

Espl. du Gén.-de-Gaulle - 05 56 61 13 55 - - juil.-août: 10h-18h; fév.-juin: 14h-18h; reste de l'année: sur demande préalable - possibilité de visite guidée sur demande - 5,50 € (-14 ans 3,50 €).

C'est l'établissement bénédictin fondé sous Charlemagne qui donna son nom à La Réole (du latin *regula*: « règle »).

L'**église St-Pierre** possède une nef gothique de type méridional dont les voûtes datent du 17e s. Elle se termine par un chevet à pans qu'il faut contourner pour visiter les bâtiments conventuels, aujourd'hui occupés par des services administratifs et la mairie. La longue façade à contreforts du **logis des moines** (18e s.) donne sur une terrasse d'où se découvre une **vue** étendue vers la vallée de la Garonne. Vous y pénétrez par un escalier à double révolution. À l'intérieur, voir les deux escaliers monumentaux: l'un est coiffé d'une coupole, l'autre d'une peinture représentant saint Benoît en extase. De la terrasse, retournez-vous pour admirer à contre-jour la belle grille d'entrée. Le **cloître** du 18e s. s'ouvre place Albert-Rigoulet par une charmante porte Louis XV.

Ancien prieuré St-Pierre de La Réole.
E. Bouloumie/hemis.fr

Ancien hôtel de ville

Rare édifice civil roman encore intact, il fut offert par **Richard Cœur de Lion** aux bourgeois réolais. En bas se trouvaient la halle aux grains et, à l'étage, la salle de réunion des jurats, suivant une disposition que l'on observe à l'époque gothique dans les halles flamandes.
À l'angle de la **rue Peysseguin**, boutique du 16e s. avec baie en anse de panier.

À proximité Carte de microrégion p. 102-103

L'oseraie de l'île à Barie C3

8,5 km à l'ouest par la D 12, puis la D 226 - 2 Métairie de l'Île - 33190 Barie - ✆ 05 56 61 21 50 - www.oseraiedelile.com - tlj sur demande préalable - 7 € (2 pers. mini).

Dans cette ferme osiéricole de la plaine de la Garonne, vous découvrirez tout le travail de l'osier, ses techniques de culture et de transformation, notamment pour la vannerie et la tonnellerie. Le parc accueille un labyrinthe en osier vivant et des jeux pour les enfants. Exposition-vente d'artisanat; ateliers de vannerie *(sur réserv.)*.

Circuit conseillé Carte de microrégion p. 102-103

LE HAUT ENTRE-DEUX-MERS C3

Circuit de 45 km au départ de La Réole, tracé en vert anis sur la carte p. 102-103. Compter environ 3h. Sortir de La Réole au nord-est par la D 668.

Monségur C3

4 r. Issartier - 33580 Monségur - ✆ 05 56 61 82 73 - www.entredeuxmers.com - 10h-13h, 14h-18h - fermé mar. et dim.

Cette **bastide anglaise**, rivale de la française Ste-Foy-la-Grande *(voir les alentours de Duras, p. 553)*, fut fondée en 1265. Comme son nom l'indique (*Mons*

Securus signifie « mont sûr »), elle occupe une situation stratégique sur un promontoire dominant la vallée du Dropt. Agréable chemin de ronde.

Les rues quadrillées comptent encore quelques maisons à pans de bois, et une place centrale encadrée de couverts où s'élève une surprenante **halle métallique** (19e s.). Elle abrite notamment les marchés au gras *(voir « Achats » ci-dessous).*

Quitter Monségur par le nord (D 16).

Abbaye de St-Ferme C3

Le Bourg - ✆ 05 56 61 69 92 - http://abbayesaintferme.jimdo.com - visite libre cloître et église 14h30-18h - fermé lun. et j. fériés - 3,50 € (-7 ans gratuit) - possibilité de visite guidée merc. 14h30-18h ou sur demande préalable.

Cette abbaye bénédictine fondée au 11e s., sur la voie de Vézelay (chemin de St-Jacques-de-Compostelle), connut son apogée entre les 12e et 14e s. avant de subir les guerres de Religion et d'être supprimée en 1770. Certaines parties du bâtiment sont propriété privée. La visite comprend la salle de justice *(qui accueille des réceptions)*, le scriptorium *(au 1er étage, qui abrite les bureaux de la mairie)* et un **musée des Vieux Outils** *(aménagé au 2e étage)* où sont présentées plus d'un millier de pièces romaines (3e s.) découvertes dans les environs.

Dans l'église, romane et gothique, le chevet conserve en parfait état des **chapiteaux★** historiés remarquables. Des scènes bibliques ou fantastiques sont réalisées avec minutie et force détails.

Prendre à l'est la D 139, puis tourner à droite dans la D 230.

Castelmoron-d'Albret C3

Un rocher surmonté d'une enceinte sertie de vieilles maisons... Un petit bijou, direz-vous ! En effet, la plus petite commune de France (environ 3,5 ha) est ravissante.

Poursuivre sur la D 230.

Sauveterre-de-Guyenne C3 *(voir p. 170)*

Revenir à La Réole par la D 670.

NOS ADRESSES À LA RÉOLE

RESTAURATION

BUDGET MOYEN

Aux Fontaines – *8 r. Verdun - ✆ 05 56 61 15 25 - http://restaurant-aux-fontaines.com - fermé lun., merc. soir et dim. soir - 18/38 €.* Cette grande demeure bourgeoise se niche dans un ravissant jardin arboré où l'on dresse les tables en été. Ses deux salles à manger ont conservé leur élégant décor d'origine. Les savoureuses recettes traditionnelles du chef y sont proposées à des prix digestes.

ACHATS

Marchés – Outre le grand marché du samedi matin, sur les quais de La Réole, rendez-vous aussi sous la halle métallique de Monségur *(vend. matin)*. Ici se déroulent les marchés au gras *(2e dim. de déc. et de fév.).*

Saint-Émilion

★★

2 124 Saint-Émilionnais – Gironde (33)

Si vous allez à St-Émilion pour le plaisir des papilles (c'est une valeur sûre !), attendez-vous à en avoir aussi pour le plaisir des yeux. C'est certainement l'une des plus jolies cités d'Aquitaine. Une ville médiévale de pierre dorée, de placettes et de venelles, une cité originale pourvue de rares monuments souterrains. Entourée d'un paysage de vignes remarquablement préservé, elle partage avec les communes de la juridiction la fierté de leur inscription sur la liste du Patrimoine mondial de l'Unesco, au titre de « paysages culturels ».

NOS ADRESSES PAGE 187
Hébergement, restauration, achats, activités, etc.

S'INFORMER

Office du tourisme du Grand St-Émilionnais – *Pl. des Créneaux - 33330 St-Émilion - 05 57 55 28 28 - www.saint-emilion-tourisme.com - avr.-sept. : 9h30-19h ; reste de l'année : 10h-12h30, 14h-18h - fermé 25 déc.* Plan de la ville et guide pratique (visite de la cité médiévale et du vignoble, visites en famille, manifestations, randonnées-dégustations, etc.). Circuits de randonnées pédestres et à vélo disponibles gratuitement sur demande. Topoguide et audioguide. Liste des châteaux ouverts au public disponible sur le site Internet.

SE REPÉRER

Carte de microrégion C2 (p. 102-103) – À 10 km à l'est de Libourne par la D 243.

SE GARER

Stationnez sur les parkings *(payants)* situés en haut et en bas de la ville. Parking gratuit à l'espace Guadet (au nord) et parking longue durée Villemaurine (au nord). St-Émilion se parcourt à pied… avec des chaussures confortables, car les ruelles *(tertres)* sont pavées et pentues.

À NE PAS MANQUER

La vue sur la ville depuis la tour du Roi ou le clocher de l'église monolithe ; la place du Marché et les sites souterrains ; le train des Grands Vignobles *(voir « Visites », p. 187)*.

ORGANISER SON TEMPS

C'est le soir, peu avant le coucher du soleil, que la ville est la plus belle. En revanche, si vous souhaitez éviter la foule, commencez vos visites de bon matin. Une journée ne sera pas de trop pour faire le tour de toutes les richesses de la cité. En été, des visites nocturnes sont proposées *(jeu. et sam.)*. Prévoyez une autre journée pour la visite des caves dans la juridiction. Vous l'aurez compris : pour profiter au mieux de St-Émilion, l'idéal est de pouvoir dormir sur place.

AVEC LES ENFANTS

Raconte-moi Saint-Émilion : 3 visites pour les enfants *(vac. scol. 1h, 5 € 5-11 ans, se rens. à l'OT)* ; l'ascension du clocher de l'église monolithe et celle de la tour du Roi ; les incontournables macarons de St-Émilion ; le train des Grands Vignobles ; Sur les pistes de Robin, énigmes à résoudre tout en se promenant dans la cité *(carnet à l'OT)* ; le jardin de la Lamproie à Ste-Terre ; l'écomusée du Libournais à Montagne ; le son et lumière de Castillon-la-Bataille.

DU SOBRE ERMITE AU « TAPISSIER » GIRONDIN

Au 8e s., **Émilion** abandonna sa Bretagne natale pour embrasser la vie monastique près de Royan. Il était, au monastère, chargé de la boulange. Mais sa vie était ailleurs, et il se mit en quête du havre de tranquillité nécessaire à sa méditation. Il trouva le lieu rêvé sur les pentes calcaires de la vallée de la Dordogne, et s'y aménagea une grotte alimentée en eau par une source. L'ermite Émilion allait faire des émules qui bâtirent là un monastère ; le village élevé alentour prit tout simplement son nom. Dix siècles après Émilion, ce fut un proscrit qui vint chercher refuge à St-Émilion. **Élie Guadet** était devenu un des chefs du parti girondin à la Convention et à ce titre victime de la haine de Robespierre. Déguisé en tapissier, il s'évada de Paris pour gagner la Normandie puis St-Émilion, sa ville natale, où il se terra en compagnie de Pétion et Buzot, ses collègues à l'Assemblée. C'est là qu'un jour de 1794 il fut arrêté et emmené à Bordeaux, où il mourut sur l'échafaud.

Se promener Plan de ville p. 181

★★ Le site

Face au Midi, St-Émilion rassemble au creux d'une combe, ses petites maisons blondes aux toits de tuiles vieux rose. Le haut clocher de l'église monolithe surmonte un promontoire creusé de cavités : l'église monolithe, l'ermitage d'Émilion, les catacombes, la chapelle de la Trinité et de nombreuses caves. Au pied du promontoire et de l'église, la place du Marché est le cœur de la ville. Elle fait la liaison entre les quartiers couvrant les deux collines, dont l'une arbore la tour du Roi et l'autre la collégiale, symbole de la puissance religieuse. Pour avoir une belle **vue d'ensemble** du site, montez en haut du clocher de l'église monolithe ou en haut de la tour du Roi. De l'esplanade près du cloître des Cordeliers, place du Cap-du-Pont, vous avez aussi une jolie vue sur St-Émilion.

Place du Clocher

Cette jolie place surplombant le bourg, envahie par les terrasses des restaurants, offre un bel aperçu. C'est le principal point de départ des visites. L'**office de tourisme** s'y trouve, face au clocher, dans le réfectoire du cloître de la collégiale.

★ Clocher de l'église monolithe

Horaires, se rens. à l'office de tourisme - 1,50 €.

Construit entre le 12e et le 16e s., il est percé de baies romanes et terminé par une flèche du 15e s. Certes, il y a 196 marches à monter… mais cela vaut le coup d'œil : **vue**★★ d'ensemble sur la bourgade, ses monuments et le vignoble, le tout classé au Patrimoine mondial de l'Unesco.

Collégiale

Vaste édifice à la nef romane, qui comporte deux belles coupoles sur pendentifs, et au chœur gothique. L'entrée se fait sur le côté gauche du chœur par un somptueux portail du 14e s. monté à l'époque où Gaillard de la Mothe, neveu de Clément V, était doyen des chanoines. Son tympan est sculpté d'un Jugement dernier. Il ne reste que la base des statues d'apôtres qui garnissaient les niches. À l'extrémité du mur droit de la nef, peintures murales du 12e s. représentant la Vierge et la légende de sainte Catherine. Dans le chœur, personnages des **stalles** (15e s.), pleins de fantaisie.

Les toits et le clocher de St-Émilion.
A. Duquénoy/Michelin

Cloître de la collégiale

Ce cloître du 14e s. présente des analogies avec celui des Cordeliers, notamment dans le dessin des colonnettes géminées, d'une grande élégance. Aux angles, des arcs consolident les galeries, dont l'une abrite une série de beaux **enfeus** qui servaient jadis de sépultures. Le réfectoire et le dortoir des religieux, restaurés, forment le « Doyenné », siège de l'**office de tourisme**.

Remparts

En face de la collégiale, subsiste une partie des remparts. Le **logis de Malet de Roquefort** (15e s.), aujourd'hui espace d'expositions temporaires, est incorporé dans le rempart : sous son toit passe le chemin de ronde de l'enceinte à créneaux et mâchicoulis.

Plus loin, au milieu des vignes, un petit bâtiment représente le seul vestige du **couvent des Ursulines** (17e s.). C'est d'ici que vient la recette secrète des célèbres macarons, fabriqués alors par les moniales.

Tour du Roi

Pl. des Créneaux - ✆ 05 57 55 28 28 - avr.-sept. : horaires, se rens. à l'office de tourisme - 1,50 € (-6 ans gratuit) - 5 € billet famille.

Ce donjon rectangulaire du 13e s. (32 m de hauteur, 118 marches), dit **tour du Roi**, isolé sur un socle rocheux, est muni de latrines sur sa face extérieure. Du sommet, **vue★** sur la ville et, au-delà, sur les vallées de la Dordogne et de l'Isle. C'est en haut de la tour que se rassemblent les jurés à l'occasion des célébrations de la Jurade deux fois par an *(voir « Agenda », p. 190).*

Au détour des rues de la bourgade, vous découvrirez deux **lavoirs** aménagés au 19e s, rue de la Grande-Fontaine et rue de la Petite-Fontaine.

Porte et logis de la Cadène

La porte de la Cadène tient son nom de la chaîne (du latin *catena*) qui la fermait pendant la nuit. Au travers de son arche, curieuse perspective sur la tour de l'église monolithe. Une maison à pans de bois du 15e s. est accolée à la porte.

Logis de la Commanderie

De cet ancien logis, qui accueillait jadis les officiers, il ne subsiste que le chemin de ronde et une échauguette d'angle.

Porte Brunet

C'est l'une des six portes qui jalonnaient les remparts du 13e s., renforcés aux siècles suivants par un chemin de ronde sur mâchicoulis. De la porte Brunet, vue sur le vignoble. C'est par cette issue que s'échappèrent, une nuit de janvier 1794, les proscrits girondins, compagnons de **Guadet**.

Au loin, pointant haut au-dessus du dédale des ruelles, se dressent la tour du Roi et la grande flèche du clocher.

> **LES TERTRES**
> Ces petites ruelles piétonnes ont la particularité d'être très pentues et pavées. Il s'agit du tertre de la Cadène, du tertre de la porte St-Martin, du tertre des Vaillants et du tertre de la Tente. Attention à la descente !

★ Musée souterrain de la Poterie

Hospices de la Madeleine - 21 r. André-Loiseau - ✆ 05 57 24 60 93 - www.saint-emilion-museepoterie.fr - ♿ - 10h-19h - fermé 1er janv., 25-26 déc. - possibilité de visite guidée sur demande (1h) - 6 € (-12 ans gratuit) - attention : il fait frais et humide dans les galeries, même en été. Prêt de châles.

Dans un dédale de galeries, d'où fut extraite la pierre ayant servi à l'édification la ville et les remparts aux 12e et 13e s., quelque 6 000 pièces de poterie, des Romains à nos jours, ont trouvé refuge. L'évolution des poteries populaires du Sud-Ouest et de l'art céramique en général fait écho à l'histoire de la région et du pays. Parmi les nombreux objets, une belle collection de **fours de potiers** gallo-romains et d'étonnants **épis de faîtage** (de bien curieuses anecdotes vous sont dévoilées). On termine par la véritable **bande dessinée** du potier Daniel Piron du Frastel, originaire de la région, relatant l'histoire de l'Aquitaine à travers cinquante tableaux en terre cuite réalisés à main levée.

Plusieurs espaces, dont le « palais Wohlfahrt », sont consacrés aux œuvres d'artistes contemporains lors d'expositions temporaires.

Place du Marché ou place de l'église monolithe

Petite place pavée où les restaurants ont planté leurs parasols. De là, très jolie vue sur la charmante chapelle de la Trinité et sur l'église monolithe (portail en travaux) que domine le majestueux clocher.

La Halle

Accolée à la place du Marché, cette ancienne halle servait d'entrepôt. À l'étage était située la mairie au 18e s.

★ Sites souterrains

L'ermitage, la **chapelle de la Trinité**, les **catacombes** et l'**église monolithe**, situés autour de la place du Marché, se visitent **avec un guide** : *visite guidée (45mn) horaires, se rens. à l'office de tourisme au ✆ 05 57 55 28 28 - fermé 25 déc. - 7 € (-12 ans gratuit).*

Ermitage St-Émilion – Cette grotte fut agrandie par Émilion qui lui donna la forme d'une croix latine. On peut y voir le lit du saint (lit de pierre… on est ermite ou on ne l'est pas !), son siège creusé dans la roche et la source où il donnait le baptême – elle fait aujourd'hui office de puits aux vœux. Les femmes désireuses d'avoir un enfant doivent s'asseoir, dit-on, sur le siège d'Émilion. Au fond, un autel est surmonté d'une statue du saint.

★ **Chapelle de la Trinité** – Ce petit édifice fut construit au 13e s. par les bénédictins. Rare exemple dans le Sud-Ouest d'une abside gothique à pans, il se distingue à l'intérieur par une élégante voûte à nervures rayonnantes convergeant sur une clef frappée de l'Agneau mystique. Convertie un temps en tonnellerie, la chapelle conserva ses jolies **fresques gothiques**, retrouvées sous une couche de suie. Sur ces fresques (14e s.), on reconnaît des représentations de chimères, comme cet évêque avec un corps de palombe.

★ **Catacombes** – Dans la falaise voisine de la chapelle s'ouvrent des galeries impressionnantes qui servaient à l'origine de nécropole, comme l'attestent les tombes creusées dans la pierre. On distingue dans la coupole centrale un orifice autour duquel s'enroule un escalier en colimaçon. À la base de cette coupole, remarquez une représentation naïve de la Résurrection des morts : trois personnages sculptés sortent de leurs sarcophages en se tendant la main.

★ **Église monolithe** – Attention, rareté : cette église souterraine « d'une seule pierre », la plus vaste d'Europe (mais pas la plus haute), a été aménagée dans le rocher à la fin du 11e s., grâce au savoir-faire d'ouvriers carriers. On dit que les moines qui la creusèrent furent, selon les moments, de cinq à cinquante-cinq. L'intérieur frappe autant par l'ampleur des nefs taillées en profondeur dans la pierre que par la découpe parfaitement régulière des voûtes et des piliers quadrangulaires, dont deux seulement soutiennent le clocher. D'énormes structures métalliques soutiennent et consolident les piliers. Au fond de la nef centrale, sous l'arcade de travée, un **bas-relief** représente deux anges avec 6 ailes chacun, ou chérubins, gardiens des portes du paradis.

★ Les Cordeliers

2 bis r. de la Porte-Brunet - ✆ 05 57 24 42 13 - www.lescordeliers.com - mai-sept. : 11h-19h, w.-end 11h-20h ; reste de l'année : 14h-18h, w.-end 14h-19h - fermé janv.-fév. - visite guidée des caves souterraines et dégustation sur réserv. mai-sept. :

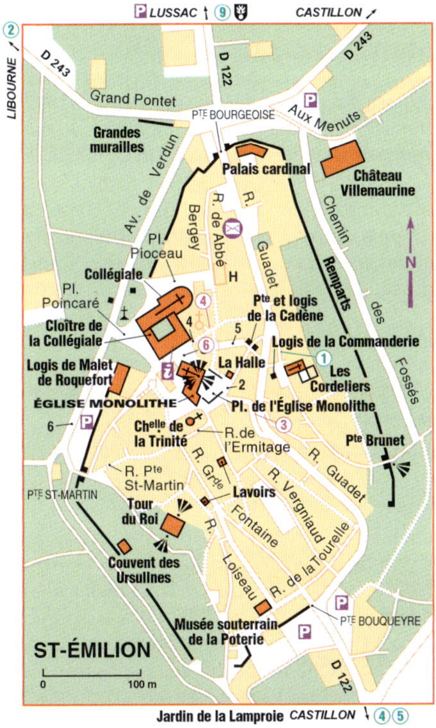

SE LOGER

Auberge de la Commanderie.. 1
Chambre d'hôte La Gomerie........................ 2
Chambre d'hôte Aux Raisins Verts................ 4
Château Gerbaud.................. 5
Yelloh!Village-St-Émilion (Camping).......................... 9

SE RESTAURER

Chai Pascal........................... 3
L'Envers du Décor................. 4
Le Tertre................................ 6

INDEX DES RUES

Cadène (R. de la).................. 2
Clocher (Pl. du)...................... 3
Clocher (R. du)........................ 4
Marché-au-Bois (Pl. du)......... 5
8-Mai-1945.(Av. du)............... 6

16h30 ; avr. et oct. : w.-end à 16h30 - dégustation de 2 vins et jus de raisin pour les mineurs - 9 € (enf. gratuit)..
Aujourd'hui véritable havre de paix et de détente, cet ancien monastère franciscain (14e s.) classé Monument historique, élabore des vins effervescents dans ses caves depuis 1892. L'ensemble, composé des ruines de l'église, du cloître et d'un vaste jardin est très romantique.
★ **Cloître** – Ce cloître carré empli de charme, dont il ne reste aujourd'hui que la moitié des colonnes, est composé de colonnettes géminées, sur lesquelles prennent appui des arcs d'aspect roman. Au fond à droite, un arc ogival du 15e s. précède l'escalier qui conduisait aux cellules des moines.
★ **Église** – Dans la majestueuse nef de l'ancienne église superbement restaurée, dont le grand arc fermant le chœur se détache dans le ciel, on accède aux **caves** creusées dans le roc à 20 m de profondeur, où naissent les crémants de bordeaux blancs et rosés.
La boutique propose à la vente des vins, des accessoires, des souvenirs et des paniers pique-niques pour une pause champêtre dans le jardin.

★ Grandes murailles
Situé à l'entrée nord de la ville, ce pan de mur élancé a un charme fou au coucher du soleil : un tapis de vignes à ses pieds et de grands arbres en arrière-plan donne une image de carte postale ! Unique vestige d'un vaste couvent dominicain du 13e s., il fut en partie démoli dès le début de la guerre de Cent ans du fait de sa proximité de l'enceinte fortifiée.

Le Palais cardinal
De ce palais du 12e s. ne subsiste qu'une partie fondue dans les remparts présentant des baies géminées romanes. La végétation lui confère beaucoup de charme.

Château Villemaurine
05 57 74 74 36 - www.villemaurine.com - visites guidées : carrières 1h15 12 € ; privilège 18 € (12-17 ans 6 €, gratuit -12 ans) - 16 avr.-9 nov. : tlj sf mar. ; 10 mars-15 avr. et 10 nov.-19 déc. : mar.-sam. sur RV - visites lun., merc. 11h30, 16h30 ; jeu.-dim. 10h30, 15h, 17h.
Aux portes de la cité médiévale, venez découvrir ce grand cru classé, qui allie tradition et modernité à travers deux visites. Vous déambulerez dans les galeries dont la totalité s'étend sur plus de 7 ha, sur 4 niveaux sous les vignobles pour terminer la dégustation de deux vins du château, 3 vins pour la visite Privilège.

À proximité Carte de microrégion p. 102-103

Jardin de la Lamproie, à Ste-Terre C2
7 km au sud (D 122, D 670) - Lavagnac nord - 20 r. Charles-de-Gaulle - 05 57 47 14 34 - www.saint-emilion-tourisme.com - horaires, se rens. - fermé nov.-fév. - jardin et parcours : gratuit.
Dans ce petit parc qui accueille aussi l'office de tourisme, un parcours ponctué de panneaux permet de découvrir la végétation des bords de la Dordogne. La salle d'exposition (aquarium, film…) vous invite à faire connaissance avec la curieuse **lamproie**, vieille de 450 millions d'années, qui peuple la rivière et l'estuaire, et que les amateurs dégustent… « à la bordelaise » ! Le site est aussi le siège de la Confrérie de la lamproie *(Fête de la lamproie fin avr.)*.

Saint-Émilion, hier et aujourd'hui

En 1199, la charte de Falaise, signée par Jean sans Terre, permet à la commune de St-Émilion d'avoir sa propre administration gérée par des magistrats et des jurats. La juridiction s'étend aux territoires des huit communes actuelles par une charte accordée en 1289 par Édouard Ier *(voir ci-dessous)*.

JURADE ET JURATS

Les célèbres vins rouges de St-Émilion étaient qualifiés au Moyen Âge de vins « honorifiques » parce qu'on les offrait en hommage aux souverains et aux personnalités de marque. Dès l'époque médiévale, le conseil municipal d'alors avait la charge de contrôler leur qualité : c'était la jurade qui, abolie à la Révolution, a été reconstituée en 1948. Elle assume encore aujourd'hui cette fonction.

Tous les ans, au **printemps** *(3e dim. de juin)*, les jurats vêtus de leurs robes écarlates bordées d'hermine et coiffés de leurs chaperons de soie partent en procession, des jardins de la mairie à l'église collégiale, pour assister à la messe. Puis ils se dirigent vers l'église monolithique, où ils procèdent à de nombreuses intronisations. En fin d'après-midi, du haut de la tour du Roi, la jurade proclame le jugement du vin nouveau.

À l'**automne** *(3e dim. de sept.)*, les mêmes jurats, du haut de la même tour du Roi, ouvrent le ban des vendanges. Lâcher de grappes de ballons noirs symbolisant les raisins des prochaines vendanges.

Ces diverses solennités s'accompagnent de banquets dignement arrosés, qui se déroulent dans la salle des Dominicains du Conseil des vins de St-Émilion.

UN PAYSAGE CULTUREL INSCRIT AU PATRIMOINE MONDIAL

La juridiction de St-Émilion couvre une superficie de 7 846 ha dont près des trois quarts sont couverts de vignes produisant les vins d'appellation « st-émilion » et « st-émilion grand cru ». Elle est bordée au sud par la Dordogne et au nord par la Barbanne. Ses paysages se caractérisent par une mosaïque parcellaire liée aux petites exploitations traditionnelles qui font partie intégrante de son identité : la juridiction témoigne en effet d'une véritable symbiose entre un terroir, des hommes et une production.

En 1289, Édouard Ier, roi d'Angleterre, accorde aux habitants des huit communes qui allaient former la juridiction – St-Émilion, St-Christophe-des-Bardes, St-Étienne-de-Lisse, St-Hippolyte, St-Laurent-des-Combes, St-Pey-d'Armens, St-Sulpice-de-Faleyrens et Vignonet –, franchise, privilèges et libres coutumes.

En 1999, la juridiction de St-Émilion est inscrite sur la liste du Patrimoine mondial de l'humanité au titre des paysages culturels. Pour l'Unesco, elle « offre un exemple éminent à la fois d'un ensemble architectural de grande qualité et d'un paysage illustrant plusieurs périodes significatives de l'histoire humaine »… et « de manière exceptionnelle la culture intensive de la vigne ».

Pour que le site soit digne de cette reconnaissance, les maires des huit communes de la juridiction ont signé en 2001 une charte patrimoniale engageant celle-ci dans un projet de territoire et la mise en place d'un plan de gestion du paysage culturel.

Circuit « La juridiction de St-Émilion », p. 184.

Circuits conseillés Carte de microrégion p. 102-103

LA JURIDICTION DE ST-ÉMILION

Circuit de 21 km au départ de St-Émilion, tracé en bleu marine sur les cartes p. 102-103 et p. 168-169. Compter 3h.

À l'exception de Cheval-Blanc, tous les châteaux que nous mentionnons ici sont ouverts à la visite. Renseignez-vous auprès de l'office du tourisme de St-Émilion pour connaître leurs conditions de visite.

Les huit communes de la juridiction ont conservé un patrimoine architectural varié, particulièrement bien intégré dans le paysage. Caractéristiques de l'activité viticole, les **murets de pierre** ont été élevés pour délimiter et protéger les exploitations qui sont souvent restées assez modestes (entre 7 et 8 ha). La richesse de la région explique l'incroyable densité de **très beaux châteaux** qui jalonnent le vignoble et qui sont parfois bien antérieurs à son essor au 19e s. L'abondance de ces constructions s'explique aussi par la qualité de la pierre calcaire, abondamment exploitée. Le sous-sol de St-Émilion et de ses environs est en effet un véritable gruyère. On y compte environ 200 km de **carrières**. Nombre d'entre elles sont actuellement utilisées comme chais grâce à la régularité de leur température et peuvent se visiter (ex: Franc Mayne ou Villemaurine, à St-Émilion, *se renseigner auprès de l'office de tourisme*).

Quitter St-Émilion vers l'est, par la D 243, en direction de St-Christophe-des-Bardes.

On aperçoit sur la droite la chartreuse de **La Couspaude** (18e s.) puis, sur la gauche, le domaine de **Soutard**, puis de nouveau sur la droite, l'imposant **château Haut-Sarpe**, dont le pavillon central est inspiré du Trianon de Versailles.

St-Christophe-des-Bardes C2

Outre une église romane à l'élégant portail du 12e s., cette commune possède certains des plus beaux châteaux de la juridiction: citons celui de **Laroque**, avec sa tour du 13e s., et la chartreuse de **Fombrauge** (17e s.).

Poursuivre sur la D 243 jusqu'au panneau indiquant, sur la droite, le château de Pressac.

St-Étienne-de-Lisse C2

Château de Pressac – Construit au Moyen Âge et fortement remanié par la suite, ce château vit la signature du traité qui mit fin à la guerre de Cent Ans, après la bataille de Castillon *(voir p. 187)*.

Poursuivre sur le chemin et tourner dans la première route à gauche, puis à droite pour rejoindre le château de Faugères.

Château Faugères – Au milieu des vignes, dominant la chartreuse du 18e s. de Faugères, le chai monumental construit par l'architecte Mario Botta s'élève majestueusement, soulignant de manière inédite les lignes du paysage viticole.

Revenir sur ses pas. À l'embranchement avec la D 130, tourner à droite en direction de St-Étienne-de-Lisse.

L'**église** fortifiée a la particularité d'avoir un plan tréflé très rare dans la région, ainsi que, à l'extérieur, de nombreux modillons sculptés sur la corniche du chevet, très amusants à observer.

Pour une belle vue sur la vallée de la Dordogne, montez à la **croix de Touran**.

Continuer sur la D 245 et tourner juste avant St-Laurent-des-Combes vers la droite, pour rejoindre St-Hippolyte par une jolie route en lacet.

LE VIGNOBLE DE ST-ÉMILION ET SES SATELLITES

Terroir : La juridiction de St-Émilion s'étend sur huit communes. En outre, quatre autres terroirs alentour sont dits **satellites de St-Émilion**. Ils possèdent le même type de sol à dominante argilo-calcaire, mais tous ne bénéficient pas de l'influence du fleuve.

On distingue les **st-émilion** des **st-émilion-grand-cru** qui ont fait l'objet d'un classement en 1955. En principe, la distinction n'a rien de géographique. Dans la pratique, les grands crus sont presque tous situés sur le plateau ou en coteau.

Production : Le vignoble produit des vins rouges au vieillissement remarquable.

AOC st-émilion, st-émilion-grand-cru, montagne-st-émilion, puisseguin-st-émilion, st-georges-st-émilion, lussac-st-émilion : cépages cabernet franc, malbec, cabernet-sauvignon et merlot. Les st-émilions se distinguent par leurs arômes puissants et leur caractère corsé, charpenté.

Vous trouverez aux adresses suivantes une présentation des vignobles, des animations et dégustations et la liste des châteaux ouverts à la visite :

Syndicat viticole de St-Émilion – *05 57 55 50 50 - www.vins-saint-emilion.com.*

Syndicat viticole de Montagne-St-Émilion, à Montagne – *Rubrique « Activités », p. 190.*

1

St-Hippolyte C2

Château de Ferrand – *05 57 74 47 11 - www.chateaudeferrand.com.* Classé grand cru de l'édition 2015 des Best of Wine Tourism dans la catégorie « Architecture et paysages », le vignoble, qui n'a connu que deux familles propriétaires en trois cents ans, est présidé aujourd'hui par les Chandon-Moët. Sur le domaine, d'anciennes carrières abandonnées forment de surprenantes grottes.

Revenir sur ses pas sur la route en lacet, traverser la D 245, en laissant St-Laurent-des-Combes sur la droite et descendre vers le sud en direction de St-Pey-d'Armens. Arrivé là, prendre sur la droite la D 936 pour 1 km, avant d'obliquer sur la gauche en direction de Vignonet.

Juste avant **Vignonet**, beau point de vue sur les coteaux de St-Émilion.

De là, gagner St-Sulpice-de-Faleyrens par la D 670. Tourner à gauche sur la D 936, puis à droite sur la D 122 en direction de St-Émilion, qu'on laisse sur sa droite pour se rendre à St-Sulpice de Faleyrens par la D 19.

Peu après la traversée de St-Sulpice, remarquez sur la gauche le **château de Lescours** (14e s.) et, quelques centaines de mètres plus loin, le **mégalithe de Pierrefitte** en forme de spatule, d'une hauteur de 5,20 m.

Tourner à droite, traverser la D 670 et la voie ferrée pour rejoindre l'extrémité ouest du vignoble de St-Émilion, qu'on nomme parfois en raison de ses sols sableux « graves de St-Émilion ». Poursuivre jusqu'à la jonction avec la D 243, qu'on suit sur 1 km en direction de Libourne, avant d'obliquer à droite sur la D 145.

Visible sur la gauche, le **château de Figeac** est encore aujourd'hui le deuxième plus grand domaine du vignoble de St-Émilion, avec ses 40 ha de vignes.

Emprunter sur la droite la D 244, d'où l'on aperçoit le nouveau chai du **château Cheval-Blanc**, immense ellipse immaculée, réalisé par l'architecte Christian de Portzamparc.

Poursuivre sur la D 244 jusqu'à St-Georges d'où l'on rejoint St-Émilion par la D 122.

AUTOUR DE ST-ÉMILION

Circuit de 52 km au départ de St-Émilion, tracé en bleu turquoise sur les cartes p. 102-103 et p. 168-169. Compter 3h.

Il est recommandé de parcourir les vignes à l'automne, lorsque les rangées de ceps s'animent de la fièvre des vendanges *(2e quinz. de septembre)* et qu'une lumière caressante dore les contours du paysage. Cependant, en toute saison, le promeneur jouira du tableau équilibré que composent les coteaux couronnés de châteaux et de bouquets d'arbres, tandis que se dégagent des échappées sur les vallées de la Dordogne et de l'Isle.

Quitter St-Émilion au nord près de la porte Bourgeoise par la D 122.

Après St-Émilion et peu avant St-Georges apparaît à droite le **château St-Georges**, bel édifice Louis XVI sommé d'une balustrade et de pots à feu.

St-Georges C2

Petite église romane du 11e s. à tour carrée s'élargissant vers le haut et abside courbe offrant des modillons sculptés aux sujets savoureux, traités dans un style cubiste.

Montagne C2

Ce joli village abrite une **église** romane à trois absides polygonales que surmonte une tour carrée munie d'une chambre forte.

À proximité, l'**écomusée du Libournais** propose au visiteur une incursion dans le terroir à travers une présentation des ressources locales, des activités traditionnelles et de l'aspect social dans le vignoble libournais à la fin du 19e s. et au début du 20e s. Une autre partie est consacrée aux **techniques viticoles** actuelles : ce panorama vous permettra de faire le point sur vos connaissances ou de les compléter avant de vous rendre sur le terrain. D'intéressants espaces mis en scène (tonnellerie, maréchalerie, charronnage...) complètent la visite. Le **jardin ethnobotanique** est lui aussi instructif ; vous y découvrirez les différentes utilisations (ludiques, curatives, ornementales, etc.) des plantes et arbres. *✆ 05 57 74 56 89 - www.ecomusee-libournais.com - avr.-oct. : 9h30-12h30, 14h-18h - possibilité de visite guidée (50mn) - 6 € (-18 ans 2,90 €).*

Continuer la D 122 jusqu'à Lussac et la suivre sur 2 km. Prendre à gauche la D 21 sur 4,5 km.

Petit-Palais-et-Cornemps C2

Voir l'« ABC d'architecture », p. 89. Au milieu de son cimetière, l'**église** St-Pierre de Petit-Palais (fin 12e s.) offre une ravissante **façade★** romane saintongeaise, de dimensions réduites mais bien proportionnée et sculptée avec délicatesse d'une profusion de motifs. L'élévation comporte trois étages d'arcs, aux dessins différents, dont plusieurs polylobés suivant une mode venue des Arabes ; la cathédrale de Zamora (Espagne) s'en est inspirée.

Le **portail** est encadré de portes aveugles qui donnent une idée fausse du plan de l'église, pourvue d'une nef sans bas-côtés. La disparité entre les deux baies aveugles situées aux extrémités du second registre, l'une polylobée, l'autre régulière, constitue une autre particularité de cette façade. Remarquez, à l'archivolte du portail central, un cordon d'animaux se poursuivant, et, dans les écoinçons, d'amusants personnages figurant d'un côté une femme, de l'autre un homme se retirant une épine du pied.

Revenez sur la D 21 puis empruntez vers le sud la D 17.

DU CÔTÉ DE CASTILLON-LA-BATAILLE

Terroir: La région des côtes de Castillon se situe dans le prolongement des coteaux de Saint-Émilion. Elle partage avec ces derniers les mêmes caractéristiques, mais ses sols sont plutôt argilo-siliceux ou argilo-graveleux.

Production: Relativement récente (1989), l'**AOC castillon-côtes-de-bordeaux** s'applique à des vins rouges au goût puissant, résultant d'un assemblage de cépages cabernet-sauvignon, cabernet franc, merlot, malbec, petit verdot.

Vous trouverez à l'adresse suivante une présentation du vignoble, des animations et dégustations et la liste des châteaux ouverts à la visite: **Maison du vin de Castillon-Côtes-de-Bordeaux**, à Castillon-la-Bataille – *Rubrique « Activités », p. 190.*

Castillon-la-Bataille C2

En 1453, les troupes anglaises placées sous les ordres du général Talbot subirent une lourde défaite devant les troupes des frères Bureau, qui, par une manœuvre audacieuse et l'utilisation de l'artillerie, remportèrent une victoire éclatante. Cette bataille marqua la fin de la domination anglaise en Aquitaine et, du même coup, de la guerre de Cent Ans.

Construite sur une butte, Castillon domine la rive droite de la Dordogne dont les berges ont inspiré Michel de Montaigne et Edmond Rostand. Ses coteaux produisent l'AOC castillon-côtes-de-bordeaux.

Chaque été, la ville de Castillon organise une reconstitution haute en couleur de la bataille de 1453. Mémorable! *(voir « Agenda », p. 190).*

Revenir à St-Émilion par la D 130, St-Étienne-de-Lisse et la D 245.

NOS ADRESSES À SAINT-ÉMILION

VISITES

Le train des Grands Vignobles – *05 57 51 30 71 - sais.: 10h30-18h30 - 6,50 € (-14 ans 5,50 €) - 12 € billet combiné avec la dégustation - dép. et billetterie près de l'église-collégiale.* Parcours au cœur du vignoble et des grands crus classés, avec un arrêt dégustation dans un château et un arrêt à mi-parcours pour la visite optionnelle des caves monolithes.

Saint Emilion Wine Tour – *05 57 55 28 28 (office de tourisme) - 1h - sur réserv. - juil.-sept.: 11h30, 14h, 15h15 et 16h30; de fin avr. à fin juin et oct.: se rens. - 8 € (-12 ans 6 €).* Ce circuit dans le vignoble de St-Émilion s'effectue en car-cabriolet et les commentaires sont assurés par audioguide.

HÉBERGEMENT

À St-Émilion

BUDGET MOYEN

Auberge de la Commanderie – *① - 2 r. Porte-Brunet - 05 57 24 70 19 - www.aubergedelacommanderie.com - 17 ch. 85/155 € - wifi.* Commanderie du 17e s. avec des chambres modernes; celles de l'annexe, plus grandes, conviennent bien aux familles. Un bon petit-déjeuner!

Chambre d'hôte La Gomerie – *② - 5 La Gomerie - 05 57 24 68 85 - http://chambreshotessaintemilion.com - P - - 5 ch. 74 €.* Cette demeure girondine de 1789 se situe au cœur d'une exploitation viticole de 2 ha. Les chambres, doubles ou triples, possèdent du mobilier d'époque.

Petit-déjeuner servi l'hiver dans la véranda, l'été sous la tonnelle dressée dans le jardin.

À proximité

Le domaine viticole **Château Gerbaud** – ⑤ - *D 936 - 4 Gerbaud - 33330 St-Pey-d'Armens - 8 km au SE de St-Émilion par D 670 dir. Castillon-la-Bataille et rte à dte - 06 03 27 00 32 ou 05 57 41 34 92 - www.chateau-gerbaud.com - 3 ch.* Dispose d'une aire de stationnement réservée aux camping-cars (48h maxi) ; camping au château : certains emplacements sont ombragés, mais tous bénéficient de la proximité des vignes.

PREMIER PRIX

Camping Yelloh ! Village-Saint Émilion – ⑨ - *Domaine de la Barbanne - 2 Les Combes - rte de Montagne - 05 57 24 75 80 - www.camping-saint-emilion.com - - de fin avr. à mi-oct. - - 125 empl. 39 € - 48 locatifs 39/188 €/nuitée, 273/1316 €/sem. -* . Ce camping possède 3 bassins, un tennis, 2 Jacuzzis, un minigolf et une aire de jeux. Il propose aussi la location de vélos. Draps et serviettes fournis. Nuitée possible dans le cottage pour 2 pers. *(99 €)*. Navette gratuite pour le village.

Chambre d'hôte Aux Raisins Verts – ④ - *49 r. Paul-Bert - 33350 Castillon-la-Bataille - 06 31 41 68 40 - http://auxraisinsverts.free.fr - P - - 4 ch. 60/66 € - suite familiale 109 € - wifi.* Cette maison de maître, entourée d'un grand parc, est tenue par un couple qui a aménagé 4 chambres (dont une familiale). Les pièces, claires et fraîches, sont joliment aménagées (mobilier ancien).

BUDGET MOYEN

Chambre d'hôte Îlot-Vignes – *2 lieu-dit Caboz - 33420 Rauzan - 05 57 24 05 26 ou 06 75 56 86 08 - www.ilot-vignes.com - 5 ch. 95 € - 35 €.* Située au cœur du vignoble de Taris, cette ancienne annexe du château entièrement rénovée a un air de maison de famille. Le parc donne sur les vignobles et abrite un petit lavoir où viennent s'abreuver les chevreuils. La décoration des chambres, élégante, invite au voyage et au dépaysement.

Château de Bonhoste – *33420 St-Jean-de-Blaignac - 05 57 84 12 18 ou 06 71 58 90 11 - www.coup2foudres.com - 2 ch. 119 €.* Deux authentiques foudres habituellement destinées à l'élevage et la vinification des vins vous ouvrent leur fût. Tout en respectant la tradition de la tonnellerie, la décoration moderne et chaleureuse vous assure le coup de foudre.

RESTAURATION

BUDGET MOYEN

Chai Pascal – ① - *37 r. Guadet - 05 57 24 52 45 - www.chai-pascal.com - 15/26 €.* Un bar à vin de poche, à mi-hauteur de St-Émilion. Nul doute que vous apprécierez la déco sobre, la carte représentative des vignobles alentour, l'atmosphère chic et détendue et la jolie vue sur le paysage.

POUR SE FAIRE PLAISIR

L'Envers du Décor – ④ - *11 r. du Clocher - 05 57 74 48 31 - www.envers-dudecor.com - fermé 1er janv., 2 sem. en janv., 24-25 et 31 déc. - - 30 €.* Ce bistrot à vins adossé à la collégiale assure, outre la restauration, la vente à emporter de bonnes bouteilles. Dans la salle à manger, mariage réussi du bois, des vieilles pierres et de l'aluminium. Fleurs et laurier agrémentent la terrasse, plaisante et calme. Vins au verre et cuisine du marché. Grand prix de la Presse

du vin pour la meilleure carte de vins.
Le Clos Du Roy – ③ - *12 r. de la Petite-Fontaine - ✆ 05 57 74 41 55 - www.leclosduroy.fr - merc.-dim. 12h-13h30, 20h23h30 - fermé 5 janv.-10 fév. - menus 30/85 €.* Une cuisine du terroir travaillée avec les meilleurs produits que peut offrir la région. La terrasse ne manque pas d'intérêt ; belle vue sur la Tour du Roi et le clocher de l'église.
Le Tertre – ⑥ - *5 r. Tertre-de-la-Tente - ✆ 05 57 74 46 33 - www.restaurant-le-tertre.com - fermé merc. - 25 € (déj. en sem.), 31/75 €.* Un lieu champêtre et intime, avec un vivier à crustacés et une petite salle creusée dans la roche… Idéal pour déguster une agréable cuisine de tradition accompagnée de bons vins (400 références, dont beaucoup de st-émilion).

À proximité

POUR SE FAIRE PLAISIR

Le Vieux Presbytère – *Pl. de l'Église - 33570 Montagne - ✆ 05 57 74 65 33 - www.levieuxpresbytere-saint-emilion.fr - menu 19 € (déj. lun., jeu.-sam. sf j. fériés), 31/50 €.* Un décor rustique et une jolie terrasse pour cet ancien presbytère. Saveurs du moment et bons vins du cru (soirées œnologiques en fin de semaine et menus « accord mets et vins »). Une bonne adresse.

ACHATS

Marché – *Le dim. pl. Bouqueyre.*
Maison du vin de Saint-Émilion – *1 pl. P.-Meyrat - ✆ 05 57 55 50 55 - www.maisonduvinsaintemilion.com* - Vente des vins de la juridiction, exposition « Les saisons de la vigne et du vin », dégustations, ouvrages, accessoires et conseils.
Vignobles et Châteaux – *4 r. du Clocher - ✆ 05 57 24 61 01 - www.vignobleschateaux.fr - avr.-oct. : lun.-sam. 9h-20h, dim. 9h-19h ; nov.-mars lun.-sam. 10h-19h, dim. 10h-18h.* Cette boutique propose une sélection de vins de la région, de crus français et européens, de champagnes et de cognacs. Beaux articles de verrerie.
Union de producteurs de Saint-Émilion (Udspe) – *Lieu-dit Haut-Gravet, près de la route Libourne-Bergerac - ✆ 05 57 24 70 71 - www.udpse.com - juin-sept. : lun.-sam. 9h-19h (12-juil.-23 août : dim. 14h-19h) ; oct.-mai : lun.-sam. 8h30-12h, 14h-18h.* Lauréat Grand Cru 2015, les producteurs réunis ici partagent passion, qualité et responsabilité. L'œnothèque propose plus de cinquante appellations à la vente.
Ferlion Macarons - Nadia Fermigier – *9 r. Guadet - ✆ 05 57 24 72 33 - www.macarons-saint-emilion.com - nov.-mai : lun.-vend. 8h-12h30, 15h-19h, sam. 8h-19h, dim. 9h-19h ; juin-oct. : 8h-19h15, dim. 9h-19h15.* Les archives attestent l'existence de macarons à St-Émilion dès 1620. Après moult péripéties, la recette échut en 1930 à la famille Blanchez. Les délicieux gâteaux se travaillent encore de façon totalement artisanale dans cette boutique.
Matthieu Mouliérac – *Tertre de la Tente et 35 r. Guadet/r. de la Cadène - ✆ 05 57 74 41 84 et 06 75 23 70 40 - http://macaron-saint-emilion.com - 10h-19h ; hors sais. : 10h30-18h.* Fabrication artisanale de véritables macarons, canelés bordelais et craquants aux noisettes. Dégustation et vente.

PETITE PAUSE

Les Cordeliers – *Cloître des Cordeliers, 2 bis rue de la Porte-Brunet - ✆ 05 57 24 42 13 - www.lescordeliers.com - mai-sept. : 11h-19h, w.-end 11h-20h ; reste*

1

de l'année : horaires sur le site. Le domaine propose un bar à vins des pétillants Les Cordeliers, à la coupe ou à la bouteille, accompagnés de gourmandises salées et sucrées. Des paniers pique-nique et boissons fraîches sont également disponibles à la vente.

ACTIVITÉS

Initiation à la dégustation

Maison du vin de St-Émilion – *Pl. Pierre-Meyrat - ✆ 05 57 55 50 55 - www.maisonduvinsaintemilion.com. - déc.-fév. : 10h-12h30, 14h-18h ; mars-juin et sept.-nov. : 9h30-12h30, 14h-18h30 ; juil.-août : 9h-19h*. Grand choix de vins présentés par millésime (exception faite des grands crus classés) ; elle propose aussi des cours de dégustation.

Le Cercle des Œnophiles – *12 r. Guadet - ✆ 05 57 74 45 55 - http://cercledesoenophiles.wix.com/wineshop - 10h-12h30, 14h-19h*. « Dégustation-conseil » de vins de propriétés.

Maison du vin de Castillon-Côtes-de-Bordeaux – *6 allée de la République - 33350 Castillon-la-Bataille - ✆ 05 57 40 00 88 - www.castillon-cotesdebordeaux.com - tlj sf w.-end 9h-18h*. Présentation du vignoble, dégustation.

Syndicat viticole de Montagne-St-Émilion - *Pl. de l'Église - 33570 Montagne - ✆ 05 57 74 60 13 - www.montagnesaintemilion.com - tlj sf w.-end 9h-12h30, 13h30-17h*. Un vaste choix de crus et de millésimes. Vente de vins au tarif de la propriété.

Château Guadet – *4 r. Guadet - ✆ 05 57 74 40 04 - www.chateau-guadet-saintemilion.fr - 10h-19h - visite guidée 15 €*. Grand cru catégorie « Art et culture » des Best of Wine Tourism 2015, ce vignoble est en plein renouveau.

Autres activités

La Route des vins « nature » – *✆ 05 57 55 28 28 (OT) - réserv. conseillée en sais*. Découvrez le vignoble et les châteaux d'une façon originale et écologique : à vélo ! Partez en balade et profitez des paysages en choisissant parmi 4 circuits. Les parcours de 10 à 21 km ne comportent pas de difficulté majeure et sont adaptés à tous les niveaux de pratique du vélo.

Saint-Émilionnais Golf Club – *172 lieu-dit Goffre - 33350 Gardegan-et-Tourtirac - ✆ 06 77 26 53 10 - www.segolfclub.com*. Ce nouveau golf, conçu par l'architecte Tom Doak, offre un parcours majestueux entre les vignes et les arbres.

AGENDA

Journées portes ouvertes à St-Émilion, Lussac et Puisseguin – *1er w.-end de mai - www.vins-saint-emilion.com*.

Jurade de St-Émilion – *3e dim. de juin et 3e dim. de sept. - www.vins-saint-emilion.com*. Défilés dans les rues de la cité. *Voir p. 183*.

St-Émilion Jazz Festival – *3e w.-end de juil. - www.saint-emilion-jazz-festival.com*. Concerts et dégustations musicales au parc Guadet.

Les Grandes Heures de St-Émilion – *Tout au long de l'année - www.grandesheuresdesaintemilion.fr*. Expositions d'art contemporain, concerts et dégustations dans les châteaux.

À Castillon-la-Bataille

Son et lumière – *Juil.-août - www.batailledecastillon.com*. Reconstitution de la bataille de Castillon.

À Ste-Terre

Fête de la lamproie – *Mi-avr.-mi-mai*.

Libourne

23 296 Libournais – Gironde (33)

Ampleur du fleuve, maisons cossues à la bordelaise, marchés renommés et actifs, vins prestigieux exportés dans le monde entier : pas de doute, Libourne est bien la petite sœur de Bordeaux.

NOS ADRESSES PAGE 195
Hébergement, restauration, achats, activités, etc.

S'INFORMER

Office du tourisme du Libournais – *40 pl. Abel-Surchamp - 33500 Libourne - ✆ 05 57 51 15 04 - www.tourisme-libournais.com - juil.-août : 9h30-12h30, 14h-19h ; juin et sept. : 9h30-12h30, 14h-18h30, sam. 9h30-12h30, 14h-18h ; reste de l'année : 9h30-12h30, w.-end et j. fériés 9h30-12h30, 14h-17h30 - fermé j. fériés - visite patrimoniale, visite nature et animations enf. en sais.*

SE REPÉRER

Carte de microrégion C2 (p. 102-103) – Dans une région fertile, étape sur la route de Paris à Bordeaux (23 km à l'est par la N 89 et la D 1089) avant que ne soient construits les ponts de Cubzac *(voir p. 207)*, Libourne se situe au confluent de l'Isle et de la Dordogne. Le cœur de la ville se trouve place Abel-Surchamp.

À NE PAS MANQUER

La place Abel-Surchamp bordée d'arcades et de maisons anciennes ; l'hôtel de ville (dans lequel se trouve le musée des Beaux-Arts) ; le château de Vayres ; le mascaret, vague spectaculaire à St-Pardon-de-Vayres.

ORGANISER SON TEMPS

Attention, le musée des Beaux-Arts est fermé le week-end. Après une matinée de visite de Libourne, comptez une demi-journée pour le circuit. Marché les mardi, vendredi et dimanche matin (le plus animé).

AVEC LES ENFANTS

Le lac des Dagueys ; le château de Vayres et ses parcours d'énigmes ; le musée du Chemin de fer à Guîtres.

1

Se promener

Place Abel-Surchamp

Spacieuse et aérée, l'ancienne place royale est bordée de maisons bâties entre le 16e s. (n° 16 et n° 35) et le 19e s. L'**hôtel de ville** du 15e s. a été modifié au début du 20e s. dans un style néogothique.

Musée des Beaux-Arts

42 pl. Abel-Surchamp - ✆ 05 57 55 33 44 - www.ville-libourne.fr - ♿ - 9h30-13h, 14h-18h, mar. 14h-18h - fermé dim.-lun. et j. fériés - possibilité de visite guidée sur demande (1h) - gratuit.

Au cours de la montée par l'escalier, remarquez le beau groupe en marbre blanc de Falconet (18e s.). Belles œuvres des écoles flamandes, française et italienne (16e s.-20e s.). Vous y trouverez notamment *Trois Têtes de vieillards* par Jordaens, *Jésus chassant les marchands du Temple* par Bartolomeo Manfredi, *La Pentecôte* par Charles Le Brun, *L'Amitié* par Foujita, et des tableaux de Raoul Dufy. L'école libournaise est illustrée par des portraits de Lacaze et des natures mortes de Jeanne-Louise Brieux, mais surtout par un ensemble de peintures de **René Princeteau** (1843-1914) : scènes de courses *(Le Saut de la rivière)* et

images de la vie rurale *(L'Arrivée au pressoir)* tiennent une place importante dans son œuvre. Natif de Libourne, René Princeteau fut le maître et l'ami de Toulouse-Lautrec. Il conquit le Tout-Paris malgré son infirmité (il était sourd et muet) grâce à ses scènes animalières et champêtres.
Des expositions temporaires sont organisées à la **chapelle du Carmel** (annexe du musée).

Quais de l'Isle et des Salinières

Aujourd'hui lieu de promenade, c'est là que se trouvait le port dont il reste… les platanes. L'ensemble situé quai des Salinières, constitué par la **porte du Grand Port** flanquée de la tour Richard et de la tour Barrée, est un vestige de l'ancienne muraille édifiée à partir de 1314, suite à la destruction de la ville par les Français en 1294. Derrière la tour, la rue des Chais rappelle que l'on stockait là le vin en partance.

Quai Souchet

Au confluent de la Dordogne et de l'Isle, ce quai vous permet de voir le **grand pont** (1824) avec ses neuf arches et le tertre de Fronsac.

À proximité Carte de microrégion p. 102-103

Lac des Dagueys B2

Au nord-ouest (dir. Angoulême). Baignade surveillée juil.-août.
Une vaste plaine de loisirs a été aménagée autour de ce plan d'eau de 40 ha, aux portes de la ville : plage et bassin pour les tout-petits, activités nautiques, pêche, aires de jeux et de pique-nique…
6 km. Boucle des Dagueys balisée autour du lac.

★ Château de Vayres B2

9,5 km au sud-ouest. Quitter Libourne par la D 1089 vers Bordeaux. Après Arveyres, tourner à droite dans la D 242 et, près de l'église de Vayres, prendre le chemin qui conduit au château. 05 57 84 96 58 - www.chateaudevayres.com - visite guidée (55mn) de déb. juil. à mi-sept. : 14h-18h30 ; reste de l'année : merc., dim. et j. fériés 14h-18h30 - fermé de déb. nov. au w.-end de Pâques - 11,50 € (-12 ans 9 €) - nocturnes en été - tarif pouvant varier en fonction des événements.
Les visites sont complétées par un parcours d'énigmes dans le parc.
Cette ancienne demeure de la famille d'Albret fut réaménagée au 16e s. par **Louis de Foix**, l'architecte du phare de Cordouan *(voir p. 227)*. Dans la grande cour d'honneur, il ajouta une galerie d'apparat à la manière italienne. La façade sur la Dordogne fut remaniée en 1695 et embellie d'un pavillon placé en saillie et coiffé d'un dôme, ainsi que de terrasses et d'un escalier monumental à double révolution donnant accès aux jardins à la française qui s'étendent jusqu'à la rivière.
À l'intérieur, visite de pièces meublées Louis XIII et Louis XIV. À noter les belles cheminées dans le salon Henri IV et le Grand Salon tendu d'une tapisserie des Gobelins du 18e s. *Ulysse chez Alkinoos* ; la bibliothèque imposante créée dans le donjon ; la salle à manger (14e s.) avec ses cuivres du 18e s. et son potager en faïence ; la chapelle du 13e s., dite « des murmures », construite comme une salle d'écho. Chaque année, une partie du château fait l'objet d'une restauration minutieuse.
Avant ou après la visite, vous pourrez faire le tour du château en suivant la « promenade du Moulin » et flâner dans le **jardin médiéval**.
Vayres constitue un endroit privilégié pour observer le phénomène du **mascaret** *(voir p. 44)*.

Le vignoble et le village de Pomerol.
Fantuz Olimpio/Sime/Photononstop

LES VIGNOBLES DE POMEROL ET FRONSAC

Terroirs : Ces territoires, situés respectivement à l'ouest et à l'est de Libourne, offrent des paysages bien distincts. Tout en vallons et coteaux, Fronsac se caractérise par ses sols argilo-calcaires, naturellement drainés, tandis que Pomerol, très petit terroir (moins de 800 ha) d'apparence moins riante, est constitué de sols graveleux et argileux.

Production : Le vignoble produit des vins rouges au vieillissement remarquable.

AOC fronsac et canon-fronsac : cépages cabernet franc, merlot, cabernet-sauvignon et malbec. Des vins fermes et charnus qui s'affinent avec l'âge.

AOC pomerol et lalande-de-pomerol : cépage merlot essentiellement, et cabernet franc, malbec, cabernet-sauvignon. Les pomerols sont de grands vins, d'une couleur profonde, riches et complexes au palais.

Vous trouverez aux adresses suivantes une présentation des vignobles, des animations et dégustations et la liste des châteaux ouverts à la visite :
Syndicat viticole de Pomerol – *8 r. Tropchaud - 05 57 25 06 88 - www.vins-pomerol.fr - juil.-août : 10h-12h30, 14h-18h ; reste de l'année : tlj sf sam. 9h30-14h, 14h30-17h30 - fermé dim.*
Maison des vins de Fronsac, à Fronsac – *Voir « Achats » p. 197.*

UNE BASTIDE PORTUAIRE

En 1268, le **prince Édouard**, fils du roi d'Angleterre et arrière-petit-fils d'Aliénor d'Aquitaine, décide de fonder une bastide portuaire sur ce site privilégié, point de jonction entre la navigation fluviale et maritime, pour assurer un débouché aux produits du Périgord et seconder Bordeaux. Lorsqu'il devient roi d'Angleterre, c'est **Roger de Leyburn**, son lieutenant, qui est chargé de réaliser le projet et donne son nom à la ville : Leyburnia, devenue Libourne au fil du temps, va prospérer grâce à son commerce, souvent en concurrence avec la grande cité du vin voisine.

Circuit conseillé Carte de microrégion p. 102-103

VIGNOBLES DE FRONSAC ET DE POMEROL

Circuit de 60 km au départ de Libourne, tracé en bleu clair sur la carte p. 102-103. Compter 3h. Quitter Libourne par l'ouest, D 670.

Fronsac B2

1 av. Charles-de-Gaulle - 33240 St-Germain-la-Rivière - 05 57 84 86 86 - www.tourismefronsadais.com - de mi-juin à mi-sept. : 9h-12h30, 14h-18h, sam. 10h-16h ; reste de l'année : tlj sf sam. 9h-12h30, 14h-17h30 - fermé dim. et j. fériés.

Se garer sur le parking de la Maison des vins. Franchissez le portail d'entrée du château de Fronsac *(accès autorisé)* menant au sommet du **tertre** que couronne le château. De cette éminence, belle **vue**, très étendue, sur les vallées de la Dordogne et de l'Isle, sur Libourne et les vignobles de Fronsac.

Dans le village, l'**église** romane vaut également le coup d'œil.

Poursuivre sur la D 670.

Château de La Rivière B2

Ce superbe château, dont les origines remontent à 960, fut restauré par Viollet-le-Duc. Il doit son charme à son style hétéroclite (16e-19e s.). Avec 65 ha de vignes, il est le plus important domaine de l'appellation AOC fronsac et possède 3 km de caves souterraines *(voir la rubrique « Achats », p. 197).*

Poursuivre sur la D 670, puis tourner à droite (la D 246E1) en direction de Guîtres.

La Lande-de-Fronsac B2

L'église romane (12e s.) fut fortifiée au 14e s. Elle vaut pour son superbe portail d'inspiration byzantine, dont le tympan représente l'Apocalypse selon saint Jean.

Poursuivre sur la D 246E1, puis la D 670.

Le Jardin du Fond de l'Or B2

7 r. St-Exupéry - 33240 Lugon-et-l'Île-du-Carney - 05 57 84 45 79 ou 06 33 26 67 73 - www.lejardindufonddelor.fr - 7 €. Classé Jardin remarquable, cet endroit exotique japonisant abrite des arbustes taillés, des arbres en fin de vie sculptés, et une collection d'objets décoratifs glanés lors de lointains voyages.

Poursuivre sur la D 670, puis sur la D 246E1.

Mouillac B2

Restaurée au 19e s. après avoir été laissée à l'abandon suite à la Révolution, l'église romane (11e s.) se caractérise par son abside polygonale ornée d'arcatures.

Prendre à droite la D 10 en direction de Guîtres.

En chemin, vous pourrez également vous arrêter à **St-Ciers-d'Abzac** et **St-Martin-de-Laye**, qui comptent tous deux une église romane (12e s.).

Guîtres C2

4 av. de la Gare - 33230 Guîtres - 05 57 69 11 48 - www.tourisme-libournais.com - 10h-12h30, 14h-17h30 - fermé w.-end, vac. scol., certains j. fériés.

Seul vestige d'une abbaye bénédictine, l'**église** de style saintongeais fut fortifiée et maintes fois remaniée au cours des siècles, avant d'être restaurée au 19e s. puis en 1964. Remarquez la façade avec portail du 13e s. et pignon du 14e s., le puissant chevet à cinq absidioles et la façade du 12e s. du croisillon nord du transept au portail à moitié enterré.

PÉTRUS, UN VIN DE LÉGENDE

Pétrus tient son nom du lieu. Situé au point le plus haut de l'appellation pomerol, ce petit domaine de 11,5 ha a une production relativement faible, ce qui rend ce vin rare… et cher! La qualité exceptionnelle de pétrus est due au mariage d'un cépage, le merlot, d'un terroir, une boutonnière d'argile, d'une bonne exposition, et du travail des vignerons dont bénéficient les vignes âgées d'une quarantaine d'années.
Après des vendanges effectuées l'après-midi et une cuvaison courte, l'élevage est pratiqué pendant vingt et un mois dans des barriques neuves. Ensuite, il faut savoir l'attendre de longues années avant de le boire. Pétrus se distingue par sa robe très sombre, son caractère minéral aux parfums de truffe et de fruits noirs, et en bouche sa finesse, sa rondeur, son volume… Un moment magique!

Train touristique Guîtres-Marcennais - Musée du Chemin de fer – *AACFVI - ancienne gare SNCF - 13 av. de la Gare - ✆ 05 57 69 11 48 - www.trainguitres.fr - dim. et j. fériés 14h30-15h30 - fermé nov.-avr. - possibilité de visite guidée (30mn) - 13,50 € (4-14 ans 7 €, -4 ans gratuit).* Dans l'ancienne gare, des collectionneurs ont réuni de vieux wagons et locomotives. La Mountain 241-P-9 (1947), une des plus puissantes machines à vapeur utilisées par la SNCF, est maintenue avec son fourgon en excellent état. Il vous emmène en 45 minutes au moulin de Charlot, à Marcenais, transformé en crêperie. Vous pourrez y goûter avant que la micheline ne sonne le départ pour Guîtres, 1h30 plus tard.
Quitter Guîtres par le sud (D 910).

1

St-Denis-de-Pile C2

L'église (du 12e s., remaniée au 19e s.), située au bord de l'Isle, renferme une *Visitation*, attribuée aux frères Le Nain et donnée par Louis XVIII, et une Vierge à l'Enfant en bois (17e s.).
Continuer vers le sud (D 245).

Lalande-de-Pomerol C2

L'église (12e s.) fut construite par les hospitaliers de St-Jean. Le clocher fut modifié au 17e s. et les chapelles latérales ajoutées à la fin du 18e s.

NOS ADRESSES À LIBOURNE

HÉBERGEMENT

BUDGET MOYEN

Hôtel La Tour du Vieux-Port – *23 quai Souchet - ✆ 05 57 25 75 56 - http://latourduvieuxport.fr - ♿ - 14 ch. 70 € - ☕ 8 € - ✕ 13/23 €.* Cet hôtel-restaurant faisant face à la Dordogne propose des chambres spacieuses et rénovées avec goût par la propriétaire. Dans l'une des salles à manger, vous goûterez une cuisine traditionnelle préparée avec les produits du marché.

Hôtel de France – *7 r. Chanzy - ✆ 05 57 51 01 66 - www.hoteldefrancelibourne.com - ♿ - 7ch. 69/152 € - ☕ 10 € - P.* Ce relais de poste marie habilement tradition et modernité. Résultat: un endroit chaleureux avec des chambres agréables, dont les plus haut de gamme sont très confortables.

À proximité

BUDGET MOYEN

Chambre d'hôte
La Closerie de Fronsac – *1 r. Lariveau - 33126 St-Michel-de-Fronsac - 5 km à l'ouest de Libourne par D 670, rte de Fronsac et rte de St-André-de-Cubzac - ✆ 05 57 24 95 81 - www.lacloseriedefronsac.com - P - 4 ch. 97/117 €* ☕. Cette jolie maison vigneronne marque le point de départ d'un chemin de randonnée qui se perd dans les vignes. Les chambres, aux meubles anciens, dégagent un réel charme. Dégustation du vin de la propriété en guise de bienvenue.

RESTAURATION

BUDGET MOYEN

Chez Servais – *14 pl. Decazes - ✆ 05 57 51 83 97 - http://chezservais.fr - 12h-14h, 19h30-21h30 - fermé dim. soir et lun. - formule déj. 19 € - 28/54 €.* Rognons de veau, bar rôti, tarte fine de st-jacques… Le chef connaît ses classiques et fait la part belle au poisson. Un Servais généreux, décontracté, à prix plutôt doux et… au cœur de la bastide!

À proximité

BUDGET MOYEN

Le Villagosia – *4 rte des Palombes - 33141 Villegouge - 12 km au nord de Libourne par D 128 - ✆ 05 57 84 40 50 - lun.-vend. midi, w.-end sur réserv. - formule déj. 12 € - 25 €.* Ce restaurant installé sur les hauteurs de Libourne, dans un petit village au milieu des vignes, a ses habitués. Dans son frais décor, vous dégusterez des grillades accompagnées de frites maison et des salades.

POUR SE FAIRE PLAISIR

Le Bord d'Eau – *4 Poinsonnet, route de Libourne - 33126 Fronsac - 2 km à l'ouest de Libourne par D 670 - ✆ 05 57 51 99 91 - fermé 1 sem. en sept., 2e quinz. de nov., de mi-fév. à déb. mars, merc. soir, dim. soir et lun. - P - 42/56 €.* Les pieds dans la Dordogne, cette maison sur pilotis offre une vue panoramique sur Libourne et le clocher de l'église St-Jean-Baptiste. Profusion de plantes vertes, reflets argentés de la rivière… Dans ce décor impressionniste vous sera servie une bonne cuisine traditionnelle.

EN SOIRÉE

☺ De jour comme de nuit, **l'esplanade François-Mitterrand** est un lieu très animé grâce aux nombreux bars et brasseries qui mêlent leurs terrasses sur la place. Parmi nos adresses préférées, citons le **Bar du Lycée**, où le vin est servi au verre, et **L'Orient**, une brasserie du début du siècle.

À proximité

Café du Port – *Pl. du 8-Mai-1945 - Lieu-dit St-Pardon - 33870 Vayres - ✆ 05 57 74 85 98* - Vous serez ici aux premières loges pour assister au spectacle du mascaret: des vagues hautes et puissantes qui remontent la Dordogne. L'été, une foule nombreuse vient assister à ce phénomène pendant que les surfeurs se précipitent par centaines vers les vagues.

ACHATS

Pâtisserie Lopez – *18 r. Gambetta - ✆ 05 57 51 15 76 - tlj sf lun. 8h-12h30, 14h30-19h, dim. 7h30-13h; ouv. j. fériés jusqu'à 13h sf lun. de Pentecôte et jeu. de l'Ascension - fermé 2 sem. en fév. et 3 sem. en août.* Parmi les spécialités de cette pâtisserie, citons les tartelettes aux noix, les Bouchons du vigneron (amandes grillées enrobées de praliné), le Surchamp (mousse au chocolat et aux noisettes), la Galette de la Reine (brioche aux amandes), les glaces et confiseries maison… fabriqués maison, sans colorant ni conservateur.

Domaine de Tout-l'Y-Faut – *Lardière - 33820 Marcillac- ☏ 05 57 34 48 30 - www.blaye-asperges-vins.com - mar.-vend. 10h30-18h.* Pour accompagner un bon côtes-de-blaye, quoi de mieux que ces asperges fraîches, cultivées dans un environnement sauvage, à savourer sur place où à emporter ?

Vin

Les vignobles de Fronsac et Canon-Fronsac, moins connus que ceux de Pomerol ou de St-Émilion, constituent une alternative très intéressante à ces derniers par leur rapport qualité-prix.

Le Château de La Rivière – *D 670 - 6 km au nord-ouest de Libourne par D 670 - 33126 La Rivière - ☏ 05 57 55 56 51 - 5 ch. d'hôte 159/287 €.* La boutique vend les vins des vignobles Grégoire, entité regroupant les crus des trois propriétés familiales. Vous pourrez, en plus, arpenter gratuitement le jardin Renaissance.

Maison des vins de Fronsac – *3 chem. du Tertre - 33126 Fronsac - 15 km au sud-est de St-André-de-C. par D 670 - ☏ 05 57 51 80 51- www.vins-fronsac.com - tlj sf dim. 9h30-12h30, 14h-18h (19h en été).* Environ 70 viticulteurs déposent à la Maison des vins de Fronsac un petit stock de leur production. Plus de 100 références constituant un large échantillon des appellations fronsac et canon-fronsac sont mises en vente aux prix de la propriété.

Château Boutinet – *1436 rte des Palombes - 33141 Villegouge - ☏ 06 85 79 56 96 - www.chateauboutinet.fr.* Visite et dégustation, balade à pied (2h) à travers vignes, forêt et coteaux puis dégustation de vins du domaine ainsi que des rando-tapas (merc. en été) sont proposés.

Château Siaurac – *33500 Néac - ☏ 05 57 51 64 58 - www.siaurac.com - juin-sept. 9h-19h ; visites 11h et 16h.* Située dans le prolongement de Pomerol, cette propriété propose des dégustations au cœur d'un parc dont la moitié est laissée à l'état sauvage pour favoriser la flore naturelle. Une orangerie du 18e s. et un jardin romantique peaufinent le cadre pour savourer l'ardoise du marché ou une assiette de fromage à 12 €.

ACTIVITÉS

Randonnée – Documentation avec plan disponible gratuitement à l'office de tourisme. Deux circuits départementaux *(Les Peyrats - 35 km ; La Barbanne - 16 km)* et six boucles *(4-10 km) sillonnent le Libournais.*

Pêche – La **Dordogne**, qui parcourt Libourne et sa région, accueille de nombreuses espèces qui feront le bonheur des pêcheurs : gardons, goujons, brèmes, carpes, ablettes, perches, sandres, brochets, mulets venus de la mer, ainsi que de grands migrateurs remontant la rivière, comme les lamproies et les aloses.

AGENDA

Au château de Vayres

Festival de cape et d'épée – *Fin juil. - www.chateaudevayres.com.*

À Fronsac

Journées portes ouvertes dans les châteaux – *3e w.-end de sept.*

1

Blaye

4 687 Blayais – Gironde (33)

Un tertre colonisé par les Romains, une tombe de héros chevaleresque, une citadelle et le verrou Vauban. Et puis des vignes de bon aloi, des asperges réputées, un port sur la Gironde où débarquent au printemps lamproies et aloses… Un petit détour par Blaye s'impose donc ; on pourra toujours prétexter que c'est pour l'Histoire uniquement !

NOS ADRESSES PAGE 202
Hébergement, restauration, achats, activités, etc.

S'INFORMER

Office du tourisme de Blaye – *R. des Minimes - Citadelle - 33390 Blaye - 05 57 42 12 09 - www.tourisme-blaye.com - juin-sept. : 10h-18h30 ; reste de l'année : 10h-12h30, 14h-17h - fermé 1er janv., 25 déc. - exposition sur Vauban et sur le verrou de l'estuaire ainsi qu'une visite virtuelle de la citadelle.*

SE REPÉRER

Carte de microrégion A1 (p. 102-103) – Sur la rive droite de la Gironde, à 43 km en aval de Bordeaux. Il est possible de traverser le fleuve : un bac relie Blaye à Lamarque dans le Médoc *(voir la rubrique « Transport », p. 202).*

À NE PAS MANQUER

Dans la citadelle, la vue sur l'estuaire depuis la tour de l'Éguillette ou la place d'Armes ; la visite des souterrains ; la route de la Corniche qui relie Blaye à Bourg ; la villa gallo-romaine de Plassac.

ORGANISER SON TEMPS

Pour la visite guidée de la citadelle, comptez 1h. Prévoyez un peu plus si vous souhaitez aussi visiter les musées et expositions ou vous attarder dans l'échoppe d'un artisan.

AVEC LES ENFANTS

Le « jeu des familles » pour découvrir la citadelle ; le Petit Train ; Terres d'oiseaux à St-Ciers-sur-Gironde.

Se promener

★ La citadelle

05 57 42 12 09 - www.tourisme-blaye.com - avr.-oct. : 14h-18h - Possibilité de visite guidée (1h) de la citadelle par ses souterrains (sur réserv.) organisée par l'office de tourisme - 6 € (4-12 ans 4 €). Un plan de la citadelle est disponible à l'office de tourisme.

Accès à pied par la porte Dauphine, toutes deux timbrées de l'écusson fleurdelisé.

Ce site fortifié appartient au réseau des Sites majeurs Vauban, inscrit depuis 2008 au Patrimoine mondial de l'Unesco. Il constitue une des pièces du **verrou Vauban**, installé sur l'estuaire de la Gironde, dont font également partie fort Paté et fort Médoc.

Au 17e s., la ville perchée fut rasée et céda la place à la citadelle terminée par Vauban en 1689. Le fort Paté sur un îlot de la Gironde et le fort Médoc, sur la rive gauche, complétaient ce système de défense destiné à protéger Bordeaux, située 50 km en amont, de la flotte « angloise ».

Coucher de soleil sur l'estuaire de la Gironde.
J. D. Dallet/age fotostock

Au 17e s., lors de l'édification de la citadelle de Blaye, les **marais**, au nord, jusqu'alors insalubres, furent asséchés et en partie transformés en labours et prairies, selon une technique importée de Hollande : un système de canaux permet de drainer l'eau qui est rejetée dans l'estuaire à marée basse, tandis que des digues empêchent les eaux saumâtres d'y pénétrer à marée haute, et protègent le marais des eaux de ruissellement venant de l'intérieur.
Encore habitée en partie, cette petite ville à l'ancienne (près de 1 km de long), animée en saison par les artisans, s'enflamme lors des festivals de musique et de théâtre.

Château des Rudel

C'est le berceau de **Jaufré Rudel**, troubadour du 12e s. qui inspira nombre de romantiques. Il s'éprit sans la voir d'une « princesse lointaine », Melissende de Tripoli. Il s'embarqua pour la rejoindre, mais tomba malade sur le vaisseau et expira à l'arrivée dans les bras de sa bien-aimée…
De ce château médiéval subsistent deux tours ainsi que les bases des murs et le pont d'accès. Au centre de la cour se trouve un vieux puits à la margelle usée par les frottements de la corde ou de la chaîne. Du haut de la tour des Rondes, **vue** sur la ville, l'estuaire de la Gironde et la campagne (table d'orientation).

Tour de l'Éguillette

Vue en enfilade sur la Gironde, peuplée d'îlots, jusqu'à l'Océan.

Place d'Armes

De l'esplanade, au bord de la falaise sur la Gironde, vue sur l'estuaire et les îles. C'est justement pour cette raison que le **conservatoire de l'Estuaire** s'est installé à cet endroit *(voir l'exposition à la Manutention)*.
Près de la place d'Armes, l'ancien **couvent des Minimes**, du 17e s., avec sa chapelle et son cloître, accueille régulièrement des expositions temporaires.

La Manutention

Ce bâtiment carré, construit en 1677 pour abriter la prison de la citadelle et de la ville, servit ensuite de boulangerie, de magasin et de manutention.
Il abrite l'intéressante **exposition** du conservatoire de l'Estuaire : « Estuaire vivant ». Dans plusieurs salles sont évoqués les thèmes maritimes, les différentes méthodes de pêche, la faune et la flore. *R. du 144e-R.-I. - ✆ 05 57 42 80 96 - www.estuairegironde.net - avr.-oct. : 14h-18h - exposition tte l'année : horaires, se rens. - possibilité de visite guidée - 3 € (enfant 1,70 €) - 4,50 € billet combiné avec l'exposition sur l'histoire de la citadelle.*
À voir également : le **musée de la Boulangerie**, où l'histoire du pain est présentée autour de deux anciens fours, et le **musée d'Histoire de la citadelle** qui retrace l'histoire de la citadelle. *✆ 06 82 34 72 66 - horaires, se rens. - possibilité de visite guidée (30mn) - 4,50 € (-12 ans 3,50 €).*

À proximité Carte de microrégion p. 102-103

St-Ciers-sur-Gironde A1

20 km au nord par la D 255.
ℹ Port des Callonges - 33820 Braud-et-St-Louis - ✆ 05 57 32 88 88 - www.estuaire-tourisme.fr - de mi-juin à mi-sept. : 10h-20h ; de déb. mai à mi-juin : 10h-19h ; mars-avr. et de mi-sept. à fin oct. : 10h-18h ; reste de l'année : tlj sf w.-end 10h-17h - deux circuits en voiture au départ du village : « Les grands marais de St-Ciers » (42 km) et « L'art roman entre vignes et forêts » (58 km).

LABOUREURS D'ESTUAIRE

Les nombreux petits ports du Blayais et du Médoc ont le vent en poupe : on récolte des trésors dans l'estuaire ! Au printemps, les grands poissons migrateurs (l'alose et la monstrueuse lamproie sortie tout droit de la préhistoire) remontent l'estuaire pour frayer en amont. En hiver s'ouvre la chasse à la précieuse **pibale** *(voir p. 54)*. La Gironde est aussi la seule réserve d'**esturgeons** (espèce protégée, dont la capture est interdite) d'Europe occidentale ; ses élevages approvisionnent le Bordelais en caviar maison.

St-Ciers-sur-Gironde est le chef-lieu d'un canton rural et préservé de la Haute-Gironde, situé en « pays gabaye », aux confins du Poitou-Charentes – on y parlait encore récemment un dialecte mêlant langues d'oïl (poitevin-saintongeais) et d'oc.

Jouxtant l'office de tourisme, un petit **musée d'Archéologie** présente des objets mis au jour dans les environs, ainsi que des métiers anciens. *Av. André-Lafon - ✆ 05 57 32 98 29 - http://caethdestc.pagesperso-orange.fr/mus_arch.htm - ♿ - de mi-juin à mi-sept. : merc. et sam. 14h30-18h ; reste de l'année : sur demande préalable - possibilité de visite guidée (1h) - 1 € (-18 ans gratuit).*

Terres d'oiseaux (réserve naturelle ornithologique) – *Les Nouvelles-Possessions - 33820 Braud-et-St-Louis - ✆ 05 57 32 88 80 - www.terresdoiseaux.fr - de mi-juin à mi-sept. : 10h-20h ; de déb. mai à mi-juin : 10h-19h ; mars-avr. et de mi-sept. à fin oct. : 10h-18h ; reste de l'année : se rens. - fermé de fin déc. à déb. janv. - possibilité de visite guidée (2h) - en été, sorties en voilier et en kayak, location de vélos, promenades en calèche, croisière commentée (avec dégustation de produits locaux) juil.-août : dim.* En bordure de l'estuaire de la Gironde, au pied du port des Callonges, découverte d'un espace naturel de 120 hectares, spécialement aménagé (trois parcours, observatoires et prêt de jumelles et de bottes) pour observer les oiseaux sauvages et migrateurs, dont beaucoup font escale dans le marais. Exposition thématique mensuelle dans le tout nouveau bâtiment d'accueil qui est aussi l'**office de tourisme**.

Le chemin des oiseaux *(30 km au départ d'Étauliers, à vélo ou en voiture)* traverse ce charmant paysage entre vignes et marais : observatoire de la réserve de chasse, à proximité de la centrale nucléaire du Blayais, port des Callonges… *(non fléché - document gratuit à l'office de tourisme).*

Circuit conseillé Carte de microrégion p. 102-103

★ ROUTE DE LA CORNICHE FLEURIE

Circuit de 16 km au départ de Blaye, tracé en gris sur la carte p. 102-103. Compter environ 1h. Ce circuit est le prolongement de la **Route verte** *qui, au nord, relie Blaye à Royan, soit 80 km le long de l'estuaire de la Gironde, en passant par Braud-St-Louis et St-Ciers-sur-Gironde. Quitter Blaye par la D 669 qui longe la Gironde. Plassac est à 3,5 km.*

Plassac A1

En contrebas de l'église de Plassac, des fouilles ont mis au jour une **villa gallo-romaine★** entre le 1er et le 5e s. On peut voir le site depuis la rue et les impressionnants travaux de restauration et de reconstitution menés récemment.

Le **musée** retrace l'historique des villas et dévoile le 2e état de la villa en 3D. Au sol, une immense **mosaïque polychrome** restaurée, provenant d'une salle du dernier état de construction de la villa. Sont exposées des peintures murales (troisième style pompéien, 40-50 apr. J.-C.), ainsi que le produit des fouilles : céramiques, bronzes, monnaies, outillage, etc. – *5 allée de la Mairie - ✆ 05 57 42 84 80 - http://plassac.gironde.fr - mai-août : 10h-12h30, 14h-18h30 ; avr. et sept. : 10h-12h30, 14h-17h30, dim. 14h-17h30 ; reste de l'année : sur demande préalable - possibilité de visite guidée - 4 € (enf. 2 €).*

Reprendre la D 669 et après 2,5 km prendre à droite.

La route, entre falaises calcaires et fleuve, traverse une série de hameaux qui possèdent des habitations troglodytiques en offrant de jolies vues sur l'estuaire. Elle est particulièrement charmante à l'aube ou au soleil couchant.

Roque-de-Thau A1

Faites un premier arrêt à Roque-de-Thau, petit port où un **belvédère** permet d'admirer l'île Verte, l'île de fort Paté et les carrelets environnants.

Se succèdent alors les villages de pêcheurs, bordés de cabanes sur pilotis avec leurs carrelets flottant au vent.

★ Le Rigalet A1

Ce hameau possède un charme fou avec ses maisons du 18e s., anciennes habitations de marins. Chacune dispose, de l'autre côté de la route, d'un petit jardin donnant sur l'estuaire. En levant le nez, on aperçoit également les abris-sous-roche.

La route s'éloigne de la rive pour remonter à Bayon-sur-Gironde.

Bayon-sur-Gironde B2

Ne manquez pas l'église romane qui possède une abside à sept pans. Sur la corniche, en surplomb de l'estuaire, les châteaux de Tayac et d'Eyquem occupent des sites panoramiques et produisent de bons vins.

De retour au bord de l'eau, vous arrivez au **Pain-de-Sucre** (B2), ultime point de vue à contempler avant de rejoindre Bourg.

NOS ADRESSES À BLAYE

TRANSPORTS

Bac Blaye-Lamarque – *6 cours du Gén.-de-Gaulle - 33390 Blaye - ✆ 05 57 42 04 49 (répond. avec h des traversées) - www.cg33.fr - traversée : env. 30mn - voyageur 2,70 € (-4 ans gratuit), véhicule 14,10 €.*

Petit Train – *Dép. de la porte Dauphine - juil.-août - 7 € (-12 ans 4 €).* Un circuit *(1h15)* à travers la citadelle, le centre-ville, le port, Plassac, les vignobles et les villas.

HÉBERGEMENT

BUDGET MOYEN

Chambre d'hôte Villa Saint-Simon – *8 cours du Gén.-de-Gaulle - ✆ 05 57 42 99 66/06 62 76 22 72 - www.bordeauxwinevilla.com (en anglais) - 5 ch. 89/147 €, 1 appart. 195 €.* Des chambres très joliment décorées, dont certaines avec balcon. Accueil chaleureux.

POUR SE FAIRE PLAISIR

Chambre d'hôte Villa Prémayac – *13 r. Prémayac - ✆ 05 57 42 27 39 - www.villa-premayac.com - 5 ch. 108 €* ☕. Étape pleine de charme au pied de la citadelle, cette demeure du 18e s. dispose de chambres décorées de meubles anciens, couleurs agréables et tissus choisis. Le propriétaire, ancien professeur de golf, organise des séjours panachant découverte des *greens* et du vignoble bordelais.

À proximité

PREMIER PRIX

Hôtel L'Escale chez Olga – *15 rte des Saintes - D 137 - 33390 Cartelègue - 10 km au nord-est de Blaye par D 137 - ✆ 05 57 64 71 18 - www.chez-olga.com - fermé sam. et dim. soir - P - 11 ch. 60/70 € - ☕ 8 € - ✕ 14/34 €.* Cet hôtel dispose de chambres simples, confortables et très bien tenues. Après les deux salles à manger, c'est au tour de la terrasse, très prisée, d'être embellie… Une adresse qui séduit par sa cuisine préparée avec des produits de saison et de la région.

POUR SE FAIRE PLAISIR

Chambre d'hôte Château Pontet d'Eyrans – *25 Le Pontet nord-est - 33390 Eyrans - 9 km au nord-est de Blaye par D 937 - ✆ 05 57 64 71 07 - www.chateaupontet.fr - P - 🏊 - 5 ch. 120 € ☕ - espace détente : soins sur RV.* Les anciennes dépendances de ce château du 19e s. abritent les chambres d'hôte et trois gîtes ; tous sont confortables, plaisamment aménagés, et donnent sur la piscine. Agréable parc à l'arrière.

Chambre d'hôte La Sauvageonne – *2 Les Mauvillains - 33820 St-Palais - 20 km au nord de Blaye - à St-Ciers, rte de St-Palais et suivre dir. « Chez Gendron » - ✆ 05 57 32 92 15 - www.lasauvageonne.com - P - 💳 - 🏊 4 ch. 75/150 €, 1 gîte et 1 chalet 80 € - wifi.* Cette propriété bordée de bois et de vignes a plus d'un charme : à l'intérieur, élégantes chambres aux beaux volumes ; En haute saison, sauna et Jacuzzi. Dégustations œnologiques au sein du château Pontet d'Eyrans.

RESTAURATION

À Blaye

BUDGET MOYEN

Le Gavroche – *14 r. Neuve (ville basse) - ✆ 05 57 58 21 03 - fermé dim. soir et lun. soir - 15/25 €.* Une très bonne cuisine régionale (bavarois d'asperges et frites maison), dans un cadre charmant. Pensez à réserver.

Le P'tit Canon – *3 pl. d'Armes - citadelle Vauban - ✆ 05 57 64 23 86 - lun.-sam. 12h-14h, 19h-21h, dim. 12h-14h - fermé janv. - 15/25 €.* Ce restaurant/bar à vins propose une cuisine délicieuse. Terrasse avec vue incroyable sur l'estuaire, surtout au crépuscule. Concerts l'été. Réservation recommandée.

POUR SE FAIRE PLAISIR

La Citadelle – *5 pl. d'Armes - ✆ 05 57 42 17 10 - www.hotellacitadelle.com - fermé w.-end de fin oct. à déb. avr. - P - 🏊 - brasserie : formule déj. 18 € - 25/35 € ; rest. : formule déj. 40 € - 35/50 € - 21 ch. 115/125 € - ☕ 15 €.* Sa situation exceptionnelle au cœur de la citadelle de Blaye est l'atout majeur de cette adresse qui se décline en deux formules : « bristronomique » et gastronomique. Vue superbe sur l'estuaire de la Gironde. Cuisine traditionnelle.

À proximité

POUR SE FAIRE PLAISIR

La Filadière – *11 corniche de la Gironde, à Furt - 33710 Gauriac - 8 km au sud-est de Blaye par D 669 - ✆ 05 57 64 94 05 - www.lafiladiere.com - ouv. w.-end midi - P - ♿ - 29/32 €. 2 ch 65/85 €.* Une adresse du week-end. En été, les becs fins profitent de la vue panoramique. Le reste de l'année, ils sont accueillis dans la lumineuse salle à manger habillée de couleurs vives et garnie d'un ravissant mobilier en rotin. Appétissantes recettes régionales.

ACHATS

Marché – *Merc. et sam. mat. dans la citadelle.*
Maison du vin de Blaye – *12 cours Vauban - ✆ 05 57 42 91 19 - www.vin-blaye.com - 8h30-12h30, 14h-18h30 - fermé dim. et j. fériés.* Derrière la jolie façade lie-de-vin, 300 références sont stockées, issues de 300 domaines différents. Essayez absolument les blaye-côtes-de-bordeaux blanc et rouge ainsi que le blaye en rouge. Dégustation gratuite. Initiation à la dégustation *(juil.-août : mar. et jeu. 11h-12h 8 €)*, atelier cuisine et croisières sur l'estuaire + dégustation.
Les Vignerons de Tutiac – *La Cafourche - 33860 Marcillac- ✆ 05 57 32 48 33 - www.tutiac.com.* « De la vigne au verre » est un parcours œnotouristique en six étapes pour apprendre les secrets de la vinification, visiter un chai à barriques, découvrir le vignoble expérimental et les meilleures cuvées de la région. *Durée 1h30, merc. à 15h30 et jeu. à 10h30 de mai à oct., 5 € (gratuit -18 ans).*
Cave de l'Estuaire – *7 r. Neuve - ✆ 05 57 33 04 18 - http://cavedelestuaire.com - mar.-sam. 10h-12h30, 15h-19h30.* De bons conseils sur les vins d'ici et d'ailleurs ainsi qu'une épicerie fine et une sélection de champagnes.
Château Les Chaumes - *33390 Fours - ✆ 05 57 42 18 44 - www.chateauleschaumes.com.* Plusieurs ateliers : visite des chais et de la tonnellerie avec dégustation, initiation à la dégustation et l'influence des tanins.

ACTIVITÉS

Une piste cyclable relie Blaye à Étauliers *(13 km au nord de Blaye).*
L'Estuaire au fil de l'eau – *✆ 05 57 42 12 09 - www.tourisme-blaye.com - avr.-oct. - réserv. auprès de l'office de tourisme - tarif selon la croisière.* Croisières sur la Gironde pour découvrir l'estuaire et son archipel, avec ou sans escales sur les îles.

AGENDA

Printemps des vins de Blaye – *Avr. - www.printemps.vin-blaye.com.*
Marathon des vins – *2e w.-end de mai - www.marathondesvinsdeblaye.com.*
Jumping international – *W.-end du 14 Juil. - www.jumpingdeblaye.fr.*
Les Chantiers – *Fin août - www.chantiersdeblaye-estuaire.com.* Festival de théâtre.

Bourg

2 198 Bourquais – Gironde (33)

Haut perchée, les pieds dans l'eau, une jolie petite ville, blonde et paisible, où il fait bon flâner dans les ruelles pentues, salué par les chats qui prennent le frais devant les portes. Ajoutez l'animation du marché sous la halle le dimanche matin, la foire médiévale le premier dimanche de septembre, un verre d'excellent côtes-de-bourg… Vous verrez, les réjouissances ne manquent pas !

NOS ADRESSES PAGE 208
Hébergement, restauration, achats, activités, etc.

S'INFORMER

Office du tourisme de Bourg en Gironde – *Pl. de la Libération - 33710 Bourg - ✆ 05 57 68 31 76 - www.bourg-en-gironde.fr - juin-sept. : 9h30-12h30, 14h30-18h30 ; mars-mai et oct. : tlj sf lun. 9h30-12h30, 14h30-18h30 ; reste de l'année : tlj sf lun. 14h30-18h30, sam. 9h30-12h30, 14h30-18h30, dim. 9h30-12h30 - fermé 1er janv., 1er Mai, 25 déc.*

Visites – *Visites audioguidées du village de Bourg « Sur les pas de Louis XIV » : juin-sept. tlj ; reste de l'année tlj sf lun., 1er janv., 1er Mai et 25 déc.*

SE REPÉRER

Carte de microrégion B2 (p. 102-103) – À 15 km au sud-est de Blaye par la D 669 et à 28 km au nord-ouest de Libourne par la D 670 puis la D 669.

L'ancienne *Burgo* (*borc*, ville fortifiée en occitan), longtemps appelée Bourg-sur-Gironde, n'est plus en réalité sur la Gironde mais sur la Dordogne… Voilà un beau pied de nez du **bec d'Ambès** qui, nourri par les alluvions de la Dordogne et de la Garonne, s'est simplement allongé.

À NE PAS MANQUER

Le château de la Citadelle.

ORGANISER SON TEMPS

Comptez 3h pour la visite de la ville et des musées.

AVEC LES ENFANTS

Le musée « Au temps des calèches » ; la grotte de Pair-non-Pair.

1

Se promener

Un itinéraire piétonnier en 19 étapes (1h30), « Sur les pas de Louis XIV », permet de visiter librement la ville, muni d'une carte, d'un livret et d'un audioguide. Deux autres parcours audioguidés en voiture (3h), « Terroir d'histoire » et « Terre d'Estuaire », sillonnent la région. *Rens. et loc. à l'office de tourisme - 3 €/audioguide.*

Terrasse du District

Ombragée de vieux ormeaux et de tilleuls, cette terrasse au nom révolutionnaire dispense l'été une douce fraîcheur. Le regard se repose d'abord sur les toits de tuiles de la ville basse, couleur terre de Sienne brûlée, puis sur la Dordogne et la Garonne qui se rejoignent au bec d'Ambès pour former la Gironde (table d'orientation).

Ville basse

De l'office de tourisme, prenez la rampe Cahoreau qui passe sous la **porte de la Mer**, creusée dans le rocher. Des escaliers mènent à un **lavoir** (1828), abreuvé par une fontaine nichée au pied de la falaise calcaire. Au **port**, les

yoles des pêcheurs attendent tranquillement le passage des aloses, lamproies, anguilles… ou vont traquer la chevrette (crevette grise de l'estuaire).
L'escalier du Roy monte jusqu'à la place du District. Prendre la rue à gauche de la place.

Château de la Citadelle

05 57 68 31 76 - jardin 10h-19h (sf j. de réception) - possibilité de visite guidée (45mn) - gratuit.
Cette résidence du 18e s., édifiée à l'emplacement de la citadelle démantelée en 1664, fut incendiée par les Allemands en 1944. Rachetée par la municipalité qui a veillé à sa restauration, elle est réservée aux réceptions ; cependant, elle ouvre aux passants son jardin à la française planté de magnolias. De la terrasse, vues étendues sur la Dordogne, la Garonne et, en aval, sur la Gironde.
Dans son enceinte se trouve le **musée hippomobile « Au temps des calèches »** qui compte 40 véhicules du 19e s. ainsi que de nombreux objets et accessoires. Il donne accès à un souterrain cavalier du 16e s., qui conduit aux cuves à pétrole datant de la Seconde Guerre mondiale. Enfin, vous verrez les salles souterraines de la Citadelle qui surplombent l'estuaire de la Gironde.
Parc de la Citadelle - 05 57 68 23 57 - ♿ - visite guidée (1h30) juin-sept. : 10h, 11h30, 14h, 15h30 et 17h ; mars-mai et oct. : w.-end et j. fériés 10h, 11h30, 14h, 15h30 et 17h - fermé le reste de l'année et 1er Mai - 5 € (-14 ans 1,50 €).

Circuit conseillé Carte de microrégion p. 102-103

AU SUD DE BOURG

Circuit de 35 km au départ de Bourg, tracé en orange sur la carte p. 102-103. Compter environ 2h. Quitter Bourg par la D 23, au nord. À Donis, tourner à droite dans la D 133.

Église de Tauriac B2

Cette église romane possède un portail de style saintongeais.
Poursuivre jusqu'à la D 137, puis prendre à droite en direction de St-André-de-Cubzac.

Église de Magrigne B2

Une nef unique et un chevet plat caractérisent cette église romane construite par les templiers, qui renferme des peintures médiévales.

Château du Bouilh B2

05 57 43 06 59 - fermé temporairement.
Ceint par son vignoble, ce château fut construit selon les plans de Victor Louis (architecte du Grand Théâtre de Bordeaux), à la demande du marquis de La Tour du Pin, qui souhaitait recevoir Louis XVI. Resté inachevé, il surprend par ses communs en forme d'hémicycle. À l'intérieur du corps de logis, bel escalier monumental et pièces d'apparat meublées.

St-André-de-Cubzac B2

9 allée du Champ-de-Foire - 33240 St-André-de-Cubzac - 05 57 43 64 80 - www.cubzaguais-tourisme.com - 9h-12h, 14h-18h, sam. 9h-12h, lun. 14h-18h - fermé dim. et j. fériés.
Un dauphin, dansant au centre d'un rond-point, porte dans sa gueule un petit bonnet rouge qui rappelle le **commandant Cousteau**, né ici. Mais l'intérêt de ce village va au-delà : une église romane, un ancien cloître des cordeliers

JACQUES-YVES COUSTEAU

Le célèbre commandant au bonnet rouge est né en 1910 à St-André-de-Cubzac. Entré à l'École navale à 20 ans, il devient officier canonnier puis suit une formation de pilote. Mais il doit renoncer à sa carrière d'aviateur suite à un grave accident de voiture en 1935. Pendant sa rééducation, il découvre l'extraordinaire richesse des fonds sous-marins. Aidé par des amis et des ingénieurs, il invente un scaphandre autonome permettant de fournir de l'air « sur demande », ainsi que la première caméra de télévision sous-marine. En 1950, il transforme la **Calypso** en navire de recherches océanographiques ; en 1959, il construit la première soucoupe plongeante. Mais c'est surtout par ses films que le commandant Cousteau devient célèbre. Il remporte la Palme d'or à Cannes en 1956 pour *Le Monde du silence*, qui fait découvrir au monde entier des espèces jamais vues. Sa grande œuvre restera sans doute sa contribution à l'éveil d'une conscience environnementale planétaire. Décédé en 1997, il est enterré au cimetière de St-André-de-Cubzac.

(devenu bibliothèque municipale) et un petit castel du 15e s. au milieu d'un parc agrémentent la visite.

Au nord, sur le **coteau de Montalon**, point culminant de la région et lieu de passage du 45e parallèle (stèle), le panorama s'étend du tertre de Fronsac aux côtes de Blaye *(table d'orientation)*. S'y dressent également d'anciens moulins à vent du 18e s.

1

Cubzac-les-Ponts B2

Trois ouvrages d'art jouent à qui lancera le plus loin son tablier par-dessus la Dordogne. Le **pont routier**, formant viaduc, a été construit de 1874 à 1883 (par Eiffel), le pont autoroutier en 1974 et le pont de chemin de fer, en aval, en 1889. Vue d'ensemble des trois ponts depuis le port de Cubzac en parcourant la D 10, route d'Ambès.

Revenir à St-André-de-Cubzac et prendre à gauche la D 669, en direction de Bourg.

Les amateurs d'églises romanes pourront faire un crochet par **St-Gervais**.

Grotte de Pair-non-Pair B2

05 57 68 33 40 - http://pair-non-pair.monuments-nationaux.fr - visite guidée sur demande préalable (1h) juin-sept. : 10h, 11h15, 14h30, 15h30, 16h30 et 17h30 ; reste de l'année : 10h, 11h15, 14h30 et 16h - fermé lun., 1er janv., 1er Mai, 25 déc. - 7,50 € (-18 ans gratuit).

Le nom de Pair-non-Pair viendrait de celui d'un ancien village, perdu au jeu par un noble. Ces cavernes préhistoriques, creusées dans les pentes calcaires d'un vallon du Moron, ne prétendent pas rivaliser avec celles de Lascaux (sur lesquelles elles ont cependant le privilège de l'âge), mais elles se défendent bien. Gravures aurignaciennes (âge de la pierre taillée) représentant des mammouths et bouquetins, un bison et un fin cheval à tête retournée.

La D 669 vous ramène à Bourg.

NOS ADRESSES À BOURG

HÉBERGEMENT

PREMIER PRIX

Chambre d'hôte Annick et Jean Poissonneau – *5 allée François-Daleau - 05 57 68 39 73 - - 3 ch. 60 €* . Joli castel du 19e s. blotti dans un jardin arboré, au centre du village. Au 5e étage, une mini-terrasse offre une vue imprenable. Accueil très sympathique.

Chambre d'hôte Le Petit Brésil – *26 Le Pain-de-Sucre - 2 km au NO de Bourg par la rte de la Corniche fleurie sur CD 669 - 05 57 68 23 42 - http://guerin.gite.free.fr - - P - 5 ch. 40/50 €* . Une adresse agréable située face à l'estuaire de la Gironde. Les chambres côté ouest bénéficient d'une vue dégagée et du soleil. Au petit-déjeuner, confitures maison, charcuterie et fromage. Visite possible des caves de la région.

POUR SE FAIRE PLAISIR

Maison d'hôte Clos Marcamps – *2 chem. des Carrières - 33710 Prignac-et-Marcamps - 05 57 58 57 09- http://closmarcamps.fr - 4 ch. à partir de 110 €* . *déj. 24 €, dîner 35 €.* Située dans une chartreuse du 19e s., cette maison d'hôte a été rénovée avec luxe et authenticité, au cœur d'un parc arboré. Cheminée en hiver et piscine aux beaux jours. Soins, massage thaï et californien, et ateliers pour les enfants.

RESTAURATION

PREMIER PRIX

L'Esprit des Lieux – *13 pl. de la Halle - 05 57 43 99 86 - tlj sf lun.-mar. 10h30-18h30 ; dim. 9h-13h, 16h-18h30 - 9/15 €.* Décor cosy, mobilier en fer forgé, le cadre de cette boutique-salon de thé est idéal pour une étape gourmande.

Le Plaisance – *Cours du Port - 05 57 68 45 34 - www.restaurant-le-plaisance.com - 11h-15h, 19h-23h.* Vous choisirez une bouteille (que vous serez allé chercher vous-même à la cave) parmi 32 références, qui accompagnera tapas ou camembert rôti aux pommes, grâce à une carte magnétique précréditée remise à votre arrivée. Vue panoramique sur la Dordogne.

ACHATS

Maison du vin des Côtes de Bourg – *1 pl. de l'Éperon - 33710 Bourg - 05 57 68 22 28 - www.cotes-de-bourg.com - de mi-juin à mi-sept. : 10h-13h, 14h-19h ; reste de l'année : 9h30-12h30, 14h-18h.* Sur la terrasse, un jardin des senteurs aide à déterminer les arômes du vin. Dans la belle salle voûtée, plus de 150 références.

ACTIVITÉS

Vin et vélo en côtes-de-bourg – *05 57 68 31 76 - www.bourg-en-gironde.fr - avr.-oct. : 10 €/1/2 j, 15 €/j ; nov.-mars : 8 €/1/2 j, 10 €/j.* Location de vélo électrique.

Forfait « Escapade en côtes-de-bourg - Vélovino ». Buvez, éliminez, grâce à cette balade à vélo électrique qui allie visite commentée de Bourg et de ses environs et dégustation dans un domaine viticole.

AGENDA

Journées portes ouvertes en côtes-de-bourg – *2e w.-end de mai - www.cotes-de-bourg.com/rendez-vous.*

Foire Troque Sel – *1er w.-end de sept.* Elle commémore le privilège, accordé à la ville par le roi d'Angleterre, de troquer du sel sans payer la gabelle.

Le Haut-Médoc

★

Gironde (33)

La presqu'île du Médoc se dresse entre Gironde et Atlantique. Favorisé par des conditions naturelles exceptionnelles et par une tradition viticole remontant au règne de Louis XIV, le Haut-Médoc est le pays des châteaux et des grands crus. L'appellation s'étend sur 4 200 ha, à l'intérieur desquels sont enclavés les six crus villageois : margaux, moulis, listrac, saint-julien, pauillac et saint-estèphe.

NOS ADRESSES PAGE 218
Hébergement, restauration, achats, activités, etc.

S'INFORMER

Maison du tourisme et du vin de Pauillac – *La Verrerie - 33250 Pauillac - ✆ 05 56 59 03 08 - www.pauillac-medoc.com - ♿ - juil.-août : 9h30-19h, dim. et j. fériés 10h-13h, 14h-18h ; mai-juin et sept. : 9h30-12h30, 14h-18h30, dim. et j. fériés 10h30-12h30, 15h-18h ; reste de l'année : 9h30-12h30, 14h-18h, dim. et j. fériés 10h30-12h30, 15h-18h - fermé 1er janv., 25 déc.* - visite des grands crus sur réserv. Dégustations et rencontres avec les viticulteurs à la Maison des vins (juil.-août). À destination des enfants, ateliers Les P'tits vignerons de La Rose Pauillac juil.-août : mar. 10h30 (5 €, 10 € enf.). Les « pistes de Robin », balades, jeux et découvertes entre nature et patrimoine (www.surlespistesderobin.com ou auprès de l'office de tourisme).

SE REPÉRER

Carte de microrégion A1-2 (p. 102-103) – Cette région viticole s'étire au nord-ouest de Bordeaux, le long de la Gironde.

À NE PAS MANQUER

Une visite de chais dans un château, le musée des Arts et Métiers de la vigne et du vin au château Maucaillou, l'architecture orientalisante du Cos-d'Estournel, l'abbatiale de Vertheuil, une dégustation à la Winery.

ORGANISER SON TEMPS

La région est particulièrement agréable à la saison des vendanges ; cependant, certains châteaux sont fermés à cette période. Pour la visite des chais, il est recommandé de réserver plusieurs semaines à l'avance ! Vérifiez auparavant les horaires de visite pour établir votre itinéraire auprès des offices de tourisme.

AVEC LES ENFANTS

Fort-Médoc ; le parcours des « pistes de Robin » ; les Noisettines du Médoc à Blaignan-Médoc.

1

Circuit conseillé Carte de microrégion p. 102-103

LE HAUT-MÉDOC

Circuit d'environ 150 km au départ de Bordeaux, tracé en vert clair sur les cartes p. 102-103 et p. 210. Compter une journée. Quitter Bordeaux au nord-ouest par la D 1215 et à Eysines prendre la D 2 à droite.

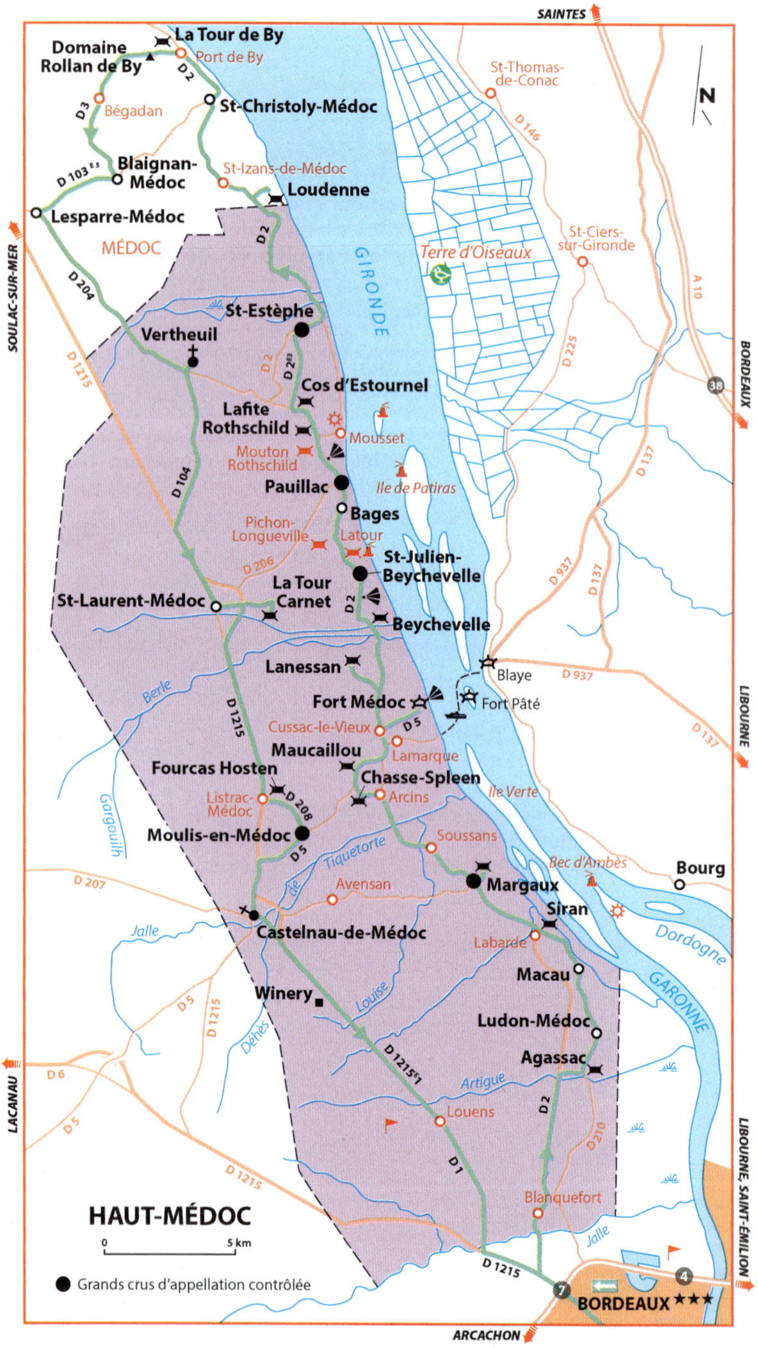
SAINTES
La Tour de By
Domaine Rollan de By
Port de By
D 2
D 3
Bégadan
St-Christoly-Médoc
St-Thomas-de-Conac
D 146
N
Blaignan-Médoc
D 103 E5
St-Izans-de-Médoc
Loudenne
Lesparre-Médoc
MÉDOC
SOULAC-SUR-MER
St-Ciers-sur-Gironde
Terre d'Oiseaux
GIRONDE
A 10
D 204
St-Estèphe
Vertheuil
D 225
BORDEAUX
D 1215
Cos d'Estournel
Lafite Rothschild
Mousset
Mouton Rothschild
D 104
Pauillac
Ile de Patiras
D 137
Bages
Pichon-Longueville
Latour
St-Julien-Beychevelle
D 206
D 937
La Tour Carnet
St-Laurent-Médoc
Beychevelle
Lanessan
Blaye
D 937
Fort Médoc
Fort Pâté
LIBOURNE
Berle
D 1215
Cussac-le-Vieux
D 5
Lamarque
Maucaillou
D 137
Fourcas Hosten
Chasse-Spleen
Listrac-Médoc
D 208
Arcins
Ile Verte
Gargouilh
Moulis-en-Médoc
Soussans
Tiquetorte
Bec d'Ambès
Bourg
D 207
Avensan
Margaux
Siran
Jalle
Castelnau-de-Médoc
Labarde
Dordogne
Macau
GARONNE
Winery
Louise
D 5
D 1215
Ludon-Médoc
Déhès
D 1215 E1
Agassac
LACANAU
D 6
Artigue
D 2
Louens
D 5
D 210
D 1
D 1215
LIBOURNE, SAINT-ÉMILION
Blanquefort
HAUT-MÉDOC
0
5 km
Jalle
D 1215
Grands crus d'appellation contrôlée
BORDEAUX ★★★
ARCACHON

Renseignez-vous auprès des offices de tourisme pour les visites et dégustations des châteaux. Attention, certains grands crus ne se visitent que sur demande écrite plusieurs mois à l'avance!

Ludon-Médoc A2

Château d'Agassac – *15 r. du Château-d'Agassac - ✆ 05 57 88 15 47 - www.agassac.com - avr.-août: 10h-18h; sept.: tlj sf dim. 10h-18h; reste de l'année: se rens. - fermé 1er janv., 1er et 11 Nov., 25-26 déc. - possibilité de visite guidée (45mn) - 7 € (-12 ans gratuit).* Ce château a choisi la carte de l'innovation en proposant une visite « vin-teractive » sur Ipod audio et vidéo. Une façon originale de découvrir ce domaine du 13e s. situé aux portes de Bordeaux. Avec ses allures de contes de fée, niché au cœur d'un parc arboré de 20 ha, Agassac vous séduira par ses tourelles aux toits coniques, ses douves en eau et son pigeonnier soigneusement restauré. À défaut de princesse, vous apprécierez la dégustation de ses vins…

Tonnellerie Nadalié – *99 r. Lafont - 33290 Ludon-Médoc - ✆ 05 57 10 02 02 - www.nadalie.fr - ♿ - visite guidée sur demande préalable (1h30) mat. - fermé w.-end et j. fériés - 9 € (-16 ans 7,50 €).* Depuis 1902 et cinq générations, la famille Nadalié exerce le métier de tonnelier. C'est pour partager cet art qu'elle propose la visite des ateliers de fabrication des barriques et des foudres, destinés au vin.

Poursuivre sur la D 2.

1

Macau A2

Joli petit village aux maisons en pierre blonde. L'église romane est du 12e s. Le **port de Macau**, sur l'estuaire de la Gironde, a des airs de guinguette. Les Bordelais s'y retrouvent, aux beaux jours, pour une dégustation de crevettes.

Château Siran, à Labarde A2

13 av. du Comte-J.-B.-de-Lynch - ✆ 05 57 88 34 04 - www.chateausiran.com - mai-sept.: tlj; oct.: tlj sf dim.-lun.; reste de l'année: tlj sf w.-end - fermé 1er janv., lun. de Pâques, 1er et 11 Nov., 25 déc. - 8 € - possibilité de visite guidée mai-sept.: 15h.

Classée grand cru de l'édition 2015 des Best of Wine Tourism dans la catégorie « Architecture et paysages », cette **chartreuse** (17e s.-Directoire), entourée d'un bois qui à l'automne se tapisse de cyclamens, a appartenu aux comtes de Toulouse-Lautrec, ancêtres du peintre. Les 40 ha de vignoble sont divisés en 3 parcelles.

Poursuivre sur la D 2.

Château Margaux A2

✆ 05 57 88 83 83 - www.chateau-margaux.com - visite guidée sur demande préalable (1h) 10h-12h, 14h-16h - fermé w.-end, ponts et j. fériés, août et pdt les vendanges. Dans Margaux, prendre la direction Bordeaux; à la sortie du village, tourner à gauche et continuer jusqu'au cimetière: c'est juste derrière.

Premier grand cru classé, le vignoble de château Margaux fait partie de l'aristocratie des vins de Bordeaux. Il couvre 85 ha. Remarquez quelques rangées de très vieux ceps, noueux et tordus. On visite les chais, les installations de vinification et une collection de vieilles bouteilles. Le **château** est de proportions harmonieuses. Bâti en 1802 par l'architecte Combes, élève de Victor Louis, il comporte un soubassement, deux étages et un attique. Un jardin à l'anglaise contraste, par sa fantaisie, avec la sévérité des bâtiments.

Château Maucaillou A1

Moulis-en-Médoc - quartier de la Gare - ✆ 05 56 58 01 23 - www.maucaillou.com - juil.-août : 10h-19h ; reste de l'année : 10h-12h30, 14h-18h - fermé 1er janv., 25 déc. - possibilité de visite guidée (1h) - 8 € (-12 ans gratuit) - avec dégustation.

Le domaine propose la visite de son chai et de son **musée des Arts et Métiers de la vigne et du vin** exposant les méthodes anciennes et modernes de viticulture. Également chambres et table d'hôte.

Reprendre la D 2. À Cussac-le-Vieux, prendre à droite sur la D 5.

Fort Médoc A1

Rte de Fort-Médoc - ✆ 05 56 58 98 40 - www.cussac-fort-medoc.fr - mai-sept. : 10h-19h ; avr. : 10h-18h ; oct.-nov. : 11h-17h ; reste de l'année : 13h-17h - fermé déc.-janv. - possibilité de visite guidée sur demande (1h15) - 3 € (-12 ans 1 €).

Demander le livret Fort Médoc 1691.

C'est l'une des pièces du « verrou Vauban », avec le fort Paté et la citadelle de Blaye. Conçu en 1686 par **Vauban** pour interdire les approches de Bordeaux à la flotte anglaise, l'ouvrage croisait ses feux avec ceux du fort Pâté et de la citadelle de Blaye *(voir p. 198)*. Par une porte sculptée, la porte Royale au fronton orné d'un soleil symbolisant le roi Louis XIV, on pénètre dans la cour où les principaux éléments du fort sont indiqués. Les bâtiments en ruine font l'objet de chantiers de restauration. Ainsi, après la chapelle et le casernement nord, les tailleurs de pierre ont œuvré à la boulangerie. La visite se clôt par le petit musée d'histoire locale.

À partir de la D 2, un chemin pris à gauche donne accès au château Lanessan.

Château Lanessan A1

Cussac-Fort-Médoc - ✆ 05 56 58 94 80 - www.lanessan.com - visite guidée sur demande préalable (1h) 9h-12h, 14h-18h - fermé de fin déc. à déb. janv. - 8-15 € selon prestation.

Campé au faîte d'un domaine de 400 ha, il domine vignes, bois et prairies. Construit en 1878 par Abel Duphot, ce château apparaît comme un mélange de Renaissance espagnole et de style hollandais, notamment avec ses pignons à crémaillères et ses hautes cheminées monumentales. Tour en calèche de la propriété et des vignobles, et la visite des chais qui datent de 1887 (cuves en ciment) s'achève par une dégustation du domaine Bouteiller.

Dans les communs, le **musée du Cheval** présente une intéressante collection de voitures hippomobiles de 1900, dont une diligence de quinze places. La sellerie expose mors, harnais, étriers et selles. Remarquez les mangeoires en marbre dans l'écurie.

Rejoindre la D 2 et la poursuivre sur 1 km.

Château Beychevelle A1

✆ 05 56 73 38 01 - www.beychevelle.com - fermeture pour travaux, réouv. prévue juil. 2016.

La blanche et charmante chartreuse, reconstruite en 1757 et agrandie à la fin du 19e s., a retrouvé sa splendeur originelle à la suite d'une restauration. Elle présente un fronton sculpté de guirlandes et de palmes.

Au-delà de Beychevelle, vues agréables sur l'estuaire de la Gironde.

Poursuivre la D 2 sur 3 km.

St-Julien-Beychevelle A1

Cette commune regroupe de nombreux vignobles estimés, tels les châteaux Lagrange, Léoville, Beaucaillou, Talbot (du nom du célèbre maréchal anglais) et le Gruaud Larose dont le propriétaire annonçait, dit-on, la qualité en hissant sur la tour un pavillon différent.

Poursuivre la D 2 sur 3,5 km.

Le marathon du Médoc.
J.-B. Nadeau/Cephas/Photononstop

LES VIGNOBLES DU MÉDOC

Le terroir est principalement constitué de croupes graveleuses (sables, graviers et galets) dont la pente est tournée vers la Gironde. Si les graviers déposés par la Gironde ne constituent pas en eux-mêmes un sol très fertile, ils ont la propriété d'emmagasiner la chaleur diurne et de la restituer au cours de la nuit, évitant ainsi la plupart des gelées printanières : les vignes médocaines sont donc taillées très bas pour profiter au maximum de cet avantage. D'autre part, les vallons encaissés que parcourent les *jalles*, perpendiculaires à la Gironde, facilitent l'écoulement des eaux et permettent de varier les expositions. Le climat bénéficie, d'un côté, de la Gironde dont la masse d'eau joue un rôle adoucissant et, de l'autre, de l'écran protecteur que forme la pinède landaise face aux vents marins.

La **production** : la région du Médoc fournit environ 8 % des vins d'appellation du Bordelais. Ils donnent des vins rouges bouquetés, élégants, tanniques et de bonne garde. En 1855, les vins du Médoc ont fait l'objet d'un classement – du premier au cinquième cru – à la demande de Napoléon III, et réalisé par des négociants sur la base de leur tarif et non sur la qualité… Le classement des crus bourgeois, quant à lui, a été instauré en 1932 *(voir « Classements », p. 62)*.

AOC médoc et haut-médoc (appellations régionales), **moulis, listrac, st-estèphe, pauillac, st-julien, margaux** (appellations communales) : cépages cabernet-sauvignon, merlot, cabernet franc, petit verdot et malbec.

Vous trouverez à l'adresse suivante une présentation des vignobles, des animations et dégustations et la liste des châteaux ouverts à la visite : **Maison du tourisme et du vin**, à Pauillac – *Voir « S'informer », p. 209 et « Achats », p. 220.*

Bages A1

www.villagedebages.com.

Jean-Michel Cazes, dont le père André Cazes était l'ancien maire de Pauillac, a voulu recréer le village de son enfance. Rachetant maison après maison, il a installé des commerces *(voir « Nos adresses », p. 220-221)* autour de la place de ce charmant village. En vous promenant dans les rues, remarquez les peintures murales, le trompe-l'œil et les publicités anciennes.

Château Lynch-Bages – *05 56 73 24 00 - www.lynchbages.com - visite guidée 9h30-18h30, dép. ttes les h - 9 € - avec dégustation, 35 € (dégustation 4 vins rouges et 1 vin blanc).*

Viniv – *19 r. des Vignerons - 05 56 73 24 25 - www.vinivwine.com.* Un atelier innovant où l'on produit son vin, en passant par les différentes étapes. La production d'une barrique dure entre 18 et 24 mois (environ 300 bouteilles).

Pauillac se trouve à 1 km.

Pauillac A1

À mi-chemin entre Bordeaux et la pointe de Grave, Pauillac est dotée d'un port de plaisance. Cette cité est surtout connue comme un centre vinicole important qui s'honore de crus illustres comme les châteaux lafite-rothschild, latour et mouton-rothschild ainsi que d'une coopérative, La Rose Pauillac, la plus ancienne du Médoc *(voir la rubrique « Achats », p. 221).*

Belles balades en famille autour du village *(voir « Activités », p. 221).*

Poursuivre sur la D 2.

Château Lafite Rothschild A1

Le Pouyalet - 05 56 73 18 18 - www.lafite.com - visite guidée sur demande préalable (1h) 14h-15h, 15h30-16h30 - fermé w.-end et j. fériés août-oct. - gratuit - avec dégustation.

C'est le plus célèbre des premiers grands crus classés du Médoc, dont les caves abritent une collection de bouteilles vénérables parmi lesquelles certaines portent le millésime de l'année de la Comète, 1811. Le château lui-même, dont le nom, correspondant au gascon « La Hite », provient du latin *petra ficta* (« pierre fichée »), est établi sur une terrasse plantée de beaux cèdres et limitée par une balustrade Louis XIV ; il appartient depuis le Second Empire (1868) aux Rothschild.

Poursuivre sur la D 2.

Château Cos d'Estournel A1

05 56 73 15 50 - www.estournel.com - visite guidée sur demande préalable (1h) 9h-11h, 14h-16h - fermé w.-end et j. fériés - 15 € - visites sur RV écrit (rens. sur le site).

Au-delà du château Lafite Rothschild, à droite de la D 2, apparaît la silhouette orientale de **pagodes indiennes** édifiées au 19e s. Le fondateur du château Cos d'Estournel, qui exporta son vin jusqu'aux Indes, fit construire cet édifice exotique en souvenir de ses lointaines expéditions.

Prendre la D 2E3.

St-Estèphe A1

Le bourg, que domine une singulière **église** d'origine romane et à l'intérieur baroque, est situé sur un mamelon au centre d'une mer de vignes. Du port, vue sur la Gironde, le marais et les côtes de Blaye.

Continuer sur la D 2 en direction de St-Izans-de-Médoc. 2 km avant d'y arriver, un panneau indique le château de Loudenne à droite.

Château Loudenne A1

✆ 05 56 73 17 88 - www.chateau-loudenne.com - visite guidée (1h30) avr.-oct. : 11h, 14h30, 16h et 17h30 ; reste de l'année : sur demande préalable - visite libre parc et jardin tte l'année - fermé 1er janv., 1er et 11 Nov. - tarif, se rens.

Cette ravissante chartreuse du 17e s. de couleur rose a appartenu à deux Britanniques pendant 125 ans, jusqu'à son rachat en 2000. La terrasse ouvre sur des jardins à l'anglaise (comprenant une roseraie-conservatoire) qui descendent doucement vers l'estuaire, où se trouve le petit port privé de la propriété. Les chais victoriens abritent un **musée** retraçant le travail du vin (outils et objets anciens) et de la vigne (intéressante fresque « des quatre saisons »). Possibilité de déguster les vins du château Loudenne (cru bourgeois du Médoc) mais aussi ceux des autres propriétés de la famille Lafragette (château de l'Hospital, au cœur des Graves, et château de Rouillac, dans l'appellation pessac-léognan).

Revenir sur la D 2, à droite, vers St-Izans puis St-Christoly-Médoc.

St-Christoly-Médoc A1

Un agréable village viticole en bordure d'Estuaire.

Château St-Christoly – *1 bis imp. de la Mairie - ✆ 05 56 41 82 01 - www.chateausaintchristoly.com - visite sur demande préalable (1h30) - gratuit.*

Depuis sept générations, c'est maintenant au tour des deux sœurs, Cathy et Sandrine Heraud de prendre le relais sur l'exploitation. L'une à la vigne et l'autre à la vente, elles produisent un vin de femmes et dynamisent la propriété. Ainsi, les millésimes se parent de médailles... À déguster donc, avec modération !

Longer l'estuaire sur la D 2 jusqu'au port de By, puis tourner à gauche sur la D 3 jusqu'au château de Greyssac.

De chaque côté de la route s'étalent les vignobles du domaine Rollan de By.

Domaine Rollan de By A1

18 rte de By - 33340 Bégadan - ✆ 05 56 41 58 59 - www.rollandeby.com - visite guidée sur demande préalable (45mn) tlj sf w.-end 9h-12h, 14h-17h - fermé j. fériés, Vend. saint, 26 déc. - gratuit - avec dégustation.

Le domaine compte aujourd'hui sept châteaux sur environ 200 ha, dont le Haut Condissas, la Tour Seran, Rollan de By et La Clare. Si vous avez l'occasion de rencontrer le propriétaire, M. Guyon, il vous fera partager sa passion de la vigne et du vin. Amateur d'art, il accueille plusieurs œuvres dans ses domaines : *Bonbon Drapeau France-Europe* (L. Jenkell, 2010) et *Perpette* (Kenneth-Scott Ward et Alban Curnillon, 2010), une vache plutôt, particulière…

Château La Tour de By – *5 rte de la Tour-de-By - 33340 Bégadan - ✆ 05 56 41 50 03 - http://boutique.la-tour-de-by.com - avr.-oct. : 10h-19h ; nov.-mars : 9h-18h.*

Lauréat Grand Cru 2015 dans la catégorie « Découverte et Innovation », le domaine situé sur 2 croupes de graves cultive la vigne depuis 1599. Visite du cuvier et du chai à barrique et découverte des procédés de fabrication à travers une collection d'anciens outils de vigneron. Possibilité de circuit jusqu'à la tour de 1825 à travers les vignes et un sentier balisé de panneaux explicatifs.

Reprendre la D 3 vers Bégadan, puis tourner à gauche après Civrac-en-Médoc sur la route de Blaignan.

Blaignan-Médoc A1

Noisettines du Médoc – *1 rte de la Landette - ✆ 05 56 09 03 09 - www.noisettines.fr - avr.-oct. : 9h-12h30, 14h-18h30 ; reste de l'année : 10h-12h, 14h-18h - fermé dim., 1er janv., lun. de Pâques, 1er et 11 Nov., 25 déc. - gratuit - possibilité de visite guidée (1h) mai-sept. : 10h, 11h30, 14h et 17h40 ; reste de l'année :*

se rens. Un petit détour pour une visite pas comme les autres. La fabrication des noisettines du Médoc vous est présentée par des automates, clôturée par une dégustation qui réveillera vos papilles ! *(voir « Nos adresses », rubrique « Achats », p. 220).*

Sortir au nord de Blaignan par la D 103 E5 sur la gauche jusqu'à Lesparre-Médoc.

Lesparre-Médoc A1

7 bis pl. du Mar.-Foch - 33340 Lesparre-Médoc - 05 56 41 21 96 - www.tourisme-coeurmedoc.com - juil.-août : 10h-13h, 14h30-18h30, dim. et j. fériés 10h-13h ; mars-juin et sept.-oct. : tlj sf dim.-lun. 10h-12h30, 14h30-18h ; reste de l'année : tlj sf w.-end 10h-12h30, 14h-17h30 - fermé certains j. fériés, Vend. saint, 26 déc.

Deux églises du 19e s. pour un seul bourg : l'église N.-D.-de-l'Assomption de style néogothique et l'église de St-Trélody dont le clocher est rehaussé d'une flèche.

Tour de l'Honneur – *17 r. Pierre-Curie - 06 25 77 60 14 - http://tour-de-lhonneur.jimdo.com - juil.-août : 10h-13h, 15h-19h, lun. 15h-19h ; mai-juin et sept. : tlj sf dim. 14h30-18h30 ; reste de l'année se rens. - fermé j. fériés (sf manifestation) - 3 € (-13 ans 2 €) - possibilité de visite guidée nocturne juil.-août : merc. 20h (5 €, enf. gratuit).* Ce donjon carré du 13e s., vestige du château des sires de Lesparre, abrite un petit musée d'histoire locale. Vue panoramique depuis le haut de la tour.

Prendre la D 204, la route de Pauillac, jusqu'à Vertheuil.

Vertheuil A1

L'**église romane** (11e s.), modifiée au 15e s., est une ancienne abbatiale dont l'importance est marquée par ses trois nefs, son chœur à déambulatoire à chapelles rayonnantes et ses deux clochers. Sur le côté droit, restes d'un beau **portail roman** aux voussures ornées de figures. L'intérieur relève du style poitevin par ses bas-côtés presque aussi hauts que la nef, voûtée d'ogives au 15e s. Dans le chœur, tribune suspendue et stalles de la même époque, sculptées de scènes monastiques. Au bas de la nef, fonts baptismaux monolithes également du 15e s.

Les ruines d'un château à donjon du 12e s., restauré, dominent le village.

Prendre la D 104 puis à gauche la D 1215.

St-Laurent-Médoc A1

1 r. St-Exupéry - 33112 St-Laurent-Médoc - 05 56 59 92 66 - http://officedetourisme-saintlaurentmedoc.fr - de mi-juin à mi-sept. : 10h-17h ; reste de l'année : tlj sf lun. 10h-12h30, 14h-17h, sam. 10h-12h30 - fermé j. fériés.

L'**église du bourg,** dont l'abside est romane, possède une tour carrée (14e s.) surmontée d'un clocher gothique. Au sud-ouest du village, par la D 104, se trouve l'église N.-D. de Benon (12e s.) de style roman. C'est une ancienne commanderie édifiée par les hospitaliers sur le chemin de Compostelle.

Suivre la D 101, à l'est de St-Laurent.

La Tour Carnet A1

Rte de Beychevelle - 05 56 73 30 90 - www.bernard-magrez.com - visite (1h) et dégustation sur demande préalable tlj sf dim. 10h, 11h30, 14h, 15h30 et 17h - 10-20 €.

Ancienne forteresse médiévale du 12e s., la tour Carnet devient, en 1855, l'un des grands crus classés. C'est le célèbre Bernard Magrez, amateur d'art contemporain et collectionneur de voitures, qui perpétue aujourd'hui la renommée de ses vins. Deux visites sont proposées ; celle de l'Amateur (10 €) où l'on parcourt les chais et l'on déguste un château La Tour Carnet. Et celle du Connaisseur

(20 €) où l'on découvre le caveau, la collection de voitures ainsi qu'une dégustation de 3 millésimes du même château.
Reprendre la D 101 à gauche en direction de St-Laurent, puis la D 1215 à gauche vers Listrac-Médoc et Bordeaux.

Château Fourcas Hosten A1

5 r. Odilon-Redon - ✆ 05 56 58 01 15 - www.fourcas-hosten.fr - fermé w.-end, de déb. à mi-août et vac. de Noël, certains j. fériés - 8 € - visite des chais (1h) 9h-12h, 14h-17h et dégustation sur demande préalable. Belle chartreuse du 18e s., entourée d'un parc de 3 ha, récemment rachetée par les frères Renaud et Laurent Momméja. On visite le cuvier flambant neuf et les chais magnifiquement restaurés, ce qui leur a valu, en octobre 2013, le prix Best of Wine Tourism dans la catégorie « Architecture et paysages ».
Prendre la D 208.

Moulis-en-Médoc A2

L'**église romane** a été quelque peu modifiée à l'époque gothique. La tourelle ronde élevée à la place de l'absidiole sud renferme l'escalier en hélice donnant accès au clocher doté d'une chambre forte. L'abside, remarquable, montre à l'extérieur des modillons sculptés et des arcatures. À l'intérieur, remarquez les chapiteaux sculptés de félins ou d'oiseaux, naïvement historiés. Fresques des 12e-15e s. et sarcophages mérovingiens.
Les vignobles de Grand Poujeaux font la renommée des vins de Moulis.
Château Chasse-Spleen – *32 chem. de la Razé - 33480 Moulis-en-Médoc - ✆ 05 56 58 02 37 - www.chasse-spleen.com - lun.-vend. 9h30-12h30, 13h30-17h30, visite sans RV 11h, mai-août également w.-end 10h-12h30, 13h30-17h30 - 8/10 €.* Classée grand cru de l'édition 2015 des Best of Wine Tourism dans la catégorie « Art et culture », la propriété viticole revendique une production « esthète et technique ». Les visites et dégustations tournent autour de l'héritage de Chasse-Spleen, château Gressier Grand Poujeaux et château Chasse-Spleen. De quoi oublier définitivement le spleen.
Poursuivre sur la D 1215.

1

Castelnau-de-Médoc A2

L'**église** renferme quelques éléments remarquables : un vitrail Renaissance représentant la Crucifixion, une sculpture sur bois (1736) figurant la Pentecôte, et le bas-relief d'albâtre des fonts baptismaux (14e s.) reproduisant la Trinité.
Prendre la D 1215E1 en direction de Bordeaux.

Winery A2

D 1 (route du Verdon) - rd-pt des Vendangeurs - ✆ 05 56 39 04 90 - www.winery.fr - 10h30-19h30 - fermé lun., 1er janv., 25 déc. - possibilité de visite guidée (20mn) avec dégustation. Un restaurant, une boutique, un espace culturel, un parc, des œuvres d'art, tout est réuni dans ce nouveau temple du vin, conçu sur un concept œnologique unique en France, pour créer des passerelles entre l'art et le vin. Ici, vin rime avec contemporain. Dans une architecture moderne, vous découvrirez les mille et un vins du monde proposés à la boutique, avant de déguster le vin de votre choix sur la formule « bistronomique » du chef *(39 €/pers.)* ou d'établir votre signe œnologique !
La D 1215E1, la D 1 puis la D 2215 rejoignent Bordeaux.

NOS ADRESSES DANS LE HAUT-MÉDOC

HÉBERGEMENT

PREMIER PRIX

Chambre d'hôte Château Cap Léon-Veyrin – *33480 Listrac-Médoc - 4 km de Listrac par D 5E2 - ✆ 05 56 58 07 28 - www.vignobles-meyre.com - P - ♿ - fermé 25 déc.-1er janv. - ⊠ - 3 ch. 58 €* ☕. Cette demeure est située au cœur d'un domaine viticole de 20 ha. Les chambres sont simples et confortables. La salle du petit-déjeuner est ouverte sur le chai. Dégustation des vins de la propriété.

Chambre d'hôte Domaine de Carrat – *39 rte de Ste-Hélène - 33480 Castelnau-de-Médoc - 5 km au sud de Listrac-Médoc par D 1215 - ✆ 05 56 58 24 80 - https://domainedecarrat.wordpress.com - fermé 25 déc. - P - ⊠ - 3 ch. 59/63 €* ☕. Cette maison, entourée d'une forêt, abritait jadis les écuries du château voisin. Accueil attentionné et chambres très confortables. En arrivant, vous passerez sous le splendide porche pavé autrefois emprunté par les voitures attelées.

BUDGET MOYEN

Hôtel Les Bruyères – *85 bis av. Blaise-Pascal, lieu-dit Issac - 33160 St-Médard-en-Jalles - 5 km à l'ouest de St-Médard-en-Jalles par D 107 rte du Porge - ✆ 05 56 05 32 24 - www lesbruyeres.fr - fermé dim. soir - P - 26 ch. 76 € - ☕ 8 € - rest. 12/18 €.* La proximité de Bordeaux, la climatisation, la piscine, le tennis et des prix raisonnables compensent des équipements standards. Les chambres, rénovées, sont équipées d'une douche.

Chambre d'hôte La Rivière – *8 quai J.-Fleuret - 33250 Pauillac - ✆ 05 56 59 19 62 - www.gagnepainlariviere.fr - - 2 ch. 70 €, 1 gîte 590 € -* ☕. Dans cette grande maison bourgeoise, face à la Gironde, vous serez à pied d'œuvre pour découvrir les vignobles médocains. Décoration fraîche et fleurie dans les chambres. Les propriétaires vous aideront à organiser au mieux vos journées.

Chambre d'hôte Le V en Vertheuil – *5 r. de l'Abbaye - 33180 Vertheuil - ✆ 05 56 41 25 12 - http://chambresdhotes-bordeaux.com - 3 ch. 65/75 €* ☕. Il fait bon s'arrêter dans cette ancienne boulangerie aux chambres douillettes et royalement calmes. Sur la terrasse ombragée, dotée d'une vue imprenable sur l'église romane, vous pourrez déjeuner (sur réserv.), goûter ou dîner de quelques galettes…

Chambre d'hôte Château de l'Isle – *22 r. de l'Isle - 33480 Castelnau-de-Médoc - ✆ 05 56 79 70 96 - www.chateau-de-lisle.fr - - 4 ch. 95/130 €.* Très belle demeure du 18e s. à la décoration soignée, alliant mobilier ancien et accessoires contemporains, entourée de chênes centenaires. Les peintures ornant les murs des chambres thématiques sont de Laurence Perrin, une artiste bordelaise. Les petits-déjeuners peuvent être pris sur la terrasse, au bord de la piscine. 4 vélos sont à disposition. Accueil possible de chevaux.

Chambre d'hôte Le Moulin de Moulis – *66 av. de la Gironde - 33480 Moulis-en-Médoc - ✆ 05 56 43 27 12 - www.moulindemoulis.com - 4 ch. 90 €* ☕. Cet ancien moulin a bénéficié d'une belle restauration, entouré de verdure. Grande cheminée et murs en pierre apparente dans le séjour. Vélos à disposition.

POUR SE FAIRE PLAISIR

Hôtel Rollan de By – *3 rte du Haut-Condissas - 33340 Bégadan - ✆ 05 56 41 27 75 - hotelrollandeby.com - mars-oct. - 6 ch. 129/229 € - ☕ 12 €.* Un hôtel de charme et design, au cœur des vignobles du domaine Rollan de By *(voir p. 215)*. Profitez de votre séjour pour une visite et dégustation des vins du domaine.

RESTAURATION

BUDGET MOYEN

Le Lion d'Or – *11 rte de Pauillac - 33460 Arcins - 6 km au nord-ouest de Margaux par D 2 - ✆ 05 56 58 96 79 - www.leliondor-arcins.fr - fermé 26 juil.-10 août, 20 déc.-18 janv. et j. fériés - mar.-sam. 12h-13h45, 20h-21h45 - réserv. obligatoire - carte 18/28 €.* Cet ancien relais de poste de style bistrot est une halte sympathique, à l'image du patron-chef, sans chichi et plein de caractère. L'ardoise annonce les plats à la carte aux fidèles fréquentant l'adresse pour sa cuisine du terroir soignée et généreuse.

Chez Quinquin – *4 chem. du Bord-de-l'Eau - port de Macau - 33460 Macau - été : tlj midi et soir ; reste de l'année : midi - menu déj. 12 €, carte 18/25 €.* Tous les après-midis, en saison, dégustation de crevettes blanches de l'estuaire, bigorneaux et vin blanc. Poisson du moment, alose (mai-juin) et surtout anguille. Accueil très sympathique.

Table Tartine – *À la Mare aux Grenouilles, 53 rte de Lesparre - 33340 Gaillan-Médoc - ✆ 05 56 73 46 46 - www.table-tartine.com - mar.-dim. midi et vend. et sam. soir - fermé lun. - déj. 13 € - 14/25 €.* Sur la route de Soulac, ce sympathique et dynamique restaurant vaut le détour pour ses assiettes complètes, ses œufs cocotte au foie gras… et sa dizaine de desserts maison quotidiens !

Café Lavinal – *Pl. Desquet, à Bages - 33250 Pauillac - ✆ 05 57 75 00 09 - tlj - 14/18 € déj. - 28/38 €.* Attenant au château Lynch-Bages (visites 7/7), ce bistrot inspiré des brasseries années 1930 est le lieu de rendez-vous privilégié des vignerons et de la clientèle locale. Le jeune chef argentin y propose une cuisine de marché traditionnelle à base de produits de la région, à apprécier sur la terrasse ensoleillée.
Ardoise du jour et vins locaux de propriété.

Auberge des Grands Vins – *1 pl. du Commandant-Pierre-Arnould - 33460 Labarde - ✆ 05 57 88 92 70 - www.auberge-des-grands-vins.com - tlj sf dim. soir, lun. et mar. soir - menu déj. 13,90/20 €, 26,90/31,90 €.* Spécialités médocaines (grenier médocain, *voir « Boucherie de Bages », p. 220*), grillades, magrets et confits de canard, cette auberge typique est un bon rapport qualité-prix.

La Boule d'Or – *212 av. de la Gironde - 33480 Moulis-en-Médoc - ✆ 05 56 58 09 03 - ♿ - fermé dim.-lun. et 25 août-2 sept. - menu déj. 13 €, dîner 27 €.* Une auberge où la clientèle d'habitués se retrouve le midi. Pensez donc à réserver ! Dans la salle, une grande cheminée rehaussée de bois de cerfs. Large choix de vins médocains.

L'Embellie – *Rte de Soulac - 33480 Listrac-Médoc - ✆ 05 56 79 17 13 - www.lembellie-listrac.com - lun.-mar. 7h-19h30, jeu.-vend. 7h-0h, sam. 8h-0h - fermé merc. et dim. - menu déj. 12/14 €, 28 €.* Accueil, cadre et terrasse ombragée très agréables, la patronne est en cuisine, tandis que le patron recommande les vins.

La Gare Gourmande – *3 rte des Châteaux - 33460 Labarde - ✆ 05 56 35 92 38 - ♿ - www.la-*

1

gare-gourmande.fr - carte 15/25 €. Située dans l'ancienne petite gare de Labarde, cette cuisine du marché revisitée est réalisée sous vos yeux. Cadre et accueil chaleureux. Terrasse et barbecues.

Auberge de Savoie – *1 pl. Trémoille - 33460 Margaux - ✆ 05 57 88 31 76 - www.lesavoie.net - fermé 24 déc. -11 janv., dim. soir - formule déj. 20 € - 28/39 €.* Accueil sympathique dans cette maison du 19e s., qui abrite deux belles salles à manger. Cuisine goûteuse et belle carte de bordeaux. *Wine bar* et agréable terrasse.

Le 1902 – *99 r. Lafont - 33290 Ludon-Médoc - ✆ 05 56 69 80 45 - www.le1902restaurant.com - déj. 15,50 € - 15,50/24 €.* Après une visite de la tonnellerie Nadalié, juste à côté, venez déguster les vins médocains autour de plats fins et élaborés avec goût.

ACHATS

Marchés

Labarde – *Jeu. mat.* Petit marché alimentaire.

Lesparre-Médoc – *Jeu. mat.* produits régionaux et artisanaux; *mar. mat. (pl. du Mal-Foch)* et *sam. mat. (pl. Gambetta),* marché alimentaire; foire le 1er vend. du mois.

Pauillac – *Sam. mat. (pl. du Marché et halle 19e s.)* marché de produits régionaux, bio et artisanaux.

Saint-Laurent-Médoc – *Vend. mat. (pl. du 8-Mai-1945),* marché alimentaire.

Blanquefort – *Sam. mat.*

Castelnau-de-Médoc – *Dim. mat.* Produits régionaux et artisanaux.

Eysines – *Dim. mat. (pl. Florale).*

Spécialités

Noisettines du Médoc – *1 rte de la Landette - 33340 Blaignan-Médoc - ✆ 05 56 09 03 09 - www.noisettines.fr - voir p. 215.* Vente de noisettines, crème de noisettines, sablés à la fleur de vigne... naturels et sans colorants. Également nombreux points de vente dans la région.

Mademoiselle de Margaux – *1 rte de l'Île-Vincent - 33460 Margaux - près de la Maison du vin - ✆ 05 57 88 39 90 - www.mademoiselledemargaux.com - lun.-sam. 8h-19h- atelier dégustation sur RV à partir de 5 pers. lun.-sam. - 5 € - durée 45mn.* C'est bien sûr, les Sarments mais aussi les Perles du Médoc (raisin blond enrobé de chocolat), le Raisin (raisin macéré dans du rhum, enrobé de chocolat) et la Guinette (cerise dénoyautée, armagnac et chocolat) ainsi que des coffrets découvertes.

La Toque Cuivrée – *332 av. du Taillan-Médoc - 33320 Eysines (autre adresse: 151 bd Godard, Le Bouscat) - ✆ 05 56 16 50 72 - www.la-toque-cuivree.fr - lun.-sam. 8h-19h; dim. 8h-13h.* Fabrication artisanale de canelés de Bordeaux, une très bonne alternative à l'enseigne Baillardran *(voir p. 145).*

Boucherie de Bages – *19 r. des Vignerons, Bages - 33250 Pauillac - ✆ 05 56 09 70 22 - mar.-sam. 7h30-13h00, 15h-19h30, dim. 8h-12h30 - fermé lun.* Yves Bruneau, boucher-charcutier et de surcroît marathonien, propose ici des produits régionaux comme le grenier médocain (à base de panse, ail et épices), l'agneau de Pauillac ou encore le bœuf de Bazas.

Vins

Maison du vin de Margaux – *7 pl. de La Trémoille - 33460 Margaux - ✆ 05 57 88 70 82 - www.maisonduvindemargaux.com - juin-sept.: 10h-19h; reste de l'année: lun.-sam. 10h-12h30, 14h-18h30.* Vous y trouverez une cinquantaine de vins, vendus au prix de la propriété, et la liste des châteaux ouverts à la visite.

Cave coopérative La Rose Pauillac – *44 av. du Mar.-Joffre - 33250 Pauillac - ✆ 05 56 59 26 00 - www.larosepauillac.com - P - lun. 8h-12h, 14h-18h (sf janv.-fév., juil.-août 19h), mar.-vend. 9h-12h, 14h-18h.* Cette cave produit des vins appréciés par les amateurs, notamment la rose pauillac et la fleur pauillac.

Mode/déco

L'Annexe – *Pl. Desquet - terrasse sud du Café Lavinal à Bages - 33250 Pauillac - ✆ 05 56 41 32 46 - avr.-oct. : lun.-sam. 10h-19h (dim. 18h) ; nov.-mars : lun.-sam. 10h-13h, 14h-18h (dim. 17h) - fermé 31 déc.-8 janv.* Prêt-à-porter, bijoux de créateurs, accessoires et luminaires design.

Bages'Bazaar – *Pl. Desquet à Bages - 33250 Pauillac - ✆ 05 56 59 15 40 - www.villagedebages.com - avr.-oct. : lun.-sam. 10h-19h (dim. 17h).* Vous trouverez tous les articles relatifs au vin et art de la table. Large choix de vins, de livres et d'articles de marque.

ACTIVITÉS

Pauillac est le point de départ de 3 boucles de randonnée (8, 13 et 16 km) à la découverte des grands domaines viticoles. Rens. à la Maison du tourisme et du vin de Pauillac.

Cable Park – *33 Avensan, sur la D 105 entre Avensan et Margaux - ✆ 05 56 08 31 64 - www.cablepark.fr - de mi-juin à fin août : 10h-21h ; sept. 10h-20h30 ; reste de l'année : se rens. - fermé en hiver - 1h 19 € ; 1 j. 38 €.* Le prix comprend l'accès au téléski nautique en wake à straps, knee board ou bi-skis et le gilet. Pour utiliser les spots et modules, casque et licence sont obligatoires. Snack à disposition.

L'Atelier Vélo « by Fun Bike » – *Pge du Desquet à Bages - 33250 Pauillac - ✆ 05 56 09 76 62 - http://www.funbike.fr/atelier-velo-bages.html - avr.-oct. : tlj ; reste de l'année : sur réserv. - 1/2 j 12 €, 1 j 19 €, 1 sem. 60 €.* Location de tous types de vélos : classiques, électriques, sans chaîne, enfants… Vente et réparation.

Golf du Médoc – *Chem. de Courmateau - 33290 Le Pian Médoc - ✆ 05 56 70 31 31 - http://golfdumedocresort.com.* C'est l'un des meilleurs golfs de France (le 3e en 2010). Il propose deux parcours de 9 trous. Sur le resort, hôtel, spa, *training center* et trois restaurants à l'ambiance différente.

Atelier Viniv – *19 r. des Vignerons à Bages - 33250 Pauillac - ✆ 05 56 73 24 25 - www.jmcazes.com/fr/viniv.* Le temps d'un millésime, les membres de Viniv apprennent la culture du vin et de son savoir-faire, collaborent à son élaboration jusqu'à son assemblage définitif, et la création de leur propre étiquette ! La possibilité pour les apprentis vignerons de créer leur propre vin sur mesure, une barrique à la fois.

AGENDA

Printemps des châteaux du Médoc – *Mars - www.medoc-wines.com.* Portes ouvertes dans les châteaux viticoles.

Margaux Saveurs – *3e w.-end de nov. - www.margaux-saveurs.com.*

À Pauillac

Fête de l'agneau – *Fin avr.-déb. mai.*

La Médocaine – *3e sam. de mai - www.medocainevtt.com.* Course VTT sur 4 parcours de 30 à 100km.

Marathon du Médoc au départ de Pauillac – *Sept. - www.marathondumedoc.com.* *Voir p. 22.*

1

LE LITTORAL MÉDOCAIN ET LE BASSIN D'ARCACHON

Le littoral médocain et le bassin d'Arcachon 2

Carte Michelin Départements n° 335 - Gironde (33) et Landes (40)

SOULAC-SUR-MER★ ET SON CIRCUIT 224

À 67 km au sud de Soulac :

LACANAU-OCÉAN ET SON CIRCUIT 233

À 73 km au sud de Lacanau-Océan :

ARCACHON★★ 239

Autour d'Arcachon :

BASSIN D'ARCACHON★★ ET SON CIRCUIT 248

Soulac-sur-Mer

★

2588 Soulacais – Gironde (33)

À la fin du 19e s., la grande vague des bains de mer fit pousser à Soulac des centaines de maisons de poupée qui donnent un charme fou à la station. La mer est là, à quelques pas, de même que la forêt : farniente sur la plage et balades sous les pins en perspective.

NOS ADRESSES PAGE 229
Hébergement, restauration, achats, activités, etc.

S'INFORMER

Office du tourisme de Soulac – *68 r. de la Plage - 33780 Soulac-sur-Mer - ☎ 05 56 09 86 61 - www.soulac.com - juil.-août : 9h-19h ; avr.-juin et sept. : 9h-12h30, 14h-17h30, w.-end 10h-12h30, 15h-17h30 ; reste de l'année : tlj sf dim. (sf vac. scol. zone C) 9h-12h30, 14h-17h30, sam. 10h-12h30, 15h-17h30 - fermé 1er janv., 1er Mai, 25 déc.*

Visites – *L'office de tourisme organise des visites guidées (1h-1h30, sur réserv.) du village ancien de Soulac, de la basilique N.-D.-de-la-Fin-des-Terres - juil.-août : merc. 11h-12h, lun. et jeu. 17h30-19h ; avr.-juin et sept. : mar. 16h-17h30 - dép. de l'office de tourisme - 6 € (-13 ans 2 €) circuit 1h30, 5 € (-13 ans 2 €) circuit 1h.*

SE REPÉRER

Carte de microrégion B1 (p. 222) – Au nord de l'Aquitaine, entre l'estuaire de la Gironde et l'océan Atlantique, la ville de Soulac se trouve à 100 km de Bordeaux (par la D 1215). Le petit centre ancien se groupe autour de l'office de tourisme.

SE GARER

Le parking à côté de la basilique est très central (gratuit).

À NE PAS MANQUER

La jolie vue sur le phare de Cordouan depuis le boulevard du Front-de-Mer ; la basilique N.-D.-de-la-Fin-des-Terres ; le circuit des villas ; le beau panorama du haut du phare de la pointe de Grave.

ORGANISER SON TEMPS

Comptez une demi-journée pour la visite de Soulac, et autant pour le circuit conseillé entre mer et estuaire. À la belle saison, ne manquez pas de prolonger votre séjour par la visite du phare de Cordouan.

AVEC LES ENFANTS

Le train touristique entre Soulac et la pointe de Grave *(voir « Activités », p. 232)* ; le phare de Cordouan et son musée à la pointe de Grave ; la promenade-découverte du marais du Conseiller au Verdon-sur-Mer ; le phare de Richard ; le moulin à vent de Vensac.

Se promener

En arrivant vers le centre-ville, garez-vous près de la basilique, sur le parking jouxtant la place Aliénor-d'Aquitaine récemment aménagée.

Basilique N.-D.-de-la-Fin-des-Terres

Pl. Aliénor-d'Aquitaine - 9h-18h - possibilité de visite guidée sur demande à l'office de tourisme (voir la rubrique « S'informer », ci-dessus).

C'est à Soulac que débarquaient les pèlerins de St-Jacques en provenance des îles Britanniques ; à ce titre, la basilique a été classée au Patrimoine mondial de l'Unesco, en même temps que les chemins de St-Jacques.

Le Verdon-sur-Mer, le phare de Cordouan.
F. Leroy/hemis.fr

Cet édifice bénédictin du 10e s. qui était, au milieu du 18e s., presque entièrement recouvert par les sables, a été dégagé et restauré à la fin du 19e s. Il présente les caractères de l'architecture romane poitevine; l'actuel clocher a remplacé au 14e s. celui qui se trouvait sur la croisée du transept. La manière de bâtir de l'école poitevine s'affirme dans la nef centrale sans ouverture, et par les collatéraux aussi hauts qu'elle. À l'intérieur, certains chapiteaux sont historiés: au pilier gauche qui précède le chœur, vestige du retable de l'autel de sainte Véronique; à l'entrée du chœur, à gauche, saint Pierre aux liens; dans le chœur, Daniel dans la fosse aux lions. Dans le bras droit du transept, remarquez la statue polychrome de N.-D.-de-la-Fin-des-Terres, objet du pèlerinage dont l'origine remonte au passage des pèlerins vers St-Jacques-de-Compostelle.

Depuis la rue des Bénédictins, à gauche de la basilique, très jolie **vue** sur l'Océan.

2

★ Village ancien

Autour du centre-ville s'éparpillent **les villas** 19e s., qui allient brique et bois peint, et les chalets du 20e s., formant un ensemble architectural harmonieux. *(« S'informer » ci-contre pour les visites guidées).*

La **rue de la Plage**, entre la basilique et le front de mer, est l'axe central: piétonnière, vous y trouverez les commerces, dont le marché central couvert, et l'office de tourisme. Du front de mer, vous pourrez rejoindre, à l'ouest, le musée d'Art et d'Archéologie *(près du casino)* et, à l'est, le mémorial de la Forteresse *(près de la piscine)*.

Plages – Soulac est relativement protégée de la houle par un banc en haut fond et accueille **quatre plages** surveillées (♿). Des plages, très belle **vue** sur le phare de Cordouan. Comme sur toute la côte atlantique, la station est idéale pour tous les sports nautiques de glisse. De la plage centrale, on rejoint le quartier de l'Amélie à vélo par une piste cyclable *(3,5 km)*.

Lorsque la chaleur se fait trop forte, allez vous rafraîchir sous les pins! La **forêt** est parcourue de sentiers pédestres et de pistes cyclables *(voir la rubrique « Activités », p. 232)*.

Musée d'Art et d'Archéologie

Av. El Burgo-de-Osma - ✆ 05 56 09 83 99 - www.soulac.com - juil.-août: 15h-18h; de mi-avr. à fin juin et de déb. à mi-sept.: tlj sf lun.-mar. 15h-18h; fermé le reste de l'année - 3 € (-15 ans gratuit).

Le recul constant de la côte dans le Médoc a favorisé les découvertes archéologiques, rassemblées ici par la Fondation médullienne. De la **période néolithique** (5000-2200 av. J.-C.) : silex, grattoirs, burins, poteries à décor cardial (coquilles dentelées), pointes de flèche. Les haches à bord rectiligne sont caractéristiques de l'âge du bronze dans le Médoc. La pointe de la Négade a fourni la plupart des vestiges de l'**époque gallo-romaine**: monnaies, céramiques sigillées, vases à engobe orangé (à décor de lunules ou à guillochures), verreries, fibules. Le magnifique sanglier en laiton aux formes stylisées n'est autre qu'une enseigne militaire gauloise du 1er s. av. J.-C. Le musée expose également des peintures et des sculptures d'artistes contemporains d'Aquitaine.

Mémorial de la Forteresse du Nord Médoc

Av. de la Brigade-Carnot - ✆ 05 56 73 63 60 - www.forteresse-nord-medoc.org - juil.-août: mar. et vend. 10h; reste de l'année: sur demande préalable - possibilité de visite guidée (3h) - 5 € (-17 ans 2 €) - 6 € billet combiné avec la visite du site historique.

Le musée du Souvenir relate la libération de la poche du Médoc en août 1944. Les visiteurs souhaitant se rendre sur les sites historiques (ensemble de bunkers) suivront une visite guidée *(environ 3h).*

À proximité Carte de microrégion p. 222

Montalivet-les-Bains A1

18 km au sud de Soulac par la D 101 puis la D 102E1.

i 62 av. de l'Océan - 33930 Vendays-Montalivet - ✆ 05 56 09 30 12 - www.ot-vendays-montalivet.fr - juil.-août: 9h-19h; avr.-juin et sept.: 9h-12h30, 14h-18h; reste de l'année: tlj sf w.-end 9h-12h, 14h-17h30.

Cette petite station balnéaire est surtout connue comme l'un des grands centres de naturisme *(voir p. 22)* et pour son marché quotidien fort animé en été. Les activités de loisir constituent son principal attrait: 12 km de plages, 2 boucles pédestres dans les marais, des pistes cyclables dans la forêt, etc.

Circuit conseillé Carte de microrégion p. 222

ENTRE MER ET ESTUAIRE

Circuit de 85 km au départ de Soulac, tracé en vert sur la carte p. 222. Compter 4h. Quitter Soulac au nord par la D 1E4 et poursuivez sur la N 1215.

Pointe de Grave B1

Laisser la voiture près du monument commémoratif. Face à Royan, la pointe de Grave (sur la commune du Verdon-sur-Mer) est le cap formé par l'estuaire de la Gironde où prennent fin, au nord, la forêt de pins et les plages de sable rectilignes des Landes.

Un **monument commémoratif** remplace la pyramide de 75 m qui rappelait le débarquement des troupes américaines en 1917, et que les Allemands abattirent en 1942. La pointe fut l'une des poches où se retranchèrent, après le débarquement de 1944, les forces allemandes stationnées dans l'ouest; elle ne fut réduite qu'en avril 1945.

Du haut de la dune, sur un ancien blockhaus, le **panorama★** embrasse un vaste horizon marin: le phare de Cordouan distant de 9 km en mer, la presqu'île et le phare de la Coubre, les conches de Royan, la Gironde, les installations portuaires du Verdon-sur-Mer.

Dans le phare de la pointe de Grave est installé le **musée du Phare de Cordouan**. Des photographies mettent en valeur l'exceptionnelle richesse architecturale de l'édifice et donnent un aperçu de la vie de ses gardiens. Sont également exposées les maquettes des six phares de Gironde (Cordouan, Coubre, Grave, Richard, Hourtin et Cap-Ferret). De la plate-forme *(108 marches)*, vue splendide sur l'estuaire (table d'orientation). *2 allée du Sémaphore - pointe de Grave - ✆ 05 56 09 00 25 - www.asso-cordouan.fr - ♿ (musée seult) - juil.-août: 11h-19h; 10 avr.-30 juin et 1er sept.-16 nov.: lun., vend. et w.-end. 14h-18h - fermé Vend. saint, dim. et lun. de Pâques, 11 Nov. - possibilité de visite guidée sur demande (30mn) - 3 € (-12 ans 2 €).*

De **Port-Bloc** partent différentes promenades en mer *(voir la rubrique « Activités », p. 232)*. Plus au sud, un nouveau port de plaisance (800 anneaux), **Port-Médoc**, a été aménagé.

★★ Phare de Cordouan B1

www.phare-de-cordouan.fr - visite guidée sur demande préalable de déb. avr. à la Toussaint - 10 € (enf. 5 €) - Le Verdon-sur-Mer est le point de départ d'excursions en bateau. Embarquez sur une vedette (voir « Nos adresses », p. 232) pour une visite du phare (3 à 4h).

Avec ses étages Renaissance, qu'une balustrade sépare du couronnement classique, le phare (67,5 m) donne une impression de hardiesse.

Une poterne conduit au bastion circulaire qui protège l'édifice des fureurs de l'Océan; c'est là qu'habitent les gardiens. Au rez-de-chaussée, un portail monumental donne sur l'escalier de 311 marches qui grimpe à la lanterne. Au premier étage se trouve l'appartement du Roi; le deuxième étage abrite la chapelle (au-dessus de la porte, remarquez le buste de Louis de Foix) coiffée d'une belle coupole.

Depuis le débarcadère à Port-Bloc, prendre la D 1215 vers Soulac.

Le Verdon-sur-Mer B1

ℹ 2 r. des Frères-Tard - 33123 Le Verdon-sur-Mer - ✆ 05 56 09 61 78 - www.tourisme-leverdon.com - juil.-août: 9h-13h, 14h-18h; avr.-juin et sept.: tlj sf dim. 9h-12h30, 14h-17h, sam. 9h-12h; reste de l'année: tlj sf w.-end 9h-12h30, 14h-17h - fermé certains j. fériés.

LE PHARE DE CORDOUAN

Petite histoire – Au 14e s., le **Prince Noir** fit élever une tour octogonale au sommet de laquelle un ermite allumait de grands feux. À la fin du 16e s., cette tour menaçant ruine, **Louis de Foix**, ingénieur et architecte qui venait de déplacer l'embouchure de l'Adour, se mit en devoir de bâtir, avec plus de 200 ouvriers, une sorte de belvédère surmonté de dômes et de lanternons. En 1786, l'ingénieur **Teulère** reconstruisit la partie supérieure de l'édifice, dans le style Louis XVI.

De l'Océan au fleuve – Le lent défilé des cargos constitue un des spectacles de l'estuaire de la Gironde. Le franchissement des passes de Cordouan est difficile par gros temps, mais le creusement de la « passe de l'Ouest », entretenue par des dragages réguliers, a amélioré les accès.

2

Entre le bourg et la plage qui borde l'estuaire, les cabanes de pêcheurs témoignent de l'activité ostréicole qui régnait autrefois. Elle a cessé avec l'ouverture du port de commerce.

Le port du Verdon-sur-Mer présente le double avantage d'un port en eau profonde sans écluses ni marées et d'une passe d'entrée en Gironde, favorisant la navigation des grands porte-conteneurs et pétroliers. La puissance des équipements, la rapidité des opérations de manutention, les vastes entrepôts et moyens de stockage lui confèrent un rôle de premier plan.

Amoureux de la nature, ne manquez pas la promenade-découverte *(2h)* du **marais du Conseiller**, avec un guide qui vous expliquera l'aménagement des marécages, la flore et la faune (nombreuses espèces d'oiseaux). *15 rte de Soulac - ✆ 05 56 09 65 57 - www.curuma.org - 9h-12h30, 13h30-18h - fermé w.-end et j. fériés - possibilité de visite guidée sur demande (2h) - 2 € (-13 ans gratuit).*

Revenir sur la D 1215 en direction de Bordeaux. Après 4 km, tourner à gauche dans la D 1E4.

La route passe par **Talais**, où vous pourrez faire une halte à l'ancien port ostréicole.

Saint-Vivien-de-Médoc B1

1 pl. Brigade-Carnot - 33590 St-Vivien-de-Médoc - ✆ 05 56 09 58 50 - www.tourisme-stviviendemedoc.com - avr.-sept. : mar.-sam. 8h30-12h30, mar., jeu. vend. 14h30-17h30 ; oct.-mars : mar.-sam. 8h30-12h30 - fermé certains j. fériés.

Venez de préférence le mercredi matin pour profiter du **marché**, le plus couru du Médoc. Au passage, arrêtez-vous à l'**église** qui conserve une belle abside romane de style saintongeais, tandis que le clocher et la nef ont été reconstruits suite aux bombardements de 1943.

Faites ensuite un tour dans le petit port de pêche de **Port-de-St-Vivien**. Là s'offre la possibilité de visiter la **ferme aquacole** « Eau Médoc », qui élève des gambas sur d'anciens marais salants. *✆ 05 56 09 58 32 - http://eau-medoc.typepad.com - juil.-août : mar. 18h et jeu. 10h30 ; reste de l'année : pour les groupes sur réserv. - 5 € (avec la dégustation).*

Repartir de Port-de-St-Vivien et prendre la D 2 en direction de Valeyrac. Le phare de Richard est indiqué par une ancre marine, à l'intersection d'une petite route à gauche.

La route emprunte une digue construite lors de l'assèchement des marais au 17e s.

Phare de Richard B1

Passe du Phare (D 2) - ✆ 05 56 09 52 39 - www.phare-richard.com - juil.-août : 11h-19h ; mars-juin : tlj sf mar. 14h30-18h30 ; sept.-oct. : tlj sf mar. 14h-18h - fermé le reste de l'année et le 1er Mai - possibilité de visite guidée (30mn) - 2 € (-10 ans gratuit).

Laissé à l'abandon après son extinction en 1953, il doit son réaménagement en espace muséal aux jeunes de Jau-Dignac-Loirac (commune dont le site dépend), soucieux de préserver la mémoire des anciens. Ainsi, outre l'histoire du phare (du 19e s.), c'est la vie de l'estuaire que vous découvrirez à travers des objets et documents. Après l'ascension des 63 marches s'offre à vous une vue imprenable sur l'estuaire, l'alignement des carrelets sur la digue et les polders (terres gagnées sur la mer, endiguées et mises en valeur) du Médoc *(table d'orientation au pied du phare).*

Aux beaux jours, ce lieu fort agréable *(aires de jeux et de pique-nique)* se prête à une halte-déjeuner ou à une pause-goûter.

Revenir sur la D 2.
Vous traversez **Port-de-Richard** et **Port-de-Goulée**, deux anciens ports ostréicoles devenus de charmantes haltes nautiques.

Valeyrac B1
Le village s'enorgueillit d'une église due à Paul Abadie, l'architecte du Sacré-Cœur à Montmartre.
Revenir à Port-de-Richard et prendre à gauche la D 102^{E2}.

Queyrac B1
Entre prairies et marais, vignoble et forêt, ce village offre un cadre naturel enchanteur qui invite à la promenade à pied ou à bicyclette. Une piste cyclable permet de rejoindre les plages de l'Océan en passant par Vensac.
Quitter Queyrac au nord par la D 102, puis traverser la D 1215 pour poursuivre sur la D 1^{E4}.

Moulin à vent de Vensac B1
19 rte du Moulin - ✆ 05 56 09 45 00 - www.moulindevensac.fr - ♿ (rdc et bluterie seult) - visite guidée (30mn) juil.-août : 10h-12h30, 14h30-18h30 ; juin et sept. : w.-end et j. fériés 10h-12h30, 14h30-18h30 ; reste de l'année : dim. et j. fériés 14h30-18h30 - fermé nov.-mars - 4,50 € (-13 ans 3,50 €).
Ce moulin à vent du 18e s. a été remonté sur son emplacement actuel en 1858. C'est une tour en pierre, coiffée d'un toit conique. Sa visite vous fait découvrir les diverses opérations de la fabrication de la farine, sous vos yeux, depuis le broyage du blé jusqu'au tamisage dans la bluterie voisine, ainsi que le mécanisme principal d'entraînement dont certaines pièces, en chêne, sont d'origine. Boutique.

2

NOS ADRESSES À SOULAC-SUR-MER

TRANSPORTS

Train – Des liaisons TER relient Bordeaux à Soulac en 1h30.
Bac – *✆ 05 56 73 37 73 (rens. à l'office du tourisme du Verdon-sur-Mer) - 20mn de traversée - se présenter 30mn av. l'embarquement - 21,60 € par voiture + 3,10 €/pers.* Des liaisons régulières (ttes les 30 à 45mn en été) relient Royan au Verdon-sur-Mer.

HÉBERGEMENT

BUDGET MOYEN
Hôtel Michelet – *1 r. Bernard-Baguenard - ✆ 05 56 09 84 18 - www.hotelmichelet.fr - fermé nov.-fév. - 20 ch. 65/84 € - ☕ 8 €.* Cette jolie maison de la fin 19e s. appartient aux Michelet depuis trois générations. Les hôtes sont reçus chaleureusement, un peu comme des amis… Quelques chambres, standardisées mais impeccablement tenues, possèdent un balcon avec vue sur mer.
Hôtel des Pins – *Voir « Restauration ».*
Hôtel L'Écume des Jours – *4 r. du Périer-de-Larsan - ✆ 05 56 09 81 34 - www.ecumedesjours.fr - 11 ch. 75/85 € - ☕ 9 € - rest. 23/28 € - fermé nov.-mars (rest. : oct.-avr.).* Petit hôtel à la décoration soignée, situé à 3mn du centre-ville. Le restaurant, la Table Corto, propose des produits de qualité. Vente d'objets déco et épicerie fine. Accueil charmant.

À proximité

PREMIER PRIX
Camping Les Lacs – *126 rte des Lacs - 33780 Soulac-sur-Mer -*

05 56 09 76 63 - ♿ - *www.camping-les-lacs.com - de déb. avr. à déb. nov* - 🏊 - *228 empl. 36,50 € - 82 locatifs 42/162 €/nuitée* - ✕. Le camping est doté de 2 piscines (couverte et découverte) ainsi que d'un grand restaurant. Excursions en car proposées. Un camping à l'ambiance tonique et conviviale !

Camping Sandaya Soulac Plage – *L'Amélie - 05 56 09 87 27 - www.sandaya.fr* - ♿ - *de déb. avr. à mi-sept.* - 🏊 - *507 empl. 28/46 € ; 250 locatifs 35/120 €/nuitée* - ✕. Lodges avec terrasse, les pieds dans l'eau et vue sur l'Océan. Accès direct à la plage.

La Maison de Grave – *Chem. Forestier, BP 23, 33123 Le Verdon-sur-Mer - 05 56 41 48 40 - http://la-maison-de-grave.com - 8 ch. 60 € - dortoirs 20 € - ☕ 6,50 € - rest. formule déj. 12,50 € - 24/44 €.* Ce bel ensemble architectural du 19e s., tout récemment restauré, accueille randonneurs, cyclistes et cavaliers, entre autres. Les maisons du Pèlerin et de l'Ingénieur proposent des chambres doubles ou des alcôves pour deux (type dortoir) avec salle de douche privée ou sanitaire commun. Le chef du restaurant réalise une cuisine créative avec légumes et aromates du potager. Accès direct à la plage. Location de box *(30 €/j, 90 €/sem.)* et vélo *(8/15 €)*.

RESTAURATION

PREMIER PRIX

La Brasserie de la Plage – *Plage centrale - 06 77 56 28 78 - juin-sept. : 9h-20h.* Une guinguette éphémère, juste pour l'été, les pieds dans l'eau…

BUDGET MOYEN

Comptoir du Vin – *5 r. Holagray - 05 56 59 73 34.* Une très belle sélection de vins, accompagnés de tapas délicieuses. Une adresse à ne pas manquer !

Le Grill Océan – *2 espl. des Girondins - fév.-déc. - 05 56 09 89 64 - 25/33 €.* Idéalement situé sur le front de mer, ce restaurant propose des produits de qualité. Goûtez l'aïoli, le foie gras ou la soupe de fruits, faits maison.

Au Temps des Huîtres – *R. du Cardinal-Donnet - avr.-sept. - 06 81 12 69 92 - tlj sf lun. - 18/35 €.* Petit restaurant à la décoration marine, où vous dégusterez huîtres, crevettes, bulots ou langoustines. Assiettes ou plateaux sur place ou à emporter.

El Sarto – *10 r. Brémontier - 05 56 73 69 87 - fermé dim. soir et lun., nov.-mars - formule déj. 12,50 € - 18/33 €.* Ce restaurant aux larges baies vitrées est situé à 200 m de l'Océan. Intérieur sympathique (murs en pierres apparentes, plancher rouge et affiches espagnoles) et agréable terrasse. Cuisine espagnole et spécialités tex-mex.

Le KU-G – *8 r. Fernand-Lafargue - 05 56 41 82 44 - 20/30 €.* Un resto-bistrot où l'on sert de très bons poissons dans une ambiance sympathique. Déco branchée en salle et vaste terrasse.

À proximité et sur le circuit

BUDGET MOYEN

Hôtel des Pins – *L'Amélie - 33780 Soulac-sur-Mer - 2 km au sud-ouest de Soulac par D 101 - 05 56 73 27 27 - www.hotel-des-pins.com* - **P** - *ouv. 1er avr.-15 nov. - oct. et mai : fermé lun. midi et vend. midi - formule déj. 16/18 € - 29/42 € - 29 ch. 83/155 € - ☕ 11 €.* Cet hôtel-restaurant est situé à seulement 100 m de la plage. Un imposant vivier à poissons dans la salle à manger rappelle, si besoin était, la proximité de l'Atlantique. La carte propose évidemment un bon choix de produits de la mer, complété de recettes régionales.

Le Cabanon du Pêcheur – *13 passage des Civelles - 33590 port de St-Vivien-de-Médoc - ✆ 06 71 91 86 06 - juin-sept.* Venez goûter, en saison, à la lamproie à la bordelaise ou aux anguilles persillées (avr.), ou encore aux gambas de l'Estuaire.

La Guinguette de la Plage – *9 rte de la Plage - 33590 St-Vivien-de-Médoc - ✆ 05 56 09 46 12/06 10 51 29 07 - www.guinguette-de-la-plage.com - juil.-sept. : tlj sf lun. ; mars-juin : vend.-dim. et j. fériés.* Ici aussi, les plats varient selon l'arrivage (poisson) et la saison. Délicieuses crêpes maison.

FAIRE UNE PAUSE

La Maison Judici – *15 r. de la Plage - ✆ 05 56 09 81 48 - 9h-2h.* C'est LE glacier artisanal incontournable de Soulac. Dans un cadre contemporain, glaces, crêpes, gaufres ou encore cocktails, le tout, fait maison, vous ravira les papilles !

Le Bar des Amis – *35 r. Trouche - ✆ 05 56 09 87 83 - 8h30-14h, 18h-22h.* Reconnaissable à sa devanture orange et gris, ce bar à vin convivial propose des concerts. Suggestions de vin au verre accompagné de grignotages. Vente de vin au litre, en cubi ou en bouteilles.

EN SOIRÉE

Casino de la plage – *1 av. Burgo-de-Osma - ✆ 05 56 09 51 00 - www.casinodesoulac.com - 11h-4h - fermé fév.* Machines à sous, jeux et boule, mais aussi bar, restaurant (Le Phare) et discothèque.

ACHATS

Marché – *Juil.-août : 8h-13h, 18h-20h ; reste de l'année : 8h-13h.* La belle halle, située en face de l'office de tourisme, accueille tous les jours une quarantaine de commerces alimentaires.

Boutique 33 – *24 bd Charcot (front de mer) - de mi-juin à mi-sept. : 10h-19h30 ; d'avr. à la Toussaint et hors sais. : 10h-13h30, 15h-19h30.* Prêt-à-porter en coton de qualité, sacs de plage, accessoires *(autre adresse à Bordeaux, r. des Remparts).*

ACTIVITÉS

Plages – 2 loueurs de tentes.

Visites naturalistes – *Visites découvertes de la faune et de la flore juil.-août : mar. et vend. 17h30-19h - 2 € sur réserv. au ✆ 05 56 09 86 61 - dép. devant la gare du petit train touristique (PGVS). Se munir de chaussures tout-terrain, chapeau, bouteille d'eau et crème solaire.*

Petit train touristique – *✆ 05 56 09 61 78 - juil.-août : 10h-18h30 - 7 € AR, 4 € aller simple. Sur rails, il relie Le Verdon-sur-Mer à la pointe de Grave à Soulac.*

Promenade en bateau – *Pointe de la Grave - ✆ 05 56 09 62 93 - www.vedettelaboheme.com - visite guidée sur demande préalable (2h) avr.-oct. - 42 € (enfant 27 €) - embarquez sur une vedette pour une visite du phare de Cordouan (3 à 4h), une promenade sur l'estuaire de la Gironde ou une pêche en mer.*

Randonnées pédestres – *Un guide des pistes cyclables, pédestres et équestres de la pointe du Médoc est disponible dans les offices de tourisme. Le GR 8 relie Soulac à la pointe de Grave. Parallèlement, une piste cyclable (7 km) et un circuit VTT (8,5 km)* *sont balisés. 12 panneaux (sur la forêt, les dunes…) ponctuent la promenade.*

Pistes cyclables – *05 56 09 86 61 - se rens. dans les offices de tourisme. Elles relient la pointe de Grave à Lacanau en descendant la côte jusqu'à Lacanau-Océan. Possibilité de poursuivre vers le bassin d'Arcachon ou Bordeaux.*

Vélodyssée *(p. 22).*

Cyclo'Star – *9 r. Fernand-Laffargue - 05 56 09 71 38 - www.cyclostar.fr - avr.-sept. et vac. de la Toussaint.* Large choix de matériel : vélos, VTT, VTC, remorques pour enfants, tandems. Ouverture saisonnière d'une annexe à L'Amélie-sur-Mer (juil.-août).

Surf – Des écoles de surf proposent des stages pour tous et des locations. **Soulac Surf School** *(plage sud - 68 r. de la Plage - 05 56 09 82 61 - www.ecoledesurf-soulac.com)* ; **Surfing Soulac** *(plage centrale - 07 77 26 53 25 - www.surfing-soulac.com)* ; **Évolution 2** *(9 r. Brémontier - dép. du centre-ville en 4x4 - 06 84 97 92 36 - juin-sept.).*

Kayak et Découverte – *16 bis rte du Port - 33590 St-Vivien-de-Médoc - 06 49 27 30 05 ou 07 70 18 89 60 - www.kayak-et-decouvertes.blogspot.fr - juin-oct. : 9h-0h ; avr.-mai : w.-end.* Location de kayak *(1h 12 €)*, sur le chenal du Gua *(6 km AR max)*. Initiation à la voile sur l'estuaire à bord du Fantasia *(4 pers. max, à partir de 35 €/pers.)*. Et profitez du cadre pour une pause-café ou une dégustation de moules ou gambas du Médoc !

AGENDA

Soulac 1900 – *1er w.-end de juin - www.label-soulac.fr.* Grande parade de la Belle Époque, train à vapeur, découverte de l'estuaire en bateau, spectacles de rue et petits métiers d'autrefois.

Lacanau-Océan

4460 Canaulais – Gironde (33)

Des pins, des dunes, un long ruban de plages de sable fin, des lames géantes narguées par les surfeurs. Et que d'eau ! Lacs d'eau douce et Océan vous cernent de tous côtés. Que choisir ? Se balader, pédaler, nager ou ne rien faire… L'environnement se prête à des vacances nature, à votre rythme.

NOS ADRESSES PAGE 235
Hébergement, restauration, achats, activités, etc.

S'INFORMER

Office du tourisme de Médoc Océan – *Pl. de l'Europe - 05 56 03 21 01 - www.medococean.com - juil.-août: 9h-19h; mai-juin et sept.: tlj sf dim. 9h-12h30, 14h-18h; reste de l'année: tlj sf dim. 9h30-12h30, 14h-17h - visite guidée des villas anciennes de Lacanau-Océan "Échappée Belle".* Les trois stations de Lacanau, Carcans et Hourtin se sont réunies pour former l'entité Médoc Océan qui met en valeur l'Océan, les lacs et les forêts: visites naturalistes, découverte de la forêt, guide de séjours et d'activités dans les offices de tourisme et sur www.medococean.com. Des bornes interactives sont placées devant les offices du tourisme de Lacanau, Carcans-Maubuisson et Hourtin et permettent de consulter les informations en continu.

SE REPÉRER

Carte de microrégion A2 (p. 222) – À 55 km au nord-ouest de Bordeaux par la D 1215, puis la D 6. Les routes entre Bordeaux et la côte atlantique sont très empruntées par les « habitués ». Attention aux bouchons à partir de 17h !

À NE PAS MANQUER

L'étang de Cousseau, le rivage du lac d'Hourtin et la lagune de Contaut, trois sites naturels protégés.

ORGANISER SON TEMPS

Lacanau est surtout un lieu de séjour, mais si vous n'y passez qu'une journée, prenez le temps d'une promenade: de nombreux circuits sont possibles.

AVEC LES ENFANTS

Demandez aux offices de tourisme le « Tout P'tit Carnet » et « Les aventures du P'tit explorateur », tous les jeudis d'été (5 €), pour les activités en famille; l'étang de Cousseau; parcours accrobranche, balades avec un âne (Lacanau et Carcans) et l'Île aux enfants à Hourtin-Port *(voir la rubrique « Activités », p. 238).*

Se promener Carte de microrégion p. 222

Face à l'Océan, la station s'est développée au pied des dunes couvertes de pins maritimes. Aucune excuse donc pour ne pas se balader dans les « lèdes » (vallons sablonneux parcourus de futaies) et sur les 14 km de plages de Lacanau. Pour les dynamiques, 120 km de pistes cyclables longent la côte dans la pinède. Plusieurs spots de surf réputés aussi: plages Centrale, Nord, Sud et Super Sud (à choisir en fonction des déplacements de bancs de sable). Et encore, trois parcours de golf dont un de 18 trous.

★ **Lac de Lacanau** A-B 2

2 000 ha pour 8 km de long. Nombreux brochets, anguilles et perches à pêcher. Deux plages surveillées (le Moutchic, au nord, et la Grande Escoure, au sud-ouest) et toutes les possibilités de distractions nautiques : voile, planche à voile, ski nautique, canoë-kayak, location de bateaux, dériveurs et pédalos.

Vous pouvez faire la partie nord du lac à pied ou à vélo (entre Lacanau et Les Nerps).

Circuit conseillé Carte de microrégion p. 222

ENTRE LACS, ÉTANG ET OCÉAN

Circuit de 51 km au départ de Lacanau-Océan, tracé en rouge sur la carte p. 222. Compter 4h.

Les cours d'eau arrêtés par la barrière des dunes ont formé le long de la côte un chapelet de lacs et d'étangs reliés entre eux par des canaux. Amoureux de la nature ou sportif invétéré, vous trouverez forcément votre bonheur.

En sortant de Lacanau-Océan, prendre à gauche la D 6^E1 qui traverse la forêt.

Étang de Cousseau AB2

Laisser la voiture au parking situé en bordure de la D 6^E1 au lieu-dit Marmande.

05 56 03 21 01 - www.sepanso.org - 8h-20h - possibilité de visite guidée sur demande (3h) - 5 € (-8 ans 2 €) - rens. et réserv. dans les offices du tourisme de Lacanau-Océan, Carcans-Maubuisson et Hourtin - livret du sentier d'interprétation et carnet de la réserve naturelle (1 € et 2 €) disponibles dans les offices de tourisme.

Vous accédez à cette réserve naturelle par un sentier traversant la forêt domaniale de Lacanau ou par des pistes cyclables bétonnées *(laissez votre vélo dans les parcs aménagés aux différentes entrées)*. Bordé à l'ouest par une série de dunes paraboliques, l'étang se prolonge à l'est par un marais *(non accessible)*.

Vous suivrez le **sentier d'interprétation** pour découvrir la faune (sangliers, vaches marines, oiseaux migrateurs, insectes, etc.) et la flore (pins, arbousiers, chênes verts, nénuphars...) de la réserve, ainsi que la technique du gemmage (technique de récolte de la résine de pin).

Au terme de la D 6^E1, prendre la D 207 pour profiter du bord de mer, ou directement à droite.

Carcans-Maubuisson A2

127 av. de Maubuisson - 33121 Carcans - 05 56 03 21 01 - www.medococean.com - juil.-août : 10h-13h, 15h-19h ; avr.-juin et de déb. à mi-sept. : 9h30-12h30, 14h-17h.

La station balnéaire de **Carcans-Océan** compte une plage surveillée et un spot pour les surfeurs.

À 4 km vers l'intérieur se trouve **Maubuisson**, d'où l'on accède au lac d'Hourtin-Carcans *(voir ci-après)*. Dans un édifice en brique, à proximité de

> **LE SAVIEZ-VOUS ?**
>
> Depuis des siècles, les Landes sont parcourues de canaux naturels et artificiels (entre les étangs, pour l'irrigation des terres). Lacanau signifie « le canal ».
>
> Le 45e parallèle de latitude nord (à égale distance entre l'Équateur et le pôle Nord) coupe l'Aquitaine au niveau de Lacanau. Il passe aussi à St-André-de-Cubzac *(voir « Bourg », p. 205)*.

l'office de tourisme, est installée la **Maison des arts et traditions populaires**, consacrée aux métiers anciens ; sabotiers, bergers landais ainsi qu'au gemmage, à l'agriculture et l'arrivée du train. *129 av. de Maubuisson - ✆ 05 56 03 41 96 - http://musee.matp.carcans.free.fr - juil.-août : 15h-19h ; avr.-juin et sept.-oct. : lun.-jeu. 15h-19h ; reste de l'année : se rens. - fermé 14 Juil., 15 août - possibilité de visite guidée sur demande (1h30) - 2 € (-18 ans gratuit).*

★ Lac d'Hourtin-Carcans B2

Ce lac sauvage et solitaire couvre une superficie de plus de 6 000 ha. Plus grand lac d'eau douce en France, il est bordé de marais au nord et de quelques tronçons sablonneux sur la rive est. Des dunes, hautes de plus de 60 m par endroits, longent la rive ouest.

De la **plage Sud** (Maubuisson), aménagée pour la baignade, vue agréable sur une partie étendue du lac. Là, vous pourrez pratiquer diverses activités nautiques, tout comme à **Bombannes**, un site familial.

À 7 km au nord de Carcans par la D 3. Prendre à gauche, suivre la route puis la piste forestière.

Le **rivage du lac d'Hourtin** est classé « espace naturel sensible » afin de protéger cette zone composée de pinèdes, landes, prairies et marais, qui renferme une flore et une faune variées. Pour en apprécier toute la richesse, suivez une visite guidée *(voir la rubrique « S'informer », p. 233).*

Tête de la « route » des lacs et canaux du Sud-Ouest, Hourtin accueille les bateaux de plaisance grâce au développement de **Hourtin-Port**, doté de 500 anneaux d'amarrage. Voile, planche à voile, canoë, pédalo…, tous les moyens sont bons pour profiter du lac. Les prestataires se trouvent à Hourtin-Port et de l'autre côté (sur la rive nord-ouest), à **Piqueyrot** (A2). Les plages aménagées près de ces deux bases nautiques sont surveillées en saison.

2

Hourtin B2

1 r. de Lachanau - 33990 Hourtin - ✆ 05 56 03 21 01 - www.medococean.com - juil.-août : 10h-13h, 15h-19h ; avr.-juin et de déb. à mi-sept. : 9h30-12h30, 14h-17h - visite guidée du rivage du lac d'Hourtin.

Le village d'Hourtin, où se tient un marché traditionnel le jeudi matin (ainsi que les mardis et samedis en saison), est distant de 11,5 km d'**Hourtin-Plage** (A2). La station balnéaire, organisée autour de l'avenue principale qui débouche sur l'Océan, est surtout animée en saison, quand le temps se prête à la baignade.

Prendre la D 101^{E7} qui mène à Hourtin-Plage. À 4 km environ, parking.

2 km AR. Au lieu-dit du **Contaut** (AB2), une passerelle (surveillez les enfants) serpente au sein d'une végétation dense, dans le site lacustre protégé de la lagune. Vous pouvez suivre seul ce sentier ponctué de panneaux, ou vous inscrire à une visite naturaliste *(voir la rubrique « S'informer », p. 233).*

NOS ADRESSES À LACANAU-OCÉAN

HÉBERGEMENT

À Lacanau

PREMIER PRIX

Camping Yelloh ! Village Les Grands Pins – *À 500 m de la plage Nord - ✆ 05 56 03 20 77 - www.lesgrandspins.com - - de fin mars à déb. oct. - 570 empl. 57 € - 244 locatifs 39/299 €/nuitée.*
À l'ombre d'une pinède digne des Landes, ce camping est un véritable village de vacances : bassins aquatiques et ludiques, petit centre commercial et mobile homes au grand confort. Accès direct à la plage.

Club Airotel de l'Océan – *24 r. du Repos - plage Nord - ✆ 05 56 03 24 45 - www.airotel-ocean.com - - avr.-oct. - 550 empl. 55 € - 250 locatifs 55/192 €/nuitée.* Le camping vient de se doter d'un tout nouvel espace aquatique Aqualiday à l'ambiance tropicale. Cette structure couverte et chauffée contient une rivière à contre-courant, un Spa, etc. *(ouv. aux visiteurs ext. hors sais.).*

BUDGET MOYEN

Le Gîte Autrement – *D 104, lieu-dit Narsot - 2 km au nord-est de Lacanau par D 104, rte de Brach - ✆ 05 57 17 22 47 - www.gite-autrement.com - - - 9 (4 ou 5 pl.) 66/70 € (nuitée seult en basse sais.) ; 560/730 € - 20 €.* Des chalets en bois (simples, fonctionnels et dotés d'une terrasse) vous attendent dans un agréable petit parc. Également chambre d'hôte dans la maison attenante : location 2 nuits au minimum, draps fournis et repas pour ceux qui le désirent.

POUR SE FAIRE PLAISIR

Vitalparc Hôtel – *Rte du Baganais - ✆ 05 56 03 91 00 - www.vitalparc.com - fermé du 14 nov. à mi-fév. - - - 58 ch. 134/142 € 11,50 - 13,50/25 €.* Dressé dans une pinède, ce complexe hôtelier moderne propose plusieurs formules d'hébergement : chambres, appartements pour familles ou petites villas mitoyennes à louer. Espace de remise en forme et de balnéothérapie *(voir la rubrique « Activités »).*

À proximité

BUDGET MOYEN

Chambre d'hôte La Villa Ashram – *18 r. des Genêts-d'Or - 33121 Maubuisson - ✆ 05 56 03 49 19/06 77 58 55 24 - - 3 ch. 70/80 € - 6 €.* Quiétude et détente garanties dans cette agréable maison tenue par Mme François, qui a décoré les chambres d'hôte et le gîte indépendant de ses peintures et créations personnelles. Le lac d'Hourtin-Carcans, situé à 300 m, et la nature environnante offrent un large choix d'activités.

RESTAURATION

À Lacanau

PREMIER PRIX

Le Cabanon de Christine – *6 r. Henri-Séguin - ✆ 06 85 21 64 56 - 10h-14h, 18h-20h30 - 12 €.* Dans une petite rue, ce bar à huîtres propose des huîtres d'Arcachon, bien sûr, mais aussi des gambas, des moules ou encore des saucisses grillées accompagnées de frites maison et d'un verre de tariquet.

BUDGET MOYEN

Le Kayoc – *2 allée Ortal - ✆ 05 56 03 20 75 - www.restaurant-kayoc-lacanau.com - fermé 24 déc. soir - 19,90 € déj. - menu 30 €.* La salle à manger située au premier étage offre une vue imprenable sur la plage et l'Océan. Tout en admirant le paysage, vous vous régalerez de fruits de mer, à moins que vous ne soyez tenté par la formule plus simple du rez-de-chaussée. Petits-déjeuners succulents, sur la terrasse sud.

Le Bistrot des Cochons – *1 r. du Dr-Darrigan - ✆ 05 56 03 15 61 - http://lebistrotdescochons.wpweb.fr - fermé janv. - 24 €.* Située en léger retrait de l'animation de la station, cette petite adresse doit son succès à la qualité irréprochable de sa cuisine autant qu'à la réussite de son décor façon « brocante ». La paisible terrasse dressée à l'ombre d'un vieux chêne invite à s'attarder.

POUR SE FAIRE PLAISIR

La Cabane – *19 av. du Gén.-Leclerc - ✆ 05 56 03 19 15 - de mi-fév. à mi-nov. : 19h-2h (dim. et j. fériés 12h-15h et 19h-2h) ; juil.-août : 10h-15h et 19h-2h - brunch 9,80/19,80 €) - menus 25/35 €.* Dépaysement assuré dans ce jardin où le restaurant, la déco et la cuisine sont d'inspiration exotique.

À Carcans

Chez Heidi – *13 av. des Dunes (parking sud) Carcans-Océan - ✆ 05 56 03 42 92 - été : tlj - avr.-mi-juin : w.-end.* On imagine difficilement, en été, manger du cochon grillé pour le déjeuner. Et pourtant, c'est ici que l'on vient pour déguster, entre autres, le jambon braisé. C'est une institution !

À Hourtin

Brasserie du Port – *Résidence Bâbord - Hourtin-Port - ✆ 05 56 09 14 66 - 12h-14h, 19h-21h.* Cadre agréable pour cette brasserie traditionnelle sur le port. Spécialités de fruits de mer et grillades. Bon rapport qualité-prix.

PETITE PAUSE

À Carcans

Le Salon de la Glace – *142 av. de Maubuisson - ✆ 05 56 03 30 80 - juin-sept. : 8h30-0h ; reste de l'année : w.-end.* Cet artisan glacier propose des sorbets et des glaces maison aux œufs. Plus de 60 parfums ! À ne pas manquer.

ACHATS

La Maison Bleue – *22 allée Pierre-Ortal - ✆ 05 56 03 16 52.* Dans cette belle maison bleue, une multitude d'objets pour la maison. Nouveautés 2015 : les tapis surf.

Chez Marie-Line – *Allée Pierre-Ortal.* Dégustation et vente d'huîtres, bulots, crevettes, bigorneaux…

Le Boudoir d'Adèle – *19 allée Pierre-Ortal.* Charmante boutique : bijoux de créateurs, accessoires et décoration.

EN SOIRÉE

Casino – *Rte du Baganais - ✆ 05 57 17 03 80 - www.casinolacanau.com - 12h-4h.* Cette imposante architecture moderne aux formes arrondies abrite le casino de Lacanau. Machines à sous, roulette, black jack, poker et restaurant.

ACTIVITÉS

Randonnées – *Le plan des pistes cyclables et du GR 8 couvrant toute la zone entre Lacanau-Océan et Hourtin-Plage est disponible dans les offices du tourisme de Médoc-Océan (ou téléchargeable sur www.medococean.com). 3 boucles principales autour des lacs : la boucle du Lion, la boucle des Caravelles et la boucle des Genêts.*

L'Anecanau – *1675 chem. de Ceinture de Talaris - Lacanau-Lac - ✆ 05 56 03 20 78 ou 06 76 41 35 53 - de déb. avr. à mi-nov.* Partez en balade avec un âne autour du lac pour la journée.

Balade Océ'âne – *Rte de Capdeville - Carcans - ✆ 05 56 03 21 01 ou 06 48 04 05 80 - www.oceane-crozon.net - de mi-mai à fin sept. - 1/2 j 25 €.* Partez à la découverte de la faune et de la flore autour du lac de Carcans Maubuisson à dos d'âne.

Lacanau Surf-Club – *20 bd de la Plage - ✆ 05 56 26 38 84 - www.lacanausurfclub.com - juil.-août : 9h-19h ; avr.-juin et sept.-nov. : 9h-12h, 14h-18h.* Partenaire du Lacanau Pro. Cours et stages de surf de Pâques à la

Toussaint pour tous les niveaux. Jardin des vagues pour les 5-8 ans et les 9-13 ans. Découverte et pratique du *Stand Up Paddle.*

Vitalparc – *Rte du Baganais - Lacanau-Océan - ✆ 05 56 03 92 44 - www.vitalparc.com - 10h-13h, 15h-19h, dim. 10h-13h, 15h-20h - fermé de mi-nov. à mi-fév.* Cet espace de remise en forme situé au sein du complexe hôtelier Aplus propose de multiples formules pour votre bien-être. Parcours d'accrobranche avec des vélos sur les fils. Pour enfants (à partir de 6 ans) et adultes.

Nomade – *Lacanau-Océan - www.nomade.lacanauocean.com - avr.-sept.: 9h-20h.Ticket Pass loisirs 3 €.* Location de vélo, *beach cruisers* (vélo californien) spécial pour les bords de plage, city, tandem, carrioles...

Fun Bike – *109 av. de Maubuisson - Carcans - ✆ 05 56 82 96 74 - www.funbike.fr - de Pâques à la Toussaint.* Location de vélo classique, vélo électrique, tandem et remorque.

Monkey Beach – *Plage Nord - 24 r. du Repos - Lacanau-Océan - ✆ 06 64 74 50 51 - 1h, 7 € (3-9 ans).* Parcours accrobranche dans la pinède avec tyrolienne.

Garden Golf – *Domaine de l'Ardilouse - Lacanau-Océan - ✆ 05 56 03 92 98 - www.ngf-golf.com/gardengolf-lacanau- stage à la sem.* Sur un parcours entre lac et Océan, ce golf international de 18 trous offre une belle alternative à la plage et ravira les inconditionnels.

Le Mahi-Mahi – *Baie de Longarisse - rive ouest du lac de Lacanau - ✆ 06 61 21 38 09 - www.le-mahi-mahi.com - été: 11h-15h, 16h-18h, 18h30-crépuscule.* Catamaran sur le lac de Lacanau, découverte des îles ou apéro et tapas au coucher du soleil les pieds dans l'eau!

Évolution 2 – *41 av. du Dr-Arnou-Laujeac - Lacanau-Lac - ✆ 06 08 34 59 07 - www.evolution2-lacanau.com - 10/50 €.* Location et promenade en pirogue hawaiienne et *Stand Up Paddle* sur le lac.

Au Petit Mousse – *81 bd du Lac - Carcans-Ville - ✆ 05 56 03 31 91 - www.petitmousse.fr.* Multiactivités pour toute la famille: voile, parachute ascensionnel, location de bateaux, planches.

L'Île aux Enfants – *Hourtin-Port - gratuit.* Aires de jeux, structures en bois (château), jeux gonflables sur l'eau (Splash Park - *réserv. obligatoire - ✆ 06 50 90 83 70 - www.splash-park.fr - 1h, 8 €, 2h, 15 € - à partir de 6 ans)* et *Cable Park.*

AGENDA

À Lacanau

Lacanau Gliss'Festival – *Fin mai-déb. juin.* Initiation et animations, skate, surf...

Soöruz Lacanau Pro – *Mi-août - http://sooruzlacanaupro.com.* Étape des championnats du monde de surf.

À Carcans

Carcan'Scène – *Mai.* Danse, théâtre, art de la rue, concerts.

À Hourtin- Port

Bambino Party – *Juin.* Festival des enfants de 3 à 12 ans.

Arcachon

★★

10776 Arcachonnais – Gironde (33)

Des senteurs balsamiques d'océan et de pin. Un air de vacances les pieds dans l'eau, l'épuisette à la main. Une pincée de snobisme. Des villas éclectiques, plantées au cœur des bois. Un parfum d'autrefois... Plus besoin de faire la réputation d'Arcachon, belle aux quatre saisons, née de l'imagination hallucinée de pionniers audacieux. Elle a ses fidèles, ses inconditionnels. Elle sait les retenir et les faire revenir.

NOS ADRESSES PAGE 244
Hébergement, restauration, achats, activités, etc.

S'INFORMER

Office du tourisme d'Arcachon – *Espl. Georges-Pompidou - 33300 Arcachon - ✆ 05 57 52 97 97 - www.arcachon.com - juil.-août: 9h-19h; avr.-juin et sept.: 9h-18h, dim. 9h-13h, 14h-17h; reste de l'année: tlj sf dim. 9h-13h, 14h-18h, sam. 9h-13h, 14h-17h - fermé 1er janv., 25 déc.*

Visites guidées – *Sur demande préalable (90mn) juil.-sept.: 9h-19h; avr.-juin: 9h-17h; reste de l'année: tlj sf dim. 9h-18h, sam. 9h-17h. Visites guidées à pied et en bus panoramique. Guide pratique du bassin d'Arcachon disponible sur Internet.*

SE REPÉRER

Carte de microrégion A3 (p. 222) – À 60 km de Bordeaux (D 1250 ou A 63). Les quatre « villes » d'Arcachon correspondent à quatre quartiers, chacune avec ses caractéristiques. La plus fréquentée est bien sûr la ville d'été, qui borde la mer.

À NE PAS MANQUER

La ville d'hiver, la jetée Thiers et le boulevard de la Mer qui offrent une vue d'ensemble sur le bassin d'Arcachon.

ORGANISER SON TEMPS

Si le bain de mer s'impose en été, après une petite promenade sur le front de mer (1h), la ville d'hiver se visite toute l'année (comptez 2h). Le soir, Arcachon est toujours très animée. Le samedi, en juillet et en août, des compétitions de chistera rappellent que le Pays basque n'est pas loin *(voir la rubrique « En soirée », p. 245).*

AVEC LES ENFANTS

L'aquarium et son musée, pour faire connaissance avec les animaux marins du bassin d'Arcachon.

Se promener Plan de ville p. 242

★ LE FRONT DE MER OU LA VILLE D'ÉTÉ

À la fois détendue aux terrasses des restaurants de fruits de mer, mondaine dans son casino ou sportive lors des régates à la voile, la ville d'été, qui occupe une position centrale, longe la mer entre la jetée de la Chapelle et la jetée d'Eyrac. La jetée Thiers (embarcadère pour les promenades en mer dans le bassin d'Arcachon) a conservé son style rétro. De part et d'autre, les promeneurs affluent dès le début de la soirée.

Arcachon, le front de mer et le palais des congrès.
P. Jacques/hemis.fr

Partir de la jetée d'Eyrac (à l'est).
Vous passez devant le **palais des congrès** (B3) et le **casino** (B3), ancien château Deganne.

Aquarium et musée B3

2 r. du Prof.-Jolyet - ✆ 05 56 83 33 32 - juil.-août : 9h45-12h15, 13h45-19h, sam. 13h45-19h ; mars-juin et sept. : 9h45-12h15, 13h45-18h30, sam. 13h45-18h30 ; reste de l'année : tlj sf dim. 9h45-12h15, 13h45-18h, sam. 13h45-18h - fermé de mi-nov. à fin fév. - 5,60 € (-11 ans 4,60 €).

L'aquarium, à l'entresol, présente les animaux marins les plus représentatifs du bassin et du proche Océan. À l'étage, collections d'oiseaux, de reptiles, de poissons et d'invertébrés de la région, section réservée aux huîtres, produit de fouilles archéologiques locales.

Jetée Thiers B3

De la jetée Thiers, **vue★** d'ensemble sur le bassin et la station. Les stars de la marine ne sont pas oubliées : Éric Tabarly, Florence Arthaud, Yves Parlier et bien d'autres ont imprimé leur pied dans le bronze. Suivez-les sur la **chaussée des Pieds marins**, près de la jetée Thiers.
Poursuivre sur le front de mer, puis sur le boulevard de la Plage.
Sur la jetée de la Chapelle s'élève la **croix des Marins**. Remontant la rue, vous arrivez à la **basilique Notre-Dame** (A3), du 19e s. À l'intérieur, la **chapelle des Marins** est tapissée d'ex-voto, offerts par des marins sauvés des eaux.
Rejoignez le **boulevard de la Mer★** (A1), à l'ouest, qui quitte la ville d'été pour la ville de printemps. Face au Cap-Ferret, il est bordé de pins et de sable.
Le long de la **plage Pereire** court une charmante promenade piétonne ombragée *(3 km)*. Vous pouvez pousser jusqu'au **Moulleau**, quartier agréable et animé *(voir « Nos adresses »)*. Perchée sur une butte, la surprenante église N.-D.-des-Passes domine la rue piétonne et commerçante du même nom. Jolie plage familiale avec **vue** sur le phare du Cap-Ferret.

Arcachon ou le commerce de la mer

ARCACHON ET LA PLAGE

Naissance d'une cité balnéaire

En 1841, une ligne de chemin de fer relie déjà Bordeaux et La Teste, plage de prédilection des Bordelais. Quatre ans plus tard, un débarcadère, desservi par une route tracée à travers les prés-salés, est édifié sur la baie à 5 km au nord de La Teste. Quelques villas se construisent : Arcachon, station balnéaire, est née.

L'envol

1852 : les **frères Pereire**, habiles banquiers bordelais, fondent la Compagnie des chemins de fer du Midi. Ils rachètent la ligne Bordeaux-La Teste, la prolongent jusqu'à Arcachon (1857) où ils ont acquis des terrains, et, pour rentabiliser la ligne, créent des infrastructures : une gare, un « buffet chinois », un Grand Hôtel, un casino mauresque et des villas. Dans la ville ainsi bâtie, au beau milieu du 19e s., l'essor industriel bat son plein. C'est donc un ingénieur, **Paul Régnault**, qui est choisi pour réaliser les premiers édifices. Il sera secondé par un jeune homme du nom de… Gustave Eiffel. Les frères Pereire organisent ensuite la promotion de la nouvelle ville et, coup de génie, y invitent Napoléon III. Il n'en fallait pas plus pour que le Tout-Paris et le Tout-Bordeaux se pressent à Arcachon. Déjà fréquentée pour ses bains de mer, elle devient très rapidement une station d'hiver réputée pour son air balsamique, propre à enrayer la tuberculose pulmonaire qui fait alors des ravages. La ville d'hiver est pendant des décennies un lieu de rendez-vous pour les célébrités, d'Alexandre Dumas à Cocteau en passant par Marilyn…

ARCACHON ET L'OCÉAN

Vieux loups de mer

Dans l'histoire de la pêche maritime, Arcachon fait figure de port pionnier. En effet, en 1837 y est mis en service le *Turbot*, premier chalutier à vapeur du monde, doté de roues à aubes. En 1865, ce sont les premiers vapeurs à hélices et coque en fer français qui y sont lancés. Au tournant du siècle, Arcachon est le deuxième port de pêche de France après Boulogne-sur-Mer. Toujours en quête d'innovation, une société y fait construire en 1927 le *Victoria*, premier chalutier à moteur du pays.

La pêche industrielle arcachonnaise décline dans les années 1950, les chalutiers gagnant les ports bretons, et passe le relais aux pêcheurs artisans.

Sur les quais

Aujourd'hui, les quais d'Arcachon accueillent bon an mal an 2 000 t de poisson, dont de nombreuses espèces fines : sole, bar, merlu, rouget, turbot, encornet, etc. La flottille, qui opère au large dans le golfe de Gascogne, se compose de chalutiers traditionnels et de catamarans fileyeurs. À l'intérieur du bassin, les techniques de pêche restent traditionnelles : suivant le maillage des filets et la façon de les faire tenir, on pêche à la jagude, au loup, au palet, à la trahine, différents filets de pêche, au balai (bouquets de genêts où s'agglutinent les crevettes), à l'esquirey (sorte de poche de filet poussée devant soi, au bout d'un manche), ou à la foène (trident servant à attraper les anguilles).

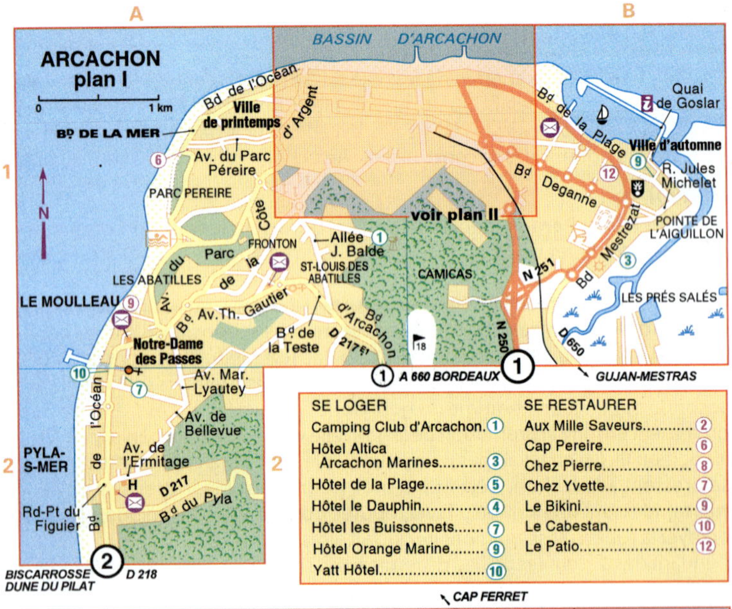

SE LOGER		SE RESTAURER	
Camping Club d'Arcachon	1	Aux Mille Saveurs	2
Hôtel Altica Arcachon Marines	3	Cap Pereire	6
Hôtel de la Plage	5	Chez Pierre	8
Hôtel le Dauphin	4	Chez Yvette	7
Hôtel les Buissonnets	7	Le Bikini	9
Hôtel Orange Marine	9	Le Cabestan	10
Yatt Hôtel	10	Le Patio	12

★ LA VILLE D'HIVER

En retrait de la ville d'été, elle est bien abritée des vents du large. La paisible vieille dame chic et excentrique est tout en dentelle festonnée. Ses belles artères jalonnées de villas fin 19e s.-déb. 20e s. sillonnent une forêt de pins. C'est l'endroit le plus reposant d'Arcachon.

Conçue pour les tuberculeux, la ville d'hiver est une sorte de parc urbain où les villas se parent de dentelle de bois sur les pignons, les balcons, les escaliers extérieurs et les vérandas.

Suivez une visite guidée (1h30) de la ville d'hiver *(voir la rubrique « S'informer », p. 239)* ou louez un audioguide à l'office de tourisme.

De la place du 8-Mai, prenez l'amusant ascenseur, dont la station supérieure, située en bordure du parc mauresque, domine la ville d'été.

Ci-après, quelques buts de promenade.

Parc mauresque A3

Regroupant de nombreuses essences exotiques, il s'ouvre sur la ville et le bassin d'Arcachon. Tous les édifices d'origine n'ont pas été conservés. Le casino mauresque, notamment, qui s'inspirait à la fois de l'Alhambra de Grenade et de la mosquée de Cordoue, a été détruit dans un incendie en 1977.

Observatoire Ste-Cécile A3

Si vous avez le vertige, évitez l'ascension à la plate-forme. L'escalier ajouré, en colimaçon et légèrement houleux, risque de vous donner un bon mal de mer.

Construction à charpente métallique due à Gustave Eiffel, l'observatoire est accessible par une passerelle franchissant l'allée Pasteur. De la plate-forme, **vue** sur la ville d'hiver, Arcachon et le bassin.

2

Villas

Chalets à pans de bois, suisse ou basque, cottage anglais, villa mauresque, manoir néogothique ou maison coloniale, les architectes s'en sont donné à cœur joie! Les villas sont pour la plupart construites sur le même plan: un étage de service, un rez-de-chaussée surélevé, réservé aux pièces de réception et au salon-véranda; à l'étage supérieur, les chambres de maître.

Pins atlantiques aux longs fûts, chênes, érables, robiniers, prunus, micocouliers, platanes, tilleuls… À la floraison, les mimosas, les catalpas et les magnolias ajoutent une touche de couleur. Un vrai paradis!

Allée Rebsomen – La villa Theresa (n° 4) est un monument historique privé.

Allée Corrigan – On y voit la villa Walkyrie (n° 12), l'hôtel de la Forêt et la villa Vincenette (n° 16) avec son bow-window garni de vitraux.

Allée Dr.-F.-Lalesque – Villas L'Oasis, Carmen (n° 14) et Navara.

Angle de la rue Velpeau et de l'allée Marie-Christine – Villa Maraquita (n° 8).

Allée du Moulin-Rouge – La villa Toledo (n° 7) possède un superbe escalier en bois découpé; il s'agit de l'ancien gymnase Bertini.

Allée Faust – Villas Athéna, Fragonard, Coulaine, Graigcrostan (n° 6), Faust et Siebel.

Allée Brémontier – Villas Brémontier (n° 1), avec tourelle et balcon, Glenstrae (n° 4) et Sylvabelle (n° 9).

Allée du Dr.-Festal – Villas Trocadéro (au n° 6, *voir l'« ABC d'architecture », p. 93*) et Monaco.

Allée Pasteur – Villas Montesquieu et Myriam. À l'angle des allées Pasteur et Alexandre-Dumas se trouve la villa Alexandre-Dumas (n° 7).

LA VILLE D'AUTOMNE B1

À l'est, Arcachon revêt sa vareuse. C'est son côté maritime, avec son port de plaisance où s'alignent les voiliers, et son port de pêche où vont et viennent les chalutiers.

LA VILLE DE PRINTEMPS A1

Sportive (tennis, piscine, fronton) et cossue, elle tient ses quartiers à proximité du **parc Pereire**. À l'extrémité sud, les Arbousiers sont LE spot des surfeurs. La **source des Abatilles** (dans le quartier du même nom), qui jaillit à 465 m de profondeur, donne un très bon cru d'eau minérale.

NOS ADRESSES À ARCACHON

Voir également « Nos adresses dans le bassin d'Arcachon », p. 257.

TRANSPORTS

Eho ! – *Tlj sf dim., 1er Mai, 11 Nov. - gratuit.* Ces minibus électriques circulent dans la ville (marquage bleu au sol). Ligne A : centre-ville, La Chapelle, Pereire, Le Moulleau ; ligne B : centre-ville, ville d'hiver, Abatilles ; ligne C : centre-ville, Aiguillon, St-Ferdinand.

HÉBERGEMENT

BUDGET MOYEN

Camping Club d'Arcachon – Plan p. 242 ① - *5 allée de la Galaxie (sud de la ville, quartier des Abatilles) - 05 56 83 24 15 - www.camping-arcachon.com - - 300 empl. 45 € - 88 locatifs 87/169 €/nuitée.* Les jolis emplacements sont situés sur de petites terrasses individuelles sous les pins.

Yatt Hôtel – Plan p. 242 ⑩ - *253 bd de la Côte-d'Argent - Le Moulleau - 05 57 72 03 72 - www.yatt-hotel.com - 23 ch. 85/135 € - 8,50 € - mars-oct.* À 50 m de la plage et en plein cœur du Moulleau, un petit hôtel avec des chambres simples et très bien tenues, au décor nautique. Familial et convivial.

POUR SE FAIRE PLAISIR

Hôtel de la Plage – Plan p. 242 ⑤ - *10 av. Nelly-Deganne - 05 56 83 06 23 - www.hotelarcachon.com - P 10 € - 53 ch. 99/290 € - 12 €.* À 50 m du casino et à 150 m de la mer, cet établissement a été totalement rénové en 2011 et affiche un chaleureux style bord de mer (lambris clairs, rotin)… Plaisant et bien insonorisé, il possède un billard. Plage à 100 m.

Hôtel Les Buissonnets – Plan p. 242 ⑦ - *12 r. Louis-Garros - Le Moulleau - 33120 Arcachon - 05 56 54 00 83 - www.hotel-buissonnets.com - 13 ch. 115/135 € - 13/16 € - P.* À deux pas du quartier animé du Moulleau et de la plage, vous apprécierez le calme de ce petit hôtel. Petit-déjeuner dans le jardin fleuri de la villa. Tapisseries un peu chargées.

Hôtel Orange Marine – Plan p. 242 ⑨ - *35 bd Chanzy - 05 57 52 00 80 - www.hotelorangemarine-arcachon.com - P - fermé de mi-nov. à mi-fév. - - 20 ch. 109 € - 10 € - 30 €.* Voici une petite adresse qui ne vous ruinera pas. Située à deux pas du port de pêche, elle abrite des chambres impeccablement tenues, à choisir de préférence côté mer. Les autres donnent sur un joli patio agrémenté d'une fontaine, où l'on dresse le couvert en été.

Hôtel Le Dauphin – Plan p. 242 ④ - *7 av. Gounod - ✆ 05 56 83 02 89 - www.dauphin-arcachon.com - ♿ - ▤ P - ⛱ - 50 ch. 125 € - ☕ 10 €.* Cette demeure bourgeoise du 19e s. à la jolie façade de briquettes jouit d'une situation privilégiée, à 300 m de la mer, dans un quartier calme d'Arcachon. Les chambres sont confortables. Quelques suites familiales en mezzanine. Piscine, salle de fitness et location de vélos. Accueil chaleureux.

RESTAURATION

BUDGET MOYEN

Cap Pereire – Plan p. 242 ⑥ - *1 av. du Parc-Pereire - ✆ 05 56 83 24 01 - www.restaurantcappereire.com - fermé 15 nov.-15 déc., 5 jan.-1er fév. - ♿ - 28/38 €.* Cet établissement est proche du paisible parc Pereire. Architecture d'inspiration coloniale, salle à manger au décor marin, terrasse dressée face à l'Océan et cuisine de la mer. À ce restaurant gourmand s'ajoute un bar à sushis, préparés par un professionnel.

Aux Mille Saveurs – Plan p. 242 ② - *25 bd du Gén.-Leclerc - ✆ 05 56 83 40 28 - fermé vac. scol. Toussaint, vac. scol. fév., dim. soir et mar. soir sf août et merc. - ♿ - 19,50/50 €.* Mille saveurs vous attendent dans l'assiette, subtilement relevée d'épices. Grande salle à manger entièrement redécorée et agrandie d'une véranda.

Chez Yvette – Plan p. 242 ⑦ - *59 bd du Gén.-Leclerc - ✆ 05 56 83 05 11 - www.restaurant-chez-yvette-arcachon.fr - fermé janv. - 25 €.* Une véritable institution. Gérée par une famille d'ostréiculteurs depuis plus de trente ans, l'adresse est réputée pour ses produits de la mer. Cadre marin. Ambiance animée et décontractée.

Le Cabestan – Plan p. 242 ⑩ - *6 bis av. du Gén.-de-Gaulle - ✆ 05 56 83 18 62 - www.everyoneweb.com/restaurantlecabestan - fermé lun.-mar. sf mar. soir en été - 20,50/29,50 €.* Le chef, qui a fait ses classes dans des restaurants gastronomiques de renom, commence à être réputé. Il mise davantage sur sa cuisine, raffinée, que sur le cadre, très simple, de son établissement. Accueil très agréable, service rapide et efficace.

POUR SE FAIRE PLAISIR

Le Bikini – Plan p. 242 ⑨ - *18 allée des Arbousiers - Le Moulleau - 8h-0h (été) - 25/45 €.* Pratiquement les pieds dans l'eau, c'est le resto branché du Moulleau. On y déguste des spécialités basques et parfois exotiques. On s'installe en terrasse pour la vue sur le phare du Cap-Ferret et pour les couchers de soleil… Un peu cher, cependant.

Chez Pierre – Plan p. 242 ⑧ - *1 bd Veyrier-Montagnères - ✆ 05 56 22 52 94 - www.cafe-plage-restaurant-pierre.fr - carte 26/58 €.* Un cadre magique : au bord de l'eau, face à l'Île aux Oiseaux. Une cuisine raffinée : spécialités de poissons, fruits de mer, huîtres et grillades. Sushi bar et assiettes japonaises.

UNE FOLIE

Le Patio – Plan p. 242 ⑫ - *10 bd de la Plage - ✆ 05 56 83 02 72 - www.lepatio-thierryrenou.com - fermé 1re quinz. de mars, 1re quinz. de nov., dim. soir et lun. - ♿ - formule déj. 38 € - 65/95 €.* Ce restaurant affiche un décor contemporain vert anis, chocolat et taupe. Salle ouverte sur un patio-terrasse pour savourer une cuisine axée sur l'Océan.

EN SOIRÉE

C'est au cœur du **Moulleau**, quartier chic d'Arcachon, que se concentre l'essentiel de l'animation nocturne. L'été, de nombreux bars, restaurants et boutiques attirent un monde fou.

Bar de l'Oubli – *234 bd de la Côte-d'Argent - Le Moulleau - ✆ 05 57 72 00 45 - 25/30 €.* Clientèle hétéroclite et branchée, surtout l'été où l'on vient pour être vu ! Terrasse animée, cocktails et tapas (10/19 €).

Le Comptoir – *17 av. N.-D.-des-Passes - Le Moulleau - ✆ 05 56 83 73 58.* Une déco sobre et sombre, mais une ambiance festive et animée le soir. Bonne sélection de whiskies et cocktails. Tapas (6/10 €).

Casino de la Plage – *163 bd de la Plage - ✆ 05 56 83 41 44 - www.casinoarcachon.com - 10h-2h, vend.-sam. et veille de j. fériés 10h-4h.* Ce casino est doté d'une salle de jeu et de 75 machines à sous. Mais on peut tout aussi bien profiter du restaurant et des bars. Nombreuses soirées et apéritifs.

Café de la Plage – *1 bd Veyrier-Montagnères - ✆ 05 56 83 31 94 - www.cafedelaplage.com - 8h-2h.* Situation idéale sur la plage, près du casino. On vient ici pour se montrer et boire un verre de vin choisi parmi 500 références. Très bonne ambiance musicale le soir.

Le Fronton ou **Pilatoris arcachonnais** – *14 av. du Parc - ✆ 05 56 83 17 87 - www.arcapelote.com - fronton en accès libre la journée.* Ce fronton de pelote basque a été construit en 1932 dans le parc des Abatilles. Chaque vendredi soir en juillet et août, des compétitions de chistera s'y déroulent. Un fronton mur à gauche couvert permet la pratique d'autres spécialités : la cesta punta, le yoko garbi, le frontennis et la paleta gomme pleine et creuse.

ACHATS

Marché – *Centre-ville - ✆ 05 57 52 98 98 (mairie) - 6h-13h.*

Marché bio du Moulleau – *Juil.-août - mar. mat. 8h-14h.*

Sébastien Gruel – *43 r. Lamarque - ✆ 05 56 83 31 74 - www.gruel-traiteur.fr - mar.-sam. 8h30-12h45, 15h30-19h30 (dim. 12h45) ; tlj en sais. 8h30-13h, 16h-20h.* Le fils de Michel Gruel a repris la fabrication des fameuses conserves du Sud-Ouest désormais estampillées à son nom : le comptoir et les rayonnages de ce vaste magasin ne proposent que des produits entièrement préparés sur place par cet artisan. Le rayon traiteur mérite également le détour.

La Torréfaction de la Côte d'Argent – *46 r. du Mar.-de-Lattre-de-Tassigny - ✆ 05 56 83 07 18 - www.ambiances-cafes.fr - 9h15-12h45, 14h30-19h30 - dim. 10h-13h, lun. 10h-12h30, 15h-19h, et j. fériés 10h-12h45.* Cette brûlerie au décor luxueux exerce son activité depuis plus de soixante-dix ans. Douze sortes de cafés à base de grands crus du Guatemala, du Brésil, de Colombie ou de St-Domingue y sont torréfiées. La maison propose également 200 thés différents, ainsi que des idées cadeaux (vaisselle de porcelaine anglaise ou russe).

Pâtisserie Alain Guignard – *11 av. N.-D.-des-Passes - Le Moulleau - ✆ 05 56 54 50 92 - avr.-sept. : 7h30-20h ; oct.-mars : w.-end et vac. scol. 8h-12h30, 16h-19h - fermé janv.* En été, les entremets glacés maison connaissent un succès équivalent à celui des chocolats hors saison. Les habitués apprécient ses canelés et ses tartes feuilletées aux fruits, coupées à la demande.

Aux Délices Glacés – *257 bd de la Côte-d'Argent - Le Moulleau - ✆ 05 56 54 55 54.* Cet artisan glacier incontournable fait ses cornets et glaces maison. Les meilleures d'Arcachon !

ACTIVITÉS

Petit train touristique – *Dép. devant l'office de tourisme - juil.-août : 10h, 12h, 14h, 15h, 16h, 17h et 18h ; avr.-juin, sept.-oct. et vac. scol. : 11h et 14h30 - fermé 1er janv., 25 déc. - 6,50 € (-12 ans 4 €) - billet auprès du chauffeur.* Le petit train vous emmène à la découverte de la ville d'hiver durant 40mn.

Pistes cyclables – Vous pourrez parcourir les quatre saisons d'Arcachon à vélo, et suivre la balade du front de mer, depuis le port jusqu'à la jetée du Moulleau. Carte gratuite disponible à l'office de tourisme.

Dingo Vélos – *1 r. Grenier - ✆ 05 56 83 44 09 - www.dingo-velo.com/accueil.htm - de fin mars à mi-nov. et vac. scol. d'hiver - 10 €/j. vélo de ville (-12 ans 8 €).* Outre les vélos traditionnels (VTT et VTC), ce magasin propose tandems, rosalies à 3 ou 5 places. Également karts à pédales (enfants et adultes).

Thalazur Arcachon – *Av. du Parc - ✆ 05 57 72 06 66 - www.thalazur.fr - lun.-sam. 9h-19h15 ; dim. 9h-12h30, 14h30-18h30 - à partir de 28 €.* Parcours marin (piscine de 250 m, hammam, Jacuzzi, sauna, cours d'aquagym) et soins à la carte.

Union des Bateliers arcachonnais – *✆ 05 57 72 28 28 - www.bateliers-arcachon.com.* Ces professionnels de la mer vous emmènent faire le tour de l'île aux Oiseaux (dép. d'Arcachon et du Cap-Ferret), le tour du bassin (dép. de la dune du Pilat). Ils assurent aussi les traversées transbassin : Arcachon (jetées Thiers et d'Eyrac), Cap-Ferret, Le Moulleau, dune du Pilat, Andernos, Le Canon, Grand-Piquey ainsi que des promenades en pinasse.

AGENDA

Jumping des Sables – *Mai ou juin - www.arcachon.com.* Course sur la plage.

Les 18 Heures à la voile – *1er w.-end de juil. - www.arcachon.com.* Régates en mer et village de guinguettes plage Pereire.

Fêtes de la mer – *14 et 15 août - www.arcachon.com.* Bénédiction des bateaux, régates de pinasses à voile et musique en soirée.

Cadences – *3e sem. sept. - www.arcachon.com.* Festival de danse.

Bassin d'Arcachon

★★

Gironde (33)

Le bassin d'Arcachon est une échancrure dans la longue Côte d'Argent, une lagune sertie par la forêt, autrefois domaine des résiniers. Cet univers, en partie protégé, où l'eau douce de l'Eyre se mêle à l'eau salée de l'Océan, est animé par le vol des oiseaux. Dans ce paysage sauvage, les pinasses colorées, les cabanes sur pilotis et les ducs-d'Albe témoignent de l'activité des hommes. Tout incite à faire le tour de ce morceau de mer pris sur la terre, sans oublier naturellement d'accoster sur le banc d'Arguin, prélude des hauts fonds que tout navigateur ne peut négliger, et de grimper sur la dune du Pilat pour apprécier l'ensemble d'en haut.

NOS ADRESSES PAGE 257
Hébergement, restauration, achats, activités, etc.

S'INFORMER

Procurez-vous le *Guide pratique du bassin d'Arcachon* auprès de l'un des offices du tourisme du bassin qui organisent, entre autres, des **visites naturalistes**.

Vous trouverez les **offices de tourisme** dans le descriptif de chaque localité (picto ℹ).

SE REPÉRER

Carte de microrégion AB3 (p. 222) – À marée haute, le bassin couvre 15 500 ha. De chaque côté de la passe d'entrée, des ports ostréicoles apparaissent entre les pins et les mimosas. Les côtes bordées de dunes boisées s'étalent sur plus de 80 km.

À NE PAS MANQUER

L'ascension de la dune du Pilat, plus haute dune d'Europe ; le panorama depuis le phare du Cap-Ferret (57 m) ; L'Herbe, un des plus jolis villages ostréicoles du bassin ; la Maison de l'huître à Gujan-Mestras, pour tout savoir sur la reine du bassin ; une dégustation d'huîtres dans une cabane de pêcheur.

ORGANISER SON TEMPS

Il est possible de faire le tour du bassin en une journée, du Cap-Ferret à la dune du Pilat, mais il ne faudra pas perdre de temps (attention aux limitations de vitesse, pratiquement 50 km/h sur l'ensemble du trajet) et vous passerez à côté de beaucoup de choses ! Mieux vaut prévoir de vous attarder quelques jours sur place (Audenge se situe à mi-parcours). Enfin, la circulation autour du bassin est infernale en été, venez de préférence hors saison.

AVEC LES ENFANTS

Le parc de loisirs à La Hume ; la promenade en bateau jusqu'à l'île aux Oiseaux ; la réserve ornithologique du Teich ; le zoo à La Teste ; le petit train du Cap-Ferret ; la Maison de l'huître à Gujan-Mestras ; manuel « Les pistes de Robin » disponible dans les offices de tourisme pour visiter le bassin en s'amusant et nombreuses activités *(voir notre sélection p. 260)*.

La dune du Pilat.
J.-M Barrère/hemis.fr

Découvrir Carte p. 250

LES OISEAUX DU BASSIN D'ARCACHON

L'île aux Oiseaux

À défaut de pouvoir accoster sur l'île, voici quelques détails permettant de vous faire une idée de ces drôles d'insulaires.

Les oiseaux en question fuient désormais cette petite île plate, boisée d'une forêt naine. En effet, les crassats, bancs de sable envasés portant une végétation sous-marine, font aujourd'hui les beaux jours des ostréiculteurs. La surface de l'île oscille entre 1 000 ha à marée basse et 300 ha à marée haute.

D'étranges échassiers restent fidèles au poste : les fameuses **cabanes tchanquées** (tchanque signifie « échasse » en gascon) qui se dressent au-dessus de l'eau à marée haute.

Pour les promenades organisées en vedette ou en pinasse, adressez-vous à l'Union des bateliers arcachonnais *(voir p. 247)*.

Réserve naturelle du Banc d'Arguin

05 56 66 45 87 - www.sepanso.org - accès libre tte l'année - possibilité de visite guidée et sorties nature sur réserv. juil.-août : merc. ; reste de l'année : se rens. - 20 € (-12 ans 15 €).

Situé à l'embouchure des passes, le banc d'Arguin est un îlot de sable qui change constamment de forme en fonction des humeurs de l'Océan (sa longueur avoisine les 2 km pour 2 km de large). Il a été classé Réserve naturelle en 1972. N'oubliez pas vos jumelles pour observer, de mars à août, de nombreuses sternes caugeks (4 500 couples) et des huîtriers pies ; l'hiver, vous y verrez entre autres le courlis cendré, la barge rousse, le bécasseau variable, le pluvier argenté, le goéland et la mouette rieuse.

D'autres oiseaux sont à découvrir à la réserve ornithologique du Teich, voir p. 255.

LA FLOTTE ARCACHONNAISE

Ligne effilée et couleurs vives, la **pinasse** est le symbole du bassin. Construite autrefois en bois de pin (d'où son nom), elle est aujourd'hui en iroko (bois d'Afrique), acacia ou acajou. De faible tirant d'eau, elle s'échoue aisément et peut remonter les chenaux même quand leur niveau est très bas : c'est l'embarcation des ostréiculteurs du bassin. Avec leur allure de gondoles, les pinasses font l'objet de toutes les attentions : on restaure et on bichonne les anciennes pour les faire concourir lors de régates.

À CHAQUE SAISON SON OISEAU

Au printemps et à l'automne, les prairies et les digues qui bordent l'**Eyre** sont l'étape traditionnelle de dizaines de milliers de migrateurs (comme l'oie cendrée ou la mouette rieuse). L'hiver, c'est au tour de la sarcelle, du bécasseau variable ou du grand cormoran d'y faire une halte. On y dénombre aussi plus de 1 000 couples de hérons cendrés, d'aigrettes garzettes ou de hérons garde-bœufs. La gorge bleue préfère pousser son chant en été, au bord des sentiers. Les amateurs de botanique seront également comblés : arbres à baies (arbousiers, ronciers) dont sont friands les oiseaux frugivores ; iris d'eau, joncs, aulnes où viennent se nourrir et nicher canards et poules d'eau ; tamaris et chênes plantés pour consolider les digues.

Circuit conseillé Carte de microrégion p. 222

DE CAP-FERRET À LA DUNE DU PILAT

Circuit de 80 km au départ du Cap-Ferret, tracé en violet sur la carte p. 222 et sur la carte ci-contre. Compter une journée.
La route ne présente que peu d'intérêt mais, à tout moment, vous pouvez gagner un point du rivage ou une jetée pour avoir une vue sur le bassin.
À marée basse, dans le bassin, les **crassats** (réservoirs naturels dans lesquels on élève les huîtres) font le bonheur de la faune et de la flore marines. Ils sont encerclés par des chenaux secondaires, les **esteys**.
Un **GR de pays** balisé (le sentier du littoral) et une **piste cyclable** *(75 km)*, qui suivent partiellement le même tracé, font le tour du bassin. Les parties les plus intéressantes du sentier sont signalées ci-dessous par commune *(plan dans les offices de tourisme)*.

★ Cap-Ferret A3

1 av. du Gén.-de-Gaulle - 33950 Lège-Cap-Ferret - 05 56 03 94 49 - www.lege-capferret.com - juil.-août : 9h-18h30, dim. 10h-13h, 15h-18h30 ; juin et sept. : tlj sf dim. 9h-12h30, 14h-18h30 ; mars-mai et oct. : tlj sf dim. 9h-12h30, 14h-18h, merc. 9h-11h, 14h-18h ; reste de l'année : tlj sf dim. 9h-12h30, 14h-18h, merc. 9h-11h, 14h-18h, sam. 9h-12h30 - fermé 1er janv., 1er Mai, 1er et 11 Nov., 25 déc.
Cette station balnéaire est située sur l'étroite bande de terre entre Océan et bassin. Le cap court sur une vingtaine de kilomètres. Balades à vélo dans la pinède (pistes cyclables dans la forêt de Lège), baignades au calme dans le bassin ou plus houleuses côté Océan (les plages de l'Horizon et du Truc Vert au Cap-Ferret, du Grand Crohot à Lège-Océan sont surveillées en saison), dégustation d'huîtres dans les petits restaurants en plein air (près du débarcadère de Bélisaire)… un vrai programme de vacances !
8 km. Un **sentier d'interprétation** a été aménagé entre la plage de l'Horizon et la pointe du Cap-Ferret. La **dune** est un espace naturel protégé, vous pourrez suivre des visites naturalistes de découverte du site *(se rens. à l'office de tourisme)* et sur la migration des oiseaux.
Phare – *Pl. Souchet-Valmont - 05 57 70 33 30 - www.phareducapferret.com - juil.-août : 10h-19h30 ; avr.-juin et sept. : 10h-12h30, 14h-18h30 ; reste de l'année : tlj sf lun.-mar. 14h-17h - fermé 1er janv., 25 déc. - 6 € (-12 ans 4 €).* De ses 57 m de haut, il veille la nuit sur l'Océan et l'étroite passe d'entrée dans le bassin (3 km de large). Sa lentille tournante porte à 50 km. À l'intérieur, l'univers de la presqu'île et du phare est présenté à travers un spectacle audiovisuel et une galerie d'écrans. Le **panorama★** sur la presqu'île, le bassin et Arcachon, la dune du Pilat, les passes d'entrée et l'Océan vaut la montée des 258 marches, courage !
Quitter Cap-Ferret par l'avenue de la Vigne en direction de Bordeaux.
La route sinueuse se faufile entre des dunes boisées, parsemées de villas. L'air sent le pin et la marée.
Depuis le débarcadère Bélisaire (côté bassin), un service de **petit train** permet de se rendre jusqu'à la côte de l'Océan (plage de l'Horizon). *Av. de l'Océan (près du débarcadère) - 05 56 60 60 20 - dép. Bélisaire ou dép. Océan : se rens. - 4 € (-10 ans 2,50 €).*
Après 4 km, au rond-point de l'Herbe, suivre la direction du bd de la Plage pour atteindre le parking.

★ L'Herbe A3

Il y a 150 ans, Léon Lesca, constructeur du port d'Alger, fit bâtir à L'Herbe une demeure mauresque : la **villa algérienne**. Il ne reste de cette « folie » que l'anachronique chapelle face à la mer, portant la croix et le croissant ! Jolie

2

Coquillages et crustacés

Le bassin d'Arcachon ne manque pas d'allure, ni de trésors à déguster. Seiche (ou casseron) juste grillée, bar de bonne taille, rouget (ou vendangeur) à la chair maigre et parfumée, et sole si délicate promettent des moments gastronomiques exceptionnels. Le bassin, c'est aussi cette petite merveille protégée par une coquille récalcitrante : l'huître.

PLAISIR DES SENS

Les huîtres du bassin d'Arcachon sont connues et appréciées depuis fort longtemps. Les poètes latins Ausone, Sidoine Apollinaire, puis plus tard Rabelais les ont goûtées… et chantées.

Essor et luttes de pouvoir

L'exploitation abusive des bancs naturels d'huîtres a fini par entraîner leur épuisement. En 1859, l'intervention du naturaliste Coste permit heureusement le développement de l'ostréiculture. Jusqu'en 1920, l'huître plate d'Arcachon, ou **gravette** *(Ostrea edulis)*, était la reine incontestée du bassin, n'accordant à l'huître creuse portugaise qu'un rôle secondaire. Mais cette dernière accéda au devant de la scène lorsqu'une maladie ravagea les parcs à huîtres gravettes, la laissant seule indemne… Règne de courte durée, puisqu'en 1970, malgré les soins dont elle faisait l'objet, une nouvelle épidémie l'évinça au profit d'une variété japonaise (celle que l'on consomme donc aujourd'hui, presque toujours).
Aujourd'hui, le bassin d'Arcachon est l'un des grands sites ostréicoles d'Europe (près de 800 ha de concessions). C'est le **premier centre naisseur**, qui fournit la laitance aux bassins bretons, normands, languedociens et hollandais. Justement, comment se développent ces petits miracles ?

LA PERLE RARE

Le cycle de développement de l'huître dure environ quatre ans. Il commence, en juillet, par le captage du naissain (larve) sur les collecteurs, traditionnellement des tuiles demi-rondes enduites d'un mélange de chaux et de sable, disposées dans des cages en bois, ou ruches, placées le long des chenaux. Au printemps suivant a lieu le détroquage, opération consistant à détacher les jeunes huîtres de leur support. Elles sont ensuite placées dans des parcs entourés de grillage à mailles serrées, pour les protéger contre les crabes, leurs prédateurs. À dix-huit mois, les huîtres agglutinées sont séparées les unes des autres : c'est le désatroquage. Elles vont alors rejoindre les parcs d'engraissement, dont les eaux riches en plancton assurent leur croissance jusqu'à la troisième année. Pendant cette période, on les tourne et les retourne, ce qui leur donne une forme régulière. Parvenues à maturité, elles sont triées puis débarrassées de leurs impuretés grâce à un séjour dans des bassins-dégorgeoirs. Un dernier lavage et un conditionnement en caissettes de bois ou bourriches, les voilà fin prêtes pour leur dernier voyage… vers nos assiettes.

L'APPEL DES PAPILLES

Différents crus

Du fait de la diversité des conditions naturelles dans le bassin d'Arcachon, le goût des **huîtres** varie en fonction de leur zone d'élevage. L'huître du banc d'Arguin présente des notes sucrées et lactées. Celle de l'île aux Oiseaux se caractérise par des arômes végétaux et minéraux. L'huître du Cap-Ferret possède des saveurs de légumes frais et d'agrumes. Quant à celle du Grand Banc, elle évoque les fruits blancs et la noisette grillée.

Un mets de choix

Ce n'est que depuis le Second Empire qu'on savoure les huîtres crues : dans l'Antiquité, elles étaient servies chaudes, cuisinées au miel ou bien conservées dans le sel, alors qu'au Moyen Âge on en faisait des civets ou des pâtés. Les recettes d'huîtres chaudes développent autrement les arômes : essayez les beignets d'huîtres à l'apéritif ou les huîtres en gratin (n'ajoutez rien d'autre qu'un soupçon de gruyère râpé et de chapelure pour les faire gratiner). À Arcachon, on sert fréquemment les huîtres froides, accompagnées de crépinettes (galettes de chair à saucisse) bien chaudes et d'un vin blanc sec.

À LA PÊCHE AUX MOULES

En dehors des huîtres, d'autres bivalves et coquillages peuplent les eaux du bassin, tout comme de nombreux crustacés.

Coquillages et crustacés

À marée basse, il suffit de se baisser pour récolter des trésors. Les coques et les palourdes se ramassent en grattant le sable sur environ 5 cm (deux petits trous signalent leur présence). Elles sont nombreuses du côté du banc d'Arguin et sur les crassats. Avant de les consommer, laissez-les dégorger quelques heures dans l'eau salée. Les bigorneaux se récoltent à la main sur les crassats. Pour les déguster en apéritif, passez-les quelques minutes au court-bouillon. Les moules sauvages se détachent au couteau près des parcs à huîtres. Mangez-les à l'églade, une tradition landaise : disposez-les sur un lit d'aiguilles de pin sèches, charnière en l'air ; recouvrez-les d'aiguilles puis allumez le tout : c'est un régal !
Les crabes verts, nombreux sur les plages à marée basse, s'attrapent à l'épuisette et se mangent cuits au court-bouillon. Les crevettes se pêchent à l'esquirey (sorte de poche de filet que l'on pousse devant soi, au bout d'un manche) ou à l'épuisette. On repère la présence des couteaux par la trace en forme de clé qu'ils laissent sur le sable ; il faut alors y déposer un ou deux grains de gros sel : croyant la marée revenue, les couteaux remontent.
La collecte des huîtres, même sauvages, est quant à elle interdite.

Avis aux pêcheurs

Si le ramassage des coques et des palourdes est libre, n'en prenez pas plus de 2 kg par personne et par marée. La taille réglementaire pour les récolter est de 3 cm pour les coques, 4 cm pour les palourdes. Parfois, leur pêche est interdite en raison de conditions sanitaires particulières. Enfin, attention aux crassats, où les risques d'envasement sont constants.

L'HUÎTRE EN PRATIQUE

Le bassin d'Arcachon abrite une multitude de petits ports ostréicoles. Chaque été (mi-juillet), l'huître y est dignement fêtée. À cette occasion, les ostréiculteurs sortent de leurs cabanes colorées pour parader dans leur costume traditionnel : vareuse bleu marine et pantalon de flanelle rouge ; musique, danses et distractions côtoient les stands de dégustation d'huîtres.

vue sur le bassin et l'île aux Oiseaux. Empruntez la rue semi-piétonnière pour rejoindre le **village ostréicole★** où les cabanes rivalisent de couleurs.
Les **villages ostréicoles** du Cap-Ferret, de l'Herbe, du Canon, de Piraillan, du Piquey et des Jacquets sont inscrits à l'Inventaire des sites classés : c'est dire l'intérêt qu'ils suscitent et l'attention qu'on leur prête !
Revenir sur la D 106.

Réservoirs de Piraillan A3

À la sortie du village. Ces anciens réservoirs à poissons, 40 ha au milieu de la forêt, sont devenus un royaume pour les oiseaux (notamment les hérons cendrés). N'oubliez pas vos jumelles ! Agréable promenade à faire seul ou en compagnie d'un guide naturaliste *(se rens. auprès d'un office du tourisme du bassin).*
Poursuivre sur la D 106. Après Claouey, au lieu-dit Jane-de-Boy, parking.

Réserve naturelle des Prés-Salés d'Arès et de Lège A3

Le sentier rejoint Arès (12 km AR). Avant de partir, se renseigner sur les indices de marée et sur la réglementation : www.reserve-naturelle-pres-sales.org - possibilité de découverte avec un guide naturaliste (se rens. auprès d'un office du tourisme du bassin).
Le sentier du littoral serpente jusqu'à Arès, dans cette zone protégée de 200 ha (la plus grande zone de prés-salés d'Aquitaine) qui vit au rythme des marées et constitue un garde-manger précieux pour de nombreuses espèces d'oiseaux. La **cabane du résinier**, autrefois occupée par les gemmeurs, abrite une exposition sur la faune et la flore. Elle propose également des animations et la visite du sentier balisé.
Poursuivre sur la D 106.

Arès B3

Pl. A.-Weiss - 33740 Arès - 05 56 60 18 07 - www.ares-tourisme.com - juil.-août : 9h-19h ; juin et sept. : 9h30-12h30, 14h-18h, dim. 9h30-12h30 ; reste de l'année : tlj sf dim. 9h30-12h30, 14h-18h - fermé 1er janv., 25 déc.
Petite station balnéaire, classée Famille Plus, avec port ostréicole et port de plaisance. Sur le front de mer, la tour ronde est le reste d'un ancien **moulin** à vent décapité au 19e s. pour échapper aux taxes !
Le plan d'eau de St-Brice offre un bon espace de baignade.
2 km. Le **sentier du littoral** rejoint la plage des Quinconces à Andernos. D'Arès à Biganos défile le décor immuable des pins.

Andernos-les-Bains B3

Espl. du Broustic - 33510 Andernos-les-Bains - 05 56 82 02 95 - http://tourisme.andernoslesbains.fr - juil.-août : 9h30-12h30, 14h30-18h30, dim. et j. fériés 10h-12h30 ; reste de l'année : tlj sf dim. 9h30-12h30, 14h30-17h30 - fermé certains j. fériés.
Abrité au fond du bassin, le site a été habité dès la préhistoire. Avec ses 4,6 km de plages et son casino, c'est une importante station balnéaire, très animée en saison.
Dans le centre-ville, la **maison Louis-David** (villa du 19e s.), qui abrite un petit musée (objets découverts sur les vestiges d'une villa gallo-romaine) et des expositions artistiques temporaires, vaut le coup d'œil *(05 56 82 02 95 - de mi-mars à fin sept. : 10h30-13h, 14h30-18h - possibilité de visite guidée sur demande préalable, 1h30).*
Devant la plage et à côté de la petite **église St-Éloi** (abside du 11e s.), vestiges d'une villa gallo-romaine du 4e s. De la **jetée** (la plus longue de France, avec 232 m !), belle vue sur le bassin d'Arcachon, le port ostréicole, le port de plaisance et l'ensemble des plages.

Différents circuits permettent d'admirer les villas anciennes, divers attraits de la station et le site naturel des Quinconces. On peut même s'initier aux patins à vase, utilisés pour traverser les grèves vaseuses ou faire remonter les coques ensablées. *Documentation disponible à l'office de tourisme.*
Poursuivre sur la D 3.

Lanton B3

1 rte du Stade - 33138 Lanton - 05 57 70 67 56 - www.tourisme-coeurdubassin.com - juil.-août: 9h30-13h, 14h30-18h30, dim. et j. fériés 10h-13h, 15h-18h; reste de l'année: tlj sf w.-end et jeu. 9h30-12h30, 14h-17h30.
Cette commune comprend **Taussat**, avec sa plage et son charmant port ostréicole, et Cassy, où se trouvent également des cabanes à huîtres.
Dans le bourg de Lanton, jolie **église** romane (12e s.) dont l'abside surélevée présente des lignes sobres et harmonieuses. Baie centrale encadrée de colonnettes géminées supportant des chapiteaux ornés, à gauche, de hérons et de pommes de pin, à droite, de feuillages stylisés.
Poursuivre sur la D 3.

Audenge B3

Ce village est aussi connu pour le **domaine des Certes**, site préservé de 396 ha, et le domaine voisin de **Graveyron.** Vous pourrez cheminer, exclusivement à pied, d'écluse en prairie marécageuse et zone agricole, jumelles au cou!
20 km AR. Pour Certes (15 km), parking devant le château des Certes, avant d'arriver à Audenge; retour à pied par la piste cyclable pour éviter la départementale. Pour Graveyron (5 km), retour par la digue intérieure du domaine. Cette partie du delta de la Leyre a été endiguée au 18e s. La faible rentabilité des salines a entraîné leur reconversion en réservoirs à poissons au 19e s. La faune et la flore y sont donc riches et variées: pour les apprécier pleinement, suivez une visite naturaliste *(se rens. auprès d'un office du tourisme du bassin).*

Biganos B3

Le joli petit port ostréicole de Biganos, qui fait partie du Parc naturel régional des Landes de Gascogne, se niche dans la forêt *(aire de pique-nique sous les arbres).*
À la sortie de Biganos, vous pourrez goûter au **caviar** de Gironde au moulin de la Cassadotte *(voir la rubrique « Achats », p. 260).*
Prendre à droite pour gagner la D 650 par la D 3^{E12}.
La route passe à la base du delta marécageux de l'Eyre. Le bassin conserve là une frange de végétation jusqu'aux abords du Teich.
Pour en savoir plus sur ce milieu, faites une halte au **Relais nature du delta de la Leyre** *(voir la rubrique « Activités », p. 261).*
5 km. Le sentier du littoral traverse ici, sur une ceinture de digues, le **delta de l'Eyre**, situé entre les deux bras principaux de la rivière, et refuge d'une avifaune abondante.

★ Réserve ornithologique du Teich B3

Maison de la nature du bassin d'Arcachon - r. du Port - 05 56 22 80 93 - www.reserve-ornithologique-du-teich.com - juil.-août: 10h-20h; de mi-avr. à fin juin et de déb. à mi-sept.: 10h-19h; reste de l'année: 10h-18h - fermé 25 déc. - 7,90 € (-15 ans 5,70 €) - location de jumelles.
Cette réserve naturelle de 120 ha contribue à sauvegarder les espèces d'oiseaux sauvages menacées et à préserver leur milieu naturel. Vous pourrez y découvrir l'avifaune européenne en sillonnant les quatre parcs à thème: le parc des Artigues, le parc de la Moulette, le parc de Causseyre et le parc

Claude-Quancard. Le choix s'offre entre plusieurs parcours pédestres, le plus long atteignant 6 km ; tous sont fléchés et jalonnés de postes d'observation surélevés permettant au regard d'embrasser le bassin d'Arcachon. Jumelles recommandées.

Gujan-Mestras B3

37 av. du Mar.-de-Lattre-de-Tassigny - 33470 Gujan-Mestras - 05 56 66 12 65 - www.gujanmestras.com - juil.-août : 9h30-18h30, dim. et j. fériés 9h30-13h ; reste de l'année : 9h30-12h30, 14h-17h30, dim., j. fériés et vac. de Pâques 10h-13h.

Constituée de sept ports ostréicoles, Gujan-Mestras est la capitale de l'huître du bassin d'Arcachon avec ses cabanes à toiture de tuiles, ses chenaux encombrés de pinasses, ses dégorgeoirs et ses magasins de vente et d'expédition. Le **port de Larros**, où il fait bon flâner sur la jetée-promenade, accueille des chantiers de construction navale.

Maison de l'huître – *Port de Larros - 05 56 66 23 71 - www.maison-huitre.fr - - juil.-août : 10h-12h45, 14h15-18h30 ; reste de l'année : tlj sf dim. 10h-12h30, 14h30-18h - fermé 1er janv., 1er Mai, 1er et 11 Nov., 24-25 et 31 déc. - possibilité de visite guidée (45mn) - 5,80 € (-15 ans 3,80 €).* Ici, vous pourrez vous initier à la culture de l'huître, de la préparation des collecteurs à la consommation, à travers un film *(15mn)* et une exposition ludique et interactive (divers supports sont à manipuler). Découvrez ainsi la longue histoire de l'huître et l'appétit qu'elle suscitait déjà chez nos ancêtres, les différentes variétés à travers le monde, l'évolution des savoir-faire et les mille et une façons de la cuisiner… Après ça, vous serez incollable.

La Hume offre une agréable plage et une zone de **parc de loisirs** *(le long de la D 652)* pour tous les goûts, les âges et les envies *(voir la rubrique « Activités », p. 261).*

La Teste-de-Buch A3

13 bis r. Victor-Hugo - 33260 La Teste-de-Buch - 05 56 54 63 14 - www.tourisme-latestedebuch.fr - juil.-août : 9h-18h30, dim. et j. fériés 10h-13h ; reste de l'année : tlj sf dim. 9h-12h30, 14h-17h30 - fermé 1er janv., lun. de Pâques, 1er Mai, 1er et 11 Nov., 25 déc.

Ancienne capitale du pays de Buch, peuplée par les Boii, ou Boiens, avant la colonisation romaine (c'est ainsi que l'on dénomme encore les habitants de Biganos). Plus vaste commune de France (18 000 ha), elle présente trois profils différents.

Côté bassin : le complexe ostréicole et ses cabanes à huîtres.

Le sentier du littoral permet de longer les **prés-salés** (départ de la digue est). Une piste pour vélos et piétons longe la partie ouest. Visites guidées en saison *(se rens. à l'office de tourisme).*

Dans le bourg, sur la place Jean-Hameau, la façade de la **maison Lalanne** (18e s.) est décorée d'une ancre, de cordages et de têtes représentant les enfants du propriétaire.

Côté mer, de belles plages au Pyla-sur-Mer et bien sûr… la **dune du Pilat** *(voir ci-contre)* et le **banc d'Arguin** *(voir p. 249).*

Enfin vous pourrez rejoindre le **lac de Cazaux** à travers la forêt, en voiture ou à vélo (piste cyclable), pour la baignade ou les activités nautiques.

En cours de route, le **zoo du bassin d'Arcachon** ravira les amateurs de fauves et autres grands mammifères des cinq continents. *Rte de Cazaux - 05 56 54 71 44 - www.zoodubassindarcachon.com - de mi-avr. à fin sept. : 10h-19h ; reste de l'année : se rens. - 17 € (-13 ans 13 €).*

★★ Arcachon A3 *(voir p. 239)*
La route traverse successivement les stations balnéaires du Moulleau, de Pyla-sur-Mer et de Pyla-Plage avant de s'élancer vers la dune.

★★ Dune du Pilat A3
Accès par la D 218 au sud de Pyla-Plage. Laisser la voiture au parking payant. Pour gagner le sommet, escalader à flanc de dune (montée assez difficile) ou emprunter l'escalier (présent seulement lors de la saison estivale). Attention, le sable peut être très chaud - www.ladunedupilat.com.
Énorme ventre de sable qui enfle chaque année sous l'action des vents et des courants (actuellement environ 2,5 km de long, 500 m de large et 105 m de haut, soit 60 millions de mètres cubes de sable !), c'est la plus haute dune d'Europe. Le versant ouest descend en pente douce vers l'Océan alors que le versant est plonge en pente abrupte vers l'immense forêt de pins : une vraie piste noire ! Une balade revigorante à ne pas manquer.
Le **panorama★★** sur l'Océan et la forêt landaise est superbe au coucher du soleil…

NOS ADRESSES DANS LE BASSIN D'ARCACHON

TRANSPORT

Union des Bateliers arcachonnais – *Voir p. 247.*

HÉBERGEMENT

PREMIER PRIX

Camping Yelloh ! Village Panorama du Pyla – *Rte de Biscarosse - 33120 Pyla-sur-Mer - à 7 km au sud par D 218 - ✆ 05 56 22 10 44 - www.camping-panorama.com - [piscine] - de mi-avr. à fin sept. - 450 empl. 47 € - 117 locatifs 34/175 €/ nuitée.* Installé à deux pas de la dune du Pilat, sur 15 ha de pinède, ce camping a une vue imprenable sur le banc d'Arguin. Agréable bar-restaurant.

Hôtel Altica Arcachon Marines – Plan p. 242 ③ - *75 av. du Gén.-Leclerc - 33120 La Teste-de-Buch - ✆ 05 57 52 06 50 - www.altica.fr - ♿ - 🅿 - 46 ch. 62 € - [petit-déj.] 5,90 €.* Les prix très raisonnables, plus que la décoration (standard), incitent à recommander l'adresse.

Chambre d'hôte Les Tilleuls – *17 bis r. des Écoles - 33380 Mios - ✆ 05 56 26 67 85 - [cartes non acceptées] - 4 ch. 60 € [petit-déj.].* Joli mariage de brique rouge et de bois dans ces anciennes granges et écuries rénovées, situées à l'écart de l'animation du bassin d'Arcachon. Chambres meublées à l'ancienne et décorées avec goût et simplicité. Salon-bibliothèque et agréable jardin planté de tilleuls centenaires. Les animaux ne sont pas acceptés.

BUDGET MOYEN

Hôtel de la Plage « Chez Magne » – *À L'Herbe - 33950 Lège-Cap-Ferret - ✆ 05 56 60 50 15 - www.brasserie-bordelaise.fr - 10 ch. 70 € - [petit-déj.] 10 €.* La façade rouge et jaune de l'hôtel situé au bord de l'eau est à l'image de ce pittoresque village composé de maisonnettes colorées. Chambres restaurées et rafraîchies, donnant parfois sur le bassin. Douche et W.-C. en commun sur le palier.

Hôtel Le Grain de sable – *37 av. de la Libération - 33740 Arès - ✆ 05 56 60 04 50 - www.hotelgraindesable.com - ♿ - 🅿 - 14 ch. 79 € - [petit-déj.] 8 €.* Cette charmante maison régionale arbore une décoration évoquant les vacances et l'évasion. Chambres spacieuses.

Chambre d'hôte Moreno – *33 chem. de la Péguilleyre - 33120 La Teste-de-Buch - ✆ 05 56 66 57 54 - - - - 1 suite 4 pers. 150 € et 2 ch. 80 €*. Cette grande villa se trouve dans un quartier résidentiel. Les deux chambres et la suite, bien aménagées et fonctionnelles, disposent d'un balcon. Le petit-déjeuner est servi sur la terrasse aux beaux jours. Accueil simple et discret.

Chambre d'hôte Les Albatros – *10 bd de Verdun - 33510 Andernos-les-Bains - ✆ 05 56 82 04 46 - www.lesalbatros.com - fermé nov.-janv. - - 3 ch. 74/81 €*. Cette belle maison blanche entourée d'un joli jardinet fleuri est située à 100 m de la plage, du bassin et du bourg. Ses chambres personnalisées portent des noms évocateurs : « Ivoire », « Mer » et « Safari », la plus spacieuse. Les propriétaires sont aux petits soins.

POUR SE FAIRE PLAISIR

Les Écogîtes Floréale – *22 bis r. Jean-Mermoz - 33980 Audenge - ✆ 05 56 82 25 18/06 08 83 03 73 - ♿ - www.lesecogitesfloreale.com - 3 écogîtes 210/260 €/2 nuits, 500/775 €/sem.* On est immédiatement séduit par la beauté de l'aménagement paysager et l'abondance de fleurs. Les 3 écogîtes sont parfaitement intégrés et vous vous réveillerez, le matin, dans un concert d'oiseaux.

Chambre d'hôte Les Yuccas – *37 av. des Dragons - Le Canon - Lège-Cap-Ferret - ✆ 06 89 75 45 28 - www.chambredhote-lesyuccas-capferret.fr - fermé janv. - - 2 ch. 150 € - 10 €.* Matériaux naturels et ambiance plage caractérisent cette maison récente située à proximité du bassin et de l'Océan. Deux belles chambres d'hôte, une piscine dans le jardin et un petit-déjeuner, particulièrement copieux, à ne pas manquer.

UNE FOLIE

Les Rives de Saint-Brice – *Av. de la Libération - 33740 Arès - ✆ 05 57 26 99 31 - www.nemea.fr - réserv. conseillée - - - 132 maisonnettes 1 017/1 385 €/sem. pour 4, 6 ou 8 pers. ; w.-end de 2 nuits en hiver 140/220 €.* Construit dans un esprit « village de pêcheurs », cet ensemble de maisonnettes colorées disséminées dans un parc boisé diffuse une ambiance de vacances… Aire de jeux, buvette…

RESTAURATION

PREMIER PRIX

La Cabane d'Édouard – *Port de Claouey - cabane 1-3 - 33950 Lège-Cap-Ferret - ✆ 05 57 70 30 40 - www.lacabanededouard.com - fermé oct.-avr.* Une petite terrasse sous les canisses au milieu des parcs à huîtres, avec vue imprenable sur le bassin, vous accueille pour une dégustation d'huîtres et plateaux de fruits de mer… sur place ou à emporter. Un lieu comme on aimerait en trouver plus souvent !

Les Pieds dans l'eau – *Le Four - cabane 13 - 33950 Lège-Cap-Ferret - ✆ 05 56 60 76 59 ou 06 64 71 92 96 - www.lespieds-dansleau.com.* Hubert vous accueille dans sa cabane à la terrasse ombragée, avec les parcs à huîtres, l'île aux Oiseaux et la dune du Pyla en toile de fond. Un air de paradis.

L'Étoile – *13 pl. de l'Étoile - 33510 Andernos-les-Bains - ✆ 05 56 82 00 29 - http://letoileandernos.com- fermé 24 déc. - 16/31 €.* Cet établissement situé à 100 m de la plage est une adresse incontournable pour les gens de la région : la cuisine, traditionnelle, copieuse et d'un très bon rapport qualité-prix, vous est servie dans une ambiance familiale.

Le Bistrot du Centre – *3 av. Charles-de-Gaulle - 33120 La Teste-de-Buch - 4 km au sud d'Arcachon - ✆ 05 57 15 11 11 - http://lebistrot.jimdo.com - P - fermé dim. en hiver - formule déj. 11,50/12,50 € - 16/26 € - 6 ch. 49 € - ☕ 6 €.* Cet endroit connaît un grand succès, et ce n'est pas surprenant. Le décor est chaleureux, le service efficace et souriant et la terrasse sous les arbres délicieuse. Cuisine régionale.

Brasserie du Delta – *1 r. du Port - 33470 Le Teich- ✆ 05 56 22 80 93 - www.reserve-ornithologique-du-teich.com/restauration- fermé déc.-mars et lun.* À l'entrée de la réserve ornithologique, dégustez, en écoutant les oiseaux, huîtres, galantines de foie, rillettes de canard et pâtisseries maison.

Le Routioutou – *Port de Larros - cabane 155 - 33470 Gujan-Mestras - ✆ 05 56 66 97 49 ou 06 43 34 75 72.* Dégustez les huîtres *(16 € la douz.)* à peine sorties de l'eau dans cette cabane avec vue privilégiée sur le port. Crevettes, bulots, le tout sur place où à emporter.

BUDGET MOYEN

La Salie Sud – *Plage de la Salie-Sud - 33115 Pyla-sur-Mer - ✆ 05 56 22 12 49 - www.restaurant-salie-sud-pyla-arcachon.fr - ♿ - mai-sept. : tlj ; avr. : w.-end - plats 8/20 €.* Laissez Arcachon derrière vous, suivez, plein sud, la route qui longe l'Océan. Après la dune du Pilat, un chemin sur la droite indique « Salie Sud », encore un peu de patience… vous y êtes : perdue au milieu de la pinède, cette paillotte appréciée des habitués du Pyla sert poissons et cuisine du Sud-Ouest. Parfait pour les longues soirées d'été.

L'Escale – *Jetée Bélisaire - 33950 Lège-Cap-Ferret - ✆ 05 56 60 68 17 - www.lescale-restaurant.com - formule déj. 19,90 € - 30 €.* Vue sur le bassin, les parcs à huîtres et la dune du Pilat. La cuisine, préparée avec la pêche du jour, est honorable, et le service efficace.

L'Escalumade – *8 bd Pierre-Dignac, au port de Larros - 33470 Gujan-Mestras - ✆ 05 56 66 02 30 - fermé 3 sem. en janv., 3 sem. en nov., dim. soir sf juil.-août et lun. - 26,50/36,50 €.* Une bonne table sans prétention, au calme. Cette cabane d'ostréiculteur convertie en restaurant est coquette avec ses boiseries, ses baies vitrées et sa terrasse au-dessus de l'eau. Poissons, coquillages et crustacés.

POUR SE FAIRE PLAISIR

L'Authentic d'Éric Thore – *35 bd de l'Océan - 33115 Pyla-sur-Mer - ✆ 05 56 54 07 94 - www.ericthore-authentic.com - fermé dim. soir, lun. et merc. - 35/65 €.* Une table décorée dans un charmant esprit de vacances, recréant l'atmosphère des cabanes tchanquées. Pergola appréciable aux beaux jours. Cuisine créative et gastronomique, menu homard *(65 €).*

Pinasse Café – *2 bis av. de l'Océan - 33970 Cap-Ferret - ✆ 05 56 03 77 87 - www.pinassecafe.com - de déb. mars à mi-nov. : midi et soir ; de mi-nov. à fin fév. : à midi et vend. soir, sam. soir et dim. soir pdt les vac. scol. - 31,50/38,50 €.* Bistrot original et décontracté, sur le bassin et les parcs à huîtres. Cuisine régionale, axée sur les produits de l'Océan.

PETITE PAUSE

Frédélian - *33 bd de la Plage - 33950 Lège-Cap-Ferret - ✆ 05 56 60 60 59 - www.fredelian-capferret.com.* La renommée de ce salon de thé n'est plus à faire. On vient y boire un chocolat chaud accompagné de somptueuses pâtisseries maison et l'on en repart avec une boîte de canelés.

2

EN SOIRÉE

Casino du Lac de la Magdeleine – *Chem. du Loup, voie rapide d'Arcachon - 33470 Gujan-Mestras - ✆ 05 57 73 00 78 - www.casino-gujanmestras.fr - 10h-3h, vend.-sam. 10h-4h.* Construction aux allures coloniales qui abrite machines à sous, poker…

ACHATS

Les offices du tourisme du bassin fournissent la liste des ostréiculteurs proposant des dégustations et la vente directe. Vous retrouverez ces informations sur des panneaux situés à l'entrée de chacun des ports *(voir aussi nos adresses dans la rubrique « Restauration »).*

Moulin de la Cassadotte (La Truite Argentière) – *33380 Biganos - ✆ 05 56 82 64 42 - www.caviardefrance.fr - tlj sf w.-end 9h-12h, 14h-18h - de déb. avr. à mi-oct. visites sur RV.* Le caviar français est né en 1993 au moulin de la Cassadotte sous la marque « Caviar de Gironde ». Visites guidées de l'exploitation avec dégustation *(20 €/pers.).*

Cash Vin – *R. Lagrua - 33260 La Teste-de-Buch - ✆ 05 56 22 22 50 - www.cash-vin.com - juil.-août : tlj sf dim. apr.-midi 9h30-13h, 15h-19h30 ; reste de l'année : lun.-sam. 9h30-12h30, 14h30-19h.* Ce caviste propose plus de 300 appellations. Ces bordeaux proviennent autant de grands crus que de petits domaines.

ACTIVITÉS

Randonnée – *Un topoguide (en vente dans les offices de tourisme) recense les boucles au départ des différentes communes du bassin.*

Randonnées – *OT d'Arès (voir p. 254).* Parcours Les 3 eaux vives de St-Brice (forêt, étangs, réservoirs à poissons) *(5 €)* ; Balade et pêche à pied à marée basse *(mai-sept. : vend., 4 €)* ; découverte des prés-salés, jeu de piste naturaliste en herbe, balade au clair de lune, sortie astronomie… *OT du Porge – 3 pl. St-Seurin - 33680 Le Porge - ✆ 05 56 26 54 34 - www.leporge.com.* Activités plage, espace « poumon vert », 32 km de sentiers balisés, sentier d'interprétation « L'homme et la nature ».

Cyclotourisme – Une piste cyclable relie Mios (à 6 km au sud de Biganos) à Bazas (70 km), à travers le Parc naturel régional des Landes de Gascogne.

Association Insercycles – *33470 Le Teich - ✆ 09 66 13 43 46 ou 06 08 45 56 85.* À côté de la gare, vous pouvez louer mais aussi faire réparer votre vélo.

Cycles Roumegoux & Fils – *53 ter av. du Gén.-de-Gaulle - 33740 Arès - ✆ 05 56 60 20 88.* Location de VTT, VTC, monocycles et remorques pour transporter les enfants.

Club nautique de Claouey – *Pl. Éric-Tabarly - 33950 Lège-Cap-Ferret - ✆ 05 56 60 73 15 - www.cnclaouey.com.* Des activités toute l'année, stages de voile et d'aviron et Festivoiles *(voir « Agenda », p. suiv.).*

Lou Batel'Eyre – *Port de Biganos - R. du Port - 33380 Biganos - ✆ 06 42 24 80 97 - http://loubateleyre.blogspot.fr - 18 € - enfants 9 €.* Balade en barque dans le delta de la Leyre, surnommée la petite Amazone. Une manière insolite de découvrir les marais, roselières et prés-salés.

Dans les airs

Jet Systems – *Aérodrome d'Arcachon Villemarie - 33260 La Teste-de-Buch - ✆ 0 820 820 698 - www.jet-systems.fr - 89/775 €.* Le bassin d'Arcachon vu du ciel! C'est ce qu'organise cette compagnie d'hélicoptères depuis plus de vingt-cinq ans. Et pour les plus enthousiastes, survol du Médoc avec une dégustation de vin en sus.

Waggas School – *Rte de Biscarrosse - 33115 Pyla-sur-Mer - ✆ 06 32 04 32 07 - www.waggaschool.com - 50/100 €.* Pour un baptême de l'air ou découverte (10 à 20mn) au-dessus de la dune du Pilat avec vue sur le bassin.

Nature

Vent d'Arguin – *1 r. Jean-Larrieu - 33260 La Teste-de-Buch - ✆ 06 80 66 06 68 - www.ventdarguin.com - juil.-août: tlj; mai-juin et sept.: w.-end et j. fériés - horaires variables, se rens.* Découverte du bassin d'Arcachon à bord des catamarans *Tip Top One* (23 m de long) ou *Vent d'Arguin* (12 m). Sorties en mer pour la 1/2 j., la j. ou le dîner.

Maison de la nature du bassin d'Arcachon – *R. du Port - 33470 Le Teich - ✆ 05 56 22 80 93 - www.reserve-ornithologique-du-teich.com - juil.-août: 10h-20h; de mi-avr. à fin juin et de déb. à mi-sept.: 10h-19h; reste de l'année: 10h-18h - fermé 25 déc.* L'un des trois centres du Parc naturel régional des Landes de Gascogne (*voir p. 266*). Animations nature : descente accompagnée de la Leyre en barque *(2h)* ou descente libre en canoë, sorties en kayak *(3h)* et promenades au crépuscule *(juil.-août)* dans la réserve ornithologique du Teich, visites guidées *(3-4h)* durant les vac. scol.

Relais nature du delta de la Leyre – *Av. de la Côte-d'Argent - 33470 Le Teich - ✆ 05 56 22 61 53 - ♿ - de mi-juin à mi-sept.: 10h-13h, 14h-18h - possibilité de visite guidée sur demande (2h) - gratuit.* Expositions et informations sur les visites guidées.

Amazone Canoë – *134 av. de Camps - 33470 Le Teich - ✆ 06 72 76 34 58 - www.amazonecanoe.com.* Pour une promenade en calèche et un parcours en canoë sur la Leyre, jusqu'au delta. Propose également des descentes en canoë sur plusieurs jours.

Parcs de loisirs de la Hume

Rte des Lacs - 33470 Gujan-Mestras.

Aqualand – *✆ 05 56 66 39 39 - www.aqualand.fr - 18 juin-4 sept.: 10h-19h - 25,50 € (enf. 18,50 €) -* Centre aquatique.

Kid Parc – *✆ 05 56 66 06 90 - www.kidparc.com - ♿ - juil.-août: 10h30-19h; avr.-juin et sept.: 10h30-18h; oct.-avr.: w.-end et vac. scol. 10h30-18h - 9,90 € (-12 ans 12,50 €).* Jeux et manèges sur 15 000 m².

AGENDA

À Arès

Fête de l'huître – *juil.-août - www.fetedelhuitre.fr.* Animations, bandas, dégustation.

À Claouey

Festivoiles – *Dernier w.-end d'août - www.cnclaouey.com.* Rassemblement de bateaux, concert et feu d'artifice.

À Andernos-les-Bains

Cabanes en fête – *1er w.-end de déc. - ✆ 05 56 82 02 95 - www.andernoslesbains.fr.* Les plus grands chefs girondins se donnent rendez-vous dans les 40 cabanes du port ostréicole. Bandas, parades, expositions, concerts et feu d'artifice assurent l'ambiance.

Festival jazz en liberté – *Dernier w.-end de juil. - www.andernoslesbains.fr.* Concerts gratuits en plein air.

2

Les Landes de Gascogne et le pays de l'Adour 3

Carte Michelin Départements n° 335 - Gironde (33) et Landes (40)

- PARC NATUREL RÉGIONAL DES LANDES DE GASCOGNE★ ET SON CIRCUIT 266
- BAZAS★ 277
- CHÂTEAU DE CAZENEUVE★★ 281
- MONT-DE-MARSAN ET SON CIRCUIT 284
- AIRE-SUR-L'ADOUR ET SON CIRCUIT 292
- SAINT-SEVER ET SON CIRCUIT 296
- DAX★ 304
- PEYREHORADE ET SON CIRCUIT 313

Échassiers landais lors d'une fête traditionnelle.
A. Felix/hemis.fr

LES LANDES DE GASCOGNE ET LE PAYS DE L'ADOUR

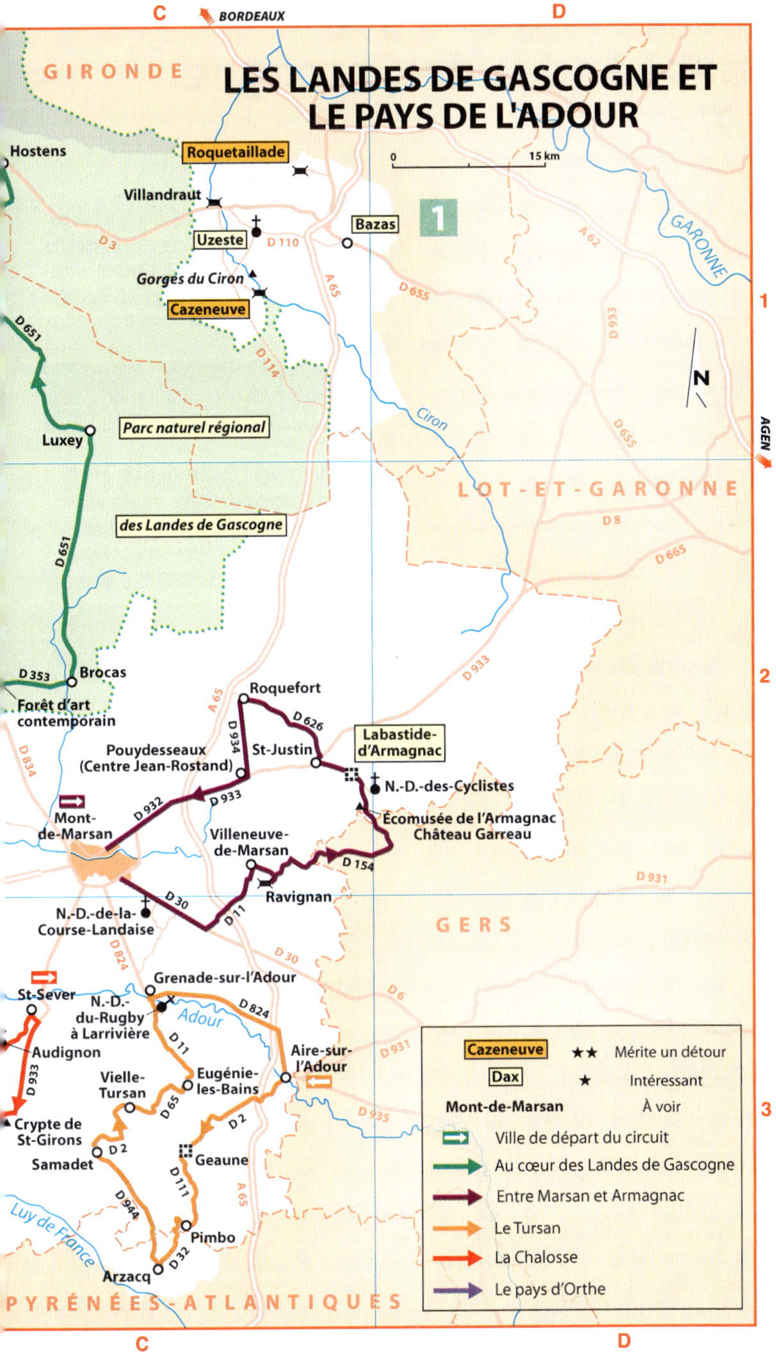

LES LANDES DE GASCOGNE ET LE PAYS DE L'ADOUR
C
D
BORDEAUX
AGEN
GIRONDE
LOT-ET-GARONNE
GERS
PYRÉNÉES-ATLANTIQUES
0
15 km
1
2
3
N
Hostens
Roquetaillade
Villandraut
Uzeste
D 110
Bazas
D 3
Gorges du Ciron
Cazeneuve
A 65
D 655
A 62
GARONNE
D 933
D 651
D 114
Ciron
Luxey
Parc naturel régional
des Landes de Gascogne
D 8
D 665
D 353
Brocas
Forêt d'art contemporain
A 65
Roquefort
D 626
D 934
St-Justin
Labastide-d'Armagnac
Pouydesseaux (Centre Jean-Rostand)
N.-D.-des-Cyclistes
D 834
Mont-de-Marsan
D 932
D 933
Écomusée de l'Armagnac Château Garreau
Villeneuve-de-Marsan
D 154
D 931
Ravignan
D 30
D 11
N.-D.-de-la-Course-Landaise
D 824
Grenade-sur-l'Adour
D 6
St-Sever
N.-D.-du-Rugby à Larrivière
Adour
Audignon
D 933
Aire-sur-l'Adour
Vielle-Tursan
Eugénie-les-Bains
D 65
D 2
Crypte de St-Girons
Samadet
Geaune
D 111
D 944
Luy de France
Pimbo
D 32
Arzacq
Cazeneuve ★★ Mérite un détour
Dax ★ Intéressant
Mont-de-Marsan À voir
Ville de départ du circuit
Au cœur des Landes de Gascogne
Entre Marsan et Armagnac
Le Tursan
La Chalosse
Le pays d'Orthe

Parc naturel régional des Landes de Gascogne

★

Landes (40) et Gironde (33)

Ici la nature est reine, et la pinède, entrecoupée de vastes pistes forestières, réserve bien des surprises : refuges pour la faune et la flore, petits villages ou airials (vastes clairières herbeuses plantées de chênes), souvenirs d'un passé rural original… Des richesses et des paysages à découvrir à pied, à cheval, à vélo ou sur l'eau.

NOS ADRESSES PAGE 274
Hébergement, restauration, achats, activités, etc.

S'INFORMER

Maison du Parc – *33 rte de Bayonne - 33830 Belin-Béliet - ✆ 05 57 71 99 99 - www.parc-landes-de-gascogne.fr - ♿ - 9h-12h, 14h-18h - fermé w.-end et j. fériés.*

Écomusée de Marquèze – *Voir infos pratiques p. 268* - le point d'informations touristiques du Parc naturel régional des Landes de Gascogne se trouve dans la gare. Il met à disposition une carte-guide répertoriant les sites à visiter et les activités proposées sur le territoire du Parc.

Pour le nord du Parc, voir « Nos adresses dans le bassin d'Arcachon », p. 257.

www.ecotourisme-landes-de-gascogne.fr - site d'information issu d'une collaboration entre le Parc et le pays des Landes de Gascogne : hébergement, activités nature, visites, découverte du paysage… Randonnées à pied ou à vélo sur *www.rando-landes-de-gascogne.com.*

SE REPÉRER

Carte de microrégion BC1-2 (p. 264-265) – Le Parc naturel régional des Landes de Gascogne (créé en 1970) regroupe 41 communes des Landes et de Gironde et couvre 315 300 ha au cœur du massif forestier gascon. Il s'étend à partir de l'extrémité est du bassin d'Arcachon, de part et d'autre du val de l'Eyre, englobant au sud les vallées de la Grande et de la Petite Leyre ainsi que les zones boisées de la Leyre.

À NE PAS MANQUER

L'un des circuits de randonnée au cœur du Parc ; l'écomusée de Marquèze à Sabres, le centre Graine de forêt à Garein et la Forêt d'art contemporain.

ORGANISER SON TEMPS

Comptez deux jours pour parcourir le Parc naturel dans son ensemble. Si vous vous attardez à faire quelques balades, baignades, observations ou loisirs, il y a facilement de quoi vous occuper plus longtemps.

AVEC LES ENFANTS

L'écomusée de Marquèze et son pavillon ; la Forêt d'art contemporain ; Graine de forêt à Garein ; nombreuses activités de plein air : baignade, vélo, balade en calèche ou avec ânes, etc. *(voir la rubrique « Activités », p. 276).*

Brume dans la forêt des Landes de Gascogne.
J.-D. Sudres/hemis.fr

Circuit conseillé Carte de microrégion p. 264-265

AU CŒUR DES LANDES DE GASCOGNE

Circuit de 120 km à travers le Parc naturel régional, tracé en vert sur la carte p. 264-265 et sur la carte p. 271. Compter une journée.

Vous partez à la découverte de la grande forêt landaise avec ses sites de régénération, ses clairières, ses réserves de chasse et ses maisons basses. Pour aller à l'essentiel et mieux comprendre ce territoire, il faudra vous arrêter à l'**écomusée de Marquèze**, à Sabres, un incontournable ! Ce quartier landais évoque la vie rurale landaise aux 18e et 19e s. À visiter aussi, l'espace « Graine de Forêt » à Garein.

Le billet jumelé de l'écomusée permet de bénéficier de tarifs préférentiels pour visiter plusieurs sites du Parc naturel régional (rens. au 05 58 08 31 31).

Belin-Béliet B1

Aliénor d'Aquitaine aurait vu le jour à Belin en 1123. Un bas-relief a été érigé à sa mémoire à l'emplacement du château des ducs d'Aquitaine *(accès par la rue Ste-Quitterie : suivre le fléchage « Hôtel d'Aliénor »)*.

Au sud du village, la **Maison du Parc** *(voir la rubrique « S'informer », ci-contre)* a pris ses quartiers.

Au nord de la localité se trouve le **centre du Graoux** *(voir la rubrique « Activités », p. 276)*.

Quitter Belin-Béliet à l'est par la D 110 et la D 134. À Joué, prendre à droite la D 110E5 pour gagner Moustey en traversant Peyrin et Biganon.

Moustey B1

Située sur le chemin de St-Jacques-de-Compostelle, la place centrale de ce village compte deux églises construites en garluche (pierre ferrugineuse locale). Le mur sud de Notre-Dame possède une porte murée dite « porte des Cagots » *(voir p. 494)*.

DES ZONES HUMIDES AUX PINS

À l'origine était la Grande Lande, un vaste territoire parcouru par les bergers et parsemé d'îlots d'habitations où les habitants vivaient en autarcie. Une vie rude donc, fondée sur un **système agropastoral**.

Dès le 18e s., on commence à planter quelques résineux, mais c'est à la suite de la loi sur l'assainissement et le boisement à grande échelle, promulguée par Napoléon III en 1857, que naît une immense mer de pins et qui engendre la création de nouveaux métiers. La forêt devient un bien précieux, même si les propriétaires doivent attendre quelques années avant que leurs parcelles deviennent rentables. Le **gemmage** *(voir encadré p. 46)* s'intensifie et l'exploitation de la résine s'industrialise au 19e s.

De nos jours, cette activité a disparu et les petits-fils des gemmeurs sont devenus bûcherons. Mais, là encore, il y a du pain sur la planche. Un pin de dix ans sert à faire du papier; à vingt ans, on en fait des poteaux; à trente ans, il devient meuble, palette, planche ou lambris. Bref, pas de retraite en perspective!

Avec l'évolution technique, la **sylviculture** est devenue intensive et les quelques landes restantes, menacées, sont désormais préservées. Les tempêtes de 1999 et 2009 ont cependant fragilisé le territoire.

Graine de Forêt, p. 270.

Attelages des vallées de la Leyre dans la rubrique « Activités », *p. 276.*
Gagner Pissos par la D 834 au sud.

Pissos B1

L'**église de Richet**, un peu en dehors du village, est coiffée par un clocher en bardeaux.

Dans le centre, arrêtez-vous à la **Maison des artisans** si vous voulez faire quelques emplettes *(voir la rubrique « Achats », p. 275)*. Un peu plus loin, sur la route de Sore, vous pourrez faire un petit tour au **Relais nature de la haute Lande** (dans une bergerie traditionnelle) pour faire connaissance avec la faune sauvage landaise. *05 58 04 41 40 et 05 58 08 91 58.*

Prendre la D 34 au sud. À **Commensacq**, belle église romane. *Prendre à droite la D 626. À l'entrée de Labouheyre, prendre à gauche la D 402 en direction de Solférino. Elle traverse le* **parc de Peyre** *(gîtes forestiers sur réserv.).*

Solférino B2

En 1857, **Napoléon III** achète quelque 7 000 ha de landes. Une fois les terres assainies, il aménage un domaine expérimental où il installe des fermes modèles. Un village est créé en 1863.

Prendre la D 44 à l'est.

★★ Écomusée de Marquèze B2

Gare de Sabres - rte de la Gare - 40630 Sabres - 05 58 08 31 31 - www.marqueze.fr - ♿ - juil.-août : 10h-19h ; avr.-juin et 1er sept.-11 Nov. : 10h-12h, 14h-18h, sam. 14h-18h - possibilité de visite guidée (1h) - 13,50 € (-19 ans 9 €) - 38 € billet famille (2 adultes + 2 enf.). Billetterie gare de Sabres. Trois visites par jour sont proposées hors sais., à chaque arrivée de train en sais.

Cet écomusée se compose de deux sites : le pavillon de Marquèze, situé en face de la gare de Sabres, et le quartier de Marquèze, accessible en petit train. Un plan de visite très complet est remis à l'achat du billet en gare de Sabres. La mise en place de parcours numériques sur tablette (en location ou à télécharger) permet un nouvel éclairage sur des thématiques spécifiques : la vie du métayer, la vie de la Dame et un parcours enfant.

Gare de Sabres - aller-retour quartier de Marquèze – *✆ 05 58 08 31 31 - dép. ttes les 40mn env. - juil.-août : 10h10-17h20, retour 19h ; vac. de Pâques, juin et sept. : 10h10-12h10, 14h-16h40, retour 18h ; avr.-mai : 14h-16h40, dim. et j. fériés 10h10-12h10, 14h-16h40, retour 18h - 13 € (-25 ans 9 €).* Le train parcourt 4 km à travers bois avant de vous déposer dans le quartier de Marquèze ou l'**airial**, vaste espace principalement planté de chênes centenaires, où étaient répartis les habitations principales et les bâtiments d'exploitation.

★★ **Quartier de Marquèze** – À l'arrivée du train en gare de Marquèze, une visite guidée (1h) de l'airial est proposée. Il est intéressant de la suivre avant de parcourir librement l'ensemble du site, au gré des évocations sonores et des rencontres inattendues. Réparties dans le parc, des « Maquinas Poeticas » rendent hommage au génie populaire des Landes de Gascogne et apportent un complément ludique et fantaisiste à la visite.

Le quartier de Marquèze occupe près de 20 ha dans la zone protégée des vallées de l'Eyre. Il a été reconstitué pour présenter la vie telle qu'elle s'organisait ici à la fin du 19e s. Près d'une trentaine d'édifices jalonnent ce vaste parcours de découverte.

Une **grange-exposition** présente l'ancien système agropastoral, la vie des familles et les métiers ainsi qu'une ruche en activité permettant d'observer un essaim d'abeilles noires à travers une vitre. À droite, **la maison des métayers** et son cortège de granges, loge à cochons et *bugadier* (pour la lessive) retrace la vie des enfants. Après un passage par **le four à pain** (vous ne résisterez pas à l'envie de rapporter un pain campagnard ou un pastis landais), la maison de maître est reconnaissable à son *estandade* (large auvent), dite **maison de marquèze** ; elle reflète la richesse du propriétaire. À proximité, vous trouverez **la maison du berger** (dite aussi « brassier », lorsque le berger était sous contrat avec un propriétaire), au poutrage plus grêle et aux dimensions plus modestes ; elle est dirigée vers celle du maître pour souligner sa dépendance.

3

LA VIE D'AUTREFOIS À MARQUÈZE

L'écomusée de Marquèze organise plusieurs manifestations faisant revivre les traditions landaises du 19e s.

L'omelette des bergers, le **week-end de Pâques**, et la maïade, qui se déroule le **1er Mai**, sont les fêtes du printemps.

Mi-mai a lieu la tonte des moutons. La laine est ensuite cardée, filée et tissée.

Le **24 juin**, jour de la Saint-Jean, donne lieu à un rite marquant la venue de l'été. Dans l'espoir d'obtenir de bonnes récoltes, on confectionne et on accroche des croix fleuries aux portes des maisons.

Fin août, ce sont les travaux des champs ; **en septembre**, c'est au tour des recettes traditionnelles d'être à l'honneur…

Et, à tout moment, on peut assister à divers travaux : gemmage des pins, cuisson du pain, meulage du seigle, fabrication du savon, tissage, filage, découverte des plantes médicinales, découverte du potager, en fonction des saisons.

Détails et horaires sur www.marqueze.fr.

Une petite promenade dans la forêt vous conduit à **l'aire meunière** où opérait le **résinier**… et vous voilà à la maison du meunier. Elle date de 1834 et se trouve (comme il se doit) à côté du **moulin de bas**, dont les deux meules broyant gros et petits grains remplacent l'aube traditionnelle.
La visite ne serait pas complète sans un détour par le **parc à moutons**, pour voir ces anciens défricheurs de la lande dont le fumier enrichissait les champs.
Un troisième parcours vous entraîne à travers l**a forêt galerie** et ses six « Maquinas Poeticas », drôles de machines à manipuler.
Les parcours « Les p'tits curieux mènent l'enquête » et un jeu de piste magique « Où sont donc passées les fées ? », permettent également aux enfants de découvrir l'ensemble du quartier. En juillet-août des ateliers pédagogiques sont organisés quatre fois par jour autour d'un thème différent : le monde des abeilles, l'école d'antan, les animaux, etc. Des jeux traditionnels, échasses, jeux de quilles, sont répartis sur le site.
Pavillon de Marquèze – *05 58 08 31 31 - www.parc-landes-de-gascogne.fr - - juil.-août : 10h-19h ; avr.-juin et 1er sept.-11 Nov. : 10h-12h, 14h-18h, sam. 14h-18h - possibilité de visite guidée (1h) - 5 € (enfant 3,50 €).* Il abrite une exposition didactique et interactive sur l'aventure de l'aménagement du territoire des Landes de Gascogne au cours des derniers siècles et la transformation des paysages qui en découle : les dunes, la forêt, la plage, l'eau, tout est présenté dans une scénographie riche et attractive. Une exploration du système agropastoral est un complément parfait à la visite du quartier. Des parties sur l'énergie, le pèlerinage, la croissance et l'économie enrichissent cette visite bien pensée. Le parcours sonore ravit les plus petits qui pourront suivre le « chemin des enfants », spécialement conçu pour eux, sur l'airial. Tous les 1ers jeudis du mois, des conférences sur des sujets de société sont organisées. Le pavillon propose régulièrement des expositions temporaires. En 2016, le photographe Félix Arnaudin sera à l'honneur.
Une boutique et un restaurant, situés dans la gare, complètent la visite.
Quitter Sabres au sud-est dir. Mont-de-Marsan.

Graine de Forêt, à Garein B2

D 834 - 06 88 81 30 08 - www.grainedeforet.fr - - juil.-août : 9h30-12h30, 14h-18h ; avr.-juin et sept.-oct. : dim. et j. fériés 13h-18h, vac. scol. 14h-18h - 5,50 € (-26 ans 4 €).
Cet espace muséographique interactif et ludique sur le thème de la filière bois a été aménagé dans une maison traditionnelle. Là, vous trouverez toutes les réponses à vos questions concernant la sylviculture, qui reste la première ressource de la région : maquette animée présentant les différents intervenants de la chaîne du bois, films sur le travail des bûcherons modernes (comme si vous y étiez !) et la fabrication du papier, puzzles, etc.
2,6 km AR. Complétez vos connaissances sur le terrain en parcourant le sentier jalonné de bornes sonores dans la forêt… afin d'y planter votre graine de pin !
Sortir de Garein à l'est, par la D 353 vers Brocas. À 1 km environ du sentier Graine de forêt, prendre à droite, au bout de la piste.

Forêt d'art contemporain C2

Accès libre, se rens. auprès du parc ou sur www.laforetdartcontemporain.com.
Le site est une association qui réunit trois acteurs : le parc, les Floralies de Garein, Culture et Loisirs de Sabres. Il a pour objectif de devenir, à terme, un

PARC NATUREL RÉGIONAL DES LANDES DE GASCOGNE

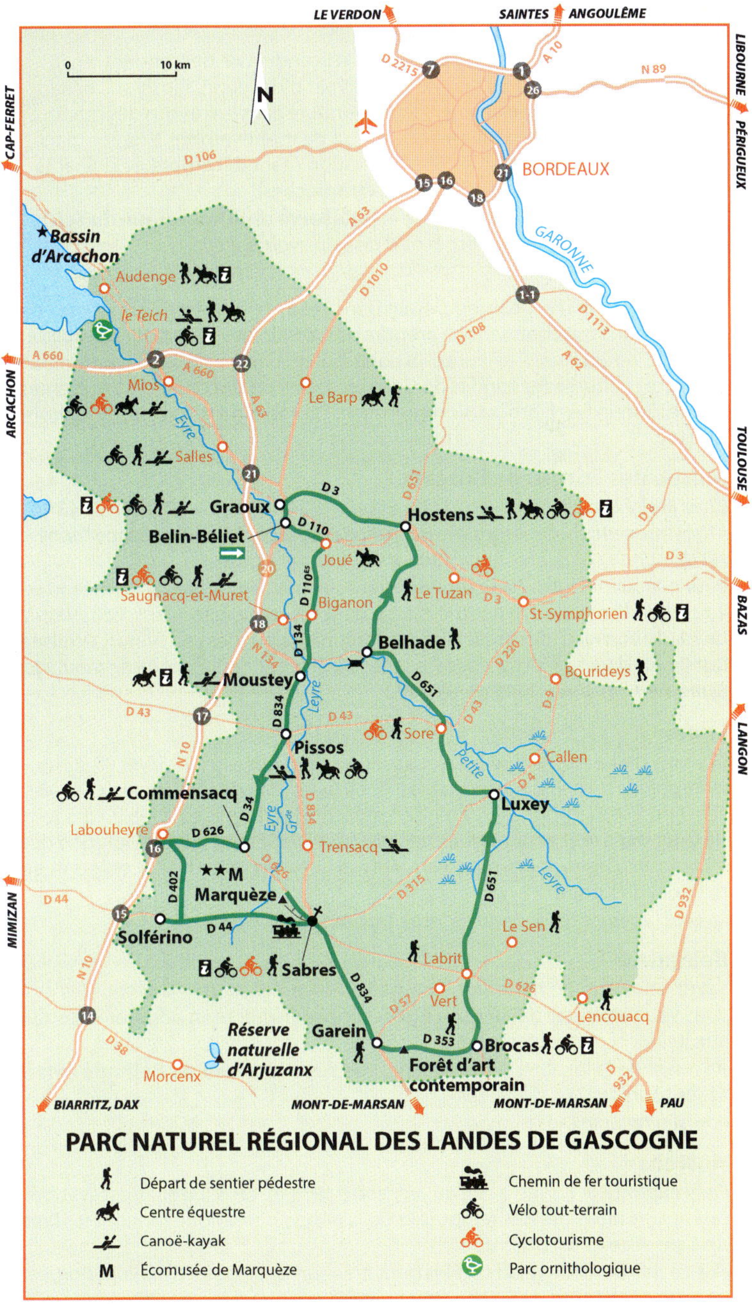

OBSERVER DES OISEAUX

En hiver, les **grues cendrées** habitant la Scandinavie descendent, en formations en « V », à la recherche d'un climat plus serein. Plusieurs milliers restent dans les Landes, glanant leur nourriture dans les résidus des champs de maïs. La période d'hivernage s'étend de mi-novembre à début mars, les mois les plus favorables à l'observation étant décembre et janvier (à leur arrivée, elles peuvent se montrer farouches).

Au nord du Parc, le delta de l'Eyre et la **Réserve ornithologique du Teich** abritent de nombreuses espèces d'oiseaux *(voir p. 255)*.

grand itinéraire d'art contemporain dans l'espace forestier. Des artistes de tous horizons ont commencé à prendre possession des lieux pour sensibiliser le public, notamment les jeunes. Ils contribuent ainsi à valoriser le patrimoine naturel et culturel des Landes de Gascogne. Des œuvres sont déjà présentes à Arue, Garein, Vert, Brocas, Commensacq, Sabres, Biganos ; d'autres suivront bientôt.

Musée des Forges de Brocas C2

Chez Maïté Crouts-de-Paille - rte de Garein - 40420 Brocas - ✆ 05 58 51 48 46 - http://museedesforges.brocas.fr - de mi-juin à mi-sept. : 15h-19h ; reste de l'année : sur demande préalable - fermé lun. - 4 € (-10 ans gratuit).

Pour découvrir l'histoire de cet important site métallurgique au 19e s., rendez-vous dans l'ancienne minoterie, située dans un cadre verdoyant. Vous verrez un haut-fourneau, des ateliers et des logements ouvriers en ruine. Le musée rassemble divers objets en fonte et diffuse un film sur la technique de moulage.

Quitter Brocas vers le nord par la D 651.

Luxey C1

Maison de l'estupe-huc *(« éteins le feu » en gascon) – ✆ 05 58 08 00 35 - ♿ - visite guidée sur demande préalable (30mn) juil.-août : 10h-15h ; reste de l'année : 10h-14h15 - 4 € (-10 ans 2 €).* La maison présente les risques et la réalité des feux de forêt dans les Landes *(projection de trois vidéos)* et évoque l'évolution des techniques des sapeurs-pompiers à travers des documents, des objets et du matériel d'époque.

La D 651 mène à Belhade par Sore et Argelouse.

Belhade B1

Savez-vous que Belhade signifie « belle fée » en gascon ? Dans tous les cas, vous vous arrêterez devant son **église** à clocher-mur pour admirer le portail aux beaux chapiteaux sculptés.

À l'ouest de la localité, sur la gauche, vue sur le **château de Belhade** *(privé)* et ses tours rondes crénelées.

Poursuivre sur la D 651.

Hostens C1

On y exploita le lignite à ciel ouvert entre 1933 et 1963. Puis les excavations furent comblées par des remontées de la nappe phréatique formant les **lacs de Lamothe** et **du Bousquet**.

Le **domaine de loisirs d'Hostens**, créé sur l'ancien site d'exploitation, est un parc de détente de 500 ha *(voir la rubrique « Activités », p. 276)*.

3 km. Un **sentier d'interprétation** (sentier des Demoiselles) permet de découvrir le milieu naturel.

Retour à Belin-Béliet par la D 3 et la D 1010.

Le musée de Marquèze.
P.-O. Signe/Michelin

À proximité Carte de microrégion p. 264-265

Réserve naturelle d'Arjuzanx B2

Au sud du Parc - maison Barreyre (de la D 38 dir. Morcenx/Mont-de-Marsan, prendre à gauche avant le bourg d'Arjuzanx) - ☏ 05 58 08 11 52 - www.reserve-arjuzanx.fr - animations, visites guidées et manifestations, se rens.

Ce vaste site naturel (2 600 ha) prend place sur une ancienne friche industrielle, celle d'une mine de lignite exploitée par EDF jusque vers 1990. Depuis, la nature a repris ses droits : difficile d'imaginer ce que ces lieux, couverts de végétation, étaient il y a peu ! La réserve constitue le premier site d'hivernage des **grues cendrées** en France. Elle sert de « dortoir » à 40 000 oiseaux. Une partie est en accès libre : lac *(baignade surveillée de mi-juin à déb. sept., 13h-19h, activités nautiques, pêche)*, chemins balisés pour la randonnée et le VTT *(parcours de 1,7 km à 7,3 km)*, balades équestres, etc.

Visites accompagnées par des naturalistes – *☏ 05 58 08 11 52 - www.reserve-arjuzanx.fr - visite guidée sur demande préalable (3h) - 6 € (-16 ans 3 €) - rens., réserv. et dép. Maison du site juil.-août : 9h30-19h30 ; mai-juin et sept. : 9h30-12h30, 13h30-17h, w.-end 9h30-12h30, 13h30-18h30 ; reste de l'année : tlj sf w.-end 9h30-12h30, 13h30-17h - fermé 1er janv., 25 déc.*

Des sorties d'observation (4h) des grues sont également organisées sur les sites de **Captieux** et de **Solférino** - *rens. et réserv. à la Maison du parc : voir la rubrique « S'informer », p. 266.*

NOS ADRESSES DANS LE PNR DES LANDES

RECOMMANDATIONS

Réglementation du Parc
- Ne cueillez pas les plantes et ne coupez pas de branches d'arbres.
- N'allumez jamais de feu et ne fumez pas en dehors des haltes prévues à cet effet. La forêt s'enflamme très vite (y compris au bord des plans d'eau); elle met nettement plus de temps à se reformer!
- Ne laissez pas de détritus et ne jetez rien par terre; des poubelles sont à votre disposition.
- Ne stationnez pas votre véhicule sur les chemins; des parkings sont aménagés à cet effet.
- Respectez le silence et la tranquillité des promeneurs, des pêcheurs et des riverains.

En été, emportez du produit contre les moustiques, surtout dans les zones humides.

HÉBERGEMENT

PREMIER PRIX

Chambre d'hôte La Maranne – *Le Muret - 40410 Saugnacq-et-Muret - 15 km au nord de Pissos - 05 58 09 61 71 - la-maranne@wanadoo.fr - - fermé 15 nov.-15 avr. - - 5 ch. 60 €* . Cette demeure du 19e s., au milieu d'arbres centenaires, abrite des chambres agréables et nanties parfois de meubles d'époque. Côté détente, les activités ne manquent pas : sauna, Jacuzzi, vélos…

BUDGET MOYEN

Écogîte de Payan – *40630 Luglon - 8 km au sud de Sabres - 05 58 08 32 23 - www.ecogitedepayan.com - fermé de fin nov. à fin mars - - 7 ch. 80 € - 8 €, grenier pour 6 pers. (20 €/pers.), roulotte.* Une maison d'hôte restaurée en écoconstruction, avec des matériaux naturels et des techniques traditionnelles. Un bon exemple de l'écotourisme développé dans le Parc, au milieu d'un airial.

Chambre d'hôte Les Arbousiers – *Le Gaille - 40630 Sabres - 7,5 km à l'ouest de Sabres par D 44 - 05 58 07 52 52/06 81 13 28 09 - www.chambres-hotes-aquitaine.com - - 6 ch. 75 € - 20 €.* Calme garanti dans cette charmante maison landaise à colombages bâtie au milieu d'une clairière entourée d'une forêt de pins. Chambres simples et chaleureuses et table d'hôte le soir. L'accueil est convivial et vous entendrez sûrement parler d'oiseaux par la propriétaire passionnée…

Chambre d'hôte Le Poutic – *Rte de Cazaubon - 40240 Créon-d'Armagnac - 12 km à l'est de St-Justin par D 933 et D 35 - 05 58 44 66 97 - - www.lepoutic.com - 3 ch. 70/80 € - 28 €.* La restauration de cette ferme landaise a joliment mis en valeur ses vieux murs en pierre, ses poutres et ses colombages. Les chambres ont bénéficié de la même attention pour leur décoration, d'un goût sûr et soigné. Stages de cuisine canard, foie gras et armagnac d'octobre à décembre et de février à avril.

Hôtel Au P'tit Creux des Landes – *3 r. Brémontier - 40160 Ychoux - 33 km à l'ouest de Sabres - 05 58 82 38 38- - - 37 ch. 66/74 € - 8,50 € - 12,50/35 €.* À la sortie du village, cette construction de style motel propose des chambres simples et fonctionnelles. Les chambres familiales bénéficient de deux salles d'eau. La salle à manger,

claire, propose principalement des plats du Sud-Ouest.
Chambre d'hôte Chez M. et Mme Clément – *1 r. du Stade - 33830 Belin-Béliet - ✆ 05 56 88 13 17 - P - ⊬ - 4 ch. 80 € ☕ et un gîte.* Belle maison bourgeoise du 19e s. dans un parc ombragé d'arbres centenaires. Boiseries en chêne, parquets cirés et cheminées de marbre font le raffinement de la décoration. Toutes les chambres sont lumineuses et la plupart ouvrent sur la nature.

RESTAURATION

Dans le Parc, plusieurs établissements proposent « l'assiette de pays » *(voir p. 14).*

PREMIER PRIX

La Bonne Auberge – *1 r. Champs-de-Seuze - 33830 Lugos - 8 km à l'ouest de Belin-Béliet - ✆ 05 57 71 95 28 - www.la-bonne-auberge-lugos.com - P - fermé sam. midi, dim. soir, 2 sem. en nov. - 12/30 € - 5 ch. 73 € - ☕ 7 €.* Cette accueillante auberge s'ouvre sur un jardin d'agrément et une vaste terrasse ombragée de platanes. Cuivres et assiettes anciennes ornent les murs de la salle à manger rustique. Cuisine traditionnelle. Chambres un brin désuètes, mais de bon confort.

BUDGET MOYEN

Le Haut-Landais – *Pl. du Bourg - 40410 Moustey - ✆ 05 58 07 77 85 - fermé déc.-janv., et lun. - 12h-15h, 19h-23h - formule déj. 13,50 € - 21/27,50 €.* Sur la place du village, cette auberge existe depuis le 17e s. Landais de cœur et hollandais d'origine, le patron vous prépare les spécialités régionales : aiguillettes de canard, assiettes landaises… Agréable terrasse ombragée devant la maison. Concerts et « apérolandais » l'été.

Le Café de Pissos – *42 r. Pont-Battant - 40410 Pissos - ✆ 05 58 08 90 16 - www.cafe-de-pissos.com - P - fermé 22-28 juin, dim. soir, mar. soir et merc.- 12h-14h, 19h30-20h45- 12 € déj. - 21,50/32 € - 5 ch. 44 € - ☕ 6,50 €.* Cette auberge familiale propose une authentique cuisine régionale dans un cadre campagnard ou sur la terrasse ombragée de platanes centenaires. Bar. Chambres modestes.

Auberge des Pins – *Rte de la Piscine - 40630 Sabres - ✆ 05 58 08 30 00 - www.aubergedespins.fr - fermé 17-25 oct. et restaurant dim. et lun. soir (sf été) - 23 ch., 2 suites, 73/140 € - ☕ 12 €.* Ravissante maison landaise nichée dans un parc planté de pins. Attablez-vous dans la belle salle à manger ornée d'armoires du pays et agrémentée de boiseries anciennes, et régalez-vous avec la délicate cuisine régionale du chef. Les chambres du bâtiment principal sont personnalisées avec goût.

ACHATS

Vous trouverez sans doute des produits estampillés « Parc naturel régional des Landes de Gascogne » ; leurs producteurs adhèrent à une charte mettant en valeur trois points : le lien fort avec le territoire, le respect et la valorisation du territoire et la dimension humaine.

L'atelier du souffleur de verre et la Maison des artisans – *71 rte de Sore - 40410 Pissos - ✆ 05 58 08 97 42 ou 06 88 94 99 61 - avr.-juin et sept. : mar.-sam. 10h-12h30, 14h30-18h, dim. et j. fériés 15h-18h ; juil.-août : 10h-12h30, 14h30-18h30 ; reste de l'année : sur RV.* Exposition-vente d'artisanat d'art et de produits régionaux. À voir également, l'atelier du souffleur de verre.

3

ACTIVITÉS

Randonnées pédestres – Les conseils généraux diffusent des topoguides : *Carnet de voyages rando* pour la Gironde et *Rando-Guide n° 14* pour la partie landaise du Parc.

Balades à bicyclette – *Le Parc régional naturel des Landes de Gascogne à vélo* (éditions Sud-Ouest), *Les Séjours Écocyclo* et le *Carnet de voyages cyclo* vous aideront à vous orienter et à constituer un itinéraire d'un ou plusieurs jours. Possibilité de combiner vélo et canoë.

Canoë et kayak – *33 rte de Bayonne - 33 830 Belin-Béliet - ✆ 05 57 71 99 99 - www.rando-landes-de-gascogne.com.* 6 bases nautiques proposent des randonnées de quelques heures ou plusieurs jours pour sillonner la Leyre, sa faune, sa flore et l'histoire locale du Parc.

Piscines de plein air – **Audenge** *(le port - ✆ 05 56 26 95 12),* **Bourideys** *(le bourg - ✆ 05 56 25 71 55),* **Labrit** *(le bourg - ✆ 05 58 51 00 31),* **Pissos** *(rte de Sore - ✆ 05 58 08 91 45),* **Sabres** *(rte de Luglon - ✆ 05 58 07 52 51),* **Salles** *(rte d'Argila - ✆ 05 56 88 40 89)* et **Sore** *(rte de Luxey - ✆ 05 58 07 60 55).*

Domaine de loisirs d'Hostens – *54 rte de Bazas, domaine départemental d'Hostens - 33125 Hostens - ✆ 05 56 88 70 29 - juil.-août : 9h-12h30, 13h30-17h; reste de l'année : lun.-vend. mêmes horaires.* Baignade surveillée. Base VTT proposant 6 circuits de 10 à 30 km, minigolf, pêche, baignade… Également location de matériel sportif (VTT, canoë-kayak, pédalo…) et de nombreuses activités : initiation à la marche nordique, badminton, escrime, beach-volley. En septembre est organisé le Raid des 2 domaines, sur 145 km, entre Hostens et Blasimon.

Centre du Graoux – *31 rte de Graoux - 33830 Belin-Béliet - ✆ 05 57 71 99 29 - www.parc-landes-de-gascogne.fr - 9h-12h30, 14h-17h.* Centre de découverte de l'environnement du Parc offrant un large éventail d'activités sportives (canoë-kayak sur la Leyre, cyclotourisme, VTT, sentiers de découverte, parcours d'orientation).

Maison de la Nature du bassin d'Arcachon – *Voir p. 261.*

Attelages des vallées de la Leyre – *Airial de Lavigne - 40410 Moustey - ✆ 05 58 07 75 60 - www.taristourisme.com -* Promenades commentées en calèche ou roulotte, randonnées accompagnées avec ânes bâtés, location de canoë-kayak, balades à poney ou à cheval. Base nautique. Petit espace camping familial. Hébergement possible (gîtes d'étape ou de séjour) et location de tipi.

AGENDA

À Marquèze

La Maïade – *1er Mai - www.parc-landes-de-gascogne.fr.* Décoration d'arbres fleuris.

À Luxey

Musicalarue – *W.-end du 15 août - www.musicalarue.com.* Musique, danse, théâtre, cirque, etc.

Bazas

★

4 585 Bazadais – Gironde (33)

Si vous ne connaissez de Bazas que le bœuf du même nom, prenez le temps d'y passer quelques heures. La cité, convoitée de tous côtés à travers l'Histoire, fut ballottée au gré des invasions et élevée à la dignité de cité épiscopale. Presque plus italienne que girondine, l'ancienne sous-préfecture offre un peu de calme au-dessus de la vallée.

NOS ADRESSES PAGE 280
Hébergement, restauration, achats, activités, etc.

S'INFORMER

Office du tourisme du Bazadais – *1 pl. de la Cathédrale - ✆ 05 56 25 25 84 - www.tourisme-bazadais.com - juin-sept. : 9h-12h, 13h30-18h, dim. 15h-18h30 ; reste de l'année : tlj sf dim. 9h-12h, 13h30-17h30 - fermé certains j. fériés.* Il propose un plan de la cité (gratuit) et un guide pour découvrir Bazas à votre rythme (1 €), mais aussi la carte touristique du pays Sud Gironde.

SE REPÉRER

Carte de microrégion C1 (p. 264-265). Bazas se situe à 60 km au sud-est de Bordeaux (A 62 et D 932) et à 40 km au sud-ouest de Marmande (D 116, D 3 puis D 655).

SE GARER

Laissez votre voiture place de la Cathédrale.

À NE PAS MANQUER

La cathédrale St-Jean ; la Vierge du 13e s. dans la collégiale d'Uzeste ; le château de Villandraut.

ORGANISER SON TEMPS

Comptez une demi-journée pour faire le tour de la ville. Au château de Villandraut, la visite dure 1h. N'hésitez pas à poursuivre la journée par la visite de l'un des magnifiques châteaux de Roquetaillade et Cazeneuve *(voir p. 279 et 281)*. Si vous êtes de passage peu avant Mardi gras, ne manquez pas la Fête des bœufs gras.

AVEC LES ENFANTS

La métairie du château de Roquetaillade.

Se promener

Place de la Cathédrale

Très jolie place entourée de maisons sur couverts du 16e s. et 17e s., particulièrement animée le samedi matin, jour du marché. Au n° 23, la maison dite de l'Astronome est décorée de symboles astronomiques (visages graves de la Lune et du Soleil, mage oriental à chapeau pointu, etc.).

★ Cathédrale Saint-Jean

Voir l'« ABC d'architecture » p. 90. ✆ 05 56 25 25 84 - www.tourisme-bazadais.com - 9h-18h - possibilité de visite guidée (1h) sur demande préalable à l'office de tourisme (4 €, -12 ans gratuit).

Elle fut édifiée aux 13e et 14e s. sur le modèle des grands sanctuaires gothiques du nord de la France. Malgré les différences de style de ses trois étages –

13e, 16e et 18e s. *(de bas en haut)* –, la façade ne manque pas d'harmonie. Les Bazadais sauvèrent les **portails** du vandalisme protestant en versant 10 000 écus, ce qui en valait bien la peine! Le portail central est consacré au Jugement dernier et à l'histoire de saint Jean Baptiste, les portails latéraux à la Vierge et à saint Pierre.

L'**intérieur** est assez sobre. La perspective de la nef, étroite et longue, produit une forte impression. Dans le chœur, maître-autel Louis XIV en marbre de couleurs variées, un peu maniéré. Dans la chapelle axiale, toiles de François Lemoyne (18e s.).

Jardin du Chapitre

Pl. de la Cathédrale - ✆ 05 56 65 06 65 - www.ville-bazas.fr - ♿ - visite guidée sur demande préalable (2h) 9h-18h - 5 €.

Composé comme un jardin médiéval, il abrite quelques vestiges (de l'âge du fer au 15e s.). Il offre une jolie vue sur le vallon où coule la petite Beuve.

Revenir à la cathédrale et prendre à gauche (avant la mairie) la rue Théophile-Servière puis la rampe Maurice-Lapierre.

Promenade de la Brèche

Avant de vous engager sous les tilleuls de la promenade pour une très agréable balade au pied des vieux remparts, arrêtez-vous dans la roseraie du jardin du Sultan.

Musée de Bazas

1 pl. de la Cathédrale - ✆ 05 56 25 25 84 - juil.-août : jeu. 15h-18h, sam. 10h-12h, 15h-18h ; reste de l'année : sur demande préalable - gratuit - possibilité de visite guidée (2h), sur réserv. à l'office de tourisme.

Installé au rez-de-chaussée de l'ancien hôtel de ville (façade du 17e s.), le musée regroupe des collections historiques, archéologiques et d'art sacré.

À proximité Carte de microrégion p. 264-265

★ Collégiale d'Uzeste C1

8 km à l'ouest par la D 110. ✆ 06 09 92 20 23 - www.collegiale-uzeste.fr - 9h-19h - gratuit - possibilité de visite guidée du w.-end de Pâques à fin sept. : w.-end et j. fériés 15h-18h ; reste de l'année : sur demande préalable (5 €, -18 ans gratuit).

Une bien belle église dans un si petit village! Elle rivalise même avec la cathédrale de Bazas. Il est vrai que le pape Clément V (1305-1314) y mit du sien. Le résultat dut lui plaire puisqu'il la désigna dans son testament comme lieu de sa sépulture. Pénétrez dans l'église par le portail sud dont le tympan porte le Couronnement de la Vierge. Dans la chapelle axiale, Vierge de la fin du 13e s., vénérée par le pape en sa jeunesse ; dans la chapelle voisine, gisant d'un membre de la famille de Grailly (14e s.) ; derrière l'autel, gisant de marbre blanc de Clément V, dont les protestants ont cassé la tête.

Villandraut C1

13 km à l'ouest par la D 110 passant par Uzeste, puis la D 3.

Environné par la forêt landaise, Villandraut domine la rive gauche du Ciron. Le bourg a donné naissance à Bertrand de Got, élu pape en 1305 sous le nom de **Clément V**.

Château – *R. Lafon-Isoré - ✆ 05 56 25 87 57 - www.chateaudevillandraut.fr - juin-sept. : 10h-13h, 15h-19h ; reste de l'année : se rens. - fermé de fin déc. à déb. janv. - possibilité de visite guidée (1h15) - 4 € (-18 ans 2,50 €) - 6 € billet combiné avec* *le musée - visite guidée, 1 € visite libre, 2 € livret d'accompagnement.* Décidément, Clément V est partout : cette forteresse fut construite pour lui, sur le modèle des châteaux forts de plaine, à l'époque gothique. Une grande partie est consacrée aux aménagements résidentiels, comme il était d'usage en Italie au Moyen Âge. Le côté sud est le plus spectaculaire par l'alignement de ses quatre grosses tours, celle de droite ayant été arasée en 1592, sur ordre du parlement de Bordeaux.

★★ Château de Roquetaillade C1

8 km au nord-ouest de Bazas par les D 3 et D 223 - 05 56 76 14 16 - http://chateauroquetaillade.free.fr - visite guidée (1h) juil.-août : 11h-17h ; de Pâques à juin et sept.-oct. : 15h et 16h ; reste de l'année : dim. et vac. scol. (zone C) 15h et 16h - fermé 25 déc. - 9,50 € (-18 ans 6,50 €) - 11 € (-18 ans 8 €) billet combiné avec la métairie.

Le château – *Voir l'« ABC d'architecture » p. 91.* Cet imposant château féodal a été construit en 1306 par le cardinal Gaillard de la Mothe, neveu du pape Clément V. Il fait partie d'un ensemble composé de deux forteresses des 12e et 14e s., situées à l'intérieur d'une même enceinte. À droite du château Neuf, restes du **château Vieux** (donjon de la fin du 11e s.).

Les six énormes tours rondes du **château Neuf**, percées d'archères et crénelées, encadrent un corps rectangulaire ; deux d'entre elles flanquent l'entrée. Dans la cour se dressent le puissant donjon carré et sa tourelle. Les baies géminées et tréflées rappellent les dispositions des châteaux clémentins de la région. À partir de 1866, Viollet-le-Duc commença à restaurer et à réaménager le château. C'est à lui (il vous accueille d'ailleurs en personne, dans la cour d'entrée, à gauche de la porte !), que l'on doit l'escalier monumental du hall d'entrée, le mobilier et les étonnantes décorations de la **salle à manger★** dont les motifs stylisés annoncent déjà les arts décoratifs anglais de la fin du 19e s. (William Morris en particulier) et l'Art nouveau. La **chambre rose★** et la chambre verte, attribuées à Edmond Duthoit, collaborateur de Viollet-le-Duc sur ce chantier, suivent la même tendance. Cependant, des difficultés financières mirent fin à l'ambitieux projet et la décoration de la salle synodale resta inachevée.

Vous visiterez également la chambre du Cardinal et le Grand Salon tendu de tapisseries flamandes. Chacune de ces pièces meublées d'époque classique renferme une belle cheminée Renaissance. Quant à la grande cuisine, elle possède un impressionnant fourneau central.

Le parc – Planté d'arbres centenaires, il abrite une **chapelle** dont l'intérieur, décoré par Duthoit, est de style oriental.

Face à l'entrée du château se trouve la **métairie de Roquetaillade** qui abrite un pigeonnier du 12e s., un four à pain, un chai, et compte quelques animaux de ferme. Vous y découvrirez le monde rural du milieu du 19e s. dans le Bazadais. *05 56 76 14 16 - http://chateauroquetaillade.free.fr - possibilité de visite guidée sur demande (45mn) - 3 € (-6 ans gratuit) - 11 € billet combiné avec le château.*

NOS ADRESSES À BAZAS

HÉBERGEMENT

À proximité

PREMIER PRIX

Auberge La Crémaillère – *8 pl. du Gén.-de-Gaulle - 33730 Villandraut - ✆ 05 56 25 30 67 - www.aubergelacremaillere.com - P - ♿ -10 ch. 66 € - ☕ 8,50 € - fermé 23 déc.-23 janv., rest. fermé vend., sam. midi et dim. soir - 25/42 € - menu déj. lun.-vend. : 13 € - wifi.* Au pied du château, cette auberge rénovée a misé sur une ambiance chaleureuse (zen, africaine, médiévale et anglaise) et conviviale autour d'une cuisine raffinée. Une étape agréable.

RESTAURATION

BUDGET MOYEN

Café-Restaurant Indigo – *25 r. Fondespan - ✆ 05 56 25 25 52 ou 06 08 65 94 91 - fermé lun. et dim. - réserv. conseillée - formule déj. 12,50 € - 25/40 €.* Cet établissement a conquis les gens de la région avec ses recettes mi-régionales (label bœuf de Bazas), mi-exotiques. Décor moderne, terrasse d'été et service efficace.

À proximité

Aux Repas Fermiers d' Houn Barrade – *33430 Cudos - 5 km au sud de Bazas sur N 524 dir. Mont-de-Marsan - ✆ 05 56 25 06 69/44 55 - www.restaurant-indigo-bazas.fr - P - 10 juil.-1er sept., w.-end et j. fériés le midi ou sur réserv. - 19/26 €.* Dans une ambiance campagnarde, vous apprécierez foie gras, magrets, coqs, lapins et marcassins arrosés des meilleurs vins locaux. Réservez pour les entrecôtes.

ACHATS

Palmagri – *8 r. Partarrieu - 33124 Auros - 10 km au nord-est de Bazas par D 12 - ✆ 05 56 65 40 81 - www.palmagri-foiegras.fr - P - 9h-12h30, 14h-18h30 - fermé dim. et j. fériés.* Foie gras, boudin, magrets, etc. Les produits de cette boutique sont élaborés à partir de canards élevés de façon traditionnelle. Des cours de cuisine sont dispensés pour apprendre à découper et cuisiner un canard ou un foie gras.

ACTIVITÉS

Cyclotourisme – *✆ 05 56 25 25 84 (office de tourisme).* Une piste cyclable relie Bazas à Castillon-de-Castets (voie verte du canal de Garonne) : elle traverse le Parc naturel régional des Landes de Gascogne, longe une partie de la Leyre et rejoint ensuite les pistes du bassin d'Arcachon. L'office de tourisme propose 5 circuits vélo (payant) au dép. de Bazas.

Cycles Clavé – *13-15 cours du Mar.-Foch - ✆ 05 56 25 93 99 - tlj sf dim. 8h-12h, 14h-19h- fermé j. fériés.* Location de vélos et VTT pour adultes et enfants et réparations en tout genre.

AGENDA

Fête des bœufs gras – *En février, le jeu. précédant le Mardi gras - www.ville-bazas.fr.* Défilé des bœufs dans la ville et concours de races. Un banquet clôture la fête.

Fête de la palombe – *Dernier w.-end de sept.* Reconstitution d'une chasse, intronisations.

Hailha de Nadau – *Le 24 déc.* Chants traditionnels en gascon ; vin chaud et défilé.

Château de Cazeneuve

★★

Gironde (33)

Les cours d'eau Ciron et Homburens se rejoignent discrètement sous les arbres, à quelques pas du château, comme autrefois la belle Margot et ses galants. Noyée dans la campagne bazadaise, l'ancienne demeure de famille, où Henri IV avait assigné Marguerite de Valois, n'a rien perdu de ses charmes.

NOS ADRESSES PAGE 282
Hébergement, restauration, achats, activités, etc.

SE REPÉRER
Carte de microrégion C1 (p. 264-265) – À 10 km de Bazas par la D 9.

À NE PAS MANQUER
Les balades en canoë pour découvrir les gorges du Ciron.

ORGANISER SON TEMPS
Attention, le château est fermé de novembre à avril et il n'est jamais ouvert le matin (sauf le parc, accessible à partir de 11h). La visite guidée du château dure 1h15.

Visiter

★★ Château

05 56 25 48 16 - www.chateaudecazeneuve.com - visite guidée (1h) juin-sept. : 14h-18h ; de Pâques à mai et d'oct. à la Toussaint : w.-end et j. fériés 14h-18h - parc ouvert à partir de 11h - 10,50 € (-12 ans 5 €) - aire de pique-nique.

Demeure privilégiée des **seigneurs d'Albret**, le château devient, en 1572, le fief du roi Henri III de Navarre, futur roi de France Henri IV. En octobre 1620, Louis XIII y fait étape avant d'aller signer à Pau l'édit d'annexion réunissant le Béarn à la Couronne. Aujourd'hui, le château, toujours habité, est propriété de la famille de Sabran-Pontevès, descendante des Albret.

Extérieur – À la motte castrale d'origine (11e s.) fut accolée au 14e s. une importante enceinte enserrant une bâtisse qui fut transformée au 17e s. en château de plaisance. De l'ancienne « ville de Cazeneuve », qui s'étendait devant le château, ne subsiste plus que la porte d'entrée en arc de triomphe.

L'imposante façade sud du château, cantonnée de deux tours carrées et soulignée par une balustrade en pierre, surplombe les douves sèches. Le portail au fronton brisé, taillé dans l'épaisseur du mur, donne accès à la cour d'honneur.

Intérieur – La visite débute par la grande salle consistoriale puis par la galerie du rez-de-chaussée. Remarquez les chaises dites « de fumeur », en cuir de Cordoue : le fumeur s'asseyait à califourchon et puisait son tabac dans un compartiment aménagé dans le haut du dossier de la chaise. Au 1er étage, le salon de la reine Margot, entièrement décoré de mobilier Louis XV, est contigu à la chambre Louis XVI où sont rassemblés des souvenirs de Delphine de Sabran, qui fut aimée de Chateaubriand. Au bout de la galerie se trouve la **chapelle** du 17e s. au mur chaulé comme à l'origine. Elle donne sur un chemin de ronde, restauré, par lequel les gens du village accédaient à la chapelle. Au même étage, chambre de la reine Margot et **chambre du roi Henri IV★**, cabinet de travail du roi. La visite se termine par la salle à manger comprenant des vitrines

d'argenterie et de porcelaines, puis par la cuisine, dans laquelle on peut voir une panetière et un pétrin provençaux.
Avant d'aller rejoindre la fraîcheur du parc, faites un détour par la basse-cour pour voir les grottes troglodytiques (sous la cour d'honneur) et les **caves médiévales** où l'actuel propriétaire garde précieusement de grands crus.

Parc

En longeant le Ciron, faites une halte à la **grotte de la Reine**, puis flânez du côté de l'étang, caché par de gigantesques sapins de Douglas. En contrebas, à côté du lavoir et du petit moulin, s'étend la bambouseraie, arrosée par une cascade.

À proximité Carte de microrégion p. 264-265

Gorges du Ciron C1

Le Ciron, affluent de la Garonne, trace un sillon fortement marqué dont les versants, couverts de végétation, se resserrent en amont du pont de Cazeneuve jusqu'au pont de la Trave.
Aucune voie carrossable n'empruntant le fond de la vallée, les principaux sites ne sont accessibles que par des routes transversales ou en cul-de-sac. La descente des gorges en canoë-kayak est tout indiquée pour profiter pleinement des paysages *(voir « Nos adresses »)*.
Du **pont de la Trave**, jolie perspective sur la rivière, un barrage et une centrale électrique. En amont, ruines du château (14e s.) qui commandait le passage.

NOS ADRESSES À CAZENEUVE

HÉBERGEMENT

À proximité

BUDGET MOYEN

Chambre d'hôte Dousud – *1 Doux Sud - Le Libet - 33430 Bernos-Beaulac - 4,5 km au sud-est de Cazeneuve par D 9 - ✆ 05 56 25 43 23 - www.dousud.fr -* P *- 5 ch. 80/95 €* ☕ *-* ✕ *20 €.* Ce corps de ferme bâti au cœur d'un immense parc constitue un excellent point de départ pour des randonnées (pédestres, cyclistes, équestres). Les chambres sont aménagées dans les anciens boxes de l'écurie. Kitchenette et barbecue à disposition ou table d'hôte, sur réservation.

ACTIVITÉS

Canoë-kayak – *25 Grande-Route - 33430 Bernos-Beaulac - en sortant de Beaulac, dir. Captieux, sur la gauche, la base est à côté de l'aire de camping-cars - ✆ 05 56 25 47 44 - mai-sept. : le w.-end ; juil.-août : 9h-12h et 14h-18h - parcours de 45mn (10 €), de 2h45 (12 €), de 4h30 (14 €) et de 7h (16 €) - enf. 7-12 ans, 8 € sur tous les parcours.* Pour descendre les gorges du Ciron en toute sécurité.

Le château de Cazeneuve.
Jmjag/Fotolia.com

Mont-de-Marsan

32 234 Montois – Landes (40)

Un peu méconnue, Mont-de-Marsan vit discrètement dans sa quiétude administrative de capitale landaise mais se transforme, depuis quelques années, au gré de campagnes de rénovation et de construction. Le centre-ville, l'ancienne caserne Bosquet, les rives du Midou et de la Douze – qui ici se rencontrent pour former la Midouze – ont déjà fait peau neuve, encourageant ainsi la flânerie dans cette ancienne bastide fondée en 1114 par le vicomte de Marsan au pied de la paroisse St-Pierre-du-Mont. Son climat doux la pare de palmiers, de magnolias, de lauriers-roses et des senteurs caractéristiques des forêts de pins.

NOS ADRESSES PAGE 288
Hébergement, restauration, achats, activités, etc.

S'INFORMER

Office du tourisme du Marsan – *1 pl. Charles-de-Gaulle - 40000 Mont-de-Marsan - 05 58 05 87 37 - www.lemarsantourisme.fr - juil.-août : 9h-18h30, dim. 10h-14h ; avr.-juin et sept.-oct. : tlj sf dim. 9h-18h ; reste de l'année : 9h-12h30, 13h30-18h, sam. 9h-13h - fermé 1er janv., lun. de Pâques, 1er Mai, jeu. de l'Ascension, lun. de Pentecôte, 11 Nov., 25 déc. - circuit du centre-ville historique disponible à l'office de tourisme. Visites guidées en été, se rens.*

SE REPÉRER

Carte de microrégion C2 (p. 264-265) – Mont-de-Marsan se trouve à 130 km au sud de Bordeaux par l'A 65.

SE GARER

Parkings gratuits de la préfecture et du Midou.

À NE PAS MANQUER

Le musée Despiau-Wlérick.

ORGANISER SON TEMPS

Comptez une demi-journée pour flâner dans la ville et visiter le musée Despiau-Wlérick. Pour le circuit, réservez une journée complète. Le mardi ou le samedi matin, ne manquez pas le marché St-Roch.

AVEC LES ENFANTS

Le Parc naturel urbain ; le parc de Nahuques et la Ganaderia de Buros *(voir « Activités », p. 291)*.

Se promener

Pas de grands monuments, mais quelques édifices intéressants, et une atmosphère agréable où l'eau et la végétation ne sont jamais loin.

Les promenades aménagées le long des rives du Midou et de la Midouze invitent au repos et à la détente.

De la mairie, empruntez, en contrebas de la poste, la passerelle des Musées qui offre une jolie vue sur les berges verdoyantes du **Midou**. Traversez la rue Lacataye, avec le **donjon** sur votre droite, puis l'hôtel du département, tout de verre, sur votre gauche.

★ Musée Despiau-Wlérick

6 pl. Marguerite-de-Navarre - 05 58 75 00 45 - avr.-sept. : 10h-12h, 14h-18h ; reste de l'année : tlj sf mar. 10h-12h, 14h-18h - fermé j. fériés, vac. de Noël - gratuit.

Le musée occupe d'anciennes maisons médiévales dont le « donjon » Lacataye (14e s.) en pierre coquillière ocre, une roche sédimentaire typique des Landes, dite « coquillière » car des coquillages s'y sont incrustés il y a environ 2000 ans. Il est dédié à la sculpture moderne figurative entre 1880 et 1950. Parmi les 1800 œuvres de son fonds, on compte des pièces maîtresses d'une centaine d'artistes et, évidemment et avant tout, des sculptures de **Charles Despiau** (1874-1946) et de **Robert Wlérick** (1882-1944), tous deux originaires de Mont-de-Marsan.

Dans le donjon, où les sculptures se détachent sur les murs de pierre brute, le premier niveau est consacré à Charles Despiau. Remarquez la *Liseuse* au naturel saisissant et la série de bustes de femmes, dont *Paulette*, qui valut au sculpteur l'attention de Rodin. Au second niveau sont exposées les créations de Robert Wlérick (père de la statue équestre du maréchal Foch, place du Trocadéro à Paris). Vous y verrez ses œuvres de jeunesse, *L'Enfant aux sabots* et *Le Jeune Faune*. Au troisième niveau sont présentées les œuvres monumentales de l'Exposition universelle de 1937. Dans les escaliers se trouvent quelques belles faïences de Samadet *(voir p. 293)*.

La terrasse du donjon s'ouvre sur la ville et les forêts alentour. Le jardin compte quelques sculptures monumentales de Despiau. Dans un autre bâtiment du site sont accessibles les collections d'histoire naturelle de l'ancien musée Dubalen.

Par la rue des Musées, rejoindre la rue Victor-Hugo et prendre à gauche.

La petite rue Maubec se faufile entre l'hôtel Planté (conseil régional) et la préfecture de style Empire : admirez la **maison romane** (12e s.) en pierre coquillière. À droite, l'avenue Victor-Duruy passe devant les anciennes **écuries** de la gendarmerie (19e s.) avant de traverser la **Douze**.

Avancer jusqu'à la place Francis-Planté pour accéder au parc Jean-Rameau.

Parc Jean-Rameau

Du nom d'un poète et romancier landais (1858-1942), l'ancien jardin de la préfecture se love le long de la Douze. Ponctué d'œuvres de Despiau, fleuri et planté de beaux arbres (platanes, magnolias), c'est un poumon vert dans la ville. Près de la passerelle, un petit **jardin japonais** ajoute au parc montois une note exotique.

Poursuivre, soit par la paisible rue Corcos, soit par la rue de la Pépinière et la petite rue des Landes qui la prolonge, non sans charme.

Le **pont St-Jean-d'Août** enjambe la Douze, noyée sous la verdure, et la **rue Armand-Dulamon** accueille plusieurs hôtels particuliers du 18e s.

À droite, la rue de Gourgues vous amène sur la **place Charles-de-Gaulle** avec, juste avant le pont Gisèle-Halimi, la minoterie : cet ancien moulin du 10e s. surplombe le Midou (qui rejoint la Douze quelques mètres plus bas) et abrite l'office de tourisme.

Longez à droite la **cale de l'Abreuvoir** jusqu'au pont des Droits-de-l'Homme, qui offre un beau point de vue sur le confluent de la Douze et du Midou, sur les quais qui servaient jadis à décharger le grain et sur la villa Mirasol, de

DES SCULPTURES DANS LA VILLE

En 1988, certaines œuvres du musée descendirent dans les rues… cela plut aux passants, alors elles y prirent leurs quartiers ! Depuis, tous les trois ans, à l'occasion de la Triennale Mont-de-Marsan Sculptures *(oct.-nov., prochaine édition en 2016)*, de nouvelles œuvres sont temporairement exposées dans la rue.

style basco-landais construite dans les années 1920, et, à côté, la rotonde de Vignotte, néoclassique, édifiée par David-François Panay en 1810.
Vous pouvez alors descendre au bord de la Midouze et prolonger la promenade sur le **chemin de halage** *(partir à gauche).*

Parc naturel urbain

Animations et actualités : www.parcnatureldumarsan.fr.
Développé depuis 2015, ce parc a pour ambition de faire cohabiter les espaces naturels en périphérie de Marsan et les villes de Roquefort et de Villeneuve-de-Marsan, en préservant les richesses naturelles et en valorisant le patrimoine. Il s'étend sur 290 km^2. Différents sites naturels seront ainsi aménagés en espaces de promenade. À ce jour, les berges de la Midouze à Mont-de Marsan, les neuf fontaines à Bostens sont les étapes réalisées et le site de Castets à Bougue est en cours d'aménagement. À venir, l'étang de Massy à Gaillères, le centre Jean-Rostand à Pouydesseaux, la zone humide de Limac à Laglorieuse, les étangs de Sainte-Foy et Sarbazan et les falaises calcaires de Roquefort. Le PNU offre des promenades de loisirs et éducatives : une ferme landaise réhabilitée, l'airial Larousse, une chèvrerie, l'aménagement d'une passe à poisson, des séjours pour les pèlerins…

À voir aussi

Centre d'art contemporain Raymond-Farbos

3 r. St-Vincent-de-Paul - ✆ 05 58 75 55 84 - http://cacrf.canalblog.com - 10h-13h, 14h-18h, sam. 14h-18h - fermé dim. et j. fériés - 3 € (-12 ans 1,50 €).
Aménagé dans un ancien entrepôt à grain, ce bel espace dédié à l'art contemporain présente d'importantes expositions temporaires de peinture et de sculpture. L'étage et la mezzanine accueillent les œuvres de la collection permanente.

Ancienne caserne Bosquet

Av. du Mal-Foch. Ses édifices, entièrement rénovés, prêtent leur cadre à différentes institutions municipales et étatiques. Au centre s'élève le nouveau bâtiment de verre de la **médiathèque** *(visite, rens. à l'office de tourisme)*, inauguré en 2012. Alentour se développe un quartier moderne mêlant petites résidences, espaces verts et autres lieux de vie. La chambre de commerce et d'industrie et les Archives départementales méritent aussi le coup d'œil.

Circuit conseillé Carte de microrégion p. 264-265

ENTRE MARSAN ET ARMAGNAC

Circuit de 85 km au départ de Mont-de-Marsan, tracé en violet sur la carte p. 264-265. Compter une journée. Quitter Mont-de-Marsan au sud-est par la D 30 ; à 13 km, tourner à droite en direction d'Artassenx et suivre la D 406 (fléchage).

Chapelle Notre-Dame-de-la-Course-Landaise, à Bascons C3

Musée de la Course landaise – *✆ 05 58 52 91 76 - www.cc-paysgrenadois.fr/tourisme - ♿ - juil.-août : tlj sf w.-end et lun. 14h30-18h30 ; avr.-juin et de déb. sept. à mi-oct. : merc. et sam. 14h30-18h30 - 4 € (-13 ans 2 €).* Près de cette chapelle du 13e s., le musée présente l'histoire de ce sport et en rappelle les règles (diaporama, vidéo et documents).
Revenir sur la D 30, direction Le Houga, puis après 6 km prendre à gauche la D 11.

Villeneuve-de-Marsan C2

Grand'Rue - 40190 Villeneuve-de-Marsan - 05 58 45 80 90 - www.tourisme-landesdarmagnac.fr - juil.-août : 10h-12h30, 14h-17h30 ; reste de l'année : tlj sf sam. 10h30-12h, 14h-17h30 - fermé dim.-lun., certains j. fériés, Vend. saint, 26 déc.

Cette ancienne bastide du 13e s. a gardé de cette époque son église de brique ainsi que sa vieille tour crénelée qui domine le vignoble d'appellation bas-armagnac.

Prendre, au sud-est, la D 1, direction Eauze. À 2 km, tourner à droite vers Perquie.

Château de Ravignan C2

05 58 45 28 39 - visite guidée (45mn) juil.-août : w.-end 17h ; avr.-juin et sept. : se rens. - visite libre du parc juil.-août : 14h-20h - 8 € (-12 ans gratuit) - billet donnant accès au parc.

Ce château de style classique a connu plusieurs phases de construction. Une simple gentilhommière vit le jour en 1663 (beaux parquets d'origine). Elle fut agrandie au 18e s. puis surélevée d'un deuxième étage et ardoisée au 19e s. L'ensemble est entouré d'un parc à la française aux essences centenaires.

L'intérieur est meublé et décoré de portraits de famille. À remarquer : l'armoire aux épices provenant du comptoir des Indes, le retable flamand du 16e s. et une impressionnante collection de gravures évoquant Henri IV.

Enfin, lors de la visite des chais, vous dégusterez différents armagnacs.

Prendre la D 354 vers Labastide-d'Armagnac. À Arthez-d'Armagnac, prendre la direction de Mauléon-d'Armagnac (D 101 puis D 154). 1,5 km après Mauléon, au carrefour, prendre à gauche la D 209.

Écomusée de l'Armagnac – Château Garreau C2

05 58 44 84 35 - www.chateau-garreau.fr - avr.-oct. : 9h-12h, 14h-18h, sam. 14h-18h, dim. et j. fériés 15h-18h ; nov.-mars : tlj sf w.-end et j. fériés 9h-12h, 13h30-17h30 - fermé 24 déc.-2 janv., 1er Mai - possibilité de visite guidée sur demande (2h) - 4,50 € (enfant 2 €).

L'eau-de-vie de Gascogne, autrement dit l'armagnac, séduit les papilles des gourmets depuis le 15e s. Son aire de production s'étend sur les Landes, le Lot-et-Garonne et le Gers, et comprend trois appellations dont le très apprécié bas-armagnac. L'écomusée, qui a été rajeuni et réorganisé, expose une série d'outils anciens liés au travail du vigneron, une dizaine d'**alambics** et une exposition de bouteilles. L'auditorium présente la fabrication de l'armagnac et un jeu autour des arômes de ce nectar.

45mn à 2h. Un parcours nature, décliné en trois itinéraires balisés, chemine dans le parc (80 ha) à travers vignes, bois de cèpes et étangs.

Continuer sur la D 209, puis tourner à droite dans la D 626 vers Barbotan-les-Thermes.

Chapelle Notre-Dame-des-Cyclistes CD2

En Aquitaine, Notre-Dame est également la patronne de la « petite reine ». N.-D.-des-Cyclistes abrite des accessoires, des maillots et des souvenirs des grands du cyclisme.

Faire demi-tour pour gagner Labastide-d'Armagnac par la D 626.

★ Labastide-d'Armagnac D2

Pl. Royale - 40240 Labastide-d'Armagnac - 05 58 03 40 31 - www.tourisme-landesdarmagnac.fr - mai-sept. : tlj sf lun. 10h-12h30, 14h-18h ; reste de l'année : tlj sf sam. 10h-12h, 14h-18h - fermé dim., 1er janv., Vend. saint, 1er et 11 Nov., 25 déc. - plans de villes (gratuit) ; plans guides des randonnées pédestres et VTT de Bas-Armagnac landais (payant).

3

Très jolie bastide fondée en 1291. Autour de la place Royale, vieilles maisons de pierre à pans de bois sur arcades qui, à la belle saison, resplendissent sous le soleil et les fleurs. Imposante tour-clocher du 15e s. Un marché de pays se tient sur la place en saison *(mai-sept. : dim. mat.).*
La D 626 mène à St-Justin.

Saint-Justin C2

Pl. des Tilleuls - 40240 St-Justin - ✆ 05 58 03 40 31 - www.tourisme-landesdarmagnac.fr - juil.-août : tlj sf dim. 10h-12h30, 14h30-18h30, lun. 14h30-18h30; avr.-juin et sept.-nov. : tlj sf lun. 10h-12h, 14h-18h ; reste de l'année : lun.-jeu. 10h-12h, 14h-17h30, vend. 10h-12h - fermé certains j. fériés, Vend. saint, 26 déc. - plan commenté gratuit et visites guidées.
C'est la plus ancienne bastide landaise (1280). Jadis, elle connut son heure de gloire en accueillant des personnalités (Gaston Phébus, Henri IV...) ; à présent, vous lui ferez honneur en venant apprécier son charme qui a traversé les âges. Sur la jolie **place des Tilleuls**, belles maisons anciennes à arcades et à pans de bois.
La D 626 chemine à travers bois.

Roquefort C2

Berceau des vicomtes de Marsan au 10e s., Roquefort fut une ville fortifiée (remparts et tours des 12e et 14e s.). Fondée par les bénédictins de St-Sever au 11e s., l'église, en majeure partie gothique, abrita ensuite une commanderie d'antonins, religieux hospitaliers qui soignaient le mal des ardents, fièvre pestilentielle appelée aussi « feu saint Antoine ». À côté, ancien prieuré : portes et baies de style flamboyant.
Quitter Roquefort au sud par la D 934.

Centre Jean-Rostand à Pouydesseaux C2

882 rte de Ste-Foy - 40120 Pouydesseaux - ✆ 05 58 93 92 43 - http://rostand.chez-alice.fr - juil.-août : 9h-12h, 14h-18h ; reste de l'année : tlj sf sam. 9h-12h, 14h-18h, dim. 14h-18h - fermé nov.-mars - 4 € (-16 ans gratuit).
Ce centre, dédié à l'illustre biologiste qui y mena dès 1962 des recherches sur la flore, est un véritable conservatoire de la nature et un laboratoire de biologie d'eau douce. Véritable outil d'observation et d'éducation, il permet de découvrir la diversité du milieu naturel, riche et sauvegardé. Forêts, zones sèches et humides, ruisseaux et rus, ainsi que des spécimens vivants vous dévoileront leurs secrets.
Prendre à l'ouest la D 933 qui rejoint la D 932 pour Mont-de-Marsan.

NOS ADRESSES À MONT-DE-MARSAN

HÉBERGEMENT

BUDGET MOYEN

Hôtel Richelieu – *40 r. Wlérick - ✆ 05 58 06 10 20 - www.hotel-richelieu-montdemarsan.com - 29 ch. 60/98 € - ☕ 9,50 € - menus 23/48 € - fermé sam., dim. soir.* Le Richelieu est situé en plein centre-ville et c'est là son meilleur atout. Les chambres, sans charme notable, sont bien tenues et offrent le calme nécessaire à une nuit paisible. Une adresse bien pratique donc, d'autant qu'elle propose une bonne table.

À proximité

PREMIER PRIX

Camping Le Pin – *Rte de Roquefort - 40240 St-Justin - 2,3 km au nord sur D 626 - ✆ 05 58 44*

88 91 - www.campinglepin.com - [piscine] - avr.-oct. - 80 empl. 23 € - 25 locatifs 180/580 €/sem., 60/110 €/nuitée - réserv. conseillée - [restaurant]. Ce terrain s'organise autour d'une ancienne ferme abritant le bureau d'accueil, le bar et la salle à manger ouverte sur une terrasse dressée près de la piscine.

BUDGET MOYEN

Chambre d'hôte Le Domaine de Paguy – *40240 Betbezer-d'Armagnac - 5 km au nord-est de Labastide-d'Armagnac par D 11 puis D 35 - ☏ 05 58 44 81 57 ou 07 86 48 00 03 - www.domainedepaguy.com - ouv. tte l'année - [cartes non acceptées] [piscine] - réserv. obligatoire - 2 gîtes 750/1150 €; 4 ch. 72/80 € [petit-déjeuner inclus] - [restaurant] 34 €.* Cette noble maison de maître (16e s.), entourée d'un vaste domaine viticole, domine la vallée de la Douze. Les chambres spacieuses et agréables donnent sur le joli jardin et la piscine et sur les vignes au milieu desquelles folâtrent poules et canards. Dans la dépendance, deux autres chambres, plus simples. Généreuse cuisine landaise.

RESTAURATION

PREMIER PRIX

Le Plumaçon – *20 r. Plumaçon - ☏ 05 58 06 17 56 - tlj sf w.-end 11h30-14h - 12 €.* Cette « cantine » sans chichi sert une cuisine franche et familiale à une clientèle d'habitués, dont les artisans du coin. Dans les assiettes, garbure, blanquette de veau, faux-filet et bons desserts maison. Le Plumaçon est ouvert le lundi, et ce n'est pas si fréquent à Mont-de-Marsan.

BUDGET MOYEN

Le Bistrot de Marcel – *1 r. du Pont-de-Commerce - ☏ 05 58 75 09 71 ou 05 58 06 11 12 - www.lesensdugout.com - fermé lun. midi, sam. midi et dim. 12h-14h, 19h30-22h30 - formule déj. 12 € - 29 €.* La façade de ce bistrot n'a pas d'attrait particulier mais n'hésitez pas à pousser la porte car l'intérieur, moderne, où dominent la pierre et le bois, est très agréable, de même que les deux terrasses surplombant la rivière. Dans l'assiette, plats landais.

POUR SE FAIRE PLAISIR

Un Air de campagne – *3 r. Thérèse-Clavé - ☏ 05 58 06 05 41 - www.un-air-de-campagne.fr - fermé lun., mar. soir, sam. midi et dim. soir - 28/47 €.* L'« air de campagne » du jeune chef François Duchet fleure bon les produits du terroir sélectionnés avec exigence – le foie gras figure en bonne place sur la carte – et n'oublie pas les nobles trésors de la mer comme le homard ou le turbot. Un voyage gastronomique !

À proximité

POUR SE FAIRE PLAISIR

Hôtel de France – *Pl. des Tilleuls - 40240 St-Justin - 2,3 km au nord sur D 626 - ☏ 05 58 44 83 61 - fermé de mi-déc. à mi-janv., dim. soir et lun. - 25/47 € - 7 ch. 48/60 € - [petit-déjeuner] 8,50 €.* La terrasse de cet hôtel-restaurant est dressée sur la place du village : c'est là qu'il faut s'installer aux beaux jours pour savourer les plats régionaux longuement mitonnés par le chef. L'intérieur, tout simple, comprend un bistrot et une sympathique salle à manger rustique.

PETITE PAUSE

Brûlerie Montoise – *1 r. du 4-Septembre - ☏ 05 58 75 02 63 - tlj sf dim. et lun. 9h-12h, 14h-18h - fermé 2 sem. fin juil. et j. fériés.* Les effluves de café grillé qui flottent dans la rue et un ravissant décor « tout bois » incitent à pousser la porte de cette boutique. Trois tables vous permettront de faire une pause pour déguster un café maison ou l'un des 140 thés proposés.

BOIRE UN VERRE

La Cidrerie – *7 r. du 4-Septembre - ✆ 05 58 46 07 08 - tlj sf dim. 11h-15h, 18h-2h, lun. 18h-2h.* Installée dans une ancienne écurie, cette auberge perpétue la tradition basque du cidre. De grandes tables en bois invitent au dialogue et l'ambiance est bon enfant.

ACHATS

La Tourtière – *7 allée Raymond-Farbos - ✆ 05 58 75 77 00 - tlj sf lun. 8h-19h, dim. 7h-12h30.* Belle leçon de cuisine dans cette pâtisserie qui prépare sous vos yeux la tourtière (légère pâte feuilletée garnie de pommes ou de pruneaux et parfumée à l'armagnac), le nid d'abeille (gâteau à la crème pâtissière), le pastis landais *(voir photo p. 53)* et le pastis des Pyrénées.

Chai de Soube – *Rte de Mont-de-Marsan - Soube - 40240 St-Justin - 2,3 km au nord sur D 626 - ✆ 05 58 44 64 37.* Ce chai, installé dans une bergerie de 1860, abrite aussi un musée sur la vie des paysans autrefois. Ce sont actuellement les millésimes d'armagnac de 1982 à 2005 qui sont proposés à la vente, tandis que les plus récents vieillissent dans le chai.

Bas-Armagnac Francis Darroze – *277 av. de l'Armagnac - 40120 Roquefort - 22 km au nord-est - ✆ 05 58 45 51 22 - www.darroze-armagnacs.fr - 8h30-17h, w.-end et j. fériés sur RV.* La « collection » de la famille Darroze, composée d'environ 200 bas-armagnacs, regroupe les récoltes d'une trentaine d'exploitations ; les alcools vieillissent paisiblement en fûts et la mise en bouteilles se fait sur commande. Les 45 millésimes vendus portent le nom du domaine.

Domaine départemental d'Ognoas - *1043 rte d'Ognoas - 40190 Arthez-d'Armagnac - 20 km à l'est - ✆ 05 58 45 22 11 - www.domaine-ognoas.com - lun.-sam. 9h-12h, 14h-17h30 (et w.-end et j. fériés 14h-17h30 mai-sept.).* Le domaine, qui appartenait jadis à la vicomté de Marsan, produit des bas-armagnacs AOC depuis 1905 : il abrite un alambic du début du 19ᵉ s., toujours en fonction. Visite des chais et dégustation. Ognoas se trouve sur la Voie verte du Marsan *(voir p. suiv.)*.

EN SOIRÉE

Mont-de-Marsan propose une saison culturelle diversifiée qui se répartit dans quatre lieux : le théâtre municipal, le pôle culturel du Marsan, le centre François-Mitterrand et le théâtre du Péglé. Pour connaître le programme, renseignez-vous à la **boutique culture** *(1 pl. Charles-de-Gaulle - ✆ 05 58 76 18 74 - lun.-vend. 9h-12h30, 13h30-18h, sam. 9h-13h, fermé de mi-juil. à mi-août).*

Arènes de Plumaçon – *Pl. des Arènes - ✆ 05 58 75 39 08 - http://regiefetes.montdemarsan.fr - billetterie : lun.-jeu. 8h-12h, 13h30-17h, vend. 8h-12h 13h30-16h, fermé le w.-end ; visite, rens. à l'OT.* Corridas, concours de vaches landaises, concerts, fêtes de la Madeleine (mi-juil.), ces arènes en voient de toutes les couleurs ! Chaque jour, une visite libre des arènes, de la chapelle et des *corrales* vous est proposée.

Café Music – *4 cale de la Marine - à proximité du cinéma - ✆ 05 58 85 92 92 - www.lecafemusic.com - permanence : mar. et dim. 15h-19h, merc. 13h-20h, jeu. et vend. 15h-22h,* *sam. 13h-22h - fermé de fin juil. à fin août.* Cet espace culturel situé au bord de la Midouze est destiné à la jeunesse. Labellisé « café-musique », il organise fréquemment des concerts de musique actuelle. Des groupes de réputation nationale s'y produisent.

ACTIVITÉS

Voie verte du Marsan et de l'Armagnac – *Accès à Mont-de-Marsan : prendre la dir. Villeneuve.* Ancienne voie ferrée reliant Mont-de-Marsan à Gabarret (50 km au total, dont 15 km de piste goudronnée de Mont-de-Marsan à Villeneuve-de-Marsan).

Parc de Nahuques – *Rte de Villeneuve - ✆ 05 58 75 94 38 - juil.-août : 9h-12h, 15h-19h, w.-end et j. fériés 15h-19h ; reste de l'année : 9h-12h, 14h-18h, w.-end et j. fériés 14h-18h - gratuit.* Ce parc animalier pédagogique laisse évoluer en liberté chèvres, moutons, mouflons de Corse, lamas, daims, émeus, cygnes, etc. Promenade à poney *(5 €).*

Ganaderia de Buros – *D 656, entre Gabarret et Sos - 40310 Escalans - ✆ 05 58 44 36 57 - www.ganaderiadeburos.fr - juil. : merc. et vend. 17h30 ; août : lun., merc. et vend. 17h30.* Pour découvrir les vaches de course landaise dans leur environnement. Cette ferme écotouristique propose d'autres activités, comme un week-end de chasse à la palombe, une véritable institution dans le Sud-Ouest.

Base de loisirs du Marsan – *RN 124 - 40280 Saint-Pierre-du-Mont - ✆ 05 58 75 35 70 - www.basedeloisirsdumarsan.fr.* Baignade surveillée *(de mi-juin à déb. sept : lun.-vend. 11h-19h, w.-end et j. fériés 11h-20h).* Près du centre de Mont-de-Marsan, une oasis de nature et de loisirs sur 7000 m². Un lac bordé d'une plage de sable, un autre dédié à la pêche, des parcours de promenade sous les pins, marche nordique et orientation, un parc acrobatique, accrobranche et tyrolienne, bar-snack. Un service à disposition des personnes à mobilité réduite, tiralos (fauteuils amphibies), et un tapis spécial sur le sable ont été installés. Des cours de gym nature et entretien sont dispensés en extérieur. Détente et amusements au programme.

AGENDA

Printemps des Landes – *De mi-avr. à mi-mai - www.printemps-des-landes.com.* Animations, spectacles, visites nature, ateliers dégustations… Les Landes s'animent à prix mini.

Festival Arte flamenco – *Déb. juil. - http://arteflamenco.landes.fr.*

Feria de la Madeleine – *2e quinz. de juil. - www.fetesmadeleine.fr.* Cavalcades, corridas, courses landaises et bodegas.

À Bascons

Fête de Notre-Dame-de-la-Course-Landaise – *Ascension - www.bascons.fr/Agenda-et-actualites.*

3

Aire-sur-l'Adour

6 207 Aturins – Landes (40)

Aire-sur-l'Adour n'est pas seulement une ville étape sur la route des vacances. La cité taurine, capitale du pays du Tursan, conserve un riche patrimoine. Des berges de l'Adour aménagées en promenade au calme de la colline du Mas se dégage une douceur de vivre qui ajoute au charme de la ville.

NOS ADRESSES PAGE 295
Hébergement, restauration, achats, activités, etc.

S'INFORMER

Office du tourisme d'Aire-sur-l'Adour – *Pl. du 19-Mars-1962 - 40800 Aire-sur-l'Adour - ✆ 05 58 71 64 70 - www.tourisme-aire-eugenie.fr - avr.-oct. : 9h-12h30, 14h-18h, sam. et j. fériés 9h-13h ; mars et nov. : 9h-12h, 14h-17h, sam. et j. fériés 9h-13h ; reste de l'année : tlj sf sam. 9h-13h - fermé dim., 1er janv., 25-26 déc. - visites guidées en sais., se rens. Nombreuses informations sur www.tourisme-landes-chalosse.com.*

SE REPÉRER

Carte de microrégion C3 (p. 264-265) – Sur la frontière avec le Gers, entre Mont-de-Marsan et Pau (N 124, N 134). Son centre commerçant et administratif se trouve entre la cathédrale et la halle aux grains.

SE GARER

Parking sur les berges de l'Adour (à côté des arènes).

ORGANISER SON TEMPS

Une demi-journée permet de se promener dans la ville basse et de visiter l'église St-Pierre-du-Mas. Vous consacrerez le reste de la journée à vous évader aux alentours.

AVEC LES ENFANTS

La Maison du jambon de Bayonne à Arzacq, très ludique.

Se promener

Un plan comprenant un descriptif des itinéraires est disponible à l'office de tourisme.

La ville basse invite à une déambulation au gré de ses envies, de la place du Commerce où se tient l'ancienne halle aux grains à la cathédrale St-Jean-Baptiste, en passant près du canal qui traverse la ville ainsi que par le marché couvert. Visites guidées de mai à octobre.

Église Saint-Pierre-du-Mas (dite de Sainte-Quitterie)

Fermeture pour travaux de rénovation - se rens. auprès de l'OT d'Aire-sur-l'Adour.

À mi-versant du plateau, l'église est, depuis l'évangélisation de la région au 4e s., le sanctuaire le plus vénérable de la cité. Elle est désormais classée au Patrimoine mondial de l'Unesco. Le grand portail gothique est consacré au Jugement dernier. Le chœur a été remanié au 18e s., mais il a conservé deux belles séries d'arcatures romanes du 12e s. Ses chapiteaux historiés sont ciselés avec une précision de dentellière.

La **crypte**, l'une des plus vastes d'Europe, fut aménagée à la fin du 11e s. Dans une niche repose ledit **sarcophage de sainte Quitterie**★ (4e s.), qui aurait été réalisé à l'origine pour saint Sever. Ce chef-d'œuvre antique, admirable par la beauté du marbre et la douceur du modelé, use curieusement de représentations antiques pour des thèmes chrétiens. En face s'ouvre la chapelle St-Désiré. Chuchotez debout devant l'autel (ancienne pierre de sacrifice), vous n'en croirez pas vos oreilles !

Circuit conseillé Carte de microrégion p. 264-265

★ LE TURSAN

Circuit de 90 km au départ d'Aire-sur-Adour, tracé en orange sur la carte p. 264-265. Compter 4h. Quitter Aire-sur-l'Adour au sud par la D 2.

Geaune C3

2 rte de la Chalosse - 40320 Geaune - ✆ 05 58 44 42 00 - www.tursan.org - 9h-12h30, 13h30-17h30, vend. 9h-12h30, 13h30-16h30, merc. 9h-12h30 - fermé w.-end, certains j. fériés.

Bastide d'origine anglaise, Geaune, où se trouve la cave coopérative des vignerons du Tursan *(voir p. 295)*, conserve une place bordée d'arcades sur trois côtés. À l'ouest, les maisons sont en bois. L'église est de type gothique languedocien (fin 14e-15e s.).

Sortir du village au sud par la D 111.

Pimbo C3

Mairie - 40320 Pimbo - ✆ 05 58 44 49 18 - avr.-nov. : 8h30-18h30 - fermé dim., fête de la St-Barthélemy (fin août), 25 déc.

C'est la plus ancienne bastide des Landes, mais vous vous arrêterez surtout pour la **collégiale St-Barthélemy** (12e s.) et son petit jardin botanique, étape sur le chemin de St-Jacques-de-Compostelle.

Poursuivre sur la D 111 en direction d'Arzacq, puis prendre la D 32.

3

Maison du jambon de Bayonne, à Arzacq C3

Voir p. 459. Quitter Arzacq au nord, par la D 944.

Samadet C3

Pl. de la Faïencerie - 40320 Samadet - ✆ 05 58 79 65 45 - www.tursan.org - de fin juin à fin sept. : 14h30-19h - fermé lun.

L'histoire de cette localité, « cité de la faïence », est étroitement liée à celle de sa **Manufacture royale de faïences** qui l'a rendue célèbre au 18e s. en inondant la région de sa production. La grande époque du « Samadet » se situe entre 1732 et 1811. La faïencerie utilisait alors la technique du « grand feu », mettant en valeur le fondu de l'émail et des couleurs, et celle du « petit feu » permettant une palette plus raffinée. Aujourd'hui, deux sites de qualité témoignent de cet héritage.

★ **Musée de la Faïence et des Arts de la table** – *À 3 km du centre - 2378 rte d'Hagetmau - ✆ 05 58 79 13 00 - http://museesamadet.landes.fr - ♿ - visite guidée sur demande préalable (1h15) juin-sept. : 10h-12h, 14h-18h30 ; fév.-mai et oct.-nov. : 14h-18h - fermé lun., déc.-janv., 1er Mai, 1er et 11 Nov. - 4,50 € (-18 ans gratuit et 1er w.-end du mois).* Dans la première salle est relatée l'histoire de la manufacture ; sont également présentés les étapes successives de la fabrication ainsi que les différents types de faïence. Dans la deuxième salle se trouvent les collections et dans la troisième une passionnante exposition sur l'**art de la table** du Moyen Âge à nos jours : à chaque période, sa table dressée. Enfin,

un parcours retrace la **Route de la céramique**, voie commerciale entre l'Occident et la Chine au Moyen Âge. Une démonstration de fabrcation complète la visite (apr.-midi sf w.-end).
Maison de la céramique contemporaine – *Pl. de la Faïencerie - ✆ 05 58 79 65 45 - www.tursan.org - ♿ - juin-sept. : 14h30-19h - fermé lun. - gratuit.* Belle collection permanente de **céramiques contemporaines** sur le thème des arts de la table. Une importante exposition saisonnière sur la céramique contemporaine y est aussi organisée. Notez qu'il n'est pas nécessaire d'être connaisseur pour apprécier l'esthétique de ces œuvres.
Poursuivre vers le nord, sur la D 2. Après 5 km, prendre à gauche la D 446.

Vielle-Tursan C3
De la terrasse de la mairie, vue agréable sur le pays vallonné de Tursan, dont le **vignoble**, déjà exportateur au 17e s., connaît un regain de faveur. Les arènes accueillent des courses landaises.
Sortir à l'est par la D 65.
La route franchit les dos de terrain qui séparent les vallées parallèles des affluents de l'Adour.

Eugénie-les-Bains C3
La commune, créée en 1861, doit son nom à l'**impératrice Eugénie**, qui en fut la marraine. Deux sources, L'Impératrice et Christine-Marie, offrent leurs propriétés curatives (affections rhumatologiques, métaboliques, urologiques et gastro-entérologiques). La station est également spécialisée dans les stages « minceur » ; elle accueille d'ailleurs la table, ainsi que la première école de cuisine de santé, du grand chef Michel Guérard, initiateur de la « cuisine minceur », afin de concilier l'héritage de la cuisine française et les enjeux de la santé publique !
Quitter Eugénie au nord-est et prendre à gauche la D 11 en direction de Grenade-sur-l'Adour. Avant d'arriver à Larrivière, prendre à droite (fléchage).

Chapelle Notre-Dame-du-Rugby, à Larrivière C3
Le Sud-Ouest, c'est bien connu, est terre de rugby. Voici donc un lieu incontournable pour ceux qui vouent un culte au ballon ovale ! Ils apprécieront la centaine de maillots sous vitrine et plusieurs objets ayant appartenu à des personnalités de l'ovalie.
Revenir sur Larrivière, suivre la direction Grenade-sur-l'Adour.

Grenade-sur-l'Adour C3
i 14 pl. des Tilleuls - 40270 Grenade-sur-l'Adour - ✆ 05 58 45 45 98 - www.cc-paysgrenadois.fr/tourisme - juil.-août : 8h30-12h30, 13h30-18h, sam. 8h30-12h30 ; reste de l'année : tlj sf merc. 8h30-12h30, 13h30-18h, vend.-sam. 8h30-12h30 - fermé dim. et j. fériés.
Après une promenade dans cette **bastide** anglaise (14e s.), qui conserve sa charmante place à couverts, faites un saut dans les deux petits musées.
Petit musée de l'Histoire landaise – *2 bis r. de Verdun - ✆ 05 58 76 05 25 - http://musee-landais.blogspot.fr - ♿ - visite guidée (1h) merc.-vend. 14h-18h - fermé j. fériés - 3 € (-12 ans gratuit).* Il met en scène le terroir au début du 20e s. et accueille des expositions temporaires.
Pavillon de la Résistance et de la Déportation – *R. de Verdun - ✆ 06 70 45 24 20 - www.cc-paysgrenadois.fr/tourisme - ♿ - merc.-vend. 14h-18h - fermé j. fériés - gratuit.* Ce lieu rend hommage aux villageois déportés en représailles à une action de la Résistance grenadoise qui arrêta un convoi allemand le 13 juin 1944.
Quitter Grenade à l'est, la N 824 ramène à Aire-sur-l'Adour.

NOS ADRESSES À AIRE-SUR-L'ADOUR

HÉBERGEMENT

PREMIER PRIX

La Chapelle des Ursulines – *40 r. Félix-Despagnet - ✆ 05 58 52 09 01 - www.chemindecompostelle.com/gouyou - 2 ch. 12 lits 19 € - ☕ 5 € - 1/2 pens. 36 €.* Cette chapelle, située face à l'église Ste-Quitterie, transformée en gîte d'étape, accueille les pèlerins de Compostelle dans des dortoirs, sous la bienveillance des fresques, allégories et peintures d'origines restaurées.

BUDGET MOYEN

Hôtel Le Relais des Landes – *28 av. du 4-Septembre - ✆ 05 58 71 66 17 - P - ♿ 🏊 - 31 ch. 58/68 € - ☕ 8,20 €.* Vous serez au calme dans cette bâtisse moderne postée au bord de l'Adour. Les chambres sont pratiques et bien équipées. Piscine et la terrasse face au fleuve.

Chambre et table d'hôte Le Mas – *17 r. du Château - ✆ 05 58 71 91 26 - www.le-mas.net - 🏊 - P - 3 ch. et 2 suites 85/145 € ☕ - ✕ 28 €.* Cette ancienne demeure de notaire, à deux pas du centre-ville, allie le charme d'une construction ancienne et le confort moderne (terrasse, jardin). Table d'hôte au gré du marché.

La Maison du Bos – *378 chemin Dubos - 40320 Miramont-Sensacq - ✆ 05 58 79 93 18 ou 06 42 79 84 26 - www.maisondubos.com - 🏊 - 5 ch. 65/105 € et 1 gîte 900 € sem. - ✕ 18 € sur réserv.* Dans une belle bastide aux pierres apparentes sise au cœur d'un immense parc, les chambres aux murs enduits à la chaux invitent à la détente. Accueil chaleureux. Table d'hôte avec la production du domaine.

RESTAURATION

Mère Poule & Cie – *40320 Eugénie-les-Bains - ✆ 05 58 05 06 07 - www.michelguerard.com - lun.-vend. 10h-19h, tlj de mi-juil. à fin août.* Ce « café culinaire » distille au sein de deux belles salles avec cheminée, et agrémenté d'une terrasse ensoleillée, une cuisine de tradition bistro signée Michel Guérard, à base de grandes tartines dorées et gâteaux de grand-mère.

ACHATS

☺ Un marché traditionnel se tient le mardi et le samedi.

Ferme de Lastre – *31 rte des Pêcheurs - 40270 Le Vignau - 7 km au nord d'Aire-sur-l'Adour par N 124 et D 934 ✆ 05 58 52 21 42 - tlj sf lun. et mar. - fermé en mai et oct.* Ce jeune couple d'agriculteurs céréaliers nourrissent le canard gras à partir de leur production de maïs et confectionnent foie gras, confits, rillettes.

La cave des vignerons landais – *30 r. Saint-Jean - 40320 Geaune - ✆ 05 58 44 51 25 - www.vigneronslandais.com - lun.-vend. 9h-12h, 14h-17h.* Sur demande, visite des chais et de la chaîne d'embouteillage. Dégustation et vente.

ACTIVITÉS

Randonnées pédestres et VTT – Les guides-plans du pays Grenadois, du Tursan et de Marsan sont en vente à l'office de tourisme (2 €).

AGENDA

Feria – *Juin - http://feriaaire.fr.* Fête foraine, bals, repas…

Saint-Sever

4 758 St-Severins – Landes (40)

« Cap de Gascogne », St-Sever occupe, sur le rebord du plateau de Chalosse, une position dominante en vue des immensités landaises. C'est le territoire du bien vivre et du bien manger : on y perpétue la tradition taurine avec ses cortèges de festivités, on y élève des volailles au foie gras, des bœufs labellisés... Vous l'aurez compris, après la visite de St-Sever, il vous faudra aller découvrir les richesses de la Chalosse réparties dans ce paysage rural.

NOS ADRESSES PAGE 302
Hébergement, restauration, achats, activités, etc.

S'INFORMER

Office du tourisme de St-Sever-Cap de Gascogne – *Pl. du Tour-du-Sol - 40500 St-Sever - ✆ 05 58 76 34 64 - www.saintsever-capdegascogne-tourisme.com - juil.-août : 9h-13h, 14h-18h, dim. 10h-13h ; reste de l'année : se rens.*

Office du tourisme d'Hagetmau – *Pl. de la République - 40700 Hagetmau - ✆ 05 58 79 38 26 - www.tourisme-hagetmau.com - de mi-juin à mi-sept. : 9h-12h30, 14h30-18h ; 14 Juil. et 15 août : 14h30-18h ; reste de l'année : tlj sf lun. 9h-12h30, 14h30-18h, sam. 9h-12h30 - fermé dim., certains j. fériés.*

Voir aussi le site du pays Adour-Chalosse-Tursan : www.tourisme-landes-chalosse.com.

SE REPÉRER

Carte de microrégion C3 (p. 264-265) – St-Sever (prononcez « St-Sevé ») est à 12 km au sud de Mont-de-Marsan par la D 933.

SE GARER

Le centre-ville comprend un stationnement zone bleue (disque bleu obligatoire). Mais des parkings, tout proches du centre, sont à votre disposition.

À NE PAS MANQUER

L'église abbatiale de St-Sever, l'exposition sur le manuscrit enluminé de l'Apocalypse au couvent des Jacobins ; la crypte de St-Girons à Hagetmau ; le musée de la Chalosse à Montfort ; l'Archéoparc et la Maison de la Dame de Brassempouy.

Maison de la Dame de Brassempouy.
Maison de la Dame de Brassempouy

ORGANISER SON TEMPS

St-Sever et la Chalosse méritent une étape de deux jours : comptez une demi-journée de visite pour la ville et plus d'une journée si vous partez à la découverte des trésors de la Chalosse. Attention aux jours de fermeture des différents sites : le lundi, Maison de la Dame de Brassempouy et musée de la Chalosse à Montfort ; le mardi, crypte de St-Girons ; le mercredi, château de Gaujacq.

AVEC LES ENFANTS

Le moulin de Poyaller ; les ateliers préhistoriques et l'Archéoparc à Brassempouy ; la visite sur tablette « Le voyage de Guilhem » *(guide de chasse au trésor à l'OT).*

Se promener

Abbaye bénédictine (église abbatiale)

05 58 76 34 64 - entrée libre (en dehors des offices) - cloître et trésor 9h-18h - possibilité de visite guidée « Cœur de St-Sever » juil.-août (4 €).

Severus, venu évangéliser la région au début du 5e s., fut, dit-on, martyrisé et décapité par les Vandales. La cité se développa autour de l'église martyriale élevée à l'emplacement de la sépulture du saint homme. Monument historique et classée au Patrimoine mondial de l'Unesco au titre des chemins de St-Jacques, cette ancienne **abbatiale romane** est connue pour son chœur, pavé de mosaïques, et ses sept absides de profondeur décroissante (plan dit bénédictin).

Les **chapiteaux★** sont remarquables, comme celui, énorme, à feuilles d'eau, entre la 1re et la 2e absidiole du nord ; celui à quatre grands lions de la colonne supportant la tribune du transept sud ; les chapiteaux historiés, au revers de la façade. On y voit, au sud, le Banquet chez Hérode et la Décollation de saint Jean Baptiste et, au nord, huit personnages escaladant des arbustes.

La porte du transept sud donne accès au **cloître**, reconstruit aux 17e et 18e s. L'ancienne salle capitulaire recèle le **trésor** : vêtements sacerdotaux et objets liturgiques *(9h-17h).*

Longer le flanc gauche de l'église (rue des Arceaux). Prendre du recul sur la place de Verdun pour voir le chevet.

Le **chevet**, couvert d'un dôme à lanternon, apparaît flanqué au nord par les absidioles romanes aux amusants modillons *(voir aussi ceux de l'absidiole sud représentant des têtes d'animaux).*

De l'église, prendre la rue des Arceaux.

Rue du Général-Lamarque

Elle conserve quelques **hôtels** du 18e s. *(nos 6, 18, 20 et 26)* et du 19e s. *(nos 8 et 11).* Au no 11 se trouve l'ancienne maison du **général Lamarque** (1770-1832), tribun notoire de l'opposition à la fin de la Restauration, originaire de la ville. La maison du général est flanquée de deux pavillons et s'ouvre sur un portail néoclassique. Au no 21, hôtel particulier du 16e s.

Ancien couvent des Jacobins

05 58 76 34 64 - 8h-20h - entrée libre - possibilité de visite guidée, se rens. auprès de l'OT - juil.-août : tlj sf dim. 10h (4 €).

Transformé en centre culturel *(exposition artisanale mi-août)*, il possède un cloître en brique de la fin du 17e s.

Musée des Jacobins – *R. Lamarque - 05 58 76 34 64 - juil.-sept. : 14h30-17h30 - gratuit.* L'aile ouest abrite un musée : outre des collections archéologiques

3

provenant de fouilles, il présente une exposition sur le **manuscrit enluminé** de l'Apocalypse de St-Sever (11e s.), chef-d'œuvre de l'enluminure romane du Midi (108 images), dont l'original est conservé à la Bibliothèque nationale, à Paris.

Promenade de Morlanne

Accès en voiture, se diriger vers les arènes.

Ici s'élevait un château fort médiéval dont seules les mottes castrales subsistent. Du belvédère, la **vue** porte sur l'Adour en contrebas et sur l'immense « mer de pins » dont la platitude contraste avec la Chalosse vallonnée. Au centre du jardin public se dresse la statue du général Lamarque.

La maison du docteur Sentex

9 pl. de Verdun - 7 juil.-27 août de 15h à 16h - visites guidées en groupe de 10 pers. max. - 4 €, rens. OT.

À voir pour les mosaïques de l'époque gallo-romaine recouvrant dans sa totalité le sol du rez-de-chaussée. Belle collection de faïences.

À proximité Carte de microrégion p. 264-265

Église de Souprosse B3

18 km à l'ouest par la D 924.

L'**église St-Pierre** abrite un ensemble original : derrière un imposant maître-autel en chêne massif et un tabernacle en cuivre et laiton richement décoré d'émaux se dressent un Christ ressuscité (haut de 2,20 m) en cuivre rouge martelé et une croix (haute de 3 m) en marqueterie d'olivier.

Circuit conseillé Carte de microrégion p. 264-265

★ LA CHALOSSE

Circuit d'environ 85 km au départ de St-Sever, tracé en rouge sur la carte p. 264-265 et sur la carte de la Chalosse p. 300. Compter une journée. Quitter St-Sever au sud, par la D 933. Depuis l'église d'Hagetmau, suivre la direction Dax. Au carrefour de Larrigade, prendre à droite.

La crypte est indiquée quelques mètres plus loin sur la droite.

Crypte de Saint-Girons, à Hagetmau C3

Av. Corisande - ✆ 05 58 05 77 77 - juil.-août : tlj sf mar. 15h-18h ; reste de l'année : se rens. à la mairie - 2,20 € (-12 ans gratuit).

Unique vestige de l'abbaye chargée de la garde des reliques de saint Girons, évangélisateur de la Chalosse au 4e s., la crypte repose sur quatre colonnes centrales de marbre, qui encadraient le tombeau du saint, et sur huit colonnes engagées dans les murs. Les très beaux **chapiteaux★** (12e s.) représentent la lutte de l'apôtre contre les forces du mal, la délivrance de saint Pierre, la parabole du mauvais riche, des chimères… C'est une halte traditionnelle pour les pèlerins de Compostelle qui viennent, aujourd'hui encore, se recueillir entre les bras des quatre piliers centraux.

Poursuivre la D 933 au sud et prendre à droite la D 2, la D 453 puis la D 21.

Brassempouy B3

Si vous cherchez votre chemin, demandez « Brassempouille », sinon vous ne vous y retrouverez pas ! Le clocher (15e s.) de l'**église** (12e s.) de ce village de la Chalosse semble enjamber la rue principale. Une vidéo *(27mn)* sur ses diffé-

BEAUTÉ PRÉHISTORIQUE
Brassempouy a livré l'une des plus anciennes représentations de visage humain sculptées actuellement connue (environ 23 000 ans av. J.-C.). Cette statuette en ivoire de mammouth, dite **Vénus de Brassempouy** ou Dame à la capuche, est exposée au musée d'Archéologie nationale à St-Germain-en-Laye.

rentes phases de construction est diffusée dans une maison située à côté de la Maison de la Dame de Brassempouy. *Mêmes conditions de visite que celle-ci.*
★ **Maison de la Dame de Brassempouy - Archéoparc** – *404 r. du Musée - ✆ 05 58 89 21 73 - www.prehistoire-brassempouy.fr - ♿ - juil.-sept. : 10h-12h, 14h-19h ; reste de l'année : tlj sf lun. 14h-18h - fermé de fin nov. à mi-fév. - possibilité de visite guidée (50mn) - 8,50 € (-18 ans 6 €).* Dans cet espace, en forme de tombeau égyptien, sont présentés des documents évoquant les fouilles archéologiques menées sur le site aux 19e et 20e s., et notamment les conditions de la découverte de la célèbre Dame à la capuche. Vous y verrez les objets d'art (os gravés, pendentifs) et de la vie quotidienne (silex taillés) mis au jour à Brassempouy depuis la reprise des fouilles en 1981, ainsi que des vestiges préhistoriques de la Chalosse (ossements). Le point d'orgue est **l'alcôve aux Vénus** qui rassemble les moulages des statuettes trouvées à Brassempouy ainsi que d'autres sculptures féminines du paléolithique supérieur provenant de divers sites européens. Une partie des lieux est aussi consacrée à une présentation de la région d'hier à aujourd'hui.
Archéoparc – Mammouths, mégacéros et rennes reprennent vie dans les jardins en pente des collines de Chalosse. Sur plus de 1 ha, ce parc d'animation dédié aux gestes et à l'environnement paléolithiques vous plongera au temps des Cro-Magnon, à travers des démonstrations de taille du silex ou de production du feu. Vous pourrez vous essayer à la chasse au propulseur ou à la peinture pariétale et profiter d'un atelier de perles de stéatites. Une visite sur tablette tactile et la reconstitution de couverts végétaux dans le parc complètent cette immersion dans l'âge de glace.
Prendre la D 58 direction Donzacq.

Château de Gaujacq B3

2 rte de Brassempouy - ✆ 05 58 89 01 01 - www.chateau.de.gaujacq.free.fr - visite guidée (1h) juil.-août : 11h, 14h, 15h, 16h, 17h et 18h ; juin : tlj sf merc. 15h, 16h, 17h et 18h ; de mi-fév. à fin mai et de déb. sept. à mi-nov. : tlj sf merc. 15h, 16h et 17h - 6 € (-13 ans gratuit).
Le **château** (17e s.) apparaît derrière un rideau de magnolias. Le bâtiment en quadrilatère a le charme des chartreuses du Bordelais. La cour intérieure forme un cloître avec son jardin et sa galerie. Par beau temps, de la terrasse, vous verrez se dessiner au loin la chaîne des Pyrénées. On visite plusieurs pièces meublées, décorées de boiseries et de panneaux peints. Dans la salle à manger des gardes, où la table est dressée, armoire de monstrance abritant différentes faïences, et fontaine de marbre. Remarquez dans le salon vert une commode de l'école Boulle. La chambre dénommée « du Cardinal » en souvenir de François de Sourdis, archevêque de Bordeaux, de qui Louis XIII et Anne d'Autriche reçurent la bénédiction nuptiale en 1615, compte un beau *bargueño* (meuble à tiroirs espagnol) du 15e s. La salle de billard renferme un buffet en trompe l'œil.
Derrière le château, le **plantarium** *(entrée à droite du château)*, divisé en huit parterres et bordé d'une pergola, rassemble de nombreuses espèces de plantes

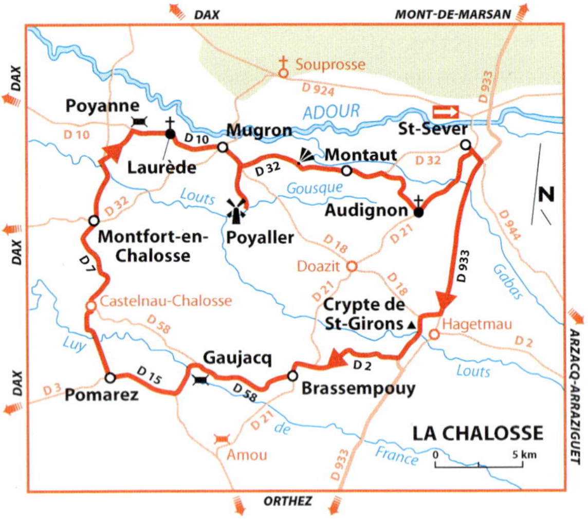

parmi lesquelles des pivoines, des camélias, des hostas ainsi que des acers et des pieris japonais très odorants. *✆ 05 58 89 24 22 - www.pepiniere-botanique.com - juil.-août : 14h30-18h30 ; de mi-janv. à fin juin et de déb. sept. à mi-déc. : 14h30-18h30, dim.-mar. sur demande préalable ; reste de l'année : sur demande préalable - 7 € (-12 ans gratuit).*

Poursuivre sur la D 58 en direction de Donzacq. Prendre la première à gauche, la D 399, puis à droite la D 15.

Pomarez B3

On s'arrête à Pomarez pour ses **arènes** où se retrouvent les amateurs de courses landaises dans une fervente animation.

Quitter le village au nord par la D 7.

Montfort-en-Chalosse B3

ℹ 55 pl. Foch - 40380 Montfort-en-Chalosse - ✆ 05 58 98 58 50 - www.tourisme-montfortenchalosse.fr - juin-août : 10h-12h30, 14h30-18h30, sam. 10h-12h30 ; reste de l'année : tlj sf sam. 9h30-12h30, 14h-17h30 - fermé dim.-lun. et j. fériés.

Situé sur une hauteur, le centre de cette ancienne bastide du 13ᵉ s. au plan régulier est coupé de ruelles et de rues en escalier. Empruntez le circuit pour découvrir la bastide en cinq étapes : halle, rue de l'Escaraillette, belvédère et jardin de Payot, fontaine des 100 marches et église St-Pierre.

★ **Musée de la Chalosse** – *480 chemin du Sala - ✆ 05 58 98 69 27 - www.musee-delachalosse.fr - juin-août : 10h-12h, 14h-18h30, w.-end. et j. fériés 14h-18h30 ; avr.-mai et sept. : 10h-12h, 14h-18h, w.-end et j. fériés 14h-18h ; reste de l'année : tlj sf w.-end 14h-17h30 - fermé lun., de mi-déc. à mi-janv. - possibilité de visite guidée sur demande (1h30) - 5 € (-18 ans 2,50 €) - livret et tablette multimédia disponible.*

Consacré à l'économie rurale et au monde paysan en Chalosse, il s'organise autour de la **maison de maître**, meublée et décorée dans un style rustique du 19ᵉ s. Vous traverserez les parties privées (salon, salle à manger, chambres) et les parties réservées aux tâches domestiques (« salle noire » où l'on rangeait les aliments, cuisines). À l'étage, une **médiathèque** *(sur RV)* rassemble de nombreux documents sur la vie rurale locale. Autour, vous verrez le four à pain, la soue (avec son cochon noir gascon), l'étable, le chai et le pressoir *(où*

se déroule la Fête des vendanges le 1er sam. d'oct.) ainsi que l'atelier du maréchal-ferrant. Enfin, vous ne partirez pas sans avoir visité aussi la **maison du métayer**.
Poursuivre par la D 7. Après 4 km, prendre à droite la D 420, puis la D 10.
La route passe devant le **château de Poyanne**, du 17e s. *(ne se visite pas).*

Laurède B3

L'**église** du village abrite une étonnante décoration baroque : monumental autel surmonté d'un baldaquin, chaire et lutrin, boiseries de la sacristie.
Poursuivre sur la D 10.

Mugron B3

8 r. Vincent-de-Paul - 40250 Mugron - ✆ 05 58 97 99 40 - www.paysdemugron.fr - juil.-août : 9h-12h30, 14h30-18h ; reste de l'année : tlj sf sam. 9h-12h30, 14h-17h30, vend. 9h-12h30, 14h-16h30 - fermé dim. et j. fériés.
Chef-lieu de canton très lié au développement agricole de la Chalosse (cave coopérative, silos). Son port sur l'Adour expédiait les vins de la région jusqu'en Hollande. Des jardins aménagés aux abords de la mairie, **vues★** sur la vallée de l'Adour.
Suivre la direction de St-Aubin au sud.

Moulin de Poyaller B3

416 r. du Moulin - ✆ 05 58 97 95 72 - www.moulin-poyaller.com - ♿ - juil.-août : 13h-19h ; avr.-mai et vac. de la Toussaint : 14h-18h30 ; dim. et mar.-jeu. 14h-18h30 - fermé 1re sem. de sept., nov.-mars - possibilité de visite guidée (1h) - 6,50 € (-14 ans 4,50 €) - vente de conserves maison et promenade en barque.
On vient ici pour le cadre champêtre et l'enthousiasme des propriétaires. Madame fait fonctionner le moulin et vous raconte son histoire. Monsieur vous guide dans le parc animalier où gambadent biches, cerfs (dont des cerfs blancs) et kangourous. Vous aurez aussi la possibilité de vous promener en barque sur la Gouanougue *(payant).*
Revenir à Mugron et prendre la D 32, à l'est.
Entre Mugron et Montaut, la route multiplie les vues sur le revers du plateau de la Chalosse dont les promontoires s'abaissent vers l'Adour et la *pignada*.

Montaut B3

L'ancien bourg fortifié allonge sa rue principale sur la crête du dernier pli de terrain de la Chalosse, dominant la plaine de l'Adour et la forêt landaise. La **tour de l'église**, formant porte de ville, est une reconstruction entreprise après les ravages des bandes de Montgomery, lieutenant de Jeanne d'Albret, pendant les guerres de Religion.
Dans l'**église**, les deux retables sont de style différent : celui de droite, du début du 17e s., à l'architecture strictement rythmée par des lignes perpendiculaires, contraste avec celui de gauche, du 18e s., d'un baroque plus sinueux et plus naïf.
Poursuivre sur la D 32 en direction de St-Sever. Après 1 km, prendre à droite.

Audignon C3

L'**église**, prise dans une boucle du Laudon, se retranche dans un cimetière d'allure fortifiée. Le retable en pierre (15e s.) du chœur est remarquable avec ses fresques colorées. Le chevet roman contraste avec le clocher-porche à flèche octogonale gothique. Le donjon médiéval est devenu clocher de l'église au 14e s.
Sortir d'Audignon au nord, par la D 21 qui ramène à St-Sever.

NOS ADRESSES AUTOUR DE SAINT-SEVER

HÉBERGEMENT

À proximité

PREMIER PRIX

Hôtel Alios – *129 av. de la Forêt-de-Maucor - 40500 Bas-Mauco - 4,5 km au nord-est de St-Sever par rte de Mont-de-Marsan - ✆ 05 58 76 44 00 - www.hotel-alios.com - P - ♿ - 10 ch. 59 € - ☕ 12 € - formule déj. 11,80 € - 20 €.* Un hôtel pratique pour une étape sur la route des vacances. Les chambres sont fonctionnelles. Salle à manger contemporaine agrandie d'une véranda. Cuisine traditionnelle.

BUDGET MOYEN

Hôtel Le Jambon – *245 r. Carnot - 40700 Hagetmau - ✆ 05 58 79 32 02- www.hotel-restaurant-lejambon.com - P - ♿ - 10 ch. 70/100 € - ☕ 10 €.* Chambres spacieuses et insonorisées. Une étape sereine à apprécier au bord de la piscine ou au restaurant *(voir « Restauration »).*

POUR SE FAIRE PLAISIR

Hôtellerie La Petite Couronne - *Rte d'Amou - 40700 St-Cricq-Chalosse - ✆ 05 58 79 38 37 - www.lapetitecouronne.com - ♿ 10 ch. 110 €.* Les chambres spacieuses de cet hôtel construit en 2009, entièrement en bois, disposent d'une terrasse ou d'un balcon donnant sur les collines de Landes Chalosse.

Hôtel Les Lacs d'Halco – *3 km au sud-ouest sur la rte de Cazalis - 40700 Hagetmau - ✆ 05 58 79 30 79 - www.hoteldeslacsdhalco.fr - P - ♿ - 15 ch. et 4 suites 110/230 € - ☕ 15 € - ✕ 30/60 €.* Esprit zen pour cette étonnante architecture design ouverte sur les lacs. Belles chambres contemporaines. Une rotonde « posée » sur l'eau abrite le restaurant qui offre une jolie vue sur la nature.

RESTAURATION

À proximité

BUDGET MOYEN

L'Auberge du Laurier – *1459 rte d'Amou - 40700 St-Cricq-Chalosse - ✆ 05 58 75 08 05 - www.auberge-dulaurier.fr - jeu.-lun. : 12h-13h30, 19h-21h30 - 22/29 €.* À côté de l'ancienne gare, ce restaurant rénové situé dans une bâtisse de plus d'un siècle confectionne des plats à base de produits locaux de saison ou provenant du jardin bio.

La Crémaillère – *616 av. du Trace - 40700 Hagetmau- ✆ 05 58 79 31 93 - www.lacremaillere40.com - 11/17 € - 11 ch. 57 € - 7 € ☕.* Terrasse l'été, feu de bois l'hiver, venez profiter du grand jardin et de la piscine de cet établissement familial.

Ferme-auberge La Déesse des Gourmets – *65 rte de Bordes - 40380 Cassen - 7 km de Montfort-en-Chalosse - ✆ 05 58 98 92 87 - www.deessedesgourmets.com - P - juil.-août : midi et soir sf dim. soir et lun. ; reste de l'année se rens. - réserv. oblig. - 13/28 €.* La totalité des mets sont issus des canards gras élevés à la ferme. À accompagner d'un vin de caractère.

L'Auberge – *380 r. Abbé-Bordes - 40380 Gamarde-les-Bains - ✆ 05 58 98 62 27 - www.hotel-auberge-gamarde.com - P - 12,5/32 €.* Maison à l'ambiance familiale dont les spécialités sont le foie gras frais aux raisins, le magret de canard cuit au feu de bois, le bœuf de Chalosse, la lamproie à la bordelaise, et la tourtière. Le midi, menu « C'est comme à la maison ».

Ferme-auberge du Moulin – *Rte de Dax - 40330 Amou - 11 km au sud de Gaujacq par D 158 puis D 15 (dir. Dax) - ✆ 05 58 89 30 09 - P -*

mai : dim. ; juin-oct. : midi et soir sur réserv. - 14,50/30 € - 4 ch. 42 € ☕. Préparé sous toutes ses formes, le canard gras est la spécialité de cette maison simple. Tranquillité garantie en terrasse sous les parasols et chambres au calme.

Restaurant Le Jambon – *245 r. Carnot - 40700 Hagetmau - ✆ 05 58 79 32 02 - www.hotel-restaurant-lejambon.com - P - fermé dim. soir et lun. - 16/40 € sur réserv.* Cette grande maison du centre-ville abrite une salle bourgeoise où vous sera servie une généreuse cuisine traditionnelle et landaise : à la carte délice de foie gras chaud pommes et raisins, filet de turbot poché en papillote…

BUDGET MOYEN

Aux Tauzins – *547 rte Raphaël-Lonné - 40380 Montfort-en-Chalosse - ✆ 05 58 98 60 22 - www.auxtauzins.com - ♿ - P - fermé dim. soir et lun. - 24/42 €.* Superbe vue sur la vallée de la Chalosse depuis la salle à manger panoramique de cette massive demeure de style régional, où vous dégusterez des plats traditionnels régionaux. Les chambres, rénovées, ont presque toutes un balcon.

ACHATS

Ferme Birouca - Joël et Benoît Cabannes – *Rte de Pontonx - 40250 Mugron - ✆ 05 58 97 70 30 - www.lafermedufoiegras.fr.* Cette ferme élève, gave et transforme les canards. Visite des laboratoires et vente des produits plusieurs fois médaillés (foie gras, confits, magrets, etc.) au concours général agricole de Paris.

Casa Nature – *135 av. de la Chalosse - 40380 Baigts - ✆05 58 98 50 90 - www.casanature-savonnerie.com - merc. 14h-18h - juil.-août : merc. et vend. 14h-18h.* Huiles essentielles, aloe vera, beurre de karité, tous les produits végétaux sont soigneusement sélectionnés pour élaborer artisanalement soins pour le visage et le corps, dans une démarche de développement durable, sans conservateur. Parmi les produits phares de Béatrice et Hervé Carrel, le Petipo de Patapo, pâte exfoliante à base de rafle de maïs associée à une base lavante naturelle : idéal pour un gommage parfait et une peau douce comme du coton.

ACTIVITÉS

Randonnées – *Topoguide : n° 2 Chalosse (11 randonnées autour de St-Sever et Hagetmau) et n° 4 haute Chalosse (17 randonnées autour de Montfort et Mugron) en vente dans les offices de tourisme.*

Voie verte de Chalosse – *Longue de 34 km, elle relie Hinx à St-Sever.*

Chaîne thermale du soleil - *Préchacq-les-Bains - ✆ 05 58 57 21 21 - www.chainethermale.fr/prechacq-les-bains.html - fermé de déb. nov. à mi-mars.* Cure thermale, mini-cures et remise en forme.

AGENDA

À St-Sever

Novilladas et encierro – *24 juin.* Fête de la St-Jean.

Hailha de Nadau – *24 déc.* Chants traditionnels en gascon ; vin chaud et défilé.

À Hagetmau

Les Fêtes d'Hagetmau ou **feria du Novillo** – *Août.* Corridas, courses landaises, cavalcade…

Dax

★

20 299 Dacquois – Landes (40)

Protégée des vents maritimes par la forêt landaise, riche de ses eaux, cette ville est un bain de jouvence pour les curistes. Les thermes ne désemplissent pas. La ville a même, aujourd'hui, la palme française de la cure thermale. Mais rassurez-vous, à Dax, pas besoin d'avoir des douleurs. Les espaces verts, les bords de l'Adour et les spectacles taurins justifient que vous vous y arrêtiez en touriste.

NOS ADRESSES PAGE 310
Hébergement, restauration, achats, activités, etc.

S'INFORMER

Office du tourisme et du thermalisme de Dax – *11 cours Foch - 40100 Dax - ✆ 05 58 56 86 86 - www.dax-tourisme.com - juil.-oct. : 9h30-12h30, 13h30-18h ; mars-juin : tlj sf dim. 9h30-12h30, 14h-18h, j. fériés 9h30-13h ; reste de l'année : tlj sf sam. (sf vac. de la Toussaint) et dim. 9h30-12h30, 14h-18h - fermé 1er janv., 1er Mai, 25 déc.*

Visites guidées – L'office de tourisme propose sept visites guidées : La Patrimoine, Le Balcon de l'Adour, La Taurine, L'Atrium : décor et envers du décor, La Nocturne *(4 €)*, la Visite Enquête *(5 €)* et la visite du centre de production de boue Terdax *(6 €)*.

SE REPÉRER

Carte de microrégion B3 (p. 264-265) – Entre Mont-de-Marsan et Bayonne (le Pays basque n'est pas loin), Dax est à 35 km au nord-est de Capbreton et à 21 km au nord de Peyrehorade.

SE GARER

Parkings près de la cathédrale et au bord de l'Adour. Bus réguliers pour St-Paul-lès-Dax et St-Vincent-de-Paul.

À NE PAS MANQUER

La fontaine chaude, les parcs et jardins de la ville ; le marché au gras, le samedi matin sous les halles.

ORGANISER SON TEMPS

Attention, le musée de Borda est fermé les dimanche et lundi. En août ont lieu, pendant une semaine, la feria de Dax : la ville est très animée. Si vous êtes dans la région un jeudi en fin d'après-midi, vous entendrez le carillon des 60 cloches de l'église N.-D.-de-Buglose (en saison).

AVEC LES ENFANTS

Le musée de l'Hélicoptère ; le Conservatoire avicole du Puyobrau à Magescq.

Se promener Plan de ville p. 306

Centre-ville

Le centre de la ville, piétonnier, occupe l'emplacement de l'ancienne ville fortifiée. Un château, construit au 11e s. et détruit à la fin du 19e s., abritait une garnison. Les remparts, composés de 38 tours et de 3 portes, s'élevaient à la place des actuels cours du Maréchal-Foch, Gallieni et Maréchal-Joffre, et du boulevard St-Pierre ; quelques vestiges, en cours de restauration, sont encore visibles au sud du parc Théodore-Denis.

Feria de Dax, les arènes pendant une corrida.
A. Felix/hemis.fr

LA NUIT DU TORO
8 ECARTEURS, 4 SAUTEURS, 11 TOROS DE COMBAT !
LES GLADIATEURS DES TEMPS MODERNES
SERRE
DAX
BIJOUTERIE
HORLOGERIE

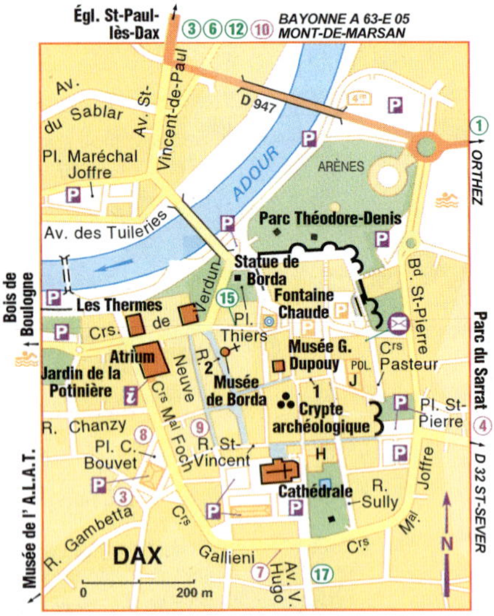

SE LOGER

Chambre d'hôte Capcazal de Pachiou................ 1
Chambre d'hôte L'Aiguade............ 3
Hôtel de la Nèhe.......................... 15
Hôtel Le Richelieu......................... 17
Hôtel Sourcéo.............................. 12
Ibis Budget.................................. 6

SE RESTAURER

Bistrot des Vignes.......................... 9
El Meson... 3
Ferme-auberge de Thoumiou.......... 4
L'Amphitryon.................................. 7
La Tête de l'Art............................. 8
Le Moulin de Poustagnacq............ 10

INDEX DES RUES

Palais (R. du)....................................1
Carmes (R. des)...............................2

Vous pouvez débuter la visite de la ville par la très classique **cathédrale Notre-Dame** qui paraît un peu sévère. Prenez le temps de jeter un coup d'œil au curieux **portail gothique des Apôtres★**, que l'on a remonté dans le transept au 18e s., après l'effondrement de l'ancienne cathédrale. Flânez ensuite dans les rues piétonnes (rues Neuve, des Carmes, St-Vincent…), bordées de commerces, de salons de thé et de magasins de douceurs. La célèbre **fontaine chaude** (dite aussi « de Nèhe », du nom d'une naïade), dont les eaux, captées depuis les Romains, jaillissent à 62 °C dans un vaste bassin entouré d'arcades, est un repère pour le passant. Tout à côté, **statue de Jean-Charles de Borda**, célèbre ingénieur maritime dacquois du 18e s. Arrêtez-vous **rue du Palais** sur une petite place tranquille, où les Amours joufflus d'une fontaine du 18e s. soufflent à pleins poumons leurs eaux dans le bassin.

Musée de Borda

11 bis r. des Carmes - chapelle des Carmes - ✆ 05 58 74 12 91 - www.dax.fr - ♿ - 14h-18h - fermé dim. (sf 1er dim. du mois) et lun., certains j. fériés - possibilité de visite guidée (1h) - 2,70 € (-18 ans gratuit) - 4,50 € billet combiné avec la crypte.

Installé dans la **chapelle des Carmes** – l'un des plus anciens édifices de la cité –, le musée présente chaque année plusieurs grandes expositions temporaires à partir de ses propres collections (paléontologie et archéologie, sciences et histoire naturelle, beaux-arts et arts graphiques, ethnologie…). Créé en 1807 par la fameuse Société archéologique et historique de Borda, le musée doit son nom à **Jacques-François de Borda** (1718-1804), cousin de Jean-Charles, l'un des premiers historiens de la préhistoire.

Crypte archéologique

11 bis r. des Carmes - ✆ 05 58 74 12 91 - www.dax.fr - visite guidée (1h) juil.-août : 15h et 16h ; reste de l'année : tlj sf dim. 15h - fermé lun., 1er janv., 1er Mai, 25 déc. - 3 € (-18 ans gratuit).

Dax est un haut lieu de l'archéologie landaise. Les fondations d'une basilique civile datée des premiers siècles de notre ère – lieu public de réunion, où l'on rendait notamment la justice – ont été mises au jour pendant des fouilles. Le site accueille une exposition interactive qui retrace plusieurs siècles d'his-

LES RICHESSES DES EAUX

Histoire d'eaux – Dax était avant tout une cité lacustre. Peu à peu, les apports de l'Adour comblèrent le lac, et la cité, bâtie sur pilotis, put s'étendre sur la terre ferme. Avec l'arrivée des Romains, les sources devinrent célèbres. On dit même que Julie, la fille de l'empereur Auguste, y fit soigner ses rhumatismes. Toujours est-il que la ville reçut les faveurs de Rome et que sa richesse grandit…

Passage royal – Beaucoup plus tard, ce furent Louis XIV et Marie-Thérèse, tout juste mariés, qui, de retour de St-Jean-de-Luz, s'arrêtèrent à Dax. Pour les accueillir, les Dacquois avaient dressé un arc de triomphe (disparu) sur lequel était peint un dauphin jaillissant des eaux, surmonté d'une inscription latine ainsi traduite : « Puisse-t-il, ce petit dauphin, naître du passage royal aux eaux de Dax. »

Les boues thermales de Dax – D'un côté, de l'eau de pluie qui s'enrichit en sels minéraux et atteint une température de 62 °C ; de l'autre, les limons de l'Adour.

toire dacquoise au travers de vestiges gallo-romains et médiévaux (bronzes, céramiques, monnaies, etc.). Le **trésor★** constitue l'attraction principale : très belles statuettes gallo-romaines de bronze représentant un Esculape (dieu de la Médecine), au visage un peu empâté et aux grands yeux d'argent, et un Mercure (dieu de la Richesse, des Voyageurs, des Voleurs…) suivi d'un coq et d'un bouquetin.

Musée Georgette-Dupouy

2 r. du Présidial (entrée par le 12 rue du Mirail) - ✆ 05 58 56 04 34 - http://ass.gdupouy.free.fr - ♿ - 14h-18h, dim. 15h-18h - possibilité de visite guidée (45mn) - 2,50 € (-18 ans gratuit).

Cette artiste peintre autodidacte (1901-1992) s'installa à Dax en 1935 après son mariage et fut contrainte d'abandonner les pinceaux, alors qu'une première exposition à Paris en 1930 avait attesté de son talent. Malgré l'hostilité familiale, elle se remit à peindre en 1942, rencontra Utrillo en 1943 et dès lors se consacra de nouveau à sa passion. Méconnues du grand public (l'artiste refusa de travailler avec les galeristes), les œuvres de **Georgette Dupouy** n'en ont pas moins parcouru le monde. Ce musée, qui rassemble nombre de ses portraits, natures mortes et paysages, est à découvrir.

Architecture Art déco

En rejoignant le cours de Verdun par la rue des Carmes, vous ne manquerez pas d'admirer l'un des deux fleurons de l'architecture Art déco de la ville : le Splendid Hôtel, construit en 1929 par André Granet et Roger Expert. L'**Atrium**, situé cours du Maréchal-Foch dans l'ancien casino (1928), est le deuxième édifice caractéristique du faste des Années folles avec son décor stuqué orné de personnages, d'animaux et de fleurs. Des concerts, pièces de théâtre et ballets y ont lieu. Entre les deux, l'architecte Jean Nouvel signa l'**hôtel des Thermes** et sa façade à persiennes de bois.

Parcs et jardins

Pour des promenades nature, vous avez le choix entre les **bords de l'Adour** et les parcs et jardins. En amont du pont, le **parc Théodore-Denis** est délimité au sud par les remparts gallo-romains. En aval, le **jardin de la Potinière** descend au cœur du quartier thermal avec, en contrebas, le « trou des pauvres », ancien bain public. À l'ouest, le **bois de Boulogne**,

Détail du fronton des Arènes.
L. Maisant/hemis.fr

grand parc de détente, est aussi un havre de verdure pour le promeneur (6 km de sous-bois).

Du vieux pont, empruntez la **promenade** qui borde l'Adour : vous pouvez continuer à longer ses berges jusqu'au bois de Boulogne.

Arènes de Dax

Parc Théodore-Denis - tlj sf w.-end et j. fériés 11h-17h - visite guidée (1h30) organisée par l'office de tourisme.

Les arènes furent édifiées en 1913 et agrandies en 1932 pour atteindre leur capacité actuelle de 8 000 places. Leur visite permet de découvrir le patio des *caballos*, la chapelle des matadors et l'infirmerie. Des corridas ont lieu chaque été vers la mi-août et lors de la 1re quinzaine de septembre.

À voir aussi Plan de ville p. 306

Parc du Sarrat

R. du Sel-Gemme - 05 58 56 86 86 - www.dax.fr - visite guidée (1h30) mar., jeu. et sam. 15h30 - fermé j. fériés, de déb. déc. à mi-mars, Vend. saint, 26 déc. - 3,50 € (-12 ans gratuit).

Vous déambulerez d'un style à l'autre dans ce parc parcouru de canaux : jardin à la française débouchant sur un bassin bordé de magnolias, petit jardin japonais, cressonnière, potager biologique, etc. Arrêtez-vous devant la maison inspirée par l'architecte américain **Frank Lloyd Wright**. Ses baies vitrées qui courent sur toute la façade font véritablement entrer la nature à l'intérieur.

Musée de l'Hélicoptère et de l'Aviation légère de l'armée de terre (ALAT)

Au sud de la ville. Prendre la D 6, direction Peyrehorade, puis la D 106 et tourner à droite. 58 av. de l'Aérodrome - 05 58 74 66 19 - www.museehelico-alat.com - - juil.-août : 14h-17h45 ; reste de l'année : tlj sf sam. 14h-17h45 - fermé dim. et j. fériés - possibilité de visite guidée (2h) - 6 € (-17 ans 2,50 €).

Documents, souvenirs, uniformes… ainsi qu'une trentaine d'hélicoptères et d'avions, dont le Hiller UH 12 A que pilotait en Indochine Valérie André, première femme général de l'armée française.

UN PRÉCURSEUR DES ŒUVRES SOCIALES

Vincent de Paul est né en 1581, d'une famille de paysans pauvres. Il commence ses études à Dax en 1595, puis est ordonné prêtre en 1600. Tout au long de son ministère apostolique, « Monsieur Vincent » s'efforce de lutter contre la misère et d'en combattre les causes. Nommé par Louis XIII aumônier général des galères, il prodigue aux forçats aide spirituelle et secours. C'est lui qui assiste Louis XIII sur son lit de mort. À la demande de la régente Anne d'Autriche, il siège au Conseil de conscience et participe à la réforme de l'Église catholique. Pendant la Fronde, il s'efforce de ramener la concorde, organise le ravitaillement de villes sinistrées et menacées de famine, crée des soupes populaires et l'assistance par le travail.

À proximité Carte de microrégion p. 264-265

Saint-Paul-lès-Dax B3

Prendre la route de Bayonne, puis suivre la signalisation.

L'**église** présente de beaux bas-reliefs du 11e s. au chevet : animaux fantastiques, saintes, Trinité, Cène, Baiser de Judas, Crucifixion, Samson chevauchant un lion, sainte Véronique, dragon, allégorie du ciel. Cette station thermale est aussi le point de départ de balades, à pied ou à VTT, vers la forêt et les étangs.

Berceau de saint Vincent de Paul B3

4 km au nord-est par la N 824, puis à gauche la D 27.

Autour de l'**église** de style néobyzantin, observez les édifices appartenant aux œuvres de bienfaisance et d'éducation fondées par « Monsieur Vincent ». Vous pourrez visiter, à gauche sur la place, la « Ranquines », construite sur l'emplacement de sa maison natale et assemblée à partir de quelques vestiges originaux. À l'intérieur, souvenirs du saint, dont la vie est présentée à proximité dans une **salle d'exposition**. Entre cette salle et la maison se dresse un respectable vieux **chêne**, témoin de l'enfance de Vincent.

Notre-Dame-de-Buglose B3

9 km au nord-est par la N 824, puis à gauche la D 27.

Important lieu de pèlerinage landais voué à la Vierge. La basilique néoromane renferme, au-dessus de l'autel, une Vierge à l'Enfant en pierre polychrome découverte en 1620. La tour abrite un **carillon** de soixante cloches que l'on peut entendre sonner chaque jeudi en fin d'après-midi. Une allée conduit à une source et à la petite chapelle (enchâssée dans une chapelle moderne) édifiée là où fut trouvée la statue vénérée de Notre-Dame.

Conservatoire avicole du Puyobrau, à Magescq A3

11 km au nord-ouest par la D 16. 2695 rte de Dax - 05 58 47 71 83 - - mars-sept. : 10h-12h30, 14h-19h ; reste de l'année : tlj sf mar. 10h-12h30, 14h-19h - 6 € (-18 ans 3 €).

Dans un cadre champêtre, les enfants découvriront couveuses et poussins, ainsi que 120 espèces de gallinacés du monde entier (coqs, poules, dindons, canards, paons, etc.), parfois en voie de disparition. À la belle saison, certains gambadent librement dans le bois.

NOS ADRESSES À DAX

HÉBERGEMENT

Durant les 6 jours de la feria (mi-août), il est très difficile, voire impossible, de trouver une chambre d'hôtel.

PREMIER PRIX

Hôtel de la Nèhe – Plan p. 306 ⑮ - *18 r. de la Fontaine-Chaude - 05 58 90 16 46 - www.hotel-nehe-dax.com - - 20 ch. 63/67 € - 6,50 €.* Tout proche de la fontaine d'eau chaude, dans une rue commerçante et piétonne, un hôtel totalement rénové. Chambres spacieuses et fonctionnelles agrémentées d'un mobilier en bois clair.

BUDGET MOYEN

Hôtel Le Richelieu – ⑰ *-13 av. Victor-Hugo - 05 58 90 49 49 - www.hotel-richelieu-dax.com - 40 ch. 75 € - 8 € - 14,50/17,50 € (fermé vend. soir, sam., dim. soir).* Cet hôtel de centre-ville est tout désigné pour une visite facile de la ville. Les prestations sont correctes, tant dans le confort des chambres (très calmes sur l'arrière) qu'au moment du petit-déjeuner. Des studios sont en outre aménagés dans l'annexe.

À proximité

PREMIER PRIX

Ibis Budget – ⑥ *-2128 av. de la Résistance - 40990 St-Paul-lès-Dax - 05 58 91 90 17 - www.ibis.com - réserv. obligatoire - - P - 74 ch. 46/66 € - 6 €.* Cet hôtel, proche du casino César Palace et du lac de Christus, propose des chambres fonctionnelles et climatisées. La gérante vous réserve un accueil enthousiaste.

Chambre d'hôte Capcazal de Pachiou – ① *- 606 rte de Pachiou - 40350 Mimbaste - 11 km au sud de Dax - 05 58 55 30 54 - www.capcazaldepachiou.com - P - - 5 ch. 50/90 € - 22 €.* Tout est d'époque dans cette maison du 17e s. : cheminées ouvragées, boiseries et meubles, mis en valeur par une décoration réussie. Ajoutez un accueil généreux et une table d'hôte où l'on sert une savoureuse cuisine régionale, au bon goût de « revenez-y ».

BUDGET MOYEN

Chambre d'hôte L'Aiguade – ③ *- 1301 rte de la Bretonnière - 40990 St-Paul-lès-Dax - 05 58 91 37 10 - www.laiguade.com - fermé oct.-mars - - P - - 3 ch. 75/80 € .* Les chambres au mobilier d'époque de cette maison d'architecte ouvrent largement sur le parc. Selon la saison, vous prendrez votre petit-déjeuner dans la belle salle à manger rustique ou au bord de la piscine.

Hôtel Sourcéo – ⑫ *- 355 r. du Centre-Aéré - au lac de Christus - 40990 St-Paul-lès-Dax - 05 58 90 66 00 - www.thermes-dax.com - - P - 49 ch. 79/95 € - 12 € - forfait 20 repas 350 €.* Cet hôtel moderne face au lac de Christus est équipé d'un nouveau centre de balnéothérapie avec espace bien-être (Spa et centre de soins). Chambres et suites sont élégamment meublées. Cuisine traditionnelle ou diététique au restaurant. Terrasse tournée vers le lac de Christus. Animaux acceptés.

RESTAURATION

BUDGET MOYEN

L'Amphitryon – ⑦ *- 38 cours Gallieni - 05 58 74 58 05 - fermé fin août- déb. sept., 1er-15 janv., lun., mar., dim. soir - 20/47 €.* Façade immaculée et salle à manger au décor marin. Cuisine à base de produits régionaux.

Bistrot des vignes – ⑨ *-40 r. Neuve - ✆ 05 58 58 45 39 - fermé mar. soir, merc. soir et dim. - 14/26 €.* Dans ce restaurant et bar à vins, vous pourrez acheter une bonne bouteille, accompagner votre dégustation d'une assiette gourmande ou encore vous installer à l'étage où vous seront servis des plats, souvent imaginatifs. Plus de cent vins référencés. N'hésitez pas à demander conseil.

El Meson – ③ *- 18 pl. Camille-Bouvet - ✆ 05 58 74 64 26 - www.el-meson-40.fr - mar.-vend. 12h-14h, 19h-23h, lun. et sam. 19h-23h - tapas 2,80/4,20 €, carte env. 30 €.* L'Espagne dans l'assiette et dans l'ambiance ! El Meson vous propose de passer un chaleureux moment en picorant de délicieuses tapas maison ou, plus copieux, un plat de poisson cuisiné à l'espagnole. Goûtez aussi à la sangria maison.

POUR SE FAIRE PLAISIR

La Tête de l'Art – ⑧ *- 2 pl. Camille-Bouvet - ✆ 05 58 74 00 13 - mar., jeu.-sam. 12h-13h45, 19h30-21h30, merc.-dim. 12h-13h45 - formule déj. 18 €, carte 39/51 €.* Ici, on savoure une agréable cuisine traditionnelle. Mention spéciale pour les viandes cuites à la broche et les poissons à la plancha. Terrasse sur cour.

À proximité

PREMIER PRIX

Ferme-auberge de Thoumiou – ④ *- 380 chemin de Thoumiou - 40180 St-Pandelon - à 5 km de Dax - ✆ 05 58 98 73 41 - www.thoumiou.fr - fermé 15 déc.-1er mars - ouv. de mars à mi-déc. - ouv. tlj sf w.-end soir en juil.-août - ♿ - P - 15/31 € - sur réserv.* La cuisine mijotée dans cette ferme rappelle les recettes de nos grands-mères. Nul doute qu'elle ravira vos papilles gourmandes. La salle à manger est installée dans l'ancienne étable, très spacieuse.

POUR SE FAIRE PLAISIR

Le Moulin de Poustagnacq – ⑩ *- R. René-Loustalot - 40990 St-Paul-lès-Dax - ✆ 05 58 91 31 03 - www.moulindepoustagnacq.com - fermé dim. soir, lun. et mar. midi - P - 31/79 €.* Vous serez charmé par cet ancien moulin avec terrasse au bord d'un étang. Une partie de la bâtisse a été aménagée en un restaurant, décoré de manière originale. Cuisine actuelle aux accents régionaux.

ACHATS

Marchés – Samedi et dimanche matin sous le marché couvert (produits fermiers, légumes…), aux halles (gras et volailles) et place Roger-Ducos (primeurs, fleurs, charcuterie…) ; samedi toute la journée, place St-Pierre (vêtements, chaussures, livres…).

Roger Junca - L'atelier du foie gras – *22 bis pl. de la Fontaine-Chaude - ✆ 05 58 90 01 43 - www.roger-junca.com - août-oct. : lun.-sam. 7h30 -19h, dim. et j. fériés 7h30-12h ; nov.-juil. : lun.-sam. 7h30-12h30, 15h-19h, dim. et j. fériés (sf 1er janv., 1er Mai et 25 déc.) 7h30-12h.* Dans la continuité de Roger Junca, cet établissement incarne le savoir-faire de la gastronomie du Sud-Ouest. Foie gras de canard mi-cuit sous vide (plusieurs fois récompensé), confits, canards, pâtés et terrines vous attendent (livraison dans toute la France).

La Tourtière – *12 r. St-Vincent - ✆ 05 58 74 00 75 - lun.-vend. 7h-19h, sam. 6h-19h, dim. et j. fériés 7h-12h30.* Autre enseigne de la fameuse pâtisserie de Mont-de-Marsan *(voir p. 290)*.

Le Pastis d'Amélie – *16 r. Fontaine-Eau-Chaude - ✆ 05 58 58 45 70 - www.lepastisdamelie.com - mar.-sam. 8h-19h.* Vanille, rhum, lait, anis, beurre et sucre : les ingrédients du pastis, « pâte » en gascon, ne varient pas, des Landes au Béarn en passant par les Hautes-Pyrénées. Le secret du pastis d'Amélie, né d'une histoire d'amour entre une « grand-mère créative » et un « grand-père gourmand », repose sur le moelleux et le fondant de ces gâteaux briochés saupoudrés de sucre concassé, dont le parfum se révèle à la cuisson.

EN SOIRÉE

Régie municipale des fêtes – *1 cours Foch - ✆ 05 58 90 99 09 - www.dax.fr - de mi-juil. à fin août : tlj sf dim. 9h30-17h30, sam. 9h30-13h30 ; de sept. à mi-juil. : tlj sf w.-end 9h30-12h30, 13h30-17h30.* La régie tient lieu de billetterie pour la plupart des spectacles et des animations organisés par la ville : corridas dans les arènes, concerts et spectacles à l'Atrium, etc.

Casino Barrière – *8 r. Eugène-Milliès-Lacroix - ✆ 05 58 58 77 77 - www.lucienbarriere.com - 10h-2h, vend. 10h-3h, sam. 10h-4h.* Salle de jeux, machines à sous, bar et restaurant. Également spectacles et soirées à thème.

Casino César Palace – *R. du Centre-Aéré - lac de Christus - 40990 St-Paul-lès-Dax - ✆ 05 58 91 52 72 - P - casino 18h-2h, vacances 15h-2h - 4/9 €.* Ce complexe comprend un casino, un bowling, 2 restaurants et 2 bars. Grandes terrasses donnant sur le lac de Christus.

ACTIVITÉS

Promenades – L'office de tourisme met à votre disposition un parcours patrimoine et un circuit vert pour découvrir la ville.

Séjours de remise en forme – *✆ 05 58 56 68 55 - www.dax-tourisme.com/rubrique-etablissements.php.* 12 centres thermaux. Pour s'informer sur les 15 établissements thermaux de Dax et réserver sa cure ou son hébergement de vacances.

Sourcéo – *355 r. du Centre-Aéré -* lac de Christus - *40990 St-Paul-lès-Dax - ✆ 05 58 90 66 66 - www.sourceo-dax.com - P - 10h-20h30 - 14/24 €.* Centre de remise en forme équipé de 4 bassins intérieurs et 2 extérieurs, Jacuzzis, bains bouillonnants, hydrojets, couloir de nage à contre-courant, d'une salle de cardio-training, de hammams, de saunas et d'un Spa. Hôtel, bar et restaurant sur place.

Piscine Borda – *30 r. des Lazaristes - ✆ 05 58 74 86 13 - www.thermesborda.com - de fin fév. à mi-déc. : lun.-sam. 15h-20h - 8 € (1h), couples 12 €, 9-18 ans 6 €.* Piscine intérieure et piscine extérieure en eau chaude (32 °C). Bains californiens, cascades, cols-de-cygne, geysers, Jacuzzi, nage à contre-courant, banquettes bouillonnantes, rampes de massage.

AGENDA

Festival Art et Courage – *Juin.* Courses landaises.

Feria – *Août - www.dax.fr.* Corridas, concours landais, jeux avec vachettes, spectacles folkloriques, bandas, bodegas, feux d'artifice.

Toros y Salsa – *Déb. sept.* Tauromachie et concerts au rythme de la musique latino-américaine.

À St-Paul-lès-Dax

Festival européen des artistes de cirque – *Nov. - www.festivalcirquesaintpaul.com.*

Peyrehorade

3 521 Peyrehoradais – Landes (40)

N'hésitez pas à faire halte à Peyrehorade avant d'aller explorer les environs. Baignée par les Gaves Réunis, ceux de Pau et d'Oloron, cette commune tranquille s'anime le mercredi avec son marché. Dans la nature d'Orthe, où se prélassent de beaux témoignages d'un passé ancien, vous découvrirez des lianes étonnantes, apportées de Nouvelle-Zélande dans les années 1960. Elles portent des kiwis, ceux de l'Adour, désormais distingués par une Indication géographique protégée (IGP).

NOS ADRESSES PAGE 316
Hébergement, restauration, achats, activités, etc.

S'INFORMER

Office du tourisme du pays d'Orthe – *147 av. des Évadés - 40300 Peyrehorade - ✆ 05 58 73 00 52 - http://tourisme.paysdorthe.fr - juil.-août : 9h30-13h, 14h30-18h, dim. 10h30-13h ; avr.-juin et sept.-oct. : tlj sf lun. 9h30-12h30, 14h-17h30, dim. 10h30-13h ; reste de l'année : tlj sf dim.-lun. 9h30-12h30, 14h-17h30 - fermé de fin déc. à déb. janv., 1er Mai, 1er et 11 Nov. - balades parcours patrimoine, accompagnée ou libre.*

SE REPÉRER

Carte de microrégion A3 (p. 264-265) – À 30 km à l'ouest d'Orthez par la N 117. Le pays d'Orthe, dont Peyrehorade est le chef-lieu, est pris entre la Chalosse, le Béarn et le Pays basque.

SE GARER

Quai du Sablot (le long des Gaves Réunis). Mercredi (jour de marché), le centre-ville est fermé à la circulation.

À NE PAS MANQUER

Le monastère bénédictin de Sorde-l'Abbaye ; l'abbaye d'Arthous.

ORGANISER SON TEMPS

Comptez une demi-journée pour le circuit de découverte autour de Peyrehorade avec les visites. Attention, le monastère bénédictin de Sorde-l'Abbaye et l'abbaye d'Arthous sont fermés le lundi ; hors saison, ils n'ouvrent que l'après-midi. Un pittoresque marché gascon se tient à Peyrehorade le 3e mercredi de juillet.

AVEC LES ENFANTS

La visite de Peyrehorade avec le Rallye Patrimoine, le musée de l'abbaye d'Arthous ; le centre d'exposition de l'aire autoroutière d'Hastingues.

Se promener

La ville tire son nom de *Peyre hourade*, « pierre trouée » en gascon. Quant à savoir laquelle, il faudrait le demander aux Gaves Réunis qui roulent leurs flots avant de se jeter dans l'Adour. Sur la grande place centrale, près de l'office de tourisme, se dresse un fronton basque : Bayonne n'est pas bien loin ! Près de là, au bord du gave, voyez le **château d'Orthe** (16e-18e s.) à quatre tourelles d'angle, qui abrite la mairie.

1h. Vous pouvez découvrir le bourg en sept étapes : les Gaves Réunis, le quartier du Sablot, la rue Lembarry, la rue de la Synagogue, la place de l'Église, le quai du Roc et le château d'Orthe *(brochure à l'office de tourisme).*

3

À proximité Carte de microrégion p. 264-265

Port-de-Lanne A3

7,5 km à l'ouest de Peyrehorade.

Ce petit village avantageusement situé au bord de l'Adour, voie de transit des marchandises en provenance et à destination de Bayonne, tira parti du développement de son port de marchandises à partir du 17e s. Sur la place principale, le fronton nous rappelle la proximité du Pays basque tandis que l'église Ste-Madeleine du 13e s., de style gothique, avec son clocher-porche d'un autre temps, se révèle tout à fait charmante.

Musée de la Mine à Saint-Lon-les-Mines A3

11 km au nord de Peyrehorade - 05 58 57 80 53 - 9h-12h, 14h-15h30, sam. 9h-11h - fermé dim. et j. fériés - gratuit - s'adresser à l'agence postale ou à la bibliothèque.

Le village de Saint-Lon prit le nom de Saint-Lon-les-Mines en 1918 pour rendre compte de l'importance du gisement de lignite dans la vie locale. Connue depuis la préhistoire, la mine fut en effet exploitée jusqu'en 1949, date de sa fermeture définitive. C'est cette histoire que raconte ce tout petit musée, grâce à des panneaux explicatifs, des témoignages de mineurs ainsi que des échantillons de pierres et de minéraux trouvés sur le site.

Circuit conseillé Carte de microrégion p. 264-265

LE PAYS D'ORTHE

Circuit de 25 km au départ de Peyrehorade, tracé en violet sur la carte p. 264-265. Compter 1h30. Quitter Peyrehorade au sud. Après le pont, prendre à droite la D 23 qui longe les Gaves Réunis. À Hastingues, en haut de la montée, prendre en face pour arriver au parking près de l'aire d'Hastingues (sur l'autoroute A 64 dans le sens Pau-Bayonne).

Aire autoroutière d'Hastingues A3

Centre d'exposition St-Jacques-de-Compostelle - visite libre et gratuite.

Sa configuration géométrique symbolise le tout proche point de jonction des itinéraires français au départ de Paris, de Vézelay et du Puy, et menant au sanctuaire de **St-Jacques-de-Compostelle**. Jalonnés par des pictogrammes évoquant des sites connus, des chemins bordés de buis convergent vers un bâtiment circulaire consacré à l'histoire du célèbre pèlerinage. Sitôt entré, vous serez plongé dans un calme nuancé de documents sonores et d'une musique sacrée. Bien agréable si on vient de l'autoroute ! L'intéressante exposition s'articule comme un cheminement de pèlerin : qui était saint Jacques ? quelles étaient les routes de pèlerinage ? etc. Vous assisterez ensuite à la vie quotidienne des pèlerins confrontés à toutes sortes d'épreuves au cours de leur périple. Enfin, au bout d'un couloir, c'est « la Fin des terres », où l'arbre de Jessé décorant le trumeau du portique de la Gloire à St-Jacques-de-Compostelle évoque le terme du pèlerinage.

Rejoindre le village à pied (10mn).

Hastingues A3

La minuscule **bastide** tire son nom du sénéchal du roi d'Angleterre, John Hastings, qui la fonda en 1289 sur ordre d'Édouard Ier Plantagenêt, duc d'Aquitaine. La ville haute, installée sur un promontoire dominant les barthes (prairies basses) d'Arthous, n'a gardé qu'une porte fortifiée, ainsi que plusieurs

L'OR BLANC ET LE MARCHÉ

Les **pibales**, alevins nés des œufs d'anguilles dans la mer des Sargasses, remontent la Gironde et l'Adour. Ce délice, naguère accessible, est devenu hors de prix. Il se déguste frit dans l'huile d'olive parfumée à l'ail et au piment d'Espelette, tradition basque oblige. On en trouve encore parfois au grand marché de Peyrehorade, qui se tient le mercredi matin. Ce rendez-vous ne date pas d'hier. Le bourg se trouvant à un carrefour, le 1er avril 1358, Édouard III d'Angleterre signa une charte autorisant à perpétuité le vicomte d'Orthe et ses successeurs à tenir un marché hebdomadaire dans son duché. Aujourd'hui, ce marché rassemble près de deux cents producteurs, commerçants et autres artisans.

maisons des 15e et 16e s. *(parcours découverte proposé par l'office du tourisme du pays d'Orthe).*
Remonter vers Hastingues et prendre à droite.

Abbaye d'Arthous A3

785 rte de l'Abbaye - ✆ 05 58 73 03 89 - www.arthous.landes.org - avr.-sept. : 11h-13h, 14h-18h30 ; reste de l'année : 14h-17h - fermé lun., déc.-mars, 1er Mai, 1er et 11 Nov. - possibilité de visite guidée (1h) - 4,50 € (-18 ans gratuit) - gratuit 1er w.-end du mois.

En pleine campagne, une jolie abbaye du 12e s., convertie en bâtiments d'exploitation agricole au 19e s. Elle servit de halte, en des temps plus anciens, aux pèlerins de Compostelle. Les bâtiments conventuels ont été reconstruits, non sans charme, aux 17e et 18e s. dans le style traditionnel des maisons landaises à colombages. À l'abri de la galerie couverte sont exposées deux belles mosaïques du 4e s. provenant d'une villa gallo-romaine située à Sarbazan.

L'église est surtout remarquable pour son **chevet**, entièrement restauré, dont il faut détailler les modillons : loup tenant dans sa gueule un mouton, personnages simiesques jumelés, corps de femme. Elle sert de cadre à des expositions temporaires.

Le Centre départemental du patrimoine des Landes est installé dans l'un des bâtiments depuis 2002. Un musée ludique et interactif a été conçu pour les enfants. Ponctué d'expériences diverses (visites virtuelles, manipulations…), cet espace propose un voyage dans le temps. Films, panneaux, objets originaux, dont d'exceptionnelles sculptures préhistoriques de chevaux, dévoilent le patrimoine du pays d'Orthe, depuis la préhistoire jusqu'aux dernières innovations agricoles.

Poursuivre jusqu'à la D 19 et suivre, sur la gauche, la direction de Peyrehorade. Avant le pont, prendre à droite la D 33. À 3 km, prendre à gauche en direction de Sorde.

Sorde-l'Abbaye B3

Cette ancienne bastide doit son développement aux moines bénédictins qui, au Moyen Âge, possédaient un vaste domaine agricole en plus du revenu des saumons et de l'activité du moulin. L'intérêt du village réside dans les vestiges de son abbaye, classée au Patrimoine mondial de l'Unesco en 1998, qui bordent l'un des plus jolis plans d'eau du gave d'Oloron. Pour avoir une belle vue d'ensemble du site, contournez les bâtiments de l'abbaye et placez-vous aux abords de la petite centrale électrique (à l'emplacement du moulin de l'abbaye).

Logis des Abbés – *Ne se visite pas.* Cet édifice flanqué d'une tour polygonale a été construit sur les ruines de thermes romains des 3e et 4e s. qui témoignent de l'antériorité de l'occupation du site. Les bâtiments, détruits pendant les guerres de Religion, furent reconstruits par la congrégation de St-Maur à la fin du 17e s. et au début du 18e s. L'abbaye fut de nouveau dévastée durant la Révolution et tomba en ruine.

Église romane – *Visite libre.* De cette église, restaurée, ne subsistent que le portail, les chapiteaux historiés des absidioles et les mosaïques derrière le maître-autel. Une maquette de l'abbaye permet de se représenter les lieux.

Monastère St-Jean – *☎ 05 58 73 09 62 - http://monastere.paysdorthe.fr - visite guidée (45mn) avr.-oct. : 11h, 12h, 15h, 16h, 17h et 18h, dim. et j. fériés 15h, 16h, 17h et 18h ; reste de l'année : 14h, 15h, 16h et 17h, w.-end 14h, 15h et 16h - fermé lun., déc.-fév., 1er Mai, 1er et 11 Nov. - 3 € (-12 ans gratuit).* Dans la salle capitulaire sont rassemblées des stèles discoïdales celtes provenant du cimetière de Peyrehorade. Du cloître il ne reste qu'un pilier et, du bâtiment principal, que les façades en pierre de Bidache (les encadrements en marbre du parloir ont été pillés). De la terrasse, belle vue sur le gave d'Oloron. Au sous-sol demeurent le **cryptoportique**, une galerie de 70 m de long comptant quatorze caves (granges batelières) et l'embarcadère. Avant de partir, jetez un œil au clocher du monastère, qui a été restauré en briquettes.

Revenir à Peyrehorade par la D 29.

NOS ADRESSES À PEYREHORADE

HÉBERGEMENT

À proximité

BUDGET MOYEN

Chambre d'hôte Maison Basta – *335 chemin de Basta, quartier Nord - 40300 Orthevielle - 8 km au nord de Peyrehorade par D 33 rte de St-Vincent-de-Tyrosse - ☎ 05 58 73 15 01 ou 06 64 13 23 33 - P - www.maison-basta.com - ⊭ - 4 ch. 75 € - ✕ 25 €. - wifi.* De leurs nombreux voyages, les accueillants propriétaires ont conservé l'amour des atmosphères uniques et exotiques. Meubles choisis, bibelots chinés et agréables couleurs décorent à merveille l'intérieur de cette séduisante demeure du 18e s. Une adresse à savourer sans modération.

POUR SE FAIRE PLAISIR

Gîte fluvial Safarive – *200 allée du Gave - 40300 Port-de-Lanne - ☎ 06 14 69 27 74 - www.gitefluvial.net.* Pour une croisière à fleur d'eau, embarquez à bord de ce gîte de 21 m² habitables, hors toit terrasse et ponton équipé de barbecue et plancha, pour taquiner tranquillement le goujon. Un bateau qui se conduit sans permis vous mènera des berges des Gaves Réunis à l'Adour et la Bidouze ; pour découvrir d'autres chemins de traverses, des vélos chargés à bord vous permettront de sillonner la région.

RESTAURATION

BUDGET MOYEN

Le Central – *68 pl. Aristide-Briand - www.hotel-le-central.com - ☎ 05 58 73 01 44 - fermé vacances de Noël et février - mar.-dim. 12h-13h30, mar.-jeu, sam. 19h30-21h, tlj en été, vend. soir, dim. soir et lun. 16/38 € - 13 ch. 71/125 €.* Cet ancien relais de poste du 18e s. est vraiment… central ! Cuisine traditionnelle réalisée à partir de produits frais : poulet des Landes, terrine de foie gras maison, poêlée de cèpes… Le Central est aussi un hôtel aux chambres simples et spacieuses, à l'accueil prévenant.

Au Bon Coin, les pieds de cochon – *223 r. du Château - ✆ 05 58 73 00 45 - lun.-sam. 9h-12h, 14h-18h - formule déj. 13 € - 22/29 €.* Le rendez-vous amical de Peyrehorade avec une mention particulière le mercredi où le service commence dès 7h ! Animation garantie autour des fameux pieds de cochon, de la garbure ou encore de l'assiette du terroir accompagnée d'un verre de vin de Chalosse.

À proximité

PREMIER PRIX

Auberge de l'Abbaye – *Pl. de l'Église - 40300 Sorde-l'Abbaye - ✆ 05 58 73 08 90 - 11h45-13h30, 19h45-23h30 - 18/45 €.* Choisissez les beaux jours pour vous attabler en extérieur et profiter ainsi de la vue superbe sur l'abbaye. Cuisine à base de produits régionaux.

ACHATS

La Maison du Saumon – *378 rte d'Hastingues - ✆ 05 58 73 75 72 - www.barthouil.fr - boutique fév.-oct. : lun.-jeu. 9h-12h30, 14h-17h30, vend. 9h-12h30, 14h-17h ; visite fév.-oct. : lun.-vend. 11h et 15h.* La famille Barthouil fait son affaire, depuis 1929, de la transformation du saumon (de l'Adour notamment) et de celle du canard. Également une visite-découverte de l'activité de la maison.

Escargotière des Arroques – *2005 rte de Salies-de-Béarn - 40300 Sorde-l'Abbaye - ✆ 06 32 08 52 45 - www.escargotiere-des-arroques.fr - visite guidée sur demande préalable (30mn) horaires, se rens. - fermé 1er janv., dim. et lun. de Pâques, 1er Mai - gratuit.* Dommage que les lieux ne valorisent pas l'activité de cette ferme hélicicole ! Pourtant la visite de l'élevage des petits-gris et des gros gris se révèle tout à fait intéressante, notamment pour les enfants.

Les Sabots des Landes – *Maison Berna - 162 rte de Castéra - 40300 St-Étienne-d'Orthe - ✆ 05 58 89 16 81 - www.lesabotdeslandes.fr - tlj sf dim. 9h-12h, 14h-19h - démonstration à partir de 15h.* Depuis sept générations, la famille Labarthe produit des sabots en aulne : décoratifs mais aussi à porter, de toutes les couleurs et de toutes les tailles.

ACTIVITÉS

Randonnées – *✆ 05 58 73 00 52 (office de tourisme).* 7 boucles de randonnées pédestres et VTT décrites dans le Rando-guide n° 5 Pays d'Orthe et de Pouillon.

2XAventures – *Imp. du Poun - 40300 Sorde-l'Abbaye - ✆ 06 10 61 79 02 - www.2xaventures.com - juil.-août : tlj ; avr.-juin et sept.-oct. : merc., w.-end, j. fériés et vac. scol. 9h-17h.* Location de canoës, de kayaks et de *Stand Up Paddle* pour s'aventurer sur le gave d'Oloron. Parcours de 8 à 26 km.

AGENDA

À Hastingues

Festival international de la céramique – *Pentecôte - www.terresdaquitaine.com.* À l'abbaye d'Arthous.

LA CÔTE LANDAISE

La Côte landaise 4

Carte Michelin Départements n° 335 - Gironde (33) et Landes (40)

BISCARROSSE 320

33 km au sud de Biscarrosse :

MIMIZAN ET SON CIRCUIT 325

À 96 km au sud de Mimizan :

HOSSEGOR★ ET SON CIRCUIT 331

2,5 km au sud d'Hossegor :

CAPBRETON★ 338

Biscarrosse

12 031 Biscarrossais – Landes (40)

Si Biscarrosse est un haut lieu touristique, elle vit aussi toute l'année grâce à son bourg, où se concentre la majorité des commerces et des services. Côté ciel, elle offre des expériences planantes au musée de l'Hydraviation, hommage au passé glorieux de la ville. Côté Océan, Biscarrosse-Plage joue les grandes et attire, derrière ses dunes protectrices, les fans de glisse. Enfin, Biscarrosse-Lac fait le bonheur des familles et attend les marins d'eau douce avec ses plages ombragées et ses eaux tranquilles. Biscarrosse a de quoi séduire !

NOS ADRESSES PAGE 322
Hébergement, restauration, achats, activités, etc.

S'INFORMER

Office du tourisme de Biscarrosse – *55 pl. Georges-Dufau - 40600 Biscarrosse-Plage - 05 58 78 20 96 - www.biscarrosse.com - juil.-août : 9h-20h ; avr.-juin et sept. : 9h-12h30, 14h-18h, w.-end : 10h-12h30, 14h30-17h30 ; vac. de la Toussaint : 9h-12h, 14h-17h, w.-end 10h-12h30, 14h30-17h30 ; janv.-mars et oct.-nov. : tlj sf dim. 9h-12h, 14h-17h, sam. 10h-12h - fermé 1er janv.*

SE REPÉRER

Carte de microrégion AB1 (p. 318) – À une trentaine de kilomètres au sud d'Arcachon. Trois sites : **Biscarrosse-Plage**, sur l'Océan (par la D 218), **Biscarrosse-Ville**, dans les terres (par la D 652), distants de 10 km ; entre les deux, sur les rives du lac Nord (étang de Cazaux et de Sanguinet), s'étend **Biscarrosse-Lac**. Au sud se trouve l'étang de Biscarrosse et de Parentis.

ORGANISER SON TEMPS

Biscarosse accueille chaque année le Rassemblement international de l'hydraviation. Sur terre ou dans les airs, profitez d'un survol de l'Océan en hydravion ou de la Vélodyssée (escapade à la dune du Pilat, tour des lacs et forêt de pins).

AVEC LES ENFANTS

Le musée historique de l'Hydraviation ; le musée des Traditions.

Se promener

Biscarrosse-Plage

Voilà la zone littorale idéale pour qui aime les énormes rouleaux (plages surveillées en saison) : on y surfe évidemment, on y pêche aussi, on y lézarde… Comme toute station balnéaire d'été, l'animation se concentre autour de la rue principale où alternent boutiques, cafés et restaurants. Le soir, on se retrouve sur la place centrale qui regroupe un petit centre commercial, le fronton et le cinéma.

Musée historique de l'Hydraviation

332 av. Louis-Bréguet - 05 58 78 00 65 - www.hydravions-biscarrosse.com - - juil.-août : 10h-19h ; reste de l'année : tlj sf lun. et j. fériés 14h-18h - fermé janv., 1er et 8 Mai, jeu. de l'Ascension, 1er et 11 Nov. - 5 € (-18 ans 2 €) - livret enf. disponible sur demande.

C'est entre les deux guerres que l'hydraviation connut son heure de gloire. **Pierre Latécoère**, fondateur de la célèbre Aéropostale auréolée par les hauts faits de Mermoz, implanta une usine de montage et une base d'essai

Surfeurs sur la plage de Biscarrosse.
P. Jacques/hemis.fr

à Biscarrosse (1930-1956). Le musée retrace cette époque pionnière de l'aéronautique grâce à de nombreux documents (cartes de vol, décorations, etc.), maquettes et pièces originales (moteurs, hélices, etc.) et évoque les grandes figures de l'hydraviation, la naissance des compagnies aériennes, l'aventure de l'Aéropostale, les premiers grands raids… En ouverture, projection d'un film (20mn) : *Naissance et crépuscule des hydravions géants*.

Musée des Traditions

216 r. Louis-Bréguet - ✆ 05 58 78 77 37 - http://museetraditions.com - juil.-août : 9h30-19h, dim. 14h-19h ; de mi-avr. à fin juin et de déb. à mi-sept. : tlj sf dim. 14h-18h ; reste de l'année : se rens. - fermé 1er Mai - 5 € (-6 ans gratuit) - balades en barque sur réserv., se rens.

Il faudra y passer si vous voulez découvrir l'histoire de Biscarrosse liée à son paysage de lacs et de marais, et aux activités qui s'y développèrent, notamment dans la forêt où l'on exploitait la résine. Des circuits en barque sont organisés par le musée. Un batelier sensibilise à la faune et à la flore de la région (histoire du lac, observation des oiseaux migrateurs et de la végétation).

4

Étang de Cazaux et de Sanguinet B1

Cet étang, également appelé « lac Nord », est un magnifique plan d'eau de 5 600 ha piqueté de voiles, avec 5 km de plage entre Port-Maguide et Port-Navarrosse. Sports de glisse en tous genres. Détente dans la forêt que vous pourrez parcourir à pied ou à vélo. Pour les amateurs de golf, parcours de 18 trous. Au départ de Port-Navarrosse, promenades en bateau sur le lac Nord ou Sud, *via* le canal.

Étang de Biscarrosse et de Parentis B1

Aussi appelé « lac Sud », il comporte un port et une plage avec jeux pour les enfants *(tout près du musée de l'Hydraviation)*. Il est relié à l'étang voisin par un **canal** bordé d'une **piste cyclable**.

Vous l'emprunterez si vous vous engagez sur le circuit pédestre fléché du **petit lac** *(7 km)*.

À proximité Carte de microrégion p. 318

Sanguinet B1

13 km de Biscarrosse, au nord-est de l'étang de Cazaux et de Sanguinet.

Pl. de la Mairie - 40460 Sanguinet - 05 58 78 67 72 - www.sanguinet.com - juil.-août : 9h30-13h, 14h-19h, dim. et j. fériés 10h-13h ; avr.-juin : 9h30-12h, 14h-17h, j. fériés 9h30-12h - fermé 1er janv., 1er Mai.

Installé en bordure de l'étang, Sanguinet attire les familles en quête de plages ombragées et de zones de baignade peu profondes, idéales pour les enfants.

Musée du Lac – *Pl. de la Mairie - 05 58 78 02 33 - www.sanguinet.com - juil.-août : tlj sf mar.-merc. 10h-13h, 15h30-19h ; de mi-avr. à fin juin et 1er sept.-10 oct. : merc. et sam. 14h-18h - possibilité de visite guidée sur demande (1h) - 4,50 € (-17 ans 2,50 €) - 11 € billet famille (2 adultes + 2 enf.).* Cet intéressant musée expose clairement et de façon didactique les résultats de fouilles entreprises dans l'étang : vestiges préhistoriques, dont d'étonnantes pirogues monoxyles (faites d'une seule pièce de bois) en pin datant du premier âge du fer, et vestiges gallo-romains.

Parentis-en-Born B1

9 km de Biscarrosse, au sud-est de l'étang de Biscarrosse et de Parentis.

41 pl. du Gén.-de-Gaulle - 40160 Parentis-en-Born - 05 58 78 43 60 - http://tourisme.parentis.com - juil.-août : 9h-13h, 14h30-18h30, dim. 9h-13h, j. fériés 9h-18h30 ; juin et sept. : tlj sf dim. 9h-12h, 14h-17h30, sam. 10h-12h ; mars-mai : tlj sf w.-end 9h-12h, 14h-17h30 ; reste de l'année : tlj sf w.-end 9h-12h, 14h-17h.

Le nom de cette modeste localité, qui rappelle l'origine ancienne de l'un des plus typiques « pays » des Landes, le **pays de Born** (pays « du bout des terres »), possède maintenant la notoriété grâce au pétrole ! Mais vous y viendrez pour profiter des activités autour du **lac**.

NOS ADRESSES À BISCARROSSE

TRANSPORTS

Navette – Entre Biscarrosse-Ville et Biscarrosse-Plage toute l'année.

HÉBERGEMENT

BUDGET MOYEN

Club Airotel Domaine de la Rive – *Camping de la Rive - rte de Bordeaux - 40600 Biscarosse au bord de l'étang de Cazaux - 05 58 78 12 33 - - www.larive.fr - de déb. à fin août - réserv. conseillée - 764 empl. 57 € - 390 locatifs 60/315 €, sem. 450/2 193 € - - wifi 10 €/3h.* Le paysage de ce camping 5 étoiles invite à la rêverie. Vous goûterez la baignade dans le lac ou dans l'une des piscines de l'impressionnant espace aquatique. Dernière nouveauté, la Ruée vers l'Eau. Salle de spectacles, Jacuzzi, hammam, Spa, restaurant, club enfants.

Hôtel Les Jardins de l'Océan – *1068 av. de la Plage - 40600 Biscarosse-Plage - 05 58 83 98 98 - www.hotel-jardins-ocean.com - 20 ch. 80/105 € - wifi.* Cet hôtel labellisé Accueil Vélo et Vélodyssée, rénové récemment, garantit un très bon accueil, et, de par sa situation, des prestations bien adaptées aux cyclotouristes.

Maison d'hôte Au Jardin – *533 av. de Megnicat -*

40600 Biscarosse-Ville – ✆ 05 58 78 08 85 ou 06 32 37 67 88 - www.aujardingite.com - 4 ch. 98/110 € ☕. Cette maison d'hôte se pare de plantes vertes à foison, notamment dans le salon où vous sera servi le petit-déjeuner. Les chambres mêlent bois blond et teintes claires. Deux d'entre elles disposent d'une cuisine commune. Un gîte est aménagé dans le jardin, La Cabanote *(490/1 150 € sem.)*.

POUR SE FAIRE PLAISIR

La Petite Maison d'Été – *148 chem. des Milouins - 40600 Biscarosse-Ville - ✆ 05 58 78 02 23 - www.lapetitmaison.fr - 2 ch. 100/180 €.* Située au fond d'un jardin boisé de saules, cette petite maison en bois, construite à l'image des granges anciennes typiques de la commune, offre un confort douillet au style minimaliste. Les chambres dotées de baies vitrées donnant sur une terrasse bénéficient d'un ensoleillement parfait.

Hype Hôtel – *40 r. du Lieutenant-de-Vaisseau-Paris - 40600 Biscarosse - ✆ 05 58 07 36 35 - www.hypehotel.fr - 14 ch. 110/135 € - ☕ 10 €. fermé de fin déc. à mi-janv.* Voilà un hôtel très actuel, avec son intérieur noir, blanc et gris. Chambres très confortables, certaines avec un balcon où profiter des derniers rayons du soleil. Le petit-déjeuner se prend en salle et, aux beaux jours, sur la terrasse.

Côte & Dune – *675 av. Gabriele-d'Annunzio - 40600 Biscarosse-Plage - ✆ 05 58 08 17 29 ou 06 08 96 31 73 - www.cotedune.fr - ♿ - 5 ch. 120/180 € - wifi.* Située au pied des dunes, cette maison d'hôte de standing s'articule autour d'une belle piscine. Les chambres de l'étage offrent une superbe vue sur le littoral tout proche.

Via Bahia – *315 bis imp. Peyjehan, Hauts d'Ispe- 40600 Biscarrosse - ✆ 06 35 24 64 92 - www.via-bahia.com - 5 ch. 127/147 €* ☕. Cette toute nouvelle maison d'hôte promet un dépaysement garanti. Une décoration d'inspiration *pousada* brésilienne et des spécialités culinaires inédites installent les tropiques à deux pas du lac.

UNE FOLIE

Grand Hôtel de la Plage – *40660 Biscarosse-Plage - ✆ 05 58 82 74 00 - www.legrandhoteldelaplage.fr - ♿ - 220/490 € - wifi.* Chambre avec vue assurée dans cet hôtel 4 étoiles surplombant la plage, remis au goût du jour par l'architecte Bernard Buhler. Tout aussi élégants, la terrasse du Bar de l'Océan bordée de palmiers, ou le restaurant bistronomique, avec ses chaises signées Jean Nouvel. Un cadre paradisiaque.

RESTAURATION

BUDGET MOYEN

Le Saint-Ex – *244 pl. Charles-de-Gaulle - 40600 Biscarrosse-Ville - ✆ 05 58 78 16 16 - fermé dim. soir et lun. - 12/28 €.* Cuisine traditionnelle maison, le soir bar à vins et formules tapas (essayez le serrano sur ardoise-huile d'olive-persil). Accueil très sympathique.

Le Bleu Banane – *Pl. Georges-Dufau - 40600 Biscarosse-Plage - ✆ 05 58 78 36 27.* De l'intérieur entièrement vitré ou de la terrasse en bois, vous ne raterez rien de la vue panoramique sur la plage. Très chaleureuse, l'équipe propose une copieuse cuisine traditionnelle, de la brochette de magret à l'entrecôte sauce cèpes/foie gras.

POUR SE FAIRE PLAISIR

Histoires de... – *18 chemin de Maguide - 40600 Biscarrosse-*

Lac - ✆ 05 58 78 57 43 - http://histoiresde.com - de mi-avr. à mi-oct. - réservation obligatoire en été. Un labyrinthe de terrasses abritées compose cet établissement qui domine le lac. Idéal pour une soirée douce. Dans l'assiette, des brochettes de poissons et de légumes, entre autres. Ce lieu branché, et qui le montre, n'en reste pas moins très plaisant.

À proximité

BUDGET MOYEN

Hôtel-restaurant Cousseau – *11 r. St-Barthélemy - 40160 Parentis-en-Born - 10 km au sud-est de Biscarrosse par D 652 - ✆ 05 58 78 42 46 - www.hotel-restaurant-cousseau.com - fermé de mi-oct. à déb. nov., dim. soir (et lun. soir d'oct. à avr.) - formule déj. 11 € - 19/38 €.* Un pied-à-terre gourmand. La salle à manger, aux tons taupe et au décor modernisé, se singularise par une forte identité landaise.

Restaurant de la Poste – *86 av. du 8-Mai-1945 - 40160 Parentis-en-Born - 10 km au sud-est de Biscarrosse par D 652 - ✆ 05 58 78 40 23 - fermé merc. - déj. 11 € - 20/35 €.* Ce restaurant propose une cuisine copieuse et savoureuse à un bon rapport qualité-prix, notamment avec l'assiette de pays. Salle à manger très bien tenue et accueil chaleureux.

EN SOIRÉE

Casino – *Bd des Sables - 40600 Biscarrosse-Plage ✆ 05 58 78 26 99 - hiver : 12h-2h, vend.-sam. 12h-3h ; été : 11h-3h.* Ce n'est pas Las Vegas, mais avec cinquante machines à sous, une table de black jack et une boule, les amateurs de jeux passeront un bon moment. Restaurant et bar.

ACTIVITÉS

Pistes cyclables – Plan guide à l'office de tourisme. Elles relient Biscarrosse-Ville, Plage et Lac ainsi que Parentis et Sanguinet.

Vélodyssée, *p. 22.*

La Vigie-Maison du surf – *788 bd des Sables - 40600 Biscarrosse-Plage - ✆ 05 58 78 37 79 - www.surfingbiscarrosse.com - juil.-août : 9h-19h ; hors sais. : 10h-12h, 14h-18h - fermé de déb. janv. à mi-fév.* Venez découvrir LE sport de la station : cours en formule découverte, initiation ou perfectionnement. Location de planches de surf.

AGENDA

Kiwi Surf Festival – *Dernier w.-end de juil. - www.kiwisurfbiscarrosse.com.* Étape du championnat du monde de surf tandem.

Mimizan

7 000 Mimizannais – Landes (40)

Perfide, la dune ! À pas de loup, elle s'est avancée, a englouti Segosa, la Mimizan gallo-romaine, puis la bourgade de Mimizan douze siècles plus tard. Nulle crainte aujourd'hui, la dune s'est fait prendre dans les filets des joncs et on peut profiter tranquillement des attraits de la « perle de la Côte d'Argent », première station balnéaire créée dans les Landes à la fin du 19e s. La nature omniprésente et les maisons à colombage des villages environnants se découvriront en toute tranquillité en empruntant sentiers et pistes cyclables.

NOS ADRESSES PAGE 328
Hébergement, restauration, achats, activités, etc.

S'INFORMER

Office intercommunal du tourisme de Mimizan – *38 av. Maurice-Martin - 40200 Mimizan - ✆ 05 58 09 11 20 - www.mimizan-tourisme.com - juil.-août : 9h-19h, dim. et j. fériés 10h-12h30, 16h-19h ; avr.-juin et sept. : 10h-12h, 15h-18h, certains dim. 9h-13h ; reste de l'année : tlj sf dim., merc. et j. fériés 9h-12h, 15h-18h, sam. 9h-12h - fermé lun. de Pâques, 1er et 8 Mai, jeu. de l'Ascension, dim. et lun. de Pentecôte.*

Office du tourisme de Léon – *65 pl. Jean-Baptiste-Courtiau - 40550 Léon - ✆ 05 58 48 63 36 - www.cotelandesnaturetourisme.com - juil.-août : 9h-13h, 14h30-18h30, dim. et j. fériés 9h-13h ; juin et sept. : tlj sf dim. 9h-12h30, 14h-18h ; de mi-avr. à fin mai : tlj sf dim. 9h-12h30, 14h-17h30 ; reste de l'année : tlj sf dim. 9h-12h30 - fermé 1er janv., lun. de Pâques, 1er Mai, 1er et 11 Nov., 25 déc.*

SE REPÉRER

Carte de microrégion A2 (p. 318) – À 33 km au sud-ouest de Biscarrosse. Deux têtes à cette station : Mimizan-Ville et Mimizan-Plage, distantes d'environ 6 km.

ORGANISER SON TEMPS

Choisissez le lever ou le coucher du soleil pour marcher le long de la promenade fleurie et passez l'après-midi à l'étang de Léon pour vous balader ou faire la promenade en barque sur le courant d'Huchet.

AVEC LES ENFANTS

Les plages ; le parc « Les Pieds sur Terre » à Onesse-et-Laharie ; la descente du courant d'Huchet en barque ; les animations de « Forêt bois et nature » *(voir « Visites », p. 328).*

4

Se promener

Musée-Prieuré de Mimizan

39 r. de l'Abbaye - à la sortie de Mimizan-Bourg, direction Mimizan-Plage - ✆ 05 58 09 00 61 - http://musee.mimizan.com - visite guidée (45mn) sur réserv. de mi-juin à mi-sept. : tlj sf dim.-lun. et j. fériés 14h-18h ; reste de l'année : se rens. - 4 € (-14 ans gratuit) - la visite comprend le musée, une présentation virtuelle de l'église et une visite guidée de son clocher-porche.

Le Musée-Prieuré de Mimizan constitue une excellente introduction à la visite du clocher-porche de l'église Ste-Marie du 13e s., classé au Patrimoine mondial de l'Unesco et seul vestige de l'édifice. Il est doté d'un portail roman, surmonté d'un Christ en gloire entouré de statues de saints (celle de saint Jacques est la plus ancienne que l'on connaisse en Aquitaine). Pour pénétrer à l'intérieur et voir les peintures murales du 15e s., inscrivez-vous à la visite guidée comprise dans celle du musée. Dans la Maison du patrimoine voisine, vous vous laisserez conter l'histoire locale à travers une exposition d'objets et de maquettes présentant les activités d'autrefois, forestières principalement.

Lac d'Aureilhan AB2

1 km. Départ au bout de l'av. du Lac à Mimizan. La **promenade fleurie**, le long du lac, est jalonnée de nombreuses variétés de plantes et de fleurs locales et exotiques. Jolies vues sur le lac. Vous pourrez poursuivre jusqu'au château de Woolsack *(GR 8)*.

Au niveau de la passerelle, un sentier mène à la **plage surveillée** du lac, où se trouve également une base nautique.

À proximité Carte de microrégion p. 318

« Les Pieds sur Terre », à Onesse-et-Laharie B2

22 km au sud-est par la D 38.

Chemin de Jupon - ✆ 05 58 07 34 77 - ♿ - juil.-août : 10h-19h ; mai-juin et sept. : 10h-19h, merc. et dim. 14h-19h - fermé sam. - 5 € (-12 ans 3 €).

Le parcours aménagé dans cet « espace de découverte environnementale » (15 ha) aborde notamment le thème des énergies et chemine entre prairie, plan d'eau, brebis et poneys landais… À voir : un bélier hydraulique, autre invention de Montgolfier, une éolienne, une scierie mobile *(mise en marche à 16h)*, deux locomotives et une imposante machine à vapeur *(mise en marche à 11h et 16h)*.

Circuit conseillé Carte de microrégion p. 318

ENTRE DEUX COURANTS

Circuit de 117 km au départ de Mimizan, tracé en violet sur la carte p. 318. Compter environ une journée.

Si vous souhaitez descendre le courant d'Huchet en barque, pensez à réserver trois jours à l'avance.

Quitter Mimizan au sud par la D 652. À 1,5 km avant St-Julien-en-Born, au rond-point, tourner à droite dans la D 41. Le courant de Contis longe la route sur la gauche.

Courant de Contis A2

87 rte du Pont-Rose - 40170 Contis - ✆ 06 08 35 16 82 - de mi-juin à mi-sept. : 10h-16h30 ; reste de l'année : sur demande préalable - fermé de déb. nov. à mi-avr. - 15 € (-12 ans 8 €).

Le courant de Contis draine jusqu'à l'Océan les eaux de plusieurs ruisseaux landais. Par une série de méandres, il se fraye un passage à travers le marais puis, en fin de parcours, entre les dunes, tantôt sous un berceau de feuillage, tantôt entre deux haies naturelles de roseaux, fougères, vergnes (aulnes) ou vignes sauvages. Des plantations de pins, peupliers, chênes-lièges, cyprès chauves complètent le tableau. À l'approche de l'Océan prédominent les pins, en aval de Pont-Rose.

Phare de Contis – *Chemin de la Lanterne - 40170 Contis-Plage - ✆ 05 58 42 80 08 - juil.-août : tlj sf lun. 10h-12h, 15h-19h ; avr.-juin et sept. : w.-end et j. fériés 14h-18h - 3 € (-12 ans 1 €).*

Seul sur le littoral landais, le phare de Contis a fêté ses 150 ans d'activité en 2013. À quelques centaines de mètres de la côte, il domine la forêt de pins et le village de Contis-Plage, où se mêlent maisons traditionnelles et contemporaines, et offre une belle vue sur l'océan.
Continuer sur la D 403 qui relie Contis-Plage au Cap-de-l'Homy-Plage à travers la forêt. Prendre à gauche pour rejoindre Lit-et-Mixe. Là, poursuivre au nord-est sur la D 66, puis prendre la D 41 à Uza, à droite.

Lévignacq B2
Ce charmant village typiquement landais a gardé ses vieilles maisons basses à pans de bois et toits de tuiles. L'église, fortifiée au 14e s., est aussi représentative avec son clocher très aigu et sa façade classique. À l'intérieur, sa **voûte★** de bois est décorée de peintures du 18e s. Le chœur présente un retable entouré de colonnes torses et un devant d'autel en bois doré.
Quitter Lévignacq au sud-ouest par la D 105. Au croisement de la D 5, prendre en face, légèrement à gauche et continuer tout droit. À Miquéou, prendre à gauche la D 652. À Vielle, une petite route mène à l'étang de Léon.

Étang de Léon A2
Distractions sportives, nautiques en particulier : location de pédalo, canoë, barque, base de voile, dans le cadre d'un paysage reposant. La piste cyclable permet notamment de rejoindre Vieux-Boucau. C'est aussi le point de départ pour les promenades sur le courant d'Huchet.

★ Courant d'Huchet A2
Descente du courant en barque – *R. Bureau-des-Bateliers - ✆ 05 58 48 75 39 - www.bateliers-courant-huchet.fr - sur réserv., descente en barque (3-4h) juil.-août ; (2h) avr.-juin et sept. - 13/25 € (-6 ans 6,50/12,50 €).* À la sortie de l'étang de Léon, le courant coule entre les joncs et les nénuphars. À gauche, un refuge de pêcheurs. La barque glisse sous une voûte de verdure. Le courant débute après le passage du « barrage de la Nasse », se rétrécit au « Pas-du-Loup » et s'engage bientôt dans la « Forêt vierge ». Des cyprès chauves, et voilà Pichelèbe. La végétation redevient dense, difficilement pénétrable. Puis le paysage se transforme. Les hibiscus sauvages se font abondants : ce sont les bains d'Huchet. Au-delà de la dune côtière, le grondement de l'Océan… cela vous tente ?
Sentier pédestre – À partir du pont de Pichelèbe, un sentier conduit à la plage d'Huchet (15mn, non surveillée) ou, si vous longez le courant d'Huchet, jusqu'à Moliets (4 km) et jusqu'à la Nasse (Léon, 3 km).
Réserve naturelle du courant d'Huchet – *374 r. des Berges-du-Lac - ✆ 05 58 48 73 91 - www.reservenaturelle-couranthuchet.org - avr.-sept. : 10h-12h, 14h-17h ; reste de l'année : tlj sf w.-end 10h-12h, 14h-17h - fermé 1er janv., 1er et 11 Nov., 25 déc. - possibilité de visite guidée sur demande (2h) - accès libre, 5 € (-18 ans 3 €) visite guidée.*
Revenir à Vielle et prendre à gauche la D 328 vers Moliets-et-Maâ jusqu'au pont de Pichelèbe.
Contournant l'étang de Léon, la route traverse un très joli paysage alternant forêts de pins et landes. À **Maâ** (A2), allez voir la chapelle St-Laurent ; en cours de route, remarquez les maisons landaises à appareil de brique en épi. À **Moliets** (A2), arrêtez-vous devant le portail gothique de l'église.
Revenir à Mimizan par la D 652.

4

NOS ADRESSES À MIMIZAN

VISITES

Forêt bois et nature – Plan guide à l'office de tourisme. Elles relient Biscarrosse-Ville, Plage et Lac ainsi que Parentis et Sanguinet.

HÉBERGEMENT

PREMIER PRIX

Club Airotel Marina-Landes – *Plage Sud - ✆ 05 58 09 12 66 - www.marinalandes.com - de déb. mai à fin sept. - réserv. conseillée - 502 empl. 59 € - 47 locatifs 37/199 € nuitée, 210/1 305 € sem. -* ♿ 🏊 ✕. Emplacements très agréables et locatifs bien équipés sur un terrain tout en longueur à l'abri des pins. Nombreux loisirs et services de qualité.

Camping Sunêlia Le Col Vert – *1548 rte de l'Étang-Vielle - 40560 Vielle-Saint-Girons - ✆ 0 890 71 00 01 (0,15 €/min)- www.colvert.com - 818 empl. - locatifs 20/55 €/nuitée* ♿ 🏊 ✕. Marin d'eau douce ou salée ? Ce camping au bord du lac de Léon et de la réserve naturelle du courant d'Huchet, doté de l'écolabel, comblera les amateurs de vacances au grand air. *Paddle board*, canoë, pêche et randonnées à vélo assurent l'évasion loin des gaz d'échappement.

BUDGET MOYEN

Hôtel L'Émeraude des Bois – *66/68 av. du Courant - 40200 Mimizan-Plage - ✆ 05 58 09 05 28 - www.emeraudedesbois.com - P - avr.-sept. - 17 ch. 69/149 € - ☕ 8 € - ✕ 17/38 €.* Cette émeraude située sur la piste cyclable apporte toutes les facilités nécessaires aux adeptes de la petite reine : local à vélo, restauration copieuse et logements adaptés, le tout à 200 m de l'Océan. Véranda et agréable terrasse ombragée. Chambres sobrement décorées et dotées de petites salles de bains.

Hôtel Atlantique – *38 av. de la Côte-d'Argent - 40200 Mimizan-Plage - ✆ 05 58 09 09 42 - www.atlantique-mimizan.fr - P - ♿ - 28 ch. 90 € - ☕ 8 € - ✕ 22 €.* Cette maison landaise du début du 20e s., rénovée, vaut par sa situation près de la plage et loin de l'agitation touristique. Les chambres avec balcon ou vue sur mer.

Hôtel L'Airial – *6 r. de la Papeterie - 40200 Mimizan-Plage - ✆ 05 58 09 46 54 - www.hotelairial.com - P - ♿ - 18 ch. 83 € ☕ - wifi.* Petit hôtel familial des années 1970 dans un quartier résidentiel plutôt calme. Accueil sympathique, chambres simples mais bien tenues. Jardin agréable.

À proximité

PREMIER PRIX

Camping Yelloh ! Village Lous Seurrots – *606 av. de l'Océan - 40170 Contis-Plage - sortie sud-est par D 41 - ✆ 05 58 42 85 82 - ♿ - www.lous-seurrots.com - avr.-sept. - 🏊 - 555 empl. 49 € - 338 locatifs 30/161 € nuitée, 210/1 127 € sem. 125/153 € - ✕.* Entourées de pinède, les installations sont relativement modestes mais le site est magnifique, à deux pas du courant de Contis.

BUDGET MOYEN

Écolodge Ségosa – *Rte de Mezos - 40200 St-Paul-en-Born - ✆ 06 89 49 58 84 - www.ecolodge-segosa.com - ♿ - 4 ch. 95 € ☕.* Le bois règne en maître dans cette ancienne grange rénovée selon les principes de construction bioclimatique. La décoration des chambres, épurée, est pourtant très chaleureuse. Un gîte (4 pers.) ouvert sur le jardin et une terrasse privative marie ambiance zen et confort haut de gamme.

POUR SE FAIRE PLAISIR

Chambre d'hôte La Bergerie St-Michel – *50 chem. du Plomb - 40550 St-Michel-d'Escalus - 39 km au sud de Mimizan - ✆ 05 58 48 74 04 - www.bergeriestmichel.fr - ⊭ - 4 ch. 115/160 €* ☕. Calme et détente vous attendent dans cette maison de caractère, typique des Landes. Les chambres possèdent de beaux meubles anciens, une salle d'eau design et une terrasse privative. Un Spa sous les pins vient peaufiner le décor.

UNE FOLIE

Les Cabanes du Menoy – *68 chem. du Menoy - 40550 Léon - 40 km au sud de Mimizan - ✆ 06 71 72 99 68 - www.cabane-aquitaine-lescabanesdumenoy.com - 3 ch. 154/174 €* ☕. Ces trois cabanes cossues perchées dans les arbres s'insèrent si bien dans leur environnement qu'on pourrait croire qu'elles ont poussé là ! Elles donnent en lisière d'une prairie et d'un étang, refuge des animaux en liberté. Chacune est dotée d'une salle de bains et d'une terrasse.

RESTAURATION

BUDGET MOYEN

La Cabane du Résinier – *6 r. de la Poste - 40200 Mimizan-Plage - ✆ 05 58 78 18 70 - de fin mars à fin sept. : tlj midi et soir - fermé certains lun. hors sais. - 17/28 €.* Un décor tout bois et des produits aquitains. La salade est landaise, le bœuf est de Chalosse, la cuisse de canard est confite. Du fait maison en plein cœur de Mimizan-Plage.

L'Île de Malte – *5 r. du Casino - 40200 Mimizan-Plage - ✆ 05 58 82 48 15 - www.iledemalte-mimizan.com - 13/32 €.* Le cadre de ce restaurant sait se faire discret. C'est peut-être pour ne pas empiéter sur la qualité de l'assiette, où saveurs et cuissons justes sont au rendez-vous. Service attentionné. Terrasse.

À proximité

BUDGET MOYEN

Léontine – *108 av. du Marensin - 40550 Léon - ✆ 05 58 49 24 21 - www.restaurant-leontine-landes.fr - P - avr.-juin et sept.-oct. : jeu.-lun. soir, dim. midi et soir ; juil.-août (soir) dim. (midi).* Léontine élabore une cuisine riche des découvertes faites lors de ses nombreux voyages. Au menu : assiette de pinchos, foie gras de canard mi-cuit, chutney de cabillaud… Fraîcheur garantie par les fournisseurs locaux.

L'Auberge de St-Paul – *1081 rte de Mimizan - 40200 St-Paul-en-Born - 7 km à l'est de Mimizan par D 626 - ✆ 05 58 07 48 02 ou 06 10 63 33 67 - P - ♿ - vend. et sam. soir - 12h-14h, 19h-21h45 - fermé déb. oct. - 17,50/30 €.* Passez une bonne journée en famille dans cette auberge au milieu des pins. Tout le monde sera ravi : bonne table aux spécialités du Sud-Ouest et promenades pour découvrir les animaux de la ferme du parc alentour. Jeux pour les enfants.

Maison Tenoy – *1736 rte de Betoy - 40550 Léon - ✆ 05 58 48 74 66 ou 06 82 30 78 03 - www.maison-tenoy.com - juil.-août : mar.-dim. ; avr.-juin et sept.-oct. : merc.-dim. midi - 19/36 €.* Si la visite de ce producteur vous a mis l'eau à la bouche, transformez l'essai en vous attablant à la ferme-auberge où vous seront servis foie gras, confit, manchons… De l'artisanal garanti et délicieux.

Ferme-auberge Lesca – *428 chem. des Tucs - 40260 Castets - 14 km à l'est de Léon par D 142 - ✆ 05 58 89 41 45 - www.ferme-lesca.fr - juin-sept. : tlj. sf lun. midi et soir - reste de l'année se rens. - sur réserv. - 19/36 €.* Dégustez la garbure et les produits dérivés du canard gras dans cette ancienne grange, première ferme-auberge des Landes, labellisée « assiette de pays ». Atmosphère champêtre. Vous pourrez acheter les produits maison.

ACHATS

Pâtisserie Le Bellis – *18 bis r. Assolant-Lefèvre-Lotti - 40200 Mimizan-Plage - ✆ 05 58 07 12 92 - www.lebellis.com - mar.-sam. 7h-12h30, 15h-19h, dim. 7h-12h30.* Lauréat de différents prix gastronomiques, Gaëtan Cossoul, jeune artisan créateur, vous fait déguster dans les règles de l'art les authentiques saveurs d'antan : fondant au chocolat, croissants de qualité, gâteau basque ou encore pastis landais.

Maison Tenoy – *Voir Restauration.*

ACTIVITÉS

Plages – Quatre plages surveillées au bord de l'Océan et une plage sur le courant de Mimizan, près de son embouchure.

Randonnée pédestre – *Dépliants (gratuits) à l'OT.* Trois sentiers de découverte : les étangs de la Mailloueyre à Mimizan-Plage, le courant des Forges à Pontenx-les-Forges, l'étang du Bourg-Vieux à Bias. Sentiers pédestres le long du courant de Mimizan, près du lac d'Aureilhan, à St-Paul-en-Born. Application Mimizan 360 pour profiter de balades audio sur smartphone.

Pistes cyclables - *Dépliant (1 €) à l'OT.* Entre l'Océan et le lac d'Aureilhan *(4 km)*, entre l'Océan et Pontenx-les-Forges *(18 km)*, entre Mimizan-Plage et Contis *(8 km)*, entre Mimizan-Plage et Mimizan-Ville *(4 km)*, entre Mimizan-Ville et Bias *(6 km)*.
Vélodyssée, *p. 22*.

Cyclo'Land – *8 r. du Casino (plage Nord) - 40200 Mimizan-Plage - ✆ 05 58 09 16 65 - www.cycloland40.fr - juil.-août : 9h-20h ; reste de l'année : se rens.* Location de vélos, VTT ou VTC pour enfants et adultes.

Cycles Labat – *R. de la Poste - 40550 Léon - ✆ 05 58 48 71 98 - tlj en sais.* Location de vélos, VTT, VTC, tandems et remorques.

Golf de Moliets – *R. Mathieu-Desbieys - 40660 Moliets - ✆ 05 58 48 54 65 - www.golfmoliets.com.* Un parcours de 9 trous et de 18 trous entre forêt et Océan.

AGENDA

Festival international de Contis – *Juin - www.cinema-contis.fr.* Courts métrages.

Hossegor

★

3 586 Hossegoriens – Landes (40)

Cette agréable station balnéaire, haut lieu de rendez-vous branché, toutes générations confondues, a su intégrer, dans un environnement naturel généreux, de beaux édifices de style basco-landais et des équipements sportifs et de loisirs. Voilà Hossegor, connue par les surfeurs du monde entier pour ses vagues déchaînées et par les vacanciers pour ses plages et son animation estivale très tendance.

NOS ADRESSES PAGE 334
Hébergement, restauration, achats, activités, etc.

S'INFORMER

Office du tourisme d'Hossegor – *166 av. de la Gare - 40150 Hossegor - ✆ 05 58 41 79 00 - www.hossegor.fr - juil.-août : 9h-19h, dim. et j. fériés 10h-13h, 16h-19h ; reste de l'année : tlj sf dim. 9h-12h, 14h-18h - fermé certains j. fériés.*

SE REPÉRER

Carte de microrégion A3 (p. 318) – Hossegor n'est séparé de **Capbreton** que par le canal du Bourret.

À NE PAS MANQUER

Les villas des années 1920 entre l'Océan et le lac ; le lac marin ; le Sporting Casino ; le jaï alaï, le golf 18 trous et ses villas, la plage des Landais.

ORGANISER SON TEMPS

Prévoyez une demi-journée pour le circuit de découverte en comptant les arrêts. Le soir, rien de plus agréable qu'une promenade sur la plage ou sur le front de mer au coucher du soleil, avant de rejoindre un bar ou un spectacle de votre choix.

AVEC LES ENFANTS

Promenades sur les sentiers de la forêt ou sur la Vélodyssée ; le port miniature à Soustons *(voir « Activités », p. 337).*

4

Se promener

★ Les villas

Brochure à l'office de tourisme. Il s'agit de propriétés privées : soyez discret ; ne pénétrez pas dans les jardins.

Elles sont groupées entre la mer et le lac, sous les pins, autour de la place des Landais et le long de l'avenue du Golf. Le style basco-landais qui les caractérise était très à la mode dans les années 1920-1930 : il s'inspire de l'habitat rural basque (façades de crépi blanc, toits en débord) et landais (colombages, remplissage en briques apparentes disposées en épi).

Les plages

Sur la longue bande de sable fin, vous pourrez planter votre parasol et étendre votre serviette ! Pour la baignade, plages du Sud et Centrale ; pour le surf, plage de la Gravière ; pour le naturisme, plage Nord sur la Côte Sauvage (vers Seignosse). Attention, la dune de la Côte Sauvage est un « espace naturel protégé » ; respectez la réglementation de la circulation piétonnière aux abords du site.

★ Le lac

Ce lac salé cerné par la forêt de pins occupe l'ancien bras de l'Adour. Il subit l'influence des marées grâce au **canal du Boudigau** qui le relie à l'Océan. Quatre plages sont adaptées à la baignade des petits car l'eau y est calme.
7 km. Brochure à l'office de tourisme. La **promenade du tour du lac** est ponctuée de 9 panneaux thématiques sur la faune, la flore, l'architecture, le gouf, l'ostréiculture…

Circuit conseillé Carte de microrégion p. 318

AU PAYS DES ÉTANGS

Circuit de 55 km au départ d'Hossegor, tracé en vert sur la carte p. 318. Compter 2h. Quitter Hossegor au nord, par la D 79.
Les quatre étangs reliés entre eux constituent un vaste circuit hydraulique : l'eau circule de l'étang Noir vers l'étang Blanc, puis vers l'étang d'Hardy et l'étang de Soustons, et se jette enfin dans l'Océan !

Vieux-Boucau-les-Bains A3

Mail André-Rigal - 40480 Vieux-Boucau-les-Bains - 05 58 48 13 47 - www.tourisme-vieuxboucau.com - juil.-août : 9h30-13h, 15h-19h, dim. 10h-13h, 15h-18h ; reste de l'année : tlj sf dim. 9h-12h, 15h-18h - fermé 1er janv., 25 déc.
Endormi en 1578 par le détournement de l'Adour et devenu Vieux-Boucau (« vieille embouchure »), le village renaît aujourd'hui grâce à **Port-d'Albret** *(qui dépend de la commune de Soustons)*, important ensemble touristique aménagé autour d'un **lac salé** de 60 ha. Ses eaux sont renouvelées quotidiennement par un barrage dont les portes suivent le rythme des marées. Du centre-ville, on accède à Port-d'Albret par le **mail**, promenade piétonnière invitant à la flânerie, notamment le soir où les illuminations lui donnent un éclat particulier.
Côté mer, baignade et surf ; côté terre, sentiers pédestres autour du lac et dans la forêt, pistes cyclables vers Soustons, Seignosse, Léon.
Suivre la D 652 vers Soustons.

★ Étang de Soustons A3

Vous ne pouvez malheureusement pas voir ses 730 ha d'eau d'un seul regard, contours obligent. Mais ses bords perdus dans les roseaux et les pins sont facilement accessibles depuis l'office du tourisme de Soustons,

L'ADOUR, RIVIÈRE VAGABONDE

Dans un lointain passé géologique, l'Adour a creusé une profonde vallée, aujourd'hui sous-marine. À 35 km au large des côtes, l'entaille atteint jusqu'à 3 711 m de profondeur : c'est le **Gouf de Capbreton**, qui se résorbe seulement à 60 km de la côte. Des documents anciens permettent de suivre la course capricieuse imposée à l'Adour par les sables, de Capbreton à Vieux-Boucau, en passant par Bayonne. En 1571, Charles IX ordonna d'assurer à l'Adour une embouchure définitive sauvegardant le port. **Louis de Foix** (architecte du phare de Cordouan, *voir p. 227*) prit la direction des travaux. Une digue de 300 m fut édifiée et un chenal direct fut ouvert sur 1 800 m. De l'ancien bras, il ne reste aujourd'hui que de petits lacs, dont celui d'**Hossegor**.

La plage d'Hossegor.
R. Cintarct/hemis.fr

installé dans une ancienne bergerie et devant lequel se tient la statue de François Mitterrand.

Le GR 8 longe les rives du lac. En prenant à droite, vous arriverez à la pointe des Vergnes, agréablement arborée : belle vue d'ensemble du plan d'eau.

Reprendre la D 652 vers Tosse. À 4 km, suivre à droite le chemin de Gaillou-de-Pountaout (panneau « étang Blanc »), qui passe entre l'étang Hardy et l'étang Blanc.

Étang Blanc A3

Ce petit plan d'eau protégé est peuplé de gabions et de cabanons aménagés par les chasseurs pour guetter les canards. Un chemin le contourne, offrant de jolies vues sur la flore du site et ses environs. Le canal reliant l'étang Noir à l'étang Blanc fait le bonheur des pêcheurs.

La route surplombe ensuite l'étang Noir dans le dernier virage.

Réserve naturelle de l'étang Noir A3

Par temps humide, la passerelle devient glissante. Absence de barrière de sécurité sur le caillebotis, surveiller les enfants.

30mn. Ce marais est enjambé par une passerelle *(1 km)* discrète, avec deux plates-formes panoramiques favorisant une plus grande intimité avec la faune. Le site permet de découvrir la forêt primitive landaise telle qu'elle existait avant les travaux d'assainissement.

Maison de la réserve – *600 av. du Parc-des-Sports - ✆ 05 58 72 85 76 - juil.-août : 10h30 et 15h (sf en cas de pluie) - fermé w.-end - 3,50 € (-6 ans gratuit) - possibilité de visite guidée (1h30) juil.-août : 10h30 et 15h, jeu. spéciale famille sur réserv. 15h. Elle propose de petites expositions et abrite des jeux pour les enf.*

Prendre à droite la D 89.

LA « SOCIÉTÉ DES AMIS DU LAC »

Ce cercle fut créé par des intellectuels au début du 20e s. Ainsi fut lancé Hossegor, dont le nom signifierait « la grande fosse » de *hoos*, « grand », et *gor*, « gouf, fosse ».

Seignosse-Océan A3

Av. des Lacs - 40510 Seignosse - ✆ 05 58 43 32 15 - www.tourisme-seignosse.com - juil.-août : 9h-19h, dim. 10h-13h30, 16h30-19h ; reste de l'année : tlj sf dim. 9h-12h, 14h-18h (selon la sais.) - 1er janv., 1er Mai, 1er et 11 Nov., 25 déc.

Cette station balnéaire, qui compte 5 plages surveillées, allie immeubles en bordure de mer et pavillons dans la forêt de pins. L'offre de sports et de loisirs y est variée : surf, parc aquatique, pistes cyclables, golf... *(voir « Activités », p. 337).*

La D 152 ramène à Hossegor.

NOS ADRESSES À HOSSEGOR

VISITES

Sorties nature – En sais., sorties de découverte du littoral et de la forêt (2h30), accompagnées par des guides de l'ONF et visite d'une palombière avec un chasseur. *De mi-juin à mi-sept. : mat. - 7 € (-13 ans 3 €) - rens. et réserv. à l'office du tourisme de Seignosse.*

HÉBERGEMENT

BUDGET MOYEN

Hossegor Surf Club – *22 imp. de la Digue-Nord - ✆ 05 58 43 80 52 - www.hossegor-surfclub.com - mars-oct. - formule Sleep and Surf 94/108 € (2 nuits + 1 cours de surf).* Immergez-vous dans l'ambiance surf d'Hossegor avec la formule Sleep & Surf proposée par Cédric et Luana. Prolongez le plaisir dans une ambiance 100 % surf à La Surfer's Villa. Le club a reçu la marque nationale Qualité Tourisme en 2013.

Hôtel La Paloma – *156 av. de la Côte-d'Argent - ✆ 05 58 43 46 00 - www.hotel-hossegor-lapaloma.com - de mi-mars à mi-nov. - 18 ch. 64/132 € - ☕ 11 €.* Cette maison landaise abrite un hôtel qui a fait peau neuve. Les chambres sont décorées de tissus aux couleurs variées, d'anciens lits clos fixés au mur et de faïences.

Hôtel Les Fougères – *91 av. de Gaujacq - ✆ 05 58 43 78 00 - www.hotel-lesfougeres.com - de mi-mars à fin oct. - 🏊 - ♿ - 🅿 - 27 ch. 70/120 € - ☕ 10 €.* Cet hôtel rénové est sobrement décoré. Les chambres modernes, avec kitchenette pour certaines, feront le bonheur des familles. Par beau temps, petit-déjeuner en terrasse, face à la piscine.

UNE FOLIE

Hôtel de charme Les Hortensias du Lac – *1578 av. du Tour-du-Lac - ✆ 05 58 43 99 00 - www.hortensias-du-lac.com - de mi-nov. à mi-mars - 25 ch. 105/275 € - ☕ 22 €.* Un repos bien mérité vous attend dans ces trois maisons au bord du lac et à 500 m de l'Océan. Chambres élégantes, meublées de bois clair et des duplex pour les familles.

À proximité

PREMIER PRIX

Camping Le Vieux Port – *40660 Messanges - www.levieuxport.com - 1 546 empl. ♿ - 🏊 - ✕ - avr.-sept. - 55/85 €.* Diversité des gammes et options dans le plus grand camping 5 étoiles de France. Espace bien-être, parc aquatique... et même location de télévisions !

Camping Lou Pignada – *40660 Messanges - www.loupignada.com - avr.-sept. - ♿ - 🏊 - ✕ 55/85 €.* Camping 5 étoiles, de la gamme éco à la gamme prestige, et pour prendre de la hauteur, la cabane sur pilotis avec terrasse couverte et chiliennes.

Camping La Paillotte – *66 rte des Campings - 40140 Azur - 7 km au nord de Soustons par D 50 - ✆ 05 58 48 12 12 - www.paillotte.com - - avr.-sept. - sur réserv. - 310 empl. 42 € - 255 locatifs 32/199 €/nuitée, 196/1 260 €/sem. -* . Il est aménagé comme une île tahitienne avec ses bungalows-paillottes perdus dans une végétation luxuriante, au bord du lac de Soustons : piscine chauffée, toboggans aquatiques, canoë-kayak, club enfants et soirées spectacles pour la famille, ou pour un séjour entre potes, dans la mythique paillote six personnes.

Chambre d'hôte Le Bosquet – *4 r. du Hazan (rte de St-Vincent-de-Tyrosse) - 40230 Tosse - 10 km à l'est d'Hossegor par D 33 puis D 652 - ✆ 05 58 43 03 40 - www.lebosquet-landes.com - - 3 ch. 57 €* . Cette villa moderne est tranquille et conviviale. Chaque chambre a sa terrasse privative ouverte sur le parc boisé et fleuri de 4 800 m². Jolie salle de style basque et terrasse d'été.

BUDGET MOYEN

Chambre d'hôte Ty-Boni – *1831 rte de Capbreton - 40150 Angresse - 3 km à l'est d'Hossegor par D 133 - ✆ 05 58 43 98 75 - P - www.ty-boni.com - - 4 ch. 85 €* . La maison est récente, de style régional, et les chambres sont sobres et agréables. Cuisine avec lave-linge à la disposition des hôtes en été. Piscine chauffée, parc et étang. Accueil chaleureux.

Village-club Le Dunéa – *1 sq. de l'Herté - 40140 Soustons - ✆ 05 58 48 00 59 ou 06 80 28 64 97 - www.club-dunea.com - 1er avr.-15 oct. - réserv. conseillée - 20 bungalows 65 €/nuit pour 2 pers. ou 75 €/nuit pour 5 pers.* Les bungalows sont répartis dans le parc, autour de la piscine chauffée à 28 °C. Confort simple : salle de bains, kitchenette, w.-c. indépendant. Mobilier en pin. Ensemble très bien tenu. Location à la nuitée ou au week-end hors saison.

POUR SE FAIRE PLAISIR

Ohana Lodge – *56 r. des Hortensias - 40660 Moliets-et-Maâ - ✆ 06 70 10 91 92 - www.ohanalodge.com - 5 ch. 109 € - 9 €.* Au bout des rouleaux ? Profitez de la situation privilégiée de ces 5 chambres d'hôtes décorées avec élégance et sobriété, nichées au cœur d'un des plus grands golfs d'Europe.

La Maison de la Prade – *16 av. de l'Océan - 40660 Messanges - ✆ 05 58 48 38 96 - www.lamaisondelaprade.com - - 16 ch. 140/230 € - 13 €.* À 900 m de l'Océan, cette ancienne colonie de vacances accueille désormais amateurs de calme et d'élégance venus se reposer dans l'une des chambres desservies par une coursive donnant sur la forêt.

RESTAURATION

POUR SE FAIRE PLAISIR

Jean des Sables – *121 bd de la Dune - ✆ 05 58 72 29 82 - www.jeandessables.com - de mi-juin à mi-sept. : fermé lun. et merc. midi et vend. ; de mi-sept. à mi-juin : fermé lun.-mar. ; oct.-mai : mar. soir-dim. midi - 32/80 €.* Cadre épuré pour ce restaurant de plage du chef Jean Coussau : béton ciré, murs clairs, vivier, vue sur l'Océan… La carte met en avant les produits de la pêche locale. Accueil et service aux petits soins.

À proximité

BUDGET MOYEN

Marinero – *15 Grand-Rue - 40480 Vieux-Boucau-les-Bains - 17 km au nord* *d'Hossegor - ✆ 05 58 48 14 15 - www.hotelmarinero.fr - tlj d'avr. à mi-oct. ; fermé du lun. soir au merc. midi d'avr. à mi-juin - 12/29 € - 13 ch. 53/90 € - ☕ 7 €.* Avec ses tons bleu et blanc, son mobilier acajou, ses transats et ses bibelots marins, on se croirait sur un paquebot! Vaste terrasse couverte. À la carte, fruits de mer et produits de l'Océan, ainsi que des plats landais et d'influence basque ou espagnole.

La Villa de l'Étang Blanc – *2265 rte de l'Étang-Blanc - 40510 Seignosse - ✆ 05 58 72 80 15 - P - www.villaetangblanc.fr - restaurant ouv. tlj juil.-août - fermé d'oct. à mars - reste de l'année : se rens. - 25 € - 7 ch. 110/180 € - ☕ 12 €.* Cette bâtisse lumineuse dans un cadre champêtre est d'un calme olympien. La salle à manger au joli mobilier en bois et fer forgé donne sur l'étang. Cuisine du terroir et de la mer. Activités : atelier cuisine ou soirée vigneronne.

Auberge Batby – *63 av. Galleben - 40140 Soustons - ✆ 05 58 41 18 80 - www.aubergebatby.fr - menus 32/42 € - déj. sem. 18 € - 6 ch. 105/150 € - ☕ 12 €.* Emplacement de choix, face à l'étang de Soustons, pour ce restaurant et sa terrasse ombragée de platanes. La cuisine, 100 % maison, est très honorable. Belle carte des vins.

Auberge du Soleil – *64 rte du Lac - 40140 Azur - N 10 sortie Magescq - ✆ 05 58 48 10 17 - www.auberge-du-soleil.fr - formule déj. 12,80 € - mar.-vend. sf j. fériés - 26/32 € - 8 ch. 49/54 € - ☕ 6,90 €.* Cette petite adresse, dotée d'une jolie terrasse ombragée par deux platanes, propose un bon choix de plats régionaux; le cassoulet, le foie gras de canard et les pâtisseries sont faits maison.

ACHATS

Pâtisserie du Golf – *495 av. du Touring-Club-de-France - ✆ 05 58 43 52 15 - 7h30-19h30.* Fondée en 1927, cette pâtisserie est une référence : gâteaux, glaces et chocolats.

Billabong – *110 av. Paul-Lahary - 40150 Hossegor - ✆ 05 58 41 91 57 - été : 9h30-20h30; hiver : 10h-13h, 15h-19h.* Pour les rois de la glisse, ce « Pro Shop » offre un large choix de marques : Billabong, BBG Surfboard, JS Surfboard, Von Zipper, Dot Dash ou Nixon.

Atelier de poterie landaise – *Allée des Vergnes - 40140 Soustons - ✆ 05 58 41 14 81 - 10h-19h (dim. 16h; nov.-mars : 18h).* Cette boutique au bord du lac propose des objets, utilitaires ou décoratifs, entièrement tournés à la main.

Sur un Livre Perché – *Zone artisanale Le Plach - 6 r. des Artisans - 40230 Saubion - ✆ 05 58 77 41 46 - www.sur-un-livre-perche.fr - ♿ - mar.-dim. 10h-13h, 15h-19h.* Cette librairie d'occasion, dans un cadre bucolique, est un concept original : transmettre et partager l'amour du livre dans un lieu sain.

EN SOIRÉE

☺ Située en bord de mer, la place des Landais vit au rythme de l'activité nocturne et de l'incontournable **Rock Food** (*✆ 05 58 43 43 27*). Les surfeurs y sont nombreux. Entre les bars d'ambiance, les bodegas, les bars basques et les bars à vins (comme **L'Étiquette** *✆ 05 58 72 89 07*), chacun s'y retrouve.

ASH Pelote – *119 av. Maurice-Martin - ✆ 05 58 43 54 12 - http://www.ash-pelote.fr - compétitions : juil.-août, lun. et jeu. à 21h.* Jouxtant le Sporting Casino, ce fronton couvert (*jaï alaï*) accueille des parties de *pala corta* et de *cesta*

punta. Au fronton extérieur du casino, parties de *grosse pala* et de grand chistera.
Sporting Casino – *119 av. Maurice-Martin - ✆ 05 58 41 99 99 - www.casino-hossegor.com - tlj jusqu'à 3 ou 4h*. Cet édifice de 1927 est un chef-d'œuvre de l'architecture basco-landaise. Complexe multiloisir : casino, tennis, minigolf, piscine, fronton, discothèque, bar et restaurant.

ACTIVITÉS

Sports

Surf – *Rens. à l'office du tourisme de Seignosse (voir p. 334).*
Une quinzaine d'**écoles de surf** pour tous niveaux sont basées à Seignosse *(voir aussi « Hébergement »).*
Pistes cyclables – *✆ 05 58 41 79 00 (OT d'Hossegor).* Randoguide couvrant la côte de Moliets à Labenne avec la Voie verte et nombreuses pistes cyclables reliées au réseau côtier. Application Mobimacs à télécharger. Vélodyssée, *p. 22.*
VTT Loisirs – *119 av. des Tisserands - ZA de Pédebert - ✆ 05 58 41 75 41 - www.vtt-loisirs.fr - tlj en été; tlj sf dim. 9h-12h, 14h-19h*. Location et vente de VTT, VTC, vélos pour enfants, scooters et motos.
Sentiers pédestres – 6 circuits balisés *(4-9 km)* à travers la forêt communale de Seignosse.
Yacht-Club Landais – *2897 av. du Touring-Club - ✆ 05 58 43 96 48 - www.voilelandes.fr*. Dériveur, catamaran, planche à voile, canoë et *Stand Up Paddle* sur le lac d'Hossegor.
Le port miniature – *Lac marin du Port-d'Albret Sud - 40140 Soustons-Plage - ✆ 06 75 14 70 56 - www.loisirs-soustons.com - juil.-août : lun.-vend. 11h-19h, w.-end 14h-19h ; avr.-juin, sept. : merc.-dim. 14h-18h (ouv. lun.-mar. si j. férié ou pont) - fermé oct.-mars - à partir de 5 €*. Venez naviguer sur le lac marin du Port-d'Albret à bord de la réplique électrique d'un chalutier, d'un remorqueur, d'un bateau à vapeur ou d'un Brittany Ferry… version miniature ! Les enfants peuvent piloter seul leur bateau dès 12 ans.

Artisanat

Verre Atlantique – *414 r. de la Gare - 40140 Magescq - ✆ 05 58 73 79 50 - www.xaviercarrère.com - mars-déc*. Espace unique sur 600 m² qui regroupe des ateliers, une galerie d'exposition permanente et un musée de 100 m². Xavier Carrère propose des animations autour du travail du verre. Compter 130 € le stage de 45 minutes. Boutique.

AGENDA

Oceanman – *Mai - www.golfhossegor.com*. Festival international de sauvetage côtier.
Grand Prix des Landes de golf amateur – *4e w.-end de juil.*
Swatch Girls Pro – *Août*. Championnat du monde de surf féminin.
Latinossegor – *Fin août*. Festival de musiques et danses latino, place des Landais.
Étape du **Quiksilver Pro France** et du **Roxy Pro France** – *À Seignosse, Hossegor et Capbreton, sept. et oct.* Seule étape française du championnat du monde de surfeurs professionnels.

4

Capbreton

★

7 965 Capbretonnais – Landes (40)

Le nom de cette station balnéaire familiale viendrait-il des parties de chasse à la baleine conjointement menées par les Bretons et les pêcheurs locaux jusqu'au 12e s. ? Aujourd'hui, faute de cétacés, la pêche reste, à Capbreton, une activité économique de premier ordre. Pour s'en convaincre, il suffit de se rendre sur les quais au retour des bateaux ou encore de s'attabler à l'un des nombreux restaurants du port.

NOS ADRESSES PAGE 341
Hébergement, restauration, achats, activités, etc.

S'INFORMER

Office du tourisme de Capbreton – *Av. Georges-Pompidou - 40130 Capbreton - ✆ 05 58 72 12 11 - www.capbreton-tourisme.com - juil.-août : 9h-19h, dim. et j. fériés 10h30-12h30, 16h-19h ; reste de l'année : tlj sf dim. et j. fériés 9h-12h, 14h-18h - deux circuits pour visiter librement la ville (gratuit).*

SE REPÉRER

Carte de microrégion A3 (p. 318) – À 35 km au sud-ouest de Dax, la ville de Capbreton est limitrophe d'Hossegor dont elle n'est séparée que par le canal du Boudigau.

À NE PAS MANQUER

La vue sur la côte et sur les Pyrénées depuis l'estacade ; le marché au poisson sur le port ; la rue du Gén.-de-Gaulle et la place de l'Hôtel-de-Ville où se déroulent l'été marché nocturne et concerts ; la réserve naturelle du marais d'Orx.

ORGANISER SON TEMPS

Hors saison, découvrez les vignes de Capbreton ; comptez 2h pour la balade dans les marais d'Orx ; balades sur les pistes cyclables.

AVEC LES ENFANTS

À Labenne : la pinède des Singes, le Reptilarium et le zoo.

Se promener

Maison de l'Oralité et du Patrimoine

54 r. du Gén.-de-Gaulle - ✆ 05 58 72 96 05 - ♿ - juil.-août : 10h30-12h30, 16h-20h, vend. 10h30-12h30, 16h-22h ; vac. de Pâques et vac. de la Toussaint : 10h30-12h30, 15h30-19h ; reste de l'année : 15h30-19h - fermé dim.-lun., janv., 1er et 8 Mai, 1er et 11 Nov. - gratuit - parking disponible (allées Marines, gratuit).

Dans la tradition du Festival du conte qui se tient depuis vingt-quatre ans, ce lieu d'échange autour de l'histoire et des légendes de la cité marine propose des collections permanentes et des animations régulières. Dédiés à la transmission, des conteurs en font découvrir les secrets en toute liberté. Vous pourrez ainsi marcher sur le Gouf, grimper dans une palombière ou parcourir les origines de l'Estacade. Outre une salle de spectacles Ph'Art, en front de mer, et une médiathèque, la MOP, diffuseur de l'art de la parole, accueille tout au long de l'année des artistes en résidence qui travaillent sur l'identité du conte.

Surfeur et blockhaus sur la plage de Capbreton.
J.-M. Barère/hemis.fr

Le port

Capbreton, autrefois embouchure de l'Adour, fut longtemps un port important. En 1578, le fleuve fut détourné au profit de Bayonne, et Capbreton connut alors un certain déclin. Le port actuel, où se côtoient bateaux de plaisance et de pêche, n'est pas sur l'Océan mais à la confluence des rivières Bourret et Boucarot. La **capitainerie**, dans la Maison du port, accueille parfois des expositions temporaires sur des thèmes liés à la mer. Au bout du port, la **jetée** de bois (l'estacade, due à Napoléon III) révèle une belle vue sur la côte, les Pyrénées basques et l'embouchure du Boudigau.

LE GOUF

Un canyon sous la mer ! Il est indiscernable de la surface, cependant les pêcheurs avaient déjà pressenti son existence voilà plusieurs siècles.
Voir encadré p. 332.

À proximité Carte de microrégion p. 318

Labenne A3

6 km au sud de Capbreton, par la D 652.

Accès au niveau du port ou sur le front de mer. Vous pouvez rejoindre Labenne par une agréable piste cyclable.

Vous y trouverez nombre d'activités, outre la baignade à Labenne-Océan, et plusieurs sites destinés aux familles.

Zoo de Labenne – *Av. de l'Océan - 05 59 45 43 93 - www.zoo-labenne.com - - 11 avr.-31 août : 10h-19h ; sept. : 12h-19h ; 7 fév.-10 avr. : 14h-18h ; 1er oct.-11 Nov. : merc., w.-end, j. fériés et vac. scol. : 14h-18h - 9,50 € (-12 ans 7 €).* Avant ou après la plage, faites une halte dans ce parc arboré où vivent lémuriens, kangourous, dromadaires, lamas, cervidés, perroquets, oiseaux aquatiques… Les plus petits apprécieront la miniferme. Nouveautés 2015 : les loups du Canada, les grues du Japon et de Sibérie, et un nouvel enclos pour les ratons laveurs.

La Pinède des Singes – *À Labenne, prendre au sud la D 810, puis à gauche la D 126, signalée « route du lac d'Yrieux », N 10 - 05 59 45 43 66 - www.pinede-des-singes.com - - juil.-août : 11h-19h ; reste de l'année. : merc. et w.-end 11h-18h - fermé j. fériés, oct.-mars - 9 € (-12 ans 6 €).* Dans une pinède parsemée d'arbousiers et de chênes-lièges, des macaques de Java font les singes en toute liberté, pour le plus grand plaisir des petits… et des grands.

Reptilarium – *À Labenne, prendre au sud la RD 810. 16 av. du Gén.-de-Gaulle - 05 59 45 67 09 - www.reptilarium.fr - - juil.-août : 10h-19h ; mai-juin et sept.-oct. : 10h-12h, 14h-18h30 ; reste de l'année : 10h-12h, 14h-18h - 10 € (-13 ans 8 €).* Couleuvres, crocodiles, pythons, boas, caïmans, lézards, iguanes et anacondas figurent parmi les vedettes de cet espace divertissant et éducatif. Au total, plus de 150 reptiles vous attendent sur 1 000 m².

★ Réserve naturelle du marais d'Orx A3

À Labenne, prendre à gauche la D 71. Le marais est signalé. Laisser la voiture à la Maison du marais. Éviter les heures chaudes. 1005 rte du Marais - 05 59 45 42 46 - www.reserve-naturelle-marais-orx.fr/fr.html - (jusqu'au 1er observatoire et aux pompes) - juin-oct. : 9h-18h ; reste de l'année : 8h-17h - fermé 1er janv., 1er Mai, 25 déc. - accès libre.

9 km.

Classé Réserve naturelle nationale depuis 1995 et reconnu d'importance internationale en 2012, cet ancien polder asséché est la halte de 247 espèces d'oiseaux migrateurs ou hivernants qui s'y reflètent dans les plans d'eau entre saulaies et jonçaies. Le parcours d'interprétation est rythmé par des platelages bois en immersion directe dans le marais. Des palissades, des observatoires et une scénographie ludique dévoilent les secrets de la zone humide. « Le chemin du retour » évoque l'éternel retour saisonnier des oiseaux migrateurs et fait revivre l'histoire des hommes et du territoire. Espèces phares : spatule blanche, cistude d'Europe, balbuzard pêcheur, oies cendrées, canards, hérons, limicoles…

La Maison Béziers, maison d'accueil et porte d'entrée du site, abrite une exposition permanente et une boutique. À l'étage point d'observation d'une hauteur de 7 m.

Le pôle des pompes met en scène le génie hydraulique du marais, des pompes napoléoniennes aux pompes modernes, aujourd'hui au service de la préservation de la faune et de la flore.

La tour d'observation des pompes : d'une hauteur de 10 m, elle offre la possibilité de découvrir d'un seul coup d'œil l'envergure du site.

Le sentier d'interprétation du marais d'Orx part de la Maison Béziers et conduit aux pompes *(4h AR, 6,2 km)*. Depuis les pompes, possibilité de continuer sur le casier Burret jusqu'au bourg d'Orx *(prévoir une journée)*.

Le Seignanx A3

Au sud de Labenne par la D 810.

1750 av. du 11-Nov.-1918 - 40440 Ondres - 05 59 45 19 19 - www.seignanx-tourisme.com - juil.-août : 10h-19h, dim. 10h-13h ; avr.-juin : tlj. sf dim. 10h-13h, 14h-18h ; reste de l'année : tlj. sf w.-end 10h-13h, 14h-18h - fermé 1er janv., lun. de Pâques, lun. de Pentecôte, 1er et 11 Nov., 25 déc.

Ce petit territoire à l'extrémité sud de la Côte landaise recèle bien des surprises. En effet, 20 % de sa surface fait l'objet de programmes de protection et dévoile ainsi aux visiteurs des zones naturelles intactes et vierges de tout aménagement. Ainsi, la dune de **Tarnos** à l'ouest, les **barthes de l'Adour** *(voir la Maison des barthes, p. 353)* au sud ou le marais d'Orx au nord. Les villages présentent une architecture homogène. **St-André-de-Seignanx** s'articule autour de l'église fortifiée et de la place publique qui fait office de fronton et de cour d'école. À **St-Barthélemy**, le piton rocheux sur lequel s'élève l'église réserve une belle vue sur les Pyrénées et les barthes, avec des fermes traditionnelles dont la hauteur de plancher variait avec les crues de l'Adour. Enfin, jetez un coup d'œil au pont Eiffel d'Urt à **St-Laurent-de-Gosse**, à l'**île** privée **de Berenx** et sa petite chapelle, ou à l'élevage de canards d'un des producteurs de foie gras *(voir « Nos adresses »)*.

NOS ADRESSES À CAPBRETON

VISITE

Happy Tickets – Multipliez les sorties en famille ou entre amis à tarif privilégié en choisissant 2 activités minimum parmi : zoo de Labenne, reptilarium, pinède des singes, Aquatic Landes, parc Robinson (se rens. auprès de l'OT).

HÉBERGEMENT

BUDGET MOYEN

Chambres d'hôte Ananda – *2 allée Didier-Daurat - 05 58 72 24 74 ou 06 17 22 13 93 - www.villa-ananda.com - 68/88 €/2 pers., 88/108 €/4 pers.* Un très bon rapport qualité-prix pour un séjour en famille, que ce soit dans la suite familiale ou dans l'une des 2 dépendances extérieures. Accueil simple et authentique. Petit-déjeuner avec les produits du jardin, bio exclusivement.

POUR SE FAIRE PLAISIR

Hôtel Aquitaine – *66 av. du Mar.-de-Lattre-de-Tassigny - ✆ 05 58 72 38 11 - www.hotelaquitaine-capbreton.com - ⛱ - 🅿 - 19 ch. 110/116 €* ☕. Cet hôtel familial situé à 200 m de la plage possède des chambres simples et personnalisées, toutes pourvues d'un balcon. Pour le petit-déjeuner, choisissez entre la salle à l'ambiance marine, la véranda ou la terrasse au bord de la piscine.

À proximité

PREMIER PRIX

Camping Yelloh! Village Sylvamar – *Av. de l'Océan - 40530 Labenne - par D 126, rte de la Plage - ✆ 05 59 45 75 16 - ♿ - www.sylvamar.fr - ⛱ - sur réserv. - avr.-oct. - 750 empl. 57 € - 310 locatifs 39/299 €.* Emplacements sous les pins, cabane dans les arbres, cottages et chalets : vous aurez l'embarras du choix! Parc aquatique, pataugeoire couverte et chauffée, espace balnéothérapie.

RESTAURATION

PREMIER PRIX

Chez Minus, la Taverne du Petit Homme – *Av. de Notre-Dame - quai du Bourret - ✆ 05 58 41 74 81 ou 06 07 10 02 62 - www.chezminus.com - tlj avr.-sept. ; oct.-mars : mar. soir, merc.-dim. midi et soir - 15 €.* Ici, c'est sans chichi : grandes tables de bois et assiettes en carton pour manger des moules, des sardines ou des gambas à petits prix.

BUDGET MOYEN

Le Fou à Pieds Rouges – *1 quai de la Pêcherie - ✆ 09 82 28 30 96 - www.lefouapiedsrouges.com - juil.-août : mar.-dim. 19h-22h30 ; sept.-juin : merc.-dim. midi et soir sf dim. soir - 14,50/25 €.* Accueil très chaleureux, petite terrasse face au port de plaisance. Tous les produits sont faits maison : nouilles de seiche, soupe de poisson, foie gras au torchon, poisson du jour… Très bon rapport qualité-prix.

Ma Cabane sur le Port – *3 r. des Pêcheurs - ✆ 05 58 72 13 42 - fermé de mi-déc. à fin janv. - tlj juin-sept. et vac. scol., fermé lun.-mar. hors sais. - 22/27 €.* Passé la vue un peu austère sur le parking, découvrez les plaisirs d'un restaurant de qualité. Les viandes sont fondantes et les poissons arrivent directement du port situé en face. On vient ici avant tout pour se régaler!

POUR SE FAIRE PLAISIR

La Plancha du Pêcheur – *37 imp. Nicolas-Brémontier - 40440 Ondres - ✆ 05 59 45 24 06 - tlj midi et soir - 32 €.* Plateaux de fruits de mer et poissons tout juste pêchés… une recette 100 % fraîcheur dans le cadre naturel et sauvage de la dune de Tarnos.

ACHATS

Marché au poisson – *Au pied de la Maison du port - tlj mat. et apr.-midi.*

Domaine Les Dunes de la Pointe- *1 rte de la Pointe - ✆ 06 07 47 41 26 - www.vindesdunes.com.* Installé sur la dune, ce vignoble de 5 ha tire sa typicité de l'air marin et du sable brûlant qui réfléchit le soleil.

Maison Coutillon – *Gérard Berrautte - 2891 bis rte de l'Europe - 40390 St-Laurent-de-Gosse - ✆ 05 59 56 31 74 - fermé janv.-fév.*

Visite de l'élevage et dégustation des savoureuses conserves de canard.

EN SOIRÉE

Casino municipal – *Pl. de la Liberté, front de mer - ✆ 05 58 72 13 75 - www.casino-capbreton.com - 11h-1h (vend. 2h, sam. 3h).* 50 machines à sous et table de black-jack.

Rhumerie Bwa Lélé – *Quai Mille-Sabords - ✆ 06 71 79 01 10 - 18h-2h (fermé lun. hors saison).* Terrasse avec vue sur le port de plaisance pour déguster rhums arrangés et planteur maison.

ACTIVITÉS

Outre l'immense palette d'activités proposées, essayez le *surf casting*, pêche au lancer dans les vagues.

VTT Loisirs – *50 allées Marines - ✆ 05 58 72 19 99 - www.vtt-loisirs.fr - 9h-13h, 15h-19h - tlj en été.* Vélos, VTT, VTC, tandems, scooters et motos.

Le Roben – *Av. Pompidou - ponton B - ✆ 06 25 90 37 79 - de fin mars à mi-oct. - 55 € la 1/2 j, 80 € pour la pêche.* Parties de pêche (thon…) en mer.

Pescatourisme – *✆ 06 88 85 83 33 ou 06 85 21 34 34 ou 06 77 87 80 40 ou 06 61 48 81 91 - http://port-capbreton.fr/cote-peche/pescatourisme - réserv. 48h à l'avance.* 4 bateaux vous accueillent pour vous faire partager, le temps d'une marée, leur passion de la pêche.

Skipcool – *École de voile de Capbreton - ponton S - quai Mille-Sabords - ✆ 06 62 03 38 67 - www.skipcool.com/capbreton.* Activités nautiques, sortie découverte, perfectionnement, croisière en haute mer. Demandez Gary.

Aquacéo Capbreton – *Bd François-Mitterrand - ✆ 0 826 30 00 40 (0,15 €/min) - www.caliceo.com - 10h30-13h30, 14h30-20h30.* Sur le front de mer et 1 700 m², un centre de remise en forme et Spa.

Parc Robinson – *RD 126 rte de la Plage - 40530 Labenne - ✆ 06 30 36 43 25 - www.parc-robinson.fr - de Pâques à la Toussaint - 20 € (16 €/12 €).* 130 jeux répartis sur 2 ha de 13 parcours aventure.

Aquatic Landes – *Rte de la Plage - 40530 Labenne - ✆ 05 59 45 60 40 - www.aquatic-landes.com - de mi-juin à déb. sept. - 10h30-19h - 14,50 € (-12 ans 10 €, gratuit pour les -90 cm).* Jeux d'eau à profusion pour petits et grands.

Spa Dune & Eau – *RD 126 rte Océane - 40530 Labenne - ✆ 05 59 59 05 90 ou 06 34 26 38 58 - www.duneeteau.fr - entrée réservée + 18 ans.* Centre de balnéothérapie sur 1 200 m² avec bassin d'eau douce chauffée à 32 °C pour une invitation au voyage : hammam, sauna, soins du corps, beauté & bien être, aquasports.

AGENDA

Fête de la mer – *Juin.* Fête traditionnelle des marins-pêcheurs.

Festival du conte – *1er w.-end d'août.* Lectures et animations mimes, marionnettes…

Fugue en pays jazz – *3e w.-end d'août.*

Fête du chipiron – *1er w.-end de sept.* Sortie en mer, repas et animation musicale.

Le Pays basque 5

Carte Michelin Région n° 524 -
Département n° 342 - Pyrénées-Atlantiques (64)

- BAYONNE★★ 348
- BIARRITZ★★ 363
- SAINT-JEAN-DE-LUZ★★ 383
- LA RHUNE★★★ ET SON CIRCUIT 399
- ESPELETTE★ 406
- CAMBO-LES-BAINS★ 409
- LA BASTIDE-CLAIRENCE★ 414
- LES CHEMINS DE ST-JACQUES★★★ ET LEUR CIRCUIT 419
- ST-JEAN-PIED-DE-PORT★ 425
- ST-ÉTIENNE-DE-BAÏGORRY★ ET SON CIRCUIT 431
- LARRAU ET SON CIRCUIT 437
- MAULÉON-LICHARRE 442

Biarritz, plage du Port-Vieux et rocher de la Vierge.
J.-D. Sudres/hemis.fr

LE PAYS BASQUE

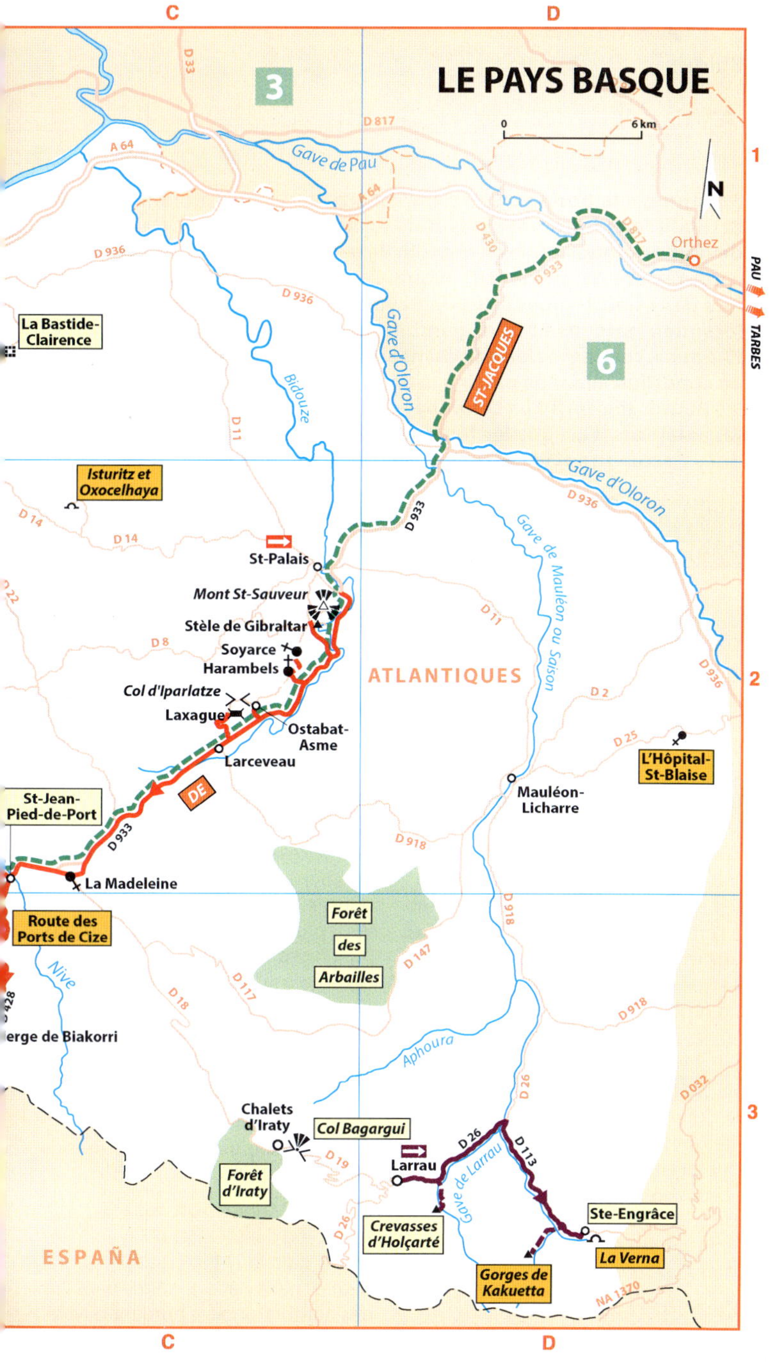
LE PAYS BASQUE
C
D
1
2
3
0
6 km
N
3
6
Gave de Pau
A 64
D 817
D 33
D 936
D 430
D 933
Orthez
PAU
TARBES
La Bastide-Clairence
Bidouze
Gave d'Oloron
ST-JACQUES
D 11
Isturitz et Oxocelhaya
D 14
St-Palais
Mont St-Sauveur
Stèle de Gibraltar
Soyarce
Harambels
Col d'Iparlatze
Laxague
Ostabat-Asme
Larceveau
D 8
D 22
ATLANTIQUES
Gave de Mauléon ou Saison
D 2
D 25
L'Hôpital-St-Blaise
Mauléon-Licharre
DE
St-Jean-Pied-de-Port
La Madeleine
D 918
Route des Ports de Cize
Forêt des Arbailles
D 147
D 117
D 18
Nive
erge de Biakorri
Aphoura
D 26
D 032
Chalets d'Iraty
Col Bagargui
D 19
Larrau
D 113
Gave de Larrau
Forêt d'Iraty
Crevasses d'Holçarté
Ste-Engrâce
La Verna
Gorges de Kakuetta
NA 1370
ESPAÑA

Bayonne

Baiona

★★

44 331 Bayonnais - Pyrénées-Atlantiques (64)

Bayonne, « la bonne rivière », c'est d'abord une ambiance... Celle, estivale, des innombrables bars et bodegas du Petit Bayonne où, devant quelques pintxos arrosés de sagardoa (cidre), on commence à apprécier la convivialité basque. Celle-ci culmine bien évidemment lors des célébrissimes fêtes de Bayonne qui se déroulent début août, lorsque « garçons et filles gambillent pendant six jours de la Nive à l'Adour », comme le clame la chanson basque. Rien de tel pour se mettre en condition avant de partir à la découverte d'une cité historique dont les hautes maisons aux colombages sang-de-bœuf raviront aussi bien les amateurs d'art que les férus d'histoire, sans oublier les gourmands qui y découvriront le berceau du chocolat en France.

NOS ADRESSES PAGE 357
Hébergement, restauration, achats, activités, etc.

S'INFORMER

Office du tourisme de Bayonne – *25 pl. des Basques - 64100 Bayonne - ✆ 05 59 46 09 00 - www.bayonne-tourisme.com - juil.-août : 9h-19h, dim. 10h-13h ; mars-juin et sept.-oct. : sf dim. 9h-18h30, sam. 10h-13h, 14h-18h ; nov.-fév. : sf dim. 9h-13h, 14h-18h, sam. 10h-13h, 14h-18h - fermé j. fériés.*

City Pass Bayonne Pays basque – Valable 1 jour *(12 €)*, 3 jours *(16 €)* ou 7 jours *(20 €)*, il donne l'accès gratuit à l'ensemble du réseau **Chronoplus**, aux musées, à une visite guidée et à des réductions chez certains commerçants *(rens. à l'OT)*.

Visites guidées – Bayonne porte le label Ville d'art et d'histoire. L'office de tourisme organise des visites-découvertes thématiques, animées tte l'année *(sf 1er Mai)* par des guides conférenciers *: visite thématique (6 €, -12 ans gratuit), visite gourmande (10 €, -12 ans 4 €), visite du Musée basque (10 €, -18 ans gratuit) - rens. à l'office de tourisme.*

SE REPÉRER

Carte de microrégion B1 (p. 346-347) et plan de ville (p. 350) – Les trois quartiers de la vieille ville sont délimités par la confluence de ses deux cours d'eau : l'Adour et la Nive. Le Grand et le Petit Bayonne se trouvent au sud et le quartier St-Esprit au nord. Le Nouveau Bayonne, où se situent les arènes de Lachepaillet, jouxte quant à lui le Grand Bayonne.

SE GARER

Le centre-ville est piétonnier ou parcouru de ruelles qui rendent difficile le stationnement. Garez-vous plutôt dans l'un des nombreux parkings aménagés au bord des deux cours d'eau ou en périphérie des vieux quartiers : la navette de Bayonne vous conduit au centre. Départ toutes les 6mn *(lun.-sam. 7h30-19h30 sf j. fériés, gratuit)*.

À NE PAS MANQUER

Les impressionnantes collections du Musée basque.

ORGANISER SON TEMPS

Shopping dans le Grand Bayonne le matin, visite du Musée basque l'après-midi, et petit verre en soirée dans l'un des nombreux cafés bordant la Nive ou les ruelles du Petit Bayonne, très animées en fin de semaine.

Architecture traditionnelle des rues piétonnes du centre-ville.
P. Jacques/hemis.fr

AVEC LES ENFANTS
Le Musée basque et de l'histoire de Bayonne, le parcours de l'Atelier du chocolat, la plaine d'Ansot (maison des Barthes et Muséum d'histoire naturelle).

Se promener Plan de ville

Circuit tracé en vert sur le plan de ville (p. 350) - comptez 2h30. Partez de la place de la Liberté, sur la rive gauche de la Nive, à hauteur de son confluent avec l'Adour.

Place de la Liberté AB1

Située au débouché du pont Mayou, qui traverse la Nive à l'entrée de la vieille ville, elle est bordée par l'hôtel de ville et le théâtre. Les armoiries et la devise de la ville sont dessinées sur le pavage de marbre : *Nunquam polluta*, « jamais souillée ».
Depuis la place, engagez-vous dans la rue du Port-Neuf.

5

Rue du Port-Neuf A1-2

Le nom de cette charmante artère piétonne, bordée de maisons des 18e et 19e s., s'explique par le fait qu'elle occupe, comme beaucoup d'autres ruelles du quartier, l'emplacement d'un canal qui servait autrefois de port.
Elle abrite sous ses arcades les meilleurs chocolatiers de la ville et mène à un lacis de petites rues commerçantes qui constituent le cœur du Grand Bayonne. Notez la belle maison à colombages, à l'angle de la rue de la Monnaie et de la rue Orbe.
La rue de la Monnaie, dans le prolongement, conduit à la cathédrale.

★ Cathédrale Ste-Marie A2

Pl. Mgr-Vansteenberghe - 05 59 59 17 82 - www.cathedrale-bayonne.fr - ♿ - 8h-12h30, 15h-19h, dim. 8h-12h30, 15h30-20h - fermé 1er janv., 1er Mai, 1er nov.,

25 déc. (cloître) - possibilité de visite guidée sur demande à l'office de tourisme, cloître tte l'année et tours (juin-déc.).

La cathédrale a été bâtie du 13e au 16e s., dans le style un peu sévère des églises du Nord. Au 19e s., on ajouta la tour nord et les deux flèches.

À l'intérieur, remarquez les vitraux Renaissance, en particulier la *Prière de la Cananéenne* qui date de 1531 *(2e chapelle à droite en entrant par la porte de gauche)*. Dans la 6e chapelle, une plaque commémorative de 1926 rappelle le miracle de Bayonne *(p. 354, siège de 1451)*.

De l'axe central de la nef, on peut juger des belles proportions et de l'harmonie de l'édifice avec son élévation à trois niveaux. *Gagnez le déambulatoire.* Adoptant le parti architectural champenois, les voûtes en ogive

SE LOGER
- Best Western Le Grand Hôtel 5
- Côte Basque (Hôtel) 1
- Péniche Djébelle 3
- Poteau Rose (Le) 4

SE RESTAURER
- Belzunce (Le) 1
- Biak 19
- Bodega Chez Gilles 3
- Chez Martin 5
- Chistera (Le) 2
- Grange (La) 9
- El Asador 6
- Péniche Talaia 4
- Ttipia (Cidrerie) 15
- Victor-Hugo (Le) 17

INDEX DES RUES
- Galuperie (Quai) 2
- Jauréguiberry (Quai) 4
- Marengo (Pont et R.) 5
- Pannecau (Pont) 7
- Roquebert (Q. du Cdt) 9

rejoignent celles des cinq chapelles absidiales rayonnantes, décorées à la fin du 19e s.
Ne manquez pas, dans le bras gauche du transept, sur la porte, le heurtoir ciselé (13e s.) appelé « anneau d'asile » ; on raconte que le criminel pourchassé qui y posait les doigts était en sécurité.

★ Cloître A2

Pl. Louis-Pasteur - ✆ 05 59 46 11 43 - ♿ - du 3e w.-end de mai au 3e w.-end de sept. : 9h-12h30, 14h-18h ; reste de l'année : 9h-12h30, 14h-17h - fermé 1er janv., 25 déc. - possibilité de visite guidée - entrée libre.
Édifié entre le 13e et 14e s., ce cloître forme un bel ensemble gothique avec ses baies jumelées. Il a longtemps servi de lieu de réunion du Conseil de la ville mais aussi de forum pour les marchands. De la galerie sud, vue sur la cathédrale.
Revenez au portail de la cathédrale et, par la rue des Gouverneurs, gagnez le Château-Vieux et les remparts.

Château-Vieux A1-2

✆ 0 820 42 64 64 - visites guidées exceptionnelles 2 à 3 fois par an organisées par l'office de tourisme.
Construit au 12e s., puis retouché par Vauban au 17e s., le Château-Vieux témoigne encore de l'architecture militaire médiévale. Il se visite rarement (domaine militaire oblige), mais si la porte est ouverte, vous pourrez au moins en apercevoir la cour intérieure.

Jardin botanique A1

Allée des Tarides - ✆ 05 59 46 60 93 - ♿ - de mi-avr. à mi-oct. : 9h30-12h, 14h-18h - fermé dim.-lun. et j. fériés - gratuit.
Niché dans les remparts, à sept mètres au-dessus de la ville, il a des allures japonisantes et regroupe quelque mille espèces de plantes.
Revenez au rempart Lachepaillet et prenez la rue des Faures depuis la rue des Prébendés, afin de rejoindre la place Montaut.

Place Montaut A2

Cette place jouxte un quartier un peu endormi et pourtant typique du Grand Bayonne, avec ses habitations anciennes (maison du 18e s. au no 51 de la rue des Faures, ou du 17e s. aux nos 14-16, 21 et 23 de la rue Douer). Les noms de ces rues (Faures, Douer pour « tonnelier », Vieille Boucherie) indiquent une activité artisanale ancienne, qui se maintient vaille que vaille.
Prenez la rue de Luc et la rue de la Poissonnerie pour rejoindre le pont Pannecau.
Autres temps, autres mœurs : les femmes infidèles ou de mauvaise vie étaient autrefois jetées du **pont Pannecau** dans une cage en fer… Aujourd'hui, vous le traverserez paisiblement pour rejoindre le Petit Bayonne, qui, face au Grand Bayonne de tradition marchande, conserve son atmosphère populaire et une ambiance festive le soir, grâce à ses petits bars animés *(du jeu. au sam. hors saison, tous les soirs en été)*. Admirez au passage l'harmonie des façades 18e et 19e s. des maisons quai Galuperie *(à gauche)* et quai Chaho *(à droite)*.
Par la rue Pannecau, ralliez la place Paul-Bert.

Place Paul-Bert B2

Deux édifices notables occupent cette place, dont le Château-Neuf. Élevé après la prise de Bayonne par les Français et remodelé au 19e s., il abrite aujourd'hui des administrations et une annexe du Musée basque *(prenez à gauche après l'entrée et passez sous le porche)*. Toutefois, son esplanade arrière est accessible et offre un très beau point de vue sur l'Adour et la ville.

À deux pas se dresse l'**église St-André**, édifiée de 1856 à 1862 dans un style néogothique *(messe en basque dim. 9h30)*. Tableaux de Léon Bonnat et Eugène Pascau à l'intérieur.
Dirigez-vous vers la rue du Trinquet, face à l'église.

Trinquet St-André B2

Ce trinquet des 17e et 18e s. témoigne de l'évolution du jeu de paume. On y joue encore des parties de *pala*, et chaque jeudi à 16h, d'octobre à juin, des parties à main nue *(p. 70)* y sont aussi organisées *(p. 361)*. Admirez la vieille charpente.
Rejoignez le Musée basque par la rue Pontrique et la rue Marengo.

★★★ Musée basque et de l'Histoire de Bayonne B2

37 quai des Corsaires - 05 59 59 08 98 - www.musee-basque.com - - juil.-août: 10h-18h30, jeu. 10h-20h30; avr.-juin et sept.: tlj sf lun. et j. fériés 10h-18h30; reste de l'année: tlj sf lun. et j. fériés 10h30-18h - possibilité de visite guidée sur demande (1h30) - 6,50 € (-26 ans gratuit).

Ce musée a investi en 1922 la belle **maison Dagourette**, l'une des plus anciennes de la ville (fin 16e s.), qui témoigne de l'opulence des marchands bayonnais aux 17e et 18e s. Elle abrita un couvent de visitandines de 1640 à 1680, puis devint hôpital civil jusqu'au Second Empire avant d'être dévolue à l'administration des douanes.

Rassemblées par William Boissel dans le souci de conserver la tradition basque, les collections d'origine ont été enrichies et sont actuellement présentées dans trois bâtiments à l'intersection desquels le jour descend par un puits de lumière. Loin d'être un lieu figé, le musée est un espace de vie et de rencontres: il s'y passe toujours quelque chose, conférence, projection, concert… À travers vingt salles réparties sur trois niveaux, le visiteur est invité à découvrir la **société basque** d'aujourd'hui avec les objets et les rites. En guise d'introduction, on se familiarise avec plusieurs mots-clés du Pays basque (eau, chemin, maison, bois, etc.), accompagnés d'illustrations, qui serviront de fil conducteur à la visite. Le rez-de-chaussée présente les traditions de l'**agropastoralisme**.

Premier étage – On pénètre dans une **maison basque**, pivot de l'organisation sociale et économique. On découvre son fonctionnement, son contenu mais aussi l'artisanat et le costume traditionnel. Une magnifique **tapisserie** (*Trois groupes de femmes,* 16e s.) renseigne par exemple sur le langage des coiffes féminines: la coiffe corniforme portée baissée signalait une veuve, redressée, une femme mariée. On apprend également que les fameux **tissages basques** étaient à l'origine utilisés pour protéger les bœufs des insectes et de la chaleur; les paysans les plus modestes se contentaient d'une toile indigo, tandis que les plus riches utilisaient des toiles marquées de sept rayures correspondant aux sept provinces basques. Ne manquez pas le spectaculaire **plan-relief** de Bayonne (1800) et les salles consacrées au commerce.

Second étage – Les **pratiques sociales** (jeux, sports, musique, danses, etc.) et **religieuses** (processions, rites, etc.) y sont évoquées. Saviez-vous que les abeilles jouaient autrefois un rôle lors des décès? Lorsque quelqu'un mourait dans une ferme, le voisin le plus proche allait taper sur les ruches pour exciter les abeilles, lesquelles, énervées, sortaient et semaient la panique parmi le bétail. Le message passait ainsi chez tous les voisins qui prenaient en charge les détails pratiques pour laisser la famille se consacrer à son deuil. La visite s'achève par une partie dédiée à l'histoire et à la redécouverte du Pays basque, s'intéressant notamment au **style néobasque**.

Longtemps occultées, les fenêtres des salles sous les combles offrent dorénavant un point de vue magnifique sur les flèches de la cathédrale.
Les rues Marsan et Jacques-Laffitte mènent ensuite au musée Bonnat.

Musée Bonnat-Helleu, musée des Beaux-Arts de Bayonne B1
5 r. Jacques-Laffitte - 05 59 46 63 60 - www.museebonnat.bayonne.fr - le musée est fermé depuis 2011 pour une rénovation complète. Réouverture prévue en 2019.
Richement décoré dans un style éclectique, ce bâtiment a été spécifiquement conçu en 1897 par l'architecte Charles Planckaert pour recevoir les collections et les œuvres de l'artiste bayonnais **Léon Bonnat** (1833-1922). Il abrite en particulier des dessins de Paul Helleu, des esquisses de **Rubens** mais aussi des tableaux d'Ingres, Degas, Delacroix, Flandrin, Géricault, Puvis de Chavannes, Rembrandt, Rubens, Tiepolo, etc., sans oublier un riche fonds de peinture espagnole (Murillo, Goya, Greco…).
Revenez place de la Liberté par les allées Boufflers (le long de l'Adour) et le pont Mayou.
Les plus courageux peuvent continuer la promenade en franchissant l'Adour par le pont St-Esprit qui conduit au quartier du même nom.

À voir aussi Plan de ville

La Nive B2
Promenade incontournable pour tout Bayonnais qui se respecte, le bord de la Nive se rallie au niveau du ponton du club d'aviron (pont du Génie, B2). Suivant le tracé d'une ancienne voie de halage, le chemin peut conduire les plus motivés jusqu'à **Ustaritz**, à environ 11 km de là.

Plaine d'Ansot Hors plan
L'accès se fait par le pont Blanc (piétons et cyclistes uniquement). Laissez votre voiture au parking Floride au bout de l'av. Raoul-Follereau. Navette gratuite depuis le parking jusqu'au site les merc. et sam. de 14h30 à 16h30 (17h30 en été) - 05 59 42 22 61 - www.ansot.bayonne.fr - - de mi-avr. à mi-oct. : 9h30-19h ; reste de l'année : 9h30-17h30 - fermé lun., certains j. fériés - entrée libre - possibilité de visite guidée sur demande (120mn).
2h30. Depuis le pont Blanc, un premier sentier (1 km), agrémenté de panneaux sur l'écologie, vous mène à la **maison des Barthes**, une ferme du 18e s. devenue centre d'accueil du public *05 59 42 22 61 - www.ansot.bayonne.fr - de mi-avr. à mi-oct. : 10h30-12h30, 13h30-18h ; reste de l'année : 13h30-17h, w.-end 11h-12h30, 13h30-17h - fermé lun., certains j. fériés - gratuit (sf si animations le soir). Un sentier (2h30, 1 km) agrémenté de panneaux sur l'écologie partant du pont Blanc mène à cette ancienne ferme du 18e s., devenue un centre d'accueil du public.* Trois autres sentiers thématiques *(2,5 à 3 km)* procurent d'agréables promenades à la découverte de la faune et de la flore de ces barthes, zones humides où s'épanchent les crues de la Nive et qui protègent ainsi le Petit Bayonne des inondations. Le site (100 ha) abrite une tour d'observation des oiseaux.
Muséum d'histoire naturelle - *05 59 42 22 61 - www.ansot.bayonne.fr - - de mi-avr. à mi-oct. : 10h30-12h30, 13h30-18h ; reste de l'année : 13h30-17h, w.-end 11h-12h30, 13h30-17h - fermé lun., certains j. fériés et fêtes de Bayonne - possibilité de visite guidée sur demande (45mn) - gratuit.* Au rdc sont présentés les spécificités des barthes de la Nive et leur fonctionnement. Une maquette en 3D du bassin versant de la Nive illustre simplement l'effet des pluies et des marées, tandis qu'un accès au site Vigicrues ancre ces informations dans l'actualité. Très bonne animation interactive du fonctionnement hydraulique

Longtemps anglaise, presque espagnole

DOT DE PRINCESSE

Au 12e s., Bayonne fait partie du duché quasiment indépendant d'**Aliénor d'Aquitaine**, épouse quelque peu volage du triste roi de France, Louis VII. Lorsqu'elle se remarie avec Henri II Plantagenêt (1152), héritier du trône d'Angleterre, la ville devient donc anglaise et le restera trois siècles. Durant la guerre de Cent Ans, les flottes bayonnaise et anglaise courent bord à bord, le port regorge de marchandises et la ville est florissante.
Lorsque, le 20 août 1451, les troupes françaises cernent la ville, les habitants voient une croix blanche dans le ciel. Un tel signe divin en faveur de la reddition anglaise ne peut qu'être un bon présage. L'avenir ne sera malheureusement pas à la hauteur de leurs espérances. L'intégration de Bayonne au domaine royal français, après 1451, ne va pas sans grincements de dents: non seulement il faut payer une indemnité de guerre mais les rois de France empiètent sur les libertés locales plus largement que ne le faisaient les lointains souverains anglais. C'est ainsi que les actes et lois ne doivent plus être rédigés en gascon, mais en français. Les Bayonnais en garderont du ressentiment. Fort heureusement pour la prospérité de la ville, Charles IX décidera de rendre vie au port ensablé (l'embouchure de l'Adour s'étant déplacée 30 km au nord) : un chenal direct vers la mer est ouvert en 1578.

COURSES LOINTAINES

Au 18e s., le dynamisme de Bayonne atteint son apogée. Les échanges avec l'Espagne, la Hollande et les Antilles, la pêche à la morue sur les bancs de Terre-Neuve et les chantiers de construction entretiennent une grande activité dans le port. La ville est déclarée port franc en 1784, ce qui triple son trafic. Les prises de guerre sont fabuleuses et les bourgeois arment maints bateaux corsaires. Les ministres de Louis XIV fixent par ordonnance le mode de partage du butin: un dixième à l'amiral de France, les deux tiers aux armateurs, le reliquat à l'équipage. Une somme est retenue pour les veuves, les orphelins et le rachat des prisonniers aux Barbaresques.

DÉCLIN ET RENOUVEAU

Après la Révolution et les guerres napoléoniennes, Bayonne sombre dans une douce léthargie. Par chance, sous le Second Empire, grâce à l'attachement de l'impératrice **Eugénie** de Montijo à la Côte basque, la ville bénéficiera de quelques travaux. L'impératrice fait notamment aménager une gare dans le quartier St-Esprit, dès lors rattaché officiellement à la ville: les premiers « touristes » font leur apparition. Il faut attendre 1899 pour que les remparts soient démantelés. Jusque-là, les Bayonnais n'avaient d'autres ressources que de surélever les maisons, mais avec l'aménagement de nouveaux quartiers, Bayonne peut davantage respirer. Dès lors, malgré quelques aléas économiques, la cité se développe, entretient son patrimoine et se tourne avec dynamisme vers des activités de service où le tourisme se taille la part du lion.

Faire la fête à Bayonne

Les fêtes de Bayonne ont lieu du mercredi au dimanche, à la fin du mois de juillet. Des animations précèdent l'ouverture officielle : braderies, concerts, Foulée du Festayre (course à pied de 12 km de Biarritz à Bayonne - *www.fouleedufestayre.com*), championnat du monde d'omelette aux piments, régates d'aviron, etc. : de quoi se mettre en jambe avant cinq jours de fête !

INFORMATIONS PRATIQUES

Code vestimentaire : tenue blanche, foulard et ceinture rouges !

Pour venir aux fêtes, privilégiez les transports en commun mis en place pour l'occasion : le train des fêtes depuis Dax ou Hendaye, les bus des fêtes jour et nuit depuis les communes avoisinantes. Le centre-ville étant fermé aux voitures, il sera très difficile, voire impossible, de circuler dans Bayonne. Un parking dans chaque quartier est néanmoins accessible 24h/24, mais coûteux. En matière d'hébergement, il faudra bien sûr avoir réservé longtemps à l'avance, mais pour les *festayres* de dernière minute, un camping sans réservation, dont la localisation varie chaque année, accueille les tentes *(1 500 emplacements - 60 €/2 pers. ; rens. à l'OT).*

Pour éviter les débordements, la fête se termine désormais à 3h pour reprendre à 9h et les *festayres* récalcitrants pourront être exclus de la ville de manière musclée. Soyez vigilant pour passer des fêtes en toute sécurité : restez en groupe, évitez les ruelles isolées de l'animation ; le vendredi soir, les hommes et les femmes s'amusent chacun de leur côté, ce qui peut occasionner quelques bagarres. *Procurez-vous dès votre arrivée la brochure* L'Indispensable des Fêtes *à l'OT - ☏ 0820 42 64 64 (0,12 €/mn) - www.fetes.bayonne.fr.*

DÉROULEMENT DES FESTIVITÉS

Les fêtes sont inaugurées le mercredi à 22h par le maire et des personnalités qui confient aux habitants les **trois clés de la ville**, une clé par quartier. Un feu d'artifice est alors tiré. Tous les matins se promène la cour des Géants et, à midi, on célèbre le lever du **roi Léon**, le roi des fêtes de Bayonne, appelé à grand renfort de chansons. Les journées sont bien remplies par les fanfares, concerts, danses, concours de pétanque et surtout de **pelote**. Le soir, les danseurs de bal s'approprient les places. Le jeudi est la journée des enfants. Les **courses de vaches** constituent une attraction à ne pas manquer. Elles ont lieu place Paul-Bert tous les après-midi. Ici, contrairement à Pampelune, on peut toucher et taquiner les bestiaux ; on se mesure aux vachettes en contrant leurs charges à plusieurs, on bâtit des pyramides humaines dont elles testent l'équilibre, on les fait passer sous de longs ponts de bras, et on les attire même dans les bars ! Vendredi et samedi soir à minuit, le **Toro de Fuego** reproduit en un spectacle pyrotechnique une corrida. Mais l'événement important du samedi est le **corso**, défilé sur les berges à 22h de chars illuminés préparés par les *peñas*. Enfin, le dimanche, plusieurs messes sont célébrées ; les fêtes s'achèvent officiellement à minuit par un grand feu d'artifice et le départ du roi Léon.

Fanfare lors des fêtes de Bayonne.
J. Jones/Iconotec/Photononstop

de la zone humide. À l'étage et de l'autre côté de la passerelle, les mammifères, poissons et insectes naturalisés vous montrent le type de faune qui peuple la plaine et les Pyrénées, et la nécessité de protéger cette biodiversité. Les enfants pourront caresser la peau d'un renard avant de se retrouver nez à nez avec un impressionnant ours brun, un silure glane carnivore ou un imposant gypaète barbu.

Quartier St-Esprit AB1

Annexé à Bayonne en 1857 et déployé au pied de la citadelle *(ne se visite pas)*, il mêle toutes les époques architecturales, du 18e s. jusqu'à nos jours.

Sa **collégiale**, à l'origine romane du 11e s., concentre différents styles architecturaux. Le porche actuel date de 1891, les auvents côté gare ont été élevés en 1950, mais, à l'intérieur, le chœur est de style gothique flamboyant et l'on peut y admirer un bois sculpté polychrome du 15e s. représentant la Fuite en Égypte. Autre monument incontournable de cette rive : la **synagogue** néoclassique *(35 rue Maubec)*, construite en 1837, qui conserve sa vocation cultuelle. Sa présence rappelle que la communauté juive fut une composante sociale locale importante après l'arrivée de marchands juifs chassés de la péninsule Ibérique en 1492. Interdits de séjour dans la ville, ils s'installèrent à St-Esprit où ils implantèrent bientôt les premières fabriques de chocolat.

★ L'Atelier du chocolat Hors plan par B1

7 allée de Gibéléou - ✆ 05 59 55 70 23 - www.atelierduchocolat.fr - ♿ - juil.-août : 9h30-18h30 ; reste de l'année : 9h30-12h30, 14h-18h - fermé dim., 1er janv., 1er Mai - 6 € (-12 ans 3 €) - avec dégustation et ateliers 4-12 ans - possibilité de visite guidée en été.

Le chocolatier Andrieu a élaboré un parcours didactique allant des origines géographique et historique du chocolat jusqu'au produit fini, en passant par toutes les étapes de sa fabrication : composition, enrobage, moulage, tablage, décoration et emballage.

Agréablement éclairé et très olfactif, le circuit alterne astucieusement panneaux explicatifs, découverte des ateliers, exposition de machines anciennes

L'ESPRIT DU CHOCOLAT

Découvert par les conquistadores, le « xocoatl » des Aztèques n'aurait sans doute jamais conquis autant de gourmands si les Espagnols n'avaient eu l'idée de lui adjoindre du sucre, de la vanille et de la cannelle pour l'adapter au goût européen. Depuis 1585, les Sévillans détenaient le monopole de sa fabrication. Ce fut en toute logique une Espagnole, la reine Anne d'Autriche, qui le fit connaître et apprécier en France. Les premiers chocolatiers de Bayonne, des juifs espagnols et portugais chassés de leur pays par l'Inquisition, s'installèrent au début du 17e s. dans le quartier St-Esprit. En 1854, on ne comptait pas moins de 31 fabricants de chocolat à Bayonne. Ils sont aujourd'hui moins nombreux, mais les principaux tiennent encore boutique sous les arcades de la rue du Port-Neuf, surnommée par les Bayonnais la « rue du Chocolat » (*Nos adresses*).

et film pédagogique afin d'illustrer au mieux cette filière gourmande. Des écrans-quiz et une dégustation clôturent la visite.

Les artisans chocolatiers ne travaillant pas l'après-midi (des vidéos montrent alors l'activité de chaque atelier), prévoyez une visite en matinée.

L'Atelier du jambon de Bayonne Pierre-Ibaïalde B2

41 r. des Cordeliers - 05 59 25 65 30 - www.pierre-ibaialde.com - juil.-août: 10h-13h30, 14h30-18h30; reste de l'année: 9h-12h30, 14h-18h - fermé dim. et j. fériés, ainsi que sam. et lun. de janv. à mars.

Après la visite de cette conserverie artisanale *(30mn)*, le jambon de Bayonne n'aura plus aucun secret pour vous. Pierre Ibaïalde vous explique les étapes de sa fabrication, vous montre le saloir et le séchoir, et fait déguster ses produits. Jambon et foie gras sont en vente dans la boutique attenante.

NOS ADRESSES À BAYONNE

TRANSPORTS

Voir « En avion », *p. 11*.

Liaisons aéroport-centre-ville

En bus – *www.chronoplus.eu.* Les lignes C ou 14 du réseau Chronoplus rejoignent le centre. Trajet env. 30mn, ticket 1h: 1 €, 24h: 2 €.

En car – *09 70 80 90 74 - www. transports-atcrb.com.* La ligne St-Jean-de-Luz-Bayonne du réseau ATCRB passe par l'aéroport. Comptez 20mn et 2 €.

En taxi – Env. 15 € pour Bayonne.

En voiture – Comptoirs de location dans le hall Arrivée.

Transports en commun

Chronoplus – *05 59 52 59 52 - www.chronoplus.eu.* Ce réseau de **bus** parcourt l'agglomération de Bayonne et ses environs. Il gère la navette de Bayonne qui dessert gratuitement les principaux sites des Grand et Petit Bayonne. *2 parcours, lun.-sam. 7h30-19h30 sf j. férié (dép. ttes les 6mn).*

Pass'Adour – *Rens. à la mairie - 05 59 46 60 60.* Carte de 10 trajets permettant de traverser l'Adour gratuitement *(circuit Mairie-Gare) - tlj sf j. fériés 6h30-21h30.*

Vélos - Rens. à l'OT. Prêt gratuit pour une journée. Plusieurs stations dans la ville.

HÉBERGEMENT

Attention, réservez longtemps à l'avance pendant les fêtes de Bayonne.

BUDGET MOYEN

Hôtel Côte Basque – B1 ① *- Pl. de la République, 2 r. Maubec - 05 59 55 10 21 - www.hotel-cotebasque.fr - 40 ch. 68/87 € - 9 €.* Juste à côté de la gare, cet élégant hôtel propose, sur quatre étages organisés autour d'un grand escalier de bois, des chambres entièrement refaites, spacieuses, calmes et confortables. Certaines sont climatisées. L'accueil est agréable. Ascenseur.

Best Western Le Grand Hôtel – A1 ⑤ *- 21 r. Thiers - 05 59 59 62 00 - www.legrandhotelbayonne.com - 57 ch. 89/192 € - 16 €.* Difficile de faire plus central que cet établissement. Les chambres, toutes différentes, sont de bon standing et certaines jouissent d'une vue sur les flèches de la cathédrale située à deux pas. Le bar, à l'ambiance feutrée, est agréable, tout comme la salle couverte d'une verrière où est servi le petit-déjeuner.

POUR SE FAIRE PLAISIR

Chambre d'hôte Le Poteau Rose – Hors plan ④ *- 51 av. Louis-de-Foix - 05 59 55 36 01 - www.lepoteaurose.com - 4 ch. 100/135 € (suppl. de 10 € pour une seule nuit et pendant les fêtes de Bayonne).* Dans cette vaste maison, construite autour d'un patio et agrémentée de terrasses sur jardin, vous séjournerez dans une autre dimension : celle de l'art ! Les grandes chambres, en duplex, lumineuses et colorées, sont décorées d'œuvres d'art et de meubles design. Celle de la Réserve se trouvant dans le dépôt du couvent des Méduses, un espace d'exposition *(www.lepoteaurose.com)*, vous dormirez au milieu d'œuvres bientôt ou déjà exposées. Un lieu atypique, à l'ambiance cosy et surprenante, au calme, en dépit du bruit de l'avenue.

UNE FOLIE

Péniche Djébelle – B1 ③ *- Face au 17-21 r. Thiers - 05 59 25 77 18 - www.djebelle.com - 2 ch. 150 € - se rens. pour les périodes d'ouv. de nov. à fév.* Amarrée dans le quartier de la gare, sur la rive droite de l'Adour, cette embarcation abrite deux superbes chambres d'hôte, occasion d'un séjour aussi agréable qu'original à Bayonne. Aux beaux jours, il fait bon profiter du Jacuzzi et des ponts où sont installés tables et transats.

RESTAURATION

Entre le pont Mayou et le pont du Génie, les quais de la Nive comptent plusieurs restaurants sympathiques où il est possible de déjeuner à petit prix *(plat du jour à moins de 10 €, menus 13-16 €)*, généralement en terrasse à la belle saison.

PREMIER PRIX

Le Chistera – A1-2 ② *- 42 r. du Port-Neuf - 05 59 59 25 93 - www.lechistera.com - fermé sf l'été lun. et mar.-merc. soir - menu 15,80 € - 25/30 €.* Restaurant familial sans prétention dans une maison du 17e s. au cœur du Vieux Bayonne. La décoration, à l'honneur de la pelote, est un peu vieillie, mais cette adresse reste d'un bon rapport qualité-prix pour déguster des spécialités basques.

Biak – B2 ⑲ *- 14 quai Augustin-Chaho - 05 59 31 45 91 - fermé dim. et mar. hors sais. - 15/26 €.* Cette petite adresse des bords de Nive est tenue par un chef généreux : burger pyrénéen très gourmand pour les amateurs et bon fraisier maison. Service poli et souriant.

BUDGET MOYEN

Le Belzunce – A2 ① - *6 r. de la Salié - ✆ 05 59 25 66 50 - lun.-sam. midi, jeu., vend., sam. soir - 18/26 €.* À mi-chemin entre le restaurant et le salon de thé (longue carte des desserts), cet établissement tout simple étonne par la qualité de sa nourriture (quiches, grandes salades, risotto, etc.). Un repas savoureux ou une pause gourmande dans la salle un peu rustique, ou dans le patio.

Le Victor-Hugo – B2 ⑰ - *1 r. Victor-Hugo - ✆ 05 59 25 62 26 - www.levictorhugobayonne.fr - midi et soir - menus 18,50/26 € - 25 €.* Une carte terre/mer et des menus renouvelés marient, à table, au bar ou en terrasse, différentes spécialités basques bien préparées et généreusement servies: merlu au chorizo, *chipirones*, aixoa, etc. En fin de semaine, la fête bat son plein: musique *live* et piste de danse!

La Grange – B2 ⑨ - *28 quai Galuperie - ✆ 05 59 46 17 84 - fermé dim. sf fêtes - menu 20 € - 25/30 €.* Le « plus » de ce restaurant est sa grande terrasse bordant la Nive. En cuisine, le maître mot est qualité; les produits du terroir, achetés selon les arrivages du marché, sont privilégiés dans des plats qui révèlent toutes leurs saveurs: côte de veau et purée à l'huile de truffe, bar de ligne rôti, etc.

Bodega Chez Gilles – AB2 ③ - *23 quai de l'Amiral-Jauréguiberry - ✆ 05 59 25 40 13 - www.bodegachezgilles.com - 25/30 €.* Un endroit qui ne manque pas d'ambiance, un joli bar, une équipe sympa, des pierres apparentes et une belle terrasse confèrent à la bodega son caractère bayonnais. Au menu, de savoureuses spécialités locales, à découvrir par exemple dans de grandes assiettes-dégustation qui composent un repas *(17 €).*

El Asador – A2 ⑥ - *19 r. de la Vieille-Boucherie - ✆ 05 59 59 08 57 - de mar. midi à sam. soir - menus 25/40 €.* Beaucoup de poissons issus de la pêche locale, souvent cuisinés à la plancha, mais aussi des viandes du terroir. La brochette de lotte et de gambas est fameuse! Ambiance feutrée mais pas guindée dans la salle joliment décorée d'affiches évoquant les fêtes de la St-Firmin. Intéressante carte des vins, dont beaucoup viennent d'Espagne, et belle terrasse.

Cidrerie Ttipia – B2 ⑮ - *27 r. des Cordeliers - ✆ 05 59 46 13 31 - été: soir seult; reste de l'année: midi et soir sf dim. soir et lun. midi - formule déj. 10,50/13 € - 27/31 €.* Voyage au cœur des cidreries espagnoles: grandes tablées, poutres et pierres apparentes, vieux objets et surtout tonneaux, desquels coule à flots le *sagardoa* (cidre). On vient ici pour l'ambiance et la cuisine. Le menu traditionnel comprend omelette à la morue, merlu à l'espagnole, côte de bœuf, fromage de brebis, noix, pâte de coing, café et cidre à volonté, dont on se sert au tonneau.

POUR SE FAIRE PLAISIR

Péniche Talaia – A1 ④ - *Quai Pedros (devant la mairie) - ✆ 05 59 44 08 84 - www.peniche-bayonne.com - de mar. midi à sam. soir - menu déj. 14,50 € - 30 €.* Efficace et inspirée, la carte propose surtout des plats du Sud-Ouest. Vue magnifique sur les monuments illuminés de la ville. Idéal pour le dîner…

Chez Martin – A2 ⑤ - *29 r. d'Espagne - ✆ 05 59 55 84 41 -*

http://chezmartin-restaurant.com - tlj midi, jeu.-sam. soir - 30 € - brunch dim. 18 €. Lumière tamisée et décoration soignée, l'ambiance est plutôt calme chez Martin, ce qui n'exclut pas la convivialité. La cuisine est fine et originale, la carte souvent renouvelée et la cave réputée. Petite terrasse en été. L'un des meilleurs brunchs de Bayonne.

FAIRE UNE PAUSE

Salon de thé Lionel Raux – *7 r. Bernadou - ✆ 05 59 59 34 61 - lun.-vend. 9h-19h30, sam. 8h-19h30, dim. 9h-13h - fermé apr.-midi des j. fériés et du dim.* Pâtissier, chocolatier, traiteur et salon de thé sont réunis sous cette enseigne proche des halles. Sandwichs, tartes salées, viennoiseries, macarons, gâteaux basques et, spécialité de la maison, le daudet (ganache au chocolat noir et crème brûlée à l'orange parfumée au Cointreau).

Salon de thé Chocolat Cazenave – *19 r. du Port-Neuf - ✆ 05 59 59 03 16 - mar.-sam. 9h15-12h, 14h-19h - fermé dim. et lun. hors vac. scol.* Attenant à la boutique *(Achats)*, l'atelier de chocolaterie a été transformé au début du 20e s. en élégant salon de thé. On y déguste le fameux chocolat chaud moussé à la main dans de la porcelaine de Limoges.

EN SOIRÉE

Situé à l'angle formé par la Nive et l'Adour, le **Petit Bayonne** est le quartier jeune de la ville, où l'animation bat son plein les nuits de fin de semaine. Aux premières chaleurs estivales, l'ambiance tourne irrésistiblement à la fête, grâce à la trentaine de bars et de restaurants qui se partagent les festivités entre la rue des Cordeliers, la rue Pannecau et celle des Tonneliers.

Bar

Chai Ramina – *11 r. de la Poissonnerie - ✆ 05 59 59 33 01 - mar.-jeu. 9h30-20h, vend.-sam. jusqu'à 2h.* Fondé par Jacques « Ramina » Gardet, un ancien joueur de rugby bayonnais, ce bar de vieux copains a changé de propriétaire sans perdre sa bonne ambiance. Si l'on y boit surtout du whisky, la faute revient à une carte qui n'en propose pas moins de 300 variétés ! Les supporters de l'Aviron bayonnais s'y rendent en masse les jours de match.

Spectacles

La Luna Negra – *7 r. des Augustins - ✆ 05 59 25 78 05 - www.lunanegra.fr - merc.-sam., spectacles à 20h30 ou 21h - fermé août et dern. sem. de déc. - 4/15 €.* Lancé voilà dix-sept ans, ce lieu culturel de proximité offre au public une programmation de qualité, à la fois audacieuse et populaire, tournée vers le café-théâtre (comédie, improvisation, one man show, etc.) et les musiques du monde.

Le Caveau des Augustins – *7 r. des Augustins - ✆ 05 59 25 69 76 - www.le caveaudesaugustins.over-blog.com - mar.-sam., spectacles à 19h30 ou 21h - 5/10 €.* Cette belle salle voûtée se prête à toutes sortes de configurations : concerts, jam sessions gratuites *(mar. et jeu.)*, soirées dégustation de vin *(certains merc.)*, etc. Bar à tapas.

Scène nationale Bayonne Sud-Aquitaine – *Pl. de la Liberté - ✆ 05 59 59 07 27 - www.scenenationale.fr - ♿ - rens. et réserv. : mar.-vend. 10h-14h, 14h45-17h30, sam. 10h-13h - fermé 2 sem. en août et j. fériés - 7-30 € selon les spectacles.* Ce théâtre de

580 places accueille des spectacles variés : théâtre, danse, musique, humour, jeune public, etc.

ACHATS

Les Halles – *Quai du Cdt-Roquebert - ✆ 05 59 59 21 65 - lun.-vend. 7h-13h30, sam. 6h-13h30 (14h en été), dim. 8h-13h30.* Ces halles de type Baltard bordent le cours de la Nive. Primeurs, boulangers, pâtissiers et poissonniers y côtoient les charcutiers-traiteurs venus proposer leurs produits à base de porc noir basque. Quelques petits producteurs des environs s'installent aussi à l'extérieur du bâtiment le samedi matin. Marché à la brocante vendredi *(7h-13h).*

Maison Montauzer – *17 r. de la Salie - ✆ 05 59 59 07 68 - www.montauzer.fr - tlj sf lun. hors sais. et dim. 7h-19h15.* Parmi les spécialités de cette charcuterie, boudin, tripes et jambons proviennent de porcs élevés exclusivement au Pays basque et nourris aux céréales. Une spécialité : le jambon *ibaïona* qui, conformément à la tradition, est séché de 15 à 18 mois à l'air vivifiant du pays puis dans un séchoir pendant les quatre saisons.

Chocolats – Direction **rue du Port-Neuf** pour goûter à cette spécialité typiquement bayonnaise. Au n° 14, découvrez **Pariès** (1895), réputé pour ses mouchous, sorte de macarons, et ses kanougas, caramels fondants au chocolat ; au n° 15, **Daranatz** (1890) propose plus de 20 sortes de tablettes et 50 bonbons au chocolat différents ; au n° 19, **Cazenave** (1854) est connu pour son chocolat à boire (➲ *Faire une pause*) ; au n° 37, **L'Atelier du chocolat** (1950) présente les créations de Serge Andrieu, dont les fameux bouquets. On peut aussi visiter l'atelier (➲ *p. 356*).

Loreztia Boutik'Expo – *52 quai des Corsaires - ✆ 05 59 59 55 37 - www.loreztia-miel.com - mar.-sam. 10h30-13h, 15h-18h - entrée libre, visite guidée sur RV.* Ici, miel, gelée royale et autres produits de la ruche, confitures, dont les fameuses aux cerises noires, vous feront succomber. Expo historico-ethnographique sur l'homme et l'abeille en Pays basque. Dégustations gratuites.

M. Leoncini – *37 r. de la Vieille-Boucherie - ✆ 05 59 59 18 20 - lun.-vend. 16h-18h30, sam. 10h-12h.* C'est l'un des derniers artisans à perpétuer la tradition du makhila, une canne basque en bois de néflier (sculpté à vif) renfermant une lame effilée. On l'utilise pour la marche et pour la défense.

Elkar – *Pl. de l'Arsenal - ✆ 05 59 59 35 14 - tlj sf dim. 10h-19h.* On trouve tout dans cette grande librairie : guides de randonnée pédestre et VTT, ouvrages sur la faune et la flore des Pyrénées, recueils d'itinéraires de balades, cartes, sans compter les livres sur le Pays basque et les romans.

Agorila – *13 r. Montalibet, - www.agorila.com.* Grand choix de disques, spécialisé dans l'édition musicale du Pays basque.

ACTIVITÉS

Le Trinquet moderne – *60 av. Dubrocq - ✆ 05 59 59 05 22 - www.trinquet-moderne.com - à partir de 9h - fermé dim. soir. - 8/24 €.* De nombreuses parties de main nue (l'une des 22 disciplines de la pelote basque), où les Français excellent lors des compétitions de niveau international, se déroulent entre les parois de verre de ce trinquet couvert. Restaurant.

Trinquet St-André – *1 r. du Jeu-de-Paume - ✆ 05 59 25 76 81 - 9h-22h - fermé dim.* Ce trinquet du 17e s. est l'un des plus vieux de France. Les Basques viennent y faire leur partie de *pala* avant de se retrouver au bar. Des compétitions de main nue ont lieu du premier jeudi d'octobre au dernier jeudi de juin *(16h)*. Les palettes en bois sont louées à l'heure. C'est aussi un restaurant et un bar à vin proposant d'appétissantes assiettes de produits régionaux.

Adour Loisirs – *4 r. du Coursic - ✆ 05 59 25 68 89 ou 06 32 64 11 42 - http://adour.loisirs.free.fr - sans réserv., tte l'année, 4 sorties de 1h à 3h (12/21 €, enf. 9,80/17 €). En saison, autres croisières, plus ou moins longues, et excursions.* Un bateau-mouche de 72 places assises vous emmène à la découverte de l'Adour et de ses affluents. Les croisières, commentées, empruntent différents parcours. Parmi les escales sur les rives de l'Adour : Urcuit, Urt et Peyrehorade.

Tennis-club de l'Aviron bayonnais – *2 av. André-Grimard - ✆ 05 59 63 33 13 - www.tennisavironbayonnais.com - fermé j. fériés.* Le cadre dans lequel se situe ce club de tennis, les anciennes fortifications de Vauban, est suffisamment insolite pour ne pas manquer la visite, à défaut d'aller y jouer. Le club existe depuis 1922. Il est doté de 11 courts (9 en terre battue et 2 en GreenSet). Deux grands tournois y sont organisés : l'un à Pâques et l'autre durant la 2e quinz. de juillet.

Rugby – *Calendrier et billetterie en ligne sur le site du club : www.abrugby.fr.* Champion de France en 1913, 1934 et 1943, l'Aviron bayonnais (célèbre pour sa mascotte Pottoka) se distingua longtemps par son jeu élégant, qualifié par les spécialistes de « manière bayonnaise ». Ambiance festive et chaleureuse au stade Jean-Dauger. Inutile de dire qu'avec le Biarritz Olympique les derbys sont chauds !

Arènes – *Av. des Fleurs - ✆ 09 70 82 46 64 - de mi-sept. à déb. juin : visites lun.-vend. 9h-12h, 14h-18h sf les jours de spectacle ou de corrida - programme et réserv. pour les corridas : www.bayonne.fr.* Construites en style hispano-mauresques, ces arènes d'une capacité de 10 000 places ont été inaugurées en 1893. Elles accueillent corridas et *novilladas* pour les fêtes de Bayonne *(fin juil.)*, la feria de l'Assomption *(autour du 15 août)* et la feria de l'Atlantique *(1er w.-end de sept.)* Des concerts et spectacles y sont aussi organisés *(Les Arènes en scène, juil.-août)*.

AGENDA

Foire au jambon de Bayonne – *4 jours à partir du jeu. de Pâques, autour du Carreau des Halles.* Depuis 1426, le rendez-vous annuel des fermiers qui vendent leur production sur les quais de la Nive.

Journées du chocolat – *Vend. et sam. de l'Ascension.* Chaque année, un pays producteur, invité par l'Académie du chocolat et la Guilde des chocolatiers bayonnais, est à l'honneur. Au programme : visites guidées, expositions, démonstrations de « trempage de chocolat » dans la rue… et dégustation !

Fêtes de Bayonne – *Fin juil.* Pendant cinq jours, le cœur des Bayonnais bat au rythme des musiques traditionnelles basques lors des fameuses fêtes. Après les courses de vaches landaises à St-André, les corridas et le corso lumineux, on danse au son des *txirula* (flûtes) et des *ttun-ttun* (tambours). *aussi p. 355.*

Biarritz

★★

25 903 Biarrots - Pyrénées-Atlantiques (64)

Cité des vagues et des embruns, la « reine des plages et plage des rois » conserve, avec ses villas princières, ses salles de casino, ses bâtiments Art déco et toute son architecture paillettes, les témoignages euphoriques d'un passé glorieux et mondain, où artistes et têtes couronnées se mêlaient dans des fêtes somptueuses. Aucunement figée dans la nostalgie, l'ancienne cité baleinière brigue désormais le titre de capitale de l'Océan, grâce à sa nouvelle cité et à son extension du musée de la Mer. Vous apprécierez également sa vie culturelle intense, où la danse se taille la part du lion, et, surtout, son esprit sportif : à chaque coin de rue, vous croiserez jeunes et moins jeunes, planche sous le bras, prêt à défier inlassablement les rouleaux.

NOS ADRESSES PAGE 375
Hébergement, restauration, achats, activités, etc.

S'INFORMER

Office du tourisme de Biarritz – *Square d'Ixelles - 64200 Biarritz - ✆ 05 59 22 37 10 - www.tourisme.biarritz.fr - juil.-août : 9h-19h ; de mi à fin juin et de déb. à mi-sept. : 9h-19h, w.-end 10h-18h ; de déb. avr. à mi-juin et de mi-sept. à mi-oct. : 9h-18h, w.-end 10h-17h ; reste de l'année : de rens. - fermé 1er janv., 25 déc.*

Navettes gratuites – Réseau **Chronoplus** - *✆ 05 59 52 59 52 - www.chronoplus.eu.* Trois circuits : Port-Vieux - Côte des Basques (en été) ; centre-ville ; St-Charles. Sur le réseau des lignes régulières, la n° 10 dessert la cité de l'Océan et le musée du Chocolat.

Petit train touristique – Depuis le casino, sur la Grande Plage, ou depuis le rocher de la Vierge, prenez le petit train pour un tour de Biarritz commenté (30mn) - *✆ 06 07 97 16 35 - http://petit-train-biarritz.fr - juil.-août : 9h30-23h ; juin et sept. : 10h-19h ; reste de l'année : 14h30-18h - départs de la Grande Plage et du rocher de la Vierge, ttes les 30mn env. - 5,50 € (-12 ans 4 €).*

SE REPÉRER

Carte de microrégion A1 (p. 346-347) et plan de ville (p. 366-367). Station balnéaire située à 8 km de Bayonne, par la D 810 et la D 910, Biarritz forme aujourd'hui avec Anglet, Bayonne, Bidart et Boucau une même et grande agglomération : l'agglomération Côte basque-Adour.

SE GARER

Circuler dans Biarritz demande beaucoup de patience, quelle que soit la saison. Malgré la présence de quelques parkings en centre-ville, mieux vaut donc laisser sa voiture aux abords immédiats (par exemple, près du phare) et circuler avec les navettes gratuites puis marcher : c'est encore le meilleur moyen de découvrir la ville.

À NE PAS MANQUER

Le rocher de la Vierge, l'Aquarium de Biarritz-musée de la Mer, la cité de l'Océan.

AVEC LES ENFANTS

L'Aquarium de Biarritz-musée de la Mer et la cité de l'Océan, planète musée du Chocolat, la forêt du Pignada, les écoles de surf.

Se promener Plans de ville

LES PLAGES

« Quand on se prend à hésiter entre deux plages, l'une d'elles est toujours Biarritz », disait Sacha Guitry. Fleurie d'hortensias, la station doit une partie de son charme à ses **jardins-promenades** aménagés à flanc de falaise, sur les rochers et le long des trois principales plages, rendez-vous internationaux des surfeurs et hauts lieux de l'animation biarrote, de jour comme de nuit.

Rens. sur l'état quotidien des plages de Biarritz : de mi-juin à mi-sept. ☏ 0 805 20 00 64. Les plages sont surveillées de mai ou juin à sept.

L'application sur smartphone Biarritz Infoplages permet de suivre l'état quotidien des plages de la ville (météo, qualité de l'eau, etc.).

Grande Plage D3

Dominée par le **casino municipal**, c'est la plus mondaine. Au 18e s., on y emmenait se baigner les aliénés (les bains de mer, c'est bien connu, peuvent tout guérir !). Elle en a gardé son nom de « Côte des Fous ». Autre relique des années passées : les fameuses cabines en toile, que l'on peut louer même si beaucoup sont réservées d'une année sur l'autre.

Elle est prolongée, au nord, par la **plage Miramar**. Cette plage, abritée et tranquille, est très appréciée par les locaux ; le surf y est réglementé.

Plage du Port-Vieux C3

C'est ici qu'étaient dépecées les baleines. Abritée au fond d'une baie protégée par des rochers, cette petite plage garde un intérêt local et familial. Les enfants peuvent s'y initier à la nage en toute sécurité. C'est aussi le repaire des « Ours Blancs », un club, devenu mythique, de nageurs courageux et passionnés qui se baignent par tous les temps, toute l'année.

Plage de la Côte-des-Basques C4

La plus sportive et la plus exposée des plages de Biarritz, au pied d'une falaise périodiquement protégée contre les éboulements, doit son nom à un « pèlerinage à l'Océan » qui, le dimanche suivant le 15 août ou le 2e dimanche de septembre, rassemblait jadis pour un bain collectif les Basques de l'intérieur des terres. Aujourd'hui, on y voit surtout des surfeurs (ce fut le premier spot en Europe). À marée haute, la baignade est impossible !

Plus au sud, on trouve les **plages de Marbella** (accès par un long escalier) et de la **Milady**, appréciée des bodyboarders (aire de jeux pour les enfants et promenade aménagée).

Cabines sur la Grande Plage de Biarritz.
G. Azumendi/age fotostock

ENTRE TERRE ET MER

Pour visualiser cette promenade, reportez-vous aux plans I et II de la ville (p. 366 et 367) – comptez une demi-journée - départ des Halles.
À Biarritz, tout est récifs écumants, tourelles, arcades, donjons, escaliers, tours et détours. On découvre en se baladant cet éclectisme baroque, à l'occasion Art déco, témoignant de l'euphorie architecturale de la grande époque des « bains de mer », auquel sont venues s'ajouter au fil des ans quelques constructions moins heureuses.

Les Halles D4

Marché 7h-13h30.
Cœur battant matinal de la ville, les halles de Biarritz, parées à l'intérieur de rouge et de blanc, occupent deux bâtiments : le principal est habillé de brique et de métal (1885), tandis que le second, dédié au poisson, affiche une façade basque et une charpente en bois (1920).

Château Javalquinto D3

Square d'Ixelles.
Haut lieu mondain depuis le Second Empire, Biarritz s'est couvert de villas et de résidences somptueuses, dont celle-ci, de style néogothique, dessinée par son propriétaire, le duc d'Osuna. Elle abrite aujourd'hui l'office de tourisme.
Avant de rejoindre la rue Pellot, passez par celle des Cent-Gardes pour voir la **Tête de Régina**, du sculpteur espagnol Manolo Valdés.

★ Chapelle impériale A2

R. des Cent-Gardes - ✆ 05 59 22 37 10 - juin-sept. : jeu. et sam. 14h-18h ; avr.-mai et oct. : sam. 14h30-18h ; reste de l'année : sam. 14h-17h - fermé janv.-fév., 25 déc. - possibilité de visite guidée (20mn) - 3 €.
Édifiée en 1865 non loin de la résidence du couple impérial, cette chapelle au décor travaillé, vouée à la célèbre Vierge mexicaine de Guadalupe, mêle styles roman-byzantin et hispano-mauresque. C'est le seul vestige intact datant du Second Empire.

Avenue de l'Impératrice A2

Hôtel du Palais – *1 av. de l'Impératrice - www.hotel-du-palais.com.* Surplombant l'Océan, ce palace – l'un des plus beaux d'Europe – se dresse à l'emplacement de la **villa Eugénie**, élégante demeure offerte par Napoléon III à l'impératrice en 1854. C'est depuis 1893 un hôtel prestigieux que fréquentèrent tous les grands de ce monde, dont l'impératrice Sissi et la reine Victoria. Reconstruit en béton armé après un incendie en 1903, l'édifice a conservé ses façades auxquelles l'architecte a donné un style néo-Louis XIII. Il a conservé en

SE LOGER

Arguia (Hôtel) 5
Azureva (Hôtel) 7
Biarritz-Parme (Camping) 1
Ferme de Biarritz (Chambre d'hôte La) 4
Irigoian (Chambre d'hôte) 6
Musica (Chambre d'hôte La) 3
Nere-Chocoa (Chambre d'hôte) 13
Oxo (Hôtel) 8
Oyam (Camping) 15

SE RESTAURER

Atelier (L') 1
Mouche qui louche (La) 2
Moulin de Bassilour (Restaurant du) 16
Philippe 11
Rosiers (Les) 13
Table d'Aranda (La) 15

INDEX DES RUES

Haget (Av. Henri) 5
Mac-Croskey (Av. du Gén) 9
Reine-Nathalie (Av. de la) 10
Reine-Victoria (Av. de la) 12

particulier sa spectaculaire salle de restaurant en rotonde et son salon impérial couvert de boiseries et de fresques allégoriques.

Église orthodoxe russe – *8 av. de l'Impératrice - ✆ 05 59 24 16 74 - visite libre sam.-dim. 15h30-18h.* L'église fut construite en 1892, année de l'alliance franco-russe, pour répondre aux besoins des Russes qui venaient en villégiature à Biarritz. De style byzantin, elle est placée sous la protection de la Vierge et de saint Alexandre Nevski, et abrite des icônes provenant de St-Pétersbourg.

Villa La Roche Ronde – *15 av. de l'Impératrice (ne se visite pas).* Construite en 1884, elle se reconnaît à son pur style néogothique avec ses toits crénelés et son échauguette en proue.

Phare A2

Pointe St-Martin - ✆ 05 59 22 37 10 - www.tourisme.biarritz.fr - juil.-août : 10h-19h ; reste de l'année : w.-end, j. fériés et vac. scol. 14h-17h - fermé 1er janv., 25 déc. - 2,50 € (-16 ans 2 €). Le phare peut être fermé en raison des conditions météorologiques.

SE LOGER

Maison Garnier (Chambre d'hôte La)...... 1
Saphir (Hôtel Le)............ 7

SE RESTAURER

Chez Albert.......................... 1
Chez Corinne 2
Clos Basque (Le).................. 3
Fumoir Marin (Le)................. 4
Il Giardino............................ 7
Surfing (Le).......................... 12

INDEX DES RUES

Atalaye (Pl.)........................ 2
Goélands (Rue des)............ 3
Rocher-de-la-Vierge (Espl. du)...................... 5

À 73 m au-dessus du niveau de la mer, le phare offre une belle **vue★** sur la ville et les Pyrénées basques. Vous ne regretterez pas d'avoir monté les 248 marches!

Juste à côté, la **villa Etchepherdia** est construite sur le modèle des fermes basques.

Revenez vers le centre-ville par la plage et l'allée Winston-Churchill.

Dans le jardin de la Grande Plage se dresse l'**Arbre-Main**, sculpture en bronze haute de 4,50 m réalisée par l'artiste polonaise Magdalena Abakanowicz. Au bout de la plage, après le casino, le boulevard du Gén.-de-Gaulle passe en contrebas de la place Bellevue, réaménagée par l'architecte **Jean-Michel Wilmotte**. Elle est ornée d'une sculpture géométrique de **Jorge Oteiza**: *La Ferme basque.*

Continuez en direction du rocher de la Vierge.

On passe devant l'**église Sainte-Eugénie** de style néogothique (fin 19e-déb. 20e s.).

Plateau de l'Atalaye C3

Atalaya signifie « promontoire » en espagnol. Ici s'élevait une tourelle d'où l'on guettait l'arrivée des baleines; des feux y étaient allumés pour donner l'alerte aux pêcheurs. Vue sur le minuscule abri du **port des Pêcheurs**, coincé entre le rocher du Basta et le promontoire où se dressait une *atalaye*. En bas, le petit port est charmant avec ses maisons de pêcheurs aux couleurs vives.

★ Rocher de la Vierge C3

Napoléon III eut l'idée de faire creuser ce rocher, entouré d'écueils, et de le relier à la falaise par un pont de bois. Aujourd'hui, il est rattaché à la côte par une passerelle métallique sortie des ateliers d'Eiffel qui, par gros temps, est inaccessible, les fortes vagues balayant la chaussée. Surmonté par une statue immaculée de la Vierge, le rocher est devenu le symbole de Biarritz.

★★ Aquarium de Biarritz-Musée de la Mer C3

Espl. du Rocher-de-la-Vierge - ✆ 05 59 22 75 40 - www.aquariumbiarritz.com - ♿ - juil.-août: 9h30-0h; avr.-juin, sept.-déc. et vac. scol. de printemps et de la Toussaint: 9h30-20h; reste de l'année: tlj sf lun. (sf vac. scol.) 9h30-19h - fermé 3 dernières sem. de janv., 25 déc. - possibilité de visite guidée sur demande (1h30) - 14,50 € (-17 ans 9,80 €), billet combiné avec la cité de l'Océan 18,30 € (enf. 13 €).

Le magnifique musée de la Mer, attraction majeure du Pays basque, est l'un des plus grands aquariums de France. Il a pour origine un musée inauguré en 1935, dont il conserve une grande partie de la décoration intérieure de style Art déco, et une splendide fontaine en céramique signée Cazaux (*p. 380*). Servi par une muséographie très bien faite, le propos demeure le même: présenter le biotope marin, les activités humaines qui y sont attachées et, d'une façon générale, les liens privilégiés qui unissent Biarritz et l'Océan depuis des siècles.

UNE VILLE CINÉGÉNIQUE

Depuis les années 1980, on retrouve Biarritz dans les salles obscures grâce à quelques cinéastes: André Téchiné et *Hôtel des Amériques* (1981), Éric Rohmer et *Le Rayon vert* (1986), Andrzej Zulawski et *Mes nuits sont plus belles que vos jours* (1989), Jean Dujardin et *Brice de Nice* (2005), les frères Larrieu et *Les Derniers Jours du monde* (2009) ou encore Patrice Leconte et *Voir la mer* (2011).

Le Musée de la mer, de style Art déco.
J.-D. Sudres/hemis.fr

Sous-sol – Une vingtaine d'**aquariums** présentent, dans une pénombre étudiée, la faune particulièrement riche des différentes zones du **golfe de Gascogne**: les évolutions des gracieux hippocampes ne laissent personne indifférent!
Niveau 1 – Étayée par une présentation sur la pêche à la baleine, la **galerie des Cétacés** expose des moulages ou des squelettes d'animaux échoués ou capturés sur la Côte basque (rorquals, orques, dauphins). Maquettes d'embarcations et instruments de navigation complètent la section consacrée aux techniques de pêche.
Niveaux 2 et 3 – Le visiteur fait connaissance avec les **phoques** de l'Aquarium, et notamment l'espiègle Noëlla, née en 2009. On peut assister à leurs repas *(10h30 et 17h)*.
Terrasse – On profite d'une **vue** plongeante sur le rocher de la Vierge et d'un vaste panorama embrassant la côte depuis sa partie landaise jusqu'au cap Machichaco. Elle donne accès à la nouvelle aile du musée.
Nouvelle aile – Après un détour par le **bassin tactile**, où a été recréée une zone de marnage (estran), un parcours invite à un voyage imaginaire en suivant le **Gulf Stream** du golfe de Gascogne à l'Atlantique Nord, les Caraïbes et, au-delà du cap Horn, jusqu'à la zone indo-pacifique. Vingt-cinq bassins reconstituent les différents milieux naturels et leurs espèces – dont les impressionnantes murènes vertes des Caraïbes. Le clou de la visite réside dans le **bassin des requins** où se côtoient sept espèces parmi lesquelles les rarissimes requins marteaux, très difficiles à acclimater: c'est de fait le seul aquarium en France qui les montre.
On complétera utilement cette visite par celle de la **cité de l'Océan** *(p. 372)*.

Villa Belza C3

Perchée sur un piton rocheux à la pointe de la côte des Basques, cette villa de style éclectique, à laquelle une tourelle circulaire (un ajout ultérieur) donne sa silhouette caractéristique, a été bâtie en 1880. Son nom (*belza* signifie « noir » en basque) et son allure en firent le lieu de tous les fantasmes des amateurs d'ésotérisme et de sorcellerie, avant que, louée en 1923 par le beau-frère d'Igor Stravinski, elle ne devienne sous le nom de « château basque » un cabaret russe, réputé dans les Années folles.

La Perspective C4

Promenade tracée au-dessus de la plage de la Côte-des-Basques où se trouve l'**établissement des bains**, un bâtiment Art déco récemment rénové (bar en terrasse à la belle saison). **Vue★★** dégagée jusqu'aux trois sommets basques : la Rhune, les Trois Couronnes et le Jaizkibel.

Toute l'année, le littoral s'illumine de la tombée de la nuit à 1h du matin en hiver et à 3h en été. Retournez vers le centre par la rue Gambetta.

Musée historique D3

Église St Andrew's - r. Broquedis - ✆ 05 59 24 86 28 - www.musee-historique-biarritz.fr - juil.-août : 10h30-13h, 14h30-18h30 ; reste de l'année : 10h-12h30, 14h-18h30 - fermé dim.-lun. et j. fériés - 4 € (-10 ans gratuit) - le musée organise différentes manifestations (conférences, concerts...) et des visites guidées à travers la ville.

Installé dans la première église anglicane de la ville (1861), ce musée évoque l'histoire de Biarritz, en particulier la glorieuse période du Second Empire, lorsque Napoléon III et l'impératrice Eugénie établirent leur résidence d'été – quelques objets leur ayant appartenu sont exposés –, et les Années folles.

Reprenez la rue Gambetta jusqu'à la place Georges-Clemenceau, elle aussi réaménagée par Jean-Michel Wilmotte.

À voir aussi Plan de la ville p. 370

Plage de la Milady A3

Cette grande plage à l'écart du centre est très appréciée des Biarrots : elle dispose en particulier d'une aire de jeux pour enfants et d'un accès direct à la mer pour le handisurf. À marée montante, faites attention au *shore break* (vague qui éclate tout près du rivage) !

★ Musée Asiatica - Musée d'Art asiatique A2

1 r. Guy-Petit - ✆ 05 59 22 78 78 - www.museeasiatica.com - ♿ - juil.-août et vac. scol. : 10h30-18h30, w.-end 14h-19h, j. fériés 14h-18h ; reste de l'année : 14h-18h30, w.-end 14h-19h, j. fériés 14h-18h - 10 € (-13 ans 2 €) - audioguide disponible (5 €).

Passionné par l'Asie et notamment par l'Inde, où il a longtemps vécu, Michel Postel est dépositaire d'une fabuleuse collection, la deuxième du genre en France après celle du musée Guimet de Paris et la cinquième en Europe. Présentées sur deux niveaux, plus de mille pièces évoquent les pratiques religieuses et la vie quotidienne dans une vaste zone géographique. Parmi les points forts : la collection du Tibet, première au monde par sa richesse et sa qualité, les pierres sculptées du Cachemire, les arts gréco-bouddhiques, satrapique et de l'Himalaya. Le lieu, à la fois calme et passionnant grâce à son intelligente muséographie et à ses explications pédagogiques, invite à prendre son temps…

Planète musée du Chocolat A3

14-16 av. Beaurivage - ✆ 05 59 23 27 72 - www.planetemuseeduchocolat.com - ♿ - juil.-août : 10h-19h ; vac. scol. : 10h-12h30, 14h-18h30, dim. se rens. ; reste de l'année : tlj sf dim. 10h-12h30, 14h-18h30 - fermé 1er janv., 1er Mai, 25 déc. - 6,50 € (enfant 5 €) - ateliers enf. vac. scol. : lun.-vend. 15h-17h.

Reine des plages…

Au début du 19e s., Biarritz n'est qu'un petit port, autrefois tourné vers la pêche à la baleine, perdu dans la lande. Lorsque les Bayonnais prennent l'habitude de venir s'y baigner, le trajet se fait à dos d'âne ou de mulet…

ÉLUE DES PRINCES

Mais voilà que la fille d'un grand d'Espagne, contrainte à l'exil pour ses sympathies françaises, y séjourne durant son enfance : la chose serait anecdotique si cette Eugenia de Guzmán (1826-1920), alias Eugénie de Montijo, n'était devenue en 1853 impératrice des Français. **Eugénie** décide **Napoléon III** à l'accompagner en 1854 sur la Côte basque. L'empereur est séduit et fait construire la villa Eugénie (aujourd'hui l'hôtel du Palais), qui devient la résidence estivale du couple impérial.

Biarritz est alors lancée. Charme, luxe, casino attirent maintes têtes couronnées : peu de stations balnéaires offrent un livre d'or aussi riche que Biarritz, qui entre même dans l'histoire de la diplomatie lorsque Bismarck vient y rencontrer l'empereur, en 1865. Séduits par le climat, des Anglais fortunés, puis des aristocrates russes y séjournent. Les palaces se multiplient tandis que les villas, surplombant la mer, rivalisent de luxe. Elles témoignent de cet engouement de la jet-set pour la ville, qui ne se démentira ni à la Belle Époque ni durant les Années folles. On assiste aux courses hippiques, on joue au golf et au tennis. **Jean Borotra** (1898-1994), dit le « Basque bondissant », l'un des fameux « Mousquetaires » qui remportèrent six fois la coupe Davis entre 1927 et 1932, était biarrot. Les grandes maisons de couture parisiennes y ont toutes une succursale. Biarritz attire aussi les artistes. Sarah Bernhardt et Lucien Guitry s'y produisent, Rostand, Ravel, Stravinski, Loti, Cocteau et Hemingway y séjournent, de même que Charlie Chaplin.

NOUVELLE VAGUE

En 1956, le scénariste américain Peter Viertel tourne dans la région *Le soleil se lève aussi*, sous la direction d'Henry King, d'après le roman d'Hemingway. Il se fait envoyer de Californie une curieuse planche qui nargue les rouleaux. La mode du **surf** déferle bientôt sur Biarritz comme une vague de fond… Cinquante ans plus tard, ce sport est une option du baccalauréat en Aquitaine, et la station porte désormais le surnom de « capitale européenne du surf ». Un titre qui lui va bien car les compétitions de surf qui se déroulent sur ses vagues ne se comptent plus. Son établissement des bains Art déco, lieu de naissance du premier club de surf de France en 1959, le Waikiki Surf Club, a été reconstruit à l'identique et accueille (entre autres) plusieurs écoles de surf. Paradoxalement, du projet originel de Cité du surf et de l'Océan, la municipalité n'a finalement gardé que la partie Océan, soulignant sa volonté de donner à Biarritz un rayonnement qui s'étende au-delà des vagues de la côte. Depuis 1998, Biarritz abrite aussi un **Centre chorégraphique national**, dont les studios sont installés dans l'ancienne Gare du Midi (➲ *« Nos Adresses », p. 379)*. Dirigée depuis son ouverture par le chorégraphe Thierry Malandain, cette institution est à l'origine d'une nouvelle activité culturelle pour la ville, incarnée notamment dans un prestigieux festival, Le Temps d'aimer la danse, organisé chaque année en septembre.

Surfeurs sur la plage de la Chambre d'Amour à Anglet.
J.-P. Degas/hemis.fr

Créé par Serge Couzigou, un ancien de chez Henriet (*p. 380*), ce musée ne peut que séduire les gourmands ! On y entre, alléché par l'odeur, et on se retrouve plongé dans le chocolat jusqu'au cou : outils anciens, affiches de réclame, moules, sculptures, etc. Dégustation en fin de visite. Boutique remplie de tentations et visite de l'atelier de fabrication le matin.

★★ Cité de l'Océan A3

1 av. de la Plage - La Milady - 05 59 22 75 40 - www.citedelocean.com - - été : 10h-22h ; reste de l'année : se rens. - fermé 3 sem. en janv., 25 déc. - possibilité de visite guidée sur demande (1h30) - 11,30 € (-17 ans 7,30 €) - 18,30 € billet combiné avec l'aquarium de Biarritz.

Dernier né des musées biarrots, la cité de l'Océan est d'abord un incroyable bâtiment conçu par l'architecte américain Steven Holl comme une grande vague entre ciel et terre, non loin de la plage de la Milady. Sa visite apporte un éclairage complémentaire à celle de l'Aquarium de Biarritz-musée de la Mer. Grâce à différents **espaces ludiques et interactifs**, l'Océan prend corps, avec ses sautes d'humeur et ses secrets. Berceau de l'évolution, il est un partenaire que les hommes doivent apprendre à connaître, une entité vivante, **source de vie**, d'une richesse infinie et d'une grande fragilité. Ici, vous ne verrez pas de poissons et aucun parcours ne vous sera imposé. Accompagné du professeur et d'Archie, le calamar géant, vous déambulerez à votre guise, embarquant dans un bathyscaphe pour découvrir en 3D le gouf de Capbreton, véritable canyon dans le golfe de Gascogne. Vous pénétrerez dans la timonerie d'un bateau échoué ou dans les entrailles d'une baleine pour comprendre les origines de la vie, vous écouterez Christophe Colomb parler de son expérience sur la mer des Sargasses et un pilote américain raconter le triangle des Bermudes. D'où vient l'eau des océans ? Comment naissent les vagues ? L'Atlantide a-t-elle vraiment existé ? Comment fonctionne une hydrolienne sous-marine ? Serions-nous là sans l'océan ? Autant de questions auxquelles vous devriez être en mesure de répondre à l'issue de la visite !

LA TRAGÉDIE DE LA CHAMBRE D'AMOUR
Selon la légende, Saubade et Laorens s'aimaient, mais leurs familles étaient rivales. Les deux jeunes gens avaient donc pris l'habitude de se retrouver en cachette dans la grotte. Mais suite à un orage, la marée monta plus vite que de coutume et les noya…

À proximité Carte de microrégion et plan Biarritz-Anglet p. 366

ANGLET AB1-2

Anglet assure la jonction entre Bayonne, à l'est, et Biarritz au sud-ouest. Selon votre point de départ, vous y accéderez par l'avenue de Bayonne et la D 810, ou l'avenue de Biarritz et la D 910.

1 av. de la Chambre-d'Amour - 64600 Anglet - 05 59 03 77 01 - www.anglet-tourisme.com - juil.-août : 9h-19h ; reste de l'année : tlj sf dim. 9h-12h30, 14h-18h, sam. 9h-12h30 - fermé 1er janv., 1er Mai, 25 déc.

Qu'est-ce qui fait le charme d'Anglet ? Son littoral, unique au Pays basque, avec ses 4,5 km de plages de sable fin. Mais aussi sa belle pinède, pour le plus grand bonheur des marcheurs. Venir à Anglet, c'est prendre un grand bol d'air pur ! Avec ces deux principaux atouts, la petite station balnéaire fait figure de poumon vert pour la communauté d'agglomération Côte basque-Adour, d'où son surnom de « paradis vert ». Les sportifs, qu'ils soient golfeurs ou surfeurs, ne savent pas où donner de la tête, tandis que toutes sortes d'animations égaient les rues ainsi que le bord de mer à la fin du printemps et en été. À vous les vagues, les balades sous les pins et les soirées festives !

Les plages

La promenade de 4,5 km du littoral angloy longe les 11 plages de sable fin, pour certaines de renommée internationale. Elle relie le quartier de la Chambre d'Amour à celui de La Barre (au nord).

Plages de la Petite Chambre d'Amour et du Club A2 – La plage de la Petite Chambre d'Amour doit son nom à la présence, non loin de là, de la grotte du même nom. La silhouette et les détails du bâtiment du club Belhambra, accosté sur la plage, évoquent un paquebot.

La seconde, la plage du Club, accueille le très réputé Anglet Surf Club. Ses locaux ont trouvé place dans l'**établissement des bains**, bâtiment emblématique des années 1930, réhabilité en 2007 pour accueillir une salle de réception. Entre les deux, la **grotte de la Chambre d'Amour** attire les romantiques de tous horizons.

Plages des Sables d'Or et des Corsaires A1 – Ces deux plages sont le terrain de prédilection des familles angloyes. En juillet, la plage des Sables d'Or accueille le Beach Rugby Festival et en août, le Surf de Nuit.

Située entre les deux, la plage de **Marinella** est fréquentée par les familles et un public cosmopolite.

Plages de la Petite Madrague, de la Madrague, de l'Océan et des Dunes B1 – Ces étendues de sable fin sont les plus tranquilles du littoral angloys en raison de l'environnement, plus sauvage, et de la proximité du golf de Chiberta, voulu par le duc de Windsor et conçu par Tom Simpson en 1927. Un blockhaus, vestige du mur de l'Atlantique érigé à partir de 1942, veille encore sur les flots. La plage de la Petite Madrague a la réputation d'être la plus branchée d'Anglet, tandis que celle des Dunes, moins accessible, est surtout fréquentée par les surfeurs *(plages non surveillées)*.

Plage des Cavaliers B1 – La plus réputée des onze plages d'Anglet accueille chaque année d'importantes compétitions internationales de surf. Attention, les vagues de *shore break* peuvent être très dangereuses.

Plage de La Barre B1 – Située à l'embouchure de l'Adour, c'est la plage la plus septentrionale d'Anglet. Elle doit son nom à une vague mythique, cassée aujourd'hui par la digue construite dans les années 1970. Côté terre, deux lacs marquent l'emplacement de l'ancien hippodrome inauguré en 1870. Un skate-park y a été aménagé.

Parc écologique Izadia B1 – Ce parc de 14 ha est doté d'une Maison de l'environnement et du développement durable, il permet de découvrir le fragile écosystème des zones humides littorales. *297 av. de l'Adour - ✆ 05 59 57 17 48 - www.izadia.fr - ♿ - de déb. juil. à mi-sept. : 10h-12h30, 14h-18h, jeu. 10h-12h30, 14h-20h ; avr.-juin et de mi-sept. à fin oct. : merc.-dim. 10h-12h30, 14h-18h - fermé 1er Mai - possibilité de visite guidée (1h30) w.-end 10h30 et 15h (5 €, -17 ans 3 €).*

Les forêts

Autre atout d'Anglet, les 250 ha de pinède qui ont été plantés sous le Second Empire. Ils se répartissent entre les forêts du Pignada au nord, la plus grande, du Lazaret à l'est et de Chiberta le long de la côte.

★ **Forêt du Pignada** B1 – Son nom lui vient des pommes de pin, les « pignes ». Elle comprend des aires de pique-nique, des voies vertes et des sentes que l'on peut arpenter à pied, à cheval ou à VTT. Un parcours « vitalité » de 2,5 km a été aménagé en son centre et, à l'angle de la promenade de La Barre et de l'avenue de l'Adour, dans la forêt de Chiberta, un **parcours aventure** propose, dans les arbres, des itinéraires adaptés à chacun. Adultes et enfants pourront choisir, selon leur niveau, entre les promenades acrobatiques Castors, Crockett ou Indiana. *✆ 05 59 42 03 06 - www.evolution2-paysbasque.com - juil.-août : 10h-18h ; vac. de printemps : apr. midi ; mai-juin et de sept. aux vac. de la Toussaint : w.-end et j. fériés apr.-midi - tarifs selon le parcours et l'âge.*

Forêt du Lazaret B1 – L'allée de l'Empereur, l'avenue du Prince-Impérial… autant de dénominations qui rappellent que Napoléon III fut à l'origine de la pinède d'Anglet. Aujourd'hui, cette partie de la forêt est circonscrite à 20 ha, mais elle reste toujours aussi agréable à parcourir.

Fabrique de chisteras Gonzalez

6 allée des Liserons - ✆ 05 59 03 85 04 - visite (1h30) : 17h lun., merc. et vend. - fermé sam. apr.-midi, dim. et j. fériés - 4 €.

Depuis 1887, la fabrique Gonzalez confectionne manuellement des chisteras. Pour tout savoir sur l'histoire et la fabrication de la pelote et du chistera.

NOS ADRESSES À BIARRITZ

TRANSPORTS

Voir « En avion », *p. 11.*

Liaisons aéroport-centre-ville

En bus – *www.chronoplus.eu.* La ligne 14 du réseau Chronoplus rejoint la ville, ticket 1h : 1 €, 24h : 2 €.

En taxi – Devant l'aérogare. Env. 12 € pour Biarritz.

En voiture – Comptoirs de location dans le hall Arrivée.

En car vers Anglet – *09 70 80 90 74 - www. transports-atcrb.com.* La ligne St-Jean-de-Luz-Anglet-Bayonne du réseau ATCRB passe par l'aéroport. Comptez 5mn et 2 €.

Réseau Chronoplus – *05 59 52 59 52 - www.chronoplus.eu. 3 circuits de navettes gratuites : Port-Vieux - Côte des Basques (en été) ; centre-ville ; St-Charles, et des lignes régulières dont la n° 10 (cité de l'Océan, musée du Chocolat).*

VISITES

Petit train touristique – *06 07 97 16 35 - www.petit-train-biarritz.fr - juil.-août : 9h30-23h ; juin et sept. : 10h-19h ; reste de l'année : 14h30-18h - 5,50 € (-12 ans 4 €) - dép. ttes les 30mn env.* À partir du casino, sur la Grande Plage, ou du rocher de la Vierge, partez pour un tour commenté (30mn) de Biarritz.

HÉBERGEMENT

PREMIER PRIX

À Bidart

Camping Club Airotel Oyam – Plan p. 366 hors plan vers A3 ⑮ *Chemin Oyhamburua (à 1 km à l'est de Bidart par la rte d'Arbonne, puis rte à dr.) - 05 59 54 91 61 - www.camping-oyam.com - de mi-avr. à fin sept. - ♿ - réserv. conseillée - 350 empl. 44,50 €/j - (11 empl.) 38 €/j - 180 locatifs 48/152 €/j - location à la sem. uniquement en hte sais.* Tentes lodges (certaines avec sanitaire), tipis, mobile homes, chalets ainsi que, face au camping, des appartements avec terrasse. Services nombreux : animations, bar-restaurant, club enfants, etc. Mais le plus est sans conteste le magnifique parc aquatique dans un environnement verdoyant ! Une très bonne option.

À Anglet

Biarritz-Parme Camping – Plan p. 366 B3 ① *- 2 allée Etchecopar, quartier Brindos, près de l'aéroport - 05 59 23 03 00 - www.campingdeparme.com - avr.-oct. - ♿ - réserv. conseillée - 60 empl. 32/36 € - 30 bungalows toilés : 560 à 1 078 €/sem. (2-3 pers./8 pers.).* Confort de bon niveau et nombreux services : épicerie, snack, restaurant, loisirs, piscine chauffée, club enfants et animations en soirée. Également des caravanes et des mobile homes. En haute saison, location uniquement à la semaine.

Hôtel Arguia – Plan p. 366 B1 ⑤ *- 9 av. des Crêtes - 05 59 63 83 82 - http://arguia.free.fr - ♿ - P - 30 ch. 44/76 € - 4,50 €.* Cette maison d'architecte construite dans les années 1920 se trouve dans une rue calme à environ 500 m de l'Océan. Réparties dans deux bâtiments, les chambres, très simples, donnent sur le jardin ; les moins chères ne sont pas équipées de WC.

Hôtel Azureva – Plan p. 366 B2 ⑦ *- 48 prom. des Sables - 05 59 58 04 70 - www.azureva-vacances.*

5

com - fermé en hiver (se rens.) - P *- 135 ch. - 60/74 €* ☕. Lorsqu'il n'affiche pas complet, ce centre de vacances propose des nuitées en plus de ses locations à la semaine. Vous apprécierez les prix ultra compétitifs et pourrez aussi profiter des nombreuses animations du lieu.

BUDGET MOYEN

À Biarritz

Hôtel Le Saphir – Plan p. 367 C3 ⑦ *- 3 r. Gaston-Larre - ☎ 05 59 24 12 23 - www.hotel-lesaphir.com -* ♿ *- 15 ch. 68/128 € -* ☕ *7 €.* Au milieu des ruelles du vieux Biarritz, ce petit hôtel tenu par Annie Kors est revêtu de bleu saphir : il dispose de petites chambres confortables, dont une avec balcon. Paisible terrasse arrière pour le petit-déjeuner.

Chambre d'hôte La Maison Garnier – Plan p. 367 D4 ① *- 29 r. Gambetta - ☎ 06 20 03 63 42 - www.hotel-biarritz.com -* 🚭 *- 7 ch. 70/175 €* ☕. Située à deux pas des Halles, cette jolie maison de ville (1876), bordée de lauriers, conserve à l'intérieur de belles boiseries bichonnées par leurs propriétaires, Patrick et Joanne. Ravissant parquet d'origine. Chambres aux tons blanc et chocolat, salles de bains aux robinetteries à l'ancienne et salon à l'anglaise chauffé par une cheminée joliment kitsch.

Chambre d'hôte La Ferme de Biarritz – Plan p. 366 A3 ④ *- 15 r. Harcet - ☎ 05 59 23 40 27 - www.fermedebiarritz.com -* P *-* 🚭 *- 5 ch. 70/85 €/nuit, 665/805 € (seult location à la sem. en haute sais.) -* ☕ *8,50 €.* Près de la plage, ferme basque du 17e s. bien restaurée. Coquettes chambres mansardées aux meubles anciens. Petit-déjeuner servi dans le jardin ou devant la cheminée. Une chambre est équipée d'une kitchenette *(suppl. 15 €).*

Chambre d'hôte Nere-Chocoa – Plan p. 366 A3 ⑬ *- 28 r. Larreguy - ☎ 06 08 33 84 35 - www.nerechocoa.com -* 🚭 *- 4 ch. 80/130 € -* ☕ *9,50 €.* Cette maison au milieu des chênes a hébergé des hôtes illustres, dont l'impératrice Eugénie. Vastes chambres soignées, galerie d'art exposant sculptures et peintures, agréable salon pour soirées musicales.

À Anglet

Chambre d'hôte La Musica – Plan p. 366 B2 ③ *- 4 r. Thalie - ☎ 06 13 67 16 87 - www.maisonlamusica.fr - fermé janv.-mars -* P *-* 🚭 *- 3 ch. 75/85 €* ☕. La propriétaire de cette charmante villa basque vous accueille comme si vous étiez des amis. Elle propose trois chambres, pas très grandes mais totalement indépendantes. La plage, le golf et le centre-ville sont à deux pas. Partenariat avec la thalasso Atlanthal et le golf Makila (remise de 10 %).

POUR SE FAIRE PLAISIR

À Biarritz

Hôtel Oxo – Plan p. 366 A2 ⑧ *- 38 av. de Verdun - ☎ 05 59 24 26 17 - www.hotel-oxo.com -* ♿ *- 20 ch. 100/124 € -* ☕ *8 €.* Très bien situé, à moins de 500 m de la plage et du casino, au calme dans une rue semi-piétonne, cet hôtel à la décoration zen et design est l'occasion d'un séjour agréable. De taille moyenne, les chambres sont parfaitement équipées et toutes différentes. Petite terrasse pour prendre le soleil et accueil charmant. Parking payant à proximité.

À Bidart

Chambre d'hôte Irigoian – Plan p. 366 hors plan vers A3 ⑥ *- 1215 av. de Biarritz - ☎ 05 59 43 83 00 - www.irigoian.com -* P *-* ♿ *- 5 ch.*

115/135 € - ☕ 10 €. Cette ancienne ferme du 17e s. se trouve à 300 m des plages, en lisière d'un golf. Chambres du meilleur goût, chacune d'une couleur différente, avec beau plancher ancien et spacieuses salles de bains. Piscine intérieure chauffée, hammam, salle de gym et massage à la demande.

RESTAURATION

À Biarritz - L'office du tourisme de Guéthary voisine avec plusieurs petites adresses proposant des casse-croûte, assiettes et salades tout à fait honorables, souvent servis en terrasse.

À Anglet - Situé face à l'Océan, le quartier d'Anglet joliment baptisé **Chambre d'Amour** est un lieu incontournable. Il concentre de nombreux points de restauration et des boutiques de surf.

PREMIER PRIX

À Biarritz

Il Giardino – Plan p. 367 C4 ⑦ *- 5 r. du Centre - ✆ 05 59 22 16 41 - 18/20 € - fermé dim. midi et lun.* Petit restaurant italien aux couleurs acidulées. Les plats, composés selon les saisons, sont authentiques, généreux et à prix doux. Excellentes spécialités de pâtes fraîches.

À Bidart

Restaurant du Moulin de Bassilour – Plan p. 366 hors plan vers A3 ⑯ *- ZA Bassilour - ✆ 05 59 41 94 01 - www.auboisdumoulin.com - fermé nov.-fév. et lun. - 15/20 €.* Les tables sont dressées à l'extérieur, à l'ombre de grands arbres, d'une pergola et de quelques parasols, comme dans les guinguettes d'antan. Une salle à l'intérieur pourra néanmoins vous abriter en cas de pluie. La carte propose des spécialités locales. Une adresse tout indiquée avec des enfants *(menu 5 €)*. Dans le moulin en activité depuis 1741, on fabrique artisanalement des gâteaux basques fourrés, des sablés, des pains, des gâteaux de maïs à l'anis et toutes sortes de bonnes choses.

BUDGET MOYEN

À Biarritz

Le Fumoir Marin – Plan p. 367 D3 ④ *- 39 av. de Verdun - ✆ 05 59 22 09 26 - fermé dim. midi hors sais., dim. soir et lun. - formule déj. 15 € - 22/30 €.* Alimentée par les deux fumoirs situés en cuisine, cette adresse tenue par un restaurateur passionné ravira les amateurs de poissons et de fruits de mer fumés : gambas, saumon mariné à la vodka, etc. Jolie salle tout en sobriété, avec tomettes au sol et bois clair.

Chez Corinne – Plan p. 367 D3 ② *- 10 r. Victor-Hugo - ✆ 05 59 47 07 88 - 22/29 €.* Avec ses tableaux contemporains, sa grande banquette de velours rouge et ses murs noirs et blancs, la grande et lumineuse salle du restaurant est agréablement bercée par les rumeurs de la cuisine. Succulentes noix de ris de veau en meunière et baba au rhum justement apprécié. Excellent rapport qualité-prix.

Le Clos Basque – Plan p. 367 D3 ③ *- 12 r. Louis-Barthou - ✆ 05 59 24 24 96 - fermé dim. soir sf juil.-août et lun. - menu 26/31 € - env. 40 €.* Pierres apparentes et *azulejos* donnent un air ibérique à la petite salle à manger où règne une ambiance conviviale. Spécialités régionales. Terrasse d'été très courue, pensez à réserver !

À Anglet

La Mouche qui louche – Plan p. 366 A2 ② *- 16 av. des Dauphins - ✆ 05 59 29 51 86 - fermé dim. soir, mar. soir, merc. - carte env. 25 €.* Une décoration hétéroclite

5

et une cuisine maison simple et authentique à base de spécialités locales (*chipirons*, *piquillos*, charcuteries…), mais pas seulement (magret, entrecôte…). Belle terrasse.

POUR SE FAIRE PLAISIR

À Biarritz

Le Surfing – Plan p. 367 C4 ⑫ - *9 bd du Prince-de-Galles - ✆ 05 59 24 78 72 - tlj dès le matin - env. 30 €.* Face à la plage de la Côte-des-Basques, ce restaurant à la vue imprenable et décoré selon un thème cher à Biarritz répond à toutes les envies de la journée. Pour le petit-déjeuner, pour avaler un copieux hamburger à midi, une assiette de serrano à l'apéritif, un poisson à la plancha ou un plat plus recherché le soir. Dans les assiettes, quelques touches exotiques bienvenues. Excellent accueil.

La Table d'Aranda – Plan p. 366 A2 ⑮ - *87 av. de la Marne - ✆ 05 59 22 16 04 - www.tabledaranda.fr - fermé dim. et hors saison lun., 2 sem. en janv. - menu déj. 15/20 €, menu dîner 30/55 € - env. 40 €.* Le bouche-à-oreille soutient cette table au cadre rustique et basque, située dans les murs d'une ancienne rôtisserie. Cuisine personnelle et inventive, maniant avec brio le sucré-salé. Le menu change chaque semaine, selon le marché.

Chez Albert – Plan p. 367 C3 ① - *Allée du Port-des-Pêcheurs - ✆ 05 59 24 43 84 - www.chezalbert.fr - fermé merc. sf en saison et du 22 nov. à déb. fév. - 40/59 €.* Les produits de la mer sont à l'honneur dans ce restaurant animé et décontracté, d'où l'on aperçoit le petit port de pêche. Terrasse très prisée en été.

Philippe – Plan p. 366 A3 ⑪ - *30 av. du Lac-Marion - ✆ 05 59 23 13 12 - www.restaurant-biarritz.com - ouv. merc.-dim. soir (tlj en août) - fermé 2 sem. en mars, 2 sem. en nov., 1 sem. en juin - 40/100 €.* Dans une cuisine ouverte sont préparés agneau, cochon de lait et plats inventifs, à déguster dans un décor de meubles design années 1950-1970, sans cesse renouvelé. Terrasse et jardin d'aromates l'été. Un restaurant surprenant et séduisant, où vous pourrez même acheter votre chaise, puisque le mobilier est en vente.

À Arcangues

Restaurant du Trinquet – *✆ 05 59 43 09 64 - www.trinquetdarcangues.com - fermé lun.-mar. et en fév. - menus 29,80/42 €.* Une copieuse cuisine traditionnelle est servie dans cette salle ouverte sur la *cancha* où se disputent les parties de pelote – souvent des défis organisés par le patron des lieux. Chants basques en sus pour accentuer la couleur locale.

UNE FOLIE

À Biarritz

L'Atelier – Plan p. 366 A2 ① - *18 r. de la Bergerie - ✆ 05 59 22 09 37 - www.latelierbiarritz.com - fermé 2 sem. en janv. et en oct., 1 sem. en juin, sam. midi, dim. soir et lun. sf juil.-août - menus déj. 25/28/35 €, menus dîner 68/88 € - env. 55 €.* Cet atelier culinaire vous réserve la surprise de préparations actuelles relevées d'un trait de créativité et de bons vins. Côté décor, il mise sur l'élégance d'un espace feutré.

Les Rosiers – Plan p. 366 A3 ⑬ - *32 av. Beausoleil - ✆ 05 59 23 13 68 - http://restaurant-lesrosiers.fr - juil.-août : tlj sf midi lun.-merc. ; sept.-juin : merc.-dim. - menu dégustation 83 € - env. 55 €.* Accueillante maison tenue par un couple (dont la femme est la première « Meilleur Ouvrier de France » de l'histoire) qui réalise à quatre mains une cuisine séduisante et raffinée. La carte change tous les deux mois. Décor sobre et élégant.

À Arcangues

Le Moulin d'Alotz – *Chemin Alotz-Errota - depuis la D 755 à Alotz, prendre la rte secondaire à droite - ✆ 05 59 43 04 54 - www.lemoulindalotz.com - fermé mar., janv., 1 sem. fin juin et 2 sem. en nov. - 64/70 €.* Dans un moulin du 17e s. entouré de verdure, le jeune chef Benoît Sarthou propose une cuisine haut de gamme, modifiée au fil des saisons. Le gâteau frangipane à la pistache est fameux!

FAIRE UNE PAUSE

L'Amuse-Gueule – *À l'intérieur des Halles - ✆ 05 59 41 28 24.* Un attrayant comptoir dissimulé dans un coin de la halle principale, où vous pourrez apprécier l'animation du marché. La patronne, Marie, sait satisfaire sa clientèle d'habitués: boissons chaudes, sangria et tapas maison.

Le Café du Commerce – *1 r. des Halles - ✆ 05 59 41 87 24 - fermé mar. hors sais.* Esprit bistrot et cuisine du marché dans l'ambiance conviviale du quartier des halles.

Crampotte 30 – *Port des Pêcheurs - ✆ 05 35 46 91 22 - 11h-14h30, 18h-0h - fermé les jours de pluie.* Habitués et touristes aiment paresser sur la terrasse de la Crampotte, située au calme, face au vieux port. Sophie et Stéphane concoctent d'irrésistibles tapas qui honorent les meilleurs producteurs basques.

Bar Impérial (Hôtel du Palais) – *1 av. de l'Impératrice - ✆ 05 59 41 64 00 - P - 9h-0h.* La plus belle terrasse de Biarritz, face à l'Océan, où vous vous laisserez rêver aux fastes d'antan, une coupe de champagne à la main. Service de table « Palais impérial ». Un pianiste joue chaque soir entre 20h et 23h.

EN SOIRÉE

À Biarritz, il fait bon prendre un verre près des bateaux de pêche. Au **port des Pêcheurs** vous attendent plusieurs bars, dont La Casa de Juan Pedro, très agréable à l'heure de l'apéritif. Vers l'intérieur de la ville, la place **Georges-Clemenceau** est bordée de brasseries et de bodegas. Dans le centre, les rues qui bordent **les Halles** comptent plusieurs adresses où faire une pause à toute heure de la journée: le Bar Jean *(5 r. des Halles)*, le Bar du Marché *(au 8)*, le Café Jean *(au 13)*, le Comptoir du foie gras *(1 r. du Centre)*. Enfin, la **Grande Plage** présente de nombreux atouts, aussi bien en journée qu'en soirée: l'Océan, le Café de la Grande Plage et du **Casino**.

L'Artnoa – *56 r. Gambetta - ✆ 05 59 24 78 87 - fermé dim. soir et lun. hors sais.* La « Maison des vins à Biarritz » est aussi un lieu d'exposition ouvert aux artistes contemporains. On y boit évidemment de très bons vins, accompagnés d'une assiette de charcuterie ou de fromages. Accueil chaleureux.

Arena Café – *Espl. du Port-Vieux - ✆ 05 59 24 88 98 - fermé mar. soir et merc. hors sais.* Superbe terrasse sur l'Océan. Un lieu incontournable des soirées biarrotes.

Gare du Midi – *23 av. du Mar.-Foch - ✆ 05 59 22 44 66 - www.biarritz.fr - ouv. les soirs de spect.; billetterie gérée par l'office de tourisme.* C'est la principale salle de spectacles de la ville (1 400 places). Toutes sortes de représentations y ont lieu: pièces de théâtre, concerts de variétés, ballets… La Gare du Midi abrite également les studios du Malandain Ballet Biarritz.

À Bidart

Le Blue Cargo – *Av. Ilbaritz - ✆ 05 59 23 54 87 - P - avr.-sept. tlj à partir de 12h.* De jour, une plage agréable pour déjeuner léger et siroter des cocktails. De nuit, un lieu très à la mode, qui plaira à ceux qui aiment faire la fête jusqu'au petit matin.

ACHATS

Les Halles – *R. des Halles - 7h-13h30.* Inauguré en 1885, le marché couvert de Biarritz a fait peau neuve. Étals alléchants de produits frais et terrasses alentour pour une pause-café animée.

Maison Arostéguy – *14 bis av. Victor-Hugo - ✆ 05 59 24 00 52 - www.arosteguy.com - fermé dim. sf à Pâques et en saison - 9h30-13h, 15h30-19h30.* Fondée en 1875, l'ancienne épicerie du Progrès a conservé ses murs, ses étagères et sa façade d'époque. On y déniche de nombreuses spécialités et des produits difficiles à trouver ailleurs.

Chocolaterie Henriet – *Pl. Georges-Clemenceau - ✆ 05 59 24 24 15 - www.chocolaterie-henriet.com - 9h-19h.* La maison Henriet est une référence en matière de chocolat et de spécialités gourmandes : calichous (caramels au beurre d'Échiré et à la crème fraîche), rochers de Biarritz (chocolat amer, écorces d'orange, amandes), etc.

Maison Pariès – *1 pl. Bellevue - ✆ 05 59 22 07 52 - www.paries.fr - en sais. : 8h30- 19h30 ; hors sais. : 9h-13h, 14h30-19h.* *p. 361.*

Maison Adam – *27 pl. Georges-Clemenceau - ✆ 05 59 26 03 54 - www.maisonadam.fr - en sais. : 9h-19h30 ; hors sais. : 9h-13h, 14h-19h30.* *p. 395.*

Daranatz – *12 av. Foch - ✆ 05 59 24 21 91 - www.chocolat-bayonne-daranatz.fr - tlj sf dim. 10h-13h, 14h30-19h30.* *p. 361.*

Galerie Cazaux Biarritz – *10 r. Broquedis - ✆ 05 59 22 36 03 - www.cazauxbiarritz.com - horaires, se rens.* Potiers céramistes depuis le 18e s., l'atelier Cazaux est installé à Biarritz depuis 1893. Dans le respect de la tradition, sept générations – aujourd'hui Jean-Marie et Joël – ont fait évoluer les formes de l'utilitaire (cruches, pichets, écuelles) vers le décoratif (grandes jarres de jardin), la décoration et la céramique d'art. Également créations personnalisées.

À Anglet

Chocolaterie Henriet – *3 av. de Bayonne - ✆ 05 59 63 86 16 - 9h30-19h30, dim. et lun. 19h.* Voir aussi « *Nos adresses à Biarritz* », *ci-dessus.*

Lames de Sames – *1 av. de l'Adour - ✆ 06 08 28 50 83 - http://couteau-paysbasque.com - merc.-sam. 9h-12h, 14h-18h.* L'atelier de Christophe Lauduique fabrique des couteaux basques pliants selon un système à deux clous. Ces couteaux traditionnels des Pyrénées sont en corne ou en bois, souvent gravés ; le Marraza est la pièce maîtresse de l'atelier.

ACTIVITÉS

Biarritz Olympique – *Stade Aguilera - ✆ 05 59 01 64 64 - www.bo-pb.com.* Ce complexe regroupe courts de tennis, piste d'athlétisme, salles de musculation, de fitness, de danse, etc., autour du stade de rugby du Biarritz Olympique, présidé par l'ancien international Serge Blanco. Cinq fois vainqueur du Bouclier de Brennus (champion de France), le club a également été deux fois vice-champion d'Europe (H Cup).

Euskal Jaï Fernand Pujol – *R. Cino-del-Duca - parc des sports Aguilera - 05 59 23 91 09.* Cette école de pelote basque organise des compétitions de *cesta punta* de juin à septembre, presque chaque mercredi et samedi ; gala de pelote basque les lundi et mercredi, hors saison le jeudi.

Biarritztarrak – *Pl. Berri - 42 av. du Mar.-Foch - 05 59 22 15 72 - www.biarritztarrak.fr.* En été, galas de pelote basque (main nue, *paleta* cuir et petit chistera), voir le calendrier sur le site Internet. En dehors des périodes de compétitions, on peut s'essayer à la *pala* (raquette en bois).

Sobilo – *24 r. Peyroloubilh - 05 59 24 94 47 - www.sobilo-scooters.com - 9h-19h.* Location de vélos, scooters et motos.

Thalassa Sea & Spa Biarritz – *13 r. Louison-Bobet - 05 59 41 30 01 - www.thalassa.com - réserv. centrale 01 72 95 00 33.* Idéalement situé face à l'Océan, ce centre de thalassothérapie, composé de quatre pavillons, propose : harmonie, remise en forme, rééducation, « maman et bébé », minceur, détente et golf, etc. Espace beauté dernier cri.

Thalmar – *80 r. de Madrid - 05 59 23 01 22 - www.biarritz-thalasso.com - réserv. centrale 0 825 12 64 64.* Centre de thalassothérapie doté d'une piscine de détente et d'un Jacuzzi, où vous pourrez bénéficier de nombreux soins. Espace fitness.

Lagoondy École de surf – *Établissement des bains - plage de la Côte-des-Basques à Biarritz ; 7 r. de l'Étape à Bidart - 05 59 24 62 86 - www.lagoondy.com - cours de surf : initiation 1h30, 35 €, 5 cours 160 € - stages avec hébergement à partir de 510 €.* École de surf labellisée par la Fédération française de surf. Location de planches à la plage du Pavillon Royal à Bidart.

Golf Le Phare – *2 av. Édith-Cavell - 05 59 03 71 80 - www.golfbiarritz.com - merc.-lun. : hte sais. 7h30-20h ; moyenne saison 8h-19h30 ; basse saison 8h-19h - fermé mar. sf vac. de printemps, en été et vac. de Noël - 56/76 € (- 18 ans 28/38 €).* L'ancien British Golf Club (inauguré en 1888) propose aujourd'hui un parcours de 18 trous et conserve l'avantage d'être situé en pleine ville.

Piscine municipale – *Bd du Gén.-de-Gaulle - 05 59 22 52 52 - www.biarritz.fr - horaires variables selon calendrier scolaire.* Située au bord de l'Océan, cette piscine est équipée de bassins d'eau de mer chauffée, ainsi que d'un Jacuzzi, d'un hammam et d'un sauna.

À Bidart

Sur les six **plages** que compte Bidart, seules deux d'entre elles sont accessibles en voiture : **Ilbarritz** et l'**Uhabia**. Restaurants et boutiques de loisirs longent cette dernière. On peut, entre autres, y louer scooters des mers et planches à voile. Les amateurs de golf ont, quant à eux, l'embarras du choix.

École de surf Taiba – *Camping de la plage - av. d'Espagne - plage de l'Uhabia - 06 51 50 11 06 - www.surf-taiba.com - cours initiation 2h 32 €, stage 5 jours 140 €.* École de surf labellisée par la Fédération française de surf.

À Guéthary

La grande **plage de Parlementia**, que se partagent Guéthary et Bidart, est sans aucun doute la plus agréable du coin. Surveillée *(juil.-août)*, elle est longée par un sympathique chemin piétonnier. Les plages de **Cenitz** et de **Harotz Costa** (sentier près du port) ne sont pas surveillées.

École de surf de Bidart-Guéthary – *582 av. du Gén.-de-Gaulle - 64210 Guéthary - ✆ 06 08 68 88 54 - www.ecole-de-surf-bidart.com - cours initiation 2h 44 €, stage 5 jours 180 €.* École de surf et de bodyboard, depuis 1996, où l'on enseigne aussi le *Stand Up Paddle*.

À Anglet

Plages surveillées – *De mi-juin à mi-sept.* Plages de La Barre, des Cavaliers, de l'Océan *(juil.-août seult)*, de la Madrague, des Corsaires, Marinella, des Sables d'Or et du VVF.

Plages non surveillées – Plages du Club, de la Petite Madrague et des Dunes.

Atlanthal – *153 bd des Plages - ✆ 05 59 52 75 75 - www.biarritz-thalasso.com - lun.-sam. 9h-21h, dim. 9h-12h30, 14h30-20h.* Centre de thalassothérapie et espace de remise en forme.

Le Club de la Glisse (École française de surf) – *Av. des Goëlands - plage de Marinella - ✆ 06 12 81 55 95 - http://ecoledesurf-anglet.com.* Ce club labellisé par la Fédération française de surf est une des rares écoles ouvertes toute l'année. Pour débutants et confirmés.

Yacht-Club Adour Atlantique d'Anglet – *118 av. de l'Adour - pêche: ✆ 05 59 63 60 31/51 91; voile: ✆ 05 59 52 36 04 - www.ycaa-voile.fr - vend. 18h-20h - sorties en mer: consulter le planning des chefs de bord sur le site - 25/60 €.* Initiation ou perfectionnement à la pêche sportive à moins de 5 km des côtes. Initiation à la voile le w.-end, stages en juil.-août.

Golf

Golf de Chiberta – *104 bd des Plages - ✆ 05 59 52 51 10 - www.golfchiberta.com - 8h-18h30 - fermé jeu. hors vac. scol.* Adossé aux dunes, ce golf bénéficie d'un bel environnement. La partie la plus intéressante borde le lac de Chiberta.

AGENDA

À Biarritz

Semaine des restaurants – *Mars.*

Championnats du monde des professionnels de cesta punta – *Avril.*

Maïder Arosteguy – *W.-end de Pâques.* Compétition de surf.

Festival des Arts de la rue – *Mai.*

Les Casetas – *Fin juin - www.biarritz-evenement.fr/les-casetas.* Festival de la mer.

BIG Festival – *2e quinz. de juil. - www.bigfest.fr.* Un festival international pop et rock, avec des concerts dans plusieurs points de la ville, dont le stade Aguilera.

Festival Piano classique – *Août - www.festivalpianoclassique.com.*

Festival Le Temps d'aimer la danse – *Sept. - www.letempsdaimer.com.*

Festival Biarritz Amérique latine – *Sept.-oct. - www.festivaldebiarritz.com.*

À Anglet

Surf de Nuit Festival – *14 août.* Démonstration de surf de nuit.

International Surf Film Festival – *Mi-juil.- http://surf-film.com.* Quatre jours de compétition entre des films de glisse internationaux.

À Bidart

Festival de culture basque – *Avr.*

Fêtes d'automne – *Sept.*

Saint-Jean-de-Luz

Donibane Lohitzune

★★

12 960 Luziens - Pyrénées-Atlantiques (64)

Cité d'armateurs fortunés, St-Jean-de-Luz fut aussi celle de corsaires émérites presque aussi célèbres que leurs voisins malouins ! Face à l'Océan, la ville, dotée d'une baie superbe, était prédestinée à être gagnée par le tourbillon mondain né à Biarritz dans les années 1850. Les villas balnéaires poussèrent aux côtés des maisons basques en bois peint, des grosses demeures d'armateurs et des palais du 17e s. Il se dégage aujourd'hui de cet heureux mélange de styles une exquise douceur de vivre que l'on savoure en farniente sur la Grande Plage ou en balades dans le petit port de pêche.

NOS ADRESSES PAGE 391
Hébergement, restauration, achats, activités, etc.

S'INFORMER

Office du tourisme de St-Jean-de-Luz – *20 bd Victor-Hugo - 64500 St-Jean-de-Luz - ✆ 05 59 26 03 16 - www.saint-jean-de-luz.com - avr.-oct. : 9h-12h30, 14h-19h ; reste de l'année : 9h-12h30, 14h-18h, dim. 10h-13h - fermé 1er janv., 25 déc.*

Visite guidée – Cette visite (1h30) permet de découvrir les principaux monuments et quartiers de la ville, s'adresser à l'office de tourisme - *avr.-oct. : jeu. 10h (sur réserv.) - 6 €.*

Train touristique – *✆ 05 59 41 96 94 - http://petit-train-saint-jean-de-luz.com - juil.-août : 10h30-19h30 ; avr.-juin et sept.-oct. : 10h30-12h30, 14h30-18h30 ; reste de l'année : se rens. - 5,50 € (-12 ans 3 €) - circuit de 30mn - dép. du rond-point du port de pêche.* Visite commentée de la ville en petit train.

Navette maritime – Un bateau relie St-Jean-de-Luz (port et digue aux Chevaux), Ciboure et Socoa. *✆ 06 11 69 56 93 - www.ciboure-paysbasque.com - de mi-avr. à mi-mai - horaires se rens. - traversée 2,50 € (-10 ans 2 €), tour 5 €, carte 10 passages 20 €.*

SE REPÉRER

Carte de microrégion A1 (p. 346-347) et plan de ville (p. 384) – À 17 km au sud de Biarritz par la D 810 et l'A 63. La vie à St-Jean-de-Luz se concentre entre la Nivelle au sud-ouest et les plages au nord, c'est-à-dire entre le port et la mer.

SE GARER

Garez-vous place du Mar.-Foch, à deux pas de la place Louis-XIV et du port. En été, des navettes gratuites vous emmènent depuis les parkings-relais, à l'entrée de la ville, jusqu'au centre-ville.

À NE PAS MANQUER

La splendide église St-Jean-Baptiste et son retable.

ORGANISER SON TEMPS

Visite du centre-ville le matin, plage l'apr.-midi ; sentier botanique en fin de journée ; apéro sur le port le soir : voilà le planning idéal d'une journée à St-Jean-de-Luz.

AVEC LES ENFANTS

Un tour de la ville en petit train ; une visite de l'écomusée de la Tradition basque ; les activités nautiques ; une chasse au trésor (vac. scol.).

Se promener Plan de ville

★ Port A2

Le temps des baleines est fini, mais le port reste important pour la sardine, le thon et l'anchois. C'est un vrai port de carte postale avec ses bateaux de couleurs vives et ses pêcheurs œuvrant sur le quai auprès des filets amoncelés, avec, en plus, une odeur de saumure et un délicieux concert cristallin joué par le ponton sur pilotis, qui roule avec la marée.

De l'autre côté du port se dressent l'église St-Vincent et les maisons de **Ciboure** (« À proximité », p. 387).

Maison de l'Infante – *1 r. de l'Infante - ✆ 05 59 26 36 82 - de déb. juin à mi-nov. : 11h-12h30, 14h30-18h30, lun. 14h30-18h30 - fermé dim., certains j. d'oct. - pos-*

SE LOGER

- Camping Tamaris-Plage 1
- Chambre d'hôte Nun Obeki 5
- Chambre d'hôte Villa Argi-Eder 6
- Château d'Urtubie 7
- Hôtel Agur Deneri 2
- Hôtel de la Plage 3
- Hôtel La Caravelle 4
- Hôtel La Marisa 9
- Hôtel Ohartzia 13
- Les Almadies 8

SE RESTAURER

- Arrantzaleak 1
- L'Acanthe 9
- Le Brouillarta 2
- L'Éphémère 11
- Olatua 5
- Petit Grill Basque "Chez Maya" 7
- Tarterie Muscade 12
- Zoko Moko 14

sibilité de visite guidée (20mn) - 2,50 € (-18 ans 2 €) - commentaires audio. Dite **Joanoenia** (A2), cette riche demeure en brique et pierre, avec ses galeries à l'italienne, semble veiller sur les bateaux. Elle accueillit l'infante Marie-Thérèse d'Autriche et la reine mère. Dans la grande salle 17e s., cheminée monumentale sculptée et peinte ainsi que des poutres décorées de peintures de l'école de Fontainebleau.

Rue Mazarin A2

Domaine des armateurs au 17e s., la langue de terre isolant la rade du port fut réduite des deux tiers par le raz-de-marée qui, en 1749, anéantit 200 maisons de la ville. Elle conserve quelques nobles demeures, comme la **maison St-Martin** (A2), au n° 13.
Sur la droite de la rue s'ouvre la place Louis-XIV.

★ Maison Louis XIV A2

Pl. Louis-XIV - ✆ 05 59 26 27 58 - www.maison-louis-xiv.fr - visite guidée (35mn) juil.-août : 10h30-12h30, 14h30-18h30, dép. ttes les heures ; juin et de déb. sept. à mi-oct. : 11h, 15h, 16h et 17h ; reste de l'année : 11h, 15h et 16h - fermé mar., de déb. nov. à mi-avr. - 6 € (-16 ans 3,80 €).
Dite **Lohobiague enea**, cette noble demeure fut construite pour l'armateur Lohobiague en 1643-1645. À l'intérieur, le caractère « vieux basque » est donné surtout par l'**escalier** à volées droites, travail robuste de charpentier de marine : comme pour tous les planchers anciens des pièces d'habitation, les lattes sont fixées par de gros clous apparents, qui interdisent le rabotage et le ponçage.
Du palier du 2e étage, une passerelle intérieure conduit aux appartements, où la veuve de Lohobiague reçut Louis XIV en 1660. En passant dans la **galerie à arcades**, prenez le temps de savourer le panorama des Pyrénées basques. Dans la salle à manger aux lambris verts, table de marbre Directoire et cadeau de l'hôte royal à la maîtresse de maison : un service de trois pièces en vermeil décoré d'émaux niellés.

Centre-ville

Avec son quartier piéton (rues de la République et Gambetta, *dans le prolongement de la rue Mazarin*), il a beaucoup de caractère. Au n° 17 de la rue de la République se trouve la plus vieille maison de la ville ; en pierre de taille, elle contraste avec les maisons basques voisines.

★★ Église St-Jean-Baptiste A2

✆ 05 59 26 08 81 - www.paroissespo.com/wordpress - ♿ - mai-sept. : 8h30-12h, 14h-18h30, j. fériés 8h15-11h30, 15h-19h30 ; reste de l'année : 8h30-12h, 14h-18h, dim. et j. fériés 8h15-11h30, 15h-19h30 - possibilité de visite guidée juil.-août : 17h (gratuit). Messe bilingue dim. à 8h30.
« ABC d'architecture », p. 90.
Extérieurement, elle est d'une architecture très sobre, presque sévère avec ses hautes murailles percées de maigres ouvertures et sa tour massive sous laquelle se glisse un passage voûté. Un bel escalier à rampe en fer forgé donne accès aux galeries.
L'intérieur, somptueux, date pour l'essentiel de son agrandissement de 1649, effectué par l'architecte bayonnais Louis de Milhet. Trois étages de galeries de chêne (cinq au mur du fond) encadrent la nef unique que couvre une remarquable voûte en carène lambrissée. Le chœur très surélevé, clos par une belle grille de fer forgé, porte un **retable★** (vers 1670, restauré en 1987) resplendissant d'or. Entre les colonnes et les entablements qui l'ordonnent en trois

LE MARIAGE DU ROI-SOLEIL

Prévu par le **traité des Pyrénées** (*p. 77*), le mariage de Louis XIV avec l'infante d'Espagne Marie-Thérèse a lieu à St-Jean-de-Luz. Accompagné de sa suite, le roi arrive le 8 mai 1660 et loge à la maison Lohobiague. Le 9 juin, entre les Suisses qui font la haie, le cortège royal s'ébranle en direction de l'église. Derrière deux compagnies de gentilshommes, le cardinal Mazarin, en costume somptueux, ouvre la marche, suivi par Louis XIV en habit noir orné de dentelles. À quelques pas derrière, Marie-Thérèse, en robe tissée d'argent et manteau de velours violet, la couronne d'or sur la tête, précède Monsieur, frère du roi, et l'imposante Anne d'Autriche. Toute la cour suit. Le service, célébré par Mgr d'Olce, évêque de Bayonne, dure trois heures, dans une église en construction. La porte par laquelle sort le couple royal sera murée quelques années après la cérémonie, le portail principal ayant été ouvert. Le cortège regagne la maison de l'Infante. Puis les jeunes époux soupent à la maison Lohobiague en présence de la cour. Une étiquette rigoureuse les conduit jusqu'au lit nuptial dont la reine mère ferme les rideaux en donnant la bénédiction traditionnelle. Marie-Thérèse sera, pour Louis XIV, une épouse douce et digne. Quand elle mourra, le roi dira : « C'est le premier chagrin qu'elle me cause. »

registres, des niches abritent une foule de statues : saints populaires locaux, apôtres, saint Benoît et la grille des monastères. Remarquez en outre la chaire (19e s.) supportée par six monstres ailés à gueules de loup ; dans l'embrasure de la porte murée, statue parée de **N.-D.-des-Douleurs** et, à côté, petite Vierge de rosaire en tenue de cérémonie.

À voir aussi Plan de ville

Sentier du littoral hors plan par B1

Sur 25 km, parcourez le sentier en découvrant la faune et la flore au fil des stations d'interprétation.

St-Jean-de-Luz donne accès à deux portions du sentier du littoral, totalement différentes : vers Hendaye, la promenade dévoile les montagnes et surtout la **Corniche basque★★** (*p. 388*), mais elle longe la route, tandis que vers Bidart, elle traverse des espaces naturels, urbains ou semi-urbains. On part alors du jardin de la pointe de Ste-Barbe, au bout de la promenade des Rochers.

Jardin botanique littoral Paul Jovet hors plan par B1

31 av. Gaëtan-de-Bernoville - ✆ 05 59 26 34 59 - www.jardinbotanique-saintjeandeluz.fr - juil.-août : 11h-19h ; reste de l'année : w.-end, j. fériés et merc. 11h-18h - fermé nov.-mars - possibilité de visite guidée sur demande (1h) - 4 € (-12 ans gratuit) - livret d'aide à la visite disponible.

Sur la falaise d'Archilua, dans ce jardin de 2,5 ha, on découvre au gré d'une promenade les plantes des différents écosystèmes de la Côte basque : chênaie, lande littorale, dunes colonisées par la végétation, zones humides, mais aussi des spécimens du monde entier. Petit labyrinthe botanique et jardin des simples.

Écomusée de la Tradition basque Jean Vier hors plan par B1

Au nord de St-Jean-de-Luz, par la D 810 - ✆ 05 59 51 33 23 - www.jean-vier.com - ♿ (partiellement) - visite guidée (1h) juil.-août : 10h-18h30 ; avr.-juin et sept.-oct. : tlj sf dim. 10h-11h15, 14h30-17h30 - fermé 1er Mai - 7,50 € (enf. 3,20 €) - visite avec audioguide - dép. ttes les 15mn - film en 3D lunettes fournies. Boutique de linge et de produits basques.

Cette ferme traditionnelle du 19e s., qui est aussi une succursale de la marque de linge Jean-Vier, occupe un domaine de 10 ha. Un parcours scénographique, accompagné de projections en 3D, évoque les différents savoir-faire et activités traditionnels : fabrication de l'*izarra* (avec une dégustation), histoire du linge basque, pelote, danses, artisanat (bérets, espadrilles, gourdes), etc. Une véritable ode à la culture basque et à l'amour que portent les habitants à leur pays !

À proximité Carte de microrégion

★ **Ciboure/**Ziburu A1

À 1 km de St-Jean-de-Luz, de l'autre côté du pont Charles-de-Gaulle.

27 quai Maurice-Ravel - 64500 Ciboure - 05 59 47 64 56 - www.ciboure.fr - juil.-août : 9h30-13h, 14h-19h, dim. et j. fériés 10h-13h ; mai-juin et sept. : tlj sf dim. 9h30-13h, 14h-19h ; reste de l'année : tlj sf w.-end 10h-12h30, 15h-18h - fermé certains j. fériés - l'office de tourisme propose des visites guidées à pied, en bateau et en voiture à cheval (tarifs, se rens.).

Petite sœur de St-Jean-de-Luz, la charmante Ciboure gravit, entre ciel et mer, une colline sur la rive sud du port. L'office de tourisme occupe la **maison natale de Maurice Ravel**, au n° 27 du quai portant son nom. Au bout du port, le phare de Ciboure fait face à son jumeau de St-Jean-de-Luz. Tous deux ont été conçus par André Pavlovsky en 1936 dans un style néobasque. Les marins se servent de leur alignement pour s'orienter vers le port. De l'autre côté de celui-ci se dresse la silhouette de l'ancien couvent des Récollets, construit en 1610, dont la chapelle a été rénovée *(des expositions et manifestations y sont occasionnellement organisées - rens. à l'OT)*. Des habitations et les Affaires maritimes ont investi son cloître, qui conserve une fontaine, offerte par Mazarin en 1660.

La **rue Pocalette** mêle les maisons labourdines à pans de bois (maison de 1589 à encorbellement au coin de la rue Agorette) et de hautes demeures de pierre plus nobles, comme le n° 12, au chevet de l'église.

Église St-Vincent – On aperçoit de loin l'original clocher de charpente à deux étages. Cette église du 16e s. est accessible latéralement par un beau parvis dallé, porteur d'une croix en pierre de 1760. L'intérieur abrite un joli retable aux tons bleus, ainsi qu'une triple galerie qui avance sur la nef.

Villa Leïhorra – *1 imp. Muskoa - www.villa-leihorra.com - avr.-juil. et sept. : visite guidée (1h) lun.-mar. 11h, merc. 11h et 17h, août visites suppl. jeu. et sam. 11h - 7 € (gratuit -6 ans).* Construite en 1926-1929 par l'architecte **Joseph Hiriart**, cette villa est de style **Art déco**, tant dans son architecture que dans sa décoration intérieure. Il est possible de la louer et parfois, de visiter les jardins *(rens. à l'OT)*.

Tour de Bordagain – *Empruntez la route de Socoa et tournez à gauche au panneau indiquant la tour. Au rond-point, prenez à gauche et encore à gauche au carrefour suivant (en direction de l'hôtel) - 05 59 47 64 56 - www.ciboure.fr - visite dans le cadre des visites commentées de l'office de tourisme de déb. avr. à mi-oct. : vend. 10h, dép. de l'office de tourisme - sur réserv. uniquement - fermé certains j. fériés.* Sur la colline de Bordagain se dresse une tour octogonale adossée à une ancienne chapelle du 12e s. D'abord clocher, ensuite tour de guet, elle a probablement aussi servi d'*atalaye* pour prévenir les pêcheurs de la présence de baleines près des côtes. Lors des visites, on peut apprécier la **vue à 360°** du sommet de la tour.

Socoa A1

À 3 km à l'ouest de St-Jean-de-Luz, à 2 km à l'ouest de Ciboure, par la D 912. Laissez la voiture sur le port et poursuivez vers la jetée (45mn à pied AR).
L'entrée de la baie de St-Jean-de-Luz était défendue autrefois par le fort de Socoa, construit sous Henri IV et remanié par Vauban.

★★ Corniche basque A1

Depuis le parking du port de Socoa, prenez la voie de sortie, puis tournez immédiatement à droite dans la rue du Phare, très pentue, puis à gauche dans la rue du Sémaphore. Garez-vous au sémaphore et poursuivez à pied. **Vue★★** au sud-ouest sur la Côte basque, du cap du Figuier (cabo Higuer) en Espagne jusqu'à Biarritz. Au premier plan, les falaises plongent en oblique leurs roches feuilletées vigoureusement attaquées par les flots. Le site est particulièrement beau les jours de tempête.
Prenez la D 912 qui longe le littoral jusqu'à Hendaye.
La route sinueuse, bordée d'ajoncs, se rapproche des falaises de Socoa. Au gré des échappées s'ouvrent de jolies **vues★★** sur l'Océan qui vient battre les rochers. Le point de vue face au camping Juantcho est le lieu idéal pour observer aux jumelles la vague **Belharra** (*encadré ci-dessous)* quand elle se forme.

★ Château d'Urtubie A1-2

Rue Bernard-de-Coral (à 3 km au sud-ouest de St-Jean-de-Luz) par la D 810 - 05 59 54 31 15 - www.chateaudurtubie.net - de mi-juil. à fin août : 10h30-18h30 ; de déb. avr. à mi-juil., sept.-oct. et w.-end de la Toussaint : 10h30-12h30, 14h-18h30 - possibilité de visite guidée (1h) - 7 € (-16 ans 3,50 €).
Du simple donjon construit par autorisation du roi Édouard III d'Angleterre en 1341, ce château est devenu au fil des âges une élégante demeure classique avec ses **toits à l'impériale** coiffant les deux tours qui, au 14e s., encadraient le pont-levis. Dans la tour centrale, remarquable **escalier à vis suspendu** datant du 16e s. Dans la chapelle édifiée au 17e s., au chœur redoré au 19e s., une salle de bains fut aménagée derrière la sacristie en 1830.
L'intérieur du château est décoré de grandes **tapisseries** de Bruxelles du 16e s. (grand salon), d'un ensemble de chaises et de fauteuils espagnols de l'époque Louis XIV (salle à manger), ainsi que de divers meubles et bibelots ayant appartenu depuis des générations aux châtelains d'Urtubie. Dans la **salle de chasse**, au rez-de-chaussée, plusieurs pièces (coffre, armoire) évoquent le mobilier basque traditionnel.
Le château (en partie reconverti en hôtel, *« Nos adresses », p. 392*) s'inscrit aujourd'hui au cœur d'un agréable parc à l'anglaise. L'**orangerie** accueille des expositions et un salon de thé *(goûter et visite : 10 €).*

★ Hendaye A1

À 31 km au sud de Biarritz par la D 810, l'A 63 et la D 811.

LA DIVA DES VAGUES

Surfée pour la première fois en 2002, **Belharra** est la plus grosse vague de la Côte basque et… d'Europe ! Une vague qui sait se faire désirer puisqu'elle se forme généralement une fois par an, au large de la **corniche d'Urrugne**, si trois conditions sont réunies : un vent d'est, un fort coefficient de marée, une marée basse. Elle peut atteindre plus de 10 m de haut. Autant dire que seuls les *big wave riders* chevronnés dévalent cette montagne au-devant d'un gigantesque déferlement de mousse !

Le port de St-Jean-de-Luz.
VH/Oriental Touc/age fotostock

Bd de la Mer - 64700 Hendaye - ✆ 05 59 20 00 34 - www.hendaye-tourisme.fr - juil.-août : 9h-19h, dim. et j. fériés 10h-12h30, 15h30-18h ; juin et sept. : 9h30-12h30, 14h-18h30, sam. 9h30-12h30, 14h-18h, dim. 10h-12h ; avr.-mai et oct. : tlj sf dim. 9h-12h30, 14h-18h30, sam. 9h-12h30, 14h-18h, j. fériés 10h-12h ; reste de l'année : tlj sf dim. 9h-12h30, 14h-18h, sam. 9h-12h30, 14h-17h30 - fermé 1er janv., 1er Mai, 25 déc. - 2e bureau bd de Gaulle (face à la gare) - lun.-mar. et jeu.-vend. 9h-12h30, 13h30-17h.

Située sur la rive droite de la Bidassoa qui se jette dans l'Océan, Hendaye est formée de trois quartiers : Hendaye-Gare, Hendaye-Ville et Hendaye-Plage.

Hendaye-Plage – Si une chose ne manque pas à Hendaye-Plage, c'est bien le vert : dans les jardins ou sur les avenues, magnolias, palmiers, tamaris, eucalyptus, mimosas et lauriers foisonnent.

Dans l'ancien casino de style mauresque (1884), vous flânerez entre boutiques, cafés et restaurants. Il marque le point de départ du GR 10 qui traverse les Pyrénées d'ouest en est.

Au nord-est de la plage se dressent les rochers des Deux-Jumeaux, au large de la pointe de Ste-Anne ; à l'opposé, le **cap du Figuier★** (Cabo Higuer), déjà en Espagne, marque l'embouchure de la Bidassoa.

N'hésitez pas à marcher jusqu'au bout de la digue, d'où vous aurez une belle vue sur le littoral hendayais.

Entre le boulevard du Gén.-Leclerc et la rue des Oliviers, en arrière de la plage, vous pourrez admirer les maisons de **style néobasque** (déb. 20e s.) qui caractérisent le patrimoine architectural d'Hendaye : il y en a plus de soixante-dix, classées, dont beaucoup sont dues à l'architecte **Edmond Durandeau** (1878-1960), Hendayais d'adoption.

Le quartier Sokoburu, entre la plage et le port de plaisance, regroupe salle des congrès, espace culturel, centre de thalasso, casino et restaurants avec terrasse ; il accueille également les marchés et foires, dont les Nuits du port, en été (*« Nos adresses », p. 398*).

Baie de Chingoudy – L'estuaire de la Bidassoa forme à marée haute un lac tranquille : la baie de Chingoudy, où l'on peut pratiquer toutes sortes d'activités nautiques.
Jolie vue sur le port et la baie depuis le quai de la Floride.
Chemin de la Baie – Du port de plaisance à l'île de la Conférence, cette promenade de 15 km autour de la baie de Chingudi offre une belle vue sur les villes d'Irun et Fontarrabie.
Port de Caneta – *Depuis le bd du Gén.-de-Gaulle, tournez dans la rue de la Liberté ; parking en contrebas.* Joli petit port de pêcheurs surplombé par une fortification Vauban, détruite dès le premier assaut espagnol en 1793. À la fin de sa vie, Pierre Loti habitait dans la maison de style mauresque.
Église St-Vincent – Les harmonieuses proportions de cette église typiquement basque, située au cœur d'un dédale de ruelles, dominent la baie de Chingoudy et l'estuaire de la Bidassoa. Remarquez, dans la chapelle du St-Sacrement, un grand **crucifix★**, œuvre sereine du 13e s.

Domaine Abbadia A1

Site accessible 24h/24. Bureau d'accueil ✆ 05 59 20 37 20 - www.abbadia.fr - 10h-12h, 14h-18h, w.-end et j. fériés 14h-18h - fermé vac. de Noël - plusieurs formules de visites commentées sont proposées (voir site Internet). Prévoir des jumelles pour observer les oiseaux. Chiens, VTT et cueillette sont interdits.
À la pointe Ste-Anne, le domaine Abbadia est un site naturel protégé aux caractéristiques de la Côte basque : prairies couvertes de landes à ajoncs et à bruyères s'arrêtant en falaises abruptes sur la mer. Vous pouvez voir les **rochers des Deux-Jumeaux** et, à l'aide de jumelles, observer les oiseaux migrateurs, tels le pluvier argenté, le busard cendré, l'outarde canepetière et le milan royal.

★★ Château-Observatoire Abbadia A1

Accès par la D 912, route de la Corniche. ✆ 05 59 20 04 51 - www.chateau-abbadia.fr - 14h-18h - fermé 3 sem. en janv., 1er janv., 1er Mai, 25 déc. - possibilité de visite guidée - 6,60 € (-7 ans gratuit) - 7,90 € (-12 ans 4 €) visite guidée, 17-20 € billet famille.
Étonnant bâtiment néogothique, ce château fut la demeure d'**Antoine d'Abbadie** (1810-1897), un « savanturier », explorateur, géodésien, géographe, astronome, linguiste, philologue, ethnologue, mécène de la culture basque… Après dix années passées à cartographier l'Éthiopie, il choisit la pointe Ste-Anne pour faire bâtir un château digne de ses rêves africains. Mais, afin de satisfaire son goût pour le Moyen Âge et pour la science, il fit appel à l'architecte **Viollet-le-Duc** et à son élève Edmond Duthoit. Le mélange ne manque pas de piquant : tours crénelées à la médiévale, façades ponctuées d'un bestiaire fantastique et toits en poivrière dominent le parc planté d'essences et de plantes exotiques, dessiné par les **frères Bühler**. Dans toutes les pièces – peintes, ornées de fresques, tendues de cuir de buffle… –, on peut lire des vers, des devises en anglais, en basque et en amharique (langue éthiopienne). Dans le grand salon, pièce circulaire à dominante bleue, on découvre le blason et la devise d'Antoine, « Plus être que paraître », son monogramme et celui de son épouse Virginie ; tous deux reposent dans la crypte aménagée sous la chapelle du château.
Bibliothèque – Placée au cœur de la demeure, lieu de travail et de réflexion, l'impressionnante bibliothèque garnie de rayonnages du sol au plafond comptait plus de 10 000 volumes.
Observatoire – Instrument servant principalement à déterminer la position des étoiles dans le ciel, la lunette méridienne fut utilisée par les astronomes jusqu'en 1975. L'observatoire prend toujours des mesures sismographiques.

Dans le château en perpétuelle rénovation, l'un des prochains chantiers le concerne ; on projette d'y installer une nadirane version 21e s., un instrument unique destiné notamment à détecter les faibles secousses telluriques, avec l'ancêtre duquel Antoine d'Abbadie effectua de nombreuses observations.

Mort sans héritier, Antoine d'Abbadie légua son château à l'Académie des sciences dont il était un correspondant. Loin d'être un musée figé, le château-observatoire Abbadia est un lieu vivant où il se passe toujours quelque chose : visites thématiques, concerts, etc.

NOS ADRESSES À SAINT-JEAN-DE-LUZ

HÉBERGEMENT

PREMIER PRIX

Camping Tamaris-Plage – Hors plan ① - *Quartier Acotz - 720 rte des Plages (à 5 km au nord-est) - ✆ 05 59 26 55 90 - www.tamaris-plage.com - de déb. avr. à déb. nov. - ♿ - 79 empl. 20/25 € - 🚐 37 € - 45 locatifs 45/69 €/j - loc. uniquement à la sem. en hte saison.* Idéalement situé à deux pas de la plage, ce camping à l'ambiance familiale propose, en plus des emplacements pour tentes ou caravanes, un grand choix de formules d'hébergement (mobile homes, bungalows toilés et 5 studios). Pour les loisirs : un club enfants et une petite piscine. Jacuzzi extérieur.

BUDGET MOYEN

Chambre d'hôte Villa Argi Eder – Hors plan ⑥ - *58 av. Napoléon-III (à 3 km par D 810 et rte secondaire) - ✆ 05 59 54 81 65 - www.chambresdhotes-argi-eder.com - 💳̸ - 4 ch. 66/76 € ☕.* Une adresse conviviale, à deux pas de la plage, mais loin de la foule. Vastes et paisibles, les chambres de plain-pied ouvrent sur des terrasses privées très agréables pour le petit-déjeuner.

Chambre d'hôte Nun Obeki – Hors plan ⑤ - *6 r. Élie-de-Sèze - ✆ 05 59 26 30 71 - www.nunobeki.com - 🅿 - 💳̸ - 5 ch. 75/100 € ☕.* Cette grande maison basque peut s'adapter à maintes demandes d'hébergement. Chambres simples, petit appartement ou villa : les possibilités de séparer ou de regrouper les différentes pièces sont nombreuses. Autres atouts : le décor très cosy, la proximité de la plage et du centre-ville, et surtout la quiétude du jardin.

À Ciboure

Hôtel La Caravelle – Hors plan ④ - *1 bd Pierre-Benoit - ✆ 05 59 47 18 05 - www.hotellacaravelle-stjeandeluz.com - 18 ch. 90/145 € - ☕ 9 €.* De l'extérieur, cette petite maison blanche aux volets bleus passe inaperçue. Mais on est charmé à l'intérieur par l'élégance des pierres taillées et par le goût de la décoration des chambres. Vue sur la mer, balcon sur le jardin, terrasse intérieure, Jacuzzi. Les chambres sont toutes différentes ; celles qui donnent sur la mer peuvent être bruyantes à cause de la proximité de la route.

Hôtel Agur Deneri – Hors plan ② - *14 chemin de Muskoa - ✆ 05 59 47 02 83 - www.hotel-agur-deneri.com - 🅿 - 17 ch. 75/145 € - ☕ 10 € - réserv. 3 nuits min. en été.* À deux pas de la villa Leïhorra, cet hôtel qui surplombe Ciboure a un air de vacances. Transats sur les terrasses privées, décoration colorée et superbe vue. Les chambres sur l'Océan ou avec terrasse sont équipées d'une baignoire balnéo ou d'une douche hydromassante. Certaines chambres ont un balcon. Buffet copieux au petit-déjeuner. Clientèle d'habitués.

POUR SE FAIRE PLAISIR

Hôtel Ohartzia – A1 ⑬ - *28 r. Garat - ✆ 05 59 26 00 06 - www.hotel-ohartzia.com - 17 ch. 105/135 € - ☕ 12 €.* Bien que située en plein centre-ville, cette demeure aux volets bleus, longuement restaurée, dégage un charme bucolique. Les chambres ne sont pas très grandes, mais certaines donnent sur le jardin planté de platanes et de fleurs.

Hôtel de la Plage – A1 ③ - *Prom. Jacques-Thibaud (angle r. Garat) - ✆ 05 59 51 03 44 - www.hoteldelaplage.com - ♿ - P 10 € - 22 ch. 109/179 € - ☕ 11 € - réserv. 5 nuits min. du 5 juil. à mi-sept. - fermé nov.-fév. sf vac. de la Toussaint.* Très bien placé, juste au-dessus de la plage, cet hôtel de charme propose plusieurs catégories de chambres spacieuses et impeccables dont certaines ont un balcon sur l'Océan. Excellent accueil. Le restaurant Le Brouillarta (*↻ « Restauration », p. 393*) est l'une des grandes tables de la ville.

Hôtel Les Almadies – B1-2 ⑧ - *58 r. Gambetta - ✆ 05 59 85 34 48 - www.hotel-les-almadies.com - 7 ch. 115/135 € - ☕ 12 €.* Décor soigné dans ce charmant petit hôtel mêlant touches design et mobilier rustique. Chambres impeccables, terrasse fleurie.

Hôtel La Marisa – B1 ⑨ - *16 r. Sopite - ✆ 05 59 26 95 46 - www.hotel-lamarisa.com - ♿ - P 15 € - 16 ch. 116/178 € - ☕ 12 € - réserv. 3 nuits min. juin-sept. - fermé janv.-fév.* Dans une petite rue calme, à deux pas de la plage, cet établissement abrite des chambres bien équipées, coquettes et rustiques, avec quelques accents contemporains. Une belle bibliothèque est mise à la disposition des clients et le patio ombragé est délicieux pour prendre le petit-déjeuner.

À Urrugne

Château d'Urtubie – Hors plan ⑦ - *✆ 05 59 54 31 15 - www.chateaudurtubie.fr - avr.-oct. - P - 10 ch. 140/175 € - ☕ 12 €.* Sur la route de l'Espagne, ce château fort du 14e s. remanié au fil du temps (*↻ p. 388*) abrite un hôtel aux vastes chambres, décorées de tableaux et de meubles anciens. La ferme Lizarraga, dépendance du château, propose la demi-pension au dîner *(28 €).*

RESTAURATION

PREMIER PRIX

Tarterie Muscade – A1 ⑫ - *20 r. Garat - ✆ 05 59 26 96 73 - www.tarteriemuscade.com - tlj sf lun. 12h-16h, 18h-22h ; fermé nov.-janv.* Une très bonne adresse pour déguster toutes sortes de tartes salées et sucrées à petits prix. On savoure des parts copieuses, attablé au comptoir ou à de petites tables. Vente à emporter.

L'Acanthe – A1 ⑨ - *31 r. Garat - ✆ 05 59 26 85 59 - www.lacanthe.com - juil.-août : 9h-19h ; hors sais. : tlj sf lun. 9h-19h - fermé 15-30 janv. - 6,50/15 €.* Un joli salon de thé où prendre une collation à toute heure (salades, quiches, plats du moment), une boisson chaude ou froide (grand choix de thés en feuilles), un dessert, ou encore goûter au superbe jambon exposé dans la salle.

À Hendaye

La Cidrerie – *Maison Camino Berry (D 810) - 64700 Biriatou - ✆ 05 59 20 66 25 - www.restaurant-cidrerie.fr - fermé 2 sem. fin oct., 2 sem. fin déc.-déb. janv., 1 sem. en juin, dim. soir et mar. soir sf juil.-août et lun. - P - menus 12,50/17/19,50/24/26 €, menu* *cidrerie 30 € (réserv. 24h à l'avance).* À La Cidrerie, vous boirez bien sûr le cidre de la propriété, que vous accompagnerez d'une copieuse côte de bœuf ou d'une daurade grillées, spécialités de la maison. Le décor est simple – murs blancs, bois et petites fenêtres – et le service sans chichi. Possibilité d'acheter du cidre toute l'année.

BUDGET MOYEN

Olatua – B1 ⑤ *- 30 bd Thiers - ✆ 05 59 51 05 22 - www.olatua.fr - fermé lun.-mar. hors j. fériés - menus 21/22/28 € - 30/35 €.* Institution locale revisitant le répertoire culinaire basque dans un cadre frais et coloré. Intérieur aux tons jaunes et chocolat; terrasse d'été protégée en bois exotique et jardin couvert.

Petit Grill Basque - Chez Maya – AB1 ⑦ *- 2 r. St-Jacques - ✆ 05 59 26 80 76 - fermé mi-déc. – fin janv., lun. midi, jeu. midi et merc. - menus 22/32 € - 26/48 €.* Incontournable, cette auberge basque! Fresques et assiettes de Louis Floutier, cuivres, amusant système de ventilation manuelle et... plats régionaux dans toute leur authenticité.

Le Brouillarta – A1 ② *- 48 prom. Jacques-Thibaud - ✆ 05 59 51 29 51-www.restaurant-lebrouillarta.com - fermé lun.-mar. - menu déj. 18/22 €, menu dîner 35 € - 26/39 €.* Le restaurant de l'hôtel de la Plage jouit d'une vue imprenable sur l'Océan et la digue centenaire de l'Artha. On y sert une cuisine inventive à base de produits régionaux: merlu de ligne, jambon des Aldudes, rumsteak du Pays basque, etc. La carte évolue selon les produits du moment.

À Hendaye

Le Battela – *5 r. d'Irun - ✆ 05 59 20 15 70 - fermé de mi-déc. au 1er mars, dim. soir, lun. et mar. - menus 19,50/23 € - 15/25 €.* Ce petit établissement situé dans une rue perpendiculaire à l'Océan est apprécié des Hendayais pour son poisson ultra frais et ses recettes originales: ravioles de piment doux, salade de *chipirones* et de salicorne, authentique soupe de poisson, à savourer dans une salle à l'ambiance intime.

La Pinta – *121 bd de la Mer, port de Sokoburu - ✆ 05 59 48 12 12 - www.lapintasergeblanco.com - fermé 3 sem. en déc. et mar. sf juil.-août - menus 18/32 €.* Cette *bodega-sidreria* à la chaleureuse décoration rouge et blanc est l'occasion de goûter comme il se doit au menu complet qu'offre toute bonne cidrerie. On y trouve d'autres bonnes choses, dans le respect des traditions basques: poissons à la plancha, axoa au piment d'Espelette, etc. Également belle terrasse sur la marina.

Hegoa Café – *2 bd de la Mer - ✆ 05 59 20 64 82 - fermé déc.-janv., le soir en fév.-mars - menu 17,80/29,50 € - 20/30 €.* On pourrait se croire en croisière sur un bateau dans ce restaurant avec ses boiseries claires, ses rampes et ses objets en cuivre. Et par ses larges baies vitrées, la baie d'Hendaye, l'estuaire de la Bidassoa, la mer et... l'Espagne. Dans l'assiette, les poissons tiennent la vedette, mais il y a aussi de bonnes pizzas.

La Cabane du Pêcheur – *Quai de la Floride, port de pêche - ✆ 05 59 20 38 09 - http://lacabanedupecheur64.free.fr/- fermé lun. sf juin-août et dim. soir - menu 19,50 € - 20/30 €.* Sur le port de pêche, cette maison blanc et bleu au décor marine accueille un restaurant récent, tenu par deux jeunes Biarrots. De la terrasse couverte, vue sur les vagues de la baie, le passage des bateaux et de quelques avions, la vieille ville d'Hendaye et la côte espagnole.

Côté table, une agréable cuisine de fruits de mer et de poisson, variant selon les saisons et accompagnée d'un choix de vins originaux. Service élégant et rapide.

POUR SE FAIRE PLAISIR

Zoko Moko – A2 ⑭ - *6 r. Mazarin – ✆ 05 59 08 01 23 - www.zoko-moko.com - menus déj. 20/26 €, menus dîner 49/77 € - fermé dim. sf juil.-sept. et lun.* On vient ici pour se délecter d'une cuisine basque gastronomique et raffinée, dans une belle maison du 18e s. où les pierres apparentes et la cheminée contrastent avec le mobilier design mais confortable. Les menus changent au fil des saisons, mais la table est toujours très raffinée.

À Ciboure

Arrantzaleak – A2 ① - *18 av. Jean-Poulou - ✆ 05 59 47 10 75 - fermé janv., lun. et mar. sf mar. soir en haute saison - menus 36/45 € - env. 32/45 €.* Sur les bords de la Nivelle, dans un cadre rustique, une institution où l'on vient surtout déguster poissons et fruits de mer fraîchement pêchés et préparés avec simplicité : anchois frais, *chipirones*, turbot, merlu, etc., le meilleur de la pêche locale.

À Hendaye

Les Jardins de Bakéa – *R. Herri-Alde - 64700 Biriatou - ✆ 05 59 20 02 01 - www.bakea.fr - fermé approx. 17 nov.-4 déc. et 20 janv.-6 fév. - formule déj. 27 € - menus 37/73 €.* La table des Jardins de Bakéa offre une belle vue sur la montagne et une jolie terrasse sous les platanes. Ici, on savoure une cuisine qui va à l'essentiel, à l'image de cette délicieuse salade d'artichaut avec jambon de pays ou cette nage de fraises à la menthe, rafraîchissante à souhait.

UNE FOLIE

À Ciboure

L'Éphémère – A2 ⑪ - *15 quai Maurice-Ravel - ✆ 05 59 47 29 16 - www.chateaudebrindos.com - fermé mar.-merc. hors j. fériés et vac. scol. - formule déj. 28 € - 54/89 € - env. 50 €.* Considéré comme une des grandes tables de la région, ce restaurant est installé dans une belle maison dont la terrasse embrasse la mer. Cuisine raffinée et créative, préparée exclusivement avec des produits achetés chez les producteurs locaux. La carte, courte, est renouvelée au fil des saisons et les amateurs de viande comme de poisson seront comblés.

EN SOIRÉE

À St-Jean-de-Luz

Autour de la **place Louis-XIV** s'étalent les terrasses de nombreux bars, brasseries et autres restaurants. Lieu de rendez-vous majeur des Luziens et Luziennes, cette place vit en été au rythme des manifestations et concerts qui y sont organisés.

Casino – *Pl. Maurice-Ravel - ✆ 05 59 51 58 58 - www.joa-casino.com - 10h-2h, w.-end 10h-3h.* Ce casino est doté d'une salle pour les jeux et d'un espace pour machines à sous. Animations musicales un samedi sur deux au restaurant-bar à tapas Le Comptoir Joa, qui bénéficie d'une vue magnifique sur la mer.

À Hendaye

Les noctambules français prolongent souvent leurs sorties festives à **Irun**, de l'autre côté de la frontière. L'animation se concentre autour de la place San Juan et de la rue de Karrika Nagusia, où des dizaines de bars à tapas restent ouverts jusqu'à des heures indues.

Casino de Sokoburu – *121 bd de la Mer - ✆ 05 59 48 02 48 - www.casino-hendaye.com - 10h-4h.* Dans ce casino situé face à la plage et à proximité du centre de thalassothérapie, on tente fortune sur les 52 machines à sous... Black jack et roulette en soirée. Animations le sam. soir en saison.

ACHATS

Place des Halles – *✆ 05 59 26 38 38 - halles ouv. ts les matins ; marché alimentaire autour des halles les mar. et vend. matin, le sam. matin en juil.-août.* Ces halles de type Baltard, fraîchement rénovées, réunissent des « indépendants » de la région venus vendre leur production.

Maison Adam – *6 r. de la République - ✆ 05 59 26 03 54 - www.maisonadam.fr - 8h-12h30, 14h-19h30 - fermé de mi-janv. à mi-fév. et 1 sem. en nov.* La famille Telleria-Adam tient cette pâtisserie depuis le 17e s., soit 12 générations. C'est dire si elle a vu défiler les gourmands ! Les macarons Adam auraient même été servis lors du mariage de Louis XIV et Marie-Thérèse en 1660. Gâteaux basques, tourons et chocolats mettent l'eau à la bouche. Au n° 4, la même famille tient une **épicerie basque** : pains maison, produits de la mer, salaisons, fromages, confitures, cave à vin.

Maison Thurin – *32 r. Gambetta - ✆ 05 59 26 05 07 - 10h-13h, 14h30-19h30.* Cette boutique de poche renferme des produits du terroir dénichés de part et d'autre de la frontière franco-espagnole : excellent jambon de Bayonne, goûteux fromages de brebis, piments d'Espelette, bon foie gras. Minicave de vins basques.

Maison Pariès – *9 r. Gambetta - ✆ 05 59 26 01 46 - www.paries.fr - 8h30-19h30 ; en saison : 8h30-19h30, jusqu'à 23h en été.* La maison créée à Bayonne (*p. 361*) figure parmi les « références gourmandes » de la région : mouchou basque (macaron à base d'amandes), kanouga (caramel tendre), cinquante sortes de chocolat aux saveurs exotiques... L'atelier de production situé à **Socoa** (*zone de Putillenea*) se visite - *rens. au 05 59 22 06 00.*

À Ciboure

Marché – *Pl. Camille-Jullian, face à la mairie - dim. matin.* Marché aux produits régionaux.

Le Comptoir Cibourien – *19 quai Maurice-Ravel - ✆ 05 59 22 58 40 - lun.-sam. 10h-12h30, 15h30-19h, dim. 10h-12h30 ; fermé dim. et lun. en basse saison.* Cette boutique propose des productions locales : linge basque, liqueurs, cidres et vins, mais l'adresse vaut surtout pour le large choix de produits de la mer luziens (bocaux, conserves).

ACTIVITÉS

Hôtel Hélianthal – *Pl. Maurice-Ravel - ✆ 05 59 51 51 51 - www.thalazur.fr - 9h-19h45.* Ce centre de thalassothérapie propose tout un choix de formules à la carte, de la demi-journée à la semaine en passant par le w.-end découverte, pour traiter toutes sortes de maux. Bel hôtel sur place et plusieurs restaurants ouverts aux non-résidents.

Jaï alaï – *Av. André-Ithurralde - ✆ 05 59 51 65 36 - www.cestapunta.com - tlj sf w.-end 9h-12h30, 14h-19h - fermé oct.-mars - 12 € (-10 ans gratuit).* La cesta punta est le sport emblématique du Pays basque : elle se joue sur un fronton espagnol couvert (*jaï alaï*) à trois murs (devant, derrière et à gauche). De juillet à fin août, des matchs professionnels de cesta punta ont lieu à cette adresse les mardi et jeudi à 21h.

Trinquet Maïtena – *42 r. du Midi - ✆ 05 59 26 05 13 - 9h-22h.* Même si les Basques pratiquent volontiers d'autres sports, ils en reviennent tous à la *pala*, qu'ils pratiquent dans un trinquet (petite salle couverte). Après une partie, c'est à cette adresse qu'ils se retrouvent pour se désaltérer.

Luzaen – *1 av. André-Ithurralde - ✆ 05 59 26 13 93 - http://luzazgazte.pagesperso-orange.fr - juil.-sept. : lun., vend. 21h15-23h15 - 8 € pour les ateliers de pratique (-12 ans 5 €).* De juillet à septembre, parties de chistera le lundi et de grand chistera le vendredi (à 21h15), voire compétitions de force basque, souvent accompagnées de chants et de danses. Ouvert à tous en dehors des compétitions, le fronton est souvent occupé par des ateliers de pratique encadrés pour enfants et adultes.

Sports Mer – *Secrétariat : 7 bd Thiers - base nautique : digue aux Chevaux, face au 58 bd Thiers - ✆ 06 80 64 39 11 - http://sportsmer.fr - juil.-août : 10h-20h - fermé j. fériés sf été - à partir de 8 €.* Parachute ascensionnel en solo ou en tandem, bouée tractée, *flyfish* et scooter des mers : poussée d'adrénaline assurée ! On accueille ici enfants et adultes pour organiser des randonnées en pleine mer en jet-ski qui, si elles ne nécessitent pas de permis, sont tout de même encadrées par un moniteur diplômé...

Nivelle V – *Départs de l'embarcadère du port de pêche de St-Jean-de-Luz - ✆ 06 09 73 61 81 - www.croisiere-saintjeandeluz.com - d'avr. à mi-oct., réserv. obligatoire en juil.-août - croisière 45mn : départ 16h (et 17h en juil.-août), 10 € (-10 ans 7 €) ; croisière 1h45 : départ 14h (et 10h30 en juil.-août), 17 € (-10 ans 13 €).* Le *Nivelle V* prend la mer pour une croisière au large de la corniche d'Urrugne (45mn) ou plus loin, jusqu'à Hendaye et l'Espagne (1h45). Organisation de matinées de pêche en mer *(départ 8h, retour 11h30) - cannes et appâts fournis - 35 € (-10 ans 25 €).* Également balades en zodiac de 12 places sur la Nivelle *(1h45, sur réserv.) au départ du port - 15 €.*

Golf de Chantaco – *Rte d'Ascain - ✆ 05 59 26 14 22 - www.chantaco.com - sais. : 8h-19h ; hors sais. : 9h-18h - fermé mar. de nov. à mars.* Parcours de 18 trous renommé, dessiné par Harry Colt. Les 9 premiers sont tracés en forêt.

À Ciboure

École de voile internationale – *Parking de Socoa - ✆ 05 59 47 06 32 - www.evi-nautika.com - 9h-19h - 170 € stage de voile (-10 ans 130/150 €).* Cette école propose des stages de voile, des tours de ski nautique, bouée tractée ou wake-board, la location de bateaux à voile, ainsi que des stages et croisières sur monocoque habitable.

Yacht-Club Basque – *Parking dériveurs Socoa - ✆ 05 59 47 18 31 - www.ycbasque.org - juil.-août : 9h-19h30 ; hors sais. : 9h-17h - 136 à 240 €.* Ce club ouvert toute l'année organise des stages de voile durant les vacances scolaires à bord de Hobie Cat 16, d'Open 5.70 et en planche à voile. Les enfants peuvent se former sur le traditionnel Optimist ou à bord d'un petit catamaran nommé Colibri. Sorties-découverte en Open 5.70. Bon vent !

Golf de la Nivelle – *Pl. William-Sharp - ✆ 05 59 47 18 99 - www.golfnivelle.com - été : 7h-20h30 ; hors sais. : 9h-18h.* Ce sport a toujours compté parmi les plus populaires au Pays basque. Ici, on découvre un parcours de 18 trous avec des vues sur l'Océan et les montagnes.

À Socoa

Atlantic Pirogue – *Port de Socoa - ✆ 05 59 47 21 67 - www.atlantic-pirogue.com - tte l'année sur RV ; juil.-août : 4 départs par jour - 2h de pirogue ou kayak 29 € (-12 ans 23 €).* Balades de 2h en pirogue hawaïenne, kayak de mer. Pour les fans de glisse, session vagues en pirogue, kayak-surf, wave-ski et kayak de mer. Initiation au *Stand Up Paddle.*

École de plongée Odyssée Bleue – *Hangar 4, chemin des Blocs - ✆ 06 63 54 13 63 - www.odyssee-bleue.com - baptême 50 € ; 3 séances 160 € ; balade palmée 22 €.* La Côte basque regorge de surprises aquatiques avec ses grottes, ses failles et ses épaves. Le pack découverte de 3 séances de plongée avec bouteille vous donnera un aperçu de ces merveilles. L'école organise aussi des balades palmées commentées, dans la baie, avec tuba et masque (2h). **Tech-Océan** propose les mêmes services, incluant en plus la plongée de nuit pour les initiés - *45 r. du Commandant-Passicot - ✆ 05 59 47 96 75 - www.tech-ocean.fr*

À Hendaye

Centre thalasso Serge Blanco – *125 bd de la Mer - ✆ 05 59 51 35 35 - www.thalassoblanco.com - fermé 3 sem. en déc. - ♿ - 🅿.* W.-end initiation thalasso comprenant une nuit en pension complète *(196/223 €)*, 3 soins d'hydrothérapie (sam.) et l'accès libre à l'espace de remise en forme dim.). Forfaits remise en forme ou beauté au Spa.

L'Hendayais II – *Port de plaisance de Sokoburu - ✆ 06 50 67 03 44 - www.hendayais.com - fermé nov.-fév. - 10/16 € selon la croisière (enf. 5/8 €) - durée des sorties : 45mn/1h30.* La découverte de la Côte basque à bord de *L'Hendayais II* montre tour à tour les falaises de schiste, la petite baie de Loya au pied du château Abbadia et les contreforts des Pyrénées. Si vous le souhaitez, vous pouvez aussi participer à une pêche en mer.

Centre nautique – *Bd de la Baie-de-Txingudi - ✆ 05 40 39 85 43 - www.centrenautique.hendaye.com.* Stages et cours particuliers de voile (Optimist, Topaz, Déclic, New Cat F2 - *initiation 75/90 €/2h, stages 1 sem. 130,50/170,50 €*), d'aviron et de planche à voile. Location de kayaks *(10 €/h)*, planches à voile *(17 €/h)* et petits voiliers.

Memphis Jet – *Port de pêche, chai n° 19, r. des Orangers - ✆ 06 21 06 40 28 - www.memphis-jet.com - rando de 90 € (45mn) à 200 € (2h) à jet-ski - location de 100 € (1h) à 300 € (1 j.) - à partir de 20 €/pers. pour les engins tractés.* En compagnie d'un moniteur, jet-ski sans permis, le long des côtes d'Hendaye, de St-Jean-de-Luz, de St-Sébastien et de Biarritz. Sessions de *fly fish*, banane ou bouée tractée.

Onaka – *12 av. des Mimosas - ✆ 05 59 20 85 88 - www.onaka.fr - cours 1h30, 35 €.* École de surf proposant des cours collectifs ou particuliers. Location de surfs et combinaisons à l'heure, à la journée ou à la semaine.

Kalapo Kayak – *Plage de Sokoburu - ✆ 06 11 66 50 02 - www.kayakcotebasque.com.* Découverte du littoral et de la baie de Txingudi en kayak de mer *(28/55 €)* ; wave-ski pour profiter des vagues de Sokoburu. Également, initiation au tir à l'arc *(15 €)*.

Planet Océan – *Locaux de Tribord, port de pêche de la Floride - ✆ 06 62 63 66 27 - www.planetocean.fr - baptême de plongée 65 € (-13 ans 55 €) - randonnée palmée 25 €.* École de plongée proposant des baptêmes, des stages, des sorties exploration et des randonnées palmées à la découverte de la côte et de ses merveilles aquatiques.

Oihana – *Rte de la Glacière - 64122 Urrugne - ✆ 06 03 40 52 31 - www.oihana-64.com - juil.-août : 9h-20h ; vac. de Pâques : 10h30-19h ; vac. de la Toussaint : 13h-18h ; reste de l'année : merc. 13h-18h, w.-end et j. fériés 10h30-18h - 24 € (6-11 ans 18 €) - réserv. obligatoire - parcours en nocturne en juil.-août 33 €, sur réserv.* Sept parcours pour plus de 2h30 d'aventures dans les arbres ! Tyroliennes géantes, saut de Tarzan, surf des cimes et *base jump*, un saut de plus de 15 m ! Activité de paintball également proposée.

AGENDA

Festival andalou – *W.-end de Pentecôte.* Danses, concours de sévillanes, restauration.

Fête de la St-Jean – *Juin, w.-end de la St-Jean.* Grand-messe, concerts, pelote basque, force basque, feux de la St-Jean, bal, *toro de fuego*, etc.

Fête du thon – *2e sam. de juil.* Animations, dégustation de thon-piperade, *bandas* et bals.

Régates de traînières – *Juil.*

Internationaux professionnels de cesta punta – *Juil.-août - www.cestapunta.com.*

Musique en Côte basque – *3 sem. en sept. - rens. au 05 59 26 03 16 - www.musiquecotebasque.fr.* Concerts classiques à St-Jean-de-Luz, Hendaye, Biarritz, etc.

Festival international du Film – *Oct. - www.fifsaintjeandeluz.com.*

Festiorgues – *Avr.-déc. - rens. dans les offices de tourisme ou au 05 59 26 92 71 - www.orgueluz.c.la - 12 € (-18 ans gratuit).* Concerts d'orgue sur les différents instruments de la région, particulièrement ceux de St-Jean-de-Luz, Urrugne et Hendaye.

À Hendaye

Fêtes de la Bixintxo – *Mi-janv. - www.ciboure-paysbasque.com.* En l'honneur de saint Vincent, patron de la ville.

Festival du film de la mer Filmar – *Avr. - Auditorium Sokoburu - ✆ 05 59 20 00 34 - http://filmar.hendaye.com.*

Semaine des enfants – *Vac. de Pâques et de la Toussaint - ✆ 05 59 20 00 34 - www.hendaye-semaine-des-enfants.com - gratuit sur inscription.* Animations et ateliers pour les enfants à partir de 4 ans.

Mai du théâtre – *Autour du 3e w.-end de mai - www.hendaye-culture.fr/edition-2015.* Des spectacles dans différents lieux de la ville.

Les nuits du port – *Juil.-août : lun. à partir de 19h30 et jeu. à partir de 20h.* Marché nocturne d'art et d'artisanat sur le port.

Hendaye fête l'été/Fête du chipiron – *Grande Plage - 10/13 juil. - www.hendayefetelete.com.* 4 j. de spectacles de rue.

Régates de traînières – *Juil.*

Fête basque – *2e w.-end d'août.*

Fêtes de la Saint-Martin – *Biriatou - autour du 11 Nov.* Fête du village durant une dizaine de jours.

La Rhune

Larrun

★★★

Pyrénées-Atlantiques (64)

La Rhune, montagne emblématique du Pays basque, identifiable entre toutes à la pointe qui occupe son sommet, domine le paysage. On l'admire au rythme du petit train à crémaillère qui y mène, ou on la mérite en gravissant son versant à pied. Elle offrira une vue embrassant toute la région et un aperçu de la beauté des villages qu'elle surplombe, à la fois liés à l'Océan et à la montagne.

NOS ADRESSES PAGE 403
Hébergement, restauration, achats, activités, etc.

S'INFORMER

Office du tourisme d'Ascain – *R. San-Ignacio - 64310 Ascain - ✆ 05 59 54 00 84 - www.terreetcotebasques.com - juil.-août : 9h-12h30, 14h-18h30, sam. 9h30-12h30, 14h-18h, dim. et j. fériés 10h-13h ; de mi-avr. à fin juin et sept. : tlj sf dim. 9h-12h30, 14h-17h30, sam. 9h30-12h30 ; reste de l'année : tlj sf w.-end 9h-12h30, 14h-17h30 - fermé 1er janv., 1er Mai, 1er et 11 Nov., 25 déc.*

Office du tourisme de St-Pée-sur-Nivelle – *Pl. du Fronton - 64310 St-Pée-sur-Nivelle - ✆ 05 59 54 11 69 - www.saint-pee-sur-nivelle.com - juil.-août : lun.-sam. 9h30-12h30, 14h-19h, dim. et j. fériés 9h30-12h30 ; reste de l'année : lun.-vend. 9h30-12h30, 14h-18h, sam. 9h30-12h30, 14h-18h.*

SE REPÉRER

Carte de microrégion A2 (p. 346-347).

À 23 km au sud de St-Jean-de-Luz par la D 704 puis la D4. Pour accéder au sommet, rejoignez le col de St-Ignace sur la D 4 entre Ascain et Sare.

SE GARER

Parkings gratuits au col de St-Ignace, près de la gare (attention, insuffisants en cas de forte affluence).

Bus Le Basque bondissant – En juil.-août entre la gare routière de St-Jean-de-Luz et le col de St-Ignace (point de départ du train de la Rhune) – *✆ 05 59 26 25 87/30 74 - www.basque-bondissant.com - juil.-août : ttes les 30mn - dép. de St-Jean-de-Luz ou de Sare de 9h à 16h, retours depuis le col de 10h à 20h - 2 €.*

ORGANISER SON TEMPS

Il vaut mieux faire l'ascension de la Rhune tôt le matin quand il y a moins de monde. Enchaînez avec la maison Ortillopitz et le circuit de la Nivelle.

AVEC LES ENFANTS

L'ascension de la Rhune en petit train ; la maison Ortillopitz ; l'écomusée de la Pelote ; la base de loisirs du lac de St-Pée-sur-Nivelle.

Se promener Carte de microrégion

★★★ La Rhune A2

Renseignez-vous au préalable sur la visibilité au sommet (inutile de monter par temps couvert) et prévoyez un vêtement chaud. Pour vous rendre au sommet de la Rhune, vous avez le choix entre 2 options :

Le petit train à crémaillère de la Rhune – *Col de St-Ignace - 64310 Sare - ☏ 05 59 54 20 26 - www.rhune.com - ♿ (avec aide) - de mi-juil. à fin août : 8h30-17h30, dép. ttes les 35mn ; de mi-fév. (se rens.) à mi-juil. et de déb. sept. à déb. nov. : 9h30-11h30, 14h-16h - 18 € (-13 ans 11 €) - achat des billets à la gare ou sur le site Internet. Animations sur différents thèmes vac. scol. et w.-end, se rens. Navette de St-Jean-de-Luz (en sais., 2 €).*

Le sentier du train de la Rhune – *Balisé en jaune, il faut compter 2h30 à 3h pour la montée, 2h pour la descente. Munissez-vous de bonnes chaussures.*

La Rhune (en basque, *larrun* : « bon pâturage ») est la montagne emblématique du Pays basque français. De son sommet-frontière où trône un émetteur de télévision, le **panorama★★★** porte jusqu'à l'Océan, la forêt des Landes, les Pyrénées basques et, au sud, la vallée de la Bidassoa.

Un obélisque rappelle que l'impératrice Eugénie en fit l'ascension à dos de mulet en 1859.

En haute saison, la route qui y mène est littéralement prise d'assaut. Si vous partez assez tôt, peut-être pourrez-vous profiter tranquillement du trajet qui s'élève au-dessus d'un gracieux vallon jusqu'au col de St-Ignace (alt. 169 m). Là, le petit chemin de fer à crémaillère de 1924 mène en 35mn au sommet. Son allure (8 km/h) laisse tout le loisir d'admirer les vautours fauves, les **pottoks** (chevaux sauvages) et les **manechs** (brebis locales à tête noire) qui paissent tranquillement.

Pendant les vacances scolaires et les week-ends de mai, juin et septembre, des animations sont organisées au sommet *(se rens. sur le programme au 05 59 54 20 26 ou par mail : train.rhune@epsa.fr)*, où se tiennent également trois *ventas*, gigantesques supermarchés détaxés situés sur la frontière.

Depuis le col, une petite route mène à la maison Ortillopitz (1 km).

Visiter Carte de microrégion

★ Maison Ortillopitz B2

☏ 05 59 85 91 92 - www.ortillopitz.com - visite guidée (45mn) de mi-juil. à mi-août : 10h45, 12h, 14h15, 15h30, 16h45, 18h, dim. 14h15- 15h30, 16h45, 18h ; de mi-avr. à mi-juil. et de mi-août à fin sept. : 14h15, 15h30, 16h45 ; reste de l'année : 15h30 - fermé sam., de mi-oct. à mi-avr. - 10 € (-14 ans 6 €).

C'est une belle et grande ferme (600 m² sur trois étages) labourdine du 17e s. que fit construire un armateur, d'où le confort des lieux. Sa visite permet d'entrer dans la vie quotidienne d'une famille basque. À noter : l'escalier droit en bois sur le modèle d'un bateau, la cuisine avec son four à pain, la belle charpente du grenier (qui nécessita 600 arbres !) ; à l'extérieur : le pressoir avec son impressionnante poutre maîtresse et le lavoir.

Ortillopitz possédait 18 ha de terres alentour qui assuraient une vie en autarcie. Vous découvrirez à votre gré le potager, le verger, les vignes, les parcelles de maïs, de chanvre et de piment. Vente des légumes du potager en été.

Circuit conseillé Carte de microrégion

★ LA VALLÉE DE LA NIVELLE

Circuit de 23,5 km tracé en bleu sur la carte de microrégion (p. 346-347) - comptez 3h. Depuis le col de St-Ignace, Ascain est à 3,5 km sur la D 4 ; depuis St-Jean-de-Luz, Ascain est à 7 km par la D 918.

Randonnée équestre au pied de la Rhune.
J.-D. Sudres/hemis.fr

★ **Ascain**/Azkaine A2

Construit au bord de la Nivelle, le bourg est dominé par trois sommets : la Rhune, l'Esnaur et le Bizkarzun. Le sommet de la Rhune à un jet de pierre, une place de village on ne peut plus basque, des maisons labourdines où le bleu, le vert ou le rouge tranchent sur les crépis blancs, et l'inévitable fronton de pelote où jouent les enfants : voilà Ascain en toutes saisons, un lieu propice à la flânerie !

N.-D.-de-l'Assomption – Un massif clocher-porche dresse sa silhouette au bord de la place. Il marque l'entrée de l'église, inaugurée par Louis XIII en 1626. Admirez les trois étages de galeries, la voûte peinte, les pierres funéraires en granit de la Rhune et le retable du 18e s. Dans le cimetière, ne manquez pas la stèle discoïdale de 1657 (à droite, entourée de végétation) - *✆ 05 59 54 00 84 - visite audioguidée (15mn) - avr.-oct. : tlj sf dim. 10h, 11h, 15h, 16h, 17h, 18h ; nov.-mars : tlj sf dim. à 11h et 16h - gratuit.*

Derrière l'église, les parkings marquent le départ de plusieurs chemins de randonnée : celui des Bergeries, celui de St-Ignace et celui des Sommets.

Pour rejoindre les autres sites, prenez la voiture. Derrière l'église, empruntez le chemin des Carrières et suivez-le jusqu'au parking du sentier de la Rhune, où vous laisserez votre véhicule. Empruntez la route qui monte avant le parking ; plus loin, vue sur le village.

Pont romain – Cet ouvrage de 40 m a été édifié au 17e s. mais en suivant la méthode romaine, reconnaissable aux arches inégales et à la chaussée à deux pentes. Une pierre sculptée en tête de personnage, surnommée « César » (visible à marée basse), sert d'indicateur pour le niveau de l'eau.

Sur la rive opposée, vous ne pourrez manquer une étrange villa rose, semblant importée directement de Santa Fe. Vue d'avion, cette « maison du fou » a une forme de revolver. Elle est en fait la réplique d'une villa de Malibu et appartenait à l'original Ferdinand Pinney Earle, célèbre décorateur de cinéma hollywoodien, qui vécut là de 1930 à 1940.

Le petit train de la Rhune.
J. Baker/International Photobank/age fotostock

Revenez vers le centre-ville et prenez la 1re à droite, puis la rue Ernest-Fourneau à droite, puis tout droit au rond-point.
Portua – Ancien port local ancré sur la Nivelle, au nord du bourg. Les canoës ont remplacé les gabares, autrefois chargées de pierres ou de produits manufacturés et agricoles.
Reprenez la D 4, puis empruntez la D 918 en direction de St-Pée.

St-Pée-sur-Nivelle/Senpere A2

Il suffit de se promener dans les rues de St-Pée, bordées de maisons traditionnelles aux volets peints, pour se rappeler que l'on est bien en terre basque… Les plus vieilles demeures entourent l'église, dressée en bordure de Nivelle.
Église St-Pierre – Admirez la voûte en cul-de-four dont la forme rappelle, pour les uns, un soleil levant, pour les autres une coquille. Elle domine un très beau **retable** aux tons dorés et bleu pâle du 17e s., réalisé en l'honneur de saint Pierre, patron de la paroisse. Le panneau de gauche montre la scène du reniement au chant du coq et celui de droite, sa libération d'une prison par un ange. Les portes du tabernacle mettent en scène saint Antoine de Padoue. Notez la nef plate et peinte en bleu, ainsi que la beauté des galeries.
Moulin – *05 59 54 19 49 - visite guidée sur demande préalable (30mn) de mi-juin à mi-sept. : 11h-12h, 16h-19h - fermé w.-end et lun.-mar.* Ce moulin à eau du 15e s. fonctionne avec deux roues horizontales en fonte actionnant deux paires de meule.
Écomusée de la Pelote et du Xistera – *Pl. du Fronton - 05 59 54 11 69 - www.saint-pee-sur-nivelle.com - ♿ - juil.-août : 9h30-11h30, 14h-18h, dim. et j. fériés 9h30-11h30 ; reste de l'année : tlj sf dim. et j. fériés 9h-11h30, 14h-17h, sam. 9h30-11h30 - 5 € (-12 ans 2,50 €).*
La visite de ce petit musée s'avère dense en informations et incontournable pour comprendre et apprécier l'art de la pelote. On y fait la connaissance de Gantxiki, ce Senpertar qui, à 13 ans, inventa le **chistera** en utilisant un panier d'osier pour recevoir la pelote. Les méthodes de fabrication du chistera ou des pelotes, les différents trinquets et murs, les divers jeux (*pala, xare, pasaka,*

chistera, grand chistera), leurs règles, le nom des champions et les défis relevés par les premières équipes féminines n'auront plus de secret pour vous! *Ne manquez pas en juillet-août les parties de grand chistera à 21h au fronton, ou le vendredi soir la présentation des cinq spécialités au fronton couvert à 21h30.*

Château – *En direction de Cambo, ne se visite pas.* Appartenant jadis aux seigneurs de St-Pée, l'une des plus puissantes familles de la région, il fut le théâtre de procès en sorcellerie menés par Pierre de Lancre. Incendié en 1793, il n'en reste qu'une massive tour carrée des 15e et 17e s., ainsi que des bâtiments du 18e s.

La D 918 ramène à St-Jean-de-Luz en longeant la Nivelle.

NOS ADRESSES LE LONG DE LA NIVELLE

HÉBERGEMENT

PREMIER PRIX

À St-Pée-sur-Nivelle

Camping Goyetchea – *Quartier Ibarron (à 3,8 km à l'ouest de St-Pée-sur-Nivelle par la D 918 et la D 855, rte d'Ahetze à Ibarron) - ✆ 05 59 54 19 59 - www.camping-goyetchea.com - ♿ (sf la piscine) - mai-sept. - réserv. conseillée - 140 empl. 28,50 € - 30 locatifs - nuitée (2 min. en haute saison) 57/63 € - sem. 285/820 €.* Terrain très apprécié des amateurs de silence. Vraiment isolé au milieu des champs, il offre des emplacements ombragés et quelques mobile homes de bon confort à louer à la nuitée ou à la semaine. Salle TV, snack, jeux pour enfants et piscine sont là pour agrémenter le séjour.

BUDGET MOYEN

À Ascain

Hôtel Axafla-Baïta – *Rte d'Olhette - ✆ 05 59 54 00 30 - www.hotel-achafla-baita.com - fermé du 11 nov. à mi-déc., dim. et lun. soir en basse saison- ♿ - P - 11 ch. 60/74 € - ☕ 7 € (-9 ans 6 €) - 1/2 P 60/67 €/pers. - menus 17,50/24,50/32,50 €.* La famille Inda tient cet établissement depuis trois générations. Onze chambres sobrement et confortablement aménagées, dont certaines ont vue sur la montagne. À table, recettes basques servies, selon la saison, sur la belle terrasse ou devant la cheminée.

Chambre d'hôte Arrayoa – *✆ 05 59 54 06 18 - www.arrayoa.com - ⊭ - P - 4 ch. 62 € ☕.* Ferme d'élevage de brebis et de canards située à l'écart du village. Accueil charmant, grande salle commune dotée d'un coin cuisine et d'une bibliothèque, chambres au mobilier campagnard, fronton privé et prix raisonnables en font une adresse très courue. Vous pourrez repartir avec quelques conserves maison (confits ou foie gras).

À St-Pée-sur-Nivelle

Hôtel Bonnet – *Quartier Ibarron - ✆ 05 59 54 10 26 - www.hotel-bonnet-paysbasque.com - P 🏊 - 63 ch. 65/90 € - ☕ 7 € - menus 25/35 €.* Un hôtel sans prétention aux chambres simples et confortables. Une vingtaine d'entre elles ont été rénovées; les autres, propres, ont un air plus vieillot. L'hôtel dispose d'une piscine, d'un court de tennis et d'une salle de sport. On déjeune dans la salle du devant aux nappes colorées, on dîne dans une salle plus traditionnelle aux poutres apparentes et lustre en fer forgé. Cuisine simple, portions généreuses!

RESTAURATION

PREMIER PRIX

À Ascain

Etorri – *Bidehandia - r. Ernest-Fourneau - ✆ 05 59 54 02 78 - avr.-sept. : tlj sf merc. ; oct.-mars : tlj le midi sf merc., le soir le w.-end ; menus 13,90/16,90 € (enf. 7,50 €).* Un petit resto qui ne paye pas de mine mais qui propose de bons plats régionaux, copieux et à prix sympas. La salle, très simple, se trouve à l'arrière. Service agréable.

Cidrerie artisanale Txopinondo – *D 918, rte de St-Jean-de-Luz - ZA Lan Zelai - ✆ 05 59 54 62 34 - www.txopinondo.com - ♿ - fermé 5-21 janv. - vac. scol. des 3 zones : tlj midi et soir ; reste de l'année : du jeu. midi au dim. midi - forfait 9 tapas, boisson à volonté et dégustation commentée 11,50 €, rest. 13,50/25,50 € - visites de la cidrerie avr.-oct. : mar.-sam. 10h-12h, 15h-19h ; nov.-mars : jeu.-sam. 15h-19h.* Au milieu des chais, de longues tables vous accueillent pour un festin basque. « *Txotx !* » C'est le signal : le *sagardoa* (boisson fermentée à base de pomme) jaillit d'une barrique. *Pintxos*, cassolette de thon ou *txuleta* (côte de bœuf) grillée au charbon de bois dans la salle, à partager *(25,50 €)*. Monsieur Lagadec, seul artisan cidrier du Pays basque côté français à faire visiter ses installations au public, fabrique de savoureuses spécialités : *sagardoa*, *muztioa* (jus), *dultzea* (pâte de fruits accompagnant le fromage de brebis) et *patxaka* (liqueur anisée aux pommes sauvages). Il a installé un petit musée-atelier du goût dont la découverte est un bon prélude au repas !

À St-Pée-sur-Nivelle

Ttotta – *Quartier Ibarron - ✆ 05 59 47 03 55 - www.ttotta.fr - fermé 2 sem. en nov., mar. soir hors saison et merc. - formule déj. 13 € - 19/30 €.* Sur la route de St-Jean-de-Luz, ce sympathique restaurant fait honneur au Pays basque ! Dans un décor contemporain, on déguste une cuisine du terroir avec de beaux produits du marché. Mention spéciale pour la viande et la charcuterie locales. Le tout accompagné de vins du Sud-Ouest. Une bonne adresse.

POUR SE FAIRE PLAISIR

À St-Pée-sur-Nivelle

Le Fronton – *Quartier Ibarron - rte de St-Jean-de-Luz - ✆ 05 59 54 10 12 - www.restaurant-lefronton.fr - fermé de déb. fév. à mi-mars - vend.-sam. et dim. midi - 39/50 €.* Ici, cuisine rime avec tradition : produits du marché et nombreux poissons frais vous mettront en appétit. Décor confortable, façon jardin d'hiver ; terrasse, porte en fer forgé.

UNE FOLIE

À St-Pée-sur-Nivelle

L'Auberge Basque – *Quartier Helbarron - ✆ 05 59 51 70 00 - www.aubergebasque.com - fermé 6 janv., mar. sf le soir d'avr. à oct., vend. midi de nov. à mars et lun. - formule déj. 25 € - 48/63 €.* Cette ferme du 17e s. cache une aile très contemporaine, ouverte sur la Rhune et la campagne… Même alliage en cuisine : le chef signe des mets très inventifs, dont les racines plongent dans le terroir. Assiettes pleines de saveurs et de couleurs ! Chambres confortables ; copieux petit-déjeuner tout en gourmandises…

ACHATS

À Ascain

Cidrerie artisanale Txopinondo – *Restauration.*

L'Art Dit Vin – *R. Ernest-Fourneau - ✆ 05 59 54 84 52 - 10h-13h,*

15h30-19h30 - fermé mar. et dim. apr.-midi. Sympathique caviste proposant vins de pays et de région. Le bar à vin voisin, avec ses jolis tonneaux colorés, accueille des dégustations le vendredi soir, ainsi que des cours d'œnologie et de sommellerie *(se rens. pour le calendrier).*

Lartigue 1910 – *D 918, rte de St-Jean-de-Luz - ZA Larre Lore - ✆ 05 59 26 81 81 - www.lartigue1910.com - boutique 9h-19h (hiver tlj sf dim. 9h30-12h30, 14h30-18h30), visite guidée atelier avr.-oct. : 10h, 11h, 14h30, 15h30, nov.-mars : 10h et 14h30.* Avec Ona Tiss à St-Palais, Lartigue est l'un des deux derniers ateliers de tissage du Pays basque encore en activité. L'entreprise familiale, née en 1910 et spécialisée dans les toiles à espadrilles, s'est diversifiée. Ses belles toiles colorées déclinées en linge de maison ne sont vendues que dans deux boutiques, dont celle-ci, et en ligne. La visite de l'atelier (40mn) permet de comprendre le long processus de fabrication.

Brasserie Akerbeltz – *D 918, rte de St-Jean-de-Luz - ZA Larre Lore - ✆ 05 59 23 84 21 - www.akerbeltz.fr - ♿ - juil.-août : tlj sf dim.14h-19h (bar jusqu'à 22h) ; avr.-juin et sept.-déc. : mar.-sam. 14h-19h (bar jusqu'à 21h) ; fév.-mars : merc.-sam. 14h-19h (bar jusqu'à 21h) - visite de la brasserie : mêmes horaires - 7 €.* Ambrée, blanche, blonde, bière de Printemps et de Noël, les bières naturelles Akerbeltz, sans OGM, ni conservateurs, sont fabriquées selon une méthode qui sublime la délicatesse des arômes et les rendent uniques… Vous êtes invité à assister à leur fabrication, à les goûter dans un espace bar très sympathique et à les acheter !

À St-Pée-sur-Nivelle

Maison Pereuil – *Chemin Karrika, en face du fronton - ✆ 05 59 54 10 05 - 8h-13h, 15h-19h - fermé merc. sf juil.-août.* Seulement deux parfums de gâteau basque dans cette maison créée en 1876 : cerise noire ou crème. La recette est transmise de mère en fille, sa réputation sans doute aussi !

ACTIVITÉS

À St-Pée-sur-Nivelle

Le Lac – *Base de loisirs - ✆ 05 59 54 18 48 - http://lacsaintpee.jimdo.com - base de loisirs ouv. uniquement en juil.-août.* Ce lac de 12 ha, que l'on nomme ici « la petite mer intérieure », est alimenté par quatre sources. Il regroupe maints services et activités : plage surveillée, pédalos, canoës, toboggan aquatique, jeux pour les enfants, tennis, minigolf, pêche, parcours de santé (tour du lac, 3 km), promenades en poney, aires de pique-nique et divers points de restauration.

Aquabalade – *D 918 au km 5 - ✆ 06 62 58 09 97 - www.aquabalade.com - juil.-août : 10h-18h ; reste de l'année sur RV - de 15 à 30 € pour 1h30 à 2h selon le canoë.* Location de canoës insubmersibles de 1 à 4 places. Dépaysement, silence, découverte de la faune et de la flore font le charme d'une balade sur la Nivelle.

AGENDA

À Ascain

Concours de chiens de berger et **Course de la Rhune** – *Déb. août.*

Pastore Lore – *2e dim. d'oct.* Fête de terroir avec danseurs, producteurs, pottoks, *joaldunak*…

Espelette

Ezpeleta

★

2 006 Ezpeletars - Pyrénées-Atlantiques (64)

Espelette fait partie de ces lieux dont le nom fait frétiller les papilles des gourmets : c'est bien entendu le piment qui lui vaut cette réputation quasi universelle, et les images des guirlandes rouge foncé des piments mis à sécher en automne sur les façades ont fait le tour du monde. Cela mis à part, vous ne regretterez pas une flânerie dans les rues tortueuses et pentues de ce charmant village plein de vie…

NOS ADRESSES PAGE 408
Hébergement, restauration, achats, activités, etc.

S'INFORMER

Office du tourisme d'Espelette – *145 rte Karrika-Nagusia - 64250 Espelette - ✆ 05 59 93 95 02 - www.espelette.fr - juil.-août : 9h-12h30, 14h-18h30, sam. 9h30-12h30, 14h-18h, dim. 10h-12h ; avr.-juin et sept.-oct. : tlj sf dim. et j. fériés 9h-12h30,14h-18h, sam. 9h-12h30 ; reste de l'année : tlj sf w.-end et j. fériés 9h-12h30, 14h-17h.*

Randonnées au clair de lune – *En sais. : mar.-merc. 19h-23h. Inscription à l'office de tourisme - 28 € (-16 ans 18 €), casse-croûte inclus.* Promenades en soirée en montagne pour découvrir le pastoralisme, la contrebande, la Côte basque de nuit…

SE REPÉRER

Carte de microrégion B2 (p. 346-347). À 6,5 km au nord-est d'Ainhao par la D 20, à 5 km au sud-ouest de Cambo-les-Bains par la D 918 et la D 20.

SE GARER

Plusieurs parkings dans le village pour laisser votre véhicule et découvrir Espelette à pied.

ORGANISER SON TEMPS

Il fait bon flâner dans les rues, notamment pendant les jours de marché (*« Nos adresses », p. 408).*

AVEC LES ENFANTS

L'Atelier du piment.

Se promener

Village du piment, Espelette est aussi celui du pottok (prononcez *pottiok*). Ce petit cheval docile, trapu et pansu, habitué à une vie semi-sauvage sur les versants inhabités des montagnes, était jadis utilisé comme auxiliaire dans les mines. Il s'est aujourd'hui reconverti dans le tourisme puisqu'il accompagne les randonneurs dans leurs excursions en qualité de porteur de bagages (attention : on ne monte jamais un pottok !).

La balade dans le village vaut à elle seule le détour, mais l'église du 17e s. et l'ancien château méritent une attention particulière.

Église

En bas d'Espelette. Fortifiée et dotée d'un massif clocher-porche depuis 1627, elle présente les galeries traditionnelles des églises basques. Dans la chapelle

Séchage du piment d'Espelette aux façades des maisons du village.
J.-D. Sudres/hemis.fr

des Ezpeleta, beau retable du 16e s. À voir également, les stèles discoïdales des 17e et 18e s. dans le cimetière attenant.

Château des barons d'Ezpeleta

05 59 93 95 02 - www.espelette.fr - ♿ - juil.-août: 8h30-12h30, 14h-18h30, sam. 9h30-12h30, 14h-18h, dim. 10h-12h; reste de l'année: 8h30-12h30, 14h-18h, sam. 9h30-12h30 - fermé certains j. fériés - gratuit.

Mairie et office de tourisme sont installés dans ce château, élevé au 11e s. et plusieurs fois remanié. **Exposition** permanente sur le « piment dans le monde ».

L'Atelier du piment

Elizaldeko Bidea - 05 59 93 90 21 - www.atelierdupiment.com - ♿ - mai-oct.: 9h-19h; reste de l'année: 10h-18h - fermé 1er janv., 11 Nov., 25 déc. - gratuit.

Cette exploitation de piments vous ouvre ses portes: vous pourrez vous promener dans les champs, pénétrer dans l'atelier de transformation et déguster toutes sortes de produits à base de piment. Vente de ces produits, bien sûr, et de spécialités régionales.

LE PIMENT

Provenant d'Amérique et arrivé dans la région *via* l'Espagne au 17e s., le **piment** devient vite le condiment favori des Basques. Séché au soleil avant d'être réduit en poudre, on le met d'abord dans le chocolat, puis il remplace le poivre dans la cuisine locale: poulet basquaise, boudins de veau *(tripotxa)*, émincé de veau *(axoa)*... Le piment d'Espelette gagne ses lettres de noblesse en décrochant l'AOC en 2000 et l'AOP en 2002 (ces appellations concernent dix villages). Cette reconnaissance a relancé son exploitation, le nombre de producteurs passant d'une trentaine en 1997 à 161 en 2012. Mais le terroir ne fait pas tout, il faut soigner les semis: certains se fient à la Lune, pour d'autres, c'est le jour de la St-Joseph qu'il faut pratiquer cette délicate opération... L'épice est la plante à tout faire des Ezpeletars: en bain de pieds, ce fruit soigne même les grippes et les bronchites! *www.pimentdespelette.com.*

NOS ADRESSES À ESPELETTE

HÉBERGEMENT

BUDGET MOYEN

Hôtel Euzkadi – *285 rte Karrika-Nagusia - ✆ 05 59 93 91 88 - www.hotel-restaurant-euzkadi.com - fermé mar. hors sais. et lun. - ♿ - 🅿 - 27 ch. 77/90 € - ☕ 9 € - 1/2 P 73,50/81 €/pers. - menus 20/36 €.* On ne peut pas rater cette adresse typiquement basque tant le rouge de sa façade se voit de loin. Chambres rénovées dans le bâtiment principal, climatisées, d'un réel confort. Piscine et tennis. Vous dégusterez une cuisine régionale dans un cadre rustique agrémenté de guirlandes de piments d'Espelette.

RESTAURATION

BUDGET MOYEN

Pottoka – *Pl. du Jeu-de-Paume - ✆ 05 59 93 90 92 - www.restaurant-pottoka-espelette.com - fermé de fin fév. à déb. mars et lun. hors sais. - formule déj. 17,50 € - menus 23/26 €.* De magnifiques piments décorent ce restaurant typiquement basque. La cuisine accorde une large place aux produits du terroir. Goûtez donc l'*axoa* (épaule de veau hachée, assaisonnée du piment local) ou le gâteau basque. C'est un régal. L'été, profitez de la terrasse couverte.

ACHATS

Marché – Mercredi matin (et sam. matin en juil.-août).

Maison Bipertegia – *Pl. du Jeu-de-Paume - ✆ 05 59 93 97 21 - http://bipertegia.com - juin-sept.: 9h45-19h; reste de l'année: tlj sf dim. 10h-12h30, 14h-18h.* Cette maison organise des dégustations de piment d'Espelette. Sitôt en bouche, qu'il soit séché, en poudre, en purée ou en gelée, son goût se diffuse en même temps qu'une douce chaleur. À découvrir aussi: le *gotoxi*, une sauce pour grillades, l'huile d'olive pimentée, la piperade maison…

Ttipia – *Pl. du Marché - ✆ 05 59 93 97 82 - www.ttipia.fr - été: 10h-19h; reste de l'année: 10h-12h30, 15h-18h - fermé en janv.* Cette boutique propose évidemment la spécialité locale, mais aussi une belle sélection d'autres savoureux produits régionaux: foie gras, conserves de canard, vin d'Irouléguy, confiture de cerise noire, fromages, jambons, linge basque.

Lorblanc – *30 pl. du Marché - ✆ 05 59 70 53 76 - www.lorblanc.fr - 9h-19h.* Parmi les nombreuses spécialités basques proposées dans cette épicerie, ne manquez pas le fromage de brebis affiné pendant 24 mois par la patronne, dans sa cave naturelle.

Ferme Kukuluia – *Rte d'Itxassou - ✆ 05 59 93 92 20 - www.fromagekukulu.com.* Le fromage de brebis fabriqué ici a déjà obtenu maintes récompenses, grâce à la grande qualité de son lait et de son affinage (de 4 à 16 mois). La maison vend également des spécialités basques et le *mamia* (caillé de brebis).

AGENDA

Foire au pottok – *Derniers mar. et merc. de janv. sur le fronton.* Ambiance de foire agricole très authentique. *(Rens. à l'OT.)*

Course des Crêtes du Pays basque – *Juillet.*

Fête du piment d'Espelette – *Dernier dim. d'oct.* Au programme: bénédiction du piment, défilé des confréries et nomination des chevaliers du piment d'Espelette. *(Rens. à l'OT.)*

Cambo-les-Bains

Kanbo

★

6 577 Camboars (Kanboars) - Pyrénées-Atlantiques (64)

Dans un superbe cadre naturel, Cambo-les-Bains, connue pour ses eaux curatives et la douceur de son climat, dévoile le charme un peu nostalgique des stations thermales du début du 20e s. Si de prestigieuses ombres du passé (Sarah Bernhardt, Anna de Noailles, Isaac Albéniz, etc.) la peuplent encore, c'est bien sûr à Edmond Rostand que l'on pense tout d'abord, tant l'auteur de Cyrano est lié à la cité où il avait choisi de s'installer.

NOS ADRESSES PAGE 411
Hébergement, restauration, achats, activités, etc.

S'INFORMER

Office de tourisme – *Av. de la Mairie - 64250 Cambo-les-Bains - ✆ 05 59 29 70 25 - www.cambolesbains.com - juil.-sept.: 9h-18h30, dim. et j. fériés 9h-13h; mars-juin et oct.: tlj sf dim. 10h-12h30, 14h-18h; reste de l'année: tlj sf dim. 10h-12h30, 14h-17h30, sam. 9h-13h, jeu. 14h-17h30 - fermé certains j. fériés.*

Randonnées – L'office de tourisme organise de fin juin à fin sept. 3 randonnées d'une demi-journée sur réservation: randonnée nature, randonnée berger et randonnée au clair de lune *(horaires et tarifs, se rens.)*.

SE REPÉRER

Carte de microrégion B2 (p. 346-347).
À 5,5 km au nord-est d'Espelette par la D 20 et la D 918. À 30 km à l'est de St-Jean-de-Luz par la D 918. Le Haut-Cambo, quartier administratif, commerçant et résidentiel, groupe ses propriétés et ses hôtels sur le rebord d'un plateau qui domine la Nive; le Bas-Cambo, vieux village basque, est situé près de la rivière. En amont se trouve le quartier thermal (direction Hasparren).

À NE PAS MANQUER

La villa Arnaga.

ORGANISER SON TEMPS

Une fois la maison d'Edmond Rostand et l'église visitées, Cambo peut servir de point de départ pour rayonner, à la demi-journée ou à la journée, dans le Pays basque.

AVEC LES ENFANTS

Le musée de la Chocolaterie.

Se promener

Thermes

Dans un parc planté de palmiers *(ouvert au public)*, l'établissement thermal est un petit bijou de style néoclassique (1927) paré de mosaïques Art déco et de ferronneries. Les deux sources thermales sourdent aux abords du parc.

Église St-Laurent

Une magnifique galerie sculptée et un retable baroque en bois doré du 17e s., niché dans un chœur chaudement coloré, caractérisent cette église dominant la Nive. Profitant de l'excellente acoustique, des concerts y sont organisés tout au long de l'année *(rens. à l'OT)*.

La villa Arnaga où vécut Edmond Rostand.
R. Cintract/hemis.fr

Colline de la Bergerie

Depuis l'avenue d'Espagne, prendre la rue de la Bergerie jusqu'au parking.
20mn AR. En arrivant au sommet de cette colline boisée, vous aurez l'occasion d'admirer, à l'ombre d'un chêne centenaire, un beau panorama sur les sommets alentour.

Visiter

★★ Villa Arnaga

Av. du Dr-Alexandre-Camino - 05 59 29 83 92 - www.arnaga.com - juil.-août: 10h-19h; juin et sept.: 9h30-18h; de fin mars à fin mai et de déb. oct. à la fin des vac. de la Toussaint: 9h30-12h30, 14h-18h - possibilité de visite guidée (1h) - 8,50 € (enfant 4 €) - balade théâtralisée de déb. juil. à mi-sept.: mar. et vend. 10h30, visite commentée des jardins.

« Toi qui viens partager notre lumière blonde… n'entre qu'avec ton cœur, n'apporte rien du monde », écrit **Edmond Rostand** sur le seuil de sa villa Arnaga. « Je ne mesure que les beaux jours », lui répond un cadran solaire, de l'autre côté de la maison. Lumineuse, elle l'est en effet, cette belle demeure. Clarté et chaleur des lambris boisés, fraîcheur des peintures décoratives et des frises de carreaux, raffinement des faux marbres et des trompe-l'œil, éclat des vitraux de couleur… On y verra aussi de nombreux documents sur la famille Rostand et la carrière du dramaturge: dessins originaux des costumes de *Chantecler*, épées d'académicien d'Edmond et de Jean Rostand, lettres de Léon Blum, Jules Renard, Cocteau… et même le César obtenu par Gérard Depardieu pour *Cyrano de Bergerac*. Conçue par Rostand lui-même grâce aux droits de son *Cyrano*, l'immense villa de style basque-labourdin s'élève sur un promontoire aménagé en jardins à la française. La perspective vers les montagnes d'Itxassou s'achève sur un pavillon à pergola évoquant la gloriette du château de Schönbrunn à Vienne.

Musée de la Chocolaterie Puyodebat

Av. de Navarre (direction Itxassou) - ✆ 05 59 59 48 42 - www.chocolats-puyodebat.com - ♿ - avr.-sept. : 9h45-11h30, 14h15-17h45 ; reste de l'année : tlj sf lun. 9h45-11h30, 14h15-17h45 - fermé dim., 1er janv., 1er Mai, 25 déc. - possibilité de visite guidée (45mn) - 5 € (-10 ans gratuit) - gratuit Fête du gâteau basque (déb. oct.).

Ce petit musée pédagogique, qui retrace l'histoire de la production du chocolat au Pays basque, recèle une intéressante collection de machines anciennes, d'affiches publicitaires et, surtout, de **chocolatières** et **tasses à moustaches** (19e-20e s.). En fin de visite, vous pourrez observer les ouvriers au travail, tout en dégustant les spécialités de la maison (craquinette à base de crêpe dentelle bretonne et ganache au piment).

Un coin école, une épicerie (début 19e s.) et une bergerie ont été reconstitués. Dégustation et vente de produits régionaux à la boutique.

NOS ADRESSES À CAMBO-LES-BAINS

HÉBERGEMENT

PREMIER PRIX

Hôtel-Café du Trinquet – *R. du Trinquet - ✆ 05 59 29 73 38 - www.hotel-trinquet-cambo.net - fermé en nov. - 12 ch. 30/50 € - ☕ 7 €.* Dans une grande maison, chambres, simples et bien tenues, dont quatre aménagées au-dessus d'un café. Les moins chères sont seulement équipées d'un lavabo. Ambiance familiale.

Auberge Chez Tante Ursule – *Quartier Bas-Cambo (à 2 km au nord de Cambo) - ✆ 05 59 29 78 23 - www.auberge-tante-ursule.com - fermé mar. - 7 ch. 52/67 € - ☕ 8 € - rest. 22/28 €.* Cet établissement est situé en bordure du fronton de Bas-Cambo, où se déroulent parfois des parties de pelote. Chambres rustiques soignées. Cuisine régionale servie dans une salle à manger à l'âme basque, agrémentée d'un joli vaisselier.

À Itxassou

Camping Hiriberria – *À 1 km au nord-ouest par D 918, rte de Cambo-les-Bains et chemin à dr. - ✆ 05 59 29 98 09 - www.hiriberria.com - ♿ - P - réserv. conseillée - 228 empl. 26 € - 34 locatifs (de déb. mars à fin nov.) 45/60 €.* Arbres, haies taillées et fleurs délimitent agréablement les emplacements de ce camping. Mobile homes et jolis chalets aux couleurs basques avec vue imprenable sur la montagne. Petit snack et piscine chauffée, couverte ou découverte en fonction de la météo.

BUDGET MOYEN

Hôtel Ursula – *Quartier Bas-Cambo (à 2 km au nord) - ✆ 05 59 29 88 88 - www.hotel-ursula.fr - fermé 20 déc.-10 janv. - ♿ - P - 15 ch. 69/77 € - ☕ 9 €.* Ce petit hôtel familial et convivial, situé dans le pittoresque quartier du Bas-Cambo, met à votre disposition de grandes chambres personnalisées et bien tenues. Copieux petit-déjeuner avec produits du terroir.

Hôtel Laurent Rodriguez – *31-33 allée Anne-de-Neubourg - ✆ 05 59 59 38 10 - www.hotel-laurentrodriguez.com - fermé 20 déc.-10 janv. - ♿ - P - 16 ch. 69/80 € - ☕ 8,50 € - rest. (fermé mar. soir, merc. et sam.) 20/25 €. midi.* Ce vénérable édifice situé à l'entrée de la cité thermale dispose de petites chambres en camaïeu de gris, fonctionnelles et confortables. Pizzeria tenue par le patron Laurent et sa femme Corinne.

Hôtel Agian – *Pl. du Fronton - ✆ 05 59 29 75 21 - www.hotel-agian.com - fermé déc.-mars - P - 11 appart. 69/78 € - ☕ 7,80 €.* Les appartements de cette résidence, tenue avec soin, s'ouvrent sur les montagnes environnantes : vous pourrez les apprécier du balcon, mais aussi depuis les grands lits à la confortable literie. Salles de bains spacieuses. Petit-déjeuner servi dans le restaurant Bonnet voisin, dont le chef est le propriétaire : confitures maison de cerise d'Itxassou, de pastèque, de pêche… Cuisine régionale délicate.

À Louhossoa

Chambre d'hôte Domaine de Silencenia – *✆ 05 59 93 35 60 ou 06 72 63 81 66 - www.domaine-silencenia.com - P - ⊭ - 5 ch. 90 € ☕ - table d'hôte 30 € bc.* Une douce quiétude règne en cette maison de maître du 18e s. où tout est synonyme d'un véritable art de vivre. Chaque chambre raconte une des passions du propriétaire : rugby, pêche au gros, vin, bonne chère… La cuisine exalte les produits du terroir et s'accompagne de bons crus.

RESTAURATION

PREMIER PRIX

Au déjeuner sur l'herbe – *Pl. Duhalde - ✆ 05 59 42 67 17 - tlj sf sam. 12h-19h - 10/15 €.* Impossible de résister aux tartes présentées en vitrine : vous régalerez vos papilles en recettes salées comme en douceurs sucrées. Petite terrasse centrale et colorée qui s'ouvre sur la verdure. Service souriant et avenant.

BUDGET MOYEN

Le Pavillon Bleu – *Thermes de Cambo - ✆ 05 59 29 38 38 - fermé de mi-déc. à mi-fév. - P - 27/38 €.* Belle architecture, décor intérieur en boiseries claires et terrasse donnant sur un jardin planté de palmiers. L'accueil est agréable, le service efficace, la cuisine associe recettes d'aujourd'hui et produits du terroir : ce restaurant a tout pour séduire.

Le Bellevue – *29 r. des Terrasses (restaurant), 30 allée Edmond-Rostand (hôtel) - ✆ 05 59 93 75 75 - www.hotel-bellevue64.fr - fermé 8 janv.-12 fév. - P - formule déj. 13 € - 25/30 € - 6 appart. et 1 studio 95/115 € - ☕ 7 €.* Décor actuel et soigné autour d'une cuisine dans l'air du temps. Deux terrasses sont ouvertes aux beaux jours : la première donne sur le jardin, la seconde sur la jolie campagne environnante. Autre charme de cette maison du 19e s. bien rénovée, ses suites familiales d'esprit contemporain, sans oublier la piscine chauffée.

ACHATS

Domaine Xixtaberri – *Chemin de Macaye - ✆ 06 85 54 26 27 - www.myrtilles-cambo.com - tte l'année ; cueillette des myrtilles juin-juil.* En saison, sur les coteaux de ce verger biologique planté en myrtilles et cerises, on profite de la vue tout en cueillant les baies. L'exploitation produit confitures, coulis, jus et vinaigres.

La Ferme Harizkazuia – *Bas-Cambo par la rte des Sept-Chênes - ✆ 06 63 79 43 54 - www.harizkazuia.fr - fermé déc.-mars.* Découverte du laboratoire, vente de miel (acacia, châtaignier, bruyère) et de produits dérivés.

À Itxassou

À Itxassou, on cueille trois variétés de **cerises** : la *peloa*, cerise noire sucrée qui mûrit fin mai ; la *xapata* acidulée de couleur rose qui mûrit déb. juin ; la *beltxa* très foncée, cueillie à la mi-juin.

Les cerises noires d'Itxassou sont protégées par une appellation d'origine. Liste des producteurs sur *www.cerise-itxassou.com*.

À Louhossoa

La Biscuiterie Basque – *✆ 05 59 70 50 63 - www.labiscuiteriebasque.com - tlj sf dim. 10h-19h.* C'est un festival de couleurs et de saveurs qui vous attend dans cette biscuiterie : sablés de maïs, croustillants aux amandes, macarons à la noisette, gâteau à la broche et gâteau basque mais aussi pralines et berlingots. Un paradis pour les gourmands !

ACTIVITÉS

Chaîne thermale du Soleil – *5 av. des Thermes - ✆ 0 820 003 535 - www.chainethermale.fr - Spa : 16h30 -19h - fermé déc.-fév., jeu., dim. et j. fériés - 59 € forfait Spa découverte : une demi-journée de 4 soins.* Cet établissement thermal, construit dans les années 1930, a bénéficié d'une cure de jouvence qui n'a pas dénaturé son joli cadre d'esprit Art déco. Il est spécialisé en rhumatologie, dans les affections des voies respiratoires et l'aide au sevrage tabagique. Forfaits à la demi-journée ou séjours thématiques plus longs : mal de dos, gestion du stress, souffle, etc. Institut de beauté sur place.

AGENDA

Festival d'otxote – *Années paires, en mai - www.otxote.com.* Chant choral.

Festival international de théâtre d'Arnaga – *Août - billetterie et rens. à l'office du tourisme de Cambo-les-Bains - www.accords-asso.org.*

Soirées basques, tournois de force et de pelote basques – *De juin à sept.*

À Itxassou

Fête des cerises d'Itxassou – *1er dim. de juin.* Kermesse, messe, parties de pelote, repas, vente de cerises, etc. La cerise noire d'Itxassou sert à préparer la fameuse confiture dont on fourre souvent les gâteaux basques, ou que l'on mange avec le fromage de brebis.

Festival de la Nive (Errobiko Festibala) – *3e w.-end de juil. - www.errobikofestibala.fr.* Festival de création en Pays basque.

La Bastide-Clairence

Bastida (basque)/La Bastida Clarenza (gascon)

★

1 010 Bastidots - Pyrénées-Atlantiques (64)

Nous voici aux portes de la Gascogne ! Avec ses adorables maisons blanchies à la chaux, ses linteaux colorés et sculptés, sa petite église, son lavoir et sa place à couverts, cette bastide paraît comme figée dans l'ancien temps. L'impression est renforcée par la présence de plusieurs ateliers d'artisans installés çà et là dans la cité. Répertoriée parmi les « plus beaux villages de France », La Bastide-Clairence constitue un point de chute idéal pour sillonner la région.

NOS ADRESSES PAGE 417
Hébergement, restauration, achats, activités, etc.

S'INFORMER

Office du tourisme du pays d'Hasparren-La Bastide-Clairence – *Pl. des Arceaux - 64240 La Bastide-Clairence - ✆ 05 50 29 65 05 - www.hasparren-tourisme.fr - juil.-août : 9h30-12h30, 14h-19h, dim. 9h30-12h30, 14h-18h ; reste de l'année : tlj sf w.-end 9h30-12h30, 14h-18h, merc. 9h30-12h30 - fermé certains j. fériés.*

Office du tourisme du Pays d'Hasparren-La Bastide-Clairence – *2 pl. St-Jean - 64240 Hasparren - ✆ 05 59 29 62 02 - www.hasparren-tourisme.fr - juil.-août : 9h-19h, dim. et j. fériés 10h-12h ; reste de l'année : tlj sf j. fériés 9h-12h, 14h-17h, merc. 14h-17h, w.-end 9h-12h.*

SE REPÉRER

Carte de microrégion C1 (p. 346-347) – Le village occupe une colline à une quinzaine de kilomètres à l'est de Bayonne par l'A 64.

À NE PAS MANQUER

Les stèles sous abri de l'église.

ORGANISER SON TEMPS

Un après-midi suffira pour flâner dans la bastide, avant de partir de village en village à la découverte du Labourd et des berges de l'Adour.

AVEC LES ENFANTS

Les grottes d'Isturitz et d'Oxocelhaya.

TERRE D'ACCUEIL

Cette bastide fut fondée en 1312 dans la vallée de la Joyeuse par Louis Ier, roi de Navarre (qui devint ensuite roi de France sous le nom de **Louis X le Hutin**) qui désirait assurer à la région un débouché sur la mer. Attirée par les privilèges de ce village, une population composite s'y implanta : Basques, Gascons, pèlerins de St-Jacques-de-Compostelle et, au 17e s., de nombreux juifs, fuyant l'Espagne et le Portugal. Chacun reçut un bout de terrain *(plaza)* sur lequel il implanta sa maison et son jardin, le *cazalot*. Ainsi, aujourd'hui encore, à La Bastide-Clairence, on parle aussi bien français que basque ou gascon avec toutefois une petite avance pour le gascon.

La Bastide-Clairence.
J.-D. Sudres/hemis.fr

Se promener

Une longue rue principale, coupée à angle droit de ruelles transversales, et débouchant sur une place consacrée au marché : c'est le plan typique d'une bastide. Avec ses maisons blanches barrées de rouge, cette rue a un air de village du Labourd. Amusez-vous à distinguer les maisons labourdines des maisons navarraises… Une quinzaine d'artisans d'art (potier, tisserand, ébéniste, photographe, etc.) y ont installé leurs ateliers, ouverts à la visite.

Église N.-D.-de-l'Assomption

Typiquement basque avec ses étages de galeries, elle est flanquée de deux allées couvertes et pavées de dalles funéraires des plus vieilles familles de La Bastide. On parle ici du « cimetière préau ».

À proximité Carte de microrégion

5

★★ Grottes d'Isturitz et d'Oxocelhaya C2

Les grottes se trouvent à 13 km au sud-est de La Bastide-Clairence par la D 10 et la D 251. Accès par le village de St-Martin-d'Arberoue. Depuis le parking, les grottes sont à 10mn à pied. La visite englobe les deux grottes.

05 59 29 64 72 - www.grottes-isturitz.com - visite guidée (1h) juil.-août : 10h-13h, 14h-18h ; juin et sept. : 11h, 12h, 14h et 17h ; reste de l'année : 14h et 17h, vac. scol. et j. fériés 11h, 14h et 17h - fermé de mi-nov. à mi-mars - 10 € (-15 ans 3,90 €) - température constante à 14 °C à l'intérieur des grottes. Visites thématiques : Art & Préhistoire, découverte géologique, visite sonore, visite poétique, etc. Rens. sur le site Internet.

Les grottes, superposées, correspondent à deux niveaux, abandonnés, du cours souterrain de l'Arberoue (qui coule à présent au troisième niveau). Littéralement « le champ du loup » et « le lieu de la fontaine », ces grottes constituent l'un des plus riches sites préhistoriques d'Europe. De véritables cathédrales de calcaire aux colonnes monumentales et aux draperies majestueuses. Qui est à l'origine de ces merveilles ? Des artisans que l'on nomme l'eau, le calcaire... et le temps. Ces grottes plurent tout d'abord à l'homme de Néandertal venu s'y installer, puis à celui de Cro-Magnon, laissant tour à tour derrière eux de vrais trésors. C'est donc un étonnant voyage au centre de la Terre, aux tréfonds de la colline de Gaztelu, qui vous attend.

★★ **Grotte d'Isturitz** C2 – On pénètre dans la montagne par cette grotte, dont l'intérêt est avant tout scientifique. Sur un **pilier** ont été gravés trois rennes superposés épousant le relief de la pierre, ainsi qu'un cheval. Achevées en 2010, les fouilles ont mis au jour des objets quotidiens mais aussi vingt-deux fragments de flûtes taillées dans des os de rapaces, de gypaètes et de vautours, ainsi que des objets d'art. Parmi ceux-ci, des baguettes demi-rondes sculptées et des gravures, dont vous pourrez admirer les copies dans l'espace-musée des grottes.

★★ **Grotte d'Oxocelhaya/Otsozelaia** C2 – Quinze mètres plus bas se trouvent des salles décorées de **concrétions** dont les formes étranges et variées sollicitent l'imagination : stalactites, stalagmites, colonnes, draperies translucides, cascade pétrifiée scintillante.

En outre, deux reproductions illustrent la trentaine de **dessins** (contours au charbon de bois, raclage ou tracé au doigt sur argile) découverts sur les parois, qui ne sont pas montrés au public par mesure de préservation.

Musée du site – Les collections exceptionnelles d'objets sont exposées au musée de St-Germain-en-Laye et une série aurignacienne a rejoint le musée national des Eyzies. Depuis les premières découvertes, la volonté du propriétaire (prolongée par ses descendants qui ont pris la relève) est de faire partager ces richesses qui renseignent sur l'histoire de l'homme, le musée didactique en est la preuve.

Espace culturel – Depuis 2007, un espace culturel permet à des artistes (musiciens, conteurs, plasticiens ou danseurs) de réaliser des performances *in situ (www.grottes-isturitz.com)*. Ces réalisations s'accompagnent d'un engagement fort de la famille Darricau en faveur d'un tourisme responsable, respectueux tant de l'environnement que des cultures humaines présentes ou passées.

Alors que s'achève la campagne de fouilles qui visait à mieux cerner l'évolution culturelle des premiers *Homo sapiens*, une nouvelle recherche débute (2011-2016) avec, pour objectif, l'analyse approfondie de l'art pariétal.

PASSIONNANTES DÉCOUVERTES

En 1895, les ouvriers qui travaillent dans l'exploitation de phosphate de la **grotte d'Isturitz** trouvent des pierres taillées. En les examinant, le pionnier de la préhistoire, Édouard Piette, pressent l'importance de cette mise au jour. Une première campagne de fouilles (1912-1922) révèle une série de couches stratigraphiques. Elle est suivie d'une seconde opération qui atteste de 80 000 ans de présence humaine.

En 1929, la **grotte d'Oxocelhaya** est découverte par hasard. Devant la magnificence des lieux, le propriétaire des grottes, André Darricau, décide de l'ouvrir au public, faisant percer en 1953 un tunnel entre les deux grottes. Les représentations pariétales seront ensuite découvertes au fil des ans.

Une troisième grotte, **Erberua**, est découverte en 1973, mais elle reste encore aujourd'hui fermée au public.

NOS ADRESSES À LA BASTIDE-CLAIRENCE

HÉBERGEMENT / RESTAURATION

PREMIER PRIX

Résidences de tourisme Les Collines Iduki – *Au bourg - 05 59 70 20 81 - www.location-vacances-paysbasque.com - P - ♿ - 36 appart. 65/214 € (sem. 324/1759 €), poss. de courts séjours hors saison - ✕ 22/28 €.* À la sortie du village ces maisonnettes, souvent mitoyennes, disséminées dans la verdure, séduisent par leurs couleurs et leur architecture basque. Les intérieurs spacieux sont décorés avec goût. À l'entrée, excellent restaurant *(pieds de cochons basquaise et frites maison)* avec terrasse et piscine.

Les Arceaux – *Pl. des Arceaux - 05 59 29 66 70 - tlj en saison ; hors saison : fermé janv. et lun. midi, merc.-sam. sur réserv. - menu déj. 13 €, assiette de pays 18 €.* On y vient dès 7h30 pour un café et un croissant, le midi pour déjeuner sur la terrasse ombragée, le soir pour déguster une assiette du pays dans la salle à l'arrière qui donne sur la nature. Bons produits et accueil très sympathique.

À Hasparren, près des grottes

Gîte d'étape Ferme Urkodéa – *Quartier Zelaï - 05 59 29 15 76 - www.urkodea.ffe.com - ♿ (partiellement) - P - ⊭ - gîte 14 pers. - 6 ch. 20 €/pers. en colocation, 300 €/gîte/w.-end et tarifs dégressifs pour nuits supplémentaires et longs séjours.* Réhabilitée en gîte, cette ferme labourdine est aussi un centre de randonnée équestre, qui organise des sorties à travers la lande d'Hasparren et la vallée de la Joyeuse. Chambres à plusieurs lits, remarquables par leur propreté et leur calme.

BUDGET MOYEN

Le Clos Gaxen – *Route d'Hasparren - 05 59 29 16 44 - www.leclosgaxen.fr - 3 ch. 65/75 € ☕.* Posée au milieu d'une vaste propriété, cette belle ferme du 18ᵉ s. abrite de confortables chambres d'hôte. Excellent accueil des maîtres de maison et petits-déjeuners mémorables. Piscine.

Maison Marchand – *R. Notre-Dame - 05 59 29 18 27 ou 06 82 78 50 95 - http://maison.marchand.pagesperso-orange.fr - 3 ch. 65/95 € - repas 25 €.* Cette maison du 16ᵉ s., rénovée dans son authenticité labourdine, abrite des chambres spacieuses avec grands couchages. Jardin et terrasses à disposition pour se délasser. Possibilité de se joindre à la table d'hôte.

À Hasparren, près des grottes

Hôtel Les Tilleuls – *Pl. de Verdun - 05 59 29 62 20 - www.hotellestilleuls-hasparren.com - fermé 1re sem. de nov., vac. scol. de fév., dim. soir et sam. de fin sept. à déb. juil. sf j. fériés - 25 ch. 60/65 € - ☕ 8 € - poss. de 1/2 P 97/108 € ; menus déj. 12 €, 14/30 €.* La maison qu'habita l'écrivain Francis Jammes est à deux pas de cette construction de style basque disposant de chambres bien rénovées qui donnent sur la place du village. Face à l'hôtel, le Relais des Tilleuls est doté de chambres plus grandes avec balcon ou terrasse privative et peut accueillir des groupes ou des familles. Sympathique salle de restaurant rustique où l'on vous proposera de goûter aux recettes régionales.

Ferme-auberge Komeiteko Borda – *Urcuray (panneau depuis la D 10) - 64240 - 05 59 20 00 01 -*

P - *sur réserv. - 19-25 € (enf. 8 €).* Au sommet d'une charmante petite route en épingle, la ferme-auberge de la jeune Arantxa Lartigue met à l'honneur les viandes de l'exploitation familiale : gigot d'agneau fondant, grillade de porc, confit de canard... Et pour finir, crème brûlée au lait de brebis. Magnifique panorama sur la plaine de l'Adour.

À Mendionde

Chambre d'hôte Anderetea – *05 59 29 14 03 - www.anderetea.com - 2 ch. 65/85 €* . Une maison chaleureuse et cosy, où les propriétaires Quentin et Karen proposent deux belles et spacieuses chambres, mêlant pierre apparente et bois clair, et décorés de meubles de choix.

ACHATS

Marché fermier – *Juil.-août : vend. soir.*

Les Fermiers Basques – *Pl. des Arceaux - 05 59 63 71 41 - 10h-13h, 14h30-18h30 (18h hors sais.) - fermé lun., mar. et le matin (sf w.-end) hors sais.* Les produits de saison vendus par cette dizaine de producteurs sont d'une qualité exceptionnelle : fromage, miel, charcuterie, canard, vin d'Irouléguy, piments d'espelette...

La Ferme Bethanoun – *GAEC du Lucq - 06 12 40 72 00 - www.lafermebethanoun.com - visite de la ferme sur RV..* Vente des produits de l'élevage de brebis et de blondes d'Aquitaine. Tomme d'Ossau-Iraty et, spécialité de la ferme, le « bethia » (fromage de brebis persillé) ainsi que différents produits à base de viande.

La Fabrique de Macarons – *R. Notre-Dame - 05 59 37 19 95 - www.lafabriquedemacarons.fr - 10h-13h, 14h-19h - fermé de mi-nov. à fin mars.* Macarons aux amandes, aux noisettes, à la coco et au citron... Vous pourrez non seulement savourer les douceurs de la maison, mais aussi voir les secrets de fabrication, dans le laboratoire situé juste à l'arrière.

À St-Martin-d'Aréboue, près des grottes

Ferme Agerria – *Quartier Corlorotz (D 4) - 05 59 29 45 39 - www.agerria.fr - visites tlj sf dim. 10h-11h30, 15h-18h30 - gratuit.* Cette ferme d'élevage vous fera connaître les brebis manech à tête rousse (agnelage de nov. à mars, traite de déc. à juil.), dont le lait est l'élément de base du fromage ossau-iraty. Des porcs basques se promènent dans les prairies. À la fin de la visite, vous pourrez déguster les produits de la ferme : fromage, charcuterie, confits, jambons... Emplacements pour camping-cars et gîte pour 5 pers. *(275/500 €/sem.).*

ACTIVITÉS

Asinerie de Pierretoun – *Hameau de Pessarou - 05 59 31 58 39 - www.anes-pays-basque.com - juil.-août : 10h-13h, 15h-19h ; sept.-juin : merc. 14h-18h, w.-end sur RV.* Espèce un temps menacée, l'âne des Pyrénées est connu pour son aptitude au travail et la qualité de son lait. Vente de cosmétiques bio à base de lait d'ânesse.

AGENDA

Fête du village – *Fin juil.* Pendant 4 jours et 4 nuits, La Bastide-Clairence se pare de rouge et de blanc. *Bandas, encierros,* courses de vaches et méchoui...

Fête à l'ancienne du Pont de Port – *9 août.* Repas champêtre, abattage du blé, démonstration de métiers d'antan...

Grand marché potier – *12 et 13 sept.*

Les chemins de Saint-Jacques

★★★

Pyrénées-Atlantiques (64)

Avancer sur les traces de ces milliers de pèlerins qui, depuis le 12e s., poussés par la foi ou le désir d'aventure, gravissent les Pyrénées pour rejoindre Saint-Jacques-de-Compostelle est un voyage qui ne peut laisser indifférent. Chapelles perdues au milieu des champs, villages fortifiés et paysages à couper le souffle vous attendent le long des chemins. Que vous soyez croyant ou non, laissez-vous porter par la dimension mystique qui, de villages en montagnes, enveloppe chacune des étapes.

NOS ADRESSES PAGE 424
Hébergement, restauration, achats, activités, etc.

S'INFORMER

Office du tourisme de St-Jean-Pied-de-Port-St-Étienne-de-Baïgorry – *14 pl. du Gén.-de-Gaulle - 64220 St-Jean-Pied-de-Port - ✆ 05 59 37 03 57 - www.pyrenees-basques.com - juil.-août : 9h-19h ; reste de l'année : 9h-12h, 14h-18h - fermé 1er janv., 25 déc.* Conseil, information, réserv. d'hébergement, vente d'activités : randonnée accompagnée, eaux vives, canyoning, spéléo. Espace randonnée : table tactile, carnet de 26 circuits de randonnée *(5 €)*, fiches randonnées et VTT *(0,50 €/fiche)*. Accès Internet, wifi, borne extérieure.

Accueil St-Jacques – *39 r. de la Citadelle - 64220 St-Jean-Pied-de-Port - ✆ 05 59 37 05 09 - www.aucoeurduchemin.org - tte l'année.*

Réservation d'hébergements – *www.resa-camino.com*. Pour réserver ses hébergements sur le chemin.

SE REPÉRER

Carte de microrégion p. 346-347.
L'itinéraire relie St-Palais à St-Jean-Pied-de-Port par la D 933 (chemin de Vézelay). Une boucle qui emprunte cette départementale est effectuée sur les hauteurs de St-Jean.

À NE PAS MANQUER

La chapelle d'Harambels et la route des Ports de Cize.

5

Circuit conseillé Carte de microrégion

★★★ LE LONG DES CHEMINS DE COMPOSTELLE

Pour visualiser ce circuit tracé en rouge de 65 km au départ de St-Palais, reportez-vous à la carte de microrégion (p. 346-347) - comptez une journée.
Quittez St-Palais par la D 933 en direction de St-Jean-Pied-de-Port.

Stèle de Gibraltar C2

À l'entrée d'Uhart-Mixe, prenez à droite la D 302 qui marque un angle aigu. Laissez la voiture à un carrefour de chemins et empruntez le premier à droite.
À flanc du mont St-Sauveur, ce monument (1964), surmonté d'une stèle discoïdale, marque le point de convergence de trois des principaux chemins de Compostelle.

10 km - 3h30. La stèle se trouve sur une petite boucle de randonnée dont le départ se prend à Uhart-Mixe, après le « château » qui longe la rivière, au-delà du petit pont de l'église, à gauche.
Poursuivez en voiture le chemin qui monte depuis la stèle et tournez à droite vers le mont St-Sauveur. Laissez la voiture à la statue de la Vierge et poursuivez à pied sur le chemin.
Belle **vue** sur les monts blancs des Pyrénées au sud (massif du Pic-d'Anie et pic du Midi d'Ossau) et la campagne de la vallée de la Bidouze au nord.
Revenez à Uhart-Mixe et suivez la D 933, puis à droite une petite voie.

Harambels/Haranbeltz C2

Quartier Harambels - ✆ 05 59 56 45 97 - www.lesamisdharanbeltz.fr - juil.-août: merc. et vend. 14h-18h, reste de la sem. sur demande; du w.-end de Pâques à juin et de sept. à la Toussaint: merc. 14h-17h30, vend. 14h-18h, reste de la sem. sur demande; reste de l'année: sur demande - tarif libre.
À partir de la fin du 10e s., le pèlerinage de St-Jacques-de-Compostelle attire de plus en plus de voyageurs. Ils demandent asile dans les villages traversés. Les hôpitaux, financés par les seigneurs locaux, se multiplient le long du chemin. À Harambels, les paysans s'organisent en une communauté de donats qui se consacre à l'accueil des pèlerins et des pauvres. La réputation du village va grandissante.
La voie empruntée par les pèlerins passe alors sous le porche de la **chapelle St-Nicolas★** (fin 12e s.-déb. 13e s.). Sous celui-ci (pavage et arche du 17e s.), la porte à droite, très ancienne avec ses serrures et clous forgés, menait à l'hôpital aujourd'hui disparu. Arrêtez-vous un instant à l'entrée de la chapelle. Le tympan porte un **chrisme** de l'époque de construction de l'église; vous y verrez les lettres grecques du nom du Christ, ainsi que l'alpha et l'oméga, symboles d'éternité. Il fait partie des chrismes très anciens les mieux conservés; saluons le travail des artisans qui ont dû le recomposer car, fragilisé par le poids du clocher, il est tombé en 17 morceaux au moment des travaux de rénovation de la chapelle! Au-dessus est sculptée une croix de Malte. Notez le visage taillé dans la pierre du montant latéral gauche: il s'agit sans doute d'un bloc provenant d'un temple païen réutilisé pour la chapelle.
L'intérieur de l'édifice est fascinant par ses **peintures en trompe l'œil** (briques de la voûte, faux marbre) et par son **retable★★** aux colonnes torsadées (1736). Saint Nicolas y est représenté sur le bas-relief principal, dans son habit d'évêque, devant le saloir d'où s'échappent les trois enfants sauvés. Il est surmonté d'une colombe et d'un Christ en croix. La Trinité est complétée par Dieu le Père peint au plafond, encadré par la Lune et le Soleil. Parmi les saints représentés sur les **fresques sur bois**, remarquez saint Roch, pèlerin du 13e s. Le bas-relief de la Vierge date du début du 18e s., mais a été réalisé à la manière du 12e s.
3 km AR - 45mn. Au-dessus du hameau, le sentier (GR 65) mène à la **chapelle de Soyarce** (19e s.). Table d'orientation et jolie vue sur les Pyrénées.
Retournez sur la D 933 et prenez la direction d'Ostabat.

Ostabat-Asme/Oztibarre C2

Ostabat était autrefois une importante étape sur la route de St-Jacques: porte d'entrée de la Navarre, trois voies y convergeaient, venant de Tours, de Vézelay et du Puy-en-Velay. Au 12e s., on érigea là une bastide; la partie basse

« Organiser son voyage », p. 25 et « Comprendre », p. 81.

Sur le chemin de St-Jacques-de-Compostelle entre St-Jean-Pied-de-Port et Roncevaux.
M. Vahlsing/Blickwinkel/age fotostock

accueillait les pèlerins pauvres et les malades, la partie haute, du fait de son droit d'entrée, était réservée aux marchands et pèlerins aisés. Prospère, la ville obtint en 1381 le droit d'organiser un marché; des notaires s'installèrent et les hôtels se multiplièrent dans la ville haute. Mais son déclin commença lorsque les itinéraires des pèlerins se décalèrent vers la côte. Aujourd'hui, le village ne conserve de ses auberges et de ses deux hôpitaux que le souvenir. Quelques vestiges des remparts détruits en 1228 sont visibles près de la maison Portalia.

6 km - 1h AR - le chemin peut se révéler boueux après la pluie. Le sentier de randonnée (GR 65) part de l'église, descend la rue principale (escalier à droite de la maison) et tourne ensuite à gauche, hors du village. Il mène à la chapelle d'Harambels à travers la forêt communale.

Longez le versant par la D 508 qui monte vers le col d'Iparlatze (325 m).

À votre gauche, en contrebas, vous pouvez admirer le **château Laxague**, château fort avec ses hautes murailles et son imposante tour d'entrée à la porte en arc brisé. L'ancienne demeure de Pees de Latsaga, chambellan du roi de Navarre, mort en 1394, est aujourd'hui une ferme en activité *(ne se visite pas).*

Boucle - 1h. Depuis le haut du village, un sentier balisé en jaune passe non loin du château.

L'arrivée au col d'Iparlatze dévoile une belle vue sur les collines et la vallée de la Joyeuse.

Faites demi-tour au col pour revenir sur la D 933.

Si l'on souhaite s'éloigner des chemins de St-Jacques, la route qui continue depuis le col pour aller à St-Jean-Pied-de-Port par le col des Palombières (D 518) et Jaxu (D 22) est un itinéraire agréable avec de beaux paysages.

Larceveau/Larzabale C2

Centre d'interprétation des stèles discoïdales et de l'art funéraire basque – *www.lauburu.fr - 9h-19h - gratuit - demander la carte magnétique (carte d'identité demandée en caution) permettant l'accès aux commerces et restaurants voisins.* L'association Lauburu, qui travaille depuis 1972 à sauver le patrimoine lapidaire basque, expose ici, dans une ambiance de jardin zen, une belle collection de stèles, la plupart du 17e s. L'exposition et les 12 vidéos très pédagogiques visent à expliquer la symbolique des stèles, l'organisation des rites funéraires et la place de la mort dans la société basque ; un pan de la culture basque à la fois intime et très présent dans le paysage, dont on peut ainsi mieux comprendre la dimension spirituelle.

Reprenez la D 933 vers St-Jean-Pied-de-Port.

À la croix de Galtzetaburu (18e s.), à 4 km, on croise le chemin des pèlerins.

Poursuivez sur 9 km, un panneau à gauche vous indique La Madeleine.

La Madeleine C2

L'église Ste-Madeleine-de-Beigbeder (Betbeder), joli bâtiment à vaisseau unique en pierre rose, fut construite au début du 13e s. Elle relevait de l'abbaye de Lahonce. Croix navarraise près du parking. De l'autre côté du ruisseau Laurhibar, le moulin Peko Eihera, du 13e s. lui aussi (1249), a été entièrement rénové - *visite sur RV - M. Lacroix - ✆ 05 59 37 06 72.*

Par la D 933, on arrive à St-Jean-Pied-de-Port, étape importante avant l'ascension des Pyrénées.

★ St-Jean-Pied-de-Port C2 (*p. 425*)

★★ Route des Ports de Cize C3

Itinéraire à n'emprunter que par beau temps : mieux vaut renoncer à l'ascension si le brouillard se lève. Comme les pèlerins, quittez St-Jean-Pied-de-Port par la porte d'Espagne et empruntez la route de Napoléon (D 428).

La route doit son nom aux cols (ports) qu'elle franchit. Elle monte raide dans sa première partie et découvre rapidement les superbes **paysages** de la vallée de la Nive de Béhérobie. Après le deuxième virage en épingle à cheveux, là où le sentier rejoint de nouveau la route, une table d'orientation sur la gauche permet de se repérer.

Attention – Assourdis par le vent et concentrés sur leur marche, les pèlerins n'entendent pas les voitures arriver ; roulez prudemment et respectez leur effort.

La route passe à droite du pic d'Orisson (1 064 m) et de l'Itchachéguy (1 161 m). On atteint alors la **Vierge de Biakorri** (dite d'Orisson), surplombant le versant.

Revenez sur vos pas et prenez la route qui se détache vers l'ouest.

À gauche, sur le mont, la redoute de **Château-Pignon** n'est plus que ruines. Construite en 1512 par Ferdinand d'Aragon, elle servit à de nombreuses batailles (1521, 1793, 1813).

Peu après, laissez les pèlerins traverser la frontière au col (port) dit « passage de Cize » et prenez à droite (D 128).

Au col d'Héganzo, si l'on prend à droite puis à gauche, on peut redescendre par une route d'estive jusqu'à Arnéguy, avec une belle vue sur la vallée. Tout droit, la D 128 permet de suivre au plus près le défilé du Valcarlos ; elle est plus longue et comporte de nombreux virages, mais elle traverse de beaux paysages.

Défilé du Valcarlos B3

Continuez sur la D 128.

À Ondarolle, on rejoint l'itinéraire de pèlerinage du Valcarlos, obligatoire par mauvais temps. Le chemin suit la D 128 jusqu'à Arnéguy.

De là, la D 933 ramène à St-Jean-Pied-de-Port en longeant la Nive d'Arnéguy.

Les chemins de Saint-Jacques

PÈLERINAGE PÉDESTRE PRATIQUE

Préparez-vous physiquement et pensez à voyager léger. Limitez votre bagage au strict nécessaire : affaires de toilette, pharmacie, habillement adapté à la saison, poncho imperméable, chaussettes, chaussures de marche, gamelle et gobelet, duvet, carte internationale de téléphone. Soyez prévoyant et renseignez-vous auprès de votre assurance. Demandez aussi la carte européenne d'assurance maladie pour d'éventuels frais médicaux en Espagne. Outre sa carte d'identité (s'il est ressortissant de l'espace Schengen), le vrai pèlerin doit aussi se munir d'un carnet appelé « créanciale » lorsqu'il est délivré par l'évêché (le sien ou celui du lieu de départ), ou « credencial » lorsqu'il est émis par une association laïque. Ce carnet fait office de passeport (sauf pour la frontière !), chaque étape du chemin étant tamponnée par une instance civile ou religieuse. Il permet parfois d'avoir des réductions sur l'entrée de certains musées ou monuments, mais il est surtout indispensable, côté espagnol, pour accéder aux gîtes. Enfin, c'est sur sa présentation que sera délivrée la **compostela** à St-Jacques.
Autrefois, un réseau très complet d'**hospices** gérés par des **donats** facilitait le voyage et assurait l'hébergement et le bien-être spirituel des pèlerins. Actuellement, il s'agit de gîtes d'étape. Moins nombreux, ils jalonnent les itinéraires qui convergent en Basse-Navarre, à Ostabat, avant d'atteindre St-Jean-Pied-de-Port. Aujourd'hui encore, les pèlerins gagnent Roncevaux par la route des hauteurs.

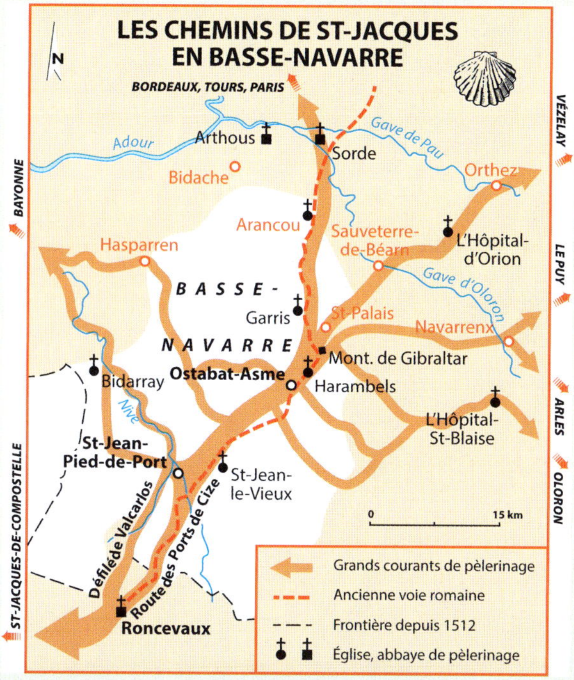

NOS ADRESSES SUR LES CHEMINS DE SAINT-JACQUES

Voir aussi St-Jean-Pied-de-Port.

HÉBERGEMENT ET RESTAURATION

PREMIER PRIX

Les adresses que nous indiquons ici sont destinées à l'accueil des pèlerins sur les chemins de St-Jacques : on y gagne souvent en convivialité ce que l'on perd en confort !

Refuge Orisson – *64220 Uhart-Cize - ✆ 05 59 49 13 03 - www.refuge-orisson.com - mars-oct. - 18 lits - 35 € en 1/2 P.* Cet ancien *kaiolar* (bergerie) a plus d'un atout : trois chambres meublées de 6 lits superposés, une vue panoramique et une table bien achalandée : rustique mais satisfaisant au terme d'une journée de marche ! Réservation conseillée.

La Coquille Napoléon – *Rte Napoléon (à la sortie de St-Jean-Pied-de-Port) – 64220 Uhart-Cize - ✆ 06 62 25 99 40 - mars-oct. - 10 lits - 15 € en dortoir - ☕ 3 € - dîner 12 €.* Située au sommet de la petite côte qui monte depuis la porte d'Espagne, cette auberge s'ouvre sur un somptueux panorama de montagnes, dont l'altier pic de Béhorléguy (1 265 m). Bixente et Lorna accueillent chaleureusement et toute l'année les pèlerins : dortoir original décoré d'un ancien lit clos breton, composé de 10 lits superposés dont 7 avec fenêtre s'ouvrant sur la verdure. Petit-déjeuner servi sur la grande table en terrasse, éclairé par le soleil levant au-dessus du beau sommet.

BUDGET MOYEN

Chambre d'hôte Oyhanartia – *64120 Larceveau - ✆ 05 59 37 88 16 - www.chambre-d-hote-pays-basque.com - 6 ch. 70/78 € ☕ - table d'hôte 30 € bc.* Elle était professeur de français, il était exploitant de jeux de bistrot. Ils ont changé de vie pour s'installer à Larceveau, au cœur des paysages verdoyants du Pays basque intérieur, et restaurer une vieille ferme navarraise. C'est aujourd'hui une agréable maison d'hôte, halte idéale sur le chemin de St-Jacques ou point d'ancrage pour découvrir la région. Atmosphère détendue et repos garanti, dans le salon-bibliothèque, abondamment pourvu ou sur la terrasse, à l'ombre des platanes… Sur l'immense table en noyer de la salle à manger, Chantal sert une cuisine savoureuse, à base de produits du pays : un régal !

Saint-Jean-Pied-de-Port

Donibane-Garazi

★

1 490 Saint-Jeannais - Pyrénées Atlantiques (64)

Dans un superbe cadre de montagnes, posée comme son nom l'indique au pied du port de Roncevaux, voici la dernière étape française des pèlerins de Compostelle. Modelée par une histoire militaire agitée dont témoignent ses remparts et sa citadelle, l'ancienne capitale de Basse-Navarre est aujourd'hui une paisible cité, agréable et doucement animée: les maisons de grès rose se dorent paresseusement au soleil et seules viennent les envahir, aux beaux jours, des armées pacifiques de touristes… et, toujours plus nombreuses, de pèlerins.

NOS ADRESSES PAGE 428
Hébergement, restauration, achats, activités, etc.

S'INFORMER

Office du tourisme de St-Jean-Pied-de-Port-St-Étienne-de-Baïgorry – *14 pl. du Gén.-de-Gaulle - 64220 St-Jean-Pied-de-Port - ✆ 05 59 37 03 57 - www.pyrenees-basques.com - juil.-août: 9h-19h; reste de l'année: 9h-12h, 14h-18h - fermé 1er janv., 25 déc. - conseil, information, réserv. d'hébergement, vente d'activités: randonnée accompagnée, eaux vives, canyoning, spéléo. Espace randonnée: table tactile, carnet de 26 circuits de randonnée (5 €), fiches randonnées et VTT (0,50 €/fiche). Accès Internet, wifi, borne extérieure.*

Accueil St-Jacques – *39 r. de la Citadelle - 64220 St-Jean-Pied-de-Port - ✆ 05 59 37 05 09 - www.aucoeurduchemin.org - tte l'année.*

Visites commentées – *Visites commentées par des Raconteurs de Pays: cité fortifiée juil.-août: jeu. 10h; vac. scol. et sept.: lun. 14h30 (4 €, -12 ans 1,50 €) - visite nocturne à deux voix « Sur les pas des pèlerins » juil.-août: merc. 21h (7 €, -12 ans 2,50 €). Autres visites, se rens.*

Train touristique – *✆ 05 59 37 00 92 - fermé du 1er nov. au w.-end de Pâques - 5,50 € (-12 ans 2,50 €) - visite commentée (40mn).*

SE REPÉRER

Carte de microrégion C2 (p. 346-347) et plan de ville (p. 427) – St-Jean-Pied-de-Port se trouve à 34 km au sud-est de Cambo-les-Bains, soit à 53 km de Bayonne et 61 km de St-Jean-de-Luz. La ville se situe également à 31 km au sud-ouest de St-Palais et à 8 km de la frontière espagnole.

SE GARER

Parkings aux entrées de la ville.

À NE PAS MANQUER

La vieille ville, une promenade à la nuit tombée dans la rue de la Citadelle, quand tout est calme.

ORGANISER SON TEMPS

La découverte de la ville ne prend qu'une demi-journée, mais les possibilités d'excursions aux alentours sont très nombreuses.

St-Jean-Pied-de-Port.
J.-P. Azam/hemis.fr

Se promener Plan de ville

Encore toute ceinte de remparts, la petite cité de S-Jean-Pied-de-Port a rouvert récemment son **chemin de ronde★** : il vous dévoilera ses charmantes habitations et ses jardins secrets.
Le chemin de ronde est accessible par la porte St-Jacques, la porte de France et la porte de Navarre.

★ SUR LES PAS DES JACQUETS

Accès par la porte St-Jacques.

Porte St-Jacques

Encore aujourd'hui, les pèlerins entrent dans la ville par cette porte du rempart médiéval, inscrite au Patrimoine de l'Unesco. Elle était autrefois dotée d'un péage.

★ Rue de la Citadelle

Dans le prolongement.
En descente vers la Nive, elle est très fréquentée tant par les touristes que par les pèlerins. Elle est bordée de maisons des 16e (remarquez au n° 32 la maison Arcanzola de 1510) et 17e s. avec de beaux portails arrondis et des linteaux droits sculptés au 18e s.
Prison des Évêques – *41 r. de la Citadelle - ✆ 05 59 37 00 92 - juil.-août : 10h30-19h ; du w.-end de Pâques à fin juin et de déb. sept. à la Toussaint : tlj sf mar. 11h-12h30, 14h30-18h30 - possibilité de visite guidée sur demande - 3 € (-14 ans gratuit).* Cet édifice, sans doute un ancien entrepôt où jamais nul évêque ne fut enfermé – la cité fut une cité épiscopale aux 14e et 15e s. –, fut utilisé comme prison du 18e au 19e s. Il abrite une exposition évoquant les chemins de St-Jacques au Moyen Âge, qui comprend notamment une collection de bourdons et de besaces sur lesquelles est accrochée la célèbre coquille.

Rue de l'Église

Elle mène à la porte de Navarre. Vous y verrez l'**ancien hôpital** et la **maison Jassu**, qui fut celle des ancêtres paternels de saint François Xavier (1506-1552).

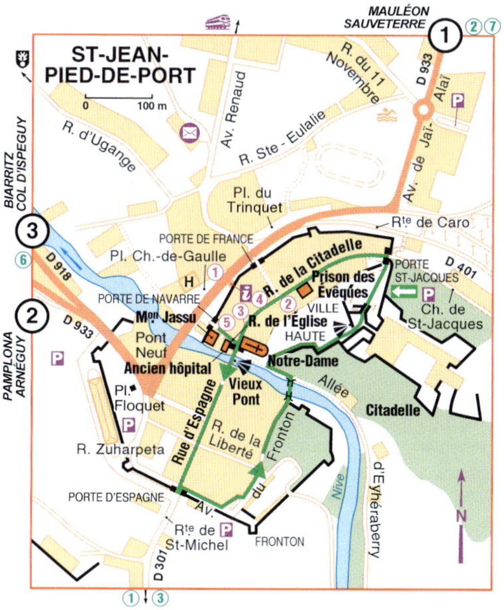

SE LOGER

Cabane Spa 64 6
Camping Narbaïtz 7
Chambre d'hôte Domaine Mourguy 2
Chambre d'hôte Maison Donamaria 3
Chambre d'hôte Tartasenia 1

SE RESTAURER

Hurrup Eta Klik 3
Iratze Ostatua 4
Les Pyrénées 1
Paxkal Oillarburu 5
Txitxipapa 2

LA DERNIÈRE ÉTAPE FRANÇAISE

Au Moyen Âge, St-Jean-Pied-de-Port, dernière étape avant l'Espagne, est un grand centre de regroupement de jacquets venus de tous les coins d'Europe. Dès qu'un cortège est signalé, la ville est en émoi: les cloches sonnent, les prêtres récitent des prières; les enfants escortent les pèlerins vêtus du manteau gris, le bourdon à la main; les habitants, sur le pas de leur porte, tendent des provisions. Le cortège s'éloigne en chantant des répons. Ceux qui sont trop las font halte rue de la Citadelle, où le monastère de Roncevaux leur a ménagé un abri.

Église N.-D.-du-Bout-du-Pont

Gothique, elle présente de beaux piliers de grès rouge. Sa fondation remonterait à Sanche le Fort, victorieux des Maures à Las Navas de Tolosa (1212). Sous le clocher s'ouvre la **porte Notre-Dame**.

Passez sous cette porte et franchissez la Nive.

Vieux Pont

Belle vue sur l'église et les vieilles maisons au bord de l'eau.

Le chemin qui remonte la Nive, sur la rive droite, mène au pont d'Eyheraberry *(10mn AR)*.

Rue d'Espagne

Les maisons aux balcons de ferronnerie ouvragée se dressent fièrement dans la principale rue commerçante du bourg. Remarquez les linteaux sculptés évoquant les métiers, les maîtres de maison, les symboles religieux ou païens. Les pèlerins quittent la cité par la porte d'Espagne en direction des cols de Cize et Roncevaux.

Prenez à gauche l'avenue du Fronton et, après avoir à nouveau traversé la Nive, empruntez les escaliers derrière l'église pour monter à la citadelle.

Citadelle

Visites guidées organisées en été (se renseigner à l'office de tourisme).
Cette citadelle, bâtie en 1627, fut ensuite consolidée par Vauban. Face à l'entrée du fort, de la demi-lune formant un belvédère – qui correspond à l'emplacement de l'ancien château fort –, vous pouvez voir tout le bassin de St-Jean et ses agréables villages *(table d'orientation)*.

NOS ADRESSES À SAINT-JEAN-PIED-DE-PORT

HÉBERGEMENT

PREMIER PRIX

Camping Narbaïtz ⑦ – *Rte de Bayonne - Ascarat (à 2,5 km au nord-ouest par D 918 et chemin à gauche) - ✆ 05 59 37 10 13 - www.camping-narbaitz.com - de déb. avr. à mi-sept. - ♿ - P - réserv. conseillée - 101 empl. 40 € - 15 locatifs 75/100 € - sem. 300/1 235 €.* Face au vignoble d'Irouléguy, à 50 m de la Nive et au bord d'un ruisseau, ce camping se tourne résolument vers la nature. Location de gîtes de construction écologique décorés soigneusement et offrant un réel confort. À cela s'ajoutent tentes ou caravanes ainsi que des mobile homes pour une nuit *(basse saison)* ou une semaine. Enfin, pour les plus jeunes, un club enfants et, pour la détente, une agréable piscine.

Chambre d'hôte Domaine Mourguy ② – *Domaine Mourguy - 64220 Ispoure - ✆ 05 59 37 06 23 - www.domainemourguy.com - P - ⊭ - 4 ch. 56/60 € ☕.* Dormez dans l'ancienne grange de cette ferme face à la campagne, à deux pas de St-Jean-Pied-de-Port. Chambres sobres, pas très grandes mais avec une mezzanine, idéale pour les enfants. Belle véranda pour un petit-déjeuner face aux vignobles d'Irouléguy. Balades en famille inoubliables à dos d'âne et prêt de vélos. Visite du chai, dégustation et vente du vin de la propriété.

BUDGET MOYEN

Chambre d'hôte Tartasenia ① – *1 rte du Maréchal-Harispe - ✆ 06 85 34 41 01 - www.tartasenia.com - ⊭ - 4 ch. 60/80 € ☕.* Dominant joliment le village, cette belle maison plusieurs fois centenaire a conservé son revêtement en grès rose et gris, au rez-de-chaussée, et ses portes d'origine. L'hôte des lieux, Arnaud, qui réside sur place, est passionné de terroir, d'œnologie et d'écologie (produits ménagers maison, petit-déjeuner bio, etc.). Vastes chambres dont une avec entrée depuis le jardin et une autre de 90 m² sous les combles. Jardin panoramique avec mini-bambouseraie, mare et hamacs à disposition. À deux pas de la porte d'Espagne.

Chambre d'hôte Maison Donamaria ③ – *1 chemin d'Olhonce - ✆ 05 59 37 02 32 - www.donamaria.fr - ⊭ - 5 ch. 70 € ☕.* Le temps semble s'être arrêté dans cette grande demeure du 18e s. Ses chambres, véritablement coquettes, ouvrent leurs fenêtres sur la Nive, la petite cascade, le pont romain et le parc boisé. Le petit-déjeuner est servi sur la terrasse en surplomb de la rivière ou dans le salon près de la cheminée. Un pur bonheur !

UNE FOLIE

Cabane Spa 64 ⑥ – *R. de la Citadelle, quartier Eliçaguerre (suivez la D 403 dir. Lasse) - ✆ 06 32 62 41 69 - www.cabanespa64.com - 1 ch. 190 € ☕ - dîner 20 €.* Idéal pour un séjour romantique, cette confortable cabane sur pilotis, dressée au milieu des chênes, dispose d'un lit en aloe vera et d'une terrasse avec Spa (4 personnes), pour profiter en toute quiétude de la vue sur les environs. Dîner sur commande servi dans un panier à l'aide d'une poulie.

RESTAURATION

PREMIER PRIX

Hurrup Eta Klik ③ – *3bis r. de la Citadelle - ✆ 05 59 37 09 18 - fermé janv.-fév. et merc. - menus 12/28 €.* Cidrerie moderne sans tonneaux, ce restaurant propose une cuisine locale simple mais bien menée. Vous pourrez choisir entre la salle aux murs de pierre et décoration en bois foncé et la petite terrasse dans la cour, surplombée par le chemin de ronde des remparts.

Paxkal Oillarburu ⑤ – *8 r. de l'Église - ✆ 05 59 37 06 44 - fermé merc. soir et jeu. soir de déb. nov. à mi-fév. et mar. sf juil.-août - réserv. conseillée - menus 15,50/30 €.* Posé contre les remparts, ce restaurant joue le répertoire régional : garbure, ris d'agneau au chorizo et poivrons, truitelles d'Iraty au beurre aillé, anguilles en persillade et bien d'autres spécialités du terroir tout au long de l'année.

BUDGET MOYEN

Txitxipapa ② – *28 r. de la Citadelle - ✆ 05 59 37 36 74 - http://txitxipapa.overblog.com - fermé merc. hors sais. et jeu. - formule déj. 13 € - 23/27 €.* La maison de famille du chef Pierre vous fera découvrir une cuisine de mets locaux aux savoureuses influences asiatiques. Jolie salle traversante, avec cheminée en bois et ancien lit à baldaquin métamorphosé en meuble, où officie la maîtresse de maison Magali. Petite terrasse au calme à l'arrière, pour les beaux jours.

Iratze Ostatua ④ – *11 r. de la Citadelle - ✆ 05 59 49 17 09 - http://iratzeostatua.blogspot.fr - fermé mar. et janv. - menus 19/25 €, à la carte env. 30/40 € - réserv. conseillée.* Une petite salle et quelques tables dans un joli jardin aux beaux jours : un cadre parfait pour déguster une cuisine fine et savoureuse, préparée avec des produits frais, comme le jambon kintoa, porc de la vallée des Aldudes, ou le riz gaxuxa au poulet, la paella basque.

UNE FOLIE

Les Pyrénées ① – *19 pl. Charles-de-Gaulle - ✆ 05 59 37 01 01 - www.hotel-les-pyrenees.com - fermé mar. - menus 42/110 €.* Cette adresse pour gastronomes située en face des remparts, près de la porte de France, sait faire rimer délicatesse et générosité. Cuisine de saison orchestrée par le chef Philippe Arrambide : bouillon mousseux d'asperges vertes, poitrine de canard aux épices et panacotta de patate douce, poêlée de ris d'agneau de lait aux fèves, croustillant de bleu basque et sorbet à la cerise noire…

FAIRE UNE PAUSE

Café Ttipia – *2 pl. Floquet - ✆ 05 59 37 11 96- http://cafettipia.com - fermé mar. soir hors sais. et merc. hors juil.-août.* L'une des plus jolies terrasses du bourg, au-dessus des eaux de la Nive et à l'ombre d'un platane. Snack à toute heure et service tardif.

ACHATS

Marché – *Pl. Ch.-de-Gaulle - lun. (ou mar. si lun. férié).*

Étienne Brana – *Distillerie : 3 bis av. du Jaï-Alaï ; cave : 6 r. de l'Église - ✆ 05 59 37 00 44 - www.brana.fr - distillerie : tlj sf mar. et dim. 10h-12h30, 14h30-19h, fermée sept.-juin - cave : 8h30-12h, 14h-18h,* *fermé janv.-mi-fév., dim., mar. sf juil.-août - visite du vignoble et des chais à Ispoure : juil.-août, fermé dim. : 10h-12h30, 14h30-19h - gratuit.* Au fil de la visite des chais, l'étendue de la gamme d'eaux-de-vie produites par ce domaine au charme indéniable se dévoile. Connus et réputés sur tout le territoire français, le marc d'Irouléguy, l'eau-de-vie de poire williams et le *txapa* à base de vin blanc, cerises et épices n'ont plus besoin de faire leurs preuves.

Poterie navarraise – *36 r. d'Espagne - ✆ 05 59 37 34 46 - www.poterie-navarraise.info - de Pâques à nov. : 9h-19h ; reste de l'année : lun.-vend. 9h-19h - fermé janv.-fév.* Sitôt franchi le seuil, des rayonnages remplis d'objets, plats et autres ustensiles en terre cuite s'offrent à votre regard. L'atelier de poterie se trouve dans l'arrière-boutique. Olivier Carriquiry façonne devant le public et cuit à 1 300 °C ses pièces selon les gestes transmis par son père ; les objets sont émaillés à la cendre de bois.

Charcuterie et séchoirs Mayté – *Le Bourg - 64220 St-Jean-le-Vieux - ✆ 05 59 37 10 02 - www.charcuterie-mayte.com - visite des séchoirs à jambons : mi-juil.-août : 10h, 14h30, 15h, 16h et 17h ; avr.-mi-juil. et sept.-oct. : lun.-vend. 10h, 15h et 16h ; boutique : lun.-vend. 8h-12h30, 14h-19h15, sam. 8h-12h30, 14h10-19h - fermé dim.* Depuis 1884, la famille Mayté excelle dans l'art de la salaison et des cochonnailles. Vous pourrez visiter les séchoirs et remplir votre panier de charcuteries (jambons, saucissons, pâtés, terrines, etc.).

La Fabrique de macarons – *25 r. de la Citadelle - ✆ 05 59 37 19 95 - www.lafabriquedemacarons.fr - 10h-13h, 14h-19h - fermé du 11 nov. à fin mars.* Réalisés à base d'amande ou de noix de coco, nature ou aromatisés, les macarons de Christophe Berthold sont un hommage à ceux que préparait sa grand-mère. La bonne odeur qui émane de la boutique ne trompe pas !

Ferme Biok – *Uhartia - 64220 Gamarte (accès par la D 933, dir. St-Palais) - ✆ 05 59 49 19 73 - lun.-vend. 10h-12h, 14h30-18h.* Cette ferme bio produit une excellente tomme de vache, à la saveur fruitée persistante en bouche. Les propriétaires disposent d'une halte des pèlerins à proximité immédiate, proposant des sandwichs, gâteau basque, etc.

Fabrika Garazi – *56 r. de la Citadelle - ✆ 05 59 37 59 91 - www.fabrikagarazi.com - tlj sf mar. 10h-12h30, 14h-18h30 - fermé des vac. de Noël à fin fév.* Les œuvres d'une quarantaine d'artistes sont exposées sur les deux niveaux de cette boutique, où se mêlent les matières et les styles les plus divers : céramique, cuir, verre, osier, tissus, bijoux…

ACTIVITÉS

Mendi Gaiak - bureau des accompagnateurs du Pays basque – *Errobi Baztera - 64780 St-Martin-d'Arrossa - ✆ 05 59 49 17 64 - www.mendi-gaiak.fr - tte l'année sur réserv.* Organisation et accompagnement, par des guides diplômés, de randonnées, escalade, canyoning, VTT, pêche…

AGENDA

Fête de St-Jean-Pied-de-Port – *Autour du 15 août.* Quatre jours durant : bals, feu d'artifice depuis la citadelle, etc.

Mois de la photo – *En sept. - ✆ 06 07 49 83 09 -www.argian-photo.com.* Photographies accrochées à l'intérieur de la prison des Évêques et disséminés dans toute la cité.

Saint-Étienne-de-Baïgorry

Baigorri

★

1 585 Baigorriars – Pyrénées Atlantiques (64)

C'est un lieu où il fait bon vivre, ne serait-ce que pour ses célèbres vins d'Irouléguy (dont il partage la vedette avec Ispoure) ! Des maisons typiquement basques, une belle place ombragée de platanes, un vieux pont romain : tous les ingrédients du pittoresque sont réunis dans ce village paisible. Avec, en outre, l'originalité de ses quartiers répartis de part et d'autre de la Nive des Aldudes. Autrefois secoués par des rivalités, ils perpétuent ensemble aujourd'hui traditions et particularismes d'une terre montagnarde, posée entre France et Espagne.

NOS ADRESSES PAGE 434
Hébergement, restauration, achats, activités, etc.

S'INFORMER

Office du tourisme de St-Jean-Pied-de-Port-St-Étienne-de-Baïgorry – *Pl. de la Mairie - 64430 St-Étienne-de-Baïgorry - ✆ 05 59 37 47 28 - www.pyrenees-basques.com - juil.-août : 9h-19h ; reste de l'année : tlj sf dim. 9h-12h, 14h-18h, j. fériés 10h-13h - fermé 1er janv., 1er et 11 Nov., 25 déc. - conseil, information, réserv. d'hébergement, vente d'activités : randonnée accompagnée, eaux vives, canyoning, spéléo. Espace randonnée : table tactile, carnet de 26 circuits de randonnée (5 €), fiches randonnées et VTT (0,50 €/fiche). Accès Internet, wifi, borne extérieure.*

SE REPÉRER

Carte de microrégion B2 (p. 346-347) – À 11 km à l'ouest de St-Jean-Pied-de-Port par la D 15.

À NE PAS MANQUER

La belle église St-Étienne.

AVEC LES ENFANTS

La ferme aquacole de Banca, les randonnées dans les Aldudes, la chocolaterie Laia (*« Nos adresses », p. 436).*

Se promener

★ Église St-Étienne

✆ 05 59 37 47 28 - 9h-12h, 14h-18h - entrée libre.

Classée Monument historique, elle est construite au 18e s. sur une base romane. Elle est intéressante pour ses galeries sur trois niveaux, son chœur surélevé, dont les trois autels sont ornés de retables de bois doré, son orgue (contemporain) de style baroque et son **arc triomphal**, décoré de peintures aux motifs floraux. Notez, à droite de l'entrée principale, la porte des cagots avec le bénitier qui leur était réservé. Des concerts d'orgue y sont régulièrement organisés.

Passez sur l'autre rive.

Château d'Etchauz/Etxauz

Ne se visite pas. Sur la rive gauche se dresse ce château au corps de logis rectangulaire flanqué d'échauguettes et de tours (11e et 14e s.). Après la

5

LA RENAISSANCE DU PORC BASQUE

L'élevage du porc de race basque (euskal xerria) est intimement lié à l'histoire de la vallée. Au début du 19e s., cet élevage décline pourtant au profit des troupeaux de brebis, dont les pâturages remplacent les hêtraies, chênaies et châtaigneraies parcourues par les porcs. Des races porcines plus productives sont préférées pour un élevage intensif dans les plaines. En 1981, la race pie noir du Pays basque est finalement déclarée en voie de disparition ; elle ne compte plus que 25 femelles.

En 1988, Pierre Oteiza, éleveur et boucher des Aldudes, découvre la race au Salon de l'agriculture de Paris et décide de la réimplanter dans la vallée. Une dizaine d'éleveurs s'associent au projet et fondent en 1990 une association qui a pris, depuis, le nom de Filière porc basque. En 2000, le séchoir collectif de la vallée des Aldudes est créé.

Aujourd'hui, 80 éleveurs participent au développement de l'activité, et plus de 450 truies et 60 verrats vivent dans le périmètre fixé par le cahier des charges visant l'obtention de l'Appellation d'origine contrôlée. Les porcs sont élevés en plein air, nourris de glands, châtaignes, herbes, racines et céréales, et abattus à un âge avancé, ce qui donne à la viande sa couleur foncée et son goût particulier. Preuve du succès de la réhabilitation, les jambons kintoa s'exportent en Europe, au Canada, et même à Hong-Kong et au Japon.

Révolution, il passa à la famille Harispe, puis fut racheté par la famille d'Abbadie d'Arrast. Un projet est en cours pour en faire un centre du patrimoine et de la culture.

Pont romain

Il date en fait de 1661, mais porte ce nom en raison de son arche unique, inspirée de l'architecture romaine. Notez l'empreinte des charrois dans les galets qui recouvrent son tablier. Très beau point de vue sur le château.

À proximité Carte de microrégion

Irouléguy B2

À 5 km à l'est par la D 15.

La vallée des Aldudes est contournée par la frontière. La D 948 suit la vallée de la Nive des Aldudes depuis St-Étienne-de-Baïgorry jusqu'à l'Espagne. Petit village typiquement basque avec des fermes et des maisons crépies de blanc aux volets rouges. Connu pour ses vins, classés AOC depuis 1970 (*p. 66*), il n'est cependant pas noyé dans les **vignes** (185 ha) qui s'étagent plutôt à flanc de colline. Le village conserve en particulier la chapelle d'un ancien prieuré, datant du 12e s.

Circuit conseillé Carte de microrégion

★★ VALLÉE DES ALDUDES Carte de microrégion

Circuit au départ de St-Étienne-de-Baïgorry, tracé en mauve sur la carte de microrégion (p. 346-347) - comptez 1h30. Sortez de St-Étienne-de-Baïgorry par la D 948 en direction de Banca.

À 9 km au sud de St-Étienne-de-Baïgorry par la D 948.

La vallée des Aldudes est contournée par la frontière. La D 948 suit la vallée de la Nive des Aldudes depuis St-Étienne-de-Baïgorry jusqu'à l'Espagne.

Occupée depuis l'Antiquité, comme en témoignent les cromlechs du site d'Arguibel, la vallée des Aldudes est une terre riche. D'abord indivis puis coupé par une frontière, le Pays Quint, dont elle faisait partie, fut le lieu de conflits d'intérêts locaux et internationaux. Aujourd'hui, elle est le berceau du renouveau de la race porcine basque, porté par la forte volonté des habitants des Aldudes. Quand la lumière rasante illumine les verts pâturages, vous apprécierez les randonnées en compagnie des brebis, des blondes d'Aquitaine et de ces cochons aux grandes oreilles noires.

Banca/Banka B3

Le village qui s'étage à flanc de montagne s'est développé au 18ᵉ s. grâce à la fonderie située sur la rive gauche de la rivière, à l'entrée du village (aujourd'hui en ruine) : un **Centre d'interprétation du patrimoine minier** permet de voir l'aménagement du site au 19ᵉ s., à l'aide d'une maquette commentée *(05 59 37 45 97 - www.truitedebanka.com - tlj sf lun. 7h30-20h - visite libre).*

La **ferme aquacole** occupe le site d'un moulin du 19ᵉ s. *(rte des Aldudes - 05 59 37 45 97 - www.truitedebanka.com - - de mi-juil. à fin août : 8h30-12h30, 14h-19h ; reste de l'année : 8h30-12h30, 15h-18h - fermé dim., 1er janv. - possibilité de visite guidée (1h) - gratuit).* Ici, vous verrez comment la truite de Banca, issue d'une pisciculture pyrénéenne réputée, est élevée au plus proche de la nature, avec une nourriture saine et sans aucun antibiotique. Suivez le petit sentier qui longe les bassins pour voir évoluer les poissons dans une eau de qualité exceptionnelle, puis visitez le petit musée. La boutique vend des produits transformés (terrines, caviar), mais pas de truites fraîches !

Après le village de Banca, prenez la deuxième à gauche ; la route s'enfonce dans la forêt d'Hayra jusqu'au mont Lindus. La forêt de hêtres d'Hayra est un des joyaux de la vallée ; en arrivant au Lindus, vous serez surpris d'y trouver un paysage vallonné, propice à de belles randonnées.

Aldudes/Aldude B3

Ce grand centre de la chasse à la palombe s'organise autour d'une placette, où se dresse une église à la belle voûte de bois en berceau et aux galeries originales. Une grille fixée au sol précède l'auvent pour empêcher les animaux d'accéder à l'édifice. À voir, dans le cimetière, les stèles basques du 19ᵉ s., entreposées contre le mur.

★ **Randonnée du col de Lepeder** *4 km - 2h - balisage jaune - départ avant la station-service (dir. Urepel), prenez l'escalier en retrait sur la gauche.* Une sente pierreuse et pentue marque le début de cette promenade qui dévoile de beaux **panoramas** sur la vallée verdoyante et la frontière espagnole, plus découpée. La fin du circuit passe devant des élevages de cochons pie noir.

Vous ne pourrez manquer, dans les champs, ces étranges huttes de bois qui servent d'abri aux cochons.

2,5 km, 1h. L'entreprise Pierre Oteiza (*« Nos adresses », p. 436*) propose un **parcours-découverte du porc basque** qui forme une boucle sur le versant. Accompagné d'un âne, vous passerez près des parcs d'élevage, de la « maternité » aux parcs en montagne. Le sentier vous offrira aussi un joli point de vue sur Roncevaux et le quartier pastoral d'Eznazu. Au lieu-dit Balcon de la Vallée, **belle vue** sur la vallée avec table d'orientation et espace pique-nique.

En prenant la première à droite en sortant du village, vous arriverez à **Esnazu**, dont la petite église renferme un retable en bois doré du 17ᵉ s. provenant de l'ancienne église de Larressore *(demandez la clé à la famille Arambel, sur la place).*

LE PAYS QUINT, HISTOIRE D'UNE FRONTIÈRE B3

Le Pays Quint, composé des vallées des Aldudes, du Baztan et de l'Erro, doit son nom à l'impôt ordonné en 1237 par la couronne de Navarre. Cette région de pâturages indivis accueillait les troupeaux de porcs en transhumance ; un porc sur cinq était alors prélevé au titre de l'**impôt du « Quint »**, « Kinto Real » en espagnol, « Kintoa » en basque. À la fin du 16e s., la pression démographique poussa les cadets de St-Étienne-de-Baïgorry vers les hauteurs du Kintoa, créant les bourgs de Banca, d'Aldudes et d'Urepel. La tension entre la France et l'Espagne sur l'occupation de la vallée augmenta alors, jusqu'à un accord en 1615, qui fixa l'utilisation des pâturages au profit de l'élevage bovin et porcin, et supprima l'impôt féodal du Quint. Consensus bientôt remis en question avec la croissance du marché de la laine. Un nouvel accord franco-espagnol en 1785 traça une frontière au milieu du Pays Quint, coupant les zones d'estive et suscitant la grogne. Mais la Révolution et la guerre d'Espagne le laissèrent sans effet. C'est le **traité de Bayonne** du 2 décembre 1856, signé entre Napoléon III et Isabelle II, qui scella l'avenir de la région. Il confirma la frontière de 1785 et la fin de l'indivision des pâturages. La France conserva la vallée des Aldudes et les habitants obtinrent un droit de jouissance des pâturages du Pays Quint côté espagnol, moyennant une redevance annuelle et un fermage pour la partie sud, encore versés aujourd'hui par la France à l'Espagne.

2 km - 40mn. Possibilité de faire le tour du bourg et de ses fermes en suivant le balisage jaune qui commence à gauche de l'église. Après environ 20mn de marche, au bout du chemin de terre, tournez à droite, quoi qu'en dise le marquage. Jolies vues sur les hauteurs des Aldudes.
Revenez sur vos pas et reprenez la D 948 à droite.

Urepel/Urepele B3

À l'entrée du village, une stèle commémore un enfant du pays, Fernando Aire Etxart, dit **Xalbador** (1920-1976), berger et agriculteur, qui fut un *bertsolari* réputé *(p. 71)*. Église intéressante avec sa voûte de bois et sa coupole.
Prenez la D 158 (6 km AR) qui s'amorce à hauteur de l'église d'Urepel.

★ **Randonnée d'Hauzai** – *12 km - 5h30 - niveau difficile - balisage jaune.* Au départ de l'église du village, cette randonnée vous conduit sur les pas de la transhumance annuelle, des riches prairies de vallée jusqu'aux forêts d'altitude du col d'Hauzai (965 m), aux confins des Aldudes.

NOS ADRESSES À ST-ÉTIENNE-DE-BAÏGORRY

HÉBERGEMENT / RESTAURATION

La place de la mairie compte quelques commerces, une boulangerie-pâtisserie et le **bar du Fronton**, endroit idéal pour une pause revigorante autour de ses belles salades et omelettes, à base de produits frais. Si le temps le permet, vous vous régalerez sur la terrasse à l'ombre d'énormes platanes.

PREMIER PRIX

Camping municipal Irouleguy – *Quartier Borciriette (sortie nord-est par D 15, rte de St-Jean-Pied-de-Port) - 05 59 37 43 96 - www.baigorry.fr - mars-nov. - 67 empl.*

12,20 €. Situé près de la piscine et derrière la cave coopérative du vin Irouléguy, ce petit camping municipal reste simple avec une belle pelouse et des emplacements bien ombragés.

Chambre d'hôte Jauregia – *Quartier d'Urdos (à 4 km du bourg) - ✆ 05 59 37 49 72 - www.vacances-au-pays-basque.com - P - ⊭ - 3 ch. 55 € ☕.* Cette imposante demeure du 16e s., jadis halte sur le chemin de Compostelle et ancienne propriété de Jeanne d'Albret, est aussi une ferme laitière. Ses vastes chambres, où se mêlent meubles anciens et modernes, sont desservies par un magistral escalier en chêne. Le patron, guide, organise des randonnées.

Hôtel Manexenea – *Quartier Urdos (à 4 km du bourg) - ✆ 05 59 37 41 68 - www.manexenea.com - fermé déc.-fév. - P - 9 ch. 55/58 € - ☕ 7 € - 1/2 P 56 €/pers. - menus 19/27 €.* Cette auberge compte quelques chambres simples qui donnent sur la belle campagne environnante. Le restaurant, protégé par les crêtes d'Iparla, et sa terrasse, ombragée de platanes et surplombant un ruisseau, offrent un cadre bucolique à souhait. Sa cuisine du terroir, à prix tout doux, ravira les papilles les plus difficiles.

Dans la vallée des Aldudes

Hôtel St-Sylvestre – *Esnazu - 64430 Les Aldudes - ✆ 05 59 37 58 13 - P - sur réserv. de mi-nov. à déb. mars - 10 ch. 50/60 € - ☕ 7 € - menus 13/30 €.* En bord de route vers l'Espagne (D 58), cette grande maison est un pied-à-terre pratique pour randonner dans la vallée. Les chambres sont modestes mais confortables. Au restaurant, vous goûterez aux spécialités régionales.

Ferme-auberge Menta – *Esnazu - 64430 Les Aldudes - ✆ 05 59 37 57 58 - menus 12,50/20 €.* Perchée aux confins de la vallée des Aldudes, non loin de la frontière, cette adresse propose depuis trois générations les viandes de la ferme familiale (veau, mouton, agneau) et les légumes du potager. Belle salle panoramique. Visite de l'exploitation sur réservation, située 300 m en amont.

Hôtel Erreguina – *64430 Banca - ✆ 05 59 37 40 37 - www.erreguina.com - P - fermé de mi-nov. à fév. - 16 ch. 52/72 € - ☕ 7,50 € - menus 11/21 €.* Depuis 1925, la famille Bidart accueille ses hôtes dans des chambres bien insonorisées et rénovées en 2014 ; la plupart disposent d'un balcon. En cuisine, boudin, pâté et joue de cochon maison.

BUDGET MOYEN

Hôtel Juantorena – *Rte de Banca - ✆ 05 59 37 40 78 - www.hotelrestaurantjuantorena.fr - P - fermé de mi-janv. à fin fév., rest. fermé merc. et dim. soir sf en août - 16 ch. 63/68 € - ☕ 7,50 € - formule déj. 14 € - menu 22 €.* Joli hôtel non loin de l'église. Les chambres sont calmes avec une agréable vue sur les montagnes environnantes. Le restaurant propose des plats régionaux à prix raisonnables dans un cadre frais. Vous apprécierez particulièrement la terrasse ombragée aux beaux jours.

ACHATS

Laurent Petricorena – *Rte de St-Jean-Pied-de-Port - ✆ 05 59 37 41 36 - www.petricorena.com - juin-sept. : 9h-13h, 14h-19h ; oct.-mai : tlj sf dim. et lun. matin 9h-19h - fermé janv.* Ce magasin fabrique maintes spécialités gastronomiques locales. On trouve d'un côté les produits traditionnels à base de canard ou de brebis, de l'autre les créations maison : sauce *sakari* (huile, vinaigre, piment et aromates) et confiture de piments doux.

Chocolaterie Laia – *R. de l'Église - ✆ 05 59 37 51 43 - www.laia.fr - juil.-sept. : 9h-12h30, 14h-19h ; reste de l'année tlj sf dim.-lun. : 9h-12h30, 14h-19h - fermé dernière sem. janv. et 1re quinz. fév. - visite libre et gratuite avec vidéo.* Cette chocolaterie à côté de l'église est aussi un salon de thé. Sur sa petite terrasse, c'est dans une ambiance de bistrot que vous dégusterez les chocolats chauds à l'ancienne et les ballotins de chocolats fins. Vous êtes convié aussi à découvrir les différentes étapes de la fabrication du bonbon au chocolat : torréfaction, broyage et conchage.

GAEC Tambourin - Maison Enautenea – *Enautenea - ✆ 05 59 37 40 64 - www.fromagetambourin.fr - lun.-sam. 9h-19h, dim. 9h-13h - juil.-août : visite le merc. à 18h30.* M. et Mme Tambourin, avec leur fils Michel, entretiennent l'exploitation familiale fondée en 1718. Dans leur laboratoire, et grâce à leur élevage de brebis manex à tête rousse, ils fabriquent leur propre fromage fermier, onctueux et affiné comme il se doit : l'AOC ossau-iraty. Le sésame de la maison ? Dites « ardi gasna », autrement dit « fromage de brebis », et les portes s'ouvriront…

Domaine Ameztia – *À Germieta - ✆ 05 59 37 93 68/06 73 01 27 58 - 10h-19h - visite gratuite avec dégustation.* Héritier de la vigne parentale plantée dans les années 1960, Jean-Louis Costera a commercialisé sa première cuvée en 2001. Ses 7 ha, cultivés par son neveu Gexan, donnent des vins rouges, blancs et rosés puissants. Le domaine Ameztia plaira à ceux qui aiment les vins toniques. Le rosé de la réserve du Domaine égaiera vos repas d'été.

La Cave Irouléguy – *Rte de St-Jean-Pied-de-Port - ✆ 05 59 37 41 33 - www.cave-irouleguy.com - mai-sept. : 9h-12h, 14h-18h30 ; mars-avr. et oct. : tlj sf dim. 9h-12h, 14h-18h30 ; reste de l'année : tlj sf dim. 9h-12h, 14h-18h - fermé j. fériés en basse saison et pendant les vendanges.* La réputation de cette cave qui, depuis une cinquantaine d'années, vinifie et commercialise l'essentiel des vins d'AOC Irouléguy blancs, rouges et rosés, n'est plus à faire. Elle propose de nombreuses cuvées de qualité.

Dans la vallée des Aldudes

Pierre Oteiza – *Rte d'Urepel - 64430 Les Aldudes - ✆ 05 59 37 56 11 - www.pierreoteiza.com - 10h-18h30.* C'est ici que sont élevés en liberté les porcs pie noir avec lesquels sont fabriquées les fameuses charcuteries. Le sentier de découverte permet de découvrir librement les élevages de la vallée. Une dégustation clôt la visite.

ACTIVITÉS

Syndicat Mendi Gaiak – *« Nos adresses » à St-Jean-Pied-de-Port.* Balades pédestres nocturnes dans les Aldudes *(5h AR, niveau facile).*

AGENDA

Journée de la Navarre– *Avr.-mai.* Chants et danses.

Festival musical de Basse-Navarre – *Août et automne - www.festival-basse-navarre.com.* Musique baroque.

Larrau

Larraine

196 habitants - Pyrénées-Atlantiques (64)

Ancienne étape sur la route de Compostelle, Larrau a tout du village typique de la Haute-Soule : des toits pentus en ardoise, des maisons regroupées autour d'une église et un paysage grandiose. Niché au pied du pic d'Orhy, et face aux falaises noires du massif de Mendibelza, Larrau est un excellent point de départ pour de belles randonnées, en particulier pour découvrir les crevasses d'Holçarté.

NOS ADRESSES PAGE 440
Hébergement, restauration, achats, activités, etc.

S'INFORMER

Mairie de Larrau – *64560 Larrau - ✆ 05 59 28 62 80 - www.larrau.org - 9h-12h, 14h30-18h - fermé w.-end, lun. et j. fériés.*

Mairie de Ste-Engrâce – *Quartier de la Caserne - 64560 Ste-Engrâce - ✆ 05 59 28 60 83 - www.sainte-engrace.com - lun.-vend. 9h-12h (sur place), 14h-17h30 (par téléphone).*

SE REPÉRER

Carte de microrégion D3 (p. 346-347) – Larrau se trouve à 43 km à l'est de St-Jean-Pied-de-Port, par la D 18 puis la D 19 (12 km après les Chalets d'Iraty), et à 31 km au sud de Mauléon-Licharre en suivant la D 918 puis la D 26.

SE GARER

Près du fronton couvert.

À NE PAS MANQUER

Les crevasses d'Holzarte, les gorges de Kakuetta et la salle de La Verna, proche de Ste-Engrâce.

AVEC LES ENFANTS

Les gorges de Kakuetta.

Se promener

Église Saint-Jean-Baptiste

Son et lumière : 2 € (durée 25 ou 40mn) ; éclairage seul : gratuit (10mn).

Fondée au 15e s. et retouchée en 1655, elle conserve une abside romane où est exposée une belle **Vierge à l'Enfant** en bois polychrome. La tribune occupe presque toute la nef. Du temps des pèlerins de Compostelle, l'église a fait office de prieuré puis d'hôpital.

Demandez le dépliant des randonnées à la mairie. On peut marcher sur les traces des pèlerins en suivant le chemin qui monte à l'ermitage St-Joseph, à 1 300 m *(départ derrière le fronton. Compter env. 2h).*

À proximité Carte de microrégion

★ Forêt d'Iraty C3

La forêt d'Iraty se situe au sud-ouest de Larrau par la D 19.

10 r. J.-B.-Heugas - 64130 Mauléon-Licharre - ✆ 05 59 28 02 37 - www.soule-xiberoa.fr - juil.-août : 9h-13h, 14h-19h, dim. 10h-12h30 ; reste de l'année : tlj sf lun. 9h30-12h30, 14h-18h - fermé certains j. fériés.

En Espagne – Centre d'interprétation de la nature (Centro de Interpretación de la Naturaleza) – *Ctra Izalzu s/n - 31680 Ochagavía - ✆ 948 890 641 - www.ochagavia.com - www.irati.org - de mi-juin à mi-sept. : lun.-sam. 10h-14h, 16h-20h, dim. 10h-14h ; reste de l'année : vend.-sam. 10h-14h, 16h-19h, dim.-jeu. 10h-14h.*

À cheval sur la frontière, la hêtraie d'Iraty constitue l'un des plus vastes massifs de feuillus d'Europe. Dès le 18e s., elle fournissait des mâts aux marines de France et d'Espagne. Tendez l'oreille, vous entendrez peut-être le souffle des grandes batailles navales… La forêt est traversée par deux sentiers, les GR 10 et 11, qui enchanteront les amoureux de nature.

Deux zones sont particulièrement préservées : la **Reserva Integral de Lizardoia**, au nord du lac d'Irabia, et la **Reserva Natural de Mendilatz**, au nord-ouest du même lac, vaste hêtraie-sapinière occupant un plateau karstique.

Chalets d'Iraty C3

Le petit village de loisirs des Chalets d'Iraty a été construit dans les années 1960 au cœur de la forêt d'Iraty. Entre 1 200 et 1 500 m d'altitude, les 45 km de pistes de ski de fond et les nombreux sentiers pédestres offrent une vue unique sur la montagne.

Plusieurs sentiers de randonnée partent du village, mais deux s'enfoncent dans la forêt : celui de la **crête d'Orgambideska**, qui mène à une altitude de 1 420 m *(1h, facile)*, et, dans son prolongement, celui du **pic d'Orhy** *(5h AR, relativement difficile, à n'entreprendre que bien équipé et par beau temps)* qui rejoint le sommet *(départ sur le chemin asphalté face à la réception)*. Les randonnées les plus faciles commencent quant à elles derrière le chalet d'accueil, en descendant vers le centre hippique.

★ Col Bagargui C3

Sur la D 19 entre les Chalets d'Iraty et Larrau.

Vue★ à l'est sur les montagnes de la Haute-Soule et les hautes Pyrénées d'Aspe et d'Ossau. Proche sur la droite, la masse du pic d'Orhy où convergent les transhumances ; plus loin, les sommets calcaires du massif du Pic-d'Anie derrière lesquels se profile le pic du Midi d'Ossau. Sous les couverts de la forêt s'échelonne le village touristique des Chalets d'Iraty.

Circuit conseillé Carte de microrégion

LA ROUTE DES GORGES

Circuit de 37 km au départ de Larrau, tracé en violet foncé sur la carte de microrégion (p. 346-347) - comptez 2h. Quittez Larrau en direction de Tardets-Sorholus et Mauléon-Licharre par la D 26. Aussitôt après le café et le pont de Laugibar s'amorce le GR 10 en direction des crevasses d'Holcarté.

★ Crevasses d'Holçarté/Holzarte D3

1h30 à pied AR par le GR 10. Le site a été exploré en 1908 par le spéléologue **Édouard Alfred Martel**. Après une montée rude, vous apercevrez l'entrée des « crevasses », gorges taillées dans le calcaire sur près de 200 m de hauteur. Le sentier passe au-dessus de la gorge affluente d'Olhadubi, qu'il franchit sur une passerelle lancée, en 1920, à 171 m de hauteur !

Reprenez la direction de Mauléon. La route suit le **gave de Larrau**, *encaissé et verdoyant. À l'intersection avec la D 113, tournez à droite en direction de Ste-Engrâce, village dispersé en divers hameaux. Continuez vers Ste-Engrâce-Bourg. La D 113 surplombe les gorges de Kakuetta, alimentées en eau par un barrage.*

★★ Gorges de Kakuetta D3

Parking le long de la D 113, route de Ste-Engrâce. Passerelles aménagées sur les 2 km du parcours (à reprendre au retour, comptez 2h). ✆ 05 59 28 60 83 - de mi-mars à mi-nov.: de 8h à la tombée de la nuit - 5 € (-16 ans 4 €) - achat des billets au bar La Cascade.

L'entrée du « Grand Étroit » est le passage le plus grandiose: ce splendide canyon verdoyant, taillé à pic dans le calcaire, large de 3 à 10 m et profond de plus de 200 m, mène à une cascade haute de 20 m formée par une résurgence. On franchit le torrent sur des passerelles. Ce superbe parcours s'achève par une grotte ornée de stalactites et de stalagmites géantes.

Reprenez votre voiture et revenez en direction de Ste-Engrâce.

Des niches, sur le bas-côté de la route, permettent d'admirer les gorges.

★ Ste-Engrâce/Santa Grazi D3

Ce village de bergers est entouré de montagnes boisées. Son église romane, une ancienne abbatiale du 11e s., dresse son toit asymétrique dans le **site★** pastoral de la combe supérieure de l'Uhaïtxa; elle jalonnait autrefois un itinéraire vers St-Jacques. Le chœur montre des pieds de colonne sculptés de figures animales et humaines ainsi que des **chapiteaux★** richement ornés. À gauche: scènes de bateleurs; au centre: scènes de chasse et une Résurrection; à droite: Salomon et la reine de Saba. *Son et lumière: 2 €.*

Sentier pédestre balisé et réservé aux bons marcheurs - 7h AR - 900 m de dénivelé. Devant l'église, un panneau marque le point de départ d'une randonnée pour les gorges d'Ehujarre. Larges et grandioses avec leur profil en auge, elles ne sont pas aménagées pour la visite.

★★ Salle de La Verna D3

Espace accueil Arrakotchepia - quartier Calla - 64560 Ste-Engrâce - ✆ 06 37 88 29 05 - www.laverna.fr - visite guidée sur demande préalable (1h) de déb. avr. à mi-nov.: horaires, se rens. - parking et accès en navette (20mn) ou pédestre (2h) - à partir de 12 € (enf. 6,50 €) - possibilité d'acheter ses billets en ligne.

Différentes formules de visites sont proposées sur réserv. uniquement. Prévoir des chaussures fermées et des vêtements chauds car la température ambiante dans la salle est de 6 °C - visite déconseillée aux enfants de moins de 5 ans. Visites aussi en hiver (sur réserv.) avec possibilité d'accès en raquettes. Exposition sur le site et la région.

C'est en 1953 qu'une expédition de spéléologues pénétra pour la première fois dans La Verna, gigantesque grotte de 194 m de haut et 245 m de diamètre. En découvrant cette salle extraordinaire, dans laquelle disparaît une rivière souterraine, on apprend l'histoire des pionniers qui, dès 1950, commencèrent l'exploration du karst de La Pierre-St-Martin, parfois au prix de leur vie, comme Marcel Loubens mort dans un accident de treuillage en 1952. Des mannequins et des jeux d'éclairage donnent la mesure de l'immensité de l'espace – **la 3e plus grande cavité connue au monde** – qui pourrait contenir dix fois la cathédrale Notre-Dame de Paris (5 ha). Aujourd'hui, 380 km de réseaux souterrains et 2000 gouffres, creusés par treize grandes rivières, ont été explorés. La Verna invite le visiteur à une exploration formidable du monde souterrain, grâce à un parcours vivant et documenté, servi par des spéléologues aussi sympathiques que compétents; vous n'y serez d'ailleurs pas seul car, aussi incroyable que cela puisse paraître, une vingtaine d'espèces animales vivent dans la grotte.

8 km - 2h30 AS. On peut également accéder au site par le GR 10 depuis Ste-Engrâce et le ravin d'Arphidia *(n'oubliez pas de réserver si vous souhaitez visiter la grotte).*

NOS ADRESSES AUTOUR DE LARRAU

HÉBERGEMENT / RESTAURATION

PREMIER PRIX

Hôtel-Restaurant des Touristes – *Au bourg - 64560 Licq-Athérey (à 11 km au nord par la D 26) - ✆ 05 59 28 61 01 - www.hotel-des-touristes.fr - mars-oct. - P - 20 ch. 50/60 € - ☕ 8 € - menus 18/25 €.* Le plus ancien hôtel de la Soule, tenu par la même famille depuis cinq générations, propose des chambres meublées à l'ancienne, certaines avec terrasse. À table, copieuse cuisine régionale. Piscine et activités proposées sur place (promenades en 4x4, pêche, etc.). Boutique de produits du terroir attenante à l'hôtel.

Auberge Elichalt – *64560 Ste-Engrâce (à 20 km au sud-est par les D 26 et D 113, face à l'église) - ✆ 05 59 28 61 63 - www.gites-burguburu.com - P - janv.-oct. - 1 gîte d'étape (15 places) 14 €/pers., 1 gîte rural (4 pers.) sem. 400/440 €, 5 ch. d'hôte 49 € - ☕ 6 € - poss. de 1/2 P 85 €/2 pers. - table d'hôte 18 €, pique-nique à emporter à partir de 6 €.* L'auberge tenue par la famille Burguburu est fréquentée par un public d'habitués. Les chambres d'hôte et le gîte rural sont bien aménagés. Cuisine familiale roborative. Accueil chaleureux et bons conseils.

Restaurant d'Iraty – *Au col Bagargui sur D 19 - 64560 Larrau - ✆ 05 59 28 55 86 - www.chalets-iraty.com - ♿ - fermé 3 sem. en nov. - menu 22 €.* Ce restaurant jouit d'une situation exceptionnelle à 1 327 m d'altitude et en pleine forêt. L'hiver, les tables sont dressées autour de la cheminée centrale. L'été, la terrasse vous accueille pour profiter pleinement de la magnifique vue sur les Pyrénées. Dans l'assiette (fort bien garnie), goûteuses spécialités régionales.

BUDGET MOYEN

Hôtel-restaurant Etchémaïté – *Au bourg - 64560 Larrau - ✆ 05 59 28 61 45 - www.hotel-etchemaite.fr - fermé de janv. à mi-fév. - menus 19/52 € – 17 ch. 58/86 € - ☕ 8 €.* L'auberge bien nommée de la « Maison bien aimée » allie plaisirs gastronomiques et visions enchanteresses sur les montagnes alentour. Pierre et Cathy vous proposent une carte de saison, avec les incontournables, dont le ris d'agneau braisé en croûte de moutarde et le pavé de bœuf de Soule. Confortables chambres rénovées aux étages, avec balcon pour certaines d'entre elles.

Village-Vacances Les Chalets d'Iraty – *64560 Larrau (à 14 km à l'ouest par D 19, rte de St-Jean-Pied-de-Port) - ✆ 05 59 28 51 29 - www.chalets-iraty.com - ♿ - 40 chalets (2-12 pers.) - sem. 305/450 € (chalets pour 2 pers.) ; poss. de louer pour 2 nuits hors saison - loc. de vélo et VTT, de matériel de ski et de raquettes.* Les amateurs d'espace, de grand air et de calme trouveront leur bonheur en louant un de ces chalets disséminés dans la forêt d'Iraty. Certains se trouvent tout près de l'accueil, du restaurant et de l'épicerie. D'autres sont totalement isolés. Les jours de neige, une motoneige est même nécessaire pour les rejoindre.

Le Chalet Pedro – *Dans la forêt d'Iraty - 64220 Mendive - ✆ 05 59 28 55 98 - www.chaletpedro. com - 10 avr.-13 nov., vac. scol. zone C - rest. fermé merc. sf juil.-août - ♿ - P - 🚭 - 4 gîtes (4-5 pers.) 450/520 €/sem. ; poss. de louer pour courts séjours hors vac.*

scolaires - menus 24/32 €. À deux pas de la frontière espagnole, ce charmant chalet est niché dans un petit vallon au milieu de la forêt. Au restaurant : décor simple style bistrot familial avec ses tables en chêne. Au menu : truites de la rivière (en saison), anguilles, côte de bœuf aux *piquillos*, etc. La maison voisine abrite des gîtes très confortables, avec cheminée, et s'est récemment dotée d'un espace détente & Spa avec un Jacuzzi et un sauna.

ACHATS

Ferme Elixabe – *Rte d'Iraty - ✆ 05 59 28 58 23 - gaecbiak@live.fr - tlj sf dim. 10h-13h, 15h-19h.* Plantée sur un piton, cette ferme offre une vue impressionnante sur les Pyrénées. Elle produit par ailleurs un excellent fromage de brebis d'AOC ossau-iraty. Ce dernier est mis en vente à partir du 15 mars jusqu'à rupture du stock (en général fin septembre).

ACTIVITÉS

Canyoning Eau Sud – *Labat de Gesta - 64570 Arette - ✆ 06 03 42 98 71 - www.eau-sud.com - à la demi-journée, la journée ou au w.-end, se rens. pour les tarifs. Point d'accueil des activités : bar le Piellenia - pl. de Tardets - 64470 Sauguis (à 22 km au nord par la D 26).* Rien de tel pour découvrir les environs des gorges d'Holçarté et de Kakuetta que de parcourir les torrents avec un guide. Eau Sud propose aussi de vous accompagner pour des randonnées dans le massif de La Pierre-St-Martin. Spéléologie en Haute-Soule.

Ski et randonnée – *La Pierre-St-Martin (à 32 km au sud-est par les D 26, D 113 et D 132) - 1 650/2 200 m d'alt. - rens. à l'OT - Maison de La-Pierre-St-Martin - 64570 Arette - ✆ 05 59 66 20 09 - www.lapierrestmartin.com.* Station de ski familiale pour le ski alpin et, surtout, le ski de fond. En été, site idéal pour les randonnées à pied ou à VTT.

Ski de fond - Iraty – *Au col Bagargui - 64560 Larrau - ✆ 05 59 28 51 29 - www.chalets-iraty.com - w.-end et vac. scolaires : 8h15-17h30 ; hors vac. scol. : 8h-12h, 13h30-19h - 6,50 € (-16 ans 4 €).* La station de ski de fond de Larrau offre 14 km de pistes de randonnée en raquettes et 28 km de pistes de ski nordique. Matériel de ski et raquettes peuvent être loués à la demi-journée, à la journée ou à la semaine. Forfaits à la journée ou à la semaine.

Mauléon-Licharre

Maule-Letxarre

3 217 Mauléonnais – Pyrénées-Atlantiques (64)

Au pied d'une colline où s'élèvent les ruines d'un château fort coule le Saison. Joli nom pour un gave. Sur ses rives, Mauléon-Licharre est la capitale de la plus petite des sept provinces basques : le rude pays de Soule. C'est dans cette bastide du 13e s. que vous trouverez chaussure à votre pied, l'ancienne place forte étant aussi la patrie de l'espadrille.

NOS ADRESSES PAGE 444
Hébergement, restauration, achats, activités, etc.

S'INFORMER

Office du tourisme de Soule – *10 r. J.-B.-Heugas - 64130 Mauléon-Licharre - 05 59 28 02 37 - www.soule-xiberoa.fr - 9h30-12h30, 14h-18h30, dim. 10h-12h30 - fermé certains j. fériés.*

Office du tourisme des Tardets – *Rue d'Arhampe - 64470 Tardets-Sorholus - 05 59 28 51 28 - www.soule-xiberoa.fr - lun.-sam. 9h30-12h30, 14h-18h30.*

SE REPÉRER

Carte de microrégion D2 (p. 346-347) – À 24 km au sud-est de St-Palais par la D 11. Le quartier de Licharre, siège des États de Soule, s'étend sur la rive gauche, autour de la place des Allées, bordée par quelques édifices dont le château d'Andurain. La ville neuve se blottit vers l'aval tandis que le château fort domine toujours la rive droite.

SE GARER

Sur la place des Allées.

À NE PAS MANQUER

L'adorable église de L'Hôpital-St-Blaise.

Se promener

Château d'Andurain

05 59 28 04 18 - visite guidée (1h) de déb. juil. à mi-sept. : 11h-12h, 15h-18h, dim. 15h-18h - fermé jeu. et j. fériés - 5 € (-12 ans 3 €).

Cet édifice au décor Renaissance fut construit vers 1600 par un membre d'une illustre famille souletine, Arnaud Ier de Maytie, évêque d'Oloron. Belles cheminées sculptées, mobilier des 17e-18e s. et exposition d'in-folio restaurés des 16e et 17e s. Les combles sont couverts de bardeaux de châtaignier, avec une belle charpente de chêne.

Château fort de Mauléon

Montée un peu raide à pied. Possibilité d'accès pour les voitures uniquement. 05 59 28 02 37 - www.soule-xiberoa.fr - ♿ (cour seult) - du w.-end de Pâques à fin sept. : 11h-13h30, 15h-19h - fermé 1er janv., Vend. saint, 1er et 11 Nov., 25-26 déc. - possibilité de visite guidée sur demande (30mn) - 2,50 € (-7 ans gratuit).

Élevé au 12e s. sur une colline surplombant la vallée du Saison, il aurait dû être démoli au 17e s. sur ordre royal. Dans la cour restent le puits et les bases de murs de bâtiments, mais on peut également voir le cachot et une salle de réserve. Sur le chemin de ronde, trois canons datant de 1685.

Le document de la visite décrit la bastide, que vous pourrez visiter ensuite (escalier sur la droite en descendant du château).

LA CAPITALE DE L'ESPADRILLE

Espartina en basque, cette chaussure de toile à la semelle de chanvre a été utilisée dès le 18e s. Elle fait vivre Mauléon depuis cent cinquante ans. D'abord fabriquée à domicile par les paysans en appoint de leurs travaux agricoles, elle est produite à l'échelle industrielle à la fin du 19e s., lorsque les premières usines ouvrent leurs portes vers 1880. On appelait *hirondelles* les jeunes Espagnoles qui venaient travailler dans ces usines pour la saison, de mai à septembre. Aujourd'hui, 70 % de la production française sort des manufactures mauléonnaises, qui souffrent de la concurrence internationale. Elles privilégient désormais des motifs originaux et des formes renouvelées pour transformer l'espadrille en un objet de mode, et la demande augmente !

À proximité Carte de microrégion

★★ Église de L'Hôpital-St-Blaise/Ospitalepea D2

L'Hôpital-St-Blaise se trouve à 13 km à l'est de Mauléon-Licharre par la D 24 puis la D 25.

Ce minuscule village du pays de Soule se distingue par son **église★★** du 12e s., classée Monument historique depuis 1888 et aujourd'hui inscrite au Patrimoine mondial de l'Unesco. *05 59 66 07 21 - www.hopital-saint-blaise.fr - ♿ - 10h-19h - possibilité de visite guidée sur demande (10mn) - visite audio-guidée - tarif : à l'appréciation des visiteurs - de juin à sept., les mar., jeu. et vend. à 18h30, un spectacle son & lumière vous entraînera dans un voyage dans le temps original et surprenant du 12e s. à aujourd'hui (5 €, -12 ans 2,50 €).*

Construite par les chanoines augustins de l'abbaye Ste-Christine du Somport, l'église est l'ultime vestige de l'ensemble édifié pour accueillir les pèlerins en route pour Compostelle. De construction romane très ramassée, elle est un précieux témoin de l'art hispano-mauresque au nord des Pyrénées. Les quatre corps de son plan en croix grecque contrebutent la tour centrale. La croisée est couverte d'une **coupole** à huit pans bandés de nervures en étoile. Admirez les bagues sculptées de façon naïve. Les grilles de pierre aux fenêtres sont d'inspiration espagnole.

Prenez le temps, en sortant de l'église, de flâner dans les rues du village. Vous verrez quelques belles demeures des 17e et 18e s.

★ Forêt des Arbailles CD2-3

La forêt des Arbailles se situe à 20 km au sud-ouest de Mauléon-Licharre par la D 918.

Au sud de la route reliant St-Jean-Pied-de-Port à Mauléon-Licharre, la forêt s'étend sur les hautes surfaces (1 265 m au pic de Béhorléguy) d'un bastion calcaire bien détaché entre les sillons du Saison, du Laurhibar et de la Bidouze, à l'est de St-Jean-Pied-de-Port. À cette hêtraie, criblée de gouffres, succède, au sud, une zone pastorale s'achevant à pic face à la frontière.

Aucune route ne pénètre au cœur de ce massif que l'on découvre uniquement par les pistes pastorales. Mais qui s'en plaindrait ? C'est le meilleur moyen de capter la lumière mystérieuse de ses hêtraies, les effluves de mousse et de champignons et le son du vent malmenant les branches ou caressant l'herbe des clairières.

Randonnées – *Pour préserver la forêt des Arbailles, les randonnées balisées restent limitées aux territoires de bordure (sources de la Bidouze ou d'Ahusquy). Si vous souhaitez vous enfoncer davantage, adressez-vous à un guide (liste disponible à l'OT).* Topoguide de randonnées en vente à l'office de tourisme.

NOS ADRESSES À MAULÉON-LICHARRE

HÉBERGEMENT

PREMIER PRIX

Camping Ferme Landran – *Quartier Larréguy à Ordiap (4,5 km au sud-ouest par D 918, rte de St-Jean-Pied-de-Port) - 05 59 28 19 55 - www.ferme-landran-location.com - de déb. avr. à fin sept. - 25 empl. 14,60 € - (borne) 3,50 € - 2 chalets 60 €, sem. 280/380 €.* Petit camping à la ferme, situé sur les hauteurs. Chaque campeur profite d'une vue dégagée. Idéal pour trouver le calme sous un agréable ombrage.

Autour de la forêt des Arbailles

Camping Inxauseta – *64120 Bunus (au bourg, près de l'église et du fronton) - 05 59 37 81 49 - www.inxauseta.fr - de mi-juin à mi-sept. - 40 empl. 16,90 €.* Emplacements situés dans le parc ombragé d'une grande et belle maison basque qui ouvre son rez-de-chaussée pour des expositions temporaires (peintures, sculptures…). Une autre superbe salle rénovée sert de lieu de détente. Accueil charmant.

Chambre d'hôte Biscayburu – *64470 Sauguis-St-Étienne - 05 59 28 73 19 - www.chambres-hotes-pays-basque.com - fermé vac. de Noël - P - - 4 ch. 60/70 € .* Cette ancienne ferme restaurée dont le nom signifie « la maison en haut de la colline » offre un magnifique panorama sur la vallée et les Pyrénées. Ses chambres, décorées avec goût, sont très tranquilles. Le matin, l'odeur du petit-déjeuner, préparé par le patron, ancien boulanger, aide au réveil. Belle piscine pour lézarder.

BUDGET MOYEN

Chambre d'hôte Maison Elixondoa – *Quartier Elichoudoborde - 64120 Pagolle - 05 59 65 65 34 - www.elixondoa.com - fermé nov.-fév. - P - 4 ch. 69 € - formule gîte (8-10 pers.) sem. 1 450/1 800 €.* Dans un petit village basque, cette ferme du 17e s. bien restaurée est parfaite pour méditer au calme en pleine nature. Campagne et collines pour décor extérieur, vieilles poutres, pierres apparentes et couleurs gaies à l'intérieur : un charme pastoral rare. Petite cuisine à disposition des hôtes près de la piscine.

RESTAURATION

PREMIER PRIX

À L'Hôpital-St-Blaise

Le petit village de L'Hôpital-St-Blaise abrite deux restaurants situés face à l'église romane : l'Auberge du Lausset et le restaurant St-Blaise. Les prix y sont similaires *(12/31 €).*

Autour de la forêt des Arbailles

L'Auberge d'Ahusquy – *Col de Burdin sur D 117 - 64130 Ahusquy - 05 59 28 57 27 - midi et soir 20 juin-11 Nov., w.-end et j. fériés de mai au 20 juin - - menus 20/32 €.* Seul le son des cloches suspendues au cou des vaches pourrait perturber votre repas, dans cette auberge isolée, nichée à plus de 1 000 m d'altitude, au col de Burdin. Vous y dégusterez une cuisine familiale, tout en profitant d'une vue imprenable sur les Pyrénées.

Restaurant Eppherre – *64130 Aussurucq - 05 59 28 00 02 - fermé fév. et lun. sf juil.-août - P - menus 13/29,50 €.* Cette petite auberge au centre du village propose une cuisine traditionnelle très copieuse, toujours élaborée avec des produits du terroir. La terrasse ombragée est bienvenue en été.

BUDGET MOYEN

Les Pyrénées – *Pl. Centrale - 64470 Tardets - ✆ 05 59 28 50 63 - www.restaurant-les-pyrenees.fr - fermé mar. et soir sf juil.-août - menu 23 €.* Ne manquez pas de goûter à l'omelette du curé (particulièrement gourmand), accompagnée de foie poêlé sur toast feuilleté. Bon gâteau basque également. Terrasse sous les arcades et vaste salle à l'arrière, s'ouvrant sur le torrent.

ACHATS

Espadrilles Mauléon – *Pl. Centrale - ✆ 05 59 28 28 48 - www.espadrilles-mauleon.fr - magasin : avr.-oct. : 9h30-12h, 14h-19h ; atelier : tlj sf w.-end 8h-12h, 13h-18h (17h hors saison).* Passez à la boutique faire quelques emplettes avant de découvrir comment ces chaussures traditionnelles cousues main sont fabriquées à l'atelier, grâce à une vidéo *(30mn)*.

Ferme Gohetxea – *Au bourg - 64470 Trois-Villes - ✆ 05 59 28 51 59 - juil.-août : mar.-jeu. 16h-19h, vend. 10h-13h, 16h-19h, sam. 10h-13h ; sept.-juin : sam. 9h30-13h et sur réserv.* Le magasin de cette ferme datant de 1570 propose les produits d'une dizaine de fermes de la vallée : fromage de brebis, lait frais de vache, légumes, saucisson, porcs basque et gascon, mais aussi cidre, tisanes, etc. Animations en été sur place.

ACTIVITÉS

Cycles Poppe – *Zone industrielle de la gare - ✆ 05 59 28 13 62 - tlj sf dim. et lun. 9h-12h, 14h-19h.* Pour découvrir Mauléon à bicyclette, ce magasin loue vélos et VTT à l'heure, à la demi-journée ou à la journée.

Rafting 64 – *Le Pont - 64190 Navarrenx - ✆ 05 59 66 04 05 - www.rafting64.com - 9h-18h, uniquement sur réserv. - 32 € formule découverte 13 km (-15 ans 25 €) - pique-nique 10 € (-15 ans 8 €).* Descente du gave d'Oloron, entre Navarrenx et Sauveterre-de-Béarn (20 km), dans un raft pneumatique ou, pour des sensations plus fortes, à bord d'un miniraft de 2 ou 3 personnes. Si vous optez pour la sortie d'une journée complète, vous ferez une pause (grillades) sur une plage sauvage.

AGENDA

Fête de l'espadrille – *15 août.*

Le Béarn 6

Carte Michelin Départements n° 342 - Pyrénées-Atlantiques (64)

PAU★★ ET SES CIRCUITS 450

48 km au nord-ouest de Pau :

ORTHEZ 474

18 km à l'ouest d'Orthez :

SALIES-DE-BÉARN★ 478

24 km au sud-est de Salies-de-Béarn :

NAVARRENX ET SON CIRCUIT 485

23 km au sud-est de Navarrenx :

OLORON-SAINTE-MARIE★ ET SES CIRCUITS 491

Au sud d'Oloron-Sainte-Marie :

VALLÉE D'ASPE★★ ET SON CIRCUIT 498

À l'est de la vallée d'Aspe :

VALLÉE D'OSSAU★★ ET SES CIRCUITS 506

40 km à l'est de Pau :

CHÂTEAU DE MONTANER ET SON CIRCUIT 518

Le pic du Midi d'Ossau.
Fco. Javier Sobrino/age fotostock

LE BÉARN

A
B
MONT-DE-MARSAN
LANDES
BAYONNE
ST-JEAN-PIED-DE-PORT
ZARAGOZA
1
2
3
Monument du Général Foy
Bellocq
Orthez
Morlanne
D 946
D 933
D 945
Salies-de-Béarn
A 64
D 817
Arthez-de-Béarn
D 31
D 263
Momas
Lac d'Ayguelongue
D 947
D 9
Artix
Labastide-Cézéracq
Gave d'Oloron
Laàs
Sauveterre-de-Béarn
Mourenx
Gave de Pau
Lesca
D 936
Navarrenx
Monein
D 2
D 34
Gurs
Lucq-de-Béarn
Lacommande
D 27
Estialescq
D 24
Lasseube
PYRÉNÉES-ATLANTIQUES
Oloron-Ste-Marie
N 134
D 919
D 55
Gave d'Ossau
Lurbe-St-Christau
Buzy
D 920
Lanne-en-Barétous
Aramits
D 918
Arudy
6
Arette
Louvie-Juzon
D 132
Escot
Plau de Bénou
Castet
Lourdios-Ichère
D 341
D 241
N.-D.-de-Houndaas
Sarrance
Bilhères
Bielle
Vallée d'Aspe
Falaise aux Vautours
Ft d'Issaux
1009
D 442
Bedous
Béos
Col de Bouesou
Aydius
D 237
Arette-Pierre-St-Martin
Accous
Laruns
Vallée d'Ossau
Col de la Pierre-St-Martin
Les Eaux-Chaudes
Gorges du Bitet
D 934
Lescun
D 239
Etsaut
Pic de la Sagette
NA 1370
Borce
2031
Chemin de la Mâture
Gabas
Portalet
Lac de Bious-Artigues
Route du Somport
N
ESPAÑA
Lacs d'Ayous
2884
Pic du Midi d'Ossau
Col du Somport
Col du Pourtalet
1632
1794

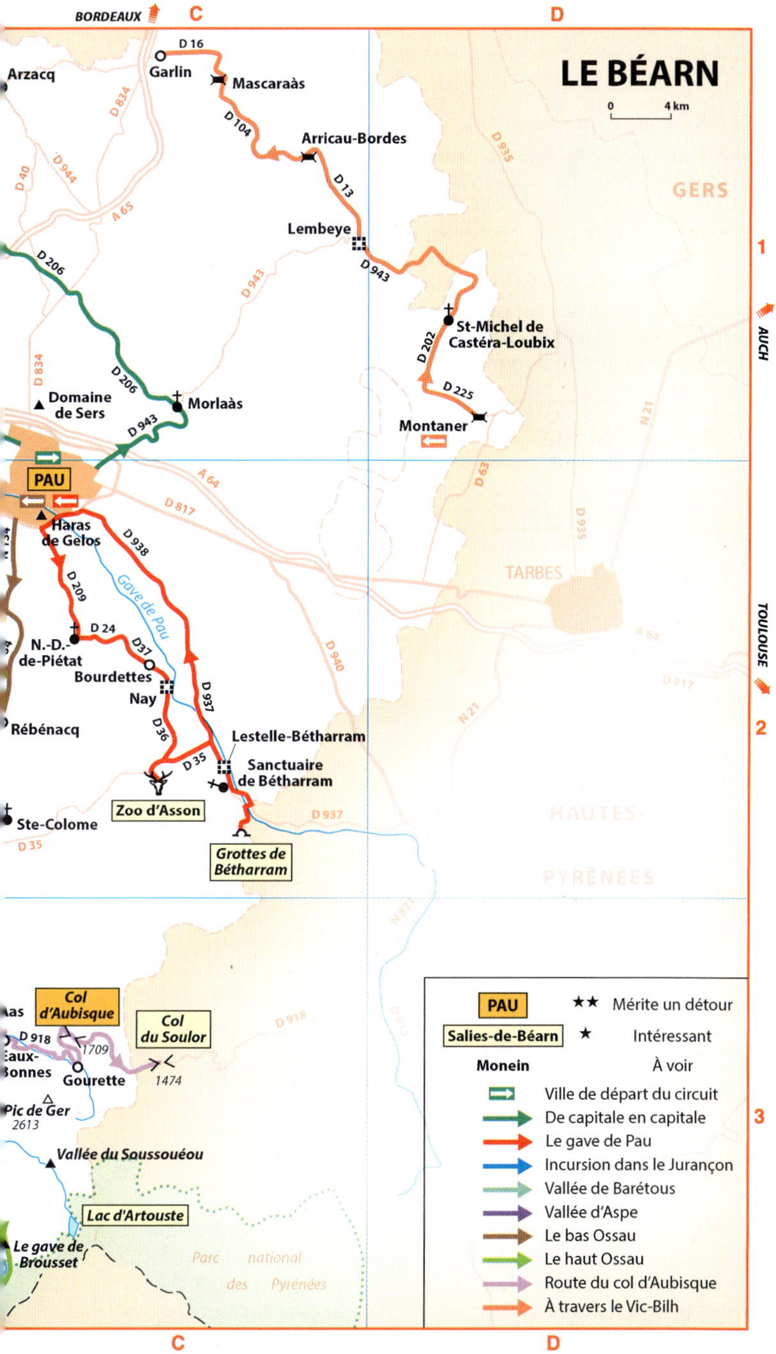
LE BÉARN
0 4 km
BORDEAUX
C
D
1
2
3
AUCH
TOULOUSE
GERS
HAUTES-PYRÉNÉES
TARBES
Arzacq
Garlin
Mascaraàs
Arricau-Bordes
Lembeye
St-Michel de Castéra-Loubix
Montaner
Domaine de Sers
Morlaàs
PAU
Haras de Gelos
N.-D.-de-Piétat
Bourdettes
Nay
Rébénacq
Lestelle-Bétharram
Sanctuaire de Bétharram
Zoo d'Asson
Ste-Colome
Grottes de Bétharram
Gave de Pau
Col d'Aubisque
Col du Soulor
1709
1474
Gourette
Eaux-Bonnes
Pic de Ger
2613
Vallée du Soussouéou
Lac d'Artouste
Le gave de Brousset
Parc national des Pyrénées
D 16
D 104
D 13
D 943
D 202
D 225
D 206
D 834
D 944
D 40
A 65
A 64
D 817
D 938
D 209
D 24
D 37
D 937
D 36
D 35
D 940
N 21
D 63
D 935
D 918
PAU ★★ Mérite un détour
Salies-de-Béarn ★ Intéressant
Monein À voir
Ville de départ du circuit
De capitale en capitale
Le gave de Pau
Incursion dans le Jurançon
Vallée de Barétous
Vallée d'Aspe
Le bas Ossau
Le haut Ossau
Route du col d'Aubisque
À travers le Vic-Bilh

Pau

★★

79798 Palois - Pyrénées-Atlantiques (64)

Lamartine a écrit « Pau, la plus belle vue de terre, comme Naples est la plus belle vue de mer ». Ville natale d'Henri IV, Pau porte son royal passé avec sobriété et raffinement, ce dont témoigne son château. Située aux portes des Pyrénées, elle bénéficie d'une nature omniprésente qui lui apporte la douceur de vivre, recherchée par les Anglais au 19e s. Ces derniers ont légué à la ville l'amour des chevaux et les somptueuses villas du quartier Trespoey. Aujourd'hui, c'est avec le projet « les Horizons palois » que Pau entend révéler ses atouts et se démarquer par son dynamisme.

NOS ADRESSES PAGE 464
Hébergement, restauration, achats, activités, etc.

S'INFORMER

Pau Pyrénées Tourisme – *Pl. Royale - 64000 Pau - ✆ 05 59 27 27 08 - www.pau-pyrenees.com - juil.-août: 9h-18h30, dim. et j. fériés 9h30h-13h, 14h-17h; reste de l'année: 9h-18h, dim. 9h30-13h - fermé certains j. fériés - Guide patrimoine et loisirs et Guide hébergement et restauration; plan de ville et de visite des sites; Guide visites guidées et Guide loisirs et carte des Pyrénées atlantiques; jeu découverte Randoland; promenades en calèche (été).*

Pass Pau – 3 musées (musée du Château, musée des Beaux-arts et musée Bernadotte) *10 €*; Château et Petit Train *12 € (avr.-sept.).*

Pass Gourmand – *12 €* - 1 visite gourmande et une sélection de produits locaux (33 spécialités sucrées ou salées): une manière originale de découvrir la ville, depuis le quartier du château jusqu'au marché des halles, en passant par le centre piéton.

Pass Gourmand sucré: *6 €*. Une balade pour les amateurs de douceurs.

Appli Pyrénées Sommets – *en vente sur itunes store, 2,99 €.* Pour identifier le nom de 4000 sommets pyrénéens et obtenir des renseignements sur les refuges, lacs, villages…

Pau, Mission Ville d'art et d'histoire: animations, événements, informations pratiques, créé par le service du Patrimoine culturel. *http://patrimoines-ville-pau.blogspot.fr.*

SE REPÉRER

Carte de microrégion C1-2 (p. 448-449) – Pau se trouve sur l'A 64, entre Biarritz (1h) et Toulouse (2h), ainsi que sur la ligne de TGV Bordeaux-Tarbes. L'A 65 permet de rejoindre Bordeaux en 2h.

SE GARER

Parkings: place Clemenceau dans le centre-ville, place Récaborde dans le quartier du Hédas (près du château), cours Bosquet (près du musée des Beaux-Arts), palais Beaumont. Parking gratuit place de Verdun.

La navette gratuite Coxitis vous emmène partout en centre-ville.

À NE PAS MANQUER

Le panorama depuis le boulevard des Pyrénées; le château; Lescar et sa cathédrale; les circuits du gave de Pau et de la vallée d'Ossau.

Le château de Pau.
Pearson Douglas/SIME-4Corners Images/Sime/Photononstop

ORGANISER SON TEMPS
La visite de Pau et de ses environs mérite que l'on y consacre au moins deux jours. En été, diverses manifestations culturelles et sportives et des concerts en plein air animent la ville.

AVEC LES ENFANTS
Une balade en calèche dans les parcs et jardins ou un tour en petit train touristique, le musée des Parachutistes, le haras national de Gelos ; les activités nature *(voir « Activités », p. 472)* ; la Féerie gourmande (confiserie Francis Miot, *voir aussi la rubrique « Achats », p. 471)* ; les enquêtes de la FBI à Nay ; le lac des Carolins à Lescar ; le musée du Béret à Nay ; le zoo d'Asson ; les grottes de Bétharram ; les Outils d'autrefois, à Labastide-Cézéracq ; le domaine de Sers.

Se promener Plan de ville p. 452-453

Circuit tracé en vert sur le plan de ville p. 452-453.
Le **funiculaire** plus que centenaire et qui vient d'être restauré relie la gare à la place Royale *(voir la rubrique « Transports », p. 464).*
Vous avez aussi la possibilité de prendre l'ascenseur de la tour de la Monnaie, pour rejoindre le château et celui de l'hôtel du département, pour accéder au boulevard des Pyrénées.

6

★★ Boulevard des Pyrénées E2

C'est Napoléon Ier qui fit ouvrir la **place Royale**. Ensuite, sous l'impulsion des Anglais en villégiature, elle fut prolongée en véritable terrasse au-dessus de la vallée. Le boulevard des Pyrénées (long de 1 800 m) fut construit à la fin du 19e s. Il offre une magnifique vue sur la chaîne des Pyrénées. Au-delà des coteaux de Gelos et de Jurançon, le **panorama** s'étend du pic du Midi de Bigorre au pic d'Anie. Les plaques apposées sur la balustrade désignent les sommets en vis-à-vis avec leurs altitudes respectives, avec, comme point de référence, la cheminée de l'ancienne usine de tramway. Le pic du Midi

d'Ossau se détache parfaitement. Par temps clair, surtout le matin et le soir et en période hivernale, le spectacle est d'une grande beauté.
Le boulevard domine des jardins en terrasses qui relient haute et basse villes par les sentiers du Roy. À son extrémité se trouve le **parc Beaumont** (F2), avec de nombreuses essences d'arbres, une belle roseraie, un lac et le **palais Beaumont**, ancien Palais d'hiver datant de 1900, qui abrite le casino et le Centre de congrès historique (qui doit son nom à son appartenance au cercle restreint des *Historical Conference Centres of Europe*). Les projets d'urbanisme en cours tentent de faire classer la ville au patrimoine de l'Unesco. Ainsi, l'aménagement d'un Quai des Pyrénées, à l'image de la promenade des Anglais niçoise, en agrandissant le boulevard existant en plate-forme belvédère, rendrait à la ville sa plus belle vue et son faste d'autrefois.

SE LOGER

- Best Western Hôtel Continental 1
- Camping les Ô Kiri 2
- Chambre d'hôte Château Estefani 3
- Chambre d'hôte La Ferme du Hameau de Pau 4
- Chambre d'hôte Maison Palu 6
- Hôtel Bristol 5
- Hôtel Bosquet 7
- Hôtel Le Bourbon 11
- Hôtel Le Vieux Logis 10
- Hôtel Parc Beaumont 12
- Hôtel Roncevaux 13
- Le Petit Hameau 15
- Villa Navarre 17

SE RESTAURER

- Au Bord de L'Eau 2
- Au Fin Gourmet 1
- Café Anaïak 4
- Chez Abel 19
- Chez Canaille 3
- Chez Laurette 5
- Ferme-auberge La Clairière 6
- Henri IV 8
- L'Aragon 9
- La Magie de la Casserole 10
- Le Berry 11
- Le Célia 12
- Le Pilota Jaï-Alaï 14
- Le Saint Georges 21
- Les Papilles Insolites 15
- Les Terrasses de Beaumont 17
- Marc Destrade 16
- O'Gascon 18
- Ze Bistrot 20

- Anc^n Parlement de Navarre ..... B
- Maison dite de Sully ..... N
- Funiculaire ..... F

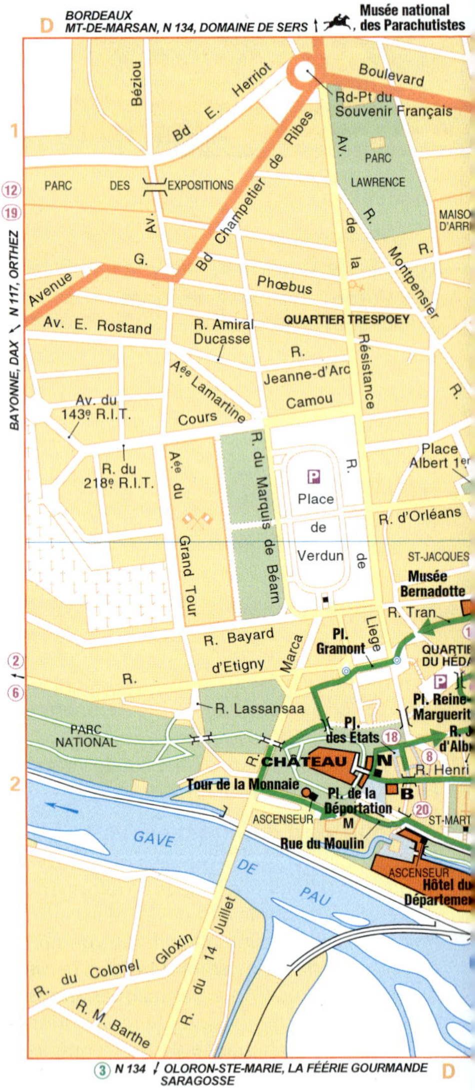

Quartiers anciens D2

Une campagne de valorisation des façades, qui furent jadis recouvertes par du mortier de ciment, redonne à Pau toutes ses couleurs.

S'éloigner de l'office de tourisme par la rue Henri-IV.

À l'est du château s'étend un lacis de rues pittoresques, bordées de magasins d'antiquités et de restaurants, où il fait bon flâner. Au bout de la rue Henri-IV se trouve le bâtiment de l'**ancien parlement de Navarre**, rénové au 18e s. La tour accolée est une reconstruction de l'ancien clocher de l'église St-Martin, érigée au 15e s.; on peut d'ailleurs voir au sol la trace de ses fondations. Face au château, remarquez la **maison dite de Sully** du 17e s. *(N, sur le plan)*, avec sa cour intérieure en galets roulés du gave et son escalier droit.

★★ **Château** D2

R. du Château - 05 59 82 38 02 - (cour et rdc) - www.chateau-pau.fr - visite guidée (1h) de mi-juin à mi-sept.: 9h30-12h30, 13h30-18h45; reste de l'année: 9h30-12h, 14h-17h - fermé 1er janv., 1er Mai, 25 déc. - 7 € (-25 ans gratuit, gratuit pour tous le 1er dimanche du mois).

Dominant le gave, le château, élevé par Gaston Phébus au 14e s., a perdu tout caractère militaire, malgré son donjon de brique, typique des constructions de Sicard de Lordat. Au cours des siècles, chacun y est allé de son aménagement, ce qui a donné au château une silhouette éclectique. Transformé en palais Renaissance par Marguerite d'Angoulême, il fut entièrement restauré au 19e s. sous Louis-Philippe et Napoléon III.

Pour vous repérer, penchez-vous sur la maquette (19e s.) exposée dans la cuisine du 16e s., qui ouvre la visite. Les **appartements** forment une suite de salles richement décorées au 19e s. qui abritent, en particulier, une admirable collection de **tapisseries**★★★ constituée sous Louis-Philippe (nombreuses tapisseries des Gobelins). L'imposante **salle aux Cent Couverts,** avec une table longue de 18 m, révèle un plafond à solives apparentes. Les murs sont tendus de somptueuses tapisseries représentant *Les Chasses de Maximilien* (Gobelins du début du 18e s.), une partie des *Mois Lucas*, du nom de leur créateur (Lucas Cornelli - 17e s.), un vase de Sèvres (réalisé en 3 parties, cadeau du président Sadi Carnot) et une statue d'Henri IV en marbre de Carrare, dont la représentation serait la plus fidèle.

Au 1er étage, le fastueux **grand salon** de réception renferme, entre autres, la suite des *Mois Lucas* et une table venant de Bernadotte. Le **cabinet de l'Empereur** conserve son curieux lit monumental de style Louis XIII. L'**appartement de l'impératrice Eugénie** a été restitué dans son état du Second Empire: la toilette garnie se trouve dans le boudoir. Un escalier à vis mène à la **salle des Atours** où sont exposés des portraits d'Henri IV (16e-17e s.) sous toutes les coutures (peintures et statues).

Enfin, dans la **chambre du Roi** se trouve le légendaire berceau d'Henri IV: une carapace de tortue, présentée sous un panache blanc et entourée d'un faisceau de lances porte-drapeaux.

Depuis le château, la promenade dans les bois du château vous emmène jusqu'au golf.

La rue du Château mène à la **place des États**, carrefour des transhumances jusqu'à la Renaissance, où débouche la **rue du Moulin**: jetez-y un œil, c'est la plus ancienne de la ville. Le petit train part de la place de la Déportation *(voir « Transports », p. 464)*.

Dans le prolongement de la rue du Château, la rue Maréchal-Joffre conduit à la **place Reine-Marguerite** (D2), bordée d'arcades. Autrefois place du Marché, on y dressait aussi le gibet et la roue pour les exécutions capitales. La rue René-Fournets, sur la gauche, traverse le **quartier du Hédas**, jadis celui des artisans. Le passage Parentoy *(à la fontaine, prendre à droite puis à gauche)* rejoint la rue commerçante des Cordeliers. *Prendre à gauche pour rejoindre la rue Tran.*

Musée Bernadotte D2

8 r. Tran - 05 59 27 48 42 - www.pau.fr/210-musee-bernadotte.htm - 10h-12h, 14h-18h - fermé lun., certains j. fériés - 3 € (-27 ans gratuit) - gratuit 1er dim. du mois.

La famille de Bernadotte était locataire au 2e étage de cette bâtisse traditionnelle, en pisé de galets. C'est ici donc que naquit en 1763 Jean-Baptiste, à la destinée extraordinaire. À force de batailles, le simple soldat devint maréchal

Les grandes heures de Pau

LES PERSONNALITÉS QUI ONT FAÇONNÉ LA VILLE

Gaston Phébus – Il dote Pau d'une enceinte et jette les bases du château actuel. Il y séjourne souvent. En 1450, Pau devient capitale du Béarn, après Lescar, Morlaàs et Orthez. Modeste capitale à vrai dire: les jours où se tiennent les États, une partie des députés ne peut trouver de logis et doit coucher à la belle étoile!

La « Marguerite des Marguerites » – En 1527, Henri II d'Albret, roi de Navarre, seigneur souverain du Béarn, comte de Foix et de Bigorre, prend pour épouse la savante Marguerite d'Angoulême, sœur du roi François Ier. Elle transforme le château dans le goût de la Renaissance et crée de somptueux jardins où sont jouées des pastorales de sa composition.

Une « dame de fer » – Jeanne d'Albret (fille de Marguerite), mariée à Antoine de Bourbon, bien que portant le futur Henri IV, accompagne son mari qui se bat en Picardie contre Charles Quint. Quand le terme de la grossesse approche, elle revient à Pau pour que l'enfant y naisse. Dix-neuf jours de carrosse, et sur quels chemins! Comme le lui a recommandé son père Henri, Jeanne d'Albret chante en béarnais pendant les douleurs d'enfantement afin que l'enfant ne soit « ni pleureux ni rechigné »...

L'enfance d'Henri de Navarre – Il passe sa « jeunesse paysanne » au château de Coarraze, près de Pau, puis est envoyé étudier à Paris. C'est sa mère, Jeanne d'Albret, convertie au protestantisme, qui, pendant ce temps, maintient les Palois sous une férule austère. Fini l'aimable fantaisie du règne précédent. Plus de fêtes brillantes, plus d'arbres de mai, plus de danses ni de jeux. Les églises sont transformées en temples, les sculptures brisées, les prêtres emprisonnés ou pendus, les catholiques traqués. Après la mort de Jeanne d'Albret, c'est la sœur d'Henri, Catherine, qui devient régente du Béarn pendant que son frère fait campagne. Elle poursuit l'aménagement du château et en embellit les jardins.

LA CROISSANCE DE LA VILLE

Pau mania

À partir de la monarchie de Juillet, Pau compte des résidents anglais, dont certains anciens officiers attachés au pays pour y avoir combattu en 1814. Ce n'est toutefois qu'en 1842 qu'un médecin écossais, le docteur **Alexander Taylor** (1802-1879), préconise la cure hivernale à Pau, par un ouvrage rapidement traduit dans la plupart des langues européennes. Le succès est éclatant et les curistes affluent. La colonie anglaise donne une impulsion décisive au sport: *steeple-chase* (1841) – le parcours de Pont-Long est l'un des plus redoutables d'Europe avec Liverpool –, golf (1856, premier terrain du continent), chasse au renard (1842), encore pratiquée aujourd'hui. La ville climatique devient ainsi la première station touristique.

La ville anglaise

Les Anglais se font construire à Pau de somptueuses villas, de style plutôt éclectique, sur le pourtour du centre-ville. Chacune possède parc et dépendances: serres et écuries sont deux éléments essentiels à la vie britannique. Aujourd'hui, on peut apercevoir ces villas, pour la plupart privées, en parcourant le quartier Trespoey, à l'est.

de France puis, en 1818, roi de Suède. Vous verrez la vieille cuisine béarnaise et les salons du 1er étage consacrés à la carrière militaire de ce grand homme et aux fastes dynastiques, puisque la famille régnante de Suède entretient le souvenir de son ancêtre français.
Poursuivre jusqu'à la place Gramont.
En descendant la place par la gauche, vous rejoindrez la porte de Corisande en empruntant la rue d'Espalungue, puis la rue Lassansaa. Cette porte en brique et le pont qui la suit mènent aux remparts puis débouchent sur la **tour de la Monnaie** bordée d'un canal (15e s.) qui alimentait la minoterie du château.
En allant vers la **gare**, on passe devant l'**hôtel du département** (conseil général), bâtiment en verre construit en 2000 où se reflètent les immeubles de la ville haute. Levez le nez, vous apercevrez le **pavillon des Arts** qui semble suspendu à la falaise entre la ville basse et la ville haute. Construit en 1828 pour des bains-douche, il devient ensuite salle des fêtes puis casino, avant d'être laissé à l'abandon. Les arcades sont ajoutées en 1907. L'édifice est rénové par la ville en 2012 pour accueillir des expositions.

À voir aussi Plan de ville p. 452-453

★ Musée des Beaux-Arts E2

R. Mathieu-Lalanne - ✆ 05 59 27 33 02 - www.pau.fr - 10h-12h30, 14h-18h, w.-end 10h-12h30, 14h-18h - fermé mar., certains j. fériés - 4 € (-27 ans gratuit).
Un musée conçu avec esprit, au cœur du quartier étudiant, où de grands noms de la peinture et de la sculpture côtoient des artistes locaux, moins connus. Ce savoureux mélange d'œuvres anciennes et contemporaines est rehaussé de clins d'œil esthétiques et thématiques. Ainsi, le *Saint François en extase* du Greco (1590) voisine avec une œuvre abstraite de 1993 *(Considération sur la métaphysique)*. Entre *Saint François* et *Les Pénitents* de Roda repose une sculpture de jeune fille nue alanguie sur son lit (A. Boucher, 1892).
Dans les salles consacrées à la peinture italienne, flamande, hollandaise, espagnole, française, anglaise, du 15e au 20e s., admirez particulièrement les œuvres de Jordaens, Bruegel de Velours, Rubens, José de Ribera, Zurbarán, Nattier, Van Loo…
L'achat par les Beaux-Arts de Pau, en 1878, du **Bureau du coton à La Nouvelle-Orléans★**, de Degas, marque l'entrée des **impressionnistes** au musée. La période moderne est également servie par des tableaux de Berthe Morisot, Armand Guillaumin ou André Lhote.
Présentation conséquente, aussi, des diverses tendances de l'**art contemporain**. La sculpture mérite une mention particulière, avec des créations de J. Arp, Gilioli, J. et B. Lasserre, etc.
La **note régionale** est donnée par l'œuvre romantique d'Eugène Devéria (né à Paris en 1805 et mort à Pau en 1865) – scènes et paysages pyrénéens, *Naissance d'Henri IV* – et des toiles de son élève, Victor Galos (Pau, 1828-1879), peintre par excellence du Béarn, de ses gaves tumultueux et de ses horizons barrés par la « sublime enceinte ».

★ Quartier Trespoey F1-2

Situé sur une colline à l'est de Pau, le quartier Trespoey est relié à la ville par l'avenue du même nom. C'est au milieu du 19e s. qu'il prend son essor, la bourgeoisie anglaise s'y installe et fait construire de **somptueuses villas★**, entourées de parcs qui s'ouvrent sur les Pyrénées. Remarquez quelques-unes de

La place Clemenceau à Pau.
P. Jacques/hemis.fr

ces villas : Navarre, St-Basil, Beit Rahat, San Carlos, Nitot (devenue aujourd'hui centre documentaire et orchestre de Pau), ou encore le palais Sorrento.
Au bout de l'avenue Trespoey, dans la rue des Réparatrices, la **chapelle des Réparatrices** (fin 19e s.) a été réhabilitée en 2011 en conservatoire de Musique et de Danse Pau-Pyrénées. À l'intérieur, l'orgue Cavaillé-Coll a été restauré.

Parcs et jardins de Pau

La moitié de la ville est recouverte d'espaces verts (750 ha, soit 75 m^2 par habitant, un record en Europe !). Du parc du château qui rejoint le golf de Billère *(à l'ouest)* au parc Beaumont *(à l'est)*, en passant par les jardins Renaissance du château, les jardins contemporains au pied de l'hôtel du département, les jardins Joantho sur les contreforts du boulevard des Pyrénées (pour ne citer que les plus importants), vous verrez des essences rares et exotiques qui ajoutent au charme de Pau.
Consultez le guide *Parcs et jardins* sur le site de l'office de tourisme.
La forêt de Bastard, au nord de la ville, forme également un terrain propice aux promenades.

Musée des Arts sucrés – Francis Miot

Rond-point d'Uzos - D 37 - 05 59 35 05 56 - www.francis-miot.com - - musée 10h-12h, 14h-18h - durée visite 1h30 - fermé de mi-nov. à déb. janv., lun. de Pâques, 1er Mai, 1er nov. - 4,60 € (-12 ans 3 €) - boutique (voir « Nos adresses »).
Francis Miot collectionne les titres prestigieux et chaque année ses délicieuses confitures obtiennent des prix en France comme à l'étranger. Il est aussi le créateur des coucougnettes du Vert Galant, élu meilleur bonbon de France en 2000. Il vous ouvre les portes de sa boutique, de ses ateliers et de son **musée des Arts sucrés** où tous les sens sont en éveil. Une dégustation a lieu pendant le film. Vous aurez peut-être la chance de croiser ses belles moustaches, et de partager sa passion. En visitant les ateliers de fabrication, admirez la dextérité et le doigté dans le roulage des coucougnettes ! Remarquez une imposante **sculpture en chocolat**, en hommage aux pays producteurs de cacao, réalisée par les chefs chocolatiers avec 6 tonnes de chocolat, sur une durée d'un an et demi.

À proximité Carte de microrégion p. 448-449

Musée national des Parachutistes Hors plan vers D1

Sortie nord de Pau par la D 834 dir. Bordeaux (à l'entrée de l'École des troupes aéroportées) - Chemin d'Astra - ✆ 05 59 40 49 19 - www.museedesparas.com - ♿ - 14h-17h - fermé 1er janv., 1er Mai, 1er nov., 25 déc. - gratuit - livret enf. sur demande.

Ce musée de l'armée de l'air, implanté sur la lande du Pont-Long qui a accueilli la première école d'aviation, retrace l'histoire des troupes aéroportées françaises à travers cinq périodes clés : précurseurs, Seconde Guerre mondiale, guerre d'Indochine, guerre d'Algérie et monde contemporain.

Haras national de Gelos C2

À env. 2 km au sud de Pau. 1 r. du Mar.-Leclerc - ✆ 05 59 06 98 37 - ♿ - visite guidée (1h30) apr.-midi - fermé w.-end et j. fériés - 6 € (-16 ans 4 €) - animations enf. vac. scol. sur demande préalable.

Installé dans un ancien château du 18e s., le haras de Gelos fut créé par Napoléon Ier en 1807. Vous verrez dans ce centre de reproduction et d'élevage des pur-sang arabes et anglo-arabes, des pottoks, des poneys landais et des chevaux de trait. Dans les écuries est présentée une collection de voitures hippomobiles du 19e s. Vous visiterez également la forge et la sellerie d'honneur. La nouvelle passerelle permet de rejoindre facilement le stade d'eaux vives.

Stade d'eaux vives Pau-Pyrénées C2

À env. 2 km au sud-est de Pau - 39 av. de l'Yser - 64320 Bizanos - ✆ 05 59 40 85 44 - www.paupyrenees-stadeeauxvives.com - juin-sept. : 10h-19h ; reste de l'année : se rens. - tarif variable selon l'activité, se rens.

Aux portes de la ville, ce stade est installé près du gave de Pau où s'entraînent les champions de sports en eaux vives. Le gave alimente les bassins d'eaux calmes ou tumultueuses, aménagés pour tous les niveaux, du débutant au plus expérimenté *(voir aussi « Nos adresses », p. 472)*. Le stade d'eaux vives a été sélectionné pour accueillir, en 2017, les championnats du monde de canoë-kayak en slalom et descente.

Domaine de Sers - Centre d'entraînement C1

Au nord de Pau par l'av. Jean-Mermoz. On peut pénétrer dans le domaine et demander l'autorisation de monter au 1er étage de la tour d'observation, derrière les serres municipales.

C'est le troisième centre d'entraînement en France après Chantilly et Maisons-Laffitte. 1000 chevaux s'entraînent chaque matin, à l'année, et les écuries viennent, à tour de rôle. Vue magnifique sur la chaîne des Pyrénées. Les concours internationaux d'équitation 4 étoiles ont lieu ici. L'accès à l'hippodrome se fait par une passerelle. Lors des concours hippiques, les obstacles sont réalisés avec les plantes des serres municipales *(portes ouvertes des serres le 3e w.-end d'avr.)*.

Circuits conseillés Carte de microrégion p. 448-449

DE CAPITALE EN CAPITALE BC1

Circuit d'environ 100 km au départ de Pau, tracé en vert sur la carte p. 448-449. Compter une demi-journée. Quitter Pau au nord-est par la D 943. Dépasser le panneau Morlaàs-Berlanne, traverser une zone boisée. Morlaàs est indiqué sur la gauche.

Morlaàs C1

Pl. Ste-Foy - 64160 Morlaàs - 05 59 33 62 25 - www.paysdemorlaas-tourisme.fr - mai-sept. : 9h30-12h30, 14h-17h30 ; reste de l'année : tlj sf sam. 9h30-12h30, 14h-17h30 - fermé dim. et j. fériés.

Morlaàs devint la capitale du Béarn après la destruction de Lescar, au 9e s., et jusqu'à ce qu'Orthez prenne le relais, au 12e s. Aujourd'hui, seule son **église romane** témoigne de son importance passée. Le **portail★** est la partie la plus intéressante de l'église Ste-Foy (11e s.). Les portes sont séparées par un trumeau dont la base repose sur deux hommes enchaînés. Les tympans représentent, à gauche, le Massacre des Innocents ; à droite, la Fuite en Égypte ; au-dessus, le Christ en majesté, entre un homme ailé et un aigle, attributs des évangélistes saint Matthieu et saint Jean. Les voussures sont ornées de damiers, de losanges, de rosaces et autres motifs décoratifs dans l'intervalle desquels est représentée une théorie de canards montant vers le ciel (qui peut symboliser la marche des pèlerins vers Compostelle), les 24 vieillards de la Vision de l'Apocalypse tenant dans leurs mains des harpes ou des vases de parfum et les juges de l'Ancien Testament. Les voussures retombent sur des colonnettes aux chapiteaux sculptés de figurines, de monstres et d'entrelacs : entre les colonnettes, à gauche et à droite du portail, se dressent les statues nimbées des douze apôtres.

Prendre la jolie D 206 et poursuivre sur la D 262.

Château de Momas B1

18 rte de la Carrère - 05 59 77 14 71 - www.chateaudemomas.com - visite guidée (1h30) lun.-merc. et sam. 10h30-12h, 14h30-18h30, vend. 10h30-12h, 14h-18h - 5 € (-13 ans gratuit).

De cette « maison noble de la Seigneurie de Momas, fief mouvant de la vicomté de Béarn », vous visiterez le rez-de-chaussée et, surtout, le **jardin-conservatoire** : nombreuses espèces de plantes à fleurs, médicinales, légumes rares… La propriétaire, Mme Teillard, vous fera partager son savoir encyclopédique.

Remarquez aussi l'église (11e s., remaniée au 19e s.) qui jouxte le château.

Un peu plus loin *(3 km au sud-ouest par la D 201)*, le **lac de l'Ayguelongue** pourra constituer une agréable halte. Un sentier en fait le tour (postes pour observer les oiseaux, pêche, aires de pique-nique).

Continuer sur la D 262 et tourner à droite sur la D 32.

Maison du jambon de Bayonne, à Arzacq C1

Rte de Samadet - 05 59 04 49 93 - www.jambon-de-bayonne.com - ♿ - juil.-août : 10h-12h30, 14h30-18h ; reste de l'année : tlj sf lun. et j. fériés 10h-12h30, 14h30-18h - fermé dim., Vend. saint - 6 € (-5 ans gratuit).

Un espace muséographique pour mettre en émoi vos papilles, qui se régaleront d'une dégustation à la fin de la visite (vous pourrez faire vos emplettes à la boutique). Quatre **contes** évoquent les relations entre l'homme et le cochon, le long d'un parcours ponctué de différentes représentations de l'animal (planche anatomique, affiches, etc.). Un film retrace l'histoire du jambon de Bayonne, la manière dont il est produit et consommé et la place qu'il occupe dans la société. Un autre film explique l'importance de la climatologie et sa spécificité dans le bassin de l'Adour, aire de production du jambon de Bayonne. Viennent ensuite des panneaux explicatifs sur le sel et le maïs (nourriture du cochon), ainsi qu'un film sur le salage et le séchage. Voilà, vous savez tout sur le jambon ! Reste à aller voir des cochons bien vivants dans l'**airial** qui présente huit races du monde entier.

Suivre la D 946.

Morlanne B1

32 carrère du Château - 64370 Morlanne - 05 59 81 42 66 - www.tourisme-arzacq-morlanne.com - juil.-août : 10h-12h, 14h-19h, dim. 14h-19h ; avr.-juin et sept. : tlj sf dim. 10h-12h, 14h-19h.

Morlanne abrite la maison Belluix (fin 15e-déb. 16e s.), une église fortifiée qui participait à la défense du village.

Château de Morlanne – *Ne se visite pas pour le moment, se rens. à l'OT installé dans l'ancienne conciergerie. 05 59 81 60 27 - http://patrimoine.tourisme64.com/chateaux - juil.-août : 10h-12h, 14h-19h ; reste de l'année : tlj sf lun.-mar. 14h-19h - 3 € (-6 ans gratuit) donjon et chemin de ronde.* Le petit château de brique faisait partie du groupe de forteresses élevées à la fin du 14e s. par Gaston Phébus. Ensembles mobiliers au 1er étage : chambre Consulat et Empire avec ses deux lits d'acajou ; chambre Louis XVI, tendue d'une soierie bouton-d'or à bouquets ; bureau-bibliothèque. Au 2e étage, chambre Louis XVI et galerie de tableaux, parmi lesquels on admirera une *Vue de Venise* de Canaletto et une *Tête de vieillard* de Fragonard.

Reprendre la D 946 vers l'ouest.

Chapelle de Caubin, à Arthez-de-Béarn B1

Vidéoguide à disposition à l'office du tourisme de Monein (voir p. 487).

Cette charmante chapelle du 12e s. faisait partie d'une commanderie située sur le chemin de St-Jacques-de-Compostelle. Elle fut créée par les hospitaliers de St-Jean et se compose d'une simple nef en forme de demi-cercle et d'un mur clocher à l'autre extrémité, où la porte, aujourd'hui comblée, aurait pu être, pense-t-on, réservée aux *cagots* (*voir encadré p. 494*). Un gisant gothique de chevalier fut ajouté à l'édifice.

Prendre la D 263 en direction d'Artix puis la D 817.

Les Outils d'autrefois, à Labastide-Cézéracq B1

Carrère de Cap-Sus - 06 15 17 73 76 - ♿ - vend. et sur demande préalable - possibilité de visite guidée sur demande (1h).

Les outils et les objets du début du 20e s., exposés ici, sont classés par métiers : sabotier, tonnelier, charron, horloger, bijoutier... Les enfants pourront y découvrir des professions aujourd'hui disparues et des pièces insolites comme un moule à hosties, des chaussures à semelle de bois, des formes de chapeau. Pour plus de détails, n'hésitez pas à demander conseil au passionné qui s'occupe du lieu.

Reprendre la D 817 en direction de Pau.

Lescar B1

12 pl. Royale - 64230 Lescar - 05 59 81 15 98 - www.tourismepau.com - juin-août : 9h-12h, 14h-18h ; reste de l'année : tlj sf lun. 9h-12h, 14h-18h - fermé dim. et j. fériés.

La première ville romaine de *Beneharnum* fut construite dans la plaine au Ier s. apr. J.-C. Après sa destruction par les Normands (vers 850), elle devint capitale du Béarn au 4e s. et lui donna son nom. Une nouvelle ville fut élevée sur la colline au Moyen Âge, siège de l'évêché jusqu'à la Révolution française. Les rois de Navarre de la lignée d'Albret choisirent sa cathédrale pour abriter leurs sépultures.

Prendre au fond de la vallée une rampe en forte montée pénétrant dans la vieille ville par une porte fortifiée.

Pour découvrir l'histoire de la cité, suivez la balade médiévale : remparts, musée gallo-romain, vestiges du palais épiscopal et cathédrale romane du 12e s. - durée 1h30 - mar. et vend. 15h - 6 € (-19 ans 4 €)..

★ **Cathédrale Notre-Dame-de-l'Assomption** – *05 59 81 15 98 - www.tourismepau.com - 9h-18h - possibilité de visite guidée (1h30) - entrée libre, 6 € (-18 ans 4 €) visite guidée. Se rens. à l'office de tourisme.* Ancien siège du dio-

cèse de Lescar, elle est classée monument historique depuis 1840. L'actuel édifice fut construit par l'évêque Guy de Lons sous le règne de Gaston IV « le Croisé », vicomte de Béarn. Commencée par le chœur en 1120, la cathédrale a subi d'importants remaniements au cours des siècles. Elle fut saccagée par les protestants sous le règne de Jeanne d'Albret. D'importantes restaurations aux 17e s. et 19e s. la sauvèrent de la ruine. Le chevet a conservé la pureté de son architecture romane. Placez-vous dans le cimetière pour admirer les absides (fleurons à marguerites de la corniche, modillons décorés).
Entrez dans l'église par le portail sud, à droite duquel deux inscriptions ont été dégagées. Le vaisseau donne une impression d'ampleur. La décoration romane du chœur et du transept est remarquable : admirez les **chapiteaux★** historiés des piliers est de la croisée et ceux des retombées des arcades ouvrant sur les absidioles (scènes du cycle de Daniel, de la naissance du Christ, sacrifice d'Abraham). Le chœur est pavé d'une mosaïque du 12e s. représentant des scènes de chasse, avec un pittoresque chasseur maure avec une jambe de bois.
Derrière la cathédrale, empruntez la porte dans la tour face au cimetière et descendez les terrasses fleuries des **remparts** sud, qui offrent un beau panorama sur la montagne.
Espace Art et Culture – *✆ 05 59 81 57 10 - www.lescar.fr - juil.-août : 14h-18h - fermé dim. et j. fériés - gratuit - possibilité de visite guidée sur demande à l'office de tourisme sept.-juin : mar. et vend. 15h.* Il est installé dans le cellier d'un ancien palais épiscopal, dont deux tours seulement subsistent sur la place de l'Évêché *(derrière le musée)*. Il accueille des vestiges archéologiques découverts sur le site de *Beneharnum* et d'une villa gallo-romaine (mosaïque du 4e s.), ainsi que des expositions d'art contemporain.
Alimenté par l'Ousse des Bois, le petit **lac des Carolins** *(fléché depuis le centre)*, refuge de la cistude d'Europe (tortue), est un sympathique lieu de détente : sentier avec panneaux d'interprétation nature, pêche, aires de jeux… Animations en été.

★ LE GAVE DE PAU

Circuit de 79 km au départ de Pau, tracé en rouge sur les cartes p. 448-449 et 507. Compter une demi-journée. Sortir de Pau au sud par la D 209.

Notre-Dame-de-Piétat C2

Chapelle de pèlerinage à la Vierge du 17e s. De l'autre côté de l'esplanade, derrière le calvaire, la table d'orientation *(application à télécharger sur le site de l'office du tourisme de Nay)* vous instruit sur le **panorama★** dominant la vallée du gave de Pau, le pic du Midi de Bigorre, le Vignemale, le Gabizos, le Capéran de Sesques : essayez de vous y retrouver !
Prendre la D 24, puis à droite la D 37. La route regagne la vallée du gave de Pau.

Les Sonnailles Daban, à Bourdettes C2

Z. A. Samadet - ✆ 05 59 61 00 41 - www.daban.fr - ♿ - visite guidée (2h) mar.-vend. 10h, 14h-16h et sur RV - fermé de fin déc. à déb. janv., jeu. de l'Ascension - 7,50 € (-13 ans gratuit).
L'un des derniers ateliers de sonnailles en activité en France. La visite permet de découvrir les secrets de fabrication des traditionnelles clochettes de troupeaux et de chiens de chasse. Vidéo et démonstration.

Nay C2

Pl. du 8-Mai-1945 - 64800 Nay - ✆ 05 59 13 94 99 - http://tourisme-bearn-paysdenay.com - de mi-juin à fin août : 9h-12h, 14h-18h ; reste de l'année : tlj sf dim. 10h-12h, 14h-18h, mar. 9h-12h, 14h-18h, sam. 9h-12h30, 13h30-17h - fermé 1er janv., 25-26 déc.

Les enquêtes de la FBI (Force béarnaise d'investigation) accompagneront les enfants dans la découverte des bastides du pays de Nay.
Avant toute chose… prononcez Naï. Cette bastide fondée en 1302, sur la rive gauche du gave, connut bien des vicissitudes (voir la frise chronologique sous les arcades de la maison Carrée). Elle conserve cependant son plan d'origine avec sa place à couverts (qui a certes perdu l'un de ses côtés), très animée les mardi et samedi, jours de marché.
Maison Carrée –*Pl. de la République - ✆ 05 59 13 99 65 - www.maison-carree-nay.fr - juil.-août: 10h-12h, 14h-19h; reste de l'année: tlj sf dim.-lun. et j. fériés 10h-12h, 14h-18h - possibilité de visite guidée sur demande (1h) - 3,60 € (-18 ans 2,10 €) - expositions temporaires (gratuit).* C'est un riche drapier qui fit construire cet hôtel particulier au 16e s. Sa cour intérieure, florentine, affiche les trois ordres d'architecture (dorique, ionique et corinthien), exemple unique de ce style en Aquitaine. Elle abrite une exposition sur l'aventure industrielle du pays de Nay à travers le textile et le travail du bois.
Musée du Béret – *Pl. St-Roch - ✆ 05 59 61 91 70 - www.museeduberet.com - avr.-oct.: 10h-12h, 14h-18h, sam. 10h-12h, lun. 14h-18h; reste de l'année: se rens. - fermé dim. et j. fériés - 4,50 € (-12 ans gratuit).* Sachez que le béret n'a de basque que le nom, sa véritable origine étant béarnaise et ses capitales, Nay et Oloron-Ste-Marie *(voir p. 491)*. Un film (15mn) de témoignages d'habitants du Béarn, mais aussi du Pays basque et des Landes, sur le port et la place de cet objet sacré vous mettra dans l'ambiance! Puis l'exposition de métiers animés et de machines anciennes relate les diverses étapes de fabrication industrielle du célèbre couvre-chef.
Minoterie Nayart – *22 chemin de la Minoterie - ✆ 05 59 13 91 42 - www.nayart.com - ♿ - avr.-sept.: 15h-19h; reste de l'année: 14h-18h - fermé lun.-merc., 1er janv., 25 déc. - possibilité de visite guidée (1h).* Des espaces d'art contemporain ont pris place dans cette ancienne minoterie où sont organisées régulièrement des expositions.
Quitter Nay par la D 36, au sud. À 3 km au-delà d'Asson (suivre la direction Bruges) se détache le chemin d'accès.

★ Zoo d'Asson C2

6 chemin Brouquet - ✆ 05 59 71 03 34 - www.zoo-asson.org - ♿ - avr.-sept.: 9h-19h; reste de l'année: 9h-18h - 12 € (-12 ans 8 €).
Sur un site de 5 ha, planté d'une centaine de palmiers, évoluent plus de 500 mammifères (dont une vingtaine d'espèces de primates) et oiseaux (perroquets, perruches, loris, flamants roses de Cuba…) des cinq continents. La zone *outback* australien est dédiée à la faune de l'Australie, dont 5 espèces de kangourous en semi-liberté. Radjha, un tigre blanc, des panthères des neiges, des loups à crinière, des pandas roux, des loutres cendrées et une volière exotique en immersion interactive (lémuriens et oiseaux) cohabitent pacifiquement. Le zoo participe à des programmes de sauvegarde des espèces, de préservation des milieux naturels et de sensibilisation au respect de la biodiversité.
Revenir à Asson et prendre à droite la D 35 puis, encore à droite, la D 937.

Site de Bétharram C2

Sanctuaire – *Entrée libre - avr.-sept.: 9h-11h, 14h-17h - www.betharram.net.* Tous les **14 septembre**, il se transforme en lieu de pèlerinage, et ce depuis le 15e s. On raconte en effet que des bergers y virent un jour une statue miraculeuse de la Vierge apparaître dans un buisson. D'autres affirment qu'à cet endroit une jeune femme qui se noyait dans le gave fut sauvée par un rameau divin envoyé par Marie.

STALACTITES, STALAGMITES, EXCENTRIQUES…

L'eau de pluie s'infiltre dans les fissures des massifs calcaires et, au cours de sa circulation souterraine, abandonne le calcaire dont elle s'est chargée, ciselant ainsi des concrétions aux formes fantastiques: pendeloques, pyramides, draperies, etc. Les stalactites se forment à la voûte de la grotte. Les fistuleuses sont des stalactites offrant l'aspect de longs macaronis effilés pendant aux voûtes. Les stalagmites s'élèvent du sol vers le plafond. Une colonne est la réunion d'une stalactite et d'une stalagmite. La formation de ces concrétions est extrêmement lente; elle est, sous nos climats, de l'ordre de 1 cm par siècle. Les excentriques, très fines protubérances dépassant rarement 20 cm de longueur, se développent en tous sens sous forme de minces rayons ou d'éventails translucides. Des phénomènes complexes de cristallisation les libèrent des lois de la pesanteur.

Le cadre d'accueil est classique pour ce type de sanctuaire: de vastes bâtiments conventuels qui logent aujourd'hui la congrégation des prêtres du Sacré-Cœur de Jésus, son collège et un **musée du Patrimoine des Pères de Bétharram**. L'endroit regorge de pièces non conventionnelles et hétéroclites ramenées d'Amérique latine, d'Asie et d'Afrique par les missionnaires de la congrégation. Objets liturgiques, dont une Vierge camerounaise, avoisinent avec collection de monnaies, porcelaines de Chine, broderies du Paraguay, et le voile de communion de Marie-Antoinette. Les « cailloux » du père Descomps, collection d'échantillons de carbonates pyrénéens, et autres fossiles ou blocs de cristaux du Mozambique, clôturent la visite. Dans la dernière salle, animaux empaillés ou fusils de fantassins berbères confèrent définitivement à l'endroit le statut de temple à la gloire de la curiosité intellectuelle. En surplomb de la chapelle, un **chemin de croix** du 19e s. jalonne la colline. Remarquez en particulier les huit bas-reliefs d'Alexandre Renoir (1845). Du calvaire, panorama sur les collines environnantes et la plaine du gave de Pau.

Chapelle Notre-Dame – Côté pont routier, elle affiche une façade classique (1661) en marbre gris. À l'intérieur, parmi la profusion baroque, on distinguera: en entrant à gauche, derrière une grille, une *Vierge allaitant* (bois polychrome du 14e s.), vénérée jadis; à droite, un *Christ à la colonne* du 18e s.; au maître-autel, statue de N.-D.-de-Bétharram, en plâtre (1845). Adossée au chevet *(accès par une porte à gauche du chœur)*, la **chapelle-rotonde St-Michel-Garicoïts** (1926) abrite un sépulcre de marbre et de bronze doré, propre à faire honneur au saint homme qui restaura le sanctuaire et le calvaire, et qui fonda la congrégation. Au-delà de la chapelle, vers les bâtiments conventuels, **vieux pont** en dos d'âne daté de 1687.

★ **Grottes** – *Chemin des Grottes - ✆ 05 62 41 80 04 - www.betharram.com - visite guidée (1h20) de mi-juil. à mi-août: 9h-18h; de mi-mars à mi-juil. et de mi-août à fin oct.: 9h-12h, 13h30-17h30; reste de l'année: tlj sf w.-end 14h30-16h - 13,50 € (-12 ans 8,50 €).* En 1819, un ancien grognard de Napoléon, le sergent Caoules, découvrit les grottes, mais leur exploration méthodique attendit 1888 avec la visite du Club alpin français. Elle dura dix ans et révéla 5 200 m de galeries souterraines au décor fantasmagorique. C'est **Léon Ross**, un artiste peintre, qui aménagea la grotte en vue de la faire visiter. Elle ouvrit au public en 1903. Une vraie maison souterraine, cinq étages de galeries, où scintillent de véritables trésors d'Ali Baba taillés dans l'eau et la roche: lustres, colonnes, cloches, cloître roman… On lit dans les concrétions comme dans les nuages! L'étage inférieur correspond au niveau actuel de la rivière née de l'écoulement des eaux. On la suit en **barque** sur quelques mètres. Un **petit train** épargne le parcours du tunnel ramenant au jour.

★★ VALLÉE D'OSSAU

Circuits du bas Ossau (70 km entre Pau et Laruns) et du haut Ossau (40 km entre Laruns et le col du Pourtalet), tracés sur les cartes p. 448-449 et 507. Compter une demi-journée. Description p. 506.

NOS ADRESSES À PAU

TRANSPORT

Aéroport Pau-Pyrénées – *64230 Uzein - ✆ 05 59 33 33 00 - www.pau.aeroport.fr.* Situé à 7 km au nord de la ville.

Rejoindre le centre-ville

En bus – La ligne Proxilis 20 relie l'aéroport à la gare et au centre-ville *(1 €, ttes les h, depuis l'aéroport : 7h40-19h45, depuis la gare : 6h32-19h46).* Compter env. 30mn entre l'aéroport et la gare. Et devant la gare, navette Idelis, ttes les h *(sf dim. et j. fériés), 1 € - www.reseau-idelis.com.*

En taxi – Devant l'aérogare. Vers le centre-ville, le temps moyen est de 15mn et le tarif de 20 à 25 € (jour), de 25 à 30 € (nuit, dim. et j. fériés).

En voiture – Comptoirs de location dans la « rue » commerçante de l'aérogare. Depuis le centre-ville de Pau, l'accès à l'aéroport est fléché. Prendre la D 834 puis la D 716.

Gare de Pau – *Av. J.-Biray - ✆ 36 35.* Liaisons directes avec : Bordeaux, Paris, Toulouse, Vintimille et Genève ; Bayonne - Hendaye et l'Espagne ainsi que l'accès à la vallée d'Aspe par sa liaison avec Oloron-Ste-Marie.

Funiculaire – *✆ 05 59 27 85 80 - ♿ - 6h45-21h40, dim. et j. fériés 13h30-20h50 - en continu ttes les 3mn - fermé 1er mai, 25 déc. et w.-end des Grands Prix automobiles - gratuit.*

Vélo – Idecycle : vélo en libre-service.

Petit train – *Dép. devant le château - ✆ 06 72 64 02 62 ou 06 99 43 08 72 - avr.-sept. - 6 € (-11 ans 4 €) - 11h30, 14h30 et 15h30, dim. 14h30 et 15h30.* Il fait le tour du centre-ville avec des commentaires *(durée 35mn).*

En calèche – *Se rens. à l'OT.*

Coxitis – *Lun.-sam. 7h30-20h30 ttes les 8mn.* Navette gratuite au centre-ville. Elle relie aussi les principaux parkings du centre-ville.

Vous trouverez également en centre-ville, des *cyclovilles* et des *gyropodes.*

HÉBERGEMENT

Attention, la ville organisant de nombreux congrès et autres manifestations, se loger à Pau est parfois difficile. Il est donc recommandé de réserver longtemps à l'avance, particulièrement lors du Grand Prix automobile (mai) et, à l'automne, pendant le Concours international d'équitation.

Les **Gîtes de France** ont une boutique en plein centre-ville *(20 r. Gassion - ✆ 05 59 11 20 64 - www.gites64.com - fermé dim.).*

À Pau

PREMIER PRIX

Chambre d'hôte La Ferme du Hameau de Pau – Hors plan E1 *④ - 73 av. Copernic - ✆ 05 59 84 36 85 - www.gites-du-hameau-de-pau.com - P - ⊭ - 4 gîtes et 3 ch. 380 €/sem. ☕ - wifi.*

Voici une adresse idéale pour un séjour entre ville et campagne. Chambres simples et coquettes, décorées de tissus fabriqués par la propriétaire et repas élaborés avec les produits maison, servis sur la terrasse, face aux Pyrénées, lorsque le temps le permet.

BUDGET MOYEN

Hôtel Bosquet – E2 ⑦ - *11 r. Valéry-Meunier - ✆ 05 59 11 50 11 - www.hotel-bosquet.com - 27 ch. 75/80 € - ☕ 8 €.* Proche du centre-ville, cet établissement a fait peau neuve et arbore dorénavant un décor tendance (tons orangés, mobilier en bois clair). Chambres de bon confort. Buffet au petit-déjeuner.

Best Western Hôtel Continental – E2 ① - *2 r. du Mar.-Foch - ✆ 05 59 27 69 31 - www.bestwestern-continental.com - 74 ch. 79/110 € - ☕ 10 € - ✕ 12,70/29 €.* De belles chambres toutes rénovées et design. Accueil très agréable. Au restaurant **Le Continental**, au rez-de-chaussée, très bons plats du terroir.

Hôtel Roncevaux – E2 ⑬ - *25 r. Louis-Barthou - ✆ 05 59 00 00 40 - www.hotel-roncevaux.fr - 36 ch. - 79/125 € - wifi.* Entièrement rénové, cet ancien couvent des Capucins est idéalement situé dans le cœur historique de Pau. Modernes, zen et épurées, les chambres spacieuses offrent confort et charme en conservant un esprit sobre et chic.

Hôtel Bristol – E2 ⑤ - *3 r. Gambetta - ✆ 05 59 27 72 98 - www.hotelbristol-pau.com - P - 22 ch. 93/110 € - ☕ 12 € - wifi.* Ouvrez le portail en fer forgé et traversez la cour… Au cœur de Pau, cette belle bâtisse du 19e s. propose des chambres spacieuses et lumineuses, certaines avec cheminée. Celles du 4e étage ont une belle vue sur la ville. L'été, petit-déjeuner sur la terrasse.

Hôtel Le Bourbon – E2 ⑪ - *12 pl. Clemenceau - ✆ 05 59 27 53 12 - www.hotel-lebourbon.com - 33 ch. 74/76 € - ☕ 7,80 € - wifi.* Hôtel situé dans un quartier agréablement animé par de nombreux cafés. Les chambres, toutes rénovées, et la salle du petit-déjeuner donnent sur la place.

UNE FOLIE

Hôtel Parc Beaumont – F2 ⑫ - *1 av. Édouard-VII - ✆ 05 59 11 84 00 - ♿ - www.hotel-parc-beaumont.com - 🏊 - 53 ch. et 12 suites (côté parc), 9 ch. et 3 suites famille (côté ville) - 174/369 € - ☕ 25 € - P - café Le Grand Prix 11h-0h, 10/29 € et rest. Le Jeu de Paume 12h-14h, 19h-22h, 28/85 €.* Ce bâtiment de style contemporain, où la décoration rappelle les Grands Prix automobiles, est proche du parc et du palais des congrès. Ses chambres sont confortables, élégantes et design. Des chambres côté parc, vue imprenable sur le circuit automobile, en mai. Un bel hôtel polyvalent où rien n'a été oublié pour la détente (Jacuzzi et Spa) et les affaires.

Villa Navarre – Hors plan F1 ⑰ - *59 r. Trespoey - ✆ 05 59 14 65 65 - ♿ - www.villanavarre.fr - 18 ch. et 12 suites 189/329 € - ☕ 19 € - 🏊 - P - ✕ 28/95 €.* Atmosphère délicieusement bourgeoise dans cette maison de maître de 1865 et son aile récente, nichées dans un parc de 2 ha, avec vue sur les Pyrénées. Les lecteurs apprécieront le salon-bibliothèque habillé de boiseries. Le bar est aménagé dans l'ancienne chapelle. Au sous-sol, Spa, sauna, hammam, Jacuzzi et piscine. Soins haut de gamme. Et, qui sait, vous vous trouverez peut-être nez à nez avec Frédéric Begbeider, l'un des 3 propriétaires de la villa.

À Gelos

BUDGET MOYEN

Chambre d'hôte Château Estefani – Hors plan D2 ③ - *47 rte de Pietat - 64110 Gelos - ☏ 06 18 51 34 84 - www.chateauestefani.com - 5 ch. 80/160 € ☕ - 🏊 - table d'hôte (réserv. 1 j. av.).* Dans un cadre calme et verdoyant, à 10mn de Pau, cette élégante demeure du 19e s. récemment restaurée dispose de 5 chambres prestigieuses. Parc de 9 ha et piscine extérieure.

Dans le circuit

PREMIER PRIX

Camping Les Ô Kiri – Hors plan F2 ② - *Av. du Lac - base de loisirs - 64800 Baudreix - ☏ 05 59 92 97 73 -www.lesokiri.com - avr.-sept. - ♿ - 🅿 - réserv. conseillée - 39 empl. à partir de 12 €; 40 locatifs: 62/100 €/nuitée (hors sais.), 415/715 €/sem. - 🍴.* Le camping est intégré à la base de loisirs de Baudreix *(voir p. 473).* La terrasse du bar-restaurant offre une jolie vue sur le plan d'eau et les paysages pyrénéens.

Chambre d'hôte Maison Palu – Hors plan F2 ⑥ - *19 chem. Arriuthouet - 64800 Asson - ☏ 05 59 71 05 05 - http://tourisme-bearn-paysdenay.com - 🅿 - 🚭 - 5 ch. 45 € ☕. wifi.* Un chemin à travers champs conduit à cette imposante ferme ordonnée autour d'une cour. Les chambres, aménagées dans une dépendance, sont simples, tout comme les salles d'eau. Les enfants seront ravis d'approcher moutons, chèvres, chevaux… Cuisinette à disposition des hôtes.

Le Petit Hameau – Hors plan E2 ⑮ - *Rte d'Oloron - 64800 Arros-de-Nay - ☏ 05 59 71 28 18 ou 06 75 68 48 76 - http://lepetithameau.voila.net - 2 ch. 59 € ☕.* Allez dormir au Petit Hameau pour la vue imprenable qu'il offre sur le pays de Nay et les majestueuses Pyrénées. De votre chambre (climatisée), aucun obstacle au panorama ! Et après une bonne nuit, prenez votre petit-déjeuner dans le jardin, très fleuri par les propriétaires attentionnés. Les deux chambres se partagent toilettes et salle de bains.

BUDGET MOYEN

Hôtel Le Vieux Logis – Hors plan F2 ⑩ - *Rte des Grottes - 64800 Lestelle-Bétharram - ☏ 05 59 71 94 87 - www.hotel-levieuxlogis.com - fermé du 25 déc. au 1er janv. - ♿ - 🅿 - 🏊 - 28 ch. 95 € - 5 chalets 75 €- ☕ 10 € - formule déj. 19 € - 26/37 € - wifi.* À proximité des grottes de Bétharram, cet hôtel familial installé dans une ancienne ferme propose des chambres fonctionnelles et sert une savoureuse cuisine régionale. Accueil « aux petits soins ».

RESTAURATION

À Pau

De nombreux restaurants animent la **place Gramont**, la **rue du Parlement** et la **place Royale**. La **Brasserie Royale** est le plus ancien restaurant de Pau.

PREMIER PRIX

La Magie de la Casserole – D2 ⑩ *- 1 r. Tran - ☏ 05 59 14 97 30 - http://lamagiedelacasserole.fr - lun.-vend. le midi - 12/17,50 €.* Les habitués sont nombreux dans ce restaurant étonnant et convivial. Rachel, derrière les fourneaux, fourmille d'idées et propose 4 plats du jour dans des casseroles ou des marmites en fonction du marché et de la saison. Pour en connaître tous les secrets, le restaurant propose des cours de cuisine, sur réservation.

Chez Laurette – E1 ⑤ - *12 pl. Foirail - ☏ 05 59 14 93 92 -*

mar.-sam. : midi - fermé en août - 8,50/12,50 €. Une devanture atypique, pour une copieuse cuisine de terroir. Chez Laurette, c'est comme à la maison. Elle apporte le plat de garbure… en chaussons !

Chez Canaille – D2 ③ - *3 r. du Hédas - ✆ 05 59 27 68 65 - mar.-sam. - formule déj. 13,50 € - 13/43 €.* Des mets et plats plutôt… canailles, servis de façon agréable dans un cadre charmant et une ambiance sympathique.

Café Anaïak – E2 ④ - *24 av. Gaston-Lacoste - ✆ 05 59 27 47 71 - www.restaurant-aufingourmet.com - mar.-sam. : midi - 11/20 €.* Voilà une adresse qui fleure bon l'esprit de famille ! *Anaïak*, c'est « frère » en basque : un nom tout trouvé pour ce bistrot tenu par une fratrie. Sur le mur, on aperçoit même une photo des parents. Ici, la cuisine honore le Sud-Ouest : poule au pot, confit de canard… Terrasse pour les beaux jours.

BUDGET MOYEN

Les Terrasses de Beaumont – F2 ⑰ - *Parc Beaumont - ✆ 05 59 14 93 58 - 12h-14h, 19h30-23h30 - www.lesensdugout.com/Les_terrasses_de_beaumont.htm - fermé dim., lun. soir et mar. soir - formule déj. 9,50/12 € sf sam. ; menu du marché 19 €.* Cuisine de saison et produits du terroir, face aux Pyrénées. En terrasse ou dans le jardin d'hiver.

Henri IV – D2 ⑧ - *18 r. Henri-IV - ✆ 05 59 27 54 43 - 12h-13h45, 19h15-21h45 - fermé mar.-merc - 13/22 €.* Dans un espace intime, une bonne cuisine régionale. Belle terrasse.

Ze Bistrot – D2 ⑳ - *13 r. Henri-IV (quartier du Château) - ✆ 05 59 27 44 44 - www.zebistrot.com - formule déj. 17,50 € - 18/22 € - mar.-sam. - 12h-13h30, 19h30-21h30 - réserv. conseillée.* Artichaut farci, jarret de veau braisé, tarte aux fraises… La cuisine du chef est comme son bistrot : sans chichi et pleine de saveurs, conviviale et authentique. À découvrir aussi, les jolis vins inscrits à l'ardoise. *Ze place to be !*

Le Pilota Jaï-Alaï – Hors plan E1 ⑭ - *458 bd du Cami-Salié - ✆ 05 59 80 12 63 - www.restaurant-pilota.fr - tlj sf dim. soir. - 12h-14h30, 20h-22h (jeu. 23h) 23/32 €.* Tout près du centre sportif et du Zénith de Pau, une bonne table avec néanmoins un petit bémol : les desserts sont un peu chers (9 €).

L'Aragon – E2 ⑨ - *18 bd des Pyrénées - ✆ 05 59 27 12 43 - formule déj. 15 € - 36 €.* Yves Camdeborde, le chef palois à la carrière nationale, est l'un des associés de cette institution. La carte porte avant tout son attention aux produits : côtes de bœuf, chipirons, foie gras, gras double ou poisson à la plancha. Formules tapas le week-end. Vue panoramique sur les Pyrénées.

Le Berry – E2 ⑪ - *4 r. Gachet - ✆ 05 59 27 42 95 - lun.-sam. - fermé dim. et le soir en sem. - 20 €.* Des plats classiques confectionnés avec des produits de qualité. Ambiance jeune et animée en soirée.

Les Papilles Insolites – E2 ⑮ - *5 r. Alexander-Taylor - ✆ 05 59 71 43 79 - www.lespapillesinsolites.blogspot.com - merc.-sam. - 21 € - réserv. conseillée.* Objets insolites et rétro, petites tables en bois : voilà un bistrot-cave atypique et raffiné ! Ici, on choisit sa bouteille directement sur l'étal. Courte carte du marché, japonisante, et belle sélection de vins naturels.

POUR SE FAIRE PLAISIR

O'Gascon – D2 ⑱ - *13 r. du Château - ✆ 05 59 27 64 74- fermé mar.-merc. et 1re sem. de janv. - 12h-14h, 19h-22h - 28/44 €.* Murs de pierre et de brique, vieux meubles en bois et poutres au plafond : il règne une chaleureuse ambiance dans ce restaurant très orienté cuisine du terroir. On peut y déguster la vraie garbure, servie dans une soupière en terre cuite. Accueil simple et très agréable.

Au Fin Gourmet – E2 ① - *24 av. Gaston-Lacoste - ✆ 05 59 27 47 71 - www.restaurant-aufingourmet.com - 28 € sem., 39 € w.-end sf j. fériés - menus dégustation 62/76 €.* Un lieu très agréable au pied du funiculaire : pavillon sous verrière évoquant un jardin d'hiver et salle plus ancienne revue dans le même esprit. Cuisine au goût du jour.

Marc Destrade – E1 ⑯ - *30 r. Pasteur - ✆ 05 59 27 62 60 - www.restaurant-marc-destrade.com - mar.-dim. 12h-14h, jeu.-sam. 19h30-21h30 - formule déj. 16 € - 34/40 €.* Cette avenante maison ancienne donne envie de pousser la porte. Les tables près de la cheminée sont très demandées en hiver. Accueil aimable, cuisine traditionnelle.

À Billière

Au Bord de l'Eau – Hors plan D2 ② - *R. de la Gravière - 64140 Billère - ✆ 05 59 62 15 62 - www.restaurant-auborddeleau-pau.com - lun.-sam. 12h-14h, 19h30-22h - 30/40 €.* Spécialité de grillades de viandes et poissons, fruits de mer.

Dans le circuit

BUDGET MOYEN

Hôtel-Restaurant Chez Abel – Hors plan D1 ⑲ - *10 r. Capdébat - 64800 Pardies-Piétat - ✆ 05 59 71 22 58 - www.hotel-restaurant-nay.com - tlj à midi - formule déj. 12,50 € - 14,70/31,50 €.* Les tables couvertes de carreaux rouges et blancs augurent d'un moment de simplicité et d'authenticité, tant dans l'assiette que dans l'accueil. Une cuisine solidement régionale, faite maison et présentée avec soin. Voici la promesse tenue de ce restaurant de village, idéal pour un déjeuner roboratif.

Le Célia – Hors plan D1 ⑫ - *14 chem. Dous-Milhoucas - 64370 Arthez-de-Béarn - ✆ 05 59 38 26 50 - www.restaurantcelia.com - formule déj. 12,30 € - 18,50/27,50 €.* Si la faim vous taraude, arrêtez-vous au Célia pour ses assiettes-repas de pays déclinées autour du bœuf et de l'agneau. Elles sont copieuses et savoureuses. Et pour les bouches sucrées, les desserts sont faits maison.

Ferme-auberge La Clairière – Hors plan D2 ⑥ - *Chemin de la Juscle - 64110 St-Faust - ✆ 05 59 83 06 59 - fermé dim. soir - ♿ - 🅿 - 18/35 €.* Vous aurez bien du mal à choisir entre le civet de canard, la poule au pot ou la pintade royale. Ces spécialités maison sont préparées avec les produits de la ferme et accompagnées de légumes du jardin. La salle à manger, aménagée dans un chai de 1725, vaut le détour. Animaux refusés.

Le Saint Georges – Hors plan E2 ㉑ - *4 pl. de la Fontaine-d'Argent - 64800 Nay - ✆ 05 59 68 96 77 - www.le-saintgeorges-nay.com - fermé dim. et lun. soir - 12,90/22 €.* Les assiettes qui sortent de la cuisine du St-Georges, généreuses, font envie… et ne déçoivent pas une fois qu'on les a goûtées. Produits frais, cuissons de qualité, en un mot une bonne cuisine hexagonale, mise en valeur par un service aimable et discret.

PETITE PAUSE

Les bars du boulevard des Pyrénées ont une vue imprenable sur le pic du Midi d'Ossau.

Georgio - Le Camion Bleu – *Pl. de la Libération (devant la fontaine) en sem. 15h-19h ; sq. Aragon le dim.* Ce glacier ambulant est très prisé des Palois. 34 parfums classiques et 12 originaux chaque jour.

Pas Pau Thés – *3 r. Valéry-Meunier - ✆ 05 59 27 86 45 - mar.-sam. midi.* Des salades et des tartes maison et des thés Mariage Frères.

Le Thé Déco de Nadine – *18 r. Tran - ✆ 05 59 27 96 48 - www.facebook.com/lethedeco - lun.-sam. 10h-19h.* Salon de thé, décoration pour la maison et accessoires.

Pau's Café – *34 r. Mar.-Joffre - ✆ 05 59 27 84 85 - www.pauscafe.fr - lun.-vend. 9h-19h, sam. 9h-12h, 14h-19h - fermé dim.* Agréable petite pause en salle ou en terrasse. Artisan torréfacteur depuis 1989, Marc Péré propose cafés, thés, tisanes et accessoires dans une sympathique boutique tout en longueur. Vous pourrez apercevoir, au fond de la salle, le torréfacteur.

EN SOIRÉE

Au Grain de Raisin – *11 r. Sully - ✆ 05 59 82 98 44 - baravin-pau.com - lun.-sam. 18h-1h30.* Un bar à vin et à tapas dans une atmosphère conviviale et musicale allant du jazz au rock des années 1970. En accompagnement, *bruschettas* de sardines, jambons espagnols ou fromages. Terrasses.

N° 5 Bar – *46 r. Mar.-Joffre - ✆ 05 59 30 52 64 - mar.-sam. 18h30-2h.* Déco sobre, de rouge et de pierre. De bons vins, quelques concerts et des tapas, parfait pour une soirée.

Casino, palais Beaumont – *Allée Alfred-de-Musset - parc Beaumont - ✆ 05 59 27 06 92 - www.groupetranchant.com - dim.-jeu. 10h-2h, vend., sam. et veilles de fêtes jusqu'à 4h.* Une centaine de machines à sous, une salle de jeu traditionnel, restaurant et bar. Animation musicale le vendredi et le samedi. Salle de spectacles.

Connemara Pub – *17 r. Valéry-Meunier - ✆ 05 59 27 81 14 - www.connemara-nightpub.com - jeu.-sam. 22h-7h.* Un pub irlandais à l'ambiance conviviale. Concerts réguliers.

Théâtre Saint-Louis – *R. St-Louis - ✆ 05 59 27 85 80 - lun.-sam. 9h-18h, dim. 9h30-13h.* Construit à la fin du 19e s., ce petit théâtre à l'italienne programme non seulement du théâtre, mais aussi des concerts et des spectacles de danse.

Zénith – *Bd du Cami-Salié - ✆ 05 59 80 77 50 - www.zenith-pyrenees.com.* Salle de concerts accueillant 6 800 spectateurs, le 3e Zénith de France par sa superficie d'accueil.

Palais des Sports – *Bd du Cami-Salié - ✆ 05 59 80 01 22.* Lieu phare de l'équipe de basket Pau-Orthez, c'est aussi le lieu d'entraînement de l'équipe nationale durant 2 semaines. Les joueurs, à cette occasion, sont logés à la Villa Navarre *(voir « Hébergement », p. 465)*.

ACHATS

Les rues **Joffre**, **Valéry-Meunier** et **Jeanne-d'Albret** sont piétonnes et commerçantes ; boutiques, artisans, petite restauration.

Marchés

Les Halles – *Pl. de la République - lun.-vend. 6h-13h, 15h30-19h30, sam. 5h-14h - ouv. en continu la veille des j. fériés.* Au cœur de la ville, 65 commerçants proposent les meilleurs produits de la région : boudin Abadie, andouille Leris, fromagerie Bachelet représentée par le fromager Alexandre, saumon sauvage de l'Adour chez Guibert et saucisson béarnais Lacoste. Attenant à la halle, le Carreau des producteurs de fruits et légumes.

Marché bio – *14 pl. du Foirail - ✆ 06 16 61 61 76 - http://marche-bio-pau.fr - merc. et sam. 7h-13h30.* Espace de convivialité

et d'échange autour du goût retrouvé des saveurs naturelles.
Marché – *Pl. Gramont - dim. mat.* Petit marché de producteurs sur cette jolie place carrée.
Marché des Antiquaires – *Pl. du Foirail - vend. 9h-12h, 14h30-18h30, sam. 9h-12h30, 14h-18h, dim. 10h-12h30.* Grand déballage le 2e dimanche du mois.
Marché forain – *Pl. Marguerite-Laborde - lun.-sam. 8h-13h.*

Vins

La Cave du Palais – *7 pl. de la Libération - ✆ 05 59 33 26 91 - www.cavedupalais.com - lun. 10h-12h30, 14h30-19h30, mar.-sam. 10h-19h30.* Thomas Buisson, caviste au parcours atypique, propose des vins à la vente, mais aussi des cours d'œnologie, des dégustations avec des vignerons et des soirées « mets et vins » *(réserv. obligatoire).*
Lionel Osmin & Cie – *1 r. du Château - ✆ 09 52 79 42 50 - www.osmin.fr - été : 10h30-20h ; mai : fermé lun. ; vac. scol. : merc.-dim. 10h30-20h.* Cavistes et négociants impliqués, ils proposent, en plus de la vente, des dégustations de vins du Sud-Ouest, dans une jolie boutique, au pied du château. Chaque 20 du mois, soirée dégustation « le 20 c'est vin ».
Domaine de Souch – *Chem. de Souch - 64110 Laroin - ✆ 05 59 06 27 22 - www.vins-jurancon.fr - 9h30-12h30, 14h-18h, dim. 9h-12h - gratuit.* C'est un endroit d'où l'on ne souhaite plus partir. Accueilli par Yvonne Hégoburu et ses deux patous, cette femme de cœur vous fait découvrir et partager ses vins joliment équilibrés, secs ou doux. Certifié Agriculture biologique et biodynamie.
Henri Burgué – *Chem. des Bois - 64110 St-Faust - ✆ 05 59 83 05 91 ou 06 85 20 53 23 - www.jurancon-domaine-burgue.e-monsite.com - 9h-20h.* Ce petit producteur réalise des jurançons moelleux et secs vieillis en fûts de chêne, fruits de trois années d'attention et de patience. Détail amusant : les barriques sont fermées à l'aide de galets. Dégustation effectuée directement au tonneau.
Cave de Gan Jurançon – *53 av. Henri-IV - 64290 Gan - ✆ 05 59 21 57 03 - www.cavedejurancon.com - 8h-12h30, 13h30-19h.* Grain sauvage au goût intense de raisin, château de Navailles obtenu par vendanges manuelles et tris successifs, peyre d'or, superbe jurançon sec, château les astous ou croix du prince, parfait pour l'apéritif… Toutes ces merveilles sont à découvrir à un très bon rapport qualité-prix dans cette vitrine du jurançon. Visite et dégustation gratuite.

Autour du Madiran

Le Vic-Bilh – *Pl. du Marcadieu - 64350 Lembeye - ✆ 05 59 68 28 27 - www.tourisme-vicbilh.fr - lun.-vend. 9h-12h30, 14h-17h30.* Première appellation à s'imposer le contrôle de qualité par la délivrance d'un label. Le madiran est puissant et texturé, soyeux et pulpeux, pour accompagner viandes rouges et fromages.
On en trouve entre autres à **Aydie** (*château Aydie - ✆ 05 59 04 08 00 - www.famillelaplace.com*), **Crouseilles** (*Le Clos de l'Église, chez Arnaud Vigneau - ✆ 05 59 68 13 46 - www.closdeleglise.com*), **Aurion Idernes** (*domaine de Crampilh, chez Bruno Oulié - ✆ 05 59 04 00 63 - www.domaine-crampilh.fr*), **Moncaup** (*Le Clos Basté, chez Philippe Mur - ✆ 05 59 68 27 37 - http://www.losdaci.com*).

Gourmandises

La Féerie Gourmande - Francis Miot – *46-48 r. Mar.-Joffre - ✆ 05 59 27 69 51 - www.francis-miot.com - tlj sf dim. 10h-19h - fermé dim. et j. fériés.* C'est la boutique en ville de Francis Miot, meilleur confiturier de France, triple champion du monde *(voir « Musée des Arts sucrés », p. 457)*.

Xavier Berger – *3 pl. de la Libération - ✆ 05 59 82 92 41 - xavier-berger. com - mar.-sam. 10h-19h.* Chocolatier renommé, ses chocolats raffinés tout comme un verre de chocolat chaud ravissent les papilles.

Chocolaterie Verdier – *3 allée des Brannes - 64121 Serres-Castet - ✆ 05 59 72 30 - http://bonbons-verdier.fr.* La spécialité : les grains de raisin marinés dans le jurançon et enrobés de chocolat.

Pâtisserie Artigarrède – *3 r. Gassion - ✆ 05 59 27 47 40 - www.artigarrede.com - mar.-sam. 9h30-12h15, 14h30-19h15, dim. et j. fériés 9h-13h - fermé 2 sem. en hiver, 3 sem. en juil.* C'est ici que l'on trouve le gâteau « souvent imité, jamais égalé » : le russe. Ce gâteau à base de crème au beurre praliné et d'amandes est un régal ! La fabrique est à Oloron-Ste-Marie *(voir p. 497)*.

Fromagerie Bachelet – *3 av. M.-Dassault - 64140 Lons - ✆ 05 59 32 49 07 - mar.-sam. 9h-19h - fermé j. fériés.* Ce fromager connu et reconnu choisit avec soin ses fournisseurs et affine lui-même ses fromages. Dans sa grande boutique de la périphérie paloise figurent en bonne place les vache, brebis, chèvre et autres « mixtes » du terroir, complétés de fromages venus d'ailleurs.

Les Fromages de Clermontine – *Ferme Millet - r. de l'Église - 64160 Barinque - ✆ 05 59 68 93 90 ou 06 70 29 03 84 - http://clarmontine.fr - 18h-20h.* Pour acheter du fromage de vache confectionné et pressé à la main, visiter les locaux de fabrication mais aussi assister à la traite du soir.

Mode & déco

Tact – *9 r. Jeanne-d'Albret - ✆ 05 59 80 29 60 - www.tact1.canalblog.com - mar.-jeu. 10h-13h, 14h-19h, merc., vend.-sam. 10h-19h.* Bijoux, accessoires, luminaires et déco pour la maison, de créateurs locaux en majorité. Pièces uniques.

Le Mondébo – *22 r. Mar.-Joffre - ✆ 05 59 60 66 91.* Une boutique colorée de montres, bijoux de créateurs et accessoires.

Le Boudoir de Rose – *1 r. des Cordeliers - ✆ 05 59 71 99 93 - mar.-sam. 10h30-12h30, 14h-19h.* Une boutique pétillante de couleur ! Sacs, accessoires et déco.

La Nounourserie – *20 r. Mar.-Joffre - ✆ 05 59 83 71 78 - www.lanounourserie.com - mar.-sam. 10h30-12h30, 14h-19h.* Des poupées, des jouets et, bien sûr, des peluches !

La Maison de l'Espadrille – *1 passage de la République - ✆ 05 59 82 95 56 - www.maisonespadrille.fr.* Ici vous trouverez des espadrilles authentiques (fabriquées à Mauléon), de toutes les couleurs.

Central Mode – *4 passage de la République - ✆ 05 59 27 18 74 - www.chapeaux-central-modes.fr - lun.-sam. 9h30-12h, 14h-19h.* De véritables bérets béarnais, fabriqués à Nay et Oloron-Ste-Marie.

Au Parapluie des Pyrénées - Parapluie Berger – *12 r. Montpensier - ✆ 05 59 27 53 66 - www.parapluiedeberger.com - tlj sf dim.-lun. 8h-12h, 14h-19h, sam. 9h-12h, 14h-18h.* Depuis 1890, on fabrique ici, et devant vous, les immenses parapluies des Pyrénées qui sont les seuls capables de résister aux pires averses du Sud-Ouest. C'est aujourd'hui la dernière entreprise du genre en France.

Artiga – *28 r. Mar.-Joffre - ✆ 05 59 40 84 90 - www.artiga.fr -*

mar.-sam. 10h30-13h, 14h30-19h. On ne présente plus cette boutique, d'origine basque, de tissus colorés et rayés de linge de maison.

Art et musique

Discobuzz – *6 r. Valéry-Meunier - ✆ 09 75 25 21 58 - www.disquaire-pau.com - mar.-sam. 14h-18h.* C'est le paradis des collectionneurs de vinyles.

Galerie GSN – *8 r. Valéry-Meunier - ✆ 05 59 84 77 27/06 30 66 55 98 - www.gsngalerie.com - mar.-sam. 14h-19h - sur RV le mat.* Atelier d'artistes et galerie d'art moderne et contemporain.

ACTIVITÉS

Randonnée – Des idées de promenades sont disponibles à l'office de tourisme : la Voie verte le long du Gave de Pau, le chemin Henri-IV qui relie Pau au lac de Lourdes, les berges du Gave depuis le golf de Billère. Des topoguides des vallées d'Ossau et d'Aspe sont en vente à l'office de tourisme et d'autres guides dans les librairies de la ville.

La Véloroute – *✆ 05 59 13 94 99 - http://tourisme-bearn-paysdenay.com.* Ce nouveau réseau vous permet de composer votre circuit à la carte selon vos centres d'intérêt. De Lestelle-Bétharram jusqu'à Bayonne, itinéraire cyclable sécurisé sur 150 km.

Le Plantier de Pau – *5 allée du Grand-Tour - ✆ 05 59 62 37 96 - horaires variables - fermé w.-end sf compétitions.* Pratiqué dans les Landes, les Pyrénées-Atlantiques et les Hautes-Pyrénées où l'on dénombre 650 licenciés, le jeu de quilles de neuf est l'ancêtre du bowling. Il se pratique avec une boule de 6,2 kg et neuf quilles de 96 cm. Les joueurs, des retraités pour la plupart, se réunissent ici chaque après-midi.

Pau Golf Club 1856 – *1 r. du Golf - 64140 Billère - ✆ 05 59 13 18 56 - www.paugolfclub.com - 8h30-18h30 (18h en hiver) - fermé 1er janv. et 25 déc.* Créé en 1856 par des Écossais, ce beau parcours (18 trous) est l'un des plus anciens golfs du monde. *Club house* de style victorien abritant un restaurant et un bar à l'ambiance toute britannique.

Spa Terra Nostra – *2 bis av. des États-Unis - ✆ 05 59 11 60 00 - www.spa-terranostra.com - 10h-19h30, mar. 10h-21h30 - fermé dim.* Havre de paix au sein d'un hôtel particulier du centre de Pau, cet espace invite au voyage : les matériaux, baignoire en bois du Japon, hammam en faïence du Maroc, tous comme les soins prodigués issus des traditions de Chine, d'Inde ou de Bali.

Espace Nayéo – *Chem. de la Montjoie - 64800 Nay - ✆ 05 59 81 82 30 - www.piscine-nayeo.fr - horaires, se rens. - fermé 1er janv., 1er Mai et 25 déc.* Bassin ludique et sportif, rivière à contre-courant, banquette à bulles, espace détente.

Stade d'eaux vives Pau-Pyrénées – *39 av. de l'Yser - 64320 Bizanos - ✆ 05 59 40 85 44 - ♿ - www.paupyrenees-stadeeauxvives.com - horaires et tarifs sur le site.* Découvrez les sports d'eau vive (canoë, kayak, rafting, nage en eau vive) sur un parcours sportif, un espace d'initiation ou un espace de détente. Accessibles à tous les niveaux, du débutant au plus expérimenté, à partir de 8 ans. Des activités nature sont aussi proposées (escalade, accrobranche, randonnée pédestre, VTT…). *(voir aussi p. 458).*

Complexe de Pelote - jaï-alaï (prononcer *raïalaï*) – *462 bd du Cami-Salié - ✆ 05 59 02 00 01. www.*

pau-pyrenees.com. Ce complexe de jeux de balles rassemble toutes les déclinaisons de pelote basque.

Le Trinquet Beaumont – *Parc Beaumont - ✆ 06 75 29 47 33.* Le trinquet de Pau est l'une des dernières salles de jeu de paume. Initiation gratuite tous les dimanches *(9h-12h, 14h-17h).*

La Forêt aux Verts'tiges – *Chemin de la Forêt de Bastard - ✆ 06 29 60 03 55 - www.foretdesvert-tiges.fr - été : 10h-20h, jeu. aussi 21h30-0h ; reste de l'année : 13h-19h - à partir de 3 ans 10/20 €.* Au milieu de chênes centenaires, venez découvrir 8 parcours d'accrobranche. Baladez-vous le long du petit ruisseau l'Ayguelongue, à travers la forêt et emportez un pique-nique !

Base de loisirs de Baudreix – *Av. du Lac - 64800 Baudreix - ✆ 05 59 92 97 73 - www.lesokiri.com.* Aux habituels jeux nautiques, baignade ou parcours de santé s'ajoute un équipement plus inattendu : le téléski nautique (câble-ski). Glissez sur les eaux tiré par un câble aérien et silencieux et, une fois aguerri, essayez les tremplins installés sur le lac. Plage surveillée, hébergement et restauration.

AGENDA

Carnaval Biarnés – *Déc.-mars - www.carnavalbiarnes.fr.* Des animations pour revivre les traditions.

Grand Prix historique et **Grand Prix de Pau** – *Les 2 1ers w.-ends de mai - www.grandprixdepau.fr.* Circuit en ville et animations culturelles et festives autour de l'automobile.

Mai aux jardins – 70 animations gratuites dans les espaces verts de la ville.

Hestiv'Oc – *Août - www.hestivoc.com.* Pendant 4 jours, vivez au rythme de la culture occitane et sportive *La Camada de Pau*, course pédestre dans la ville (12 km). Théâtre, musique, danse, cinéma.

Les Étoiles de Pau – *Oct. - www.event-pau.fr.* Concours complet international d'équitation au centre d'entraînement de Sers.

Anniversaire d'Henri IV – *Autour du 13 déc. - www.tourismepau.com.* La poule au pot est reine.

Orthez

10886 Orthéziens - Pyrénées-Atlantiques (64)

À quoi font penser les toits d'Orthez ? À des jupes empesées sous lesquelles dépassent des jupons de dentelle. Coquetterie que peut bien se permettre une ancienne capitale : celle du Béarn, avant Pau. Elle eut ses galants en son temps : Gaston VII Moncade, vicomte de Béarn, qui la choisit au 13e s., puis Gaston Phébus qui y tint une brillante cour, après l'union du comté de Foix et du Béarn. Aujourd'hui, la cité continue d'être un carrefour, entouré d'une nature accueillante et de vignes plantées lors du 600e anniversaire de la mort de Phébus, en 1991. Elles produisent des vins rouges et blancs commercialisés sous le nom de domaine de moncade.

NOS ADRESSES PAGE 476
Hébergement, restauration, achats, activités, etc.

S'INFORMER

Office du tourisme d'Orthez – *27 r. Aristide-Briand - 64300 Orthez - ☎ 05 59 38 32 84 - www.tourisme-bearn-gaves.com - 12 juil.-13 août : 9h30-12h30, 14h-18h30, dim. et j. fériés 9h30-12h30 ; 29 juin-11 juil. et 14 août-13 sept. : tlj sf dim. 9h30-12h30, 14h-18h30 ; 20 avr.-28 juin et 14 sept.-1er nov. : tlj sf dim. 9h30-12h, 14h-18h, lun. 14h-18h ; 2 nov.-19 avr. : mar.-vend. 14h30-17h - fermé certains j. fériés.* Le livret *Béarn des gaves* avec plan et itinéraire permet de découvrir Orthez et ses environs.

SE REPÉRER

Carte de microrégion A1 (p. 448-449) – Orthez est à 48 km au nord-ouest de Pau par la D 817 qui longe le gave de Pau.

SE GARER

À l'Hôtel de ville *(payant)*, au Foirail et à la Moutète *(gratuits)*.

À NE PAS MANQUER

Le Pont Vieux ; le superbe panorama du haut de la tour Moncade ; le musée Jeanne-d'Albret sur l'histoire du protestantisme béarnais.

ORGANISER SON TEMPS

Comptez environ 3h pour faire le tour de la ville en visitant ses plus beaux édifices. Si vous êtes de passage fin juillet, participez à la feria d'Orthez.

AVEC LES ENFANTS

La chasse aux trésors organisée par l'OT *(3 € - livret jeux)* ; le château Moncade ; les Canoës du Pont Vieux *(en août)*.

Se promener

Au 14e s., lorsque Gaston Phébus, comte de Foix, régnait sur le Béarn, la ville ne s'ordonnait pas parallèlement au gave comme aujourd'hui, mais suivant la perpendiculaire Pont Vieux-château de Moncade. Aussi l'empreinte du passé subsiste-t-elle dans les rues du Bourg-Vieux, de l'Horloge et de Moncade, bordées de demeures à portail parfois sculpté.

Musée Jeanne-d'Albret

37 r. Bourg-Vieux - ☎ 05 59 69 14 03 - www.museejeannedalbret.com - juin-août : 10h-12h, 14h30-18h30 ; avr.-sept. : 10h-12h, 14h-18h ; reste de l'année : tlj sf lun. 10h-12h, 14h-18h - fermé dim. et j. fériés, janv. - possibilité de visite guidée (1h) - 4,50 € (-15 ans gratuit).

Le Pont Vieux enjambe le gave de Pau.
E. Chaix/Photononstop

Les enfants peuvent parcourir librement le musée à l'aide du livret découverte.
Une tourelle octogonale met en valeur l'entrée principale de cette demeure du 16e s. donnant sur une cour pavée. La forte pente de la toiture est typique de la région. Ce musée retrace l'**histoire du protestantisme béarnais** de la Réforme au début du 20e s., à l'appui de documents manuscrits, objets, médailles et maquettes. Une exposition claire sur un sujet complexe qui mérite que l'on s'y arrête.

Église Saint-Pierre

Jadis reliée aux remparts de la ville, cette église du 13e s. servit de poste de défense, comme le prouvent les fenêtres-meurtrières dans le mur nord. Plusieurs fois restaurée à la suite des guerres de Religion, elle fut agrandie au 19e s. Quatre belles **clés de voûte** sculptées ornent la nef.

★ Pont Vieux

Voir l'« ABC d'architecture », p. 91. Ce pont, défendu autrefois par une tour percée d'une porte, couvrait l'entrée de la ville. La tour remplit encore son office en 1814, lors de la lutte contre Wellington. Vous apprécierez la très jolie **vue** sur le gave.
Une autre façon d'avoir un bel aperçu du pont : la **balade en canoë** *(5 km, en août)* qui vous permet de passer dessous ! *Voir « Activités », p. 477.*

Château Moncade

37 r. Bourg-Vieux - ✆ 05 59 69 36 24 - www.orthezanimation.com - juin-août : 10h-12h30, 14h-18h30 ; sept. : 10h-12h30, 14h-18h30 ; mai : w.-end et j. fériés 10h-12h30, 14h30-18h - 4 € (-12 ans 3 €) - possibilité de visite guidée (1h) juil.-août : mar. et jeu. 15h.
De la grandiose forteresse des 13e et 14e s., construite par Gaston VII (panneaux explicatifs à l'extérieur), il ne subsiste que la **tour** : à l'intérieur, une maquette permet de visualiser le château tel qu'il se présentait autrefois,

une animation son et lumière fait revivre son histoire et une visite filmée est proposée à ceux qui ne peuvent grimper dans les étages. Exposition sur la vie de Gaston Phébus et sur son *Livre de chasse* (reproductions). De la terrasse (à 33 m de hauteur), **vue** sur les toits d'Orthez.

Maison Chrestia - Francis Jammes

✆ 05 59 69 11 24 ou 07 80 44 31 87 - www.francis-jammes.com - juin-sept. : mar.-sam. 10h-12h, 15h-17h (reste de l'année lun.-vend.) - fermé dim., fin juil. et fin déc. - gratuit.

C'est dans cette maison typiquement béarnaise du 18e s. que résida, de 1897 à 1907, le poète **Francis Jammes** (dont Brassens a emprunté *La Prière* pour la mettre en musique), avant de s'installer dans une autre habitation (en face de l'école communale) après son mariage. Depuis 1982 y siège l'Association Francis Jammes, qui a rassemblé quelques documents, souvenirs et ouvrages sur le poète.

À proximité Carte de microrégion p. 448-449

Monument du Général Foy A1

3,5 km au nord par la D 947.

Il a été érigé à la mémoire de la bataille d'Orthez (1814), une des batailles de la guerre d'indépendance espagnole opposant la France à l'Angleterre et au Portugal. Le site est joli : belles fermes béarnaises aux grands toits à plusieurs pentes et vues lointaines vers les Pyrénées.

Mourenx B1

20 km au sud-est d'Orthez par la D 9.

Le long du gave, entre Orthez et Mourenx, on rencontre plusieurs usines et complexes industriels liés au développement des gisements de gaz naturel regroupés autour de Lacq. En effet, en décembre 1951, lors d'une campagne de forages menée par la Société nationale des pétroles d'Aquitaine, la sonde « Lacq 3 » atteignit, à 3 550 m de profondeur, l'un des plus importants **gisements de gaz naturel** connus alors dans le monde. La cité fut construite au début des années 1960 pour loger les salariés du complexe de Lacq. Ces immeubles-tours côtoyant les coteaux béarnais paraissent quelque peu insolites. Pour en savoir plus sur l'histoire de cette ville nouvelle, sillonnez-la à l'aide des audioguides, en suivant les panneaux explicatifs du sentier d'interprétation urbain. *S'adresser à la bibliothèque de Mourenx, place Jules-Verne ou à l'office du tourisme de Monein (voir p. 487).*

Au sud de la ville *(sur la D 281, direction Navarrenx)*, un **belvédère** est aménagé sur la colline. Du parc de stationnement, côté plaine du gave de Pau, vue sur la zone industrielle. Côté montagne, vous découvrirez au premier plan les coteaux béarnais, puis les Pyrénées centrales, du pic d'Anie au pic du Midi de Bigorre, et, plein sud, la vallée d'Aspe.

NOS ADRESSES À ORTHEZ

HÉBERGEMENT

À proximité

PREMIER PRIX

Chambre d'hôte Costedoat – *100 chemin Long - 64370 Hagetaubin - 15 km au nord-est d'Orthez par D 933 rte d'Hagetmau et à droite D 945 - ✆ 05 59 67 51 18 - www.gitederaoul.over-blog.com - - - 4 ch. 30 €.* La vie à la ferme en toute simplicité, dans des chambres d'un autre temps au prix modeste, et où vous pourrez même participer aux tâches quotidiennes. Billard.

BUDGET MOYEN

Villa Les Pins – *605 chemin Bergemayou - 64300 Baigts-de-Béarn - à 7,5 km d'Orthez - ☎ 05 59 65 10 45 - http://villalespins.fr - 2 ch. 70 € ☕ - repas 20 €.* Cette bâtisse du 19e s. s'assortit d'une longère qui abrite deux chambres d'hôte. Une restauration de qualité et une décoration soignée placeront votre séjour sous le signe du raffinement et du confort. Un bon rapport qualité-prix. Table d'hôte avec les produits du jardin.

Chambre d'hôte La Bergerie – *2 chemin Lhostebiehl - 64300 Ozens-Montestrucq - 7,6 km au SO d'Orthez - ☎ 05 59 38 63 76 - www.chambresdhotesdecharme.com - 💳 - 🏊 - 3 ch. 90 € ☕.* Au sein d'une campagne vallonnée, La Bergerie propose un hébergement ressourçant et une table d'hôte aux saveurs authentiques. Vous vous sentirez chez vous tout en profitant de la vue sur les Pyrénées, sur la banquette relaxante de la piscine.

POUR SE FAIRE PLAISIR

Les Nids du Béarn – *1716 chemin d'Hourcloum - 64300 Loubieng - à 7 km d'Orthez - ☎ 05 64 11 02 26 ou 06 75 00 54 65 - www.lesnidsdubearn.com - de déb. avr. à mi-oct. - nid : 99 € ☕ ; cabane : 129 € ☕.* Ici, vous dormirez dans un nid, une structure en bois toute ronde, tendue de tissu épais et posée sur des filets accrochés dans les arbres. Une expérience insolite et très agréable, qui prend fin avec le chant des oiseaux et un petit-déjeuner servi sur une terrasse abritée.

RESTAURATION

À proximité

BUDGET MOYEN

Crazy Canard – *17 pl. Louis-Anton - 64150 Mourenx - ☎ 05 59 71 58 47 - fermé 3 sem. en août, 1 sem. en hiver, merc. - formule déj. 13 € - 16/20 €.* Cuisine internationale, fruit de la grande expérience du chef (sourire irlandais assuré !). Salle climatisée et terrasse.

ACHATS

Marché au gras – *Nov.-mars : mar. 7h30-10h.* Vous ne trouverez que des palmipèdes élevés traditionnellement et gavés au maïs sur ce marché saisonnier.

Tissage Moutet – *R. du Souvenir-Français - ☎ 05 59 69 14 33 - www.tissage-moutet.com - lun.-sam. 10h-12h30, 14h30-18h30.* Depuis cinq générations, la famille Moutet crée des tissus dans la tradition du linge basque. Les motifs sont originaux : art figuratif ou abstrait, les régions, les contes. *Visite gratuite de l'atelier de fabrication tous les 1ers jeudis du mois.*

ACTIVITÉS

👥 **Les Canoës du Pont Vieux** – *37 r. Bourg-Vieux - ☎ 05 59 69 36 24 ou 06 80 38 80 33 - www.orthezanimation.com - de mi-juil. à fin août : 14h-18h30.* Location de canoës pour une balade familiale sur le gave de Pau.

Randonnées – *Voir « Nos adresses à Salies-de-Béarn », p. 484.*

AGENDA

Fêtes d'Orthez – *Dern. sem. de juil.* Bandas, paella géante, courses de vaches… et corrida.

Salies-de-Béarn

★

4940 Salisiens - Pyrénées-Atlantiques (64)

Comme confit dans le sel de la précieuse source, le quartier ancien de Salies a conservé ses ravissantes maisons d'antan. Le Saleys s'y attarde, reflétant dans ses miroirs d'eau, de part et d'autre du pont de la Lune, un chapelet de toits bruns retroussés à la béarnaise. Impossible donc de visiter la région sans s'arrêter dans cette charmante petite station thermale, façonnée au fil du temps par le sel de ses eaux souterraines.

NOS ADRESSES PAGE 482
Hébergement, restauration, achats, activités, etc.

S'INFORMER

Office du tourisme du Béarn des Gaves – *18 pl. de la Trompe - ☏ 05 59 38 00 33 - www.tourisme-bearn-gaves.com - de déb. juil. à mi-sept. : 9h30-12h30, 14h-18h30, dim. 9h30-12h30 ; avr.-juin, de mi-sept. à fin nov. et vac. scol. : tlj sf dim. 9h30-12h, 14h-18h ; reste de l'année : 14h30-17h - fermé certains j. fériés.* Le livret *Béarn des gaves* comprend un plan et la description d'un itinéraire pour découvrir Salies, mais aussi Orthez, Sauveterre-de-Béarn et Navarrenx. Visites guidées de la ville.

SE REPÉRER

Carte de microrégion A1 (p. 448-449) – 18 km à l'ouest d'Orthez par la D 817 puis la D 933 (en poursuivant sur cette même route, vous arrivez à Sauveterre-de-Béarn, 9,5 km plus loin). La vieille ville, concentrée autour de la place du Bayaà, est séparée de la cité thermale par le ruisseau. Vous pouvez donc découvrir toute la ville à pied.

À NE PAS MANQUER

Le musée du Sel et des Traditions béarnaises ; le quartier thermal.

ORGANISER SON TEMPS

Attention, la Saline est fermée le dimanche, le lundi et les jours fériés.

AVEC LES ENFANTS

Le musée du Sel et des Traditions béarnaises ; la chasse aux trésors du patrimoine *(3 €)* avec l'office de tourisme ; Ze Visit, visite audioguidée sur smartphone ; le Pain de Sucre ; la maquette de Sauveterre-de-Béarn.

Se promener

Les principaux édifices sont signalés par un panneau explicatif.

LA VIEILLE VILLE

La vieille ville s'enroule autour de la **place du Bayaà** construite en 1868 au-dessus du bassin où l'on puisait l'eau salée de la source. Sur la place, la **fontaine du Sanglier** (1827) fait référence à la légende de la construction de la ville qui raconte qu'au Moyen Âge un sanglier, agonisant et couvert de cristaux de sel, dit aux chasseurs qui le poursuivaient : *« Sé you nou y éri mourt, arrès n'y biberé »* (Si je n'y étais mort, personne n'y vivrait). Dans les ruelles alentour, aux noms évocateurs et aux jolies maisons du 16ᵉ au 18ᵉ s.,

UNE RÉGLEMENTATION HISTORIQUE

Véritable manne pour les habitants, le sel servait surtout à conserver les aliments. Pour en réglementer la répartition entre les Salisiens, la corporation des Parts-Prenants de la fontaine salée (1587) élabora une charte. Le droit de puisage à la fontaine ne pouvait s'acheter. Il était transmissible par le droit d'aînesse, tandis que les cadets devaient fonder un foyer dans la ville. Tous avaient l'obligation d'habiter Salies ou d'embrasser la carrière militaire au service du roi. Aujourd'hui, cette charte court toujours. La source appartient encore, en indivision, à plusieurs familles salisiennes qui touchent le « compte de Saüce » (les revenus de l'exploitation de l'eau salée).

vous remarquerez un bas-relief, au bout de la rue de la Fontaine-Salée, qui relate la visite de Jeanne d'Albret et, au n° 8 rue du Pont-Mayou, le dernier *couledé* de Salies (bac de pierre devant la maison, où l'on déversait l'eau salée).

Crypte du Bayaà

Visite guidée (45mn) sur demande préalable à l'office de tourisme - vac. scol. : mar. et vend. 11h, 15h et 16h, merc. 11h, jeu. 15h et 16h, sam. 11h, 14h, 15h et 16h - fermé j. fériés - 2,50 € (-19 ans 1 €). Cachée sous la place du Bayaà, la crypte résulte de la fermeture de la source au 19e s. pour créer un espace de vie public au cœur de la ville. Sa création correspond également au début de l'exploitation de la source d'Oraàs et de la collectivisation de l'exploitation du sel. À l'intérieur, une auge en pierre servait à étalonner les *sameaux*, récipients dans lesquels on transportait l'eau salée.

Musée du Sel et des Traditions béarnaises

R. des Puits-Salants - ✆ 05 59 09 31 99 - www.museedusel64.com - juin-sept. : 10h-12h, 14h-18h15, sam. 14h-18h15 ; avr.-mai et de déb. à mi-oct. : 14h-18h - fermé merc., 1er Mai - possibilité de visite guidée (1h) - 4 € (-12 ans 1,50 €).

Aménagé dans une maison traditionnelle à pans de bois, le musée du Sel abrite aussi un musée des Arts et Traditions. La projection d'une vidéo *(20mn)* et la visite des salles peuvent être un bon prélude à la découverte de la ville : informations sur la géologie locale, l'histoire de la ville et son développement économique (sel, thermalisme, ébénisterie…), son patrimoine, sa légende… À découvrir en famille à la recherche d'indices sur la vie des salaisiens à travers un livret-jeu.

Le 2e étage accueille un **espace « Traditions béarnaises »**. Il traite de la vie quotidienne et du thermalisme au 19e s. et au début du 20e s. à travers objets, mobilier, habillement, et outils anciens, témoins des métiers disparus.

En direction du quartier thermal, arrêtez-vous à l'**église St-Vincent** dont le clocher participait au système défensif de Salies.

LA VILLE THERMALE

Elle date de la fin du 19e s. et du début du 20e s. Devant le jardin public se dresse l'**hôtel du Parc** (1893, *voir « Nos adresses », p. 482)*, au somptueux hall à galeries et escalier à double révolution, qui abrite le casino. Plusieurs films y furent tournés et le groupe Les Négresses Vertes y enregistra des albums. Il côtoie les **thermes néomauresques** *(voir « Nos adresses », p. 484)*.

À voir aussi

Le Pain de Sucre

1h. Ainsi se nomme la colline en surplomb de Salies. Beau **point de vue** sur la ville et une agréable promenade sous bois qui vous mènera au **parc à daims**.

La saline

1 av. du Dr-Jacques-Duffourcq - ✆ 05 59 38 96 90 - www.sel-salies-de-bearn.com - ♿ - 10h-12h, 14h30-18h - fermé dim. et j. fériés - 6 € (-12 ans 2,50 €) - 8 € billet combiné avec la Maison du jambon de Bayonne.

C'est ici que l'on produit le sel de Salies-de-Béarn. Des panneaux explicatifs retracent toutes les étapes de ce travail : décantation de l'eau salée pour éliminer le fer, chauffe à 83 °C pour provoquer la cristallisation selon les méthodes ancestrales, pêche à l'épuisette de la fleur de sel… jusqu'à l'ensachage. Sachez que l'eau d'évaporation, appelée eau mère et riche en oligo-éléments, entre dans la composition des soins des cures thermales.

Espace muséographique de la saline – *10h-12h, 14h30-18h - fermé j. fériés - 6 € (-12 ans 2,50 €).* Ce musée, situé juste à côté de la saline permet d'observer et de comprendre l'exploitation. Il offre un aperçu global de l'histoire du sel dans la région, de sa production et de son utilisation, pour saler les jambons de Bayonne par exemple.

Jardin des Poètes et des Anges

✆ 05 59 67 19 22 - www.januszmalik.com - avr.-oct. : merc.-dim. 14h-19h, 14h-20h ; juil.-août et nov.-mars sur RV.

Musée en plein air dans un jardin médiéval, visite de l'atelier et exposition des tableaux de l'artiste Janusz Malik. On peut également apprécier une chambre et table d'hôte.

À proximité Carte de microrégion p. 448-449

Bellocq A1

7 km au nord par la D 330, qui part du rond-point du casino.

La route offre de jolies vues sur les vallons et coteaux de vignes. Les amateurs de vins ne manqueront pas de s'approvisionner à la **cave coopérative**.

Se garer derrière l'église.

Cette **bastide**, la plus ancienne du Béarn, fut fortifiée au 13e s. par Gaston VII Moncade. Elle en a conservé le plan caractéristique. Sur la porte ouest de l'**église**, vous remarquerez une des plus anciennes représentations du béret (fin 15e s.-déb. 16e s.). Visites guidées de la bastide possibles *(Pays d'art et d'histoire, se rens.).*

Château – *En cours de rénovation, ne se visite pas.* Bâti au bord de la rivière sur un promontoire rocheux, il présente, si l'on fait exception de ses tours carrées servant de portes d'entrée, un ensemble de quatre tours rondes ainsi construites pour mieux résister aux projectiles. Réaménagé au 14e s. à l'époque de Gaston Phébus, il fut démantelé sous Louis XIII de peur qu'il ne serve de refuge aux protestants. D'importants travaux ont permis la remise en état de la tour d'entrée et son embellissement.

★ Sauveterre-de-Béarn A1

9,5 km au sud par la D 933.

Pl. Royale - 64390 Sauveterre-de-Béarn - ✆ 05 59 38 32 86 - www.tourisme-bearn-gaves.com - 12 juil.-23 août : 9h30-12h30, 14h-18h30, dim. et j. fériés 9h30-12h30 ; 29 juin-11 juil. et 24 août-13 sept. : tlj sf dim. 9h30-12h30, 14h-18h30 ;

LE JUGEMENT DE DIEU
On raconte que Sauveterre fut le théâtre d'une étonnante histoire : en 1170, Sancie, veuve de Gaston V de Béarn, accusée d'avoir tué son fils nouveau-né après avoir appris la mort de son époux, est soumise au jugement de Dieu. Sur l'ordre du roi de Navarre, son frère, elle est jetée dans le gave, pieds et poings liés, du haut du pont fortifié. Le courant l'ayant rejetée saine et sauve sur la rive, elle est reconnue innocente.

20 avr.-28 juin et 14 sept.-1er nov. : tlj sf dim. 9h30-12h, 14h-18h, lun. 14h-18h ; reste de l'année : se rens. - fermé certains j. fériés - visites guidées suivant le programme du Pays d'art et d'histoire, se rens.
Au carrefour de la Soule (Mauléon-Licharre est 24 km au sud-est), de la Basse-Navarre (St-Palais 12 km au sud-ouest) et de la Gascogne (les Landes 20 km au nord), Sauveterre occupe une position stratégique qui lui valut bien des convoitises et une prospérité économique jusqu'au 16e s. Son nom lui vient de *salva terra*, « sauveté », qui désigne les bourgades fondées à l'initiative de monastères pour servir de refuge aux fugitifs et aux errants (*p. 85*).
Au pied du village, le gave d'Oloron chahute au milieu des bouquets d'arbres. Le vieux pont de la légende, dominé par la tour Monréal, s'avance timidement vers l'île de la Glère. La terrasse de l'église, avec sa table d'orientation, offre une belle vue sur cet ensemble et sur les Pyrénées, qui se profilent au loin.
Église St-André – Le tympan du portail représente un Christ en majesté entouré des quatre évangélistes. Les voûtes ogivales s'harmonisent parfaitement avec l'intérieur de style roman. Le chevet flanqué de deux absidioles est surmonté d'un clocher quadrangulaire percé de fenêtres géminées. Au pilier situé à gauche du chœur, remarquez un **chapiteau historié** représentant la Médisance et la Gourmandise.
Descendre les escaliers au niveau de la tour Monréal, longer le gave et remonter à la barbacane. En face, vous apercevez la porte fortifiée du Datter (12e-13e s.).
Vieux Pont – Il subsiste du pont, en calcaire de Bidache, une arche avec une porte fortifiée du 12e s. À l'origine, le tablier se prolongeait jusqu'à l'île de la Glère. De là, la **vue★★** embrasse le gave d'Oloron, les fortifications, l'église romane et la superbe **tour Monréal** (12e s.).
Chapelle de Sunarthe – *1,5 km à l'est, fléché. 06 70 36 79 05 - juil.-août : 15h-18h ; de mi-avr. à fin juin et sept. : sam. 15h-18h - possibilité de visite guidée (5 €, -18 ans 2,50 €).* Présentation multimédia de la maquette (réalisée par un « meilleur ouvrier de France ») de la cité médiévale de Sauveterre-de-Béarn.

Château de Laàs A1

18 km au sud-est de Salies-de-Béarn par la D 933 puis la D 27. 05 59 38 91 53 - visite guidée (45mn) juil.-août : 10h-19h ; avr.-juin et sept. : tlj sf mar. 10h-19h ; reste de l'année : tlj sf mar. 14h-19h - fermé de mi-nov. à déb. avr. - 5 € (-18 ans 3 €).
En rassemblant le **mobilier★**, les objets d'art et les tableaux de famille provenant de trois résidences familiales, M. et Mme Serbat, les derniers propriétaires de cette gentilhommière du 17e s., ont constitué un musée d'arts décoratifs évoquant l'art de vivre dans le Hainaut au 18e s. Les chambres et salons sont ornés de boiseries Louis XVI, de tapisseries, de toiles peintes (salon de musique) mettant en valeur des tableaux de l'école du Nord (Watteau de Lille). La chambre du 1er étage évoque les lendemains de Waterloo : lit de Napoléon à Maubert-Fontaine (19 juin 1815). Dans la bibliothèque, curieuse collection d'éventails du 17e s. qui n'ont pas été montés.
Dans le **parc** de 12 ha, aux arbres centenaires, sont aménagés plusieurs jardins : italien avec une succession de trois terrasses en briques et une fontaine,

exotique agrémenté de deux « cases » en bambou et d'un sentier sur pilotis, à la française, à l'anglaise, verger conservatoire… Des sentiers romantiques suivent les pentes ponctuées de petites « alvéoles » dédiées au repos et à la méditation.

Avant de partir, faites un tour dans le charmant **village**, connu pour ses tailleurs de pierre qui œuvraient aux 18e et 19e s., comme en témoignent les belles maisons de maître. Quelques artisans ont élu domicile ici.

10mn AR. Après l'église, suivre le fléchage *(à droite)* qui mène à une chapelle romane.

NOS ADRESSES À SALIES-DE-BÉARN

HÉBERGEMENT

PREMIER PRIX

Chambre d'hôte La Maison Léchèmia – *Quartier du bois - 05 59 38 21 04 - www.chambresdhoteslechemia.com - - P - réserv. obligatoire - 3 ch. 60 € - repas 17/30 €.* La propriétaire de cette ancienne ferme située en pleine nature vous contera avec passion quelques anecdotes liées à la maison de son enfance. Grange, étable et écurie ont été rénovées avec goût. Le décor des chambres panache le moderne et l'ancien. Table d'hôte soignée.

Domaine d'Esperbarque – *Chem. de Lagisquet - 05 59 38 06 22 - http://esperbasque.fr - 5 ch., 94 empl. 6,50 €/nuit/pers., gîte 725 € sem., tente safari 795 € sem. - .* Quatre terrains sont répartis sur un magnifique domaine autour d'un gîte abrité dans d'anciennes écuries. 5 tentes safari tout confort offrent également une vue imprenable sur les collines.

BUDGET MOYEN

Chambre d'hôte La Demeure de la Presqu'île – *22 av. des Docteurs-Foix - 05 59 38 06 22 - www.lademeurepresquile.com - - 5 ch. 60/80 € .* Cette demeure du 18e s. proche du centre-ville abrite des chambres spacieuses et assorties de meubles de style. Charmant petit salon-bibliothèque et vaste parc planté d'un remarquable magnolia.

Chambre d'hôte La Villa Hortebise – *31 av. des Pyrénées - 06 88 73 41 38 - www.villahortebise.com - - 2 ch. 78/80 € .* Tout dans cette maison de maître classée Monument exceptionnel aux bâtiments de France incite au repos. Pour toujours plus de détente, Cédric, le propriétaire, vous initiera au golf voisin.

Hôtel du Golf - Le Lodge – *Chem. Labarthe - 05 59 67 75 23 - www.le-lodge-salies.com - - 29 ch. 78/98 € - 8/17 €.* Une situation privilégiée en bordure du golf 9 trous de Salies, un environnement calme et verdoyant, des chambres tout confort fraîchement rénovées, des communs à l'unisson (bar, grand salon, bibliothèque) et un restaurant ouvrant sur l'extérieur par de grandes baies vitrées.

POUR SE FAIRE PLAISIR

Hôtel du Parc – *05 59 38 31 27 - www.hotelsalies.com - - P - 51 ch. 90/165 € - 10 € - à partir de 24 €.* Allez de surprise en surprise en dormant dans cet hôtel au style Belle Époque qui cache des chambres résolument contemporaines. La superbe salle à manger avec lustres, cheminée et parquet a vue sur le parc tandis que le casino, central, s'ouvre sur les étages et l'immense verrière.

À proximité

PREMIER PRIX

Chambre d'hôte La Closerie du Guilhat – *Le Guilhat - 4 km au nord de Salies-de-Béarn dir. Puyoô (ancienne rte face à l'hôtel du Parc) - ✆ 05 59 38 08 80 - www.closerieduguilhat.com - ⊭ - réserv. conseillée - 4 ch. 60/66 € ☕ - ✕ 22 €.* Un remarquable parc paysager, de jolies chambres aux noms de fleurs, une terrasse exquise ouverte sur la vallée et au loin la chaîne des Pyrénées. Accueil charmant, cuisine aux accents du terroir, le tout dans un calme absolu.

POUR SE FAIRE PLAISIR

La Cabane de Domengé *– 6 chem. de Riumayou - 64410 Fichous-Riumayou - ✆ 06 11 52 75 23 - www.lacabanededomenge.com - ⊭ - réserv. conseillée - 1 ch. 240 € ☕ - ✕ 30/60 €.* Vivez une expérience hors du commun dans cette cabane de luxe perchée dans un chêne centenaire.
Grand lit douillet, douche à l'italienne, salon ouvrant sur un Spa intégré dans la terrasse couverte. Le matin, vous n'aurez qu'à tirer sur une poulie pour hisser votre petit-déjeuner, sans sortir de votre nid.

RESTAURATION

BUDGET MOYEN

Restaurant de la Gare – *4 bd St-Guily - ✆ 05 59 28 95 21 - fermé lun., mar. soir et dim. soir - formule déj. 13 € - 25 €.* La propriétaire est aussi aux fourneaux et s'emploie à concocter une bonne cuisine hexagonale : terrine de foie mi-cuit, souris d'agneau confite au romarin, ravioles frites de ris de veau, poisson frais… La carte change régulièrement.

POUR SE FAIRE PLAISIR

Restaurant des Voisins – *12 r. des Voisins - ✆ 05 59 38 01 79 - www.restaurant-des-voisins.fr - fermé dim. soir, lun. et mar. - formule déj. 15 € - menu 31/38 €.* Voici une adresse où l'on aimerait toujours pouvoir venir en voisin ! Objets chinés, piano, œuvres contemporaines, etc. : le décor éclectique séduit dans cette maison qui passe pour être la plus ancienne du village. Quant à l'assiette, elle ne triche pas avec le produit : les plats sont savoureux, légers et inventifs, en prise sur le marché. On peut également y déguster la confiture de piperade de Thierry Bourgeois, l'organisateur de la piperadère annuelle *(☞ « Agenda », p. suiv.)*.

À proximité

PREMIER PRIX

La Belle Auberge – *18 r. Principale - 64270 Castagnède - 8 km au sud-ouest de Salies-de-Béarn par D 17, D 27 puis D 384 - ✆ 05 59 38 15 28 - fermé dim. soir et lun. soir sf juil.-août, 1er-14 juin et 14 déc.-31 janv. - 13/26 € - 14 ch. 47/54 € - ☕ 8 € 🏊 - wifi.* Cette sympathique auberge familiale propose une cuisine du terroir copieuse, soignée et à prix sages. Plaisante terrasse ombragée, salle à manger campagnarde, chambres calmes et sobrement aménagées, belle piscine et agréable jardin.

BUDGET MOYEN

Auberge de la Fontaine – *Pl. de l'Église - 64390 Laàs - ✆ 05 59 38 20 20 - www.aubergedelafontaine.net - fermé dim. soir - formule déj. 12,50 € - 20/30 € - 5 ch. 50/80 € - ☕ 6 €.* Dans un environnement naturel superbe dominé par les Pyrénées, l'église de Laàs partage la place du village avec une jolie auberge aux volets bleus installée dans l'ancienne école. Voici l'étape idéale dans ce village dont certains scientifiques prétendent qu'il serait le centre du monde. Grande salle claire, murs égayés par des tableaux contemporains, service très sympathique… et l'essentiel peut-être : des produits locaux et frais, copieusement servis, en terrasse sous la tonnelle aux beaux jours.

La Maison Sansoun – *64270 Leren - ✆ 09 71 53 23 46 ou 06 12 37 51 72 - www.maisonsansoun.com - ✕ 18/28 € - 3 ch. 60/70 € - ⛱.* Josy et Roger vous reçoivent au bord de la piscine pour un petit-déjeuner gourmand et une table d'hôte à base de produits maison. Choisissez entre la suite familiale à l'étage ou la chambre campagne abritée dans le grenier aux poutres authentiques.

ACHATS

La Ferme Moulinaoü – *400 rte d'Orriule, à Andrein - 6 km à l'est de Sauveterre-de-Béarn par D 27, rte d'Orriule - ✆ 05 59 38 50 24/95 18 - 9h-17h (téléphoner avant visite).* Cela fait plus de vingt ans que la famille Baradat se consacre aux canards gras. Les confits de canard à l'ancienne, foie gras, etc., sont vendus sur place et sur certains marchés locaux.

Cave-coopérative de Bellocq – *Rte de Puyoô - 64270 Bellocq - ✆ 05 59 65 10 71 - www.cavedejurancon.com - 9h-12h, 14h-18h30 - fermé dim., 1er janv., 1er Mai, 25 déc.* Visite des chais de jurançon et dégustation gratuites.

ACTIVITÉS

Route des savoir-faire – Liste et conditions d'accès disponibles à l'office du tourisme de Salies. Elle réunit une vingtaine d'artisans d'art qui ouvrent leur porte au public.

Les Thermes de Salies – *Cours du Jardin-Public - ✆ 05 59 38 10 11 - www.thermes-de-salies.com - cure : 7h-12h45, remise en forme : lun.-sam. 8h30-12h, 14h-17h, dim. 9h-12h - fermé 1er janv. et 25 déc.* Outre les cures thérapeutiques (rhumatologie, gynécologie et pédiatrie), l'établissement organise des programmes détente et de remise en forme. L'espace bien-être a été rénové. Nouveautés : la Grotte de Sel (parcours en 3 salles, aromathérapie, lithothérapie, allothérapie, mis en scène autour du sel et de la lumière) et le Lagon de la Mer morte, pour une flottaison totale.

Voie verte – *Se rens. à l'office de tourisme - ✆ 05 59 38 00 33.* Balades familiales, à pied ou à vélo, sur l'ancienne voie ferrée, soit 8 km, reliant Salies au pont d'Escos.

Randonnées – Le topoguide *60 balades et randonnées en Béarn des gaves* est en vente *(9 €)* dans les offices du tourisme du Béarn des gaves (Orthez, Navarrenx, Salies-de-Béarn et Sauveterre-de-Béarn).

2xaventures – *Imp. du Poun - 40300 Sorde-l'Abbaye - ✆ 06 10 61 79 25 - http://2xaventures.com - juil.-août : 9h-17h ; avr.-juin et sept.-oct. : merc. sam., dim. et j. fériés 9h-17h.* Location de canoës, kayaks et Megacraft, un *Stand Up Paddle* géant pour 8 personnes.

AGENDA

La Piperadère et les métiers d'art d'antan – *15 août.* Concours de piperades béarnaises, repas champêtre.

Fête du sel – *2e w.-end de sept. - www.fetedusel.org.* Marché aux salaisons, artisans en costumes traditionnels, chants et danses du Béarn, etc.

À Laàs

Transhumances musicales – *Ascension - http://transhumances-musicales.com.*

Navarrenx

1061 Navarrais - Pyrénées-Atlantiques (64)

Aujourd'hui classée parmi les plus beaux villages de France, Navarrenx est une bastide située à la croisée du gave d'Oloron et de l'une des voies les plus fréquentées des chemins de St-Jacques-de-Compostelle. Son réseau de ruelles, géométrique, est caractéristique des bastides du Moyen Âge. Les dispositifs de défense érigés sous Henri II d'Albret sont encore présents autour de sa grande place centrale: remparts, bastions et casernes. Son architecture inspira Vauban et son célèbre « pré carré ». Au cours d'une balade au cœur de l'un des plus anciens villages de la province, vous entendrez peut-être résonner l'écho des canons de Navarrenx...

NOS ADRESSES PAGE 488
Hébergement, restauration, achats, activités, etc.

S'INFORMER

Office du tourisme du Béarn des Gaves – *2 pl. des Casernes - 64190 Navarrenx - ✆ 05 59 38 32 85 - www.tourisme-bearn-gaves.com - de mi-juil. à fin août: 9h30-12h30, 14h-18h30, dim. et j. fériés 9h30-12h30; de déb. à mi-juil. et de déb. à mi-sept.: 9h30-12h30, 14h-18h30; de mi-avr. à fin juin et de mi-sept. à déb. nov.: tlj sf dim. 9h30-12h, 14h-18h, lun. 14h-18h; reste de l'année: tlj sf w.-end et lun. 14h30-17h - fermé lun. de Pâques, 14 Juil., 15 août.* Maquette de la cité fortifiée et commentaires sur l'histoire de Navarrenx.

Le document *Visite des 4 cités* comprend la description d'un itinéraire pour découvrir Sauveterre-de-Béarn et Navarrenx, mais aussi Salies-de-Béarn et Orthez. L'office de tourisme propose des visites guidées, se rens. sur www.patrimoine-bearn-gaves.com.

SE REPÉRER

Carte de microrégion A1 (p. 448-449) – Navarrenx se trouve à 24 km au sud-est de Salies-de-Béarn par la D 933 puis la D 936.

À NE PAS MANQUER

Le camp de Gurs.

ORGANISER SON TEMPS

Comptez une journée pour découvrir le village, suivre le circuit et visiter les sites.

AVEC LES ENFANTS

L'arboretum de Payssas à Lasseube, le domaine Nitot.

Se promener

Les fortifications

Une première fortification de la bastide eut lieu au 13e s., sous Gaston VII. Les vestiges de la Casterasse en témoignent encore. Mais c'est surtout à partir du milieu du 16e s. qu'un véritable dispositif de défense vit le jour sous les ordres d'Henri II d'Albret, roi de Navarre et souverain du Béarn. Il fit construire des remparts de 10 m de haut, des bastions et des bâtiments militaires.

Partir de la place des Casernes.

La visite de la coursive requiert une lampe de poche, disponible à l'office de tourisme, et de bonnes chaussures de marche en raison de l'humidité et des galets glissants.

La **porte St-Antoine**, défendant la tête du pont du gave d'Oloron au nord-ouest, reste l'élément le mieux conservé de ce système fortifié. De son couronnement se dégage une agréable vue sur le gave, le pont et les Pyrénées à l'horizon. Le demi-bastion de la Clochette est surmonté d'une copie de canon. Descendez ensuite à la **poudrière** et continuez dans la rue en face pour rejoindre la rue St-Antoine. Prenez à droite jusqu'à l'**église** (16e s.) et, de là, poursuivez vers les bastions des Contremines et des Échos. Aux Contremines, descendez dans la coursive du rempart sur environ 200 m.

Maison du Cigare

Pl. des Casernes - ✆ 05 59 66 51 96 - www.cigare-navarre.com - ♿ - lun.-vend. 9h-12h, 13h-17h15 (sam. vac. scol.) - fermé j. fériés - démonstration de roulage vac. scol.: tlj sf dim. 10h-12h, 13h-16h. Boutique et fumoir.

La production des cigares Le Navarre demande un savoir-faire presque unique. Ce produit de luxe est le fruit d'opérations successives: culture du tabac, tri des feuilles, séchage et conservation jusqu'à l'élaboration par les mains expertes des *torcedoras*, des rouleuses venues spécialement de Cuba. Un parcours muséographique retrace ces étapes et se termine par l'observation des rouleuses au travail.

Circuit conseillé Carte de microrégion p. 448-449

INCURSION DANS LE JURANÇON

Circuit d'environ 75 km au départ de Navarrenx, tracé en bleu sur la carte p. 448-449. Compter une demi-journée. Sortir de Navarrenx par la D 2 puis tourner à gauche sur la D 936 en direction d'Oloron-Ste-Marie.

Camp de Gurs A2

Aménagé de baraques provisoires, le camp est construit en 1939 pour accueillir les opposants au franquisme mais, rapidement, il s'éloigne de sa vocation première. Il se transforme en camp d'internement pendant la Seconde Guerre mondiale et voit se succéder ennemis politiques, juifs et prisonniers de guerre, jusqu'en 1946. Aujourd'hui lieu de mémoire, le site est équipé d'un pavillon d'accueil avec une vidéo et de deux sentiers balisés.

Reprendre la D 936 qui longe le gave d'Oloron.

★ Oloron-Sainte-Marie B2

Voir p. 491.

Sortir d'Oloron par la D 24, au nord-est.

Estialescq B2

2h. Départ sur la D 24, 1 km avant le bourg. À éviter par temps humide. Le **sentier des Marlères**, un circuit d'interprétation à travers bois, vous mènera sur les traces de la fabrication de la chaux.

Poursuivre sur la D 24.

Lasseube B2

L'**arboretum de Payssas** est l'œuvre d'un passionné d'arbres exotiques qui, dans les années 1930, commença à planter des spécimens sur sa propriété agricole. Panneau explicatif pour chacune des 26 essences présentes. Rejoignez Lasseube pour faire un tour dans le village, qui possède des maisons anciennes et une église de style gothique.

Quitter Lasseube vers le nord par la D 34.

« BONNE CUISINE ET BON VIN, C'EST LE PARADIS SUR TERRE »

Qui mieux qu'**Henri IV**, dont on dit qu'il fut baptisé d'une goutte de **vin de Jurançon**, pouvait prononcer cette phrase ? Face aux majestueuses Pyrénées, le vignoble de Jurançon s'étend à 3 000 m d'altitude sur une quarantaine de kilomètres, plus de 1 200 ha. Jouissant d'un climat baigné par la douceur de l'Océan et la rigueur de la montagne, il peut être sec ou moelleux. Parfait pour accompagner foie gras ou saumon fumé, il peut aussi être dégusté dès l'apéritif. Pour ne pas rater ce rendez-vous, les viticulteurs vous attendent de pied ferme ! *Rubrique « Achats », p. 489.*

Lacommande B2

Autrefois halte hospitalière sur le chemin de St-Jacques-de-Compostelle, ce village mérite une visite pour les sculptures romanes de l'église St-Blaise et l'ancienne commanderie *(vidéo-guide à disposition à l'OT de Monein ci-dessous)*. Restaurée, cette dernière sert désormais de lieu d'exposition. Le cimetière, situé entre les deux bâtiments, laisse voir des stèles discoïdales, uniques en Béarn et datées, pour les plus anciennes, du 12e s.

La route des vins du Jurançon *(voir p. 28)* justifiera aussi votre venue et une halte à la **Maison du Jurançon** *(voir « Nos adresses », p. 489)*. Une carte touristique illustrée de l'appellation jurançon vous permettra d'obtenir les coordonnées de la soixantaine de vignerons regroupés en association. La totalité de l'offre touristique AOC y est également présentée.

Poursuivre sur la D 34 qui pénètre au cœur du vignoble.

Monein B1

58 r. du Commerce - 64360 Monein - 05 59 12 30 40 - www.coeurdebearn.com - de déb. juil. à mi-sept. : 9h30-13h, 14h-18h30, dim. et j. fériés 14h30-18h30 ; de mi-avr. à fin juin et de mi-sept. à mi-oct. : tlj sf dim. et j. fériés 9h30-12h30, 14h-18h ; reste de l'année : tlj sf dim.-lun. et j. fériés 9h30-12h30, 14h30-17h30 - vidéo-guides à disposition pour découvrir le patrimoine local.

La ville, sur la Route des vins du Jurançon, peut s'enorgueillir de compter parmi les meilleurs vignobles de cette appellation.

Église St-Girons – *Visite incluant son et lumière de déb. juil. à mi-sept. : 11h, 15h et 17h, dim. et j. fériés 15h et 17h ; de mi-avr. à fin juin et de mi-sept. à mi-oct. : mar. et jeu.-vend. 16h, merc. et sam. 15h et 17h ; reste de l'année : merc. et sam. 16h - 5 € (-4 ans 2 €).* Elle possède un décor gothique flamboyant et un clocher de 40 m ! L'immense charpente, en cœur de chêne en forme de double carène renversée, date du 15e s.

Sortir de Monein à l'ouest par la D 2. Après 9 km, prendre à gauche la D 110.

Lucq-de-Béarn B2

Vidéo-guide disponible à l'office du tourisme de Monein.

Dans ce petit village paisible qui conserve de belles maisons du 17e et du 18e s., l'église surprend par son aspect composite alliant roman et gothique. À l'intérieur, remarquez l'imposant sarcophage paléochrétien finement sculpté. Un boîtier diffuse des commentaires sur l'histoire du monument et de l'ancienne abbaye bénédictine détruite lors des guerres de Religion. À proximité, la tour ronde en est le dernier vestige.

Revenir au nord vers la D 2 et prendre à gauche pour rejoindre Navarrenx.

NOS ADRESSES À NAVARRENX

HÉBERGEMENT

Voir aussi « Nos adresses » à Oloron-Ste-Marie, p. 496.

PREMIER PRIX

Camping Beau Rivage – *Allée des Marronniers - 05 59 66 10 00 - - www.beaucamping.com - - de fin mars à mi-oct. - 70 empl. 17,50 € - 16 locatifs 195/765 €/sem.* Doté d'emplacements aménagés en terrasses qui descendent jusqu'au gave d'Oloron, ce camping est très bien entretenu, à l'ombre des remparts de la ville.

Chambre d'hôte Lasarroques – *4 pl. d'Armes - 05 59 66 27 59/36 ou 07 80 00 37 77 - www.chambres-hotes-lasarroques.com - 3 ch. 60 €.* Cet ancien pavillon de « l'Officier du génie » est situé au cœur de la ville. Belle terrasse avec vue sur les remparts. Le petit-déjeuner copieux vous permettra de découvrir la cité dans les meilleures conditions.

À proximité

PREMIER PRIX

La Grange de Georges – *17 r. de la Hount - 64190 Lay-Lamidou - à 6 km de Navarrenx - 05 59 66 50 45 ou 06 82 79 65 03 - www.lagrangedegeorges.fr - 4 ch. 55 € - 18 €.* Un excellent rapport qualité-prix, y compris pour les familles, dans ces chambres d'hôte certes simples, mais où l'on sent le soin apporté par les maîtres des lieux au confort et à la propreté.

La Maison La Plassotte – *1 La Carrère - 64190 Narp - 05 59 66 19 58 ou 06 35 28 58 22 - - - déc.-mars - 4 ch. 60 €.* Repos et convivialité sont au programme de cette maison franco-britannique située dans un petit village entre Sauveterre-de-Béarn et Navarrenx.

Chambre d'hôte La Ferme Dagué – *Chem. Croix-de-Dagué - 64290 Lasseube - 05 59 04 27 11 - www.ferme-dague.com - fermé de mi-nov. à mi-mai - - 5 ch. 56/66 €.* Dans cette ferme du 18e s. située face à la chaîne des Pyrénées, les chambres, aménagées dans l'ancienne grange, marient ancien et moderne. Terrasse et fauteuils près du feu invitent à la détente.

BUDGET MOYEN

Moulin de Susmiou – *7 ch. des Tuileries - 64190 Susmiou - à 2 km de Navarrenx - 05 59 66 04 39 - 2 ch. 65 €, cabane 150 €.* Tandis que deux chambres d'hôte, très lumineuses, occupent l'ancien moulin restauré, il suffit de lever les yeux pour découvrir ce qui fait l'originalité du lieu : une cabane perchée dans les arbres. L'occasion de prendre de l'altitude et de goûter aux joies d'une nuit « nature ». Intérieur cosy, tout bois et linge clair.

Chambre d'hôte Maison Rancesamy – *64290 Lasseube - 05 59 04 26 37 - www.missbrowne.com - - - 5 ch. 80/90 € - 32 €.* Dans cette ferme béarnaise du 18e s., les fenêtres s'ouvrent sur la campagne vallonnée. Chambres spacieuses, sobrement et joliment décorées. Salle du petit-déjeuner au cadre exotique, délicieux jardin fleuri et piscine avec vue sur la nature… Une adresse appréciée des artistes.

Bastide Estratte – *Quartier St-Michel - chemin de Bas-Afittes - 64360 Lucq-de-Béarn - 05 59 34 32 45 ou 06 22 64 16 55 - www.labastide-estratte.com - 3 ch. 85 €.* Cette ancienne ferme béarnaise a été réhabilitée de magnifique manière par son actuelle propriétaire, une Belge qui vous fera partager avec force détails l'histoire de sa maison : façade couverte de lierre, cour intérieure fleurie, chambres très soignées décorées d'objets chinés. Un Spa pour 8 personnes est installé dans le jardin.

Domaine L'Espoune – *20 r. Camblong - 64190 Castetnau-Camblong - à 3 km de Navarrenx - ✆ 05 59 66 24 14 - www.lespoune.fr - de mi-mars à mi-nov. - 5 ch. dont 1 suite 79/119 € ☕ - ✕ 26/39 €.* Vos hôtes, adorables, veulent votre bien-être et vous le montrent ! Vous ne pourrez rester insensible à l'élégance des chambres et des espaces communs, aux bienfaits relaxants d'un massage détente, du Jacuzzi et du sauna ou encore aux beaux volumes de cette maison de maître du 18e s. Table d'hôte très soignée arrosée de jurançon. Une adresse de choix.

POUR SE FAIRE PLAISIR

Château de Baylac – *Chem. Baylac Nord - 64190 Bugnein - à 4 km de Navarrenx - ✆ 06 07 80 72 54 ou 06 07 42 24 33 - www.chateaudebaylac.com - 5 ch.-suites 138 € ☕.* La vie de château le temps d'une nuit, voilà ce qui vous attend dans les murs de Baylac, amoureusement restauré, meublé et décoré par la famille Darrigrand. À l'intérieur, tout n'est que luxe et confort, alliance raffinée de l'ancien et du contemporain. Ajoutons un accueil d'une gentillesse sans faille, et vous comprendrez que votre séjour au château tutoiera la perfection.

RESTAURATION

À proximité

BUDGET MOYEN

Auberge Claverie – *2 pl. de l'Estanquet - 64190 Audaux - à 5 km de Navarrenx - ✆ 05 59 66 03 80 - formule déj. 13,50 € - 19/28,50 €.* Une auberge à l'ancienne où les deux fils de la famille perpétuent la cuisine copieuse et goûteuse de leurs parents, en y instillant un tantinet de nouveauté. Belles assiettes où brillent les produits locaux. Soupe, poissons de l'Océan et canard dans tous ses états… les papilles en redemandent.

Chez Germaine – *Au bourg - 64400 Geüs-d'Oloron - à 11 km de Navarrenx - ✆ 05 59 88 00 65 - http://hotel-restaurant-chez-germaine.oloron-ste-marie.com/- fermé 15 j. en oct. ; dim. soir-lun. - réserv. obligatoire - formule déj. 14 € - 19/35 € - 18 ch. 64 € - ☕ 7 €.* Ici, tout est authentique : l'accueil, le sourire, la décoration des salles à manger, la cheminée et, surtout, la cuisine ! Garbure, mille-feuille de foie gras… et casse-croûte du matin.

L'Estaminet – *17 pl. Henri-la-Cabanne - 64360 Monein - www.lestaminet.com - ✆ 05 59 21 30 18 - fermé 2 sem. en août, 2 sem. de fin déc. à déb. janv., dim. soir - déj. 11 € - 22/31 €.* Cette table réputée propose une carte combinant produits du terroir (garbure béarnaise, confit maison…) et vins du Jurançon et de Madiran.

ACHATS

Maison du Jurançon – *64360 Lacommande - ✆ 05 59 82 70 30 - juil.-août : lun.-sam. 11h-19h, dim. et j fériés 15h-19h ; avr.-juin et sept.-déc. : merc.-dim. 14h-18h ; janv.-mars : merc.-sam. 14h-18h.* Elle distribue les vins d'une cinquantaine de producteurs indépendants parmi les 60 que compte l'appellation. On y trouve également d'autres produits du terroir.

Maison des Vins et du Terroir – *✆ 05 59 21 57 03 - www.vins-jurancon.fr - merc.-dim. 14h-18h.* Vitrine de 130 références des vignobles du Jurançon.

La cave des producteurs de jurançon à Gan – *53 av. Henri-IV - 64290 Gan - ✆ 05 59 21 57 03 - www.vins-jurancon.fr - 8h-12h30, 13h30-19h.* Coopérative et boutique qui présente l'appellation et les vins du terroir.

Rouge Safran – *Quartier Bernateix - 64360 Lucq-de-Béarn - ✆ 05 59 34 35 46 ou 06 33 25 09 67 - www.epicerougesafran.fr - sur RV.* Un monde de couleur vous attend dans cette safranière exploitée depuis 2009. Particulièrement à la mi-octobre, quand la floraison survient. Les précieuses fleurs, une fois séchées, seront déclinées en huiles, confitures et miels parfumés.

Domaine Bordenave – *Rte d'Ucha - 64360 Monein - ✆ 05 59 21 34 83 - www.domaine-bordenave.com - lun.-sam. 9h-19h, dim. sur RV - appeler avant de s'y rendre.* Ce domaine viticole familial cultive la vigne avec passion et patience depuis 1676. Résultat ? Une production digne et de qualité, qui réservera de belles surprises grâce à l'esprit entreprenant des propriétaires qui replantent aujourd'hui d'anciens cépages. Exposition permanente de photographies et d'outils anciens de la vigne et du vin.

Le Béret Français – *À Laàs - ✆ 05 59 66 05 26 ou 06 89 86 44 15 - www.leberetfrancais.com - visite de la fabrique sur RV.* Manufacture installée à Laàs, confirmant que le béret basque est originellement béarnais.

Cigares Navarre – *Pl. des Casernes ✆ 05 59 66 51 96 - www.cigare-navarre.com - visite de la fabrique sur RV. Voir p. 486.*

ACTIVITÉS

Activités nautiques – *Rens. à l'OT.* Embarquez à Navarrenx sur le gave d'Oloron pour une descente en rafting, hydrospeed ou canot-raft.

Pêche à la truite et au saumon – *Navarrenx - mars-juil.* Lors des championnats de pêche au saumon, les curieux se pressent le long du pool Masseys sur le gave d'Oloron, en aval de la digue, où vous apercevrez une échelle à saumons.

Randonnées – *Voir aussi p. 484.*

Rafting Eaux Vives – *Le Pont - 64190 Navarrenx - ✆ 05 59 66 04 05 - www.rafting64.com - à partir de 30 € la 1/2 j. rafting/pers. - descente en canoë ou Stand Up Paddle - accessible aux enfants.* Descente du gave d'Oloron, entre Navarrenx et Sauveterre-de-Béarn (20 km), dans un raft pneumatique ou, pour des sensations plus fortes, à bord d'un miniraft de 2 ou 3 personnes. Si vous optez pour la sortie d'une journée complète, vous prendrez votre repas (grillades) sur une plage sauvage.

Domaine Nitot – *2 chem. Nitot - 64190 Sus - ✆ 05 59 66 50 24 - www.domainenitot.fr.* Nouveau complexe de loisirs sur 140 hectares qui accueille 8 terrains de paintball (25/35 €), un parcours acrobatique avec tyroliennes (12/25 €), et un golf. Forfait Duo paintball + parcours 45 €.

AGENDA

Championnats du monde de pêche au saumon – *Mars-juil.*

À Jurançon

Portes ouvertes sur la Route des vins du Jurançon – *Déc. - www.vins-jurancon.fr.*

Fête des vendanges – *Nov.*

Oloron-Sainte-Marie

★

10854 Oloronais - Pyrénées-Atlantiques (64)

Au centre, les gaves d'Aspe et d'Ossau se rejoignent, alentour la campagne et le vignoble du Jurançon s'étendent, à l'horizon la chaîne des Pyrénées se détache... Un cadre magnifique, donc, qui invite à faire étape. La ville semble murmurer des secrets de famille en béarnais entre les murs de ses hautes maisons coiffées d'ardoises, mais elle sait aussi parler aux visiteurs, voire les surprendre.

NOS ADRESSES PAGE 496
Hébergement, restauration, achats, activités, etc.

S'INFORMER

Office du tourisme du Piémont oloranais – *Allée du Comte-de-Tréville - 64400 Oloron-Ste-Marie - ✆ 05 59 39 98 00 - www.tourisme-oloron.com - en sais.: 9h-12h, 14h-19h, dim. 10h-13h; reste de l'année: tlj sf dim. 9h-12h, 14h-18h - fermé certains j. fériés, Vend. saint, 26 déc.* Pays d'art et d'histoire des Pyrénées béarnaises, Oloron propose des visites-découvertes *(2h)* animées par des guides conférenciers agréés par le ministère de la Culture *(www.vpah.culture.fr)*.

Parcours patrimoine – *Disponible à l'office de tourisme: bracelet 3 €.*

SE REPÉRER

Carte de microrégion B2 (p. 448-449) – 32 km au sud-ouest de Pau par la N 134, Oloron est la porte d'entrée des trois vallées béarnaises: Aspe, Ossau et Barétous. La ville comprend trois quartiers: Ste-Croix, Ste-Marie et Notre-Dame.

À NE PAS MANQUER

Le portail roman de la cathédrale Ste-Marie; la vue panoramique sur la ville depuis le haut de la tour de la Grède; le vieux wagon de la Compagnie du haut Béarn à l'office de tourisme.

ORGANISER SON TEMPS

Prévoyez de passer une journée si vous voulez visiter les trois quartiers. Ajoutez une journée pour les circuits. L'idéal est donc de s'arrêter deux jours, voire trois si vous souhaitez parcourir les vallées béarnaises.

AVEC LES ENFANTS

Le Parcours patrimoine; le voyage immobile à la villa Bourdeu.

Se promener

La nuit, admirez les berges des gaves et les monuments, illuminés en été.

Villa Bourdeu

Allée du Comte-de-Tréville - ✆ 05 59 39 98 00 - www.tourisme-oloron.com - ♿ - 13 juil.-21 août: 9h-12h, 14h-19h, dim. 10h-13h; reste de l'année: tlj sf dim. et j. fériés 9h-12h, 14h-18h - fermé Vend. saint, 26 déc. - gratuit.

Cette demeure de la fin du 19e s., qui abrite l'office de tourisme, mérite plus qu'un arrêt; elle constitue, par son aménagement, un excellent point de départ pour découvrir les environs. Sur le sol de la salle d'accueil, une **carte géante** délimite le territoire: Oloron, les gaves, les trois vallées et le Parc national des Pyrénées. Puis, dans un large tunnel est présenté un kaléidoscope de photographies de la région (avec les mentions du temps de parcours depuis Oloron).

OLORON ET SAINTE-MARIE

Oloron aurait été un poste défensif ibère (la butte offre une vue imprenable), tirant son nom d'*Iluro*, nom de lieu ibérique et nom de dieu pyrénéen. Au 11e s., une cité vicomtale voit le jour sur les ruines de ce site stratégique. Centulle V le Jeune fait édifier l'église Ste-Croix et assure, par sa protection, le commerce. En contrebas, sur la rive gauche du gave d'Aspe, un faubourg rural se développe autour de la cathédrale **Ste-Marie**. Il devient propriété des évêques au 13e s. La rivalité s'installe entre les deux lieux, qui constituent une étape importante avant le passage du Somport pour les pèlerins de St-Jacques-de-Compostelle. Oloron prospère sous l'œil jaloux de Ste-Marie et s'étend peu à peu dans la partie basse, sur la rive droite du gave d'Ossau. Oloron et Ste-Marie seront finalement réunis en 1858 par décret impérial.

Prenez place dans l'un des trois compartiments de ce wagon de la Compagnie du haut Béarn stationné dans une gare 1900 pour effectuer un « **voyage immobile** » : projection de films courts qui défilent comme des paysages sous vos yeux (cinq thèmes : Oloron-Ste-Marie, pays d'Oloron et gaves, vallées d'Aspe, d'Ossau ou de Barétous).

QUARTIER STE-CROIX

L'ancien quartier du château vicomtal (détruit en 1644) occupe une situation avancée entre les deux gaves.

Partir de l'office de tourisme, longer l'esplanade sur les berges du gave d'Aspe (des terrasses sur l'eau – parfois recouvertes par les flots – sont aménagées en contrebas). Emprunter la passerelle puis les escaliers (à hauteur de la Caisse d'épargne).

Promenade Bellevue

Tracée sur les remparts romains, comme en témoigne le remploi de briquettes, elle offre une vue sur la cathédrale Ste-Marie, la vallée d'Aspe et ses montagnes.

Église Sainte-Croix

L'originalité de cet édifice roman réside dans sa **coupole** d'influence mozarabe à la croisée du transept montée sur huit nervures. Les chapiteaux historiés aux couleurs vives retiennent l'attention (grande diversité de scènes).

Maisons anciennes

En face de l'église, remarquez deux **maisons à pans de bois**. C'est sur cette petite place que se tenait le marché à l'origine.

Maison du patrimoine – *52 r. Dalmais - ✆ 05 59 39 98 00 - www.oloron-ste-marie.fr - juil.-août : 14h-19h - fermé mar. - gratuit.* En contrebas, au n° 52 de la rue Dalmais, cette maison, installée dans une demeure du 17e s., rassemble sur deux étages des collections d'archéologie, d'ethnographie et de minéralogie relatives à la ville et au haut Béarn, ainsi que des peintures et des souvenirs du camp d'internement de Gurs. Petit jardin médiéval.

Tour de Grède – *50 r. Dalmais - ✆ 05 59 39 98 00 - juil.-août : 14h-19h - fermé mar. et j. fériés - gratuit.* À côté de la Maison du patrimoine s'élève une tour avec des baies géminées (14e s.). Depuis la terrasse, **vue★** panoramique.

Au bas de la rue Dalmais, la place Mendiondou précède la pointe à la confluence des gaves. Ce quartier piéton, où il fait bon flâner, permet de profiter du parvis de la médiathèque et des vues sur deux impressionnantes passerelles surplombant les torrents pyrénéens. Si vous êtes pressé, prenez

Détail de la cathédrale Sainte-Marie.
J.-P. Azam/hemis.fr

le pont à gauche, sans oublier de jeter un coup d'œil aux maisons aux flancs d'ardoises dominant le gave d'Aspe, pour rejoindre le quartier Ste-Marie (en repassant devant l'office de tourisme). Si vous avez du temps…

QUARTIER NOTRE-DAME

… Prenez à droite la rue Justice en appréciant, au passage, la vue agréable sur le gave d'Ossau, pour arriver à la **place de la Résistance**, encadrée de quelques belles maisons du 17e s. C'est ici qu'avaient élu domicile les riches marchands, le quartier de Ste-Croix étant devenu trop petit pour accueillir un commerce croissant. D'ailleurs, le quartier Notre-Dame porte aussi le nom de « Marcadet », et le marché se tient toujours sur la place Clemenceau le vendredi matin.

Église Notre-Dame

De style néogothique, elle fut édifiée au 19e s. À l'intérieur, les peintures murales de Paul Louis Delance (élève de Gérôme) méritent que l'on s'y arrête.

Parc Pommé

Sur les hauteurs, le parc s'allonge sur 3 ha. Cette ancienne propriété privée aux arbres centenaires présente une belle perspective de promenade.
Revenir ensuite vers l'office de tourisme.

QUARTIER STE-MARIE

On savait ce quartier occupé du temps d'*Iluro*, mais des fouilles ont mis au jour des vestiges prouvant une présence humaine antérieure à la période gallo-romaine.

Cathédrale Sainte-Marie

Pl. de la Cathédrale.
Sa construction fut entreprise au 12e s. Le clocher-porche abrite un magnifique **portail★★** dû à deux sculpteurs (tympan et voussures sont traités

CAGOTS ET CAGOTES

Qu'ils soient appelés *gahets* ou *agotas* dans les Landes et le Bordelais, *agotz* au Pays basque, *cacous* en Bretagne, ou encore *capots, crestians*… les *cagots* étaient les personnes mises à l'écart de la société en raison de la lèpre blanche ou des maladies de peau dont elles étaient atteintes. Cette condition se transmettait de génération en génération. Les cagots portaient des signes distinctifs, vivaient en dehors des villages mais n'étaient pas excommuniés et pouvaient donc se rendre à l'église. De nombreux métiers leur étaient interdits, hormis notamment le travail du bois. Ainsi, nombreux furent des charpentiers émérites. Les combles du château de Montaner *(voir p. 518)* présentent un beau témoignage de leurs compétences.

différemment). Il est miraculeusement resté presque intact, grâce notamment à la dureté du marbre pyrénéen qui, avec les siècles, a pris le poli de l'ivoire. Prêtez attention aux différents « tableaux », qui sont une vraie collection d'histoires : atlantes enchaînés à la base du trumeau ; sur le tympan : Descente de Croix aux motifs symétriques, Daniel dans la fosse aux lions et Ascension d'Alexandre. À la voussure consacrée au Ciel, les 24 vieillards de l'Apocalypse jouent de la viole et adorent l'Agneau divin portant la Croix ; le Mal est représenté par la tête d'un dragon. À la voussure consacrée à la Terre et à la vie paysanne : chasse au sanglier, pêche et découpage du saumon, confection d'un tonneau, fabrication du fromage, préparation du jambon, découpe d'un canard, etc. À la retombée des voussures : statue équestre de Constantin piétinant le paganisme *(à droite)* et monstre dévorant un homme *(à gauche)*. Dans la première colonne, à gauche en entrant, est incrusté un curieux bénitier des lépreux (appelés *cagots, voir encadré ci-dessus*). Parmi le mobilier, la chaire du 16e s. et le buffet d'orgues de 1650 valent aussi le coup d'œil.

★ **Trésor** – *✆ 05 59 39 98 00 - visite guidée sur demande préalable (45mn) à l'office de tourisme*. Il est rassemblé dans deux chapelles : orfèvrerie (18e-19e s.), lutrin en bois peint (17e s.), etc., dans la première. Crèche à santons de bois du début du 18e s. et vêtements sacerdotaux (16e-19e s.) dans la seconde.

Contourner la cathédrale.

Au chevet, on aperçoit les vestiges d'**hypocauste** (chauffage au sol, utilisé dans les thermes romains).

En revenant vers le parvis de la cathédrale, prendre à droite le passage Monseigneur-Saurine.

Au bout du passage, un petit jardin mène au parking Daguzan. Au centre, le **tumulus de Soeix** a été reconstitué.

Circuits conseillés Carte de microrégion p. 448-449

★★ VALLÉE D'ASPE

Circuit de 120 km entre Oloron-Ste-Marie et le col du Somport, tracé en violet sur la carte p. 448-449 et p. 499. Compter une journée.

Description p. 498.

VALLÉE DE BARÉTOUS

Circuit de 48 km entre Oloron-Ste-Marie et le col de La Pierre-St-Martin, tracé en vert clair sur les cartes p. 448-449 et 499.

La plus petite des trois vallées du Béarn *(voir les vallées d'Aspe et d'Ossau)* compte six villages. Ce pays de transition, entre le Pays basque et le Béarn,

semble un damier de champs de maïs et de magnifiques prairies, entrecoupé de bouquets de chênes, avec en arrière-plan des sommets calcaires.
Quitter Oloron au sud-ouest par la D 919.

Aramits A2

L'ancienne capitale du Barétous possédait jadis une abbaye, propriété des abbés laïques (seigneurs détenteurs d'une paroisse, pouvant prélever la dîme en échange de l'entretien de l'église) de la famille d'Aramits. Seul reste aujourd'hui le **portail** à bossage. C'est de ce village qu'est originaire Henri d'Aramits, écuyer et abbé laïque de ladite commune, et qui, devenu mousquetaire en 1643, inspira Alexandre Dumas pour la création du personnage d'Aramis.
Continuer sur la D 919 puis tourner à droite dans la D 918.

Lanne-en-Barétous A2

Le village conserve une jolie église à double porche. Dans l'ancienne chapelle du château résida Isaac de Porthau, qui inspira à Dumas le personnage de Porthos.
Revenir au croisement avec la D 919 et prendre à droite la D 918 vers Arette.

Arette B2

Pl. de la Mairie - 64570 Arette - 05 59 88 95 38 - www.valleedebaretous.com - juil.-août: 9h-12h30, 14h30-18h30, dim. 10h-12h, 14h30-19h; mars-juin et sept.-déc.: tlj sf dim. 9h-12h, 14h-18h; reste de l'année: tlj sf merc. et dim. 9h-12h, 14h-18h.
Ce bourg fut reconstruit après le tremblement de terre du 13 août 1967. L'office de tourisme abrite les nouvelles salles de la **Maison du Barétous**. Celle-ci expose le patrimoine de la vallée, centrée sur l'exploitation du bois et de la pierre (matériaux de base). On y découvrira aussi l'activité traditionnelle qu'est le pastoralisme. Une salle est réservée à la spéléologie et à la sismologie.
Suivre la pittoresque D 132 vers La Pierre-St-Martin.

★ Arette-Pierre-Saint-Martin A3

Une navette relie Oloron-Ste-Marie à la station pendant les vac. scol. et le w.-end durant la saison de ski (départ de la gare 8h45). *Voir « Activités », p. 497.*
Perchée à la frontière espagnole, cette petite station de sports d'hiver est idéale pour godiller en famille loin des autoroutes à skieurs! Aux beaux jours se révèle le superbe relief des « arres », champs de lapiaz truffés de crevasses qui défendent les approches du pic d'Anie.

Col de La Pierre-Saint-Martin A3

Alt. 1 760 m. C'est ici qu'a lieu la **Junte de Roncal**, à la borne-frontière 262: chaque 13 juillet, en vertu d'un traité de 1375 relatif au droit de pacage dans la vallée navarraise de Roncal, une délégation de maires du Barétous vient remettre aux syndics de Roncal un tribut symbolique de trois génisses (en réalité une compensation en argent). Cette cérémonie, vieille de six siècles, donne lieu à un rituel précis: les mains superposées au-dessus de la borne, les maires scandent *Paz Abant!* (« Paix d'abord! ») avant de procéder à l'échange (*encadré p. 72*).
En contrebas, en territoire espagnol *(accès, du parking du col, par une piste recoupant le virage de la route)*, s'ouvrait l'orifice du **gouffre** de La Pierre-St-Martin, ou gouffre Lépineux, maintenant obturé par une dalle. Une plaque honore la mémoire des spéléologues Loubens et Ruiz de Arcaute. C'est le plus grand réseau spéléologique d'Europe.

NOS ADRESSES À OLORON-SAINTE-MARIE

HÉBERGEMENT

PREMIER PRIX

Chambre d'hôte L'Amphitryon – *23 pl. St-Pierre - ✆ 05 59 39 78 50 ou 06 81 57 43 58 - www.amphitryon-oloron.com - ⊭ - 5 ch. 55/75 € ☕ - ✕ 25 €.* Cette maison du quartier médiéval date en fait du 18e s. Meubles anciens et magnifique escalier en bois, salles d'eau modernes. Aux beaux jours, les repas se prennent sur la terrasse au-dessus du jardin. Potager bio.

Hôtel l'Astrolabe – *14 pl. Léon-Mendiondou - ✆ 05 59 34 17 35 - www.hotel-astrolabe.com - 8 ch. 56/76 € - ☕ 8 €.* Cette grosse bâtisse entièrement rénovée propose des chambres à la couleur des cinq continents. Une décoration réussie, un mobilier choisi, un confort moderne, tout est réuni pour un agréable séjour !

À proximité

PREMIER PRIX

Camping Barétous-Pyrénées – *64570 Aramits - sortie ouest par D 918, rte de Mauléon-Licharre, au bord du Vert de Barlanes - ✆ 05 59 34 12 21 - ♿ - de mi-fév. à mi-oct. - réserv. conseillée - 61 empl. 27,60 € - 24 locatifs : 35/85 €/nuitée, 220/585 €/sem. - ✕.* La situation de ce camping est idéale, entre montagne et campagne. Terrain impeccablement entretenu. Borne VTT face à l'accueil. Spa et sauna.

Chambre d'hôte Maison Rachou – *64570 Lanne-en-Barétous - ✆ 05 59 34 10 30 - www.gites64.com/maison-rachou - ⊭ - 5 ch. 55 € ☕ - ✕ 20 €.* Cette ancienne ferme méticuleusement tenue propose des chambres avec plafond lambrissé, parquet, murs blancs et salle d'eau fonctionnelle. Le maître de maison prépare lui-même le dîner.

Hôtel et Bistrot de l'Ours – *8 pl. de l'Église - 64570 Arette - ✆ 05 59 88 90 78 ou 06 72 06 27 15- www.hoteldelours.fr - fermé fin oct.-déb. déc. - P - 15 ch. 55/65 € - ☕ 7 € - ✕ 13 € - wifi.* Les chambres, dont quelques-unes familiales, sont sobrement décorées et bien tenues. Jardin et agréable terrasse côté cour.

RESTAURATION

BUDGET MOYEN

La Cancha – *4 allée du Fronton - complexe sportif Guynemer - ✆ 05 59 39 57 41 - fermé dim.-lun.-vend. formule déj. 11 € - 23/30 €.* Restaurant situé dans le complexe de pelote. Les produits du terroir sont à l'honneur, en particulier dans le vaste choix de *pintxos (3 €)* à prendre au comptoir.

À proximité

PREMIER PRIX

Le Fœhn – *Rte de La Pierre-St-Martin - 64570 Arette-Pierre-St-Martin - ✆ 05 59 88 91 18 ou 06 85 36 83 45 - www.vallee-baretous.com - 10h-2h - 7/22 €.* Cette ancienne bergerie héberge aujourd'hui une salle à manger rustique où l'on sert d'appétissants casse-croûte et des grillades (sur commande). Spécialité : côte de bœuf. Pêche à la truite et vente de produits régionaux.

Chez Gouaillardeu – *47 r. Marcel-Loubens - 64570 Arette - ✆ 05 59 88 90 94 - https://barrestaurantgouaillardeu.wordpress.com - 12h-14h, 19h30-21h - fermé lun. soir hors sais. - formules déj. 10/12 €-15/20 €.* La façade un brin austère cache une salle à manger joliment colorée. La cuisine est simple et copieuse : garbure, tarte aux pommes…

BUDGET MOYEN

Chez Château – *Le Bourg - 64400 Esquiule - 10 km à l'ouest* *d'Oloron-Ste-Marie par D 24 - ✆ 05 59 39 23 03 - fermé dim. soir-mar. et de mi-fév. à mi-mars - 25/62 €.* Dans cette maison du 19e s., la première salle a conservé sa cheminée où jadis mijotait la garbure. Les deux autres sont décorées dans le style régional. Miniterrasse sous les canisses.

PETITE PAUSE

Maison Artigarrède – *1 pl. de la Cathédrale - ✆ 05 59 39 01 38 - www.artigarrede.com - merc.-dim., et mar. en juil.-août : 8h-12h30, 14h-19h30, dim. 7h30-13h, 14h30-19h30 - fermé 10 j. en fév. et les 3 1res sem. de juil.* La spécialité de la maison, le « russe », est un gâteau à base d'amandes et de crème pralinée. Profitez du salon de thé, qui donne sur la cathédrale, pour goûter à ce dessert dont la recette reste un secret de famille *(autre adresse à Pau, voir p. 471).*

ACHATS

Marché – *Vend. matin.*
Fabrique de béret Laulhère - *Liste des points de vente sur www.laulhere-france.com.* Le béret Laulhère 100 % français est fabriqué à Oloron depuis 1840.
Maison des Maîtres Chocolatiers – *Av. du Mar.-de-Lattre-de-Tassigny - ✆ 05 59 88 88 88 - www.lindt.com - 9h30-12h, 13h-18h30 - fermé dim. et j. fériés.* Dans un petit espace scénographique sont évoqués l'histoire et le processus de fabrication du chocolat. Ce magasin d'usine propose aussi les produits Lindt & Sprüngli.
Tissages Lartigue – *2 av. Georges-Messier - 64400 Bidos - 4 km au sud d'Oloron-Ste-Marie, rte de Sarragosse - ✆ 05 59 39 50 11 - www.lartigue1910.com - 9h-12h30, 14h-18h30 - fermé dim. sf juil.-août.* Toiles en coton ou en lin, rayures basques ou design contemporain, le tissage Lartigue est une histoire de famille depuis 1910. L'atelier se visite tout au long de l'année.
Fromagerie du pays d'Aramits – *D 19 - Quartier Esquiasse - 64570 Aramits - ✆ 05 59 34 63 03 - www.fromagerie-aramits.com - lun.-vend. 8h-18h, sam. 9h-12h - fermé j. fériés.* Dans cette fromagerie artisanale, les affineurs grattent encore la croûte à l'eau salée... La boutique propose de nombreux fromages AOC, ainsi que divers produits locaux.

ACTIVITÉS

Randonnées – Un topoguide de 32 balades et 132 km de sentiers dans la vallée de Barétous est en vente dans les offices de tourisme *(6 €).* Itinéraires en Piémont oloranais, tous niveaux. À faire à pied, à vélo ou à cheval. Les topo-fiches sont téléchargeables sur le site de l'office de tourisme *(voir « S'informer », p. 491).*
Ski et randonnée – *La Pierre-Saint-Martin, ✆ 05 59 88 95 38 - www.lapierrestmartin.com.*
Escalade – Dans le marché couvert, vous pourrez vous entraîner sur le plus haut mur du grand Sud-Ouest, avant d'aller affronter les falaises !
Pêche – Parcours de pêche *No kill* sur les berges du gave d'Aspe, au cœur d'Oloron-Ste-Marie.

AGENDA

Championnat international de garbure – *Sept. - www.lagarburade.org.*

À La Pierre-St-Martin

Junte de Roncal – *13 juil. Voir p. 72 et p. 495.*

À Aramits

Fête des bergers et foire aux fromages – *3e w.-end de sept. - http://aramitsfetedesbergers.fr.* Concours de chiens de berger.

Vallée d'Aspe

★★

Pyrénées-Atlantiques (64)

Les améliorations apportées à la route et l'ouverture, en 1928, d'une voie ferrée transpyrénéenne (en cours de réouverture) à grand renfort d'ouvrages d'art, n'ont pas entamé l'identité de cette vallée étranglée. Elle a gardé sa rudesse montagnarde et c'est ce qui en fait le charme. Il se dégage une certaine harmonie de cette nature préservée, aux forêts encore habitées de quelques ours protégés par le Parc national des Pyrénées, et de ces villages sans coquetterie qui ont conservé leur architecture typique. Sans oublier la tradition pastorale toujours vivace. Vous viendrez ici pour la grande bouffée d'air frais. Un véritable dépaysement !

NOS ADRESSES PAGE 504
Hébergement, restauration, achats, activités, etc.

S'INFORMER

Office du tourisme de la vallée d'Aspe – *Pl. Saraillé - 64490 Bedous - 05 59 34 57 57 - www.tourisme-aspe.com - de mi-juin à mi-sept.: 9h-12h30, 14h-18h30, dim. et j. fériés 9h-13h; reste de l'année: tlj sf dim. 9h-12h30, 14h-17h30, j. fériés 9h-12h30 - fermé 1er janv., 11 Nov. - un topoguide* 45 Randonnées en vallée d'Aspe *est en vente sur place; Chasse au trésor (carnet de route et GPS - 5 €/1/2 j).*

SE REPÉRER

Carte de microrégion B2-3 (p. 448-449) – La vallée d'Aspe se répartit de part et d'autre de la N 134, entre Escot et le col du Somport.

SE GARER

Dans les petits villages, les rues sont étroites; évitez donc de les traverser en voiture et garez-vous à l'extérieur sur les aires de stationnement.

À NE PAS MANQUER

L'écomusée de la vallée d'Aspe est réparti sur quatre sites : Sarrance, Lourdios-Ichère, Accous et Borce. Il propose de mieux comprendre la vie singulière de la vallée.

ORGANISER SON TEMPS

Vous survolerez la vallée d'Aspe en une journée… Cependant, si vous envisagez quelques courses en montagne, il faudra y rester plus longtemps.

AVEC LES ENFANTS

Le Parc Ours de Borce, le moulin d'Orcun, balades et randonnées à dos d'âne depuis Etsaut *(voir « Activités », p. 505)*, les écomusées de la vallée d'Aspe.

Circuit conseillé Carte de la microrégion p. 448-449

★★ VALLÉE D'ASPE

Circuit de 60 km entre Oloron et le col du Somport, tracé en violet sur la carte p. 448-449 et sur la carte ci-contre. Compter une journée. Sortir d'Oloron par le quartier Ste-Croix et la rue d'Aspe. Prendre la D 55, la N 134 et, à gauche, la D 918.

Lurbe-Saint-Christau B2

Cette petite station thermale est aménagée dans un parc de 60 ha. Les eaux de ses sources ferrocuivreuses agissent sur les affections des muqueuses. La route de la rive droite du gave d'Aspe remonte la vallée toute campagnarde avec ses champs de maïs coupés de rideaux de peupliers. Le **pic Mail-Arrouy** (alt. 1 251 m) semble fermer le passage au sud.

Reprendre la N 134, à gauche.

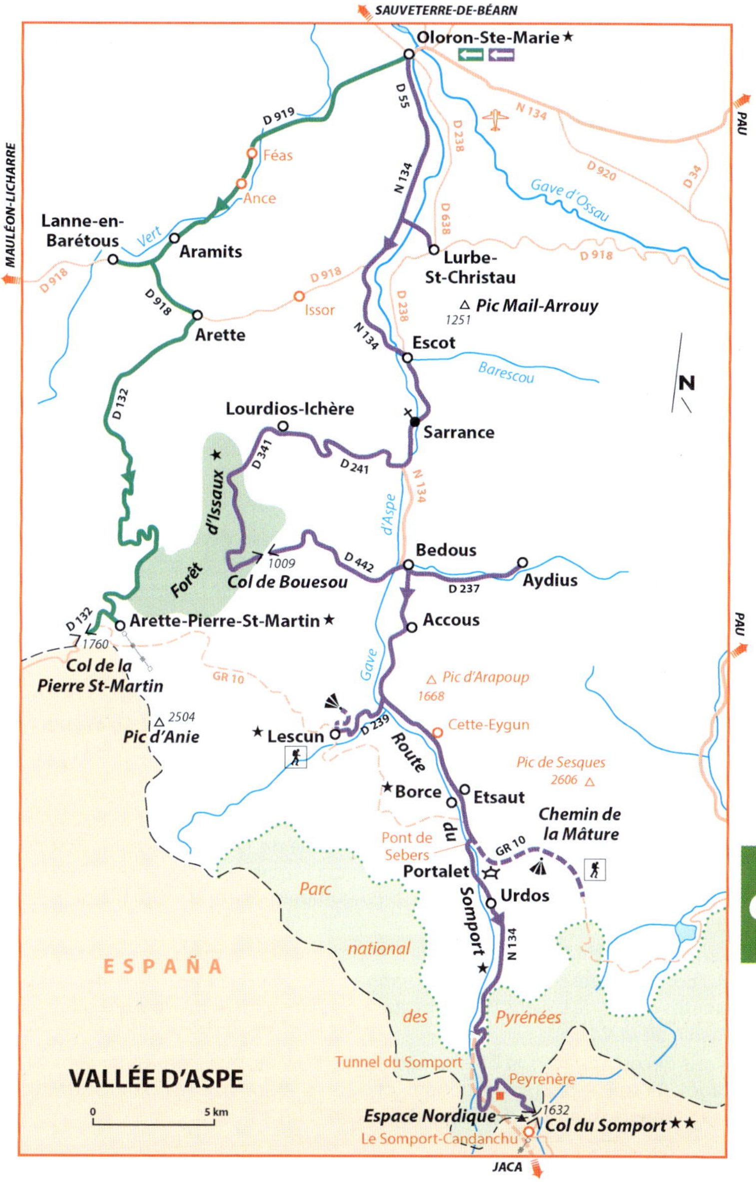

Escot B2

C'est le premier village aspois, au débouché de la vallée du Barescou. Avant d'y pénétrer, le vicomte du Béarn devait, suivant le *for* (droit), échanger les otages avec les représentants de la vallée. Un peu plus tard, Louis XI se rendant en pèlerinage à N.-D. de Sarrance signifia ici qu'il sortait de son royaume en ordonnant à son porte-épée de baisser sa garde.

Continuer sur la N 134 pendant 4 km.

Sarrance B3

Centre de pèlerinage béarnais *(1er w.-end de sept.)*, Sarrance reçut autrefois la visite de Louis XI (1461) et celle de Marguerite de Navarre, sœur de François Ier, qui y écrivit une partie de son *Heptaméron*.

Entrez dans l'**église** pour découvrir les panneaux de bois naïvement sculptés, du 18e s. Le **cloître** de l'ancien couvent (17e s.) s'abrite sous quatorze petits combles transversaux, couverts d'ardoises. Une porte dérobée ouvre sur un chemin qui monte au **calvaire**.

★ **Écomusée de la vallée d'Aspe, « N.-D.-de-la-Pierre »** – *05 59 34 55 51 - http://ecomusee.vallee-aspe.com - juil.-août : 10h30-12h30, 14h30-19h ; juin : 14h-18h ; sept. : 10h30-12h30, 14h30-18h ; reste de l'année : w.-end et vac. scol. 14h-18h ou 17h - fermé janv., 1er Mai, 25 déc. - possibilité de visite guidée (45mn) - 4 € (-10 ans 2,50 €).* Il retrace l'histoire du pèlerinage à Sarrance grâce à des costumes d'époque et des objets de culte de la vallée d'Aspe. Il raconte aussi, à travers un récit dit par le chanteur béarnais Marcel Amont, les rapports entre l'homme, la pierre et l'eau.

Après Sarrance, tourner à droite dans la D 241.

La route quitte la vallée à droite pour grimper en serpentant au milieu des prairies et des vallons montagnards.

Lourdios-Ichère B3

★ **Écomusée de la vallée d'Aspe**, **« Un village se raconte »** – *Le Bourg - 05 59 34 57 65 - http://ecomusee.vallee-aspe.com - juil.-août : 13h-19h ; sept. : 14h-18h ; reste de l'année : vac. scol. : 14h-18h (17h nov.-déc.) - fermé janv. - possibilité de visite guidée (45mn) - 2,50 € (enfant 2 €).* Une visite indispensable ! En effet, ici sont évoqués le rythme des saisons, les activités et les traditions pastorales de la vallée (diaporama, chants de bergers, etc.).

Dans le village, vous pourrez suivre le **sentier de découverte**.

Après le village, prendre à gauche la D 341 (route déconseillée en hiver) qui traverse les pittoresques gorges d'Issaux. Tourner à gauche dans la D 441.

★ Forêt d'Issaux B3

La route, praticable en été, serpente à travers les futaies de hêtres mêlés de bouleaux et de sapins. Cette forêt fut exploitée de 1772 à 1778 par la Marine nationale pour la construction navale, tout comme le bois du Pacq *(voir « Le chemin de la Mâture », p. 503)*. Les billots étaient acheminés jusqu'au port d'Athas.

Arrivé au col de Bouesou, prendre la D 442 qui passe par le col de Hourarate.

Au **col de Bouesou**, le paysage change à nouveau : la route s'accroche aux pentes du pic de Layens (1 625 m), dont on a un beau point de vue à gauche.

Rejoindre la N 134.

Vous découvrez alors le bassin médian de la vallée, où se groupent sept villages. À l'arrière-plan se découpent les crêtes d'Arapoup et, à l'extrême droite, les premiers sommets du cirque de Lescun (pic de Burcq).

Vallée d'Aspe.
E. Suetone/hemis.fr

Bedous B3

Moulin d'Orcun – *Chemin Moulin - 06 08 54 45 27 - www.moulin-orcun.com - - visite guidée (45mn) juil.-août: 11h, 16h, 17h et 18h; reste de l'année: sur demande préalable - 5 € (-13 ans 4 €).* Ce moulin à eau, une ancienne forge devenue moulin à grain après la Révolution, est resté dans la même famille depuis des générations. La meule a cessé de tourner depuis longtemps, mais l'installation, intacte, reprendra du service sous vos yeux pour une démonstration commentée, jusqu'à la fabrication du pain *(juil.-août: lun., mar. et vend.).* Des promenades avec des ânes et la pêche à la truite (canne fournie et poisson au poids) sont aussi proposées sur place.

Chapelle d'Orcun – Remaniée aux 17e et 18e s., avec un intérieur richement décoré, elle est toujours une étape sur la route de St-Jacques-de-Compostelle.

Suivre la D 237 vers Aydius.

Aydius B3

Au bord de la route, après 2 km, vous verrez une cascade formée par les pétrifications spongieuses d'un ruisseau affluent du gave d'Aydius. Il fait bon se promener dans ce charmant village, à l'habitat traditionnel, fermé par un beau cirque.

Revenir à Bedous et prendre la N 134.

La route s'engage à nouveau dans une gorge avant de traverser Accous. Vous pouvez faire un détour par **Jouers** pour voir la chapelle romane.

Accous B3

★ **Écomusée de la vallée d'Aspe, « Les fermiers basco-béarnais »** – *N 134 - 05 59 34 57 65 - http://ecomusee.vallee-aspe.com - - juil.-août: 9h-12h30, 14h-19h, lun. 9h-12h30, 14h-17h; reste de l'année: tlj sf dim. et j. fériés 9h-12h, 14h30-18h30 - fermé 1er janv., 1er Mai, 25 déc. - possibilité de visite guidée sur demande (30mn) - gratuit.* Il serait vraiment dommage de ne pas vous arrêter dans cette fromagerie. Un montage audiovisuel vous apprendra tout sur les troupeaux, les bergers, la fabrication du fromage… Vos papilles sont en éveil? Eh bien, vous allez pouvoir déguster!

3 km après Accous, prendre à droite la D 239 vers Lescun.

★ Lescun B3

Parking à l'entrée du village. Aimé pour son cirque calcaire aux sommets acérés, dont les **aiguilles d'Ansabère** (alt. 2377 m), c'est le repaire des montagnards. *30mn AR. Possibilité de suivre la boucle de 3h.* Pour admirer le **panorama★★**, suivez la rue en montée à hauteur de l'église: remarquez au passage le lavoir.

LE « VA-NU-PIEDS »

Les Béarnais l'appellent *pe descaous*, le « va-nu-pieds ». L'**ours brun** européen ne subsiste plus en France qu'en très petit nombre, dans la partie ouest des Pyrénées centrales. Il a élu domicile à 1500 m d'altitude, sur les versants rocheux et dans les forêts de hêtres et de sapins qui surplombent les vallées d'Aspe et d'Ossau.

Ce plantigrade, autrefois carnivore, est devenu omnivore et, selon les saisons, se nourrit de tubercules, de baies, d'insectes, de glands mais aussi de petits mammifères et exceptionnellement de brebis (au grand dam des habitants…). L'aménagement du réseau routier, l'exploitation forestière et le développement du tourisme, joints à un cycle de reproduction très lent (la femelle met bas un ourson tous les deux ans), ont entraîné la régression de l'espèce.

Continuez un peu sur le sentier... Retournez-vous: vous voyez le **pic d'Anie** à droite, le Billare et le Dec de Lhurs, à gauche.

« Chemins de la Liberté » – *5h AR env. (sentier balisé). Départ du plateau de Lhers - parking à l'entrée du Parc national des Pyrénées - rens. à la Maison du Parc à Borce.* Pendant la Seconde Guerre mondiale, c'est l'un des itinéraires qu'empruntèrent, avec leurs passeurs, les juifs fuyant vers l'Espagne, à travers les cols de Saoubathou et de la Cuarde.

La N 134, **route du Somport★**, remonte la vallée presque continuellement étranglée. Les villages, toujours deux par deux, semblent se surveiller l'un l'autre (Eygun et Cette, Etsaut et Borce).

Etsaut B3

Maison du Parc national des Pyrénées – *05 59 34 88 30 - www.parc-pyrenees.com - juil.-août: 10h-12h30, 14h-18h30; de mi à fin juin et de déb. à mi-sept.: 10h-12h30, 14h-17h30; vac. scol. (zone C): 14h-17h.*

★ Borce B3

Suivez le parcours de découverte fléché dans cette petite cité médiévale. Maisons fortes, lavoir, four à pain, abreuvoir: Borce conserve tous les éléments architecturaux typiques des villages de la vallée.

★ **Écomusée de la vallée d'Aspe, « Une halte sur le chemin de St-Jacques »** – *05 59 34 57 65 - http://ecomusee.vallee-aspe.com - juil.-sept.: 10h-19h; reste de l'année: vac. scol., w.-end et j. fériés 10h-19h - fermé 1er janv., 25 déc. - gratuit - 1 € son, lumière et musique.* Muni de votre bourdon, vêtu d'une cape et la coquille autour du cou, entrez dans l'ancien hôpital pour compléter vos connaissances sur le fameux pèlerinage.

Parc Ours – *05 59 34 89 33 - www.parc-ours.fr - avr.-nov.: 10h-19h; reste de l'année: w.-end, vac. scol. et j. fériés 10h-18h - 9,90 € (-13 ans 6,90 €).* Au-dessus du village, ce parc zoologique de 10 ha propose de découvrir par une approche écologique la faune des montagnes du monde. Faune sauvage et domestique des Pyrénées (ours, isards, chèvres...). L'observation des animaux en semi-liberté et celle des soins apportés aux ours invitent au respect de certaines règles. Une belle démarche éducative pour les enfants!

Chemin de la Mâture B3

Se garer au pont de Sebers en saison et marcher 15mn. Autrement, stationner au point de départ de la randonnée.

3h AR par le GR 10. Faire demi-tour en atteignant les prairies de la combe supérieure. Attention: parcours vertigineux sans protections (glissant les jours de pluie), très exposé au soleil (penser à la crème solaire et à l'eau).

Au 18e s., pour exploiter le bois du Pacq, les ingénieurs de la **Marine royale** taillèrent ce passage dans les dalles mêmes de la paroi au-dessus de la gorge du Sescoué. Débardés par ce chemin, les troncs étaient assemblés en train de bois, en période de hautes eaux du gave, pour être dirigés sur les chantiers navals de Bayonne. Vues en cours de route sur les superstructures du fort du Portalet.

Fort du Portalet B3

05 59 34 57 57 - www.tourisme-aspe.com - visite guidée sur demande préalable (2h30) juil.-août: tlj; printemps et automne: merc. et dim. - 8 € (-14 ans 6 €).

Verrouillant depuis le début du 19e s. l'un des passages les plus encaissés de la vallée, le fort est entré dans l'Histoire comme lieu de détention de personnalités, entre 1941 et 1945.

À la sortie de la gorge apparaît la chaîne frontière, avec l'encoche du pas d'Aspe et le pic de la Garganta (alt. 2 636 m), habituellement taché de neige.

Au-delà d'**Urdos** (dernier village), le **viaduc d'Arnousse** rappelle l'ancienne voie ferrée.

Espace nordique du Somport-Candanchu B3

Rte du Col-du-Somport - 05 59 36 00 21 - www.lesomport.com - déc.-mars: 9h-17h.
Alt. 1 600-1 700 m. Au cœur du Parc national des Pyrénées, il comprend 34 km de pistes de ski de fond de tous niveaux et un itinéraire de balades en raquettes pour les amateurs. L'espace est relié à Candanchu et permet ainsi une tranquille traversée de la frontière espagnole. Chaque année, une course entre la France et l'Espagne, la « Trace sans frontière », réunit de nombreux skieurs.

★★ Col du Somport B3

Alt. 1 632 m. Ce col, le seul des Pyrénées centrales accessible en toute saison, est chargé de souvenirs historiques depuis le passage des légions romaines. Les pèlerins de St-Jacques-de-Compostelle l'empruntèrent jusqu'au 12e s. Le grand gîte d'étape était alors l'hospice de Ste-Christine, disparu, sur le versant sud. Vues imposantes sur les Pyrénées aragonaises, aux sommets très découpés. Les roches rouges contrastent avec le vert des forêts et le bleuté des lointains.

NOS ADRESSES DANS LA VALLÉE D'ASPE

HÉBERGEMENT

PREMIER PRIX

Chambre d'hôte Chez Michel – *R. Gambetta - 64490 Bedous - 05 59 34 52 47 - http://restaurant-chez-michel.fr - fermé janv.; rest. vend. soir-sam. midi et dim. soir (juin-sept.: sam. midi uniquement) - 4 ch. 57 € - 12/25 €.* Ne vous fiez pas à l'aspect un peu anodin de la façade. L'intérieur de cet établissement a été rénové, les chambres climatisées joliment décorées de faïence. Après une journée de randonnée, profitez du sauna avant de goûter aux recettes régionales au restaurant: garbure, truite, tarte aux myrtilles…

Chambre d'hôte L'Arrayade – *R. Troussilh - 64490 Accous - 05 59 34 53 65 - www.chambresdhotes-larrayade.com - - 4 ch. 52 €.* Cette imposante maison située dans le bourg propose un hébergement simple et impeccable. Agréable jardin à l'arrière. Bon rapport qualité-prix.

Chambre d'hôte La Ferme aux Sangliers – *Micalet - 64570 Issor - 10 km à l'ouest de St-Christau par D 918 jusqu'à Asasp puis N 134 et D 918 dir. Arette - 05 59 34 43 96 - www.lafermeauxsangliers.fr - - réserv. obligatoire - 4 ch. 56/62 € - 6 € - 20 €.* Cette maison isolée, restaurée dans le respect du bâti ancien, est remarquablement située, face aux Pyrénées. Jolies chambres où se mêlent pierres et poutres apparentes. À la table d'hôte sont servis les produits de la ferme (porcs noirs et veau, notamment).

BUDGET MOYEN

Hôtel-restaurant Au Bon Coin – *Rte des Thermes - 64660 Lurbe-St-Christau - 05 59 34 40 12 - www.hotel-auboncoin.com - P - - 17 ch. 61/81 € - 9 € - 21 €.* Une maison tout en longueur tournée vers la campagne. Les chambres, actuelles et confortables, sont plus calmes sur l'arrière. Appétissante cuisine régionale personnalisée et belle carte des vins servies dans une salle à manger champêtre ou sous la véranda. Espace bien-être.

Maison d'hôte Les 3 Baudets – *Maison Escoubès - 64570 Issor -*

5,5 km à l'est d'Arette par D 918 - ✆ 05 59 34 41 98 ou 06 81 45 42 59 - www.3baudets-pyrenees.com - fermé nov.-fév. - - - réserv. obligatoire hors sais. - 5 ch. 75/85 € - à partir de 22 €. Cette ferme restaurée avec goût est une adresse idéale pour ceux qui recherchent le calme. On y sert, uniquement pour les résidents, une cuisine traditionnelle sans chichi dans une salle joliment décorée. Accueil extrêmement chaleureux. Vue imprenable sur le village.

RESTAURATION

BUDGET MOYEN

Au Château d'Arance – *Au bourg - 64490 Cette-Eygun - ✆ 05 59 34 75 50 - www.chateaudarance.com - 16/20 € menu gastronomique dim. midi 25 € - 7 ch. 65 €.* Mariage réussi entre l'ancien et le contemporain dans ce château du 13e s. dominant la vallée d'Aspe. La terrasse vous fera profiter d'un superbe panorama. Dans la salle à manger, moderne, cuisine familiale et ambiance conviviale. Sur la table, des produits essentiellement régionaux et cuisinés sur place. Chambres au décor épuré (parquet, murs blancs, mobilier design).

Hôtel-Restaurant des Voyageurs – *Rte de Somport - 64490 Urdos - ✆ 05 59 34 88 05 - www.hotel-voyageurs-valleeaspe.com - fermé 18 oct.-1er déc., dim. soir et lun. sf vac. scol. - 12h15-14h, 19h30-21h ; 13,50/28,50 €.* Cet ancien relais de diligence sur le chemin de St-Jacques est tenu par la même famille depuis plusieurs générations. On appréciera l'accueil chaleureux, les chambres rustiques (plus calmes sur l'arrière) et la salle à manger campagnarde où l'on déguste des recettes régionales comme la garbure ou la truite aux cèpes.

BUDGET MOYEN

L'Auberge Cavalière – *L'Estanguet - 64490 Accous - 3,5 km au sud d'Accous par N 134 - ✆ 05 59 34 72 30 - www.auberge-cavaliere.com - fermé 1 sem. à Noël, vend. sf vac. scol. et lun. - 22 € - 5 ch. 68,50 €.* Pierres et poutres apparentes, grande cheminée, mobilier rustique… Cette auberge typiquement montagnarde propose une appétissante cuisine régionale : garbure, confits, grillades, etc. Possibilité de randonnées équestres à travers les montagnes françaises et espagnoles.

ACTIVITÉS

Le Parc aux Ânes – *Au bourg - 64490 Etsaut - ✆ 05 59 34 88 98 - www.anepyrenees.fr - de mi-juin à mi-sept. - 1/2 j (30 €) et 1 j (45 €) - réserv. la veille.* Envie de sortir des sentiers battus ? Adressez-vous ici pour découvrir les Pyrénées en compagnie… d'un âne. Plusieurs formules au choix.

AGENDA

Fête de la transhumance en vallée d'Aspe – *À Lourdios-Ichère, déb. juin.* Départ des troupeaux, présentation de races locales, expositions, chants et danses traditionnels.

À Etsaut

Fête du fromage – *Juil. - www.fetedufromage-aspe.com.*

Vallée d'Ossau

★★

Pyrénées-Atlantiques (64)

Amoureux de la nature, vous allez être servis: paysages revigorants de fraîcheur et de pureté, pics se reflétant dans le miroir des lacs, cascades et torrents de montagne... Pour parfaire le tableau, vous pourrez regarder tournoyer les grands rapaces dans le ciel, apercevoir une timide marmotte au seuil de son terrier, ou même un isard aux sabots légers sauter de rocher en rocher. Bref, ne vous en privez sous aucun prétexte, et tous les moyens seront bons: en voiture, en petit train ou à pied.

NOS ADRESSES PAGE 514
Hébergement, restauration, achats, activités, etc.

S'INFORMER

Office du tourisme de Laruns-Artouste – *Maison de la Vallée-d'Ossau - 64440 Laruns - ✆ 05 59 05 31 41 - www.ossau-pyrenees.com - de mi-juil. à mi-août: 9h-19h30, dim. 10h-18h, j. fériés 9h-13h; de mi-déc. à mi-juil. et de mi-août au 2e w.-end d'oct.: 9h-12h, 14h-18h, dim. et j. fériés 9h-12h; reste de l'année: tlj sf dim. 9h-12h, 14h-18h - fermé 1er janv., 1er Mai, lun. de Pentecôte, 25 déc.* En sais., l'office de tourisme vous renseigne sur les activités et effectue des réserv. auprès des professionnels de la vallée d'Ossau *(✆ 05 59 05 48 94).*

SE REPÉRER

Carte de microrégion BC 2-3 (p. 448-449) – Dans le sud du Béarn se distinguent deux sommets aux formes hardies: le pic du Midi d'Ossau (alt. 2 884 m) et le pic d'Anie (alt. 2 504 m). Le célèbre col d'Aubisque (alt. 1 709 m) fait passer du Béarn en Bigorre. Vous pourrez rejoindre la vallée d'Aspe au départ de Bielle. Après Laruns, vous quitterez le bas Ossau pour entrer dans le haut Ossau. Il vous restera 29 km à parcourir pour atteindre le col du Pourtalet au sud ou 18 km pour arriver au col d'Aubisque à l'est.

SE GARER

À Laruns, deux parkings se trouvent à proximité du centre.

À NE PAS MANQUER

Bielle et Béost dans le bas Ossau, le lac d'Artouste dans le haut Ossau et la route du col d'Aubisque.

ORGANISER SON TEMPS

Si vous n'avez qu'une journée, il faudra choisir entre le col d'Aubisque et le col du Pourtalet. Si vous le pouvez, prolongez votre escapade d'un ou deux jours et accordez-vous le temps d'une randonnée.

AVEC LES ENFANTS

La falaise aux Vautours à Béon; le petit train d'Artouste; le lac de Castet *(voir « Activités », p. 517).*

DES OURS DANS LA VALLÉE

La vallée d'Ossau était autrefois l'*Ursialensis vallis*, la « vallée aux Ours ». Il y en a d'ailleurs toujours quelques-uns qui parcourent cette région des Pyrénées. Mais rassurez-vous, les hommes ne les intéressent pas du tout! *Voir encadré p. 502.*

VALLÉE D'OSSAU

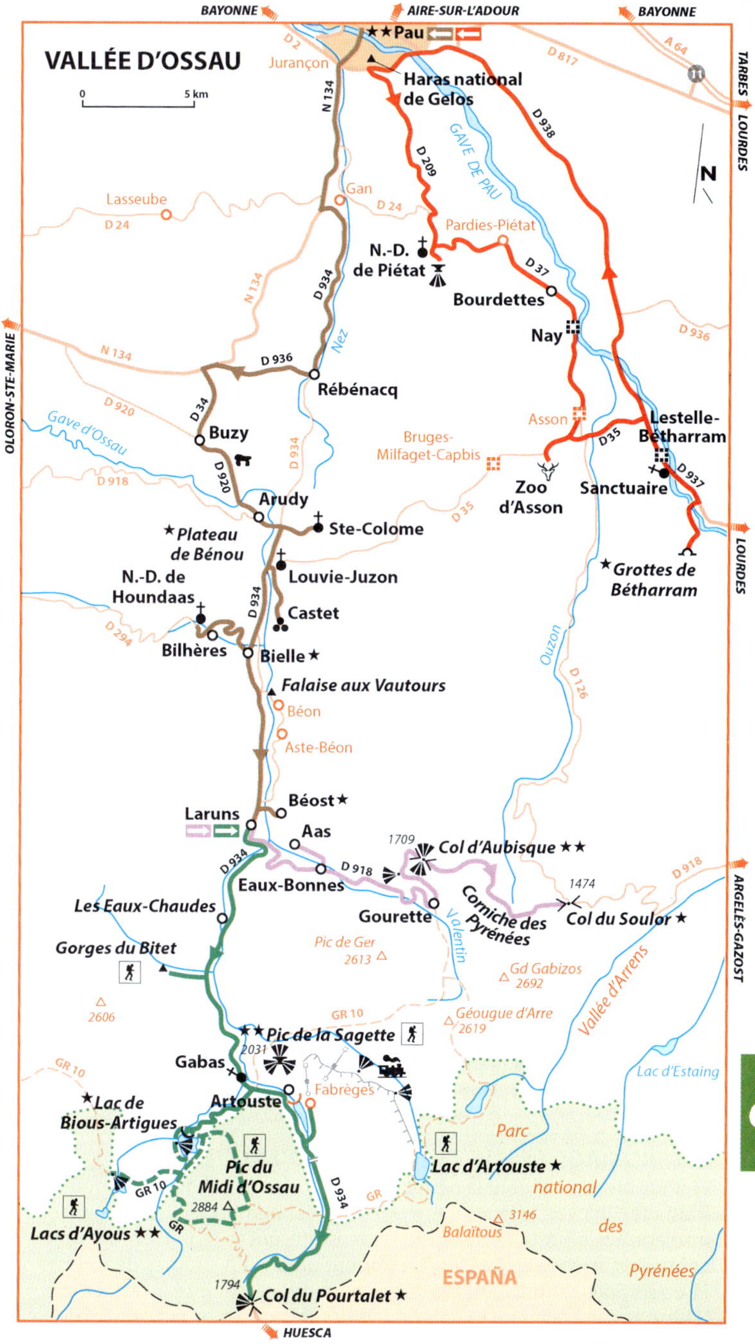

Circuits conseillés Carte de microrégion p. 448-449

LE BAS OSSAU

Circuit de 70 km entre Pau et Laruns, tracé en marron sur la carte p. 448-449 et sur la carte p. 507. Compter une demi-journée avec la visite de la falaise aux Vautours. Quitter Pau au sud par la N 134, puis la D 934.

Rébénacq C2

C'est la porte d'entrée de la vallée d'Ossau. Pour découvrir ce village, suivez les sentiers de découverte: l'un au cœur de la **bastide**, l'autre offrant une vue d'ensemble.

Quitter Rébénacq par l'ouest (D 936). Après 5 km, prendre à gauche la D 34.

Buzy B2

Ce petit village agricole est le point de départ de randonnées dans la vallée de l'Escou. En sortant du village, remarquez le **dolmen** sur la gauche.

Poursuivre sur la D 920.

Arudy B2

Pl. de l'Hôtel-de-Ville - 64260 Arudy - 05 59 05 77 11 - www.ot-arudy.fr - juil.-août et vac. scol.: 10h-12h, 16h-18h; reste de l'année: mar. et sam. 10h-12h - fermé dim. et j. fériés.

Ce bourg, le plus développé du bas Ossau grâce à l'activité de ses carrières de marbre et de ses usines métallurgiques, compte quelques maisons des 16e et 17e s. Il conserve également, le long du canal, ses lavoirs du 19e s.

Maison d'Ossau – *R. de l'Église - 05 59 05 61 71 - www.museearudy.com - juil.-août: 10h-12h, 15h-18h; vac. de Pâques: 14h-17h, w.-end 15h-18h; reste de l'année: tlj sf sam. 14h-17h, dim. 15h-18h - fermé lun., oct.-déc., 1er janv., 1er Mai - 4 € (-16 ans 3 €).* Installé au chevet de l'église dans une demeure du 17e s., ce musée vous permettra de mieux découvrir la région. Au sous-sol, plongez dans la préhistoire des Pyrénées avec, en particulier, une exposition relatant l'évolution de l'outillage. Les anciennes pièces d'habitation du rez-de-chaussée sont réservées au Parc national des Pyrénées: géologie, faune et flore de la vallée d'Ossau. Dans les combles, exposition sur le berger ossalois et l'histoire de la vallée.

Rejoindre la D 934 et prendre en face.

Sainte-Colome C2

Sur le chemin de St-Jacques-de-Compostelle, il faut s'arrêter dans ce village pour son **église** du 16e s. et la **maison forte** qui serait la plus ancienne de la vallée. Derrière l'église, un chemin donne accès à une butte surmontée de trois croix: de là, jolie vue panoramique (on distingue les ruines du château du 12e s.).

Revenir sur la D 934 et prendre à gauche.

UN FROMAGE FESTIF, LE FROMAGE D'ESTIVE...

Chaque été, c'est durant la période de la transhumance qu'est fabriqué le fromage d'estive. De leur cabane, *le cuyala*, les bergers confectionnent ce fromage aux bouquets de fleur et de noisette, qui sent bon la montagne. Les brebis, vaches et chèvres produisent un lait aux arômes de réglisse et de serpolet, affiné dans des caves humides et proposé à l'étal à Noël. N'hésitez pas à aller à la rencontre des bergers qui vous parleront de leur passion et vous inviteront aux traditionnelles fêtes du fromage.

Les lacs d'Ayous et le pic du Midi d'Ossau.
N. Thibaut/Photononstop

Louvie-Juzon B2

L'**église** (16e s.) présente un clocher de pierre en forme de calice renversé. À l'intérieur, vous vous attarderez sur les chapiteaux et les clefs de voûte sculptées. Au-delà du pont apparaît le pic du Midi d'Ossau.

Poursuivre sur la D 240.

Castet B2

Depuis l'abreuvoir, montez à l'église romane remaniée pour admirer le point de vue sur le **donjon** *(propriété privée)*, seul vestige du château du 13e s., sur le lac, et Bielle, sur le versant d'en face.

Revenir sur la D 934 ; au rond-point de Bielle, suivre le fléchage.

En toute saison, vous apprécierez les sentiers de découverte de l'**Espace naturel du Castet**. De juin à septembre, activités et animations.

★ Bielle B3

L'ancien chef-lieu de la vallée, partagé en deux quartiers par un torrent affluent du gave d'Ossau, a conservé une certaine dignité de petite capitale assoupie. De belles **maisons** des 15e-16e s. aux décors sculptés subsistent dans le quartier rive droite, entre la route nationale et l'**église**, dont vous admirerez les colonnes en marbre. Rive gauche se trouve le château bâti par le marquis de Laborde (1724-1794), banquier attitré de Louis XV.

Prendre à l'ouest la D 294 vers Bilhères.

Bilhères B2-3

Promenez-vous dans le centre du village : certaines maisons montrent des raffinements hérités des 16e et 17e s. (clés décoratives au cintre des portes).

★ Plateau de Bénou B2

Au-dessus de Bilhères, la vue s'étend, au sud, jusqu'aux roches grises du pic de Ger.

La **chapelle N.-D.-de-Houndaas** *(lieu de halte aménagé)* apparaît, à l'abri de deux tilleuls, dans un **site★** rafraîchi par les eaux nées d'importantes sources.

La route débouche dans la combe pastorale du Bénou où la **transhumance** a lieu à la fin du printemps. De là partent des randonnées et un parcours d'orientation.
Revenir à Bielle et remonter le gave (et la D 934) en direction de Laruns.

Falaise aux Vautours, à Béon B3

05 59 82 65 49 - www.falaise-aux-vautours.com - (partiellement) - visite guidée (1h) juil.-août : 10h30-18h30, w.-end 13h30-18h30 ; mai-juin, sept. et vac. scol. : 14h-17h30 - fermé 1er janv., 1er et 11 Nov., 25 déc. - 6 € (-15 ans 4 €) - 18 € billet famille (2 adultes + 2 enf.).

À l'entrée du village de Béon, un espace muséographique consacré à une colonie de vautours a été aménagé au pied d'une falaise calcaire. Point d'aigle royal ici : c'est le petit cousin pauvre, le **vautour fauve**, qui est le roi de la vallée. La falaise aux Vautours le met en scène dans tous ses états. Un **écran panoramique** retransmet en direct les évolutions des vautours fauves qui nichent en haut de la falaise : parade nuptiale, construction des nids, couvaison de l'œuf unique, becquée et envol des petits.
Vous pourrez également parfaire ici votre culture sur le pastoralisme, la faune et la flore locales ou découvrir des contes et légendes de la vallée d'Ossau.
Revenir sur la D 934. Avant Laruns, prendre à gauche.

★ Béost B3

Rendez-vous ici pour une chasse aux trésors... Les trésors, ce sont les **linteaux de porte** que vous déchiffrerez tout au long du parcours d'interprétation. Rendez-vous également à l'église qui possède un beau portail.
Château – *05 59 05 30 99 - possibilité de visite sur demande 1 j. av. - gratuit.*
Cette ancienne abbaye laïque (bien ecclésiastique détenu par un laïque) est attenante à l'église.
Laruns se trouve de l'autre côté du gave.

Laruns B3

Maison de la vallée d'Ossau - 64440 Laruns - 05 59 05 31 41 - www.ossau-pyrenees.com - de mi-juil. à mi-août : 9h-19h30, dim. 10h-18h, j. fériés 9h-13h ; de mi-déc. à mi-juil. et de mi-août au 2e w.-end d'oct. : 9h-12h, 14h-18h, dim. et j. fériés 9h-12h ; reste de l'année : tlj sf dim. 9h-12h, 14h-18h - fermé 1er janv., 1er Mai, lun. de Pentecôte, 25 déc. En sais., l'office de tourisme vous renseigne sur les activités et effectue des réserv. auprès des professionnels de la vallée d'Ossau (*05 59 05 48 94*).
Ce village de services (tous commerces) abrite la Maison de la vallée d'Ossau et la Maison du Parc national des Pyrénées *(voir p. 511)*.

★★ LE HAUT OSSAU

Circuit de 40 km entre Laruns et le col du Pourtalet, tracé en vert sur la carte p. 448-449 et sur la carte p. 507. Compter une journée avec les randonnées. Quitter Laruns au sud par la D 934.
La route suit le **gave d'Ossau** et traverse la station thermale d'**Eaux-Chaudes**.
Juste après le pont sur le Bitet, un large chemin forestier part sur la droite.

Gorges du Bitet B3

1h à pied AR par le chemin forestier. En remontant ces gorges très ombragées, vous pourrez admirer de très jolies cascades.
Reprendre la D 934.
3 km après le pont du Bitet, au lieu-dit « Chêne de l'Ours », **vue** sur le pic du Midi d'Ossau.

Le Parc national des Pyrénées

CARTE D'IDENTITÉ

Le **haut Ossau** appartient en grande partie au **Parc national des Pyrénées**. Créé en 1967 pour la protection de la nature, il dessine le long de la chaîne frontière, sur plus de 100 km, entre la vallée d'Aspe à l'ouest et la vallée d'Aure à l'est, une bande large de 1 à 15 km, entre 1 000 m et 3 298 m d'altitude (sommet du Vignemale). Le Parc national est composé d'un cœur soumis à une réglementation (43 700 ha) et d'une aire d'adhésion de 206 000 ha partagée entre 86 communes des départements des Hautes-Pyrénées et des Pyrénées-Atlantiques. Le Parc national vise à valoriser l'économie pastorale, les patrimoines architecturaux et culturels et à protéger la faune et la flore pyrénéennes, tout en accueillant l'ensemble des publics (notamment les personnes handicapées). Dans ce Parc national, le plus visité de France, les missions de préservation et de sensibilisation à l'environnement se doivent d'être complémentaires.

LIEUX D'ACCUEIL

Parc national des Pyrénées

2 r. du 4-Septembre - 65007 Tarbes - ✆ 05 62 54 16 40 - www.parc-pyrenees.com - ♿ - 9h-12h, 13h30-17h - fermé w.-end et j. fériés.

La Maison du Parc national des Pyrénées, située au milieu du grand domaine de la villa Fould, accueille un espace muséographique. Vous y trouverez des informations sur la faune et la flore du Parc, les randonnées en montagne ainsi que diverses expositions permanentes ou temporaires, et des films ou documents multimédias.

Maison du Parc (vallée d'Ossau) à Laruns

64440 Laruns - ✆ 05 59 05 41 59 - www.parc-pyrenees.com.

C'est un lieu incontournable : d'une part pour connaître le « mode d'emploi » du site et respecter sa réglementation, d'autre part pour se documenter sur les richesses naturelles du Parc (des fiches y sont notamment proposées pour découvrir les mammifères ou les oiseaux).

OBSERVER LA NATURE

Dans les vallées du Parc national, on dénombre quelque 5 600 isards. Il n'est pas exceptionnel d'apercevoir en vol des vautours fauves, des aigles royaux ou des gypaètes barbus dans ces régions des Pyrénées fréquentées encore par le coq de bruyère, le lagopède (perdrix des neiges) ou le desman dit des Pyrénées (petit mammifère aquatique).

La chasse, la cueillette des fleurs, les feux et les chiens y sont interdits ; en revanche, la pêche dans les gaves et dans les quelque 230 lacs (salmonidés) relève de la réglementation générale.

Gabas B3

Ce village de montagne, blotti au pied des torrents descendus du pic du Midi d'Ossau, est connu pour ses fromages de brebis. Sa **chapelle** du 12e s. a fait l'objet d'une décoration moderne.

Prendre à droite la D 231.

La route *(ouverte de mai à octobre selon les conditions)*, en forte montée, aboutit au barrage qui a noyé l'*artigue* (« terrain défriché ») de Bious.

★ Lac de Bious-Artigues B3

À proximité du barrage *(rive gauche)*, les **vues★** se dégagent sur les pics d'Ayous et du Midi d'Ossau dont les parois passent au coucher du soleil par toutes les nuances de rouge et de violacé.

1h. Vous pouvez faire le tour du lac.

Pic du Midi d'Ossau B3

Alt. 2 884 m. Sa cime en forme de croc, identifiable dès l'arrivée à Pau, tranche avec le style des crêtes pyrénéennes généralement découpées avec plus de finesse que de vigueur. Les contreforts sont le domaine d'un millier d'isards.

Tour du pic au départ de Bious-Artigues.

★★ Lacs d'Ayous B3

Montée 2h30, descente 1h30 (dénivellation : 560 m). Suivre les pancartes du Parc national des Pyrénées et le balisage rouge-blanc du GR 10. Du refuge d'Ayous, **vue★★★** grandiose sur le pic du Midi d'Ossau se reflétant dans le lac.

Revenir vers Gabas et prendre à droite la D 934.

La route longe les centrales de Fabrèges et d'Artouste, puis s'élève pour arriver au niveau de la retenue de Fabrèges. En avant se dégagent les flancs du **pic de Soques**, très tourmentés.

Prendre la D 431 à gauche pour longer la rive droite du lac jusqu'à Fabrèges.

★★ Pic de la Sagette B3

Montée en télécabine - ✆ 05 59 05 36 99 - 6 juil.-30 août : 9h-17h ; 30 mai-5 juil. et 1er sept.-4 oct. : 9h-15h - 10 € (-15 ans 8 €) - 25 € billet combiné avec le petit train d'Artouste.

De la station supérieure (alt. 1 950 m), la **vue★★**, plongeant sur l'ancienne vallée glaciaire du gave de Brousset (noyée en partie par la retenue de Fabrèges), ne se détache guère de la silhouette du pic du Midi d'Ossau.

1h AR. Montez jusqu'à la table d'orientation (2 301 m).

De la Sagette au lac d'Artouste BC 3

Petit Train d'Artouste – *✆ 05 59 05 36 99 - www.altiservice.com - juil.-août : 9h-17h (dép. ttes les 30mn) ; 30 mai-30 juin et 1er sept.-4 oct. : 9h-15h (dép. ttes les heures) - 23,50 € (-16 ans 19 €) télécabine et train AR, 19,50 € (16 ans 16,50 €) train AR - se présenter à la billetterie minimum 45mn av. l'heure de dép. du train. Réserv. fortement conseillée en hte sais.* Train touristique le plus haut d'Europe, il serpente à flanc de montagne, sur un parcours de 10 km, à 2 000 m d'altitude et offre des **vues★** plongeantes sur la **vallée du Soussouéou**, 500 m en contrebas.

30mn AR. Du terminus *(arrêt limité à 1h30)*, un sentier mène au **lac d'Artouste★**. Un barrage a rehaussé le plan d'eau du lac qui baigne les pentes granitiques du cirque d'Arrémoulit, où vous attend un refuge *(http://refugedarremoulit.ffcam.fr/)*.

De retour à Fabrèges, revenir à la D 934 et prendre la direction du col du Pourtalet.

La route suit le **gave de Brousset**, puis escalade un verrou et débouche dans le **cirque d'Anéou**.

★ Col du Pourtalet B3

Le col du Pourtalet est accessible toute l'année depuis les derniers travaux. Vérifier néanmoins les conditions d'enneigement.

Alt. 1 794 m. **Vue★** sur l'immense cirque pastoral d'Anéou, tout pointillé de moutons en été, et sur le pic du Midi d'Ossau.

★ ROUTE DU COL D'AUBISQUE

Circuit de 28 km entre Laruns et le col du Soulor, tracé en parme sur la carte p. 448-449 et sur la carte p. 507. Compter environ 4h. Quitter Laruns au sud-est par la D 918.

Eaux-Bonnes C3

Cette station thermale, au fond de la **vallée** boisée du **Valentin**, procure les bienfaits de cures que le grand médecin béarnais **Théophile de Bordeu** orienta vers les affections des voies respiratoires *(voir p. 77)*. On peut de nos jours venir s'y détendre après une journée de ski *(voir « Activités », p. 517)*.

Sous l'égide de l'impératrice Eugénie, l'activité thermale imprégna de son style Napoléon III ce haut-lieu de villégiature pour la société mondaine. L'esplanade du **jardin Darralde**, autour duquel des hôtels affichent un décor caractéristique du Second Empire thermal, est toujours un bon moyen de s'imprégner de l'ambiance locale. Les « promenades », tracées au 19e s. sur les dernières pentes boisées, témoignent du sens raffiné de la nature et du confort régnant à l'époque.

Prendre à gauche vers Aas.

Aas C3

Voici un village typiquement ossalois avec ses rues étroites en pente raide. Jadis les bergers pratiquaient le langage sifflé *(voir p. 70)* pour communiquer entre eux dans la vallée jusqu'à une distance de 2,5 km. Ce type de langage est également utilisé dans l'île de la Gomera aux Canaries, dans les villages de la vallée de Göreme en Turquie et au Mexique chez les Indiens mazatèques et zapotèques. Mieux que le morse !

Au **pont d'Iscoo** (cascade), la route franchit le Valentin et attaque la montée à flanc de montagne. Si vous passez aux premières heures de la matinée ou en fin d'après-midi, vous assisterez à de superbes jeux de couleurs sur le massif du **pic de Ger**.

Reprendre la D 918 à gauche.

Gourette C3

Maison de Gourette - 64440 Gourette - 05 59 05 12 17 - www.gourette.com - juil.-août : tlj sf lun.-mar. 9h-12h30, 13h30-17h30, dim. et j. fériés 10h-12h, 15h-18h ; déc.-avr. : certains w.-end et vac. scol. 9h-12h30, 13h30-17h30 ; reste de l'année : se rens. - fermé certains j. fériés.

Important centre de sports d'hiver *(voir « Activités », p. 516)*, Gourette doit son existence au Palois **Henri Sallenave** qui, dès 1903, y effectua les premières descentes à ski des Pyrénées. Bien que des championnats internationaux s'y déroulèrent chaque année dès 1908, la station ne vit le jour qu'en 1930. Le **site★** lui-même vaut le détour : les immeubles se nichent en pleines Pyrénées calcaires, dans un **cirque** marqué par les strates du pic de Ger.

★★ Col d'Aubisque C3

Généralement obstrué par la neige de nov. à juin. Croisements difficiles sur la partie de la route en corniche, après le col (route très étroite). Entre le col et le département des Hautes-Pyrénées, la circulation est alternée par des horaires

LA « PETITE REINE » DANS LE « CERCLE DE LA MORT »

Le **col d'Aubisque**, peuplé d'ours, est au début du 20e s. sagement évité par les gens du cru. Le **Tour de France** n'en est alors qu'à ses balbutiements ; il se fait les dents hors des zones montagneuses, et les Pyrénées ne sont intégrées au Tour qu'en 1910. Depuis, beaucoup d'aventures cyclistes ont eu lieu au col d'Aubisque. La route de la corniche est un beau morceau de bravoure : chaleur étouffante, à-pics vertigineux valent à chacun claquages musculaires mais également acclamations de la foule venue en masse de France et d'Espagne encourager les coureurs. En 1951 et 1952, deux coureurs passent par-dessus le parapet : 30 m de chute… et rien à déplorer hormis quelques bleus, quelques bosses. Le « cercle de la mort » protégerait-il les amoureux de la « petite reine » ?

de passage : 6h-13h Hautes-Pyrénées/Pyrénées Atlantiques ; 13h-20h Pyrénées Atlantiques/Hautes-Pyrénées.

15mn jusqu'à l'émetteur, depuis le parking. Alt. 1 709 m. Rendu illustre par le passage du Tour de France *(encadré ci-dessus)*, il dévoile, du mamelon sud, un **panorama★★** saisissant sur le cirque de Gourette.

Après le col, la D 918, taillée en corniche, procure de belles vues sur la **vallée de Ferrières** et, au-delà, sur la plaine béarnaise. La route domine ensuite de plusieurs centaines de mètres le **cirque du Litor** : c'est la **corniche des Pyrénées**, un des passages les plus saisissants du parcours et l'une des réalisations routières les plus hardies du 19e s.

★ Col du Soulor C3

Alt. 1 474 m. Au loin, au-delà de la vallée d'Azun, s'élèvent le **pic du Midi de Bigorre** et, plus à gauche, le **pic de Montaigu**. Des arêtes gazonnées hérissées de fines pointes composent les premiers plans d'un vaste paysage montagnard.

NOS ADRESSES DANS LA VALLÉE D'OSSAU

HÉBERGEMENT

Refuges du parc

Parmi les refuges du Parc national, il faut distinguer les refuges gardés et les refuges non gardés (10 places en général). Tous sont destinés aux randonneurs de passage. Dans les refuges gardés, on mange ses provisions ou le repas préparé par le gardien. En été, les refuges gardés, dont la capacité d'accueil est limitée (30 à 40 places), sont pris d'assaut. Il est donc préférable de réserver longtemps à l'avance.

Refuges gérés par le Parc national des Pyrénées – *05 62 54 16 40 - www.parc-pyrenees.com.*

Refuges gérés par le Club alpin français – *3 r. Servient - 69003 Lyon - 04 78 42 09 17.*
Les refuges n'appartenant pas au Parc national des Pyrénées sont en général gérés par la Fédération des clubs alpins français.

Camping

Le camping est interdit dans le Parc national des Pyrénées, mais le bivouac est toléré, uniquement pour la nuit ou en cas d'intempéries. On peut alors monter une petite tente, à condition d'être à plus d'une heure de marche de tout accès motorisé (tolérance 19h-9h). Les offices de tourisme et les syndicats d'initiative communiquent aux touristes la liste des campings à proximité du Parc national.

PREMIER PRIX

Camping des Gaves – *Quartier Pon - 64440 Laruns - 1,5 km au sud-est par rte du col d'Aubisque et chemin à gauche - ✆ 05 59 05 32 37 - www.campingdesgaves.com - 101 empl. 26,40 € - 31 locatifs : 97 €/nuitée, 707 €/sem.* Ce camping fort bien tenu bénéficie d'un bel emplacement entre lacs et cascades. Location de chalets en bois, très agréables, aménagés dans un espace ombragé et sans véhicules.

Chambre d'hôte Casa Paulou – *6 r. du Bourg-Neuf - 64440 Laruns - ✆ 06 84 18 64 38 - www.casapaulou.com - ⊠ - 5 ch. 30 € ☕.* Cette ferme du bourg abrite des chambres fonctionnelles ; certaines, avec mezzanine, conviennent aux séjours familiaux. L'ex-bergerie convertie en salle du petit-déjeuner a conservé ses murs en pierre et ses mangeoires d'origine. L'accueil est à l'image de cette maison : simple et chaleureux.

Chambre d'hôte du Manoir d'Ossau – *4 av. Georges-Messier - 64260 Izeste - ✆ 05 59 05 71 51 - http://gite.ossau.free.fr - fermé 2 sem. en oct. - ⊠ - 3 ch. et 1 gîte 54 € ☕.* Un délicieux jardin fleuri et arboré entoure cette belle maison en pierre du pays. La propriétaire y a aménagé un gîte et 3 chambres en rdc avec entrée indépendante. Les chambres sont toutes différentes, meublées simplement mais avec un véritable confort.

Gîte Cap de la Hont – *64400 Laruns - ✆ 06 98 25 06 74 - www.gite-ossau-hautbearn.fr - capacité 15 pers., 5 ch. - 26 € /nuit/pers.* Ce gîte de groupe est installé dans une bâtisse traditionnelle qui a conservé son toit d'ardoise, ses pierres et ses murs chaulés. Le mobilier de créateur et le Jacuzzi 5 places garantissent un séjour convivial avec votre tribu.

BUDGET MOYEN

Chambre d'hôte La Maïnade – *6 pl. Cazenave - 64260 Buzy - 4 km au nord d'Arudy par D 920 - ✆ 05 59 21 01 01 - www.lamainade.com - fermé en hiver - ⊠ - 5 ch. 62/82 € - ✕ 21 €.* Voilà une bien jolie maison derrière son portail en fer forgé avec sa cour et ses fenêtres fleuries. Chambres simples, dotées de quelques meubles de famille. Vous serez convié à partager, avec vos hôtes sympathiques, une vraie cuisine béarnaise. Hors saison, des séjours à thème variés sont organisés pour les personnes seules.

POUR SE FAIRE PLAISIR

Hôtel du Pourtalet – *Col du Pourtalet - 64440 Laruns - ✆ 05 59 05 32 00 ou 06 88 33 07 54 - www.hotel-pourtalet.com - ♿ - 113/146 € - ✕ 23 € 12h-14h, 19h30-20h30 sf mar. midi.* À la frontière espagnole, le modeste édifice de 1933, perché à 1 800 m d'altitude, a évolué au fil du temps pour être aujourd'hui un hôtel contemporain, au cadre épuré. À sa tête, Alexandra Casadebaig poursuit l'aventure initiée par sa famille voici quatre générations. Le restaurant Le Sorbier propose un menu à 23 €. Sauna et Spa.

RESTAURATION

BUDGET MOYEN

L'Arregalet – *37 r. du Bourguet - 64440 Laruns - ✆ 05 59 05 35 47 - www.restaurantlarregalet.com - mar.-dim. 12h15-13h30, lun.-sam. 19h15-21h30. formule déj. 12 € - 16/33 €.* Amateurs de cochonnaille, ne manquez pas cette adresse ! Vous y dégusterez dans une ambiance conviviale de savoureuses spécialités locales, le tout servi copieusement et à la bonne franquette. Poule au pot le dimanche.

Hôtel de France – *1 pl. de l'Hôtel-de-Ville - 64260 Arudy - ✆ 05 59 05 60 16 - http://hotel-arudy-pyrenees.fr - fermé 2 sem. de fin avr. à déb. mai et 24-31 déc., vend. soir, sam. midi sf sais. et vac. scol. - formule déj. 13,50 € - 17,80/27,50 € - 15 ch. 66 € - ☕ 7,80 €.* Cet hôtel accueille d'une année sur l'autre sa fidèle clientèle de gourmands dans une belle salle à manger rustique agrémentée d'une imposante cheminée. En cuisine, le chef a remis cent fois l'ouvrage sur le métier pour mijoter ses petits plats traditionnels. Chambres simples mais bien tenues.

L'Amoulat – *64440 Gourette - ✆ 05 59 05 12 06 - fermé 1er avr.-15 juin, 11 sept.-19 déc., midi (sf juil.-août) - 20/26 € - 12 ch. 62/75 € - ☕ 9 €.* Mobilier robuste et belle collection d'assiettes anciennes président au décor rustique de ce sympathique chalet idéalement situé sur la route du col d'Aubisque. La cuisine du chef, qui panache saveurs régionales et touches actuelles, flatte joliment les papilles. Chambres d'esprit montagnard.

ACHATS

Miellerie de la Montagne Verte – *Quartier Aàs - 64440 Eaux-Bonnes - ✆ 05 59 05 34 94 - www.lamielleriedelamontagneverte.com - hors vac. scol. : 10h-12h, 14h-18h30 ; vac. scol. : tlj sf dim. 10h-12h, 14h-18h30 - fermé 2e quinz. de nov., 1er janv., 25 déc.* Cette miellerie est implantée dans un site exceptionnel. L'apiculteur vous fera découvrir la vie des abeilles à travers la visite du petit musée, avant de vous emmener déguster les spécialités issues de la ruche.

ACTIVITÉS

Dans le Parc national

Plus de 350 km de sentiers tracés et balisés *(topoguide en vente à la Maison du Parc)*. Le sentier de grande randonnée (GR 10) traverse le Parc national par endroits.

Gardes-moniteurs du Parc national des Pyrénées –*Rens. au siège du Parc national et dans les Maisons du Parc - www.parcpyrenees.com.* Sorties à thème à la journée ou demi-journée en juil.-août.

Où faire du ski ?

Domaine skiable de Gourette – *✆ 05 59 05 33 08 - www.gourette.com - Alt. 1 400-2 450 m - 14 remontées mécaniques, 26 pistes.* La glisse version Gourette, ce sont 30 km de pistes, 3 snowparks et boardercross. Situé au cœur d'un environnement privilégié, le domaine de Gourette vous invite à quitter un temps les pistes damées pour faire hors des sentiers battus, à pied ou en raquettes, une randonnée sportive ou une balade en famille. En mars, Pyrénéa Triathlon (course à pied, à vélo et à ski de randonnée entre Pau et Gourette).

Domaine skiable d'Artouste – *✆ 05 59 05 36 99 - www.artouste-pyrenees.com - 26,10 € (-12 ans 22 €) - Alt. 1 400-2 100 m - 11 remontées mécaniques, 19 pistes.* Cette petite station familiale offre 27 km de pistes et est équipée pour les amateurs de nouvelles glisses : snowpark, snowcross, zone freeride.

Activités de montagne

Randonnées – Le topoguide de la vallée d'Ossau, qui comprend 59 itinéraires pédestres, VTT et patrimoniaux, est en vente dans les offices de tourisme *(10 €)*.

Via Ferrata et Via Cordata de Siala – *64440 Gourette - bureau des guides ✆ 05 59 05 33 04 - www.viaferrata-fr.net.* Deux itinéraires : l'un facile, la Via Ferrata, tracé dans la paroi (câbles, rampes, ponts de singe), et l'autre très difficile, la Via Cordata, basé sur l'escalade, pour découvrir l'univers vertigineux de la paroi de montagne.

Autres activités

Lac de Castet – *D 934 - 64260 Bielle - ✆ 05 59 05 48 74/06 87 41 75 81 - juil.-août : tlj ; mai-juin et sept.-oct. : w.-end.* Nombreuses activités proposées, pour la plupart familiales : promenades en barque, en canoë, à poney, etc. Espace muséographique à la Maison du Lac, aire de jeux et tables de pique-nique.

Centre thermal Val Vital – *R. du Dr-Creignou - 64440 Eaux-Bonnes - ✆ 05 59 05 34 02 - www.valvital.fr.* Eaux-Bonnes modernise son image de cité thermale et propose un complexe de Spa inédit. Piscines, saunas, hammams et animations aquatiques cohabitent dans ce lieu du Second Empire entièrement rénové. Dans un espace privilégié, une véritable bulle suspendue dans le vide, découvrez les bienfaits des eaux thermales et des soins relaxants. La structure, mariant les matériaux chauds comme le bois et innovants comme l'ETFE, permet de profiter d'une vue époustouflante à 360°. Baignée d'une lumière naturelle apaisante, la Bulle offre la quiétude et le bien-être nécessaires pour vous ressourcer. Reconnues par leur riche teneur en chlorure, en sodium mais aussi en silice et en sulfure, les eaux possèdent des vertus cicatrisantes, fluidifiantes et antalgiques indiquées dans les traitements des affections rhumatismales et des voies respiratoires.

AGENDA

À Laruns

Fête de la transhumance – *Mi-juil. - ✆ 05 59 05 31 41 - www.ossau-pyrenees.com.* Célébration du départ des troupeaux vers les estives au cours d'une demi-journée, journée ou nocturne pour partager avec les bergers cette fête traditionnelle et émouvante.

Hesta de Noste Dama – *Mi-août.* Fête traditionnelle ossaloise avec danses, chants, costumes.

Foire aux fromages – *1er w.-end d'oct.* Marché à l'ancienne.

Château de Montaner

Pyrénées-Atlantiques (64)

Une route sinueuse à travers la campagne, un hameau perdu entre champs et bois, des vaches qui traversent paisiblement la route, rentrant à l'étable : c'est Montaner. Au loin, un donjon isolé se dresse sur une butte, vigile, en son temps, du puissant Gaston Fébus. Un rien évocateur de la tranquillité du terroir...

S'INFORMER

Point touristique du château de Montaner – *64460 Montaner - ✆ 05 59 81 98 29 - juil.-août : 10h-12h30, 13h30-19h ; reste de l'année : tlj sf mar. 14h-18h - fermé déc.-mars.*

SE REPÉRER

Carte de microrégion D1 (p. 448-449) – 40 km à l'est de Pau, par les D 943, D 7 et D 225. Au nord du Béarn, le Vic-Bilh est à la limite du département des Landes.

À NE PAS MANQUER

Le splendide panorama depuis le donjon du château ; les fresques du 15e s. de l'église romane St-Michel à Castéra-Loubix, que vous pourrez comparer à celles de l'église St-Michel de Montaner.

ORGANISER SON TEMPS

En saison, l'église St-Michel est fermée le matin. Le circuit conseillé vous prendra une demi-journée si vous visitez les deux châteaux.

Se promener

Château

Costa de Febus - ✆ 05 59 81 98 29 - www.chateau-montaner.com - juil.-août : 10h-12h30, 13h30-19h ; avr.-juin et sept.-oct. : 14h-18h - fermé mar., 1er janv., 25-26 déc. - possibilité de visite guidée (1h) - 3,50 € - 5 € (-10 ans gratuit) visite guidée ; 12 € billet famille.

Élevée entre 1375 et 1380 sur une éminence, la forteresse de brique rouge servait à surveiller les confins du Béarn, de la Bigorre et de l'Armagnac. Le **donjon carré** s'élève à 40 m. Gaston Phébus fit apposer une pierre sculptée avec l'écu symbole du Béarn et de Foix surmonté de cette phrase : *Febus me fe* (« Fébus m'a fait »), matérialisant ainsi son rêve de gloire. De la plate-forme, le **panorama★** vers le sud s'ouvre sur la chaîne des Pyrénées.

Les fouilles effectuées à l'intérieur de l'enceinte ont permis de retrouver le plan et l'affectation des constructions, aujourd'hui disparues, de la **basse-cour**.

En juillet ont lieu les Médiévales : spectacles, reconstitutions, jeux, etc. *(rens. www.chateau-montaner.info).*

Église Saint-Michel

✆ 05 59 81 92 21 - visite guidée juil.-août : tlj sf mar. 14h-18h ; sept.-juin : sur demande à la mairie - 1,50 €.

Elle a été élevée au 15e s. en contrebas de la butte castrale. Des **peintures murales** du début du 16e s. relatent, dans le chœur, la Création et la Nativité. Dans la nef figurent les apôtres et, sur le mur ouest, le Jugement dernier.

Circuit conseillé Carte de microrégion p. 448-449

À TRAVERS LE VIC-BILH

Circuit de 37 km, tracé en orange sur la carte p. 448-449. Compter environ 2h. Quitter Montaner par le nord-ouest. Après Pontiacq, prendre la D 202.

Église Saint-Michel de Castéra-Loubix D1

05 59 81 90 55 - visite sur demande à Mme Pouts (en face de l'église).
Dans le chœur de l'église romane (11e s. mais remaniée aux 15e s. et 18e s.), bel ensemble de **peintures murales** représentant la Passion du Christ et le Jugement dernier.
Poursuivre sur la D 202. À Monségur, prendre à gauche la D 4. À Vidouze, prendre à gauche la D 943.

Lembeye C1

Cette ancienne **bastide**, dont il reste une porte fortifiée, est la capitale du Vic-Bilh, qui signifie « Vieux Pays ». C'est là que vous trouverez toutes les informations (office de tourisme) sur ce petit territoire très disputé, aujourd'hui plus connu pour son vin blanc (sec ou moelleux).
Sortir au nord en suivant la D 13. Après Bordes, prendre à gauche.

Château d'Arricau-Bordes C1

Il ne se visite pas, mais l'extérieur vaut le coup d'œil. Bâti sur un tertre au 13e s. et remanié au 16e s., il en impose dans son écrin boisé.
3 km. Un petit circuit balisé autour du château permet, au printemps, d'admirer de nombreuses **orchidées**. Attention, ça grimpe !
Continuer à descendre. En bas, tourner à gauche puis, à l'intersection, prendre à droite. Traverser Vialer, puis prendre à droite la D 104.
On peut aussi faire une escapade vers Crouseilles (7,5 km à l'est) où la cave coopérative, située dans le château, fait visiter ses chais et déguster du madiran.

Château de Mascaraàs C1

05 59 04 92 60 - visite guidée (1h10) de déb. juin à mi-sept. : tlj sf mar. 10h-12h, 15h-18h ; reste de l'année : dim. 15h-18h - fermé nov.-mars - 6 € (-12 ans 3 €).
Cette ancienne demeure seigneuriale, entourée d'un parc de 20 ha, couronne une butte autrefois fortifiée et surplombant le Vic-Bilh. Ancien relais de chasse construit au 16e s. pour Jeanne d'Albret selon la tradition, le château fut largement transformé aux 17e et 18e s. Il a conservé un ensemble d'**intérieurs★** d'époque, meublés en style flamand et brabançon. Le grand salon est orné d'une belle fontaine en marbre d'Arudy de la fin du 17e s., et le petit salon renferme des boiseries peintes de scènes mythologiques en camaïeu de bleu. La bibliothèque possède de nombreuses éditions rares et des gravures anciennes. Plus intime, la « volière de la marquise », une chambre de favorite, est décorée de 65 oiseaux peints d'après Buffon. Pour les amateurs, spacieuse cuisine rustique… Enfin, le chai du château, qui a conservé ses outils du 19e s., instruit sur les vignobles de **Madiran** et du **Pacherenc du Vic-Bilh**.
7 km - 2h30. Départ en contrebas du château. Un parcours balisé offre de belles vues sur les crêtes.
Poursuivre sur la D 104 puis, à gauche, sur la D 16 jusqu'à **Garlin** (C1).
7 km - 2h30. Départ du parking du Marcadieu. Itinéraire balisé, mais topo-guide (en vente à la mairie et dans les offices de tourisme) indispensable pour repérer son chemin dans le bourg.

Le Lot-et-Garonne

7

Carte Michelin Départements n° 336 – Gers (32) et Lot-et-Garonne (47)

AGEN★ ET SON CIRCUIT 524

30 km au sud-ouest d'Agen :

NÉRAC ET SON CIRCUIT 535

58 km au nord de Nérac :

MARMANDE ET SON CIRCUIT 542

23 km au nord de Marmande :

DURAS 551

63 km au sud-est de Duras :

VILLENEUVE-SUR-LOT ET SES CIRCUITS 556

9 km à l'est de Villeneuve-sur-Lot :

PENNE-D'AGENAIS★ 568

25 km au nord de Penne-d'Agenais :

MONFLANQUIN★ ET SON CIRCUIT 571

Détail d'une fresque de l'église d'Allemans-du-Dropt.

N. Thibaut/Photononstop

DÉCOUVRIR LE LOT-ET-GARONNE

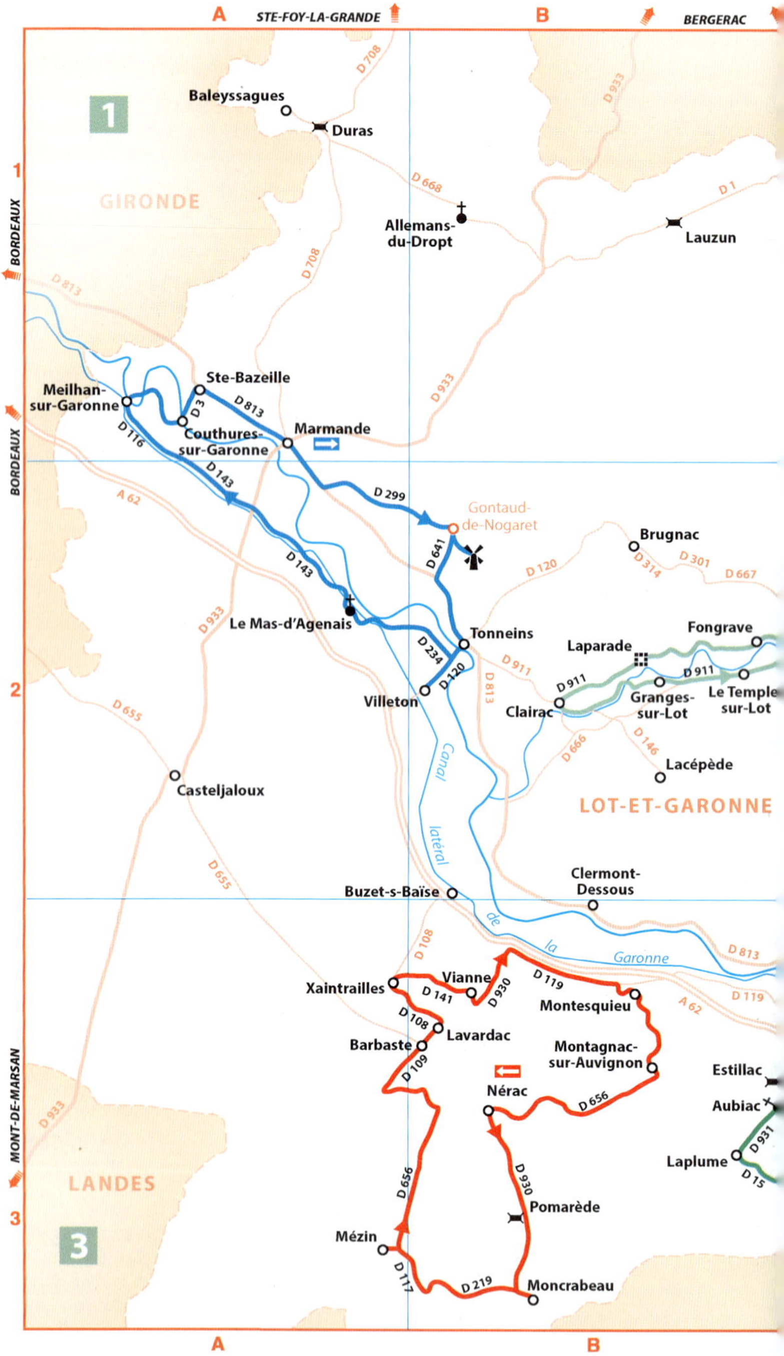

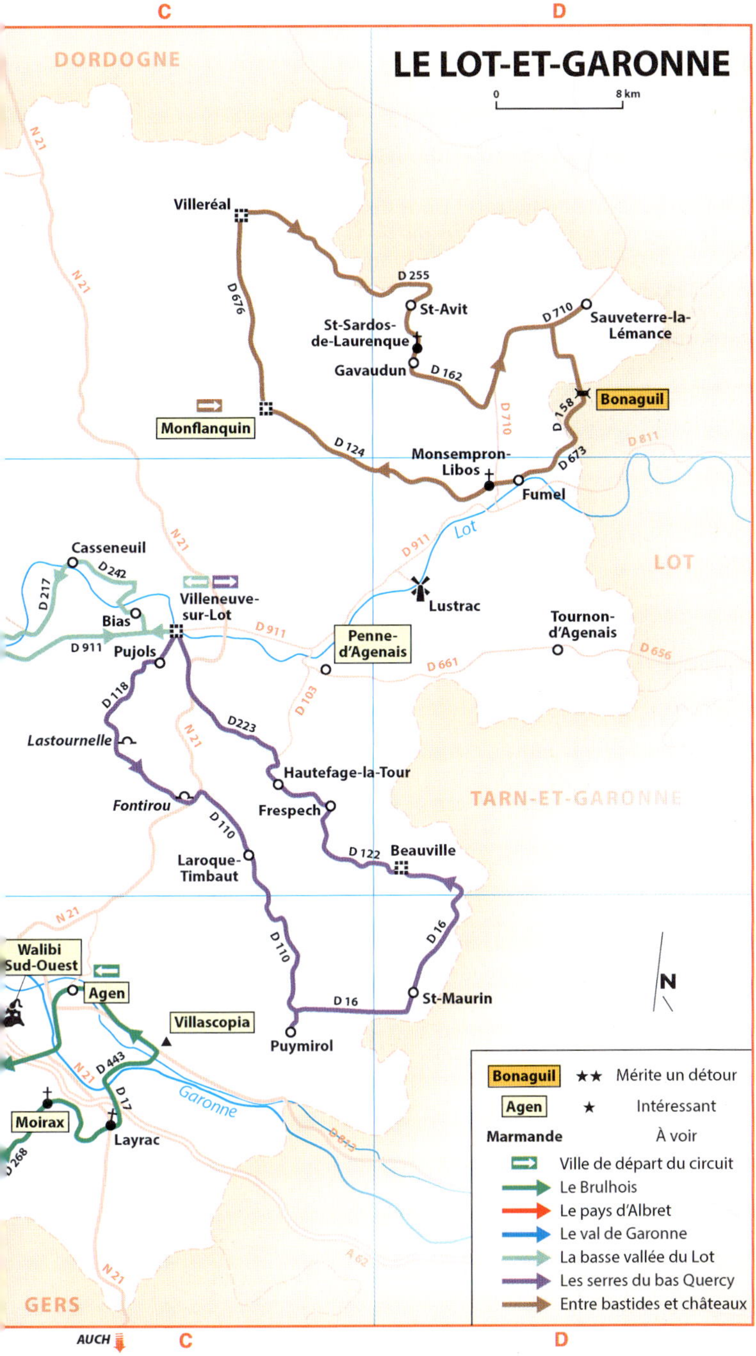
LE LOT-ET-GARONNE
0
8 km
C
D
1
2
3
DORDOGNE
LOT
TARN-ET-GARONNE
GERS
AUCH
Villeréal
D 676
D 255
St-Avit
St-Sardos-de-Laurenque
Gavaudun
D 162
D 710
Sauveterre-la-Lémance
Bonaguil
D 158
Monflanquin
D 124
Monsempron-Libos
Fumel
D 673
D 811
Lot
D 911
Lustrac
Casseneuil
D 242
D 217
Bias
Villeneuve-sur-Lot
D 911
Pujols
Penne-d'Agenais
D 661
Tournon-d'Agenais
D 656
D 103
D 118
Lastournelle
D223
Hautefage-la-Tour
Frespech
Fontirou
D 110
Laroque-Timbaut
D 122
Beauville
D 16
D 110
St-Maurin
D 16
Puymirol
N 21
Walibi Sud-Ouest
Agen
Villascopia
D 443
D 17
Garonne
Moirax
Layrac
D 268
D 813
A 62
N
Bonaguil ★★ Mérite un détour
Agen ★ Intéressant
Marmande À voir
Ville de départ du circuit
Le Brulhois
Le pays d'Albret
Le val de Garonne
La basse vallée du Lot
Les serres du bas Quercy
Entre bastides et châteaux

Agen

★

33 620 Agenais – Lot-et-Garonne (47)

« Avé l'assent », cette cité méridionale à l'insouciante bonhomie prend tout son relief. Il y fait bon vivre... et flâner dans les ruelles médiévales bordées de demeures à pans de bois et de placettes ombragées, ou le long des boulevards, en partie rendus aux piétons. Mais Agen ne s'assoupit pas pour autant, d'importants travaux continuent de valoriser la ville, encadrée par les berges de la Garonne et du canal latéral arpentés par les cyclotouristes, pèlerins de Compostelle et randonneurs.

NOS ADRESSES PAGE 531
Hébergement, restauration, achats, activités, etc.

S'INFORMER

Destination Agen – *38 r. Garonne - 47000 Agen - ✆ 05 53 47 36 09 - www.destination-agen.fr - juil.-août: 9h-19h, dim. 9h30-12h30; reste de l'année: tlj sf dim. et j. fériés 9h-12h30, 14h-18h - fermé certains j. fériés.*

Visite – Suivez Vincent le jacquet qui vous guidera à travers la ville pour une visite nocturne *(5 €, -12 ans gratuit) jeu. en juil.-août.* Sinon, demandez à découvrir Agen en 28 escales.

SE REPÉRER

Carte de microrégion C3 (p. 522-523) – La ville est longée au nord par le canal, à l'ouest par la Garonne. Le centre névralgique, piétonnier, se trouve au carrefour des boulevards de la République et Carnot et dans les petites rues avoisinantes.

SE GARER

Nombreux parkings à la périphérie du centre-ville *(voir plan ci-après).*

À NE PAS MANQUER

Le musée des Beaux-Arts; la rue Beauville; la confiserie Boisson *(voir « Achats », p. 534).*

ORGANISER SON TEMPS

Comptez une demi-journée pour faire le tour de la vieille ville et visiter le musée des Beaux-Arts (attention: il est fermé le mardi). Agen fête son emblématique pruneau le dernier w.-end d'août.

AVEC LES ENFANTS

Le musée des Beaux-Arts; la visite sur les pas de Vincent le jacquet *(voir ci-contre)*; le parc d'attractions Walibi Sud-Ouest; le scénovision Villascopia à Castelculier.

Se promener Plan de ville p. 526

LA VIEILLE VILLE

Circuit tracé en vert sur le plan p. 526. Compter 4h. Partir de la place du Dr-Pierre-Esquirol.

Une signalétique patrimoniale jalonne les rues d'Agen. Elle est complétée par un document intitulé *Agen en 28 escales (disponible gratuitement à l'office de tourisme).*

Agen, boulevard de la République.
J.-M. Barère/hemis.fr

Place du Dr-Pierre-Esquirol A2

Sur la place du nom d'un ancien maire de la ville se dressent l'hôtel de ville, ancien tribunal du 17e s., le musée des Beaux-Arts et le **théâtre** « à l'italienne » Ducourneau, dont la première pierre fut posée en 1906 sous l'œil d'Armand Fallières, président de la République originaire de la région.

★★ Musée des Beaux-Arts A1-2 (M)

Pl. du Dr-Esquirol - ✆ 05 53 69 47 23 - www.agen.fr/musee - ♿ (les Jacobins seult) - 10h-12h30, 13h30-18h - fermé mar., 1er janv., 1er et 8 Mai, lun. de Pâques, jeu. de l'Ascension, 1er et 11 Nov., 25 déc. - possibilité de visite guidée sur demande (1h) - 4,90 € (-18 ans gratuit) - demander le document pour le jeu de piste.

Un jeu de piste dans les collections du musée permet aux enfants de s'instruire en s'amusant.

Les collections prennent place dans les quatre hôtels particuliers d'Estrades, de Vaurs, Vergès et Monluc, des 16e et 17e s., bâtis sur l'ancien tracé du rempart d'Agen, seuls témoignages d'architecture civile Renaissance. Leurs façades nobles, avec porche d'entrée, donnent sur la petite ruelle des Juifs située à l'opposé de l'entrée principale du musée. Réputé pour ses œuvres espagnoles des 18e et 19e s., le musée présente aussi des natures mortes flamandes et hollandaises, des peintures du 18e s. français, des grands maîtres Courbet et Millet, Corot et de l'école impressionniste. La section des Ducs d'Aiguillon s'est enrichie de belles pièces et la section archéologique d'une donation d'Art oriental.

Archéologie médiévale – La visite débute par un aperçu du Moyen Âge dans le Lot-et-Garonne. Dans la salle, les murs sont garnis de chapiteaux romans et gothiques ornés de feuillages et d'animaux fantastiques, provenant d'anciens couvents agenais. C'est ici que reposent les **gisants** d'Étienne de Durfort et de son épouse, pierres tombales du 14e ou 16e s. Remarquez la tapisserie des Gobelins (17e s.), intitulée *Le Printemps*. Réalisée d'après un modèle flamand, elle a été restaurée en 2010.

Archéologie de l'Antiquité – Mosaïques, amphores, céramiques et petits bronzes (tête de cheval celte d'une grande finesse). La très belle Vénus, sans doute d'origine grecque, est en marbre (1er s. av. J.-C.). Découverte au 19e s. près du Mas-d'Agenais, elle est le plus bel ornement de cette collection. Des sarcophages paléochrétiens en marbre, un fragment de sculpture de tête de Jupiter barbu, un marbre blanc d'un homme portant une toge ou la statuette d'une impératrice romaine, la Vénus de Tayrac, comptent parmi les autres pièces présentées. **Archéologie orientale** – Léguée en 2000 par Camille Aboussouan, diplomate libanais, cette donation présente des objets de l'âge du bronze jusqu'à

SE LOGER
Chambre d'hôte Domaine de Bernou.......... (7)
Chambre d'hôte Le Petit Domaine de Colayrac.......... (2)
Château de Lassalle.......... (4)
Les Loges du Canal du Midi.......... (8)
Résidence Astoria.......... (1)
Stim'Otel.......... (3)

SE RESTAURER
Auberge de la Poule à Vélo.......... (4)
Carée Gourmand.......... (2)
L'Arti Show.......... (1)
L'Atelier.......... (18)
Le Margoton.......... (14)
La Part des Anges.......... (6)
La Table d'Armandie.......... (10)
Le Washington.......... (12)
Mariottat.......... (16)

l'époque des Croisades et la conquête d'Alexandre le Grand, provenant du Liban et de Syrie. Elle représente l'une des plus importantes collections d'antiquités orientales après celle du Louvre, la première en Aquitaine et dans le grand Sud-Ouest. Les fouilles archéologiques ont révélé des figurines de l'âge du bronze et du fer, de belles vaisselles, des objets en verre des années 200, des objets de parure et de maquillage, écritures, sceaux, scarabées et cachets, armes et outils, monnaies grecques et provinciales. Arrêtez-vous en particulier sur les tablettes cunéiformes et les animaux en terre cuite de l'âge du bronze. La pièce, qui donne sur la cour intérieure de l'hôtel Vergès, abrite également une belle cheminée Renaissance.

Préhistoire et minéraux – Dans les caves voûtées de l'hôtel de Vaurs, anciennes prisons de la ville (chaînes et bracelets fixés au mur, soupiraux, gémissement du vent... chair de poule assurée !), ont pris place les collections de préhistoire, des plus anciens galets taillés aux formes les plus évoluées du néolithique agenais, ainsi qu'une collection de minéraux.

Peintures et arts décoratifs – Un superbe escalier à vis mène aux spacieuses et lumineuses pièces des étages supérieurs. Tout le niveau présente de belles œuvres (natures mortes, portraits, grands sujets) d'écoles françaises et étrangères des 16e et 17e s. (*Tentation de saint Antoine* par David Teniers le Jeune, *Portrait d'homme* de Philippe de Champaigne, *Renaud et Aramide* par Le Tintoret, *Adam et Ève au Paradis* de Bruegel, *Nature morte aux poissons* par Pieter van Noort, *Nature morte aux branches d'abricots et de prunes* de Pierre Dupuis), des portraits italiens du 16e s., mobiliers, une belle armoire flamande à 4 portes en chêne, et numismatique du 17e s. Une salle vitrée est consacrée aux faïences européennes (14e-19e s.) dont des plats de **Bernard Palissy**, étonnante série de sulfures (profils en biscuit de porcelaine inclus dans du cristal en fusion) de l'Agenais Boudon de St-Amans (1774-1856) et exemplaires uniques de faïence fine avec laquelle il tenta de concurrencer l'Angleterre. La salle du 18e s., outre des portraits de Greuze et un beau Tiepolo *(Page expirant)*, présente cinq toiles de **Goya**, léguées au musée par un ancien ambassadeur d'Espagne. Notez l'œil acerbe de ce peintre de cour, impitoyable et se jouant des conventions, dans son *Autoportrait*. La peinture du 19e s. est très bien représentée par une œuvre de Corot, *L'Étang de Ville-d'Avray*, une toile de Courbet, une collection de préimpressionnistes (*Marine, le calme* de Boudin, 1887) et d'impressionnistes (*Matinée de septembre* de Sisley, 1887, Guillaumin, Lebasque). Remarquez, parmi la plus importante collection d'œuvres en France du peintre impressionniste roumain, **Grigurescu**, dont *Bouquet de fleurs* (vers 1900), les différentes versions de la *Tête de paysanne roumaine*. Elles font preuve d'une grande modernité en regard de la production de son pays à cette époque. Le tableau *Bord du Loing*, de Picabia, un peu insolite par son côté impressionniste, annonce le 20e s.

Salle des Ducs d'Aiguillon – Importante collection de portraits des figures de la noblesse aquitaine des 17e et 18e s. par Greuze, Oudry, Drouais, de Troy, Van Loo, Nattier.

Salle du legs du Dr-Esquirol – Tableaux, meubles et figurines asiatiques. Deux beaux portraits par Clouet, deux études de Van Dyck, dont une belle *Esquisse pour le portrait de l'architecte Inigo Jones* (1632), ainsi qu'une charmante *Tête d'enfant* de Greuze.

Salle Lalanne et salle Bissière – Ne repartez pas sans avoir visité ces deux salles situées au 2e étage, dans deux ailes différentes. La première est consacrée au travail de François-Xavier Lalanne, mort en 2008, et de son épouse, Claude. Les pièces marient esthétique, technique et humour, à l'image du Choupatte (1979), ce légume reposant sur ses jambes ! Un imposant Minotaure en fer soudé (1970) trône au milieu d'un Bestiaire, bison américain, petite grenouille et de nombreux croquis. À côté de cette salle, découvrez les pièces du céramiste et peintre Pierre Lèbe (1929-2008). La salle Bissière contient les œuvres du peintre Roger Bissière (1886-1964), *Nature morte à la bouteille* (1946), qui se définissait comme « non figuratif ».

Rue Beauville A2

Atmosphère d'antan garantie avec ses maisons médiévales restaurées. Au n° 1, très belle maison à pans de bois et à encorbellement.
Tourner à droite dans la rue Richard-Cœur-de-Lion. Au carrefour avec la rue Moncorny, la façade à pans de bois du débit de tabac vaut le coup d'œil. La rue Garonne mène à la place des Laitiers.

Place des Laitiers A1

Vous êtes au cœur du vieil Agen, quartier marchand depuis le Moyen Âge. De nos jours, de nombreux commerces continuent d'investir les arcades. Sur la place s'élève la sculpture contemporaine d'un pèlerin de Compostelle, reconnaissable à sa coquille.
Traverser le boulevard de la République pour rejoindre la rue des Cornières.

Rue des Cornières A1

Jolie rue commerçante avec ses pans de bois et de pierre sur arcades (cornières).
Prendre à gauche la rue Puits-du-Saumon.

Maison du Sénéchal A1

Demeure du 14ᵉ s. percée de fenêtres gothiques. À travers une porte vitrée, on aperçoit divers objets appartenant au musée des Beaux-Arts.
Tourner à droite dans la rue Floirac pour reprendre la rue des Cornières jusqu'à la place de la Cathédrale.

Cathédrale Saint-Caprais B1

Fondée au 11ᵉ s., mais cathédrale seulement depuis 1802. L'intérieur, restauré au 19ᵉ s., est décoré de fresques représentant les saints tutélaires de l'Agenais. De la place Raspail, vue sur le chevet du 12ᵉ s. aux modillons sculptés.
Non loin, la petite **église Ste-Foy** arbore la devise nationale : « Liberté, Égalité, Fraternité », gravée dans la pierre. Cette inscription étonnante pour un monument religieux est le signe d'une tradition républicaine agenaise s'affichant jusque sur les plaques de rue qui rendent hommage aux notables radicaux locaux et à la République.
Revenir dans la rue des Cornières, puis prendre à gauche la rue Banabéra. À l'angle de la rue Jacquard, belle maison à pans de bois. Traverser le boulevard de la République en direction du marché couvert qu'on laisse à gauche avant d'arriver rue Montesquieu.

Rue Montesquieu A 1-2

Pittoresque église **N.-D.-du-Bourg** des 13ᵉ-14ᵉ s. (A1) en brique et pierre avec un clocher-mur et, au n° 12, l'**hôtel Escouloubre** du 18ᵉ s. (A2).

Place Armand-Fallières A2

Au milieu des magnolias et des cèdres s'élèvent l'imposant palais de justice du 19ᵉ s. et la préfecture, ancien palais épiscopal du 18ᵉ s. Au nord de la place, l'**hôtel Lacépède** du 18ᵉ s. abrite la bibliothèque municipale.
Prendre à gauche la rue Palissy, puis à droite la rue Louis-Vivent. Prendre alors en face la rue Richard-Cœur-de-Lion.

Église des Jacobins A2

Vaste édifice gothique en brique présentant deux nefs identiques qui, contrairement aux Jacobins de Toulouse, aboutissent à des chevets plats. Expositions temporaires.

Revenir à la place du Dr-Pierre-Esquirol par la rue Beauville, à droite.

AU FIL DE L'EAU

Si vous aimez les balades à pied, en bateau ou à vélo, profitez des berges de la Garonne et du canal *(voir « Activités », p. 534)*, objets, avec le port, d'un réaménagement urbain. Elles sont, le 2e dimanche de chaque mois (sauf mai et août), le théâtre de diverses animations. Le **pont-canal**, qui surplombe le fleuve de 10 m, offre une jolie vue sur la ville.

Esplanade du Gravier A2

La plus courue des balades agenaises. Le Gravier, espace vert aménagé au 19e s. au bord de la Garonne, est agrémenté de pelouses fleuries ponctuées de statues, d'un bassin, d'un kiosque à musique et d'allées de gravier. Jolie vue de la passerelle qui enjambe le fleuve. À droite, les vingt-trois arches du **pont-canal** (A1), long de 580 m, permettent au canal latéral de franchir la Garonne. À gauche, le **pont de pierre** (A3) n'a plus de pierre que le nom. Il a remplacé l'ouvrage original, commandé par Napoléon lors de son passage à Agen.

À proximité Carte de microrégion p. 522-523

★ Walibi Sud-Ouest C3

4 km à l'ouest par D 656. Château de Caudouin - 47310 Roquefort - 05 53 96 58 32 - www.walibi.com - ♿ - de fin juin à déb. sept. : 10h-18h ; de fin avr. à fin juin et sept.-oct. : w.-end et j. fériés 10h-18h - fermé Vend. saint - 24 € (-10 ans 21 €).

Le 1er parc d'attractions du Sud-Ouest propose 25 attractions et spectacles pour faire le plein d'énergie en famille ou entre amis. Virer, rouler, glisser, il y en a pour tous les goûts et tous les âges : pour les tout-petits, un tour dans le Crazy Bus ou la Coccinelle, pour les grands frissons, les loopings du Boomerang ou les descentes infernales dans les canoës du Drakkar. Et toute la famille empruntera la Melody Road au volant d'un mini-car. Accordez-vous une pause en assistant aux spectacles de *Tempo Attack*, film d'aventure en 3D avec Walibi, la mascotte du parc, à Wet Side Story, dont les plongeons acrobatiques vertigineux donnent le frisson, et au show des otaries savantes. Nombreux services variés de restauration.

★ Villascopia, à Castelculier C3

À 7,5 km par la D 813 direction Toulouse - rte de Lamarque - 05 53 68 08 68 - www.villascopia.com - ♿ - juil.-août : 10h30-18h ; juin et sept. : tlj sf lun. 9h-17h ; vac. de la Toussaint : 14h-17h ; fév.-mai : tlj sf lun. 14h-17h - possibilité de visite guidée sur demande (30mn) - 6 € (-19 ans 4 €).

Sur le site gallo-romain de Lamarque a été mise au jour une villa (2e-4e s.), la plus importante découverte en Aquitaine, révélant un exceptionnel ensemble thermal de 574 m^2 et 396 m^2 d'espace extérieur, témoin de la richesse des castes très élevées qui vivaient dans ces villas aristocratiques de la vallée de la Garonne. Un **scénovision** *(spectacle en 3D, 40mn)* reconstitue la vie quotidienne dans cette demeure antique à la fin du 4e s., période de son apogée, à travers le récit de deux personnages historiques : le poète latin Ausone, originaire d'Aquitaine, et son petit-fils Paulin de Pella. Entre théâtre et cinéma, réalité et fiction, dessins animés, belles prises de vues réelles et ombres chinoises vous plongent en 456 apr. J.-C. pour une visite de la villa gallo-romaine de Victorianus et Sabina. Un **espace muséographique** expose divers objets retrouvés lors des fouilles : mosaïques des sols, objets du quotidien en bronze en très bon état, monnaies, éléments de placages et revêtements muraux, colonnes et statues. Parmi les pièces exceptionnelles, une bague en bronze et une statue de Minerve, la déesse guerrière, trouvée par un agriculteur local. La visite, libre ou guidée, du site archéologique complète le parcours. La mise en valeur des vestiges (reconstruction des murs jusqu'à environ 50 cm au-dessus du sol, de colonnades, reconstitution des bassins, création d'un belvédère, d'une passerelle...) rend la lecture des lieux plus facile tout en assurant leur protection contre les éléments naturels. L'implantation de panneaux de signalisations et d'audioguides rend vie aux péristyles, chambre avec hypocauste, frigidarium et caldarium, aperçus précédemment dans le film. En juillet et en août, des soirées spectacles sont organisées dans ce cadre exceptionnel. Ne partez pas sans une bouteille d'hypocras, apéritif à base de vin, ni avoir échangé avec l'adorable maîtresse des lieux et ses anecdotes croustillantes.

Clermont-Dessous B3

19 km à l'ouest par la D 813 qui longe de très près la Garonne.

Le village, ranimé par le tourisme grâce à sa situation au-dessus de la plaine de la Garonne, est signalé par son église romane trapue qui émerge des ruines du château. Au départ du parc de stationnement, le circuit balisé *(30mn)* vous permet d'admirer la vallée et ses vergers. Vous reconnaîtrez au loin Port-Ste-Marie, ancienne ville de mariniers étirée entre l'abrupt du coteau et le fleuve.

Circuit conseillé Carte de microrégion p. 522-523

LE BRULHOIS

Circuit de 41 km au départ d'Agen, tracé en vert sur la carte p. 522-523. Compter 3h. Quitter Agen à l'ouest par la D 1021 et prendre à gauche la D 656.

La campagne sans fin... Un paysage de pentes douces et d'abrupts calcaires. Un patchwork de collines cultivées de vignes, de maïs et de vergers. De-ci de-là apparaît une demeure perchée sur une butte ou égarée au milieu des champs.

Château d'Estillac B3

Le **château de Monluc**, ouvrage militaire (13e-16e s.) masqué par les arbres, surveille la plaine de la Garonne agenaise du haut du dernier ressaut des collines du Brulhois. Blaise de Monluc, fameux homme de guerre qui gagna ses galons lors des guerres d'Italie, s'installa au château d'Estillac vers 1550. Il est l'inventeur du pousse-rapière, liqueur à base d'armagnac et de macération de fruits.

Prendre la D 292.

Aubiac B3

L'**église romane** fait corps avec le village qu'elle semble défendre. À l'intérieur, chœur tréflé éclairé par une tour-lanterne où courent des frises de billettes et de palmettes.

Prendre la D 931.

Laplume B3

Ancienne capitale du Brulhois, ce bourg se tient sur une crête dans un site très dégagé. Autrefois, de nombreux moulins à vent tournaient sur ces hauteurs.

À Laplume, prendre la D 15 à gauche sur 3 km, puis à gauche la D 268 vers Moirax.

★ Église de Moirax C3

Voir l'« ABC d'architecture », p. 89.

Datant pour sa plus grande partie du 12e s., l'église est un très bel exemple d'architecture romane. Elle appartenait à un prieuré clunisien fondé au 11e s. Sa silhouette très allongée est rehaussée d'un clocheton conique et d'un campanile de façade. Les éléments décoratifs les plus intéressants sont ceux qui parent le chevet et les absidioles. À l'intérieur, l'avant-chœur est sans doute la partie la plus originale : carré à la base, il devient octogonal avant de se terminer en coupole tronconique. Les **chapiteaux** du chœur sont décorés de feuillages et de personnages. À la croisée du transept, on reconnaît Daniel dans la fosse aux lions *(à gauche)* et le Péché originel *(à droite)*. La statue de la Vierge dans le chœur, les stalles et les panneaux sculptés en noyer dans les bas-côtés sont l'œuvre du sculpteur Jean Tournier (fin du 17e s.).

Prendre la D 268, puis à droite la N 21.

Layrac C3

8 pl. du 11-Novembre-1918 - 47390 Layrac - 05 53 66 51 53 - www.layrac-tourisme.fr - juil.-août : 9h30-12h30, 15h-18h, sam. 9h30-12h30, lun. 9h30-12h30 ; mai-juin et sept.-oct. : tlj sf lun. 9h-12h, 14h30-17h30, merc. et sam. 9h-12h ; reste de l'année : tlj sf lun. et merc. 9h-12h, 14h30-17h, sam. 9h-12h - fermé dim. et j. fériés.

Des fouilles ont révélé des traces de cette petite bastide dès la période gallo-romaine. L'histoire débute véritablement au 11e s. avec la création du monastère clunisien, puis, au Moyen Âge, du village sur le même plateau que le prieuré, reconstruit au 18e s. et partiellement détruit à la Révolution. Le bâtiment à l'architecture élégante permet une agréable visite de son jardin intérieur et de son parc qui surplombe la vallée. La terrasse de la place du Royal est encadrée au sud par l'**église St-Martin** (12e s.), joyau de l'architecture romano-byzantine. La dernière restauration de l'édifice, en ramenant le chœur à son ancien niveau, a dégagé un fragment de mosaïque romane : Samson luttant contre le lion. Au nord se trouve l'église St-Sunin, dont il ne subsiste que le clocher. La place Jean-Jaurès, de forme triangulaire, abrite de belles arcades ouvertes ou cornières et un cadran solaire. À voir également, le lavoir de Salens, et le clocher-porche de l'ancienne église paroissiale qui ouvre sur l'esplanade. De là, la vue panoramique sur la vallée du Gers débouchant dans la plaine de la Garonne vaut le coup d'œil. Des visites guidées sont organisées par l'OT.

Retourner à Agen par la D 1021.

NOS ADRESSES À AGEN

HÉBERGEMENT

BUDGET MOYEN

Stim'Otel – B1-2 ③ - *105 bd du Président-Carnot - 05 53 47 31 23 - www.stimotel.com - P - 58 ch. 79 € - 9,50 € 18/22 €.*
Cette adresse sans charme particulier présente l'avantage d'être idéalement situé en plein centre-ville. Chambres sobrement décorées. Pratique également, le restaurant L'Escapade jusqu'à 22h.

Résidence Astoria – A3 ① - *1350 av. du Midi - 05 53 69 65 10 - www.residenceastoria.com - - P - 80 € - 10 €.*
Cette résidence moderne située aux portes d'Agen abrite 77 appartements T2 fonctionnels, décorés dans une élégante gamme de couleurs – turquoise, *terracotta* et blanc. Surface habitable agréable avec accès direct à la piscine pour un prix très intéressant.

À proximité

BUDGET MOYEN

Chambre d'hôte Le Petit Domaine de Colayrac – Hors plan A1 ② - *47450 Colayrac-St-Cirq - ✆ 06 78 16 58 13 - www.lepetitdomainedecolayrac.com* - P - *4 ch. dont 2 suites familiales 75 €*. Sur plus de 10 000 m² de jardin, cette ancienne exploitation agricole, en bordure de la D 813, est tenue par un sympathique jeune couple originaire du nord de la France. Les suites sont décorées avec goût par la maîtresse de maison, experte en recyclage, dans un style *shabby chic*. Repos et convivialité assurés au bord de la piscine et de sa cuisine d'été.

Les Loges du Canal du Midi – Hors plan B2 ⑧ - *Cambette - 47720 Lafox ✆ 05 53 95 16 86 - mariellevaniet.wix.com/logesducanaldumidi* - P - *4 ch. dont 1 suite familiale 85/105 €*. À 3 minutes à pied du canal, cette maison des années 1990 propose de belles chambres à la décoration soignée et originale. La suite familiale donne sur la piscine et la *pool house*. Une multitude de petits coins terrasse et sous les glycines sont propices aux doux moments de partage.

Chambre d'hôte Domaine de Bernou – Hors plan A1 ⑦ - *Domaine de Bernou - 891 rte des Cèdres - 47340 La Croix-Blanche - 14 km au nord d'Agen - ✆ 05 53 68 88 37, 06 21 40 23 92 ou 06 17 36 50 32 - www.domainedebernou.com* - P - *4 ch. dont 1 suite familiale 88 € - ✕ 25 € - réserv. conseillée*. Édifiée en 1780, au milieu d'un domaine de 30 ha, cette demeure abrite aujourd'hui une maison d'hôte. Les chambres, aux volumes impressionnants, sont très calmes et meublées simplement. Dans une dépendance (ancienne prison au 14e s.), on a aussi aménagé quatre « cellules » dans le style des cellules monacales (louées à la saison en été). Vue sur les Pyrénées par temps clair.

POUR SE FAIRE PLAISIR

Château de Lassalle – Hors plan A3 ④ - *Brimont - 47310 Laplume - 14 km au sud d'Agen - ✆ 05 53 95 10 58 - www.chateaudelassalle.com - fermé vac. de Noël, de fév., w.-end du 1er Nov. au 30 avr. - 17 ch. 99/299 € - 11 € - ✕ 20/42 €*. Une belle demeure du 18e s. nichée dans un parc de 8 ha. Chambres douillettes et classiques, restaurant traditionnel… Quiétude, charme et caractère !

RESTAURATION

La rue Voltaire (A1), en centre-ville, est « la » rue des restaurants à Agen. Il y en a pour tous les goûts et pour toutes les bourses, tables dressées à même la rue rendue piétonne. Place Jean-Baptiste-Durand, **Le Gueuleton du marché** est le repaire des bons vivants, plutôt branchés.

BUDGET MOYEN

La Part des Anges – B1 ⑥ - *14 r. Émile-Sentini - ✆ 05 53 68 31 00 - www.lapartdesanges.eu - fermé dern. sem. d'août, vac. de fév., dim. et lun. - formule déj. 15 € - 22 €*. Une petite adresse décorée très simplement, mais une vraie cuisine traditionnelle à base de produits frais et de recettes régionales. Céline et Xavier, jeune couple sérieux, assurent la bonne marche de la maison. Deux salles à manger et une terrasse.

Le Washington – B2 ⑫ - *7 cours Washington - ✆ 05 53 48 25 50 - www.lewashington.fr - fermé 2 sem. en août - formule déj. 15 € - 21/38 €*. Restaurant contemporain où l'on sert une carte traditionnelle et des plats du marché soutenus par un beau choix de vins.

La Table d'Armandie – A3 ⑩ - *1350 av. du Midi - ✆ 05 53 96 15 15 - www.latabledarmandie.fr - fermé sem. du 15 août et fêtes de Noël, dim.-lun. et j. fériés - ♿ - 🅿 - formule déj. 17 € - 21/56 €.* Décor contemporain épuré avec grande table d'hôte, cuisine ouverte et écran géant (retransmissions sportives). Suggestions du marché et carte des vins essentiellement régionale.

Le Margoton – A2 ⑭ - *52 r. Richard-Cœur-de-Lion - ✆ 05 53 48 11 55 - www.lemargoton.com - fermé 2e quinz. de juil., fin déc.-déb. janv., sam. midi, dim. et lun. - formule déj. 17 € - 25,50/30 €.* Sympathique adresse de la vieille ville : accueil familial, décor à base de matériaux traditionnels, couleurs cosy et notes actuelles. Appétissante cuisine dans l'air du temps.

L'Arti Show – A1 ① - *25 r. des Cornières - ✆ 05 53 99 72 62 - fermé dim., 11h-15h, 18h-0h - 22/29 €.* Cadre sympathique pour ce restaurant avec terrasse, sous les arches voûtées de la vieille ville. On appréciera particulièrement l'imposant chariot des desserts, tarte chantilly fraise ou clafoutis. Pas donné mais goûteux.

L'Atelier – A2 ⑱ - *14 r. du Jeu-de-Paume - ✆ 05 53 87 89 22 - fermé sam. midi et dim. - formule déj. 17 € - 23/31 €.* Dans cet atelier-là, c'est Marjorie qui cuisine et Stéphane qui veille sur la salle. Est-ce la touche féminine ? La cuisine est légère, rafraîchissante, tout en étant généreuse. Indéniablement, ces petits plats ensoleillent nos papilles.

UNE FOLIE

Mariottat – A2 ⑯ - *25 r. Louis-Vivent - ✆ 05 53 77 99 77 - www.restaurant-mariottat.com - fermé 1 sem. en avr., déb. nov., autour de Noël., merc. midi de nov. à avr., sam. midi, dim. soir et lun. - 🅿 - formule déj. 27 € - 49/85 €.* Intérieur bourgeois cossu, agréable terrasse d'été, cuisine de saison fine et personnalisée, carte des vins étoffée : cet hôtel particulier du 19e s. séduit les gourmets agenais.

À proximité

BUDGET MOYEN

Carré Gourmand – Hors plan B2 ② - *2 r. Montalembert - 47550 Boé - ✆ 05 53 95 22 22 - www.carregourmand.com - 12h-14h, 19h30-21h45 - fermé merc. - formule midi 18 € - 25/35 €.* Plusieurs belles salles s'organisent autour d'une grande cheminée et d'un petit salon aux lumières tamisées. La terrasse, sous les glycines et les photophores, donne sur un grand parc. Au menu : marbré de foie gras et fraîcheur d'asperges, râble de lapin roulé aux champignons ou filet de truite pêchée maison, gaspacho de melon au rivesaltes et sa julienne de jambon de pays. Un véritable coup de cœur.

Auberge de La Poule à Vélo – Hors plan B3 ④- *Maison éclusière n° 33 - lieu-dit St-Christophe - 47270 St-Jean-de-Thurac - ✆ 05 53 68 41 17 ou 06 27 50 01 30 - www.lapouleavelo.fr - mai-juin : ts les midis sf merc. et jeu.-sam. soir ; juil.-août : tlj midi et soir sf mar. soir et merc. - mars-avr. et sept.-nov. : ts les midis sf merc. - sur réserv. - fermé 1 sem. déb. sept. et de mi-déc. à mi-mars - 25/29 € (20 € hors sais.) - 2 ch. 74 €.* Charme, sincérité et gentillesse ; plats concoctés maison, produits locaux voire bio et ambiance bucolique au bord du canal latéral… Posez votre vélo, installez-vous sur la charmante terrasse pour manger, restez dormir pour prolonger le plaisir…

ACHATS

☺ C'est dans les vallées du Lot et de la Garonne que l'Agenais concentre l'essentiel de son économie. Leur climat doux donne les cultures maraîchères et fruitières qui font leur renommée. C'est le moment de faire votre récolte de chasselas, prunes et pêches achetés sur les marchés ou chez les producteurs.

Marché traditionnel – *Tlj sf lun. jusqu'à 13h - marché couvert et pl. Jean-Baptiste-Durand.*

Marché bio – *Sam. mat. pl. des Laitiers.*

Marchés fermiers – *Sam. mat. pl. Jasmin ; dim. mat. et merc. mat. porte du Pin.*

Le **boulevard de la République** *est la principale artère commerçante, piétonne.*

Confiserie Boisson – *20 r. de la Grande-Horloge - ✆ 05 53 66 20 61 - www.confiserie-boisson.fr - tlj sf dim. et j. fériés 9h-12h, 14h-19h.* Depuis 1835, la famille Boisson excelle dans la fabrication de confiseries à base de pruneaux. Un diaporama relate l'histoire de ce lignage. Dégustation.

Maître Prunille – *22 r. Molinier - ✆ 05 57 66 00 42 - www.maitreprunille.com - tlj sf w.-end 9h30-12h, 14h-19h.* Vous ne pouvez pas passer à Agen sans goûter aux pruneaux !

Les vignerons du Brulhois – *Cave de Goulens - 47390 Layrac - à 10 km d'Agen - ✆ 05 53 87 01 65 - www.vigneronsdubrulhois.com.* Dégustation gratuite et vente.

EN SOIRÉE

☺ Bruissante de conversations, de tintements de verres et de couverts, la **place Jasmin** (A1) est occupée par de nombreux bars et brasseries, dont les terrasses, à la belle saison, attirent la jeunesse agenaise.

ACTIVITÉS

Maison de la Pêche Le Passage d'Agen – *44 cours du 9e-de-ligne - ✆ 06 75 34 33 33 ou 05 53 66 16 68 - www.federationpeche.fr.* Programmes pédagogiques et manifestations sur les 3 sites du Passage d'Agen, Bruch et Penne d'Agenais. Ateliers famille, stages et initiations, expositions.

Parc naturel Passeligne-Pélissier – *www.agglo-agen.net/-Parc-naturel-Agen-Garonne.html - Au sud de la ville, en direction de Boé.* Sur 60 ha, le parc regroupe de grands espaces verts, un lac (pêche), des équipements sportifs et un théâtre en plein air.

Voie verte –*www.tourisme-lotetgaronne.com* et pour l'ensemble des prestataires labellisés accueil vélo : *www.velo47.com.* Un nouvel itinéraire cyclable : le canal des Deux-Mers à vélo, sur 90 km à travers le Lot-et-Garonne.

Les voies navigables du Lot et Garonne – *www.tourisme-lotetgaronne.com.* Sur 72 km, une croisière au rythme d'une petite péniche. Nombreuses haltes : maisons éclusières, fermes, vignes et sites historiques, sur le Lot, la Baïse ou le canal de Garonne.

Centre des congrès d'Agen – *www.agen-evenements.com.* Situé au parc des expositions, il accueille concerts et manifestations culturelles.

AGENDA

Grand Pruneau Show d'Agen – *Dern. w.-end d'août - www.grandpruneaushow.fr.* Parade, concerts, gastronomie… .

Nérac

7 106 Néracais – Lot-et-Garonne (47)

Fine fleur du pays d'Albret, Nérac a le charme robuste que l'on connaît au maître des lieux, Noste Henric. Sans hésiter, suivez les traces de son panache blanc pour découvrir la ville où Clément Marot trouva « un asile plus doux que la liberté ». Le domaine royal est l'occasion rêvée de promenades en bord de canal, dans les parcs et les jardins, ou à l'ascension de ses vieilles ruelles escarpées. Nérac offre le parfait équilibre entre un patrimoine plein de charme et parfaitement conservé, et une bulle de bien-être où il fait bon s'évader.

NOS ADRESSES PAGE 540
Hébergement, restauration, achats, activités, etc.

S'INFORMER

Office du tourisme du Val d'Albret – *7 av. Mondenard - 47600 Nérac - 05 53 65 27 75 - www.albret-tourisme.com - juin-sept. : 9h-12h, 14h-18h, dim. et j. fériés 10h-12h, 15h-17h ; reste de l'année : tlj sf dim. et j. fériés 9h-12h, 14h-18h, vend. 9h-12h - fermé lun.* Audioguides et vidéoguides sur la ville et l'ancien domaine sont téléchargeables sur smartphone et tablettes numériques disponibles à l'OT. Visite de la ville à l'aide de flashcodes, départ du château.

SE REPÉRER

Carte de microrégion B3 (p. 522-523) – 30 km à l'ouest d'Agen par la D 656. La ville ancienne comprend le quartier du château et, sur la rive droite, le Petit Nérac. La ville moderne, bâtie au 19e s., s'est installée parallèlement aux allées d'Albret.

SE GARER

Le long du fleuve près de la capitainerie (du côté opposé au château).

À NE PAS MANQUER

Les élégantes arcades de la galerie du château de Henri IV ; la promenade de la Garenne ; une croisière sur la Baïse *(voir « Activités », p. 541)* ; la cité médiévale et le musée du Liège et du Bouchon à Mézin.

ORGANISER SON TEMPS

En juillet-août, nombreuses animations au château (les enfants ne sont pas oubliés). Le mardi soir, en été, un marché de producteurs s'installe sur le quai de la Baïse. Pour profiter du circuit, prévoyez d'y consacrer une petite journée.

AVEC LES ENFANTS

En saison le Conservatoire végétal régional, à Montesquieu.

Se promener

★ LA VIEILLE VILLE

Petit Nérac

La **rue Séderie**, parallèle à la Baïse et bordée de maisons à colombages, mène au pont Vieux. Rue Sully, remarquez sur la gauche la **maison de Sully** (bien sûr), riche demeure datant de la Renaissance (seconde moitié du 16e s.).

Le pont Vieux.
Danilo Donadoni/Marka/age fotostock

Pont Vieux

De ce pont en dos d'âne, vue sur les bâtisses du quartier des tanneries en amont, et sur le barrage et l'écluse en aval.

Traverser le pont. Place des Tanneries, tourner à gauche pour longer la Baïse.

Jolies vues sur les maisons à loggia du Petit Nérac. Sur votre droite, une rampe conduit à l'église St-Nicolas et au château. Au moindre rayon de soleil, les joueurs de pétanque se retrouvent près de St-Nicolas pour taquiner le cochonnet.

Château Henri IV

R. Henri-IV - ✆ 05 53 65 21 11 - www.nerac.fr - avr.-sept. : 10h-18h ; reste de l'année : tlj sf lun. et vend. 14h-18h - fermé déc.-janv., 1er w.-end de mai et 3e lun. de sept. - 4 € (-12 ans gratuit) - gratuit 1er merc. du mois (sf juil.-août) - possibilité de visite guidée juil.-août : 11h-15h, w.-end 15h et 16h30 ; avr.-juin et sept. : dim. 15h.

Il ne reste qu'une tourelle d'escalier et une des quatre ailes de cet édifice Renaissance, terminé sous Jeanne d'Albret et détruit à la Révolution. L'actuelle esplanade en était la cour principale. L'aile rescapée présente au sud une galerie aux arcades en anse de panier et aux graciles colonnes torsadées. Le **musée** a complètement revu sa scénographie pour consacrer intégralement ses 2 étages à la saga de la famille d'Albret et à la vie des trois cours principales : Marguerite d'Angoulême, sœur de François Ier, épouse d'Henri d'Albret et grand-mère d'Henri IV, la cour protestante des parents Jeanne d'Albret et Antoine de Bourbon, et la cour politique d'Henri de Navarre, futur Henri IV et son épouse Marguerite de Valois. La visite débute par la présentation de deux belles maquettes du château, un tableau de Jean-Baptiste Émile Bourrières, *La Naissance d'Henri IV* (1842) et une statue de celui-ci enfant. Parmi les pièces principales, ne manquez pas la grande statue en plâtre blanc d'Henri IV, qui mesurait en réalité 1,59 m, et dont la culotte bouffante était remplie de crin de cheval ; un grand tableau de Pierre Jérôme Lordon, *L'Entrée d'Henri IV à Libourne*, entouré de quelques-unes des 72 maîtresses qu'on lui prêtait, où celui-ci arbore la croix du St-Esprit alors qu'il n'est pas encore sacré roi de France ; et un amusant tableau de Théodore Chrétin, *Henri IV à la bataille d'Ivry*, où tous les personnages ont la même tête, la sienne bien sûr. Boutique (thés et infusions créés spécialement pour le château).

Pont Neuf

Là encore, de jolies vues : sur les quais du port (qui fut actif au 19e s. lorsqu'intervint la canalisation de la rivière), sur le pont Vieux et sur d'antiques demeures. En amont verdoient les frondaisons de la promenade de la Garenne.
Tourner à droite après la traversée du pont, en face de la capitainerie.

Promenade de la Garenne

Antoine de Bourbon, père d'Henri IV, choisit l'emplacement d'une ancienne villa romaine *(vestiges de mosaïque romaine dans une niche, à gauche du chemin)* pour faire dessiner cette longue promenade *(2 km)* le long de la Baïse. Sous les chênes et les ormes centenaires, un collier de fontaines : celle de Fleurette, une pauvre jeune fille dont la légende dit que, le cœur brisé par le Vert Galant, elle se jeta dans la Baïse, celle des Marguerites et celle du Dauphin (1602). On y trouve aussi un théâtre de verdure qui accueille des concerts les soirs d'été, des terrains de tennis et de pétanque, rendez-vous de la jeunesse branchée du village, qui se retrouve au comptoir de la guinguette-restaurant Le Chalet de la Garenne. Sur l'autre rive, on aperçoit le pavillon des Bains du Roi. On peut le rejoindre par une passerelle située dans le parc qui permet de suivre une partie du chemin de halage, rive gauche.

Train touristique de l'Albret

R. Henri-IV - ✆ 05 53 65 21 11 - www.albret-tourisme.com - avr.-sept. : 10h-18h ; reste de l'année : tlj sf lun. et vend. 14h-18h - fermé déc.-janv., 1er w.-end de mai et 3e lun. de sept. - 4 € (-12 ans gratuit) - gratuit 1er merc. du mois (sf juil.-août) - possibilité de visite guidée juil.-août : 11h-15h, w.-end 15h et 16h30 ; avr.-juin et sept. : dim. 15h.

Ce parcours de 15 km, entre Nérac et Mézin, à bord du vieux chemin de fer touristique, fermé en 1938, débute par un aperçu de l'usine Babcock, ancienne fabrique de locomotives. Plus loin, une ligne vers Condom sera bientôt équipée d'un vélo-rail, entre Lasserre et Moncrabeau. Vous passerez sous le tunnel de Lamothe-Douazan, long de 1 237 m et refuge des chauves-souris. La suite du voyage permet de découvrir le château de Douazan, classé Monument historique. Après un arrêt au passage à niveau d'origine, dont les barrières datent de 1890, vous traverserez sur 59 m le viaduc de la vallée de l'Osse, et admirerez le château d'Hordosse dans la vallée de la Gélise. À droite, l'entreprise Danival, et derrière, le moulin à eau et la gare d'Andiran, en état d'origine. Un nouveau viaduc vous fait pénétrer la vallée des Landes, puis, après une bambouseraie sur votre droite, vous atteindrez Mézin. Un moyen pittoresque et authentique de découvrir cette belle région.

Circuit conseillé Carte de microrégion p. 522-523

LE PAYS D'ALBRET

Circuit de 84 km au départ de Nérac, tracé en rouge sur la carte p. 522-523. Compter une journée.

Entre forêt landaise et Gascogne s'ouvre le doux pays d'Albret. Un paysage légèrement vallonné qui a échappé à l'industrialisation rurale. Là, un pigeonnier, ici un manoir, plus loin un château, et des champs à perte de vue. Dans ce pays, la table est pantagruélique : foie gras et confits, chasselas, prunes, tomates et melons, le tout arrosé d'un buzet AOC… Certains appelleront ça le bonheur.
Quitter Nérac au sud par la route de Condom (D 930). À 7 km, sur la droite, dissimulé par les frondaisons, s'élève le château de Pomarède (petit panneau indicateur).

Château de Pomarède B3

05 53 65 43 01 - visite guidée sur demande préalable (45mn) de mi-juil. à déb. sept. : 9h-12h, 15h-18h ; reste de l'année : sur demande préalable - 5 € (-18 ans gratuit).
À partir d'un simple château gascon s'est développée, au cours des 17e et 18e s., une élégante maison de maître, entourée d'un pigeonnier, de chais, d'écuries, d'une sellerie et d'un étonnant chenil, dont le dessin rappelle celui d'un cloître. Vendue aux enchères sous la Révolution, la propriété fut rachetée au milieu du 19e s. par un descendant des propriétaires d'origine. La visite des parties extérieures du château et de son escalier central, monumental, permet de découvrir, à travers l'histoire de la famille qui y habite (presque) sans interruption depuis trois cents ans, une facette de l'histoire du pays d'Albret.
Poursuivre sur la D 930.

Moncrabeau B3

Ce village sur les bords de la Baïse est connu comme la **capitale des menteurs**. Créée au 12e s. sous l'impulsion d'un moine de Condom, l'Académie des menteurs rassemble « tous les hâbleurs, menteurs et nouvellistes qui s'exercent dans le bel art de mentir finement, sans porter préjudice à autre chose qu'à la vérité, dont ils font profession d'être des ennemis jurés ». Elle compte aujourd'hui 40 membres.
Un circuit fléché *(panneaux explicatifs)* vous conduira rue Cocu-Saute, aux Blaireaux des Sables, au Fauteuil des Menteurs, et vous instruira sur cette drôle de tradition dont l'origine remonte au 18e s. Chaque année, un concours international sacre le « roi des menteurs » suivant le rite consacré *(1er dim. d'août).*
Retraverser la Baïse et suivre la D 219, puis, après Lannes, la D 117 à droite.

Mézin A3

La localité, qui travaille la vigne et le liège, occupe un site en hauteur surplombant le confluent de la Gélise et de l'Auzoue, aux confins du pays d'Albret. Les maisons de pierre à arcades qui bordent la place témoignent de son opulence passée. L'ancienne église du prieuré clunisien fondé au 11e s., l'**église St-Jean-Baptiste**, arbore un style composite.
Musée du Liège et du Bouchon – *R. du Puits-St-Côme - 05 53 65 68 16 - www.ville-mezin.fr/musee.html - ♿ - juin-sept. : 10h-12h30, 14h-18h, w.-end, lun. et j. fériés 14h-18h ; reste de l'année : se rens. - fermé nov.-mars - possibilité de visite guidée sur demande (45mn) - 4 € (-18 ans 2 €).* Ce musée rassemble des souvenirs de l'époque où Mézin était l'une des capitales du bouchon en France. Quatre salles présentent successivement une forêt de la région, la fabrication manuelle, mécanique *(démonstrations)* et actuelle du bouchon *(projection).*
Sortir par la D 656 (direction Nérac), prendre à gauche la D 408, puis la première à gauche (direction Cauderoue) pour rejoindre la D 109.

Barbaste B3

Du centre du village, suivez le balisage « moulin des Tours ».
Moulin des Tours – *05 53 65 27 75 - www.albret-tourisme.com - de mi-avr. à mi-sept. : merc. et vend. 9h30-12h30, jeu. et sam. 15h-19h, dim. 15h-17h30 - fermé oct.-mars, dim. et lun. de Pâques - possibilité de visite guidée (1h) - 4 € (-12 ans gratuit) - inclus dans le pass Albret.* Sur la rive droite de la Gélise, ce moulin fortifié (13e s.) dresse ses quatre tours carrées de hauteur inégale depuis la guerre de Cent Ans. Le vieux **pont roman** à dix arches que défendait l'ouvrage est toujours là, et complète ce tableau de charme.
Prendre la D 930.

Lavardac B3

La petite ville, une ancienne bastide établie sur la terrasse dominant la Baïse (grossie de la Gélise quelques centaines de mètres en amont), fut, avant l'éphémère canalisation de la rivière, le port d'embarquement des barriques d'armagnac apportées par chars du Condomois.

Descendre vers la Baïse et, après le pont, prendre à gauche la D 108.

Xaintrailles A3

En grimpant en haut de ce village situé sur une colline, vous aurez de très belles **vues** sur la vallée de la Garonne et Port-Ste-Marie, d'un côté, la forêt des Landes de l'autre. Le château du 12e s. a été reconstruit au 15e s. par Jean Poton de Xaintrailles, compagnon d'armes de Jeanne d'Arc.

Les amateurs de vin pourront poursuivre sur la D 108, qui marque la limite entre forêt de pins et vignoble de Buzet, pour rejoindre **Buzet-sur-Baïse**, où se trouve la cave coopérative des vignerons de Buzet *(voir « Achats », p. 541).*

Repartir vers Vianne par la D 141, qui traverse le vignoble de Buzet.

Vianne B3

Cette ancienne bastide d'origine anglaise fondée en 1284 a conservé presque intacts son enceinte fortifiée rectangulaire et son plan en damier. Près de la porte nord : l'église, défendue par un clocher avec chambre forte, et l'ancien cimetière. L'activité ancestrale (depuis le 19e s. tout au moins) de la petite cité était la verrerie : un musée du verre soufflé retrace aujourd'hui cette technique.

Traverser l'étroit pont sur la Baïse et prendre à gauche la D 930. À Feugarolles, suivre la D 119 en direction d'Agen. Après 8 km, prendre à droite vers Montesquieu. Le Conservatoire est indiqué sur la gauche.

Montesquieu B3

Conservatoire végétal régional d'Aquitaine – *Barolle de Bas - ✆ 05 53 47 29 14 - www.conservatoirevegetal.com - avr.-nov. : tlj sf sam. 9h-12h, 13h30-17h30, vend. 9h-12h, 13h30-16h30 ; reste de l'année : 9h-12h, 13h30-17h30, sam. 9h-12h, lun. 13h30-17h30 - fermé dim. - 4,50 € (-12 ans gratuit).* Il rassemble 2 000 espèces fruitières régionales anciennes. Un verger-musée de 1,5 ha permet d'apprécier cette diversité, à travers 550 variétés fruitières et cépages locaux. Visite guidée *(1h)* ou libre à l'aide du livret du visiteur. Projection d'un film *(20mn)* et hall d'exposition. Selon la saison, vous pourrez ramasser des fruits (prix au poids).

Vous pourrez aussi acheter des fruits et pruneaux à la ferme Roques *(voir « Achats », p. 541).*

Du haut de son éperon rocheux, le **vieux bourg** jadis fortifié domine la vallée de la Garonne. On peut y voir des vestiges des anciennes portes.

En redescendant du vieux bourg, prendre à gauche et grimper à travers bois.

Montagnac-sur-Auvignon B3

Encore un ancien village fortifié, et surtout un très beau panorama sur les coteaux de l'Albret. L'église date des 13e et 17e s.

La D 7, puis la D 656, ramènent à Nérac.

NOS ADRESSES À NÉRAC

HÉBERGEMENT

BUDGET MOYEN

Hôtel Henri-IV – *4 pl. du Gén.-Leclerc - ✆ 05 53 65 00 63 - www.hotelhenriiv.fr - 17 ch. 60/88 € -* ☕9,50 €. Accueil jeune et sympathique des nouveaux propriétaires dans cet hôtel en plein cœur de Nérac, agrandi de sept nouvelles chambres. La rusticité de la pierre et de jolis meubles en bois, chinés, se mêlent avec bonheur à de subtiles touches de modernité. Dans la pièce commune, jouets anciens et belle cheminée apportent toute la chaleur que l'on retrouve dans les couleurs du design îlot central de la salle de petit-déjeuner. Plateau-repas sur demande *(10 €)*.

Chambre d'hôte Le Domaine du Cauze – *Le Domaine du Cauze - ✆ 05 53 65 54 44 - www.domaineducauze.fr - P - - 4 ch. et 1 suite 60/75 € ☕.* Dans cette ancienne ferme accueillante, perchée sur une colline verdoyante, les chambres sont diversement aménagées : pièces chinées, meubles de famille ou éléments modernes et fonctionnels. Aux beaux jours, on peut dîner sous la tonnelle.

POUR SE FAIRE PLAISIR

Hôtel Moulin de Larroque – *47230 Barbaste - ✆ 05 53 97 23 34 ou 06 80 70 60 49 - www.moulin-larroque.com - 5 ch. 88/119 € - ☕* . Cet ancien moulin du 17e s. est situé dans un cadre exceptionnel, entre bois et cultures. Les vastes chambres sont décorées de beaux meubles en bois, baignoire à l'ancienne, carreaux de ciment. L'espace de détente (piscine bordée de colonnes, hammam en enduit marocain, sauna finlandais, Spa...) est privatisable : vous pouvez le réserver (séances de 1h45). En famille, entre amis et même à deux, ce lieu unique ne sera rien qu'à vous.

RESTAURATION

PREMIER PRIX

Les Terrasses du Petit Nérac – *7 r. Séderie - ✆ 05 53 97 02 91 - www.terrasses-nerac.fr - formule déj. 12,50 € - 25 € - 4 ch. 60 € -* ☕ *6 €.* Dans l'une des salles à manger ou sur la terrasse au ras de l'eau, vous goûterez de bons plats traditionnels accompagnés d'une belle carte des vins locale, pour un prix tout à fait raisonnable, Un grand bol d'air et de saveur avec vue sur la vieille ville. Chambres simples et coquettes.

BUDGET MOYEN

L'Art de Vivre – *7 r. du Château - ✆ 05 53 65 69 43 - www.restaurant-lartdevivre-nerac.fr - formule déj. 14 € - 25/32 €.* Accueil simple et chaleureux dans ce petit restaurant derrière le château. Délicieux. Une citation d'Henri IV inscrite au mur donne le ton : « Bonne cuisine et bon vin c'est le paradis sur terre. » Tout est dit !

ACHATS

Château du Frandat – *Rte d'Agen - ✆ 05 53 65 23 83 - www.chateaudufrandat.fr - 9h-12h, 13h30-18h - fermé dim. et j. fériés, de fin déc. à déb. janv. - possibilité de visite guidée sur demande (1h15) - 6 € (-12 ans 4 €).* Le château du Frandat élabore trois produits d'Appellation d'origine contrôlée : buzet (rouge et rosé), floc de Gascogne (rosé et blanc) et armagnac. Visite du chai et dégustations *(4 pers. mini, 8 €, mai-sept. sur réserv.)*. Le domaine propose également des pruneaux d'Agen.

Chocolaterie artisanale La Cigale – *2 r. Calvin - ✆ 05 53 65 15 73 - www.chocolaterie-la-cigale.fr - tlj sf dim. et lun. 9h-12h, 14h-18h30 - fermé les 3 dern. sem. de juil. et j. fériés.* Pas moins de 80 variétés de petits chocolats et de bouchées, dont de nombreuses sortes de pruneaux enrobés de chocolat. La maison crée aussi des chocolats, bonbons et biscuits sans sucre. Sa spécialité: le prunonoix, une coquille de nougatine fourrée de crème de pruneau à l'armagnac et recouverte d'une noix du Périgord.

Cave coopérative des vignerons de Buzet – *Av. des Côtes-de-Buzet - ✆ 05 53 84 17 16 - www.vignerons-buzet.fr - visites thématiques (1h) juil.-août: tlj sf dim. 10h30 et 16h; reste de l'année: tlj sf dim. 15h et sur demande préalable - 6 € (-18 ans gratuit) - boutique juil.-août: 9h-12h, 14h-19h; reste de l'année: 9h-12h, 14h-18h.* Au cœur de l'AOC Buzet, la visite des chais se termine par un petit jeu de senteurs et une dégustation.

À proximité

Ferme Roques – *D 119 - Quartier Le Vacqué - 47130 Montesquieu - 14 km au nord-est de Nérac - ✆ 05 53 68 60 39 - www.fermeroques.com - lun.-sam. 9h-12h, 14h-19h - fermé dim. et j. fériés.* Cette exploitation agricole est spécialisée dans l'arboriculture fruitière. Outre des prunes, elle produit aussi pommes, poires, kiwis, pêches et brugnons. Le fleuron de la maison, c'est bien sûr le pruneau d'Agen préparé à l'ancienne. On y propose aussi jus de fruits, liqueurs et apéritifs.

Verrerie d'art Dino Glass – *Bd de la Gare - 47230 Vianne - ✆ 05 53 97 27 72 - www.dinoglass.com - 10h-12h30, 14h-19h30.* Une multitude d'objets investissent l'immense hall de l'ancienne gare, ouvert sur l'impressionnant atelier de travail de Dino Diaconescu. Il est fascinant de regarder travailler l'artiste et sa femme. Dommage que la langue soit un frein à un accueil beaucoup moins haut en couleurs.

ACTIVITÉS

Cyclotourisme en Albret – *Brochure en vente à l'office de tourisme. 6 circuits fléchés entre 74 et 100 km.*

Les Croisières du Prince Henry – *Quai de la Baïse - ✆ 05 53 65 66 66 - www.croisieresduprincehenry.com - ♿ - juil.-août: 11h, 15h et 16h30; mai-juin et sept.: 15h; reste de l'année: dim. - fermé nov.-mars - 8,80 € (-12 ans 5,80 €).* C'est l'une des plus belles croisières du sud de la France: vous découvrirez la promenade de la Garenne, les tanneries, les Bains du Roi et le château des Templiers. Location de gabarots *(2-12 places, conduite facile, sur réserv.).*

Cap Cauderoue - *47230 Barbaste - à 7 km de Nérac - ✆ 05 53 65 52 74 ou 06 48 16 60 90 - www.cap-cauderoue.com - juil.-août: 10h-19h; avr.-mai et de mi-sept. à fin oct.: w.-end, j. fériés et vac. scol. 13h30-18h; juin et 1re quinz. de sept.: w.-end 11h-18h - activités 5/18 €.* Ce parc d'activités propose balades équestres, parcours acrobatiques, canoë, VTT, tir à l'arc, jeu laser, course d'orientation, nuit dans un tipi…

AGENDA

Fête des vins et du terroir de l'Albret – *Août - www.albret-tourisme.com.*

À Moncrabeau

Festival international de menteries – *1er dim. d'août - www.academiedesmenteurs.fr.* Élection du roi des menteurs.

Marmande

18218 Marmandais – Lot-et-Garonne (47)

« Les vraies passions donnent des forces en donnant du courage » : cette citation de Voltaire s'applique parfaitement à cette belle région. Entre canal et vallées, prairies et collines, tout, autour de Marmande, appelle à la rêverie et à la balade bucolique, à pied, à vélo ou en bateau. Les maisons éclusières, jardins remarquables et fiers monuments verront naître sur vos visages apaisés un sourire permanent, sensations de plénitude nourries par ses habitants, partageant avec passion leur patrimoine et les luttes permanentes contre les caprices du fleuve.

NOS ADRESSES PAGE 547
Hébergement, restauration, achats, activités, etc.

S'INFORMER

Office du tourisme du Val de Garonne – *11 r. Toupinerie - 47200 Marmande - ✆ 05 53 64 44 44 - www.valdegaronne.com - juil.-août : 9h30-12h30, 14h30-19h, j. fériés 9h30-12h30 ; reste de l'année : tlj sf j. fériés 9h30-12h30, 14h-18h - fermé dim.* Installé dans une maison d'habitation meublée, cet office de tourisme « nouvelle génération » propose une découverte audiovisuelle de son territoire, qui met en scène les acteurs locaux, et interactive grâce à des bornes accessibles 24h/24, des tablettes numériques, des cartes, vidéos, boutique… Location de vélos.

SE REPÉRER

Carte de microrégion A1 (p. 522-523) – 70 km au sud-est de Bordeaux et 65 km au nord-ouest d'Agen, dans les deux cas par l'A 62 puis la D 933. Marmande est le gros bourg du coin !

À NE PAS MANQUER

La *Crucifixion* de Rembrandt dans l'église du Mas-d'Agenais ; la scénovision « Gens de Garonne » à Couthures ; le Musée archéologique de Ste-Bazeille.

ORGANISER SON TEMPS

Une journée vous permettra de découvrir Marmande et sa région. Attention, certains sites du circuit sont accessibles uniquement sur réservation, d'autres l'après-midi seulement, selon la saison.

AVEC LES ENFANTS

La visite de Marmande avec le jeu de piste ; la Réserve naturelle de l'étang de la Mazière ; la scénovision « Gens de Garonne » à Couthures-sur-Garonne; le musée de la Mémoire paysanne à Villeton ; Castel Adventure à Casteljaloux.

Se promener

Suivre l'itinéraire conseillé du vieux Marmande.

Église Notre-Dame

Voir l'« ABC d'architecture », p. 88. Sa construction s'est étalée du 13e au 16e s. et le chœur a été restauré au 17e s. Remarquez, à gauche en entrant, une Mise au tombeau, ensemble sculpté du 17e s. Dans la première chapelle à droite du chœur, retable du 17e s. représentant saint Benoît en prière et persécuté par le diable. Du côté sud de l'église s'ouvre un **cloître** Renaissance assorti

Cloître de l'église Notre-Dame à Marmande.
M. Dozier/hemis.fr

de beaux **jardins** à la française d'art topiaire classés Jardin remarquable. Les motifs et sculptures des arbres taillés s'inspirent du château de Langeais. Au centre jaillit une jolie fontaine.

Galerie d'art sacré – *✆ 05 53 93 47 07 - juil.-août : merc. 15h-18h - fermé j. fériés - possibilité de visite guidée (45mn) - gratuit.* Cette exposition d'objets liturgiques donne sur le cloître.

Jardins de Beauchamp

R. des Isserts (accès par la jardinerie) - ✆ 05 53 64 30 12 - 9h-12h, 14h-18h, lun. 14h-18h - fermé 1er janv., 26 déc. - 6 € (-12 ans gratuit).

Quatorze zones se succèdent tout au long du sentier pédestre de cet espace élu Jardin remarquable pour la seconde fois : jardin japonais, patio, jardins d'eau où jaillissent cascades et plantes aquatiques, jardin anglais… Avant de vous poser au bord de la piscine écologique, perdez-vous dans le labyrinthe et le jardin sauvage. Après le jardin méditerranéen, le jardin toscan déploie son magnifique bassin central, longé de cyprès. La visite se termine avec le jardin de curé et l'oasis aux arbres tropicaux. Un voyage romantique et exotique autour du monde dont vous ne manquerez pas de ramener un souvenir en repassant par la pépinière de Monsieur Jay.

À proximité Carte de microrégion p. 522-523

Casteljaloux A2

23 km au sud par la D 933.

Maison du Roy - 47700 Casteljaloux - ✆ 05 53 93 00 00 - www.casteljaloux.com - juil.-août : 9h-12h, 14h-19h, dim. 10h-12h, j. fériés 9h-12h ; reste de l'année : tlj sf dim. et j. fériés 9h-12h, 14h-18h.

Le tracé de ce village, traversé par l'Avance, remonte au Moyen Âge. Devenu place forte protestante, démantelé en 1621, il conserve de son passé, dominé

du 11e s. au 16e s. par la présence de la famille d'Albret, quelques belles demeures (dont la maison du Roy qui abrite l'office de tourisme).
Côté activités, le **lac de Clarens** offre d'agréables aménagements pour la baignade, la promenade et toutes sortes d'activités sportives. Et pourquoi pas une petite remise en forme aux thermes ?

Circuit conseillé Carte de microrégion p. 522-523

LE VAL DE GARONNE

Circuit de 68 km au départ de Marmande, tracé en bleu sur la carte p. 522-523. Compter 4h. Quitter Marmande au sud-est par la D 299, entre champs et serres. Dans le bourg de Gontaud, prendre la direction de Tonneins (D 641), puis, à la sortie, à gauche, suivre l'indication « Moulin de Gibra ».
Au bord de cette route bucolique, le **moulin**, fièrement dressé sur une colline, se détache sur le ciel.
Poursuivre en direction de Tonneins (C 504, D 101 à gauche, puis D 120).
À **Tonneins** (B2), à gauche avant le pont, vous pourrez emprunter l'agréable **promenade des Quais**, en bord de Garonne (aire de pique-nique).
À la sortie de Tonneins par la D 120, suivre à droite « Réserve de l'étang de la Mazière ».

Réserve naturelle de l'étang de la Mazière, à Villeton B2

Maison de la réserve Les Mazières - Petite Mazière - 47400 Villeton - 05 53 88 02 57 - visite accompagnée uniquement (2h env.) tlj sur réserv. (sf en cas de pluie) - 50 € (-10 pers., 4 €/pers. suppl.). Dans cette zone humide, bottes obligatoires (surtout en hiver).
L'étang de la Mazière est un vestige du cours ancien de la Garonne. La réserve (100 ha) abrite une faune et une flore très riches (222 espèces d'oiseaux répertoriées, postes d'observation). La visite est particulièrement intéressante pendant la migration *(de mi-août à fin oct.)* : c'est ici l'une des plus importantes stations de baguage en France *(tous les matins pendant cette période)*. La Maison de la réserve accueille une exposition permanente sur le milieu naturel.

Balade sur la Garonne.
Gens de Garonne

Musée de la Mémoire paysanne, à Villeton B2

Halte nautique - 47400 Villeton - ✆ 06 12 60 73 29 - www.valdegaronne.com - mai-sept. : tlj sf sam. 14h-19h - 4 €, 4-12 ans 2 €.

Revivez un siècle d'histoire de l'agriculture et de sa mécanisation dans ces granges où sont exposées de très nombreuses machines, en parfait état de marche. Sur réservation et avec un peu de chance, monsieur le maire lui-même vous guidera au long de ce parcours en 8 étapes empli de nostalgie. Dans le bâtiment principal, impériale, une gigantesque batteuse anglaise de 1910 entièrement restaurée illumine le centre de l'espace de ses couleurs vertes et rouges. Des plans de chanvres et de manoque séchés rappellent l'exploitation de la graine de tabac. De nombreuses photos des années 1900 restituent les scènes de la vie quotidienne.

Le fournil offre la possibilité d'acheter un des 14 pains différents, dont on aura suivi la préparation jusqu'à la cuisson dans le four traditionnel. La machine à ferrer les vaches est imposante de force et de massivité. La forge en activité au soufflet titanesque et l'enclume de 800 kilos sculptent tous les outils possibles et imaginables. Le jardin pédagogique sous serre ou en bord de canal rassemble fruits, légumes et arachides.

Des ateliers pédagogiques sont proposés comme cette machine à fabriquer les cordes ou l'atelier du sabotier. Vous connaîtrez tous les secrets d'un savoir-faire disparu depuis les années 1980. Un atelier vendange permet de suivre la production du jus, du fouloir à grappes au pressoir.

Le moulin Lacassore, impressionnant système à moudre le grain sur 2 étages, clôt cette visite dans le passé.

Repartir en direction de Tonneins et prendre à gauche la D 234.

La route traverse une vaste forêt de peupliers.

Le Mas-d'Agenais A2

D'origine romaine, le site a été le lieu d'importantes fouilles qui ont notamment mis au jour la **Vénus du Mas**.

Église St-Vincent – *R. Scanabets - 9h-12h, 14h-19h - en cas de fermeture, se rens. à la mairie au ✆ 05 53 89 50 37.* Cet édifice roman recèle une **Crucifixion★**, œuvre de Rembrandt (1631), qui met en scène un Christ à l'expression à la fois douloureuse et extatique. Dans le chœur, la stalle centrale, celle du prieur, montre le Christ tenant le globe surmonté d'une croix. Intéressants chapiteaux dans la nef et les bas-côtés (mythes païens, scènes de l'Ancien Testament et de l'Évangile). Le sarcophage en marbre blanc portant le monogramme du Christ, au centre, date du 5e s.

Prendre la petite route en descente derrière la halle en bois, puis emprunter à gauche la D 143 qui longe le canal latéral à la Garonne, dont les berges sont aménagées en Voie verte (voir p. 22), et le traverse plusieurs fois. Puis suivre la D 116 jusqu'à Meilhan-sur-Garonne.

Meilhan-sur-Garonne A1

Ce village prend place sur un site d'exception : son tertre (table d'orientation), sur un promontoire rocheux de 40 m, surplombe la Garonne et son canal latéral qui se frôlent à ses pieds, offrant une vaste **vue panoramique★** sur la vallée. De l'ancienne citadelle, détruite sur ordre de Richelieu en 1622, ne subsiste qu'une tour dans la rue du Château. En empruntant la « brèche des Anglais » (par où ces derniers reprirent la citadelle aux Albret en 1345), on descend au bord du canal, bordé par la **Voie verte**, qui accueille une halte fluviale.

Repartir par la D 116 en direction de Marmande, puis tourner à gauche sur la VC1 jusqu'à Couthures-sur-Garonne.

LA CROISIÈRE SE REPOSE

Moins connu que son petit frère le canal du Midi, plus âgé de deux siècles, et avec qui il relie la Méditerranée à l'Atlantique, le **canal de Garonne** profite de son climat océanique. À eux deux, ils forment le canal des Deux-Mers. Plus tranquille, on appréciera le charme des paysages bordés de platanes grâce à tous types d'embarcation : bateaux à moteurs, canoës, jet-skis ou hydroplanes, en bateau promenade d'avril à fin octobre, ou, unique en France, en bateau hôtel fonctionnant à l'énergie solaire.

« Gens de Garonne », à Couthures-sur-Garonne A1

R. Lacave - ✆ 05 53 20 67 76 - www.gensdegaronne.com - ♿ - de déb. fév. à mi-nov. : horaires, se rens. - 10 € (-18 ans 7 €) - 13 € billet combiné avec la balade en bateau. Le site en phase de développement permanent vise à la création d'un centre d'interprétation du fleuve et de la vallée à l'échelle régionale. Basé sur des technologies étonnantes, il propose plusieurs animations autour des inondations qui se produisent ici plusieurs fois par an. Prenant place chez le coiffeur, celui qui sait tout sur tout, le **ciné-spectacle** *(45mn)* entraîne le public au cœur de l'inondation catastrophique de 1952. Grâce à un ingénieux système de suspension hydraulique, la salle monte ou descend, immergeant le spectateur sous la montée des eaux dans le salon de coiffure ou lors d'un très poétique tableau de pêche de nuit. On comprend ici pourquoi, dans ce village, les prises électriques sont fixées en hauteur et les meubles attachés à des poulies. Des documents d'époque, émouvants, témoignent de tout l'amour de ces habitants pour « Garonne ».

Une **maquette animée** et interactive explique pourquoi depuis quatre cents ans le fleuve, à l'afflux de nombreux confluents, monte si souvent. Le **Ciné 3D** *(15mn)* revient sur l'écosystème du fleuve et les dommages de la pollution. En été, des **balades thématiques** en bateau permettent de voir le fleuve sur toute sa Couthure : au petit matin pour un petit-déjeuner dans un endroit secret, lors d'une chasse au trésor grandeur nature ou théâtralisée à la rencontre de très illustres personnages de la Belle Époque. Monsieur le maire en personne viendra à votre rencontre sur l'îlot central et prendra les commandes de l'embarcation pour terminer la croisière autour d'un verre de l'amitié.

Les Secrets de Garonne, jeu numérique, et le **Garoquiz** permettront aux enfants de comprendre la faune et la flore de manière ludique, dont la lamproie dont vous pourrez rapporter une conserve de la boutique.

2h30. Départ du lavoir sur la D 3 entre Couthures et Ste-Bazeille. Un itinéraire ponctué de panneaux (histoire, environnement...) mène au bord de la Garonne. *Reprendre la D3 en direction de Ste-Bazeille.*

Sainte-Bazeille A1

Musée archéologique – *Pl. René-Sanson - ✆ 06 85 23 60 52 - www.archeo-marmandais.fr - juil.-août : tlj sf mar. 14h30-18h30 ; reste de l'année : dim. 14h30-18h - fermé j. fériés - possibilité de visite guidée sur demande (45mn) - 3 € (-14 ans gratuit).* Il est situé dans les anciens bains-douches du bourg. Le lieu est insolite et les collections surprenantes, issues du sous-sol de Ste-Bazeille et du Marmandais qui recèle des vestiges antiques et médiévaux. La présentation chronologique (2 000 ans d'histoire) et thématique de plus de 700 pièces illustrant la vie quotidienne intéressera les néophytes comme les passionnés, chacun pouvant s'attarder devant les riches vitrines selon ses goûts (objets de l'âge du fer, reconstitution d'un four de potier du 1er s. av. J.-C., monnaies antiques, céramiques sigillées, bijoux, habitat gallo-romain, mobilier mérovingien, etc.). *Revenir à Marmande par la D 813.*

NOS ADRESSES À MARMANDE

HÉBERGEMENT

À proximité

BUDGET MOYEN

Village Vacances Castel Chalets – *Lac de Clarens - 47700 Casteljaloux - à 8 km de Marmande - ✆ 05 53 93 07 45 - ♿ - www.castel-chalets.com - 25 🏠 90/155 €/nuitée, 480/680 €/sem.* Pour les loisirs et la détente: lac de 17 ha avec plage de sable fin et base de loisirs pêche: tennis, planche à voile, piscine, etc. Location 2 nuits mini, hors été.

Les Chambres d'hôte de Château Bouynot – *Château Bouynot - 47180 St-Sauveur-de-Meilhan- ✆ 05 53 83 08 24 - www.chateaubouynot.fr - 2 gîtes 90 €* . La Grange, 250 m² articulés autour du billard et d'une grande cheminée, propose 4 chambres spacieuses à la décoration sobre et chic. Un imposant îlot de cuisine promet de bonnes soirées entre amis. Le Séchoir et ses 3 chambres, plus moderne, impressionne par son double escalier central. Une piscine design et une aire de jeux vous donneront envie de prolonger votre séjour.

Hôtel Le Font d'Uzas – *1 av. de la Fontaine-d'Uzas - 47180 Meilhan-sur-Garonne - ✆ 05 53 89 62 97 - http://fontduzas.com - 3 ch. 70 €. ✕ 15,50/26 €.* Ambiance feutrée et familiale dans cette ancienne maison de maître, du hall en damier noir et blanc, aux chambres à la déco rustique et pleine de charme. Profitez du restaurant ou de la terrasse pour goûter les spécialités maison des propriétaires, titrés Maîtres restaurateurs.

Résidence Les Bains de Casteljaloux – *La Bartère - 47700 Casteljaloux - ✆ 05 53 20 59 00 - www.bains-casteljaloux.com - fermé 15 j. en nov. - ♿ - P - 30 studios et 10 appart. 71/118 € - 8 €.* Cette résidence à l'architecture contemporaine un peu conventionnelle propose studios et appartements dotés d'un balcon. De votre logement, vous pourrez rejoindre les thermes (accès illimité pour les résidents), les bains et l'institut esthétique.

Chambre d'hôte Château Cantet – *47250 Samazan - ✆ 05 53 20 60 60 - fermé de déb. nov. au 15 mai - P - - 2 ch. 65/75 € et 1 suite pour 4 pers. 120 € - .* Une noble demeure du 18e s., entourée d'un parc. Les chambres, le salon et la salle à manger sont gentiment aménagés. Petit-déjeuner au bord de la piscine aux beaux jours.

POUR SE FAIRE PLAISIR

Chambre d'hôte de La Houeyte – *1 lieu-dit La Houeyte - 47180 Couthures-sur-Garonne - ✆ 05 53 79 52 16 - www.chambres-lahoueyte.com - P 3 ch. 110/150 €.* Cette ancienne ferme de 1800 propose 2 suites extérieures avec terrasses privatives et 1 suite familiale avec un beau jardin, toutes vastes et élégamment aménagées. On retrouve ici les traces du passé, des poutres apparentes aux objets de décoration, anciennes machines à couper les betteraves ou à moudre le grain, anneaux incrustés dans le mur. Piscine, vélos et tables de ping-pong sont à disposition dans une grande prairie. Produits locaux pour le petit-déjeuner/brunch, et panier gourmand pour la soirée. La propriétaire surnomme à juste titre ce véritable havre de paix le « crousty moelleux » : très simple mais très confortable.

7

Hôtel Le Prince Noir – *6 r. de Menjoulan - 47310 Sérignac-sur-Garonne - ✆ 05 53 68 74 30- www.le-prince-noir.com-* 🅿 *19 ch. 80/120 €* ☕. ✕ *17/45 €.* Cet ancien manoir a tout de princier, dès l'arrivée dans la grande cour carrée dominée par un pigeonnier. Piscine, terrain de tennis, salle de sport, grand parc boisé, terrasse pour se rafraîchir au coin bar, tout ici porte à la quiétude. Les chambres modernes sont décorées simplement avec de beaux meubles chinés. Un accueil parfait et un excellent rapport qualité-prix pour des prestations remarquables.

RESTAURATION

À proximité

PREMIER PRIX

Le Grand Café – *13 pl. Gambetta - 47700 Casteljaloux - ✆ 09 52 97 74 64 - 6h30-0h - 12,50/15,50 €.* Accueil convivial dans cette brasserie rénovée et sa grande terrasse sur la place du village. Burgers maison, larges pizzas préparées au feu de bois, copieuses salades ou gratins normands pour une pause pratique et sympathique.

L'Escale – *Pont des Sables - 47200 Fourques-sur-Garonne - ✆ 05 53 93 60 11 - fermé lun., sam. midi, dim. soir -* 🅿 *- 15/18 €.* Cette fermette de 1683 est appréciée des gens du cru qui viennent y savourer de bons plats, mais aussi y admirer les expositions de peinture. L'été, terrasse face au canal ou côté jardin.

BUDGET MOYEN

La Chope et le Pichet – *Le Moulin de St-Christophe- 47400 Villeton - ✆ 05 53 83 13 49 - fermé nov.-mars ; lun., mar., dim. soir -* 🅿 *- 14,80/21,20 €.* Cette ancienne maison éclusière offre un cadre exceptionnel et un accueil à sa hauteur. Les propriétaires ajoutent leur petite touche ch'ti aux produits frais ou issus du potager attenant à la terrasse : pommes au four au sirop, saumon farci au miel accompagné de rhubarbe, salade au camembert tiède nappé aux poires et au miel… Incontournable, le *frietzak*, cornet de frites traditionnel belge. Réservation hautement recommandée pour profiter de ce coin de paradis. Le dimanche, les clients profitent du farniente de l'après-midi, sans pression, si ce n'est celle des spécialités de bières belges : 42 raisons de se faire plaisir, la devise de la maison.

Les Tables du Prince Noir – *6 r. de Menjoulan - 47310 Sérignac-sur-Garonne - ✆ 05 53 68 74 30 - www.le-prince-noir.com - 12h-13h30, 19h30-21h - 17/45 €.* Originaire d'Alsace, le chef Sébastien Aliprandi a choisi de se faire plaisir grâce à un retour aux produits nobles. Simples et frais, tous sont restructurés pour une cuisine belle et bonne. L'assiette découverte permet une exploration complète de ce savoir-faire dans un délice visuel et de saveurs. Ne partez pas sans avoir goûté le canelé fourré à la glace et sa chantilly, un bonheur !

POUR SE FAIRE PLAISIR

La Vieille Auberge – *11 r. Posterne - 47700 Casteljaloux - ✆ 05 53 93 01 36 - www.la-vieille-auberge-47.com - fermé dim. soir et lun. -* 🅿 *- 22/45 €, menu surprise du chef 65 €.* Charmante maison de pierre bordant une ruelle de l'ancienne ville fortifiée. La salle à manger bourgeoise est colorée et bien fleurie. Cuisine gourmande et originale.

ACHATS

Fermes de Garonne – *www.vg-agglo.com/Fermes-de-Garonne.html.* Les producteurs du val de

Garonne se sont fédérés pour promouvoir leur travail. En résultent : huiles, fruits et légumes, viande… de qualité.

La Ferme de Garonne - *Mombusq - 47520 Le Passage - ✆ 05 53 68 82 99 - mar.-sam. - oct.-mars : 9h-12h, 15h-18h ; avr.-sept. : 9h-12h, 15h-19h.* Vente directe du producteur au consommateur de légumes, produits secs et fruits de saison, travaillés avec soin et passion.

Palmagri – *9 r. Léopold-Faye - ✆ 05 53 64 40 65 - tlj sf dim. et lun. 9h-12h15, 14h30-19h - fermé 10 j. en juin.* Cette boutique créée par une association d'agriculteurs locaux propose des produits dérivés du canard (foie gras, terrines, pâtés, etc.) ainsi que des plats cuisinés : pot-au-feu, canard aux petits légumes… Spécialités à base de pruneaux.

Cave du Marmandais – *47250 Cocumont - 16 km au sud-ouest de Marmande - ✆ 05 53 94 50 21 - www.cave-du-marmandais.fr.* Vins du sud-ouest dont l'AOC côtes-du-marmandais.

ACTIVITÉS

Randonnée – *www.valdegaronne.com.* 8 circuits vélo et 35 itinéraires pédestres balisés permettent de sillonner le val de Garonne à la découverte de ses paysages, de son patrimoine, de ses villes et villages. Rando-fiches disponibles dans les offices du tourisme du val de Garonne ou téléchargeables sur Internet.

La Gabare « Val-de-Garonne » – *Halte nautique de Pont-des-Sables - 47200 Fourques-sur-Garonne - ✆ 05 53 89 16 85 - www.emeraude-navigation.com - mars-oct. - 6-9 €.* Croisières sur le canal de Garonne à bord de la gabare *Val-de-Garonne*.

Les Bains de Casteljaloux – *La Bartère - 47700 Casteljaloux - ✆ 05 53 20 59 00 - www.bains-casteljaloux.com - lun.-jeu. 10h-19h, vend.-sam. 10h-21h, dim. 10h-20h - fermé 4 j. fin juin et 15 j. de fin nov. à déb. déc. - 16 € (enf. 14 €).* Les bains, qui sont répartis sur 5 pavillons, permettent un grand choix d'activités : espace santé et rhumatologie aux thermes ; formules détente et relaxation par lampe de Wood, loisir ou revitalisation aux bains et ses jeux de lumière ; soins à l'institut. Bain japonais, Jacuzzis géants aux milles senteurs, hammam, bain turc, saunas et puits d'eau froide.

Castel Adventure – *Rte de Mont-de-Marsan - 47700 Casteljaloux - ✆ 05 53 84 94 72 - www.casteladventure.com - horaires et tarifs : se rens.* Entre la route et le lac, ce petit complexe à échelle humaine propose un parc aquatique et différentes formules d'accrobranche : 6 parcours permettent de découvrir le site en toute autonomie à travers 100 jeux aériens de difficulté croissante. 2 tyroliennes de 500 m traversent le lac aller-retour. 2 terrains de paintball, des pédalos, des activités de canoë et de jet-ski et un snack.

Golf de Casteljaloux – *Rte de Mont-de-Marsan - 47700 Casteljaloux - ✆ 05 53 93 51 60 - www.golfdecasteljaloux.com - hiver 9h-18h, été 8h-19h.* Practice de 18 trous en bordure de la forêt landaise offrant une vue panoramique sur le lac. Le *pool house* propose un pro shop et un restaurant (11h30-15h).

Téléski nautique de Damazan - TND Waterpark – *47160 Damazan - ✆ 05 53 20 59 00 - www.tnd47.com - fermé nov.-mars - juil.-août : 14h-20h sem., 10h-20h w.-end - 15 €/h.* Que vous soyez *rider* aguerri ou débutant, Cédric saura vous transmettre sa passion pour cette discipline méconnue. Au programme :

wake-board, bi-ski ou ski nautique, et pour les néophytes, le *kneeboard* (planche pour les départs à genoux). Un téléski doté d'une boucle de 500 m et 5 virages filant à 30 km/h peut accueillir 6 pers. à la fois. Les champions internationaux viennent pour s'exercer et se livrer à des compétitions. Une zone de skate, un coin baignade pour les plus petits, un snack et un pro shop complètent cet espace ludique et écologique.

Prod Sports et loisirs – *47200 Marmande - ✆ 06 79 18 74 60 - http://prod-sports-loisirs.fr.* Location de canoë-kayak et *Stand Up Paddle*, animations encadrées de courses d'orientation, VTT, rallye nature et atelier d'éducation à l'environnement. Événements multisports, course à pied, randonnées nocturnes, tapas et flambeaux. Une manière insolite de découvrir les environs de Couthures-sur-Garonne.

EN SOIRÉE

Casino de Casteljaloux – *Rte de Mont-de-Marsan, lac de Clarens - 47700 Casteljaloux - ✆ 05 53 64 87 00- www.casino-casteljaloux.com - 11h-3h.* Le petit casino situé juste en face du golf de Casteljaloux a déménagé début 2015 dans un environnement moderne et conceptuel de 1 200 m². Belle structure sur pilotis dont les façades en bois dominent le lac de Clarens. On peut aussi s'y rendre pour profiter du restaurant et de sa large terrasse au-dessus de la plage. Un coin cosy retransmet sur écran géant les événements sportifs du moment et la salle d'animation accueille des concerts. Las Vegas sur fond d'étoiles, ou de flots bleus selon l'heure…

AGENDA

Garorock – *Juin - www.garorock.com.* Festival de musique.

Tomato Fiesta – *Juil.* Fête de la tomate.

Festival Nuits lyriques de Marmande – *2e quinz. d'août - http://festilyrique.fr.*

La Farfelue – *Sept. - www.lafarfelue.com.* Parcours nature ludique, course d'obstacles, sur 10 km.

Duras

1 326 Duraquois – Lot-et-Garonne (47)

Un peu médiéval, un peu classique, le château reste en tout cas le plus bel ornement de l'ancienne bastide qui veillait sur les terres des ducs de Duras et la vallée du Dropt. La vigne, quant à elle, a su trouver ici un terroir d'élection: la région, au sol siliceux peu calcaire, produit les côtes-de-duras, des vins rouges ancestraux, corsés et robustes. Autour de Duras s'étire une belle campagne vallonnée aux faux airs de Toscane.

NOS ADRESSES PAGE 553
Hébergement, restauration, achats, activités, etc.

S'INFORMER

Office du tourisme de Duras – *14 bd Jean-Brisseau - 47120 Duras - ✆ 05 53 93 71 18 - www.paysdeduras.com - juil.-août: 9h-12h30, 14h-18h, dim. et j. fériés 10h-13h; reste de l'année: tlj sf w.-end 9h-12h30, 14h-17h30, w.-end de Pâques 10h-13h - fermé certains j. fériés - accès wifi (gratuit).*

SE REPÉRER

Carte de microrégion A1 (p. 522-523) – À la limite du département de la Gironde, 24 km au nord-est de La Réole par la D 668 et 23 km au nord de Marmande par la D 708.

À NE PAS MANQUER

La Maison des vignerons pour se ravitailler en côtes-de-duras, les fresques de l'église d'Allemans-du-Dropt.

ORGANISER SON TEMPS

La visite du château dure environ 1h30. En saison, de nombreuses manifestations y sont organisées. Pour sillonner la région de Duras, prévoyez une demi-journée. Elle est superbe au printemps lorsque les arbres sont en fleur.

AVEC LES ENFANTS

L'exposition et le jardin de la Maison des vignerons de Duras; le sentier bio de Berticot.

Se promener

Château

Pl. du Château - ✆ 05 53 83 77 32 - www.chateau-de-duras.com - juil.-août: 10h-19h; fév.-mars et nov.-déc.: 14h-18h; reste de l'année: 10h-13h, 14h-18h - fermé janv., 24-25 déc. - 7 € (-18 ans 5,50 €) - possibilité de visite guidée (1h30) juil.-août: 15h et 17h, merc. 11h (spéciale enf.), jeu. 11h (visite thématique) et nocturne à la chandelle de fin juil. à fin août: lun. à partir de 20h. Audioguide.

En 1308, la mode est à la forteresse: le château d'origine possède alors huit tours reliées par des courtines. En 1680, le château est réaménagé en demeure de plaisance. Le vent de la Révolution soufflera jusqu'ici, découronnant une tour par-ci, endommageant une salle par-là. À la fin des années 1970, la charpente et la cour sont restaurées. En 2012, les coursives du château sont inaugurées.

MARGUERITE ET DURAS

Ce sont les ducs de Duras qui ont soufflé son nom de plume à **Marguerite** (son père avait une exploitation aux environs). Pour tout savoir sur sa vie, lire *Les Impudents*: la ville y apparaît sous le nom d'Ubzac.

Vous visiterez la salle des maréchaux, la salle des gardes, les chambrées d'hommes d'armes, la cuisine aux cent fagots et la boulangerie, le puits, les cachots et, bien entendu, la salle aux secrets, où l'on peut tout se dire sans que personne n'entende rien. Aussi, n'ayez crainte, vos conversations avec les fantômes que les Duraquois soupçonnent de hanter le château ne laisseront aucun écho… Vous admirerez la charpente en bateau inversé, le style Renaissance de la cour intérieure et le magnifique panorama du haut de la tour.
Ouverts à la visite en 2015, les appartements de la duchesse et ses boiseries du 17e s. ont été entièrement restaurés.
Pour compléter la visite, **quatre musées** vous donneront maintes informations sur la paléontologie, la vigne et le vin, le grain et, enfin, les arts et traditions populaires.
Un audioguide permet un parcours libre du château qui accueille de nombreuses animations et des manifestations culturelles, arts, musique et théâtre.

Maison des vignerons de Duras

En contrebas du bourg (D 708 dir. Marmande) - Fonratière - 05 53 94 13 48 - www.cotesdeduras.com - juil.-août: 10h-13h, 14h-18h, w.-end 14h-18h; reste de l'année: tlj sf dim. et j. fériés 10h-13h, 14h-18h, sam. 14h-18h - dégustation gratuite.
Au-dessus de l'espace boutique de l'Union interprofessionnelle des vins de Duras, une petite exposition ludique et didactique donne « les clés du vignoble » de Duras (histoire, géologie, arômes…), expliquant aussi comment fonctionnent le goût et l'odorat. Vous retrouverez les cépages du vignoble à l'extérieur, dans le « jardin des vignes », parcouru par un sentier viticole et jalonné de panneaux d'interprétation.

Sentier bio de Berticot

1h. Départ de la cave coopérative de Duras - visite guidée de mi-juil. à mi-août: sur réserv.
Le sentier, agrémenté d'une douzaine de panneaux explicatifs, se parcourt librement ou en visite guidée par un vigneron. Cette promenade commentée comprend la dégustation de vins et d'une « assiette de pays ».
Les enfants peuvent également participer à des animations *(lun. matin en été)* organisées autour, notamment, de l'impact de la culture biologique sur la biodiversité.

À proximité Carte de microrégion p. 522-523

Jardin de Boissonna à Baleyssagues A1

4 km à l'ouest. Suivre la direction Dieulivol, puis prendre à gauche après le petit pont, panneau « Boissonna ». 05 53 83 81 43 - www.jardindeboissonna.com - de mi-avr. à fin août: vend., w.-end et j. fériés 10h-19h, reste de la sem. sur demande préalable - 6 € (-16 ans gratuit).
Vu du ciel, le jardin, classé Jardin remarquable en 2009, représente une fleur dont la tige serait l'allée centrale. Voici une agréable promenade organisée en 6 petits parcours à l'ambiance différente, où contempler notamment une collection de 450 variétés de roses: la partie ancienne accueille les arbres fruitiers, le banc des amis permet aux messieurs d'attendre leurs dames durant leur visite, le tilleul aux confidences met à disposition crayons et papiers pour se livrer autour de sa table ronde, le jardin des senteurs regorge de plantes odorantes toute l'année, le pigeonnier, espace ouvert qui domine le jardin, donne une perspective sur l'ensemble. Un grand salon de thé aéré a été aménagé. On peut en profiter pour y prendre un thé noir ou… à la rose,

accompagné de glaces artisanales et douceurs *(6 € - sur réserv.)*. Ne quittez pas Baleyssagues sans vous rendre à La P'tite Confiote voisine, tenue par le frère de la propriétaire *(voir « Nos adresses », p. 555)*.

Allemans-du-Dropt B1

10 km au sud-est par la D 708 et la D 668.

Ce village est surtout connu pour les **fresques** de son église (15e s.). Sur le mur nord de la nef, la Cène et, quelque peu mutilées par l'ouverture de larges arcades, l'Arrestation de Jésus et la Flagellation ; dans le chœur, la Crucifixion et la Descente de croix ; derrière l'autel, saint Martin et le blason des seigneurs d'Allemans ; sur le mur sud de la nef, la Résurrection, le Jugement, saint Michel et l'Enfer.

À la sortie ouest du village, beau **pigeonnier** sur piliers de pierre (17e s.).

Château de Lauzun B1

26 km au sud-est. Prendre la même direction que ci-dessus. À Miramont-de-Guyenne, prendre au nord-est la D 1. 23 r. du Château - ✆ 06 70 42 65 62 - visite guidée (45mn) juil.-août : 12h-18h, dép. ttes les h - 5 € (-17 ans 3 €).

Le **maréchal de Lauzun** (1633-1723), cadet de Gascogne, homme plein d'esprit et adoré du beau sexe, bien que fort laid, était un des plus brillants courtisans à la cour de Louis XIV, dont il devint très vite le favori. Ses frasques défrayèrent la chronique mondaine de l'époque.

Le château offre une belle façade sur cour, visible en pénétrant dans le parc. Le logis du 15e s., à tourelle octogonale, est relié à une partie Renaissance par un pavillon coiffé d'un dôme entrepris au 17e s. par Lauzun, et achevé au 19e s.

Sainte-Foy-la-Grande Hors plan A1

22 km au nord par la D 708.

i 102 r. de la République - 33220 Ste-Foy-la-Grande - ✆ 05 57 46 03 00 - www.tourisme-dordogne-paysfoyen.com - juil.-août : 9h30-18h30, dim. et j. fériés 9h30-13h30 ; reste de l'année : tlj sf dim. et j. fériés 9h30-12h30, 14h30-17h30.

Cette ancienne bastide (fondée par Alphonse de Poitiers en 1255) est un centre vinicole où règne l'animation des villes commerçantes. Plan en damier, place à couverts et nombreuses maisons médiévales, Renaissance et 17e s. aux alentours. Les quais de la Dordogne, au pied des vestiges de remparts, sont parfaits pour flâner à deux.

NOS ADRESSES À DURAS

HÉBERGEMENT

À proximité

PREMIER PRIX

Hôtel L'Escapade – *La Grâce - 33220 Port-Ste-Foy-et-Ponchapt - 23 km au nord de Duras - ✆ 05 53 24 22 79 - www.escapade-dordogne.com - 1er mars-15 déc. et 5-31 janv. sf vend. et dim. soir de nov. à mars - ♿ 🏊 - P - 11 ch. 56 € - ☕ 7 € - ✕ 28 €.* Sur la route de Compostelle, cette ancienne ferme à tabac (17e s.) voisine avec un centre équestre. Chambres rustiques, piscine d'été, et silence de la campagne. Spécialités régionales servies dans une salle champêtre ou en terrasse.

BUDGET MOYEN

Chambre d'hôte Mounica – *Domaine du Pech - 47120 Baleyssagues - ✆ 05 53 83 33 52 - www.domaine-du-pech.com - P - 🚭 🏊 - 15 avr.-15 oct. -*

2 ch. 65 € - 3 gîtes 725/895 €/sem. ☕. Un joli parc bien entretenu avec piscine entoure cette maison de maître située aux portes de la Dordogne. Les chambres, élégantes et garnies de meubles chinés, et le salon (cheminée et tomettes anciennes) invitent au calme et à la détente. Accueil discret et attentionné.

Chambre d'hôte L'Ancien Couvent – *r. du Château - 47330 Cahuzac- ☎ 05 53 71 40 18 - www.chambre-ancien-couvent.fr - P - 4 ch. 85/95 €* ☕. Cette maison de ville, ancien couvent des petites sœurs de Ste-Marthe et dépendance du château, a gardé un esprit médiéval et monacal. Un escalier à vis accède aux vastes chambres, décorées sobrement de statues en marbre, cabinet de toilette en faïence, lit à baldaquin et de très grandes fenêtres qui illuminent les 4 m de hauteur sous plafond. Une grange ouverte dans le jardin de curé offre un coin repos au milieu des rosiers et grimpants.

Chambre d'hôte La Vieille École – *Allée La Rigaude - 47410 Bourgougnague ☎ 05 53 64 60 35 - www.lavieilleecole.eu - 🏊 - 4 ch. 75/85 €* ☕. En bord de route, la façade de cette ancienne école de filles s'impose avec sa grosse cloche qui domine le bâtiment. La décoration moderne et tendance contraste avec la rusticité des lieux. Une terrasse couverte ouvre sur un parc arboré où l'on trouve éparses tentes, tipis, cabanes, transat et barbecue. Un endroit atypique.

UNE FOLIE

La Cabane du Bois des Nauzes *– Lieu-dit Penau - 47350 Seyches ☎ 06 37 64 42 60- www.boisdesnauzes-cabane.com - 1ch. 255/285 €.* Au fond d'une forêt de chênes, une cabane, nichée au sommet des arbres, vous fera vous prendre pour un Robinson Crusoë de prestige. Sur 2 étages, le cadre entièrement végétal, des étagères à la table, en passant par le lit et les toilettes sèches, présente tout le confort rêvé. D'un pas, vous atterrissez dans le Jacuzzi abrité de tout regard, avant d'aller vous délasser sur 2 transats au bout du ponton, ou dans le sauna bulle dont la grande fenêtre offre une vue sur la prairie. Il vous suffira d'actionner une poulie pour hisser votre panier petit-déjeuner, sans sortir de votre bulle. Une expérience haut perchée.

RESTAURATION

PREMIER PRIX

Le Don Camillo – *5 r. Paul-Persil - pl. Marguerite-Duras - ☎ 05 53 83 76 00 - fermé 2 sem. en avr. et 2 sem. en nov.; lun. et mar. soir de sept. à juin - ♿ - formule déj. 13,50 € carte seulement : 4/19,50 €.* Que vous choisissiez la jolie salle à l'ancienne ou une table à l'ombre sur la place Marguerite-Duras, cette adresse toute simple du centre-ville est réputée pour sa cuisine familiale, délicieuse et plus que copieuse, à des prix particulièrement sages à l'heure du déjeuner. Les spécialités de la maison sont les immenses et onctueuses pizzas dont vous aurez du mal à venir à bout !

BUDGET MOYEN

Hostellerie des Ducs – *Bd Jean-Brisseau - ☎ 05 53 83 74 58 - www.hostellerieducs-duras.com - P - fermé lun. midi et sam. midi de juil. à sept.; lun., sam. midi et dim. soir d'oct. à juin - ♿ - 15/51 € - 20 ch. 55/177 € - ☕ 10 €.* Cet ex-presbytère voisin du château propose une cuisine traditionnelle, label « fait maison » et « maître restaurateur ». Salle meublée en style Louis XIII et véranda. Les chambres les plus récentes occupent une bâtisse du 13e s.

À proximité

BUDGET MOYEN

Au Fil de l'Eau – *3 r. de la Rouquette - 33220 Port-Ste-Foy-et-Ponchapt - ✆ 05 53 24 72 60 - http://restaurantaufildeleau.com - fermé déb. mars, 1 sem. fin oct., 15 j. en nov., merc. soir d'oct. à mars, dim. soir et lun. - formule déj. 12,50/14,50 € - 24/29 €.* La maison est d'allure un peu banale, certes, mais il fait bon s'attabler dans son intérieur refait, doté d'une véranda au bord de la Dordogne. Cuisine régionale actualisée.

ACHATS

La P'tite Confiote – *Fontmorin-47120 Baleyssagues - ✆ 05 53 83 77 51 - http://p487.phpnet.org/confitures2/ - 10h-13h, 15h-19h - fermé jeu. et dim. apr.-midi.* Véronique, maître confiturier de France, et Vincent, vous feront goûter avec générosité quelques-uns de leurs 70 parfums de confiture, faites à 80 % de fruits : framboise au géranium, gelée de vin aux véritables paillettes d'or… La boutique ouvre sur la cuisine où Véronique, touillant ses petits chaudrons, vous ouvrira non seulement les papilles mais aussi le cœur sur toute une philosophie de l'existence. Quand on aime la vie, on aime le sucre et ses petits plaisirs !

Domaine de Baignac – *Lieu-dit Baignac - 47120 Baleyssagues - ✆ 05 53 83 77 59 - tlj sf dim. 9h-12h, 14h-19h - fermé j. fériés.* Les propriétaires de cette ferme traditionnelle vous feront découvrir comment la prune d'ente devient pruneau : visite des installations, dégustation gratuite, puis passage par la boutique qui regorge de spécialités.

Cave coopérative de Duras – *Le Berticot - rte de Ste-Foy-la-Grande - ✆ 05 53 83 75 47 - lun.-sam. 8h30-12h30, 14h-18h, sam. 9h-12h30, 14h-18h, juil.-août lun.-sam. 8h30-12h30, 14h-18h30.* La cave rassemble 120 vignerons de l'appellation côtes-de-duras. Vous dégusterez et choisirez votre liqueur préférée dans la boutique attenante. L'accueil peut laisser un goût amer.

ACTIVITÉS

Bateau – *Quai de la Brèche - 33220 Ste-Foy-la-Grande - ✆ 05 57 46 03 00 - http://tourisme-dordogne-paysfoyen.com - 6 € (-12 ans 4 €) durée 1h, 14 € (-12 ans 10 €) durée 2h pique-nique inclus (juil.-août : vend. 18h). Promenades commentées (1h) sur la Dordogne juil.-août : tlj sf jeu. 11h, 15h, 16h et 17h, sam. 15h, 16h et 17h.*

Cyclotourisme – *Fiches téléchargeables sur www.paysdeduras.com - rens. dans les offices de tourisme.* 5 circuits entre 53 et 102 km, et un itinéraire (60 km) reliant le pays de Guyenne à la voie verte du canal de Garonne.

Montgolfières - *St-Jean-de-Duras - Entre ciel et terre - Michel Château - ✆ 05 53 89 01 25 ou Domaine de Durand - Michel Fonvielhe - ✆ 06 48 32 49 78 - www.montgolfieremidiaquitaine.com.*

AGENDA

Fête des vignerons – *Août - http://cotesdeduras.com/festivites/3.*

À Miramont-de-Guyenne

Bastid'art – *1er w.-end d'août - www.bastidart.org.* Festival des arts de la rue.

Villeneuve-sur-Lot

23 232 Villeneuvois – Lot-et-Garonne (47)

Cette bastide, qui a conservé son quadrillage de ruelles, ses maisons à pans de bois et sa place Lafayette, à cornières, s'étale sur les rives du Lot. Avec la communauté d'agglomération, elle a obtenu en 2012 le label Pays d'art et d'histoire, une reconnaissance bien méritée. Alentour, ce ne sont que moutonnements de verts coteaux fertilisés par la rivière, vignes et vergers à perte de vue. Nul doute, les cultures du pays des serres portent leurs fruits… Il n'est qu'à goûter, pour s'en rendre compte, l'atmosphère de ses pantagruéliques marchés hebdomadaires.

NOS ADRESSES PAGE 565
Hébergement, restauration, achats, activités, etc.

S'INFORMER

Office du tourisme du Grand Villeneuvois – *Allée Federico-Garcia-Lorca - 47300 Villeneuve-sur-Lot - ✆ 05 53 36 17 30 - www.tourisme-villeneuvois.fr - juil.-août : 9h30-13h, 14h-18h30, dim. et j. fériés 10h-13h ; reste de l'année : tlj sf dim. 9h30-12h, 14h-18h - fermé 1er janv., lun. de Pâques, 1er et 11 Nov., 25-26 déc.* Brochure *(gratuite)* complète sur le territoire, avec plan commenté de la ville et de ses principales curiosités. Documentation sur la vallée du Lot et le département.

SE REPÉRER

Carte de microrégion C2 (p. 522-523) – À 33 km au nord-est d'Agen, par la N 21.

SE GARER

Inutile de vous aventurer en voiture dans les rues de la rive droite du centre-ville. Des parkings ont été aménagés aux abords. Une navette gratuite relie le parking du parc des expositions au centre-ville.

À NE PAS MANQUER

À Villeneuve, la porte de Pujols, le pont Vieux et la chapelle N.-D.-du-Bout-du-Pont ; les villages de Laparade et de Pujols ; le musée du Pruneau à Granges-sur-Lot et celui du Foie gras à Frespech ; l'Espace archéologique d'Eysses.

ORGANISER SON TEMPS

Comptez 1h30 pour la visite de Villeneuve, après un tour au marché *(mar. et sam. mat.)*. Le circuit autour de la basse vallée du Lot et celui des serres du bas Quercy occupent chacun une journée.

AVEC LES ENFANTS

Excisum à l'Espace archéologique d'Eysses, à Villeneuve ; les grottes de Lastournelle et de Fontirou ; la ferme du Chaudron magique à Brugnac ; le musée du Pruneau de Granges-sur-Lot ; le musée du Foie gras.

Se promener Plan de ville p. 558

Portes de la ville

Seuls vestiges des anciens remparts, les portes de Pujols et de Paris dressent leurs hautes silhouettes au sud-ouest et au nord-est de la ville ancienne. Toutes deux bâties en pierre et en brique, elles sont couronnées de créneaux et de mâchicoulis et couvertes d'un toit de tuiles brunes. La **tour de Pujols** (A2) comporte trois étages, avec fenêtres à meneaux. La **tour de Paris** (B1) permit une farouche résistance aux troupes de Mazarin, lors du siège de 1653.

Villeneuve-sur-Lot, la rivière Lot et le Pont Vieux.
R. Cintarct/hemis.fr

De la **tour de Paris**, tout en admirant les **maisons à colombage**, empruntez la rue de Paris jusqu'à la **place Lafayette**, haut lieu de la vie économique et sociale de la bastide. Grande place carrée à cornières, une belle fontaine trônant en son centre, elle accueille le marché le mardi et le samedi, et la jeunesse le soir, sur les terrasses. Après la rue de la Convention, tournez à gauche en passant devant l'ancien hôtel de ville avant de traverser le **pont Vieux** ou **pont des Cieutat.**

Pont des Cieutat (ou pont Vieux) B1

Ce pont aux arches inégales, construit au 13e s. par les Anglais, offre une vue pittoresque sur les bords du Lot et sur la **chapelle N.-D.-du-Bout-du-Pont** (ou N.-D.-de-Liesse-et-Toute-Joie, B1), du 16e s., dont le chevet s'avance au-dessus de l'eau (à l'endroit, dit la légende, où un marin découvrit une statuette de la Vierge en plongeant pour dégager son embarcation mystérieusement arrêtée).

Après la traversée du pont, sur votre gauche se trouvent la chapelle des Pénitents Blancs et son petit jardin ombragé. Rue des Haras, le **haras national** (A2), qui compte une trentaine d'étalons, est logé dans un impressionnant corps de bâtiment.

Continuez jusqu'à l'**église St-Étienne** (A1), à l'architecture gothique méridionale, et retraversez le pont surplombant le **chemin de halage** et la **cale du port** dont l'importance fut primordiale dans les échanges commerciaux jusqu'en 1800. Sur votre droite se trouve la **halle.**

Halle B1-2

R. Lakanal. La halle, entièrement rénovée, accueille le marché du samedi matin. Construite en 1864 par Gaston Rapin, architecte villeneuvois, elle est composée d'une structure métallique et ses larges baies vitrées ouvrent sur la rivière. C'est de la rive opposée qu'elle se révélera le mieux.

Sur votre gauche, par la rue des Girondins, vous trouverez l'**église Ste-Catherine**, et sur votre droite, par la rue du collège, le **musée de Gajac.**

UNE BASTIDE

Villeneuve fut fondée en 1264 par **Alphonse de Poitiers**, frère de Saint-Louis, aux confins du Périgord et de la Guyenne. Servant de point d'appui aux places fortes échelonnées dans le haut Agenais, elle comptait parmi les plus vastes et les plus puissantes bastides du Sud-Ouest.

Les bastides sont des villes neuves nées dans le Sud-Ouest entre le 13e et le 14e s., dont le plan est conçu pour remplir des fonctions commerciales et défensives. Elles se sont d'abord implantées sur les hauteurs, avant de descendre dans la vallée. Modernes et rationnelles, elles furent détruites au fil des siècles, et sont toujours reconstruites dans le respect du plan initial.

Association des bastides du Lot-et-Garonne - Mairie de Damazan.

SE LOGER
Chambre d'hôte Château de la Seiglal... 3
Chambre d'hôte La Roulotte et le Séchoir à Tabac....... 4
Domaine de Lamassas........................ 9
Hôtel des Chênes........................... 6
Hôtel La Résidence.......................... 5
Le Moulin de Madame......................... 1
Village Vacances Port-Lalande............ 7

SE RESTAURER
Café Marliacea................................... 6
La Table des Sens................................ 8
Villa Smeralda..................................... 2

Église Sainte-Catherine B1

Cette église en brique de style roman-byzantin, à la fois imposante et quelque peu austère, fut consacrée en 1937. À l'intérieur, remarquez la suite de **vitraux** des 14e et 15e s. *(restaurés)* attribués à l'école d'Arnaud de Moles, maître émailleur de la cathédrale d'Auch. De belles **statues en bois doré** des 17e et 18e s. garnissent les quatre piliers de la nef (N.-D.-du-Rosaire, saint Joseph, sainte Madeleine et saint Jérôme), au-dessus de la porte du baptistère Ste-Catherine d'Alexandrie. Les fonts baptismaux en marbre, sous des rayons de lumière bleutée, se détachent nettement. Les peintures de la nef, dues à **Maurice Réalier-Dumas** *(voir « musée de Gajac », ci-dessous)*, montrent une procession se dirigeant vers le chœur.

Musée de Gajac B2

2 r. des Jardins - ✆ 05 53 40 48 00 - www.ville-villeneuve-sur-lot.fr - ♿ - sais. : 10h-12h, 14h-18h, w.-end 14h-18h ; reste de l'année : 10h-12h, 14h-17h, w.-end 14h-17h - fermé lun., 1er janv., 1er Mai, 25 déc. - possibilité de visite guidée sur demande (1h) - 3 € (-7 ans gratuit) - billet donnant accès aux expositions temporaires.

Installé dans un ancien moulin surplombant le Lot, il présente des collections de peintures du 18e s. (école de Lebrun), du 19e s. (Maurice Réalier-Dumas, Hippolyte Flandrin, Eva Gonzalès et André Crochepierre) et du 20e s. (Henri Martin, Brayer). Il accueille aussi des expositions temporaires.

Une promenade sur le chemin de halage est accessible par le passage sous le musée.

Excisum - Espace archéologique d'Eysses Hors plan B1

Pl. St-Sernin-d'Eysses - ✆ 06 10 15 48 43 (société d'Archéologie) - www.ville-villeneuve-sur-lot.fr - juil.-août : 14h-17h30 - possibilité de visite guidée (1h) du site et des fouilles 1re quinz. de juil. : tlj sf sam. 15h et 16h - 2 € (-6 ans gratuit) - réserv. conseillée à l'office de tourisme au ✆ 05 53 36 17 30.

Pour les enfants *(vac. scol., rens. à l'office de tourisme)*, la visite du site est couplée à un **atelier ludique** de découverte du métier d'archéologue, à travers l'étude d'un texte gravé ou d'une reconstitution de poterie.

Pour les amateurs et les passionnés d'archéologie, cet espace expose des objets, dont certains d'un grand intérêt, mis au jour sur le site d'Eysses, ex-agglomération prospère du nom d'Excisum. Les vestiges d'un temple gallo-romain (1er s. apr. J.-C.) aux dimensions impressionnantes servirent de carrière lors de la construction de l'abbaye au Moyen Âge ; seule une tour de 10 m de haut fut conservée et utilisée comme donjon. Actuellement, les fouilles se concentrent autour de cette tour romaine afin de mieux comprendre le monument.

Le musée, associatif, s'ouvre sur une exposition temporaire de céramiques des 17e et 18e s., et poursuit son parcours entre archéologie et histoire locale. Une salle consacrée à la ville romaine d'Excisum présente des objets, tous issus de fouilles sur le site, témoignages de la vie quotidienne, de la vie militaire, de la religion et des croyances et révèle la présence d'un camp militaire en action soixante-dix ans apr. J.-C. La période des invasions offres des pièces très rares, épées des envahisseurs d'Ukraine, révélatrices du passage de migrants jusqu'au Moyen Âge (Cathares, Angles). De la vaisselle de la Renaissance fut retrouvée aux environs du château.

L'abbaye des Moines, née ici il y a 750 ans, est aujourd'hui occupée par la prison d'Eysses. Fait unique en France, les prisonniers participent activement aux travaux de restauration, loin des conditions d'emprisonnement barbares pratiquées jusqu'en 1974 (une porte de cachot utilisée de 1804 utilisée jusqu'alors est exposée). La visite se termine par une collection de vieilles photos et cartes postales, témoins d'une activité commerciale forte au 19e s., et d'une magnifique lithographie à la gloire du jus de pruneau. On saura tout de la construction du pont de Villeneuve par Eugène Freyssinet qui pose fièrement en photo devant les échafaudages.

À proximité Carte de microrégion p. 522-523

Ferme du Chaudron magique, à Brugnac B2

26 km au nord-ouest de Villeneuve. Les Perrets - 05 53 88 80 77 - www.chaudronmagique.fr - ♿ - juil.-août: 10h-18h30; reste de l'année: tlj sf lun., 1er, 3e et 5e dim. du mois (sf w.-end de Pâques et w.-end de Pentecôte) 15h-18h - fermé de déb. janv. aux vac. de fév., 1er janv., 25 déc. - possibilité de visite guidée (1h30) - plusieurs visites à thème.

Cette vaste ferme agro-écologique, très pédagogique, propose différentes visites et activités (« l'éleveur », « le fromager », « le boulanger », « le paysan ») qui raviront les tout-petits comme les plus grands: film, découverte des animaux d'élevage (une trentaine de races), traite des chèvres et soins aux chevreaux, fabrication du pain et du fromage, plantes tinctoriales pour l'atelier mohair…

Maison de la noisette, à Lacépède B2

28 km au sud-ouest de Villeneuve-sur-Lot. Ferme la Campelère - 47360 Lacépède - 05 53 95 98 29 - www.lamaisondelanoisette.com - ♿ - visite guidée (50mn) vente et dégustation juil.-août: 10h-12h, 14h30-19h; avr.-juin et de déb. sept. à mi-oct. et déc.: tlj sf dim. 10h-12h, 14h30-18h30; reste de l'année: 14h30-18h30 - fermé 1er janv., 2e quinz. de janv., 25-26 déc. - 3,40 € (-18 ans gratuit) - 6 € billet combiné avec le musée du Pruneau, 9 € billet combiné avec le musée du Pruneau et le musée du Foie gras. Possibilité de visite guidée (50mn) de déb. avr. à mi-août.

Ces producteurs de noisettes ont créé dans leur ferme un espace de découverte. Des îlots thématiques présentent ce fruit sous les angles de l'arbre, de la culture, de l'économie, de l'environnement ou encore de la légende. Une vidéo retrace toutes les étapes entre le verger et le laboratoire de transformation. Car ici, on ne se borne pas à produire, on cuisine aussi les noisettes pour élaborer divers mets salés et sucrés que vous pourrez naturellement goûter et… acheter.

Circuits conseillés Carte de microrégion p. 522-523

LA BASSE VALLÉE DU LOT

Circuit de 65 km au départ de Villeneuve-sur-Lot, tracé en vert clair sur la carte p. 522-523. Compter une journée.

Stendhal évoquait cette région mieux que quiconque: « Entre Agen et Marmande, c'est un pays aussi beau que l'Italie. Le charme des coteaux, la couleur de la terre, le costume, jusqu'au langage évoquent les rives de Florence et de Sienne. Le Lot-et-Garonne est la Toscane de la France. »

Quitter Villeneuve à l'ouest par la D 911 en direction de Ste-Livrade et tourner à droite en direction de Bias.

Bias C2

L'**église Notre-Dame** de ce petit village abrite un bien étonnant décor intérieur. Les murs, entièrement peints d'à-plats de couleurs vives (rouge orangé, vert anis et bleu soutenu), sont ornés à mi-hauteur d'une frise représentant un chemin de croix conçu par François Peltier en 2009. Située derrière le cimetière, la **Maison aux assiettes** ne manque pas non plus d'intérêt. Léon de Brondeau, le propriétaire, fit parer d'assiettes et de plats en céramique les façades de son logis. Deux curiosités à ne pas manquer.

Quitter Bias au nord par la D 242.

Casseneuil C2

Bâtie dans un méandre au confluent de la Lède et du Lot, Casseneuil offre un charmant lacis de ruelles médiévales autour de son **église** qui renferme de belles fresques (13e-15e s.).

En contournant le bourg (en direction de St-Pastour puis Hauterive), belles perspectives sur les **maisons à loggia** (15e-16e s.) penchées vers la Lède ainsi que sur les jardins en terrasses. Vous profiterez des belles journées d'été pour pique-niquer au bord de l'eau ou vous adonner au canoë *(base nautique).*

Descendre au sud-ouest par la D 217 jusqu'à Ste-Livrade, puis bifurquer à droite dans la D 667. À 1 km, tourner à gauche vers Fongrave.

Fongrave B2

Le prieuré de Fongrave fut fondé en 1130 et placé sous la règle de Fontevraud, n'admettant que des religieuses de noble extraction. Dans son **église**, arrêtez-vous devant le monumental **retable★** en chêne sculpté (17e s.) : des sarments de vigne s'enroulent autour des colonnes torses où rampent des serpents.

Rejoindre Castelmoron-sur-Lot à l'ouest. Prendre la D 249, puis la D 263 vers Laparade.

Laparade B2

Des remparts de cette bastide française commandant la vallée du Lot se dégage une **vue★** très étendue allant de Villeneuve-sur-Lot, à gauche, au confluent du Lot et de la Garonne, à droite *(table d'orientation)*. La rivière décrit des courbes au milieu des cultures et des vergers.

De Laparade, prendre la D 202 à l'ouest puis la D 911.

Clairac B2

Les pittoresques maisons à colombages sont les témoins du riche passé de Clairac. Siège d'une abbaye bénédictine, elle passa sous l'influence des Cathares au 13e s., avant d'être reprise par les croisés en 1224. Devenue un fief protestant en 1560, elle fut l'enjeu de nouveaux combats.

Prendre la D 911 à l'est et suivre les panneaux annonçant « Musée du Pruneau », peu avant Granges-sur-Lot.

Musée du Pruneau, à Granges-sur-Lot B2

Le Gabach - ✆ 05 53 84 00 69 - www.musee-du-pruneau.com - ♿ - de mi-mars à mi-oct. : 9h-12h, 14h-19h, dim. et j. fériés 15h-19h ; reste de l'année : 9h-12h, 14h-18h30, dim. et j. fériés 15h-18h30 - fermé de mi- à fin janv., 1er janv., 25 déc. - 4 € (-12 ans gratuit) - 9 € billet combiné avec la Maison de la noisette et le musée du Foie gras.

Le **musée**, entouré de pruniers d'ente, présente le matériel qui, il y a encore quelques années, servait au ramassage des prunes d'ente et à la

LA ROBE DE SERGENT

C'est le nom que l'on donnait au 18e s. à la **prune violette d'ente** (du verbe *enter*, « greffer ») qui, mise à sécher, donne le pruneau. Elle serait venue de Syrie dans les bagages des croisés et aurait été acclimatée à la région par les moines de Clairac.

Le véritable pays de la prune d'ente se trouve aux alentours de **Villeneuve-sur-Lot**. Mais c'est Agen, plus grand port fluvial du Lot-et-Garonne oblige, qui donna son nom au petit fruit sec, exporté par bateau loin de son Clairac natal. Le « pruneau d'Agen » vit ainsi le jour.

préparation des pruneaux. Un film explique le déroulement de cette production ancestrale.

En fin de parcours, vous pourrez déguster les spécialités de la maison. À base de pruneaux, bien entendu!

Dédal'Prune – *Le Gabach - visite guidée de la 2e sem. de juil. à fin août: 9h-19h, dim. et j. fériés 15h-19h; 1re sem. de juil.: 9h-12h, 14h-19h; sept.: se rens. - 4,90 € (-12 ans 4,40 €) - 9,80 € billet combiné avec le quizz'pruno et circuit aventure - nocturne aux flambeaux juil.-août: à partir de 20h30.* En face, petits et grands se perdront avec joie dans le labyrinthe géant de maïs (15 000 m²) pour 2h d'aventure, de jeu et de plaisir « à la recherche du pruneau perdu ».

Quizz'Pruno – *2,90 € - 9,80 € billet combiné avec le musée et Dédal'prune aventure - mêmes horaires que ceux du musée.* Ce parcours mêle jeu et pédagogie dans le verger de pruniers.

Rejoindre la D 911 en direction de Villeneuve-sur-Lot.

Le Temple-sur-Lot B2

La commanderie du Temple de Breuil, qui donnera son nom à l'agglomération, fut fondée à la fin du 12e s., et reconstruite en briques toulousaines après la guerre de Cent Ans. Elle abrite aujourd'hui, entre autres, un café-restaurant.

★ **Jardin des Nénuphars Latour-Marliac** – *Lieu-dit Bateau - ✆ 05 53 01 08 05 - www.latour-marliac.com - ♿ (partiellement) - de mi-avr. à mi-oct.: 10h-18h - fermé lun. - 7 € (-12 ans 3,50 €) - réduction accordée au restaurant (mai-sept.) sur présentation du billet.* La plus ancienne et prestigieuse pépinière aquatique au monde (1875) vous séduira-t-elle comme ses nénuphars ont envoûté Claude Monet qui s'en inspira pour peindre ses *Nymphéas*? Sur 3 ha de bassins et jardins, la promenade débute par l'Atelier nénuphar: vous pouvez, si l'envie vous en dit, aller chercher votre plante vous-même dans les bassins de culture, avant son emballage. Après avoir admiré le Victoria, nénuphar géant (à partir du mois de juillet), on parcourt les 65 bassins géométriquement alignés en 10 compartiments, où fleurissent 200 espèces de nénuphars et lotus. Une impressionnante juxtaposition de pots en terre cuite entoure le vieux puits et ses plantes grimpantes. Après une rapide visite du musée et des nénuphars tropicaux, on appréciera, les jours de fortes chaleurs, la fraîcheur au bassin des sources où trône la statue de Joseph Bory Latour-Marliac. Un bel étang, traversé par un pont japonais, est bordé de cascades, d'une grotte, d'une bambouseraie et d'un bassin où nagent des koï japonais. Pour déjeuner ou dîner au cœur de la nature, le Café Marliacea étend sa terrasse en surplomb de l'eau *(voir « Nos adresses », p. 566)*.

Rejoindre Villeneuve-sur-Lot par la D 911.

LES SERRES DU BAS QUERCY

Circuit de 95 km au départ de Villeneuve-sur-Lot, tracé en violet sur la carte p. 522-523. Compter une journée. Quitter Villeneuve au sud-ouest par la D 118.

Les serres, qui ont donné leur nom à ce pays, sont des collines calcaires séparées par de larges vallées. Elles forment de doux reliefs où s'égrènent le vert des cultures (maïs, vignes, sages rangées de pruniers...) et les bruns d'une terre rocailleuse que calquent les tuiles rondes des toits. Vues d'en haut, les vallées qui strient le paysage font penser à des serres d'oiseau.

Pujols C2

Pl. St-Nicolas - 47300 Pujols - 05 53 36 78 69 - www.tourisme-villeneuvois.fr - juil.-août: 10h-13h, 14h-19h, dim. 10h30-18h30; mai-juin et sept.: tlj sf lun. 10h-13h, 14h-18h, dim. 10h-13h; reste de l'année: tlj sf dim.-lun. 13h-17h.

Ce très joli bourg ancien, perché sur un *pech* (colline) dominant Villeneuve-sur-Lot, dévoile une belle **vue★** sur la large vallée du Lot, couverte de cultures maraîchères et d'arbres fruitiers. Une porte, aménagée sous une tour servant de clocher à l'église St-Nicolas, donne accès au vieux village encore enserré dans les restes de ses remparts du 14e s. Place forte, le village médiéval fut détruit puis en effet reconstruit au 14e s. La nef de l'église Ste-Foy-la-Jeune sert de salle d'expositions. Belles peintures murales du 15e s.

Prendre à gauche la D 118 puis la D 220.

Grotte de Lastournelle C2

05 53 40 08 09 - www.grotte-de-lastournelle.fr - visite guidée (45mn) juil.-août: 10h-18h; avr.-juin et sept.: 15h30; reste de l'année: sur demande préalable - 7 € (-14 ans 4,50 €) - animations vac. scol.

Des ossements découverts sur les lieux sont exposés à l'entrée dans des vitrines. Les galeries ont été creusées par le ruissellement souterrain. De petites stalactites en voie de formation tombent des voûtes; parmi les sept salles, celle des Colonnes est ornée de robustes piliers.

Atteindre la D 212 où l'on tourne à gauche, puis tourner encore à gauche en direction de St-Antoine-de-Ficalba.

Grottes de Fontirou C2

05 53 40 15 29 - www.grottes-fontirou.com - visite guidée (40mn) juil.-août: 10h-12h30, 14h-18h; de mi- à fin juin et de déb. à mi-sept.: 14h-17h30; de déb. avr. à mi-juin: dim. 14h-17h30; reste de l'année: selon la météo, se rens. - 8 € (enfant 6,50 €).

Les galeries et les salles creusées dans le calcaire gris de l'Agenais sont ornées de concrétions colorées d'ocre-rouge par l'argile, parmi lesquelles se détachent des stalagmites blanches. Des ossements d'animaux de l'époque tertiaire, retrouvés sur place, sont rassemblés dans l'une des salles.

Rejoindre la N 21, tourner à droite, puis prendre à gauche la D 110.

On passe par **Laroque-Timbaut**, petite localité qui a conservé de vieilles demeures (dans sa partie sud) et ses anciennes halles.

Continuer sur la D 110.

Puymirol C3

Perché sur une colline qui domine la vallée de la Séoune, Puymirol se caractérise par ses maisons de pierre blanche, coiffées de tuiles brun-roux. Des remparts, jolie vue sur les plantureuses plaines de l'Agenais.

La D 16 mène à St-Maurin.

Saint-Maurin D3

Le village étage ses maisons coiffées de tuiles rondes au pied de tours carrées. L'une à mâchicoulis, flanquée d'une tourelle *(actuelle mairie)*, l'autre à deux étages d'arcatures aveugles sont les vestiges d'une importante abbaye clunisienne. L'église de style gothique, remaniée au 17e s., conserve de beaux chapiteaux historiés.

Continuer sur la D 16, puis prendre la D 122.

Beauville D2

Pl. de la Mairie - 47470 Beauville - 05 53 47 63 06 - www.tourisme-paps.fr - juil.-août: tlj sf lun. 9h30-12h30, 14h-18h, dim. 9h30-12h30; mai-juin et sept.-oct.: mar., jeu. et sam. 9h30-12h, 14h-17h, sam. 9h30-12h30 - fermé certains j. fériés.

Cette bastide perchée est aussi jolie que son nom. Sur sa place à arcades alternent maisons en pierre et maisons à pans de bois. Parcourez le chemin de ronde. À l'extrémité de l'éperon se trouve un château Renaissance avec tour à mâchicoulis.

Revenir à la D 122 puis, au carrefour avec la D 656, suivre Frespech, au nord.

Frespech C2

Entouré de murailles du 11e s. (renforcées durant la guerre de Cent Ans), ce petit village plein de charme conserve une église romane du 11e s. ainsi que quelques vieilles maisons de pierre.

★ **Musée du Foie gras** – *Souleilles - 05 53 41 23 24 - www.souleilles-foiegras.com - - juil.-août: 10h-19h; mars-juin et sept.-déc.: 10h-19h, dim. et j. fériés 15h-19h; fév.: 10h-18h, w.-end 15h-18h; reste de l'année: tlj sf dim. 10h-18h, sam. 15h-18h - fermé 1er janv., 25 déc. - 5 € (-12 ans gratuit) - 9 € billet combiné avec le musée du Pruneau et la Maison de la noisette - gratuit portes ouvertes (w.-end de Pâques et à la Toussaint).* Jeux pour enfants, activités, tables dans le verger agrémentent la visite botanique.

À 3,5 km de Frespech, dans la ferme de Souleilles *(voir p. 566)*, ce chaleureux musée s'est largement développé et modernisé afin de réconcilier le visiteur (et particulièrement les plus petits!) avec la pratique du gavage. Vous découvrirez que les Égyptiens connaissaient déjà le foie gras, que les volatiles se gavent naturellement avant les migrations, et vous n'ignorerez plus rien du délice du Sud-Ouest, de sa préparation à son système de production. À travers des baies vitrées, vous assisterez même au gavage. Le parcours, extrêmement instructif (panneaux didactiques, scènes historiées, bornes interactives), a été réalisé avec les conseils du décorateur du musée Grévin.

À l'issue de la visite, conseils culinaires, recettes de cuisine, et bien sûr dégustation et vente de spécialités maison: mi-cuit à la figue, magret braisé, jambon séché de canard ou la tête de foie gras au chocolat et au goût noisette... Attention, le samedi, jour de marché, l'affluence est massive.

Prendre à droite la direction d'Hautefage-la-Tour.

Hautefage-la-Tour C2

Vous verrez de loin Hautefage où pointe une haute tour hexagonale Renaissance qui sert de clocher à l'**église**. Sur la placette, en contrebas, plantée de beaux platanes, se trouvent un ancien lavoir et une fontaine de pèlerinage. Un havre de paix hors du temps.

La D 103, la D 223 à gauche, puis la N 21 à droite ramènent à Villeneuve-sur-Lot.

NOS ADRESSES À VILLENEUVE-SUR-LOT

HÉBERGEMENT

PREMIER PRIX

Hôtel La Résidence – B2 ⑤ - *17 av. Lazare-Carnot - ✆ 05 53 40 17 03 - www.hotellaresidence47.com - fermé de fin déc. à déb. janv. - 17 ch. 39/57 € - ☕ 6,50 €.* Aux portes de la bastide médiévale, hôtel convivial et simple. Les chambres côté cour, claires et calmes, donnent sur les jardins voisins.

À proximité

BUDGET MOYEN

Village Vacances Port-Lalande – Hors plan A2 ⑦ - *47550 Castelmoron-sur-Lot - 17 km à l'ouest de Villeneuve par D 911 puis D 13 - ✆ 04 68 37 65 65 ou 05 53 79 37 04 - www.grandbleu.fr - 🏠 183,75 € sem.* 🏊. Au bord du Lot et d'un petit port de plaisance, ce village vacances à taille humaine regroupe des chalets climatisés particulièrement confortables. Piscine en plein air et espace bien-être (sauna, hammam et massages). Idéal pour des vacances en famille.

Chambre d'hôte Château de la Seiglal – Hors plan A2 ③ - *47380 Monclar-d'Agenais - 7 km à l'ouest de Villeneuve - ✆ 05 53 41 81 30 - P - 🚭 - 5 ch. 57/113 € ☕.* Bien-être et convivialité caractérisent cette belle demeure du 19e s. entourée d'arbres centenaires. Vous aimerez ses chambres confortables, baptisées du nom des cinq sœurs du propriétaire, avec vue sur le parc et les prairies.

POUR SE FAIRE PLAISIR

Hôtel des Chênes – Hors plan A2 ⑥ - *Bel Air - 47300 Pujols - 4 km au sud-ouest de Villeneuve par D 118 - ✆ 05 53 49 04 55 - fermé du 23 déc. à déb. janv. - P - 21 ch. 84/99 € - ☕ 11 €.* Face au village perché de Pujols, bâtisse inspirée de l'architecture régionale, égayée par une piscine et une terrasse. Chambres fraîches et bien tenues. Tranquillité assurée.

POUR SE FAIRE PLAISIR

Le Moulin de Madame – Hors plan A1 ① - *Rte de Casseneuil - 47300 Villeneuve-sur-Lot - ✆ 05 53 36 14 40 - www.lemoulindemadame.fr - 33 ch. 99/120 € ☕.* Des maisonnettes, accolées les unes aux autres, accueillent des chambres luxueuses de style régence très confortables. Certaines, dotées de belles terrasses, offrent une vue splendide sur le Lot et le beau moulin du 18e rénové pour accueillir le Spa, un bar et le restaurant L'Écluse. Malgré le cadre et une nourriture délicate, les tarifs ici sont moins raisonnables qu'à l'hôtel.

Domaine de Lamassas – Hors plan B2 ⑨ - *47340 Hautefage-la-Tour - 15 km au sud de Villeneuve par N 21 puis D 223 - ✆ 09 51 65 35 65 - www.lamassas.fr - 🏊 - 2 ch. 130 € - 1 gîte 950 €/sem. ☕.* Cette maison de famille entourée de collines, sur une propriété de 40 ha, impressionne par sa majesté. L'intérieur n'est pas en reste avec sa salle d'accueil de style napoléonien, ses chambres hautes de 4 m sous plafond avec lit à baldaquins et rideaux fleurs de lys, meubles et bibliothèques style Henri II. Une touche royale à l'image de l'accueil de la maîtresse de maison, d'une infinie gentillesse.

La Roulotte et le Séchoir à Tabac de la Vallée du Lot – Hors plan A2 ④ - *Roche - 47110 Le Temple-sur-Lot - ✆ 05 53 01 29 90 - www.roulotte-valleelot.com - 🏊 120/130 € ☕.* Dans un jardin bien entretenu, une roulotte tout confort, façon maison de poupée, vous attend pour une nuit originale : 1 grand lit en alcôve, 2 petites banquettes et un coin cuisine, tout en ton rouge et petits carreaux. Une petite terrasse permet des moments de détente en plein air. Plus vaste, le séchoir abrite un large abri et à l'étage une très belle chambre de 90 m² ornée de poutres apparentes. Accès privatif à la piscine commune. Week-end jardinage avec initiation à la culture de plantes aquatiques en bassin prodiguée par l'adorable maîtresse de maison.

RESTAURATION

BUDGET MOYEN

La Table des Sens – B1-2 ⑧ - *8 r. de Penne - ✆ 05 53 36 97 04 - www.latabledessens.com - merc.-dim. midi - 12h-13h30, 19h45-21h30, fermé 1 sem. en mai, 2 sem. en sept., 1 sem. fin janv. - formule déj. 26 € - 39/78 €.* Le chef a un joli parcours derrière lui et cela se sent. De beaux produits travaillés avec moult épices et aromates, quelques saveurs venues d'ailleurs… pour des plats subtils et personnels, dans un décor qui rend zen.

À proximité

Café Marliacea – Hors plan A2 ⑥ - *Jardins Latour-Marliac - 47110 Le Temple-sur-Lot - ✆ 05 53 01 08 05 - www.latour-marliac.com - fermé oct. avr. - formule déj. 22 € - visite nocturne w.-end et concert le dim.* Entre les bassins de nénuphars et les rives de l'étang, une jolie terrasse ou une table familiale sous les glycines vous permettent de déguster burgers ou bons plats traditionnels. Pour profiter du cadre, il vous faudra payer l'entrée des jardins (5 € déductibles de la formule).

Villa Smeralda – Hors plan A2 ② - *47300 Pujols - ✆ 05 53 36 72 12 - juil.-août : tlj ; sept. : mar. midi-dim. midi ; juin : mar. midi-dim. soir ; reste de l'année : se rens. - fermé 3 sem. en oct. - formule déj. 15 € - 25/36 €.* Décor très sobre et clair pour ce restaurant qui recueille tous les suffrages locaux. La carte, cuisine française traditionnelle, lorgne aussi vers l'Italie et l'Espagne. Possibilité de s'attabler dehors, sur une petite terrasse-jardinet.

PETITE PAUSE

La Parenthèse – *1 r. de Pujols - ✆ 06 99 77 06 44 - tlj sf dim.-lun. 9h30-13h, 15h-18h.* Ce salon de thé, situé dans la bastide villeneuvoise à hauteur du pont Vieux, vaut surtout pour sa terrasse dominant le Lot. Côté cuisine, des propositions sucrées et des thés variés… Bref, une parenthèse agréable.

ACHATS

Marchés – Marché traditionnel *(mar. et sam.)* et marché des producteurs pl. Lafayette *(vend. à partir de 17h en juil.-août)* et dans la halle rue Lakanal *(sam. uniquement)*. Marché bio pl. d'Aquitaine *(merc.)*.

Marché au gras – *De nov. à mars, intégré au marché du samedi.*

Marché paysan de la ferme de Souleilles – *Souleilles - musée du Foie gras (voir p. 564) - 47140 Frespech - ✆ 05 53 41 23 24 - www.souleilles-foiegras.com - juil.-août : vend. 9h-15h ; 1er ou 2e vend. d'août : Festa Occitana avec concert et bal occitans gratuits.* Au menu : poulets à la ficelle, escargots, foie gras, confits, armagnac, fruits, légumes… L'idéal : un pique-nique à midi.

La Boutique des Pruneaux – *Pl. de la Libération - ✆ 05 53 70 02 75 - www.laboutiquedes pruneaux.fr - tlj sf dim. apr.-midi 9h-12h, 14h-19h.* Cette boutique est spécialisée dans les pruneaux et ses dérivés. Également de vieux armagnacs de propriétaires, des produits du terroir, des chocolats fins et des conserves sélectionnées.

Maître Prunille – *5 pl. de la Libération - ✆ 05 53 70 30 86 - www.maitreprunille.com - mar.-vend. 9h30-12h, 14h-19h.* Calibrage du fruit, réhydratation, reconditionnement… La culture et la transformation de la prune n'ont pas de secret pour Maître Prunille, plus gros producteur de prunes français.

EN SOIRÉE

Au cœur de Villeneuve-sur-Lot, la **place Lafayette**, ou « place des Cornières », est l'objet d'une animation intense. Les rues alentour sont très commerçantes. On y trouve les bars où les couche-tard trouvent refuge.

La Croche – *25 r. du Collège - ✆ 05 53 70 96 98 - mar.-sam. le soir.* Ce bar très sympathique est un lieu musical et vivant, parfait pour boire un verre en soirée. Entre autres animations, scène ouverte le jeudi et bœuf jazz le vendredi.

Le Mulligan's – *46 pl. Lafayette - ✆ 05 53 71 73 49 - mar.-vend. 11h-1h, w.-end 14h-4h.* Grand bar de nuit dont l'agréable terrasse sous les arcades de la place fait le plein en été. Billard.

ACTIVITÉS

Aviron villeneuvois – *Quai d'Alsace - ✆ 05 53 49 18 27 ou 06 72 32 40 17 - www.aviron-villeneuvois.com - horaires, se rens.* Situé en plein centre-ville, ce club d'aviron organise en juillet et août des promenades en bateau et des randonnées en canoë sur le Lot. Également location de bateaux électriques, canoës et pédalos.

Voie verte – Elle relie sur 11 km Villeneuve à Casseneuil et débute au niveau du Parc F.-Mitterrand.

La Véloroute de la vallée du Lot – *www.tourisme-lotetgaronne.com.* 80 km d'itinéraire balisé (partiellement en Voie verte) entre Aiguillon et Fumel.

Parc François-Mitterrand – *Av. Mar.-Foch.* Créé à l'emplacement des anciennes infrastructures SNCF, ce parc urbain est un agréable lieu de détente avec ses aires de jeux pour enfants.

AGENDA

Festival du rire – *Juil. - www.festivaldurire47.fr.*

Penne-d'Agenais

★

2 372 Pennois – Lot-et-Garonne (47)

« Penne » signifie la colline, et ce nom lui va comme un gant ! De petites rues montent jusqu'à une drôle d'église à coupole argentée. Difficile de ne pas se laisser séduire par Penne-la-rose, jolie vigie au-dessus des coteaux fertiles de l'Agenais. Une bonne balade en perspective !

NOS ADRESSES PAGE 570
Hébergement, restauration, achats, activités, etc.

S'INFORMER

Office du tourisme de Penne-d'Agenais – *R. du 14-Juillet - 47140 Penne-d'Agenais - ✆ 05 53 41 37 80 - www.penne-tourisme.com - mai-sept. : 8h30-12h30, 14h-19h, dim. 14h-19h ; vac. de fév., vac. de la Toussaint et vac. de Noël : 9h-12h30, 14h-18h, dim. 14h-18h ; reste de l'année : tlj sf dim. 9h-12h30, 14h-18h - fermé 1er Mai.*

SE REPÉRER

Carte de microrégion C2 (p. 522-523) – 9 km à l'est de Villeneuve-sur-Lot par la D 911.

SE GARER

Stationnez à l'entrée du bourg médiéval, place Gambetta, et promenez-vous à pied.

À NE PAS MANQUER

La vue sur la vallée du Lot, St-Sylvestre et Monflanquin ; la bastide de Tournon-d'Agenais.

ORGANISER SON TEMPS

Si vous aimez la tranquillité, mieux vaut visiter Penne hors saison, avant que le village ne soit envahi par les touristes.

Se promener

Place Gambetta

Avec sa terrasse ombragée, c'est un bon point de départ pour faire le tour de Penne-d'Agenais. La porte de la ville s'ouvre sous deux belles maisons du 16e s., dont l'une a longtemps servi de prison consulaire.

Franchir la porte (tout de suite à droite, le passage couvert devant l'office de tourisme mène à la place Aliénor-d'Aquitaine) et suivre la rue du 14-Juillet, puis, à gauche, la rue Notre-Dame.

Notre-Dame-de-Peyragude

Ce sanctuaire moderne, plutôt anachronique (de style néoroman-byzantin), se dresse au sommet de la colline. De là, vue étendue sur la vallée du Lot.

De nombreux pèlerins de St-Jacques viennent saluer la Vierge à N.-D.-de-Peyragude, entre mai et juin.

Contourner l'église et longer les quelques pans de mur qui constituent les vestiges du château fort.

Penne-d'Agenais, basilique Notre-Dame de Peyragude.
H. Lenain/hemis.fr

★ Point de vue

De la table d'orientation, on domine la vallée du Lot, de Villeneuve à Fumel ; la vue porte au loin sur le haut Quercy et le Périgord.

S'engager dans la rue de Peyragude.

La **rue de Peyragude**, livrant de belles échappées à droite, mène à la porte de Ferracap.

Rue de Ferracap

Cette rue, tout comme les ruelles adjacentes, est bordée de belles maisons rénovées, certaines à colombages et à encorbellement. Le voisinage du gibet a valu son nom à la porte de Ferracap (« cap » signifiant la tête, le sens se comprend aisément).

Place Paul-Froment

Entre cafés et salles d'exposition, cette rue constitue une halte agréable.

Emprunter la rue entre l'église et la mairie.

Porte de Ricard

L'ancienne porte fortifiée tire son nom de Richard Cœur de Lion (« Ricard » en langue d'oc), qui apporta à la cité ses premières fortifications.

Revenir place Gambetta, à droite.

À proximité Carte de microrégion p. 522-523

Tournon-d'Agenais D2

16 km à l'est par la D 661.

Sur la crête d'une colline proche de la vallée du Lot, c'est ce qu'on appelle un **site★**. Au fur et à mesure que vous pénétrerez dans le bourg, vous découvrirez l'ancienne ligne des remparts (aménagée en promenade) sur lesquels se sont établies des maisons. La localité a gardé son plan de bastide avec ses rues étroites se coupant à angle droit. Du petit jardin public, jolie **vue** sur la vallée du Boudouyssou cultivée de vignes et de maïs *(table d'orientation)*. Remarquez, sur le beffroi, l'horloge lunaire.

Moulin de Lustrac D2

10 km au nord-ouest par la D 159 puis la D 243. Tourner à gauche à Clauzade. Dépendance du château du même nom, ce moulin fortifié du 13e s. a conservé ses meules et ses vannes. Des abords, agréable point de vue sur les méandres du Lot.

NOS ADRESSES À PENNE-D'AGENAIS

HÉBERGEMENT

BUDGET MOYEN

Le Préau de l'Horizon – *31 bd de l'Horizon - ✆ 05 53 70 97 73 - www.lepreaudelhorizon.com - 4 ch. 80/90 € et gîte 85/70 €, 650 € sem.* . Retour sur les bancs de l'ancienne école de fille du village, dont le préau couvert offre une vue magnifique sur les collines. Bureaux d'écoliers, machine à écrire, cartes scolaires, luminaires créatifs, literie de 1er choix et salles de bains modernes composent une décoration originale. Pour la récréation, apéritif dégustation et soirée sous les étoiles donnent envie de retomber en enfance. En été, la cour accueille des concerts très branchés.

RESTAURATION

BUDGET MOYEN

Le Bombecul – *10 pl. Paul-Froment - ✆ 05 53 71 11 76 - http://bombecul.free.fr - été : du mar. midi au dim. midi ; hiver : du jeu. soir au dim. midi - formule déj. 17 € - 28 €.* Sur l'agréable terrasse, à l'ombre du clocher, ou dans une des salles à l'élégante décoration, dégustez des plats frais, en harmonie avec l'approche de la cuisine du chef Christophe Lambilotte : tourte de caille et pintade du sud-ouest, longe de porcelet laqué aux 5 épices, brandade de cabillaud, pissaladière aux anchois, croquante et fondante.

ACTIVITÉS

Exposition Antoine Arnaud – *10 pl. Paul-Froment - ✆ 06 67 39 06 94 - www.facebook.com/antoinearnaudgalerie - 10h30-23h - fermé lun.* L'artiste, qui d'autre part officie au restaurant **Le Bombecul,** et dont les toiles décorent une chambre du **Préau de L'Horizon**, expose ces dessins et toiles au **Jardin de Carlane** *(lun.-vend. 14h-19h, w.-end sur RV ✆ 06 11 59 33 90)* et dans le magnifique domaine des chambres d'hôte du **Relais de Roquefereau** *(✆ 06 11 59 33 90 - www.lerelaisderoquefereau.fr)*. Un petit monde après tout !

AGENDA

Foire à la tourtière – *2e dim. de juil.* Concours et démonstration.

Monflanquin

★

2 359 Monflanquinois – Lot-et-Garonne (47)

Aux confins du Périgord et de la Guyenne, le pech de Monflanquin s'élève fièrement au cœur d'une paisible et charmante campagne. Il fait bon flâner dans les ruelles à l'atmosphère médiévale de cette ancienne bastide du 13e s., où se serrent les maisons aux toits de tuiles rondes. C'est à juste titre que Monflanquin est classé parmi les plus beaux villages de France.

NOS ADRESSES PAGE 576
Hébergement, restauration, achats, activités, etc.

S'INFORMER

Office du cœur de Bastides - bureau de Monflanquin – *Pl. des Arcades - 47150 Monflanquin - ✆ 05 53 36 40 19 - www.monflanquin-tourisme.com - été: 10h-18h, sam. 10h-13h, 14h-18h; printemps et automne: tlj sf dim. 9h-12h, 14h-18h; reste de l'année: tlj sf w.-end 9h-12h, 14h-17h - fermé certains j. fériés, Vend. saint.*

Visite guidée – *Juil.-août: lun.-vend.; juin et sept.: merc.* C'est en compagnie du guide troubadour Janouille la Fripouille que vous découvrirez Monflanquin. Le soir, la visite se fait aux flambeaux. En été, visite spectacle avec jongleurs et troubadours *(rens. et tarif à l'office de tourisme).*

Janouille en vadrouille – *Office de tourisme lun. et merc. 11h, jeu. 16h30, vend. 21h30 - 6,50 €.* Officieusement né en 1576 (et depuis 1994), Janouille vous fait revivre, de façon théâtralisée et humoristique, l'histoire de la bastide qu'il tient de ses ancêtres.

SE REPÉRER

Carte de microrégion C1 (p. 522-523) – 17 km au nord de Villeneuve-sur-Lot par la D 676.

À NE PAS MANQUER

Le musée des Bastides; la forteresse de Gavaudun.

ORGANISER SON TEMPS

Il faut quelques heures pour visiter la ville et son musée. En saison, de nombreuses animations sont organisées à Monflanquin et dans les villages alentour.

AVEC LES ENFANTS

Le musée des Bastides, les visites-spectacles de la ville; SauveTerre, le musée de Préhistoire à Sauveterre-la-Lémance; une promenade en gabare au départ de Fumel *(voir « Activités », p. 577)*; le château de Bonaguil.

Se promener

19 panneaux vous informeront sur l'histoire de la ville au cours de vos déambulations *(plan disponible à l'office de tourisme).*

Autour de la **place des Arcades** se déploient les *carrétots*, ruelles parfois enjambées par des *pontets* formant des passages couverts. Restaurée, la place est fermée à la circulation en été pour mieux profiter de ses agréables terrasses.

À l'emplacement des anciens remparts, démantelés sur ordre de Richelieu, une **promenade** a été aménagée: on y profite d'une jolie vue sur le paysage vallonné alentour *(table d'orientation à côté de l'église).*

HISTOIRE D'UNE BASTIDE

Monflanquin fut fondée en 1256 par Alphonse de Poitiers, frère de Saint Louis, sur une colline *(pech)* à la limite des possessions anglaises du duché d'Aquitaine. Elle tomba sous administration anglaise dès le **traité d'Amiens** (1279) et, pendant la guerre de Cent Ans, passa tour à tour aux mains des Français et des Anglais. Puis elle devint l'un des principaux bastions huguenots de la région ; l'église Notre-Dame fut incendiée par les calvinistes en 1569.

Musée des Bastides

Au-dessus de l'office de tourisme - pl. des Arcades - 05 53 36 40 19 - http://monflanquin-museedesbastides.jimdo.com - - juil.-août : 10h-18h, sam. 10h-13h-14h-18h ; reste de l'année : tlj sf w.-end 9h-12h, 14h-18h - fermé certains j. fériés, Vend. saint, 26 déc. - possibilité de visite guidée sur demande (1h) - 4 € (-12 ans 1,50 €) - visite accompagnée de la Bastide avec Janouille la Fripouille, voir « S'informer », p. 571.

Une muséographie moderne et interactive a été mise en place pour expliquer l'apparition des villes nouvelles aux 13e-14e s. dans le sud-ouest de la France, leur urbanisme, leur organisation sociale, leur rôle dans la société médiévale : maquettes, documents audiovisuels… Vous en sortirez avec l'envie de (re)découvrir Monflanquin et d'aller voir d'autres bastides…

« Les bastides », p. 86.

À proximité Carte de microrégion p. 522-523

Sauveterre-la-Lémance D1

33 km au nord-est par la D 124, puis la D 710.

Édouard Ier, roi d'Angleterre et duc d'Aquitaine, y fit bâtir une **forteresse** à la fin du 13e s. pour protéger ses domaines face au royaume de Philippe le Hardi.

SauveTerre Musée de Préhistoire – *05 53 40 73 03 - www.sauveterre-prehistoire.fr - - juil.-août : 14h-18h ; 20 avr.-1er Mai et 19-30 oct. : tlj sf dim. 14h-17h - fermé sam. - possibilité de visite guidée sur demande (45mn) - 6 € (-12 ans 4 €).* Voyage à travers le temps, de la Préhistoire à la science. Il retrace les découvertes archéologiques effectuées de 1920 à nos jours dans la vallée de la Lémance, riche en vestiges de l'époque des derniers chasseurs-cueilleurs. Présentation des techniques préhistoriques de fabrication des outils *(vidéo 16mn)*. Très interactif grâce à des maquettes et écrans tactiles, il permet aux plus petits, et lors d'ateliers d'animation, d'observer, de toucher et de ressentir, jusque hors les murs, sur le sentier préhistorique de la Lémance.

Circuit conseillé Carte de microrégion p. 522-523

ENTRE BASTIDES ET CHÂTEAUX

Circuit de 60 km au départ de Villeréal, tracé en marron sur la carte p. 522-523. Compter une journée.

Villeréal C1

Cette bastide fondée en 1269, elle aussi par Alphonse de Poitiers, a conservé son plan initial, avec des rues en angle droit, des maisons à encorbellement et à toit débordant. Sur la place centrale, **halles à étage** (14e s.) supportées par des piliers de chêne. Édifiée au 13e s., l'**église fortifiée** possède une haute

Le château de Bonaguil.
ICP/age fotostock

façade encadrée de deux tours couronnées de clochetons pointus et reliées par un chemin de ronde crénelé ; la tour de gauche est percée de meurtrières. Au pied du village de Villeréal, équipements de loisirs au bord d'un **lac**.
Suivre au sud-est la D 255 jusqu'à Lacapelle-Biron, puis prendre la D 150.

Saint-Avit D1

Dans ce hameau de pierre couleur terre-de-sienne, à l'église couverte de lauzes et aux maisons anciennes aux toits patinés, **Bernard Palissy** *(voir « Le musée des Beaux-Arts à Agen », p. 525)* est à l'honneur.

Musée de céramique Bernard Palissy – *Hameau de St-Avit - ✆ 05 53 40 98 22 - www.museepalissy.net - juil.-août : tlj sf mar. 14h-18h30 ; sept. : tlj sf mar. et sam. 14h-17h30 ; mai et juin : dim. et j. fériés 14h30-17h30 - fermé 1er et 8 Mai, jeu. de l'Ascension - possibilité de visite guidée sur demande (1h) - 4 € (-12 ans gratuit) - atelier enf. été : jeu. mat. et vend. mat, sur réserv. (6 €). Foire à la poterie (50 exposants) 2e dim. d'août.* Il présente un diaporama sur la vie de l'artiste ainsi que des collections de céramiques anciennes et contemporaines. Chaque année *(de mai à octobre)* a lieu une grande exposition.
La D 150 court entre la Lède et des bois escarpés où affleure la roche claire.

LE FAÏENCIER ANIMALIER

Bernard Palissy (1510-1590), né à St-Avit près d'Agen, auteur d'ouvrages techniques et philosophiques, est surtout connu comme verrier et potier. Au prix d'un dur labeur et de lourds sacrifices – on raconte qu'il brûla même ses meubles pour alimenter ses fours –, il s'acharna à retrouver la composition de l'émail. Eurêka ! Il réussit à mettre au point une poterie intermédiaire entre la faïence italienne et la terre vernissée. Ses bassins décorés en « rustique » (moulages colorés de serpents, lézards, poissons, écrevisses…) lui valurent un vif succès.
Foire à la poterie à St-Avit – *Chaque année le 2e dim. d'août.*

Gavaudun D1

Ce très beau **site★** dans l'étroite et sinueuse vallée de la Lède, entre plaine du Lot et vallée de la Dordogne, fut un haut lieu de l'histoire de l'Agenais.
Château – *Le Bourg - ✆ 05 53 40 04 16 - www.chateaudegavaudun.com - juil.-août: 10h-19h, j. fériés 10h-18h; avr.-juin et sept.-oct.: vend.-mar. 10h-18h; reste de l'année: sur demande préalable - fermé 1er janv., 11 Nov., 25-26 déc. - possibilité de visite guidée sur demande (45mn) - 4 € (-18 ans 2,50 €).* La forteresse, implantée sur un éperon rocheux, est un exemple d'architecture militaire, classée Monument historique depuis 1987. On entre dans l'édifice par une grotte naturelle. Elle était équipée d'une échelle qui pouvait facilement être retirée, rendant le château complètement inaccessible. Pas besoin de pont-levis ici! Aujourd'hui, l'échelle n'existe plus et des marches creusées dans la roche l'ont remplacée. Classé Monument historique depuis 1882, l'impressionnant **donjon** crénelé (11e et 13e s.) de ce château fort prend racine dans la roche, sur laquelle il dresse ses six étages. Son agencement intérieur, différent à chaque étage, démultiplie les systèmes de défense: de salles d'armes en gaines défensives, jusqu'au crénelage dont l'ascension ardue est récompensée par une vue panoramique à 360° sur la vallée de la Lède. On peut également observer les ruines des dépendances (dont les latrines) et du chemin de ronde. De nombreuses activités sont proposées en été: descente en rappel du donjon, tir à l'arc, contes, atelier herboriste, soirées médiévales et spectacles chantés, et une visite guidée, « Dans la peau d'un archer ».

Saint-Sardos-de-Laurenque D1

L'**église** du 12e s. présente un intéressant portail sculpté, aux chapiteaux ornés d'animaux et de personnages et à la frise décorée de poissons. Remarquables chapiteaux également dans la nef romane.
Revenir à Gavaudun pour continuer sur la D 150, puis prendre la D 162 vers Fumel.

★★ Château de Bonaguil D1

✆ 05 53 41 90 71 - www.chateau-bonaguil.com - juil.-août: 10h-19h; mars-juin et sept.-oct.: 10h-17h30; reste de l'année: vac. scol. 14h-17h - fermé 1er janv., 11 Nov. 25 déc. - possibilité de visite guidée (1h30) - 7 € (-13 ans 4 €).

Activités pour les enfants, chasse au trésor, ateliers visant à expliquer la vie quotidienne du château, sa construction et l'héraldique.

Le château de Bonaguil, avec son état de conservation exceptionnel, a fasciné plus d'un illustre personnage, de Lawrence d'Arabie à Viollet-le-Duc (qui a même tenté de l'acheter), en passant par André Breton qui en parlait ainsi: « Chambord c'est de l'ombre, ici c'est la lumière ».

On pénètre dans le château par la **barbacane**, énorme bastion qui avait sa garnison autonome, ses magasins et son arsenal. La barbacane faisait partie de la première ligne de défense, longue de 350 m, dont les bastions permettaient le tir rasant grâce à des canonnières et des meurtrières, creusées dans les murs de 4 m d'épaisseur.

La visite se poursuit au dépotoir et au colombier, symbole de la puissance féodale. On accède par un nouveau pont-levis restitué à la **cour basse** qui surplombe l'un des accès à la **casemate**, passage souterrain protégé. Celle-ci offre une vision des appartements sud, démantelés à la Révolution, et accueille un nouveau jardin médiéval. On pénètre dans le **fournil,** où l'on accumulait les provisions, avant d'emprunter la voûte en colimaçon, trésor d'architecture, dans la tour nord des Loges. On traverse la **casemate,** long couloir souterrain en arc de cercle, dont les canonnières surveillaient le sud-est. Par un escalier, on entre dans la **grotte** et ses galeries, cœur privé du château,

impressionnante et mystérieuse caverne, puis au **moineau**, pièce défensive percée de meurtrières.
La seconde ligne de défense se composait de cinq tours, dont la **Grosse Tour** qui est l'une des plus importantes tours de plan circulaire jamais construites en France. Haute de 40 m à l'origine, couronnée de corbeaux, elle servait à ses étages supérieurs de logis d'habitation, tandis que ses étages inférieurs étaient équipés de mousqueteries, couleuvrines, arquebuses, etc. Ici, ont récemment été découverts des graffitis du 16e-17e s., représentations de scènes paillardes rabelaisiennes.
De la **terrasse**, créée à l'initiative de Marguerite de Fumel afin d'en faire un jardin d'agrément, on peut apprécier un large panorama sur la vallée. Fermant l'accès à la **tour carrée** qui abrite l'oratoire se trouve la **chicane**, puis, à gauche, deux caves en enfilade conduisent à la **tour Rouge**. Du **logis seigneurial** et de la **cuisine** ne restent que les soubassements. Dans la grande salle, une maquette du château et des panneaux explicatifs retracent les travaux de rénovation.
Dominant les deux lignes, ultime bastion de la défense, le **donjon** à pans coupés était le poste de guet et de commandement. Il a la forme d'un vaisseau dont la proue est tournée vers le nord, secteur le plus vulnérable. À l'intérieur, armes et objets issus de fouilles effectuées dans les fossés.
Un puits taillé dans le roc, des cheminées monumentales, un réseau d'écoulement des eaux fort bien conçu, des fossés intérieurs secs, des axes de circulation rapides des troupes, permettaient à près d'une centaine d'hommes de soutenir un siège (ce qui n'arriva jamais !).
Prendre à l'est la D 158, puis à droite la D 673.

Fumel D2

Pl. Georges-Escande - 47500 Fumel - 05 53 71 13 70 - www.tourisme-fumel.com - juil.-août : 10h-13h, 14h-18h, dim. 10h-12h30 ; avr.-juin et sept.-oct. : tlj sf dim. 10h-12h, 14h-17h30, mar. et sam. 14h-17h30 ; reste de l'année : tlj sf w.-end 10h-12h, 14h-17h30, mar. 14h-17h30 - fermé 1er janv., 1er et 11 Nov., 25 déc.

BONAGUIL, GLOIRE ET PUISSANCE D'UN CHÂTEAU

L'orgueil de Roquefeuil – « Par Monseigneur Jésus et tous les Saincts de son glorieux Paradis j'eslèveroi un castel que ni mes vilains subjects ne pourront prendre, ni les Anglais s'ils ont l'audace d'y revenir, voire même les plus puissants soldats du Roy de France », proclame, en 1477, Béranger de Roquefeuil. Fils de l'une des plus anciennes familles du Languedoc, l'orgueilleux baron ne lésine ni sur les exactions ni sur les violences. Mais ses sujets se révoltent ! Il fait alors transformer le château de Bonaguil, qui existait depuis le 13e s., en une forteresse inexpugnable.
Un fort inébranlable – Il fallut quarante ans à Roquefeuil pour édifier ce nid d'aigle, déjà anachronique à une époque où la mode tendait à la demeure de plaisance. Mais Bonaguil présente la particularité d'offrir, sous la carapace traditionnelle des châteaux forts, une remarquable adaptation aux techniques nouvelles des armes à feu : canonnières et mousqueteries. Jamais attaqué, c'est l'un des plus parfaits spécimens de l'architecture militaire de la fin du 15e s. et du 16e s. La Révolution, dans son ardeur à supprimer les symboles de l'Ancien Régime, démantèlera et découronnera bien le colosse, sans pour autant réussir à le déposséder de sa puissance.

Au 11e s., les barons de Fumel y firent bâtir un château et l'habitèrent jusqu'au début du 19e s. Il abrite aujourd'hui la mairie. Les jardins et les terrasses sont ouverts au public. Le **baron de Langsdorff** (propriétaire du château par mariage au 19e s.) ayant rapporté de ses chasses à l'étranger diverses essences d'arbres et d'arbustes, vous découvrirez, en contrebas du château, une végétation très variée.
En descendant du château vers le Lot, vous rencontrerez de vieilles maisons. Des promenades sont aménagées le long de la rivière.
En saison, vous pourrez également découvrir la vallée du Lot sur l'eau, grâce à un parcours commenté *(1h30)* d'une quinzaine de kilomètres à bord d'une gabare *(voir « Activités », p. 577).*
Sortir de Fumel par l'avenue Léon-Blum.

TAÏAUT !
Au fond d'une niche de pierre, dans le jardin du **château de Fumel**, la statue d'un renard marquait le point de départ d'une chasse à courre qu'appréciait tout particulièrement l'ancien propriétaire, le baron de Langsdorff : la chasse au renard !

Monsempron-Libos D2

Ce village fortifié du 12e s. perché sur une butte possède une **église**★ romane, vaste mais très sobre. Elle aurait été construite à l'emplacement (ou à côté) d'un temple de Cybèle, déesse de la Fécondité. Si déesse il y eut, elle lui a donné son caractère réconfortant, la douceur de ses formes (gros piliers cylindriques, absidioles couvertes de coupoles rondes…).
Regagner Monflanquin par la D 124.

NOS ADRESSES À MONFLANQUIN

HÉBERGEMENT

À proximité

PREMIER PRIX

Domaine de Guillalmes – *Gaillarden - 47500 Condat - 22 km à l'est - ✆ 05 53 71 01 99 - www.domainedeguillalmes.com - mars-oct. - P - 18 ⌂ 80 €.* Inséré dans un très joli cadre, ce domaine riverain des eaux du Lot est idéal pour se mettre au vert. Les chambres, aménagées dans des chalets individuels, sont équipées d'un salon, d'une cuisinette et d'une terrasse. Côté détente : tennis, base nautique, jolie piscine avec Jacuzzi, etc. Location de vélo, canoë et barque électrique.

BUDGET MOYEN

Chambre d'hôte Domaine de Majoulassie – *Lieu-dit Majoulassie - 47150 Gavaudun - ✆ 05 53 40 34 64 - www.chambreshotes-majoulassie.sitew.com - P - 5 ch. 65/110 € - ✕ 30 €.* Un ruisseau, des bois, de la verdure, un vieux moulin et un étang de pêche composent l'environnement bucolique de cette longue bâtisse, ancienne papeterie. Chambres au confort simple et grandes salles de bains neuves.

POUR SE FAIRE PLAISIR

Château Ladausse – *Ladausse - 47150 Monflanquin- ✆ 05 53 36 71 63 ou 06 74 10 88 33 - www.ladausse.com - - 3 ch. 110 €. ✕ 35/60 €.* Un étroit sentier à travers bois mène à la cour de ce château merveilleusement rénové. Le bâtiment de 4 étages, au milieu de forêts, prairies et vergers, abrite de spacieuses chambres au confort haut de gamme et au charme d'antan. Le propriétaire, diplômé d'œnologie, et sa femme, qui a suivi une formation de cuisine, proposent table d'hôte et cours de cuisine et de dégustation, dont l'on pourra profiter sans résider au domaine. Mais cela serait dommage…

Chambre d'hôte Le Moulin de Labique – *D 153 - lieu-dit Labique - 47210 St-Eutrope-de-Born - à 9 km - 05 53 01 63 90 - www.moulin-de-labique.net - P - 5 ch. 85/199 € - - 31 €.* Domaine paisible, bordé par un ruisseau et agrémenté d'une piscine, d'un potager et d'un coin pour pêcher. Belles chambres avec terrasse, logées dans la maison, l'écurie et la grange. La cuisine honore le terroir.

RESTAURATION

PREMIER PRIX

Le Bistrot du Prince Noir – *Pl. des Arcades - 05 53 36 63 00 - www.lebistrotduprincenoir.fr - mai-sept. - formule déj. 12/15 € lun.-vend. - 20/30 €.* Cette agréable adresse sur la place du village vous permet de savourer en terrasse des plats simples et généreux : aiguillettes de canard sauce foie gras, noix de st-jacques poêlées aux endives, lasagnes d'aubergines, bricks de chèvre, ou burgers maison réinventés…

À proximité

BUDGET MOYEN

Auberge Le St-Hubert – *Rte de Périgueux - 47500 Cuzorn - 16 km à l'est - 05 53 40 91 85 -www.auberge-saint-hubert.com - fermé dim. soir, lun., le soir hors sais. sf réserv. - - P - formule déj. 13,50 € - 23/34 €.* Dans cet établissement des années 1970, vous vous attablerez dans la salle à manger, réchauffée par de belles flambées, ou sur la terrasse tournée vers la campagne. Cuisine simple et traditionnelle.

ACHATS

Marché de Monflanquin – Chaque jeudi matin, depuis 1256 ! Nocturnes le jeudi soir en été.

ACTIVITÉS

Promenade à bord de la gabare fumeloise – *- juil.-août : tlj sf sam. 15h et 17h ; avr.-juin et sept.-nov. : sur demande à l'office de tourisme (05 53 71 13 70) - 8 € (-13 ans 6 €) - promenade commentée dép. de Fumel (embarcadère du Passage).*

Parc en Ciel – *Moulin de Courrance - 47150 Lacapelle-Biron - 05 53 71 84 58 - www.parc-en-ciel.com - mars-oct.* Parcours aventure, minigolf et baignade dans un bassin avec filtration naturelle de l'eau par les plantes et les minéraux.

Savonnerie Saponaire – *47 pl. des Arcades - 05 53 36 46 15 - www.saponaire.com/boutique - lun.-vend. 9h-12h, 14h-18h - visites sur RV.* Cette entreprise familiale élabore des savons fabriqués à la main à partir d'huiles végétales (mais pas de palme) surtout locales et bio. Des stages sont parfois organisés.

AGENDA

Fêtes médiévales – *Août.* Reconstitutions historiques, spectacles, animations de rue, banquet médiéval.

Château de Bonaguil – *Juil. - www.chateau-bonaguil.com.* Fêtes médiévales.

➜ Michelin Apps

Parce que le confort et la sécurité sont des notions essentielles, pour vous comme pour nous, Michelin a créé un bouquet de 6 applications mobiles gratuites. Un équipement complet pour que la route soit un plaisir !

➜ *MICHELIN MyCar* • *Pour obtenir le meilleur de vos pneus, des services et des infos pour préparer sereinement vos trajets.*

➜ *MICHELIN Navigation* • *Une nouvelle approche de la navigation : le trafic en temps réel avec une nouvelle fonctionnalité de guidage connecté.*

➜ *ViaMICHELIN* • *Calcul d'itinéraires et données cartographiques : un incontournable pour se déplacer sans perdre de temps.*

➜ *MICHELIN Restaurants* • *Parce que la route doit être un plaisir, retrouvez un très large choix de restaurants, en France et en Allemagne, dont la sélection complète du guide MICHELIN.*

➜ *MICHELIN Hôtels* • *Pour réserver votre chambre d'hôtel au meilleur tarif, partout dans le monde !*

➜ *MICHELIN Voyage* • *85 pays et 30 000 sites touristiques sélectionnés par le Guide Vert Michelin et un outil pour réaliser votre propre carnet de route.*

Un pneu → *c'est quoi ?*

Rond, noir, à la fois souple et solide, le pneumatique est à la roue ce que le pied est à la course. Mais de quoi est-il fait ? Avant tout de gomme, mais aussi de divers matériaux textiles et / ou métalliques... et d'air ! Ce sont les savants assemblages de tous ces composants qui assurent aux pneumatiques leurs qualités : adhérence à la route, amortissement des chocs, en deux mots : confort et sécurité du voyageur.

1 BANDE DE ROULEMENT
Une épaisse couche de gomme assure le contact avec le sol. Elle doit évacuer l'eau et durer très longtemps.

2 ARMATURE DE SOMMET
Cette double ou triple ceinture armée est à la fois souple verticalement et très rigide transversalement. Elle procure la puissance de guidage.

3 FLANCS
Ils recouvrent et protègent la carcasse textile dont le rôle est de relier la bande de roulement du pneu à la jante.

4 TALONS D'ACCROCHAGE À LA JANTE
Grâce aux tringles internes, ils serrent solidement le pneu à la jante pour les rendre solidaires.

5 GOMME INTÉRIEURE D'ÉTANCHÉITÉ
Elle procure au pneu l'étanchéité qui maintient le gonflage à la bonne pression.

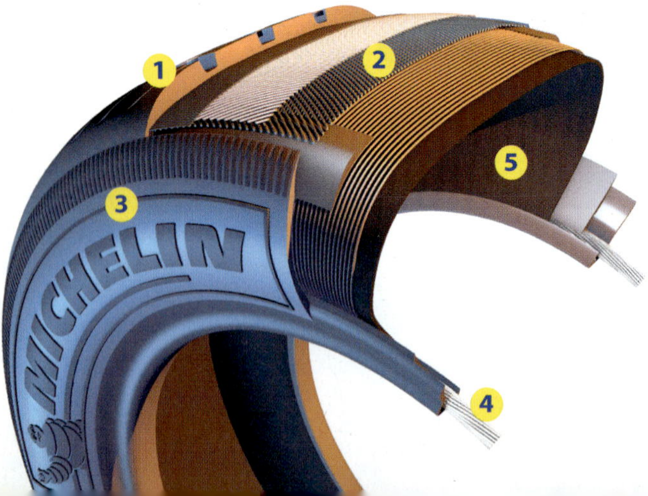

Michelin

→ *l'innovation en mouvement*

Créé et breveté par Michelin en 1946, le pneu radial ceinturé a révolutionné le monde du pneumatique. Mais Michelin ne s'est pas arrêté là : au fil des ans, d'autres solutions nouvelles et originales ont vu le jour, confirmant Michelin dans sa position de leader en matière de recherche et d'innovations, pour répondre sans cesse aux exigences des nouvelles technologies des véhicules.

→ *la juste pression !*

L'une des priorités de Michelin, c'est une mobilité plus sûre. En bref, innover pour avancer mieux. C'est tout l'enjeu des chercheurs, qui travaillent à mettre au point des pneumatiques capables de "freiner plus court" et d'offrir la meilleure adhérence possible à la route. Aussi, pour accompagner les automobilistes, Michelin organise, partout dans le monde, des campagnes de sensibilisation à la sécurité routière : les opérations "Faites le plein d'air" rappellent à tous que la juste pression des pneumatiques est un facteur essentiel de sécurité.

La stratégie Michelin :
→ *des pneumatiques multiperformances*

Qui dit Michelin dit sécurité, économie de carburant et capacité à parcourir des milliers de kilomètres. Un pneumatique MICHELIN, c'est tout cela à la fois.

Comment ? Grâce à des ingénieurs au service de l'innovation et de la technologie de pointe. Leur challenge : doter tout pneumatique – quel que soit le véhicule (automobile, camion, tracteur, engin de chantier, avion, moto, vélo et métro !) – de la meilleure combinaison possible de qualités, pour une **performance globale optimale**.

Ralentir l'usure, réduire la dépense énergétique (et donc l'émission de CO^2), améliorer la sécurité par une tenue de route et un freinage renforcés : autant de qualités dans un seul pneu, c'est cela Michelin Total Performance.

MICHELIN
Total Performance

Chaque jour, **Michelin** innove en faveur de la mobilité durable.

DANS LE TEMPS ET LE RESPECT DE LA PLANÈTE.

La mobilité durable

→ *c'est une mobilité propre... et pour tous*

La mobilité durable c'est permettre aux hommes de se déplacer d'une façon plus propre, plus sûre, plus économique et plus accessible à tous, quel que soit le lieu où ils vivent.

Tous les jours, les 113 000 collaborateurs que Michelin compte dans le monde innovent :

• en créant des pneus et des services qui répondent aux nouveaux besoins de la société,

• en sensibilisant les jeunes à la sécurité routière,

• en inventant de nouvelles solutions de transport qui consomment moins d'énergie et émettent moins de CO^2.

→ *Michelin Challenge Bibendum*

La mobilité durable, c'est permettre la pérennité du transport des biens et des personnes, afin d'assurer un développement économique, social et sociétal responsable. Face à la raréfaction des matières premières et au réchauffement climatique, Michelin s'engage pour le respect de l'environnement et de la santé publique. De manière régulière, Michelin organise ainsi le Michelin Challenge Bibendum, le seul événement mondial axé sur la **mobilité routière durable.**

MICHELIN CHALLENGE BIBENDUM

Notes

- Bordeaux
- Arachon (Fêtes de la Mer) 14/15/18
- Cap Ferret
- St Emilion
- Blaye
- Lacanau Pro
- Medoc en voiture
- Velo 1j.
-

Notes

INDEX GÉNÉRAL

Bordeaux : villes, curiosités et régions touristiques.
Albret, Jeanne d' : noms historiques ou termes faisant l'objet d'une explication.
Les sites isolés (châteaux, abbayes, grottes…) sont répertoriés à leur propre nom.
Nous indiquons par son numéro, entre parenthèses, le département auquel appartient chaque ville ou site. Pour rappel :
33 : Gironde
40 : Landes
47 : Lot-et-Garonne
64 : Pyrénées-Atlantiques

A

Aas (64)....513
Abbadia, domaine (64)....390
Abbadie, Antoine d'....390
Accous (64)....502
Adour....47
Adour, rivière....332
Adresses utiles....12
Agen (47)....524
Agenais....47
Aire-sur-l'Adour (40)....292
Albret, pays (47)....537
Albret, Jeanne d'....76, 80, 455
Aldudes, vallée (64)....432, 433
Aliénor d'Aquitaine....75, 79, 112, 267, 354
Allemans-du-Dropt (47)....553
Amiens, traité....572
Andernos-les-Bains (33)....254
Anglet (64)....373
Ansot, plaine (40)....353
Appellations....62
Aramits (64)....495
Arbailles, forêt (64)....443
Arcachon (33)....239
Arcachon, bassin (33)....248
Architecture....84
Arès (33)....254
Arette (64)....495
Arette-Pierre-Saint-Martin (64)....495
Arguin, réserve naturelle (33)....249
Arjuzanx, réserve naturelle (40)....273
Armagnac....67, 287
Arricau-Bordes, château (64)....519
Art....84
Art contemporain....97
Art déco....94
Arthez-de-Béarn (64)....460
Arthous, abbaye (40)....315
Artouste (64)....516
Artouste, lac (64)....512
Arudy (64)....508
Arzacq (64)....459
Ascain (64)....401
Aspe, vallée (64)....498
Asson, zoo (64)....462
Auberges de jeunesse....13
Aubiac (40)....530
Aubisque, col (64)....513
Audenge (33)....255
Audignon (40)....301
Aureilhan, lac (40)....326
Aviation....79
Avion....11
Aydius (64)....502
Ayguelongue, lac (64)....459
Ayous, lacs (64)....512

B

Bagargui, col (64)....438
Bages (33)....214
Baignade....22
Baleyssagues (47)....552
Banca (64)....433
Ban des vendanges....60
Barbaste (47)....538
Barétous, vallée (64)....494
Barie (33)....175
Barsac (33)....161
Barthes de l'Adour (40)....341
Bascons (40)....286
Basque (langue)....68
Bas Quercy, serres (47)....563
La Bastide-Clairence (64)....414

Bastides....86
La Bastide-Clairence (64)....414
Beauville (47)....564
Bellocq (64)....480
Cadillac (33)....149
Créon (33....166
Duras (47)....551
Geaune (40)....293
Grenade-sur-l'Adour (40)....294
Hastingues (40)....314
Labastide-d'Armagnac (40)....287
Laparade (47)....561
Lavardac (47)....539
Layrac (47)....531
Lembeye (64)....519
Mauléon-Licharre (64)....442
Monflanquin (47)....571
Monségur (33)....175
Mont-de-Marsan (40)....284
Montfort-en-Chalosse (40)....300
Navarrenx (64)....485
Nay (64)....461
Pimbo (40)....293
Rébénacq (64)....508
Sainte-Foy-la-Grande (33)....553
Saint-Justin (40)....288
Sauveterre-de-Guyenne (33)....170
Sorde-l'Abbaye (40)....315
Tournon-d'Agenais (47)....569
Vianne (47)....539
Villeneuve-de-Marsan (40)....287
Villeneuve-sur-Lot (47)....556
Villeréal (47)....572
Bateau, excursions....24
Bayonne (64)....348
Bayonne, fêtes....355
Bayonne, traité....434
Bayon-sur-Gironde (33)....202
Bazas (33)....277
Béarn-Bellocq....66
Beauville (47)....564
Bedous (64)....502
Bègles (33)....134
Belhade (40)....272
Belharra....49, 388
Belin-Béliet (33)....267
Bellocq (64)....480
Bénou, plateau (64)....509
Béon (64)....510
Béost (64)....510
Béret....27, 462
Bertsolari....71, 434
Bétharram, site (64)....462
Beychac (33)....135
Beychevelle, château (33)....212
Biarritz (64)....363
Bias (47)....561
Bibliographie....38
Bielle (64)....509
Biganos (33)....255
Bilhères (64)....509
Bious-Artigues, lac (64)....512
Biscarrosse (40)....320
Biscarrosse et Parentis, étang (40)....321
Bitet, gorges (64)....510
Blaignan-Médoc (33)....215
Blanco, Serge....380
Blasimon, ancienne abbaye (33)..170
Blaye (33)....198
Bœuf de Chalosse....54
Bombannes (33)....235
Bonaguil, château (47)....574
Bonnat, Léon....353
Borce (64)....503
Bordeaux (33)....87, 104
Abbatiale Sainte-Croix....116
Bacalan....130
Base sous-marine....132
Basilique Saint-Michel....115
Basilique Saint-Seurin....126
Bassins à flot....130
La Bastide....133, 193
Bordeaux Patrimoine mondial....111
CAPC....127
Cap Sciences....132
Caserne de la Benauge....127
Cathédrale Saint-André....119
Centre Jean-Moulin....120
Les Chartrons....127
Cimetière de la Chartreuse....123
Cité du vin....132
Cité mondiale....128
Cours de l'Intendance....125
Cours Xavier-Arnozan....127
Darwin....133
Église Notre-Dame....124
Église Saint-Bruno....123
Église Saint-Louis-des-Chartrons....129

Église Saint-Paul-les-Dominicains ... 118
Esplanade des Quinconces ... 124
Flèche Saint-Michel ... 115
Fonds régional d'Art contemporain ... 131
Galerie-Bordelaise ... 118
Le Garage Moderne ... 131
Grand Port maritime ... 43
Grand-Théâtre ... 124
Hôtel de ville - palais Rohan ... 120
Institut culturel Bernard-Magrez ... 134
Jardin botanique ... 133
Jardin public ... 126
Maison du projet des Bassins à flot ... 130
Miroir d'eau ... 110
Monument aux Girondins ... 124
Musée d'Aquitaine ... 116
Musée d'Art contemporain de Bordeaux ... 127
Musée des Arts décoratifs et du Design ... 120
Musée des Beaux-Arts ... 121
Musée des Compagnons du Tour de France ... 134
Musée du Vin et du Négoce de Bordeaux ... 129
Musée national des Douanes ... 111
Palais Gallien ... 126
Parc aux Angéliques ... 133
Pavillon projet ... 133
Petit Hôtel Labottière ... 126
Place de la Bourse ... 110
Place des Capucins ... 116
Place de la Comédie ... 124
Place Gambetta ... 126
Place du Marché-des-Chartrons ... 129
Place du Palais ... 114
Place du Parlement ... 114
Place Saint-Michel ... 115
Place Saint-Pierre ... 114
Pont Jacques-Chaban-Delmas ... 132
Porte d'Aquitaine ... 116
Porte de Bourgogne ... 115
Porte Cailhau ... 114
Porte Dijeaux ... 126
Porte de la Grosse Cloche ... 118
Quai des Chartrons ... 130
Quartier Mériadeck ... 123
Quartier Pey-Berland ... 118
Quartier Saint-Michel ... 110
Rue Notre-Dame ... 129
Rue Sainte-Catherine ... 118
Site archéologique de Saint-Seurin ... 126
Square Vinet ... 118
Tour Pey-Berland ... 120
Tribunal de grande instance ... 123
Les Vivres de l'art ... 131
Bordeaux, vignobles (33)
Barsac ... 161
Cadillac-côtes-de-bordeaux ... 152
Castillon-côtes-de-bordeaux ... 187
Entre-deux-mers ... 165
Fronsac ... 193
Graves ... 157
Loupiac ... 150
Médoc ... 213
Pessac-léognan ... 158
Pomerol ... 193
Saint-émilion ... 185
Sauternes ... 162
Bordeaux, vins ... 61
Born, pays (40) ... 322
Borotra, Jean ... 371
Bourdettes-Mirepeix (64) ... 461
Bourg (33) ... 205
Brassempouy (40) ... 298
La Brède, château de (33) ... 160
Brétigny, traité ... 76
Brocas (40) ... 272
Bruges, marais (33) ... 135
Brugnac (47) ... 560
Brulhois (47) ... 530
Budos (33) ... 161
Bühler, frères ... 390
Buzet ... 65
Buzet-sur-Baïse (47) ... 539
Buzy (64) ... 508

C

Cabanes de bergers ... 94
Cabanes tchanquées ... 249
Cadaujac (33) ... 157
Cadillac (33) ... 149

Cadillac côtes de Bordeaux, vignobles (33) 152
Cagots 494
Cambo-les-Bains (64) 409
Capbreton (40) 338
Cap-Ferret (33) 251
Carcans-Maubuisson (33) 234
Carolins, lac (64) 461
Cases béarnaises 94
Casseneuil (47) 561
Castelculier (47) 529
Casteljaloux (47) 543
Castelmoron-d'Albret (33) 176
Castelnau-de-Médoc (33) 217
Castelnaux 85
Castelviel, église (33) 167
Castéra-Loubix (64) 519
Castet (64) 509
Castillon, bataille 76
Castillon-la-Bataille (33) 187
Cayac, ancien prieuré (33) 161
Cazaux et de Sanguinet, étang (40) 321
Cazaux, lac (33) 256
Cazeneuve, château (33) 281
Cépages 58
Cerf-volant 22
Cérons (33) 160
Cesta punta 396
Chalosse (40) 298, 300
Chants basques 71
Chartreuses 87
Châteaux (propriétés viticoles)
Château d'Agassac *211*
Château Beychevelle *212*
Château du Bouilh *206*
Château de Cérons *160*
Château Chasse-Spleen *217*
Château Cheval-Blanc *185*
Château Cos d'Estournel *214*
Château Dauphiné-Rondillon *150*
Château Faugères *184*
Château de Figeac *185*
Château Filhot *162*
Château Fourcas Hosten *217*
Château Haut-Sarpe *184*
Château La Couspaude *184*
Château Lafite Rothschild *214*
Château Lagueloup *158*
Château Lanessan *212*
Château de La Rivière *194*
Château de Loudenne *215*
Château de Malle *162*
Château de Malleret *157*
Château Malromé *150*
Château Margaux *211*
Château Maucaillou *212*
Château du Payre *149*
Château de Pressac *184*
Château St-Christoly *215*
Château d'Yquem *162*
Domaine Rollan de By *215*
La Tour Carnet *216*
Pétrus *195*
Chistera 26, 374, 402
Chocolat 56, 356, 357, 411
Ciboure (64) 387
Cidre 67
Ciron, gorges (33) 282
Clairac (47) 561
Clarens, lac (47) 544
Classements 62
Clermont-Dessous (47) 530
Commerce triangulaire 113
Concrétions 463
Contaut (33) 235
Contis, courant (40) 326
Coquillages 252
Corbie, Gérard de 166
Cordouan, phare (33) 227
Corniche basque (64) 388
Corniche fleurie (33) 201
Corrida 70
Corsaires 354
Côte basque (64) 48
Côtes de Bordeaux 148
Côtes de Duras, vignoble 65
Côtes de Saint-Mont, vignoble 66
Côtes du Brulhois, vignoble 65
Côtes du Marmandais, vignoble 66
Course à pied 22
Course landaise 69, 286
Cousseau, étang (33) 234
Cousteau, Jacques-Yves 207
Couthures-sur-Garonne (47) 546
Crassats 251
Créon (33) 166
Crustacés 252
Cubzac-les-Ponts (33) 207
Cyclotourisme 22

D

Dagobert.......74, 112
Dagueys, lac (33).......192
Daignac (33).......172
Dax (40).......304
Dégustation.......59
Despiau, Charles.......97, 285
Devéria, Eugène.......97
Donats.......423
Dunes.......45
Dupouy, Georgette.......97, 307
Durandeau, Edmond.......389
Duras (47).......551
Duras, Marguerite.......551
Duthoit, Edmond.......390

E

Eaux-Bonnes (64).......513
École libournaise.......97
Écomusée du Libournais, Montagne (33).......186
Écotourisme.......44
Édit de Nantes.......76
Édit d'Union.......76
Édouard, prince.......193
Églises fortifiées.......85
Entre-Deux-Mers (33).......165, 171, 175
Équitation.......25
Escalade.......23
Escot (64).......500
Espadrille.......26, 443
Espelette (64).......406
Esteys.......251
Estialescq (64).......486
Estillac, château (47).......530
Estive.......51
Esturgeon.......52
Étang Blanc (40).......333
Étang de la Mazière, réserve naturelle (47).......544
Étang Noir, réserve naturelle (40).......333
Etsaut (64).......503
Eugénie-les-Bains (40).......294
L'Eyre (33).......250

F

Famille.......29
Fêtes.......32
Floc de Gascogne.......67
Foie gras.......53, 564
Foix, Louis de.......192, 227
Folklore.......68
Fongrave (47).......561
Fontirou, grottes (47).......563
For de Morlaàs.......76
Force basque, jeux.......71
Forêt d'art contemporain (40).......270
Forêt landaise.......45
Fortifications.......87
Fort Médoc (33).......212
François Xavier, saint.......426
Frespech (47).......564
Fromage.......55, 508
La Fronde.......77
Fronsac (33).......194
Fumel (47).......575

G

Gabares.......402
Gabas (64).......512
Galos, Victor.......97
Garein (40).......270
Garlin (64).......519
Garonne, canal.......546
Garonne, vallée.......48
Garreau, château (40).......287
Gascon (langue).......68
Gastronomie.......23, 52
Gaujacq, château (40).......299
Gavaudun (47).......574
Gaztelu, colline (64).......416
Geaune (40).......293
Gelos, haras national (64).......458
Gemmage.......268
Général Foy, monument (64).......476
Gibraltar, stèle (64).......419
Ginestet, maison de négoce (33).......165
Gironde, estuaire (33).......201
Golf.......23
Gouf, Capbreton (40).......332
Gourette (64).......513, 516
Goya, Francisco de.......97
Gradignan (33).......161
Granges-sur-Lot (47).......561
Grave, pointe (33).......226
Grenade-sur-l'Adour (40).......294
Grotte Célestine, Rauzan (33).......171

Guadet, Élie 178
Guerre de Cent Ans 76
Guerres de Religion 76
Guîtres (33) 194
Gujan-Mestras (33) 256
Gurs, camp (64) 486

H

Habitat traditionnel 94
Hagetmau (40) 298
Handicap 12
Harambels (64) 420
Hastingues (40) 314
Hautefage-la-Tour (47) 564
Haut-Médoc (33) 209
Haux (33) 166
Hébergement 13
Helleu, Paul 353
Hendaye (64) 388
Henri II Plantagenêt 354
Henri IV 76, 80, 487
L'Herbe (33) 251
Hiriart, Joseph 387
Histoire 73
Holçarté/Holzarte, crevasses (64) 438
Hossegor (40) 331
Hostens (33) 272
Hourtin (33) 235
Hourtin-Carcans, lac (33) 235
Huchet, courant (40) 327
Huîtres 44, 52, 252
Huon de Bordeaux 112

I

Île aux Oiseaux (33) 249
Incendies 46
Intendants 112
Iraty, Chalets (64) 438
Iraty, forêt (64) 437
Irouléguy (64) 432
Irouléguy, vignoble 66
Issaux, forêt (64) 500
Isturitz, grotte (64) 415
Izarra 67

J

Jacquets 426
Jambon de Bayonne 55, 459
Jammes, Francis 476
Jardin de la lamproie,
Sainte-Terre (33) 182
Jardin du Fond de l'Or (33) 194
Jau-Dignac-Loirac (33) 228
Jean sans Terre 79
Junte de Roncal, traité 72
Jurançon (64) 66, 486

K

Kakuetta, gorges (64) 439

L

Laàs, château (64) 481
Labarde (33) 211
Labastide-Cézéracq (64) 460
Labastide-d'Armagnac (40) 287
Labenne (40) 340
Lacanau, lac (33) 234
Lacanau-Océan (33) 233
Lacépède (47) 560
Lacommande (64) 487
Lacour, Pierre 96
La Lande-de-Fronsac (33) 194
Lalande-de-Pomerol (33) 195
Lamothe-Cadillac, Antoine de 150
Landes de Gascogne,
Parc naturel régional (33) 266
Lanessan, château (33) 212
Langoiran, château (33) 148
Lanne-en-Barétous (64) 495
Lanton (33) 255
Laparade (47) 561
Laplume (47) 530
Larceveau (64) 421
Larrau (64) 437
Larrivière (40) 294
Larros, port (33) 256
Laruns (64) 510, 511
Lasseube (64) 486
Lastournelle, grotte (47) 563
Laurède (40) 301
Lauzun, château (47) 553
Lavardac (47) 539
Layrac (510) 531
Lazaret, forêt (64) 374
Le Corbusier 135
Lembeye (64) 519

Léognan (33)....161
Léon, étang (40)....327
Lepeder, col (64)....433
Lescar (64)....460
Lescun (64)....502
Lesparre-Médoc (33)....216
Lévignacq (40)....327
Leyburn, Roger de....193
L'Hôpital-Saint-Blaise, église (64)....443
Lhote, André....96
Libourne (33)....191
Lillet....66
Linge basque....26
Linteaux sculptés....96
Lohobiague, Joannis de....385
Lot, vallée (47)....48, 560
Loubens, Marcel....439
Louis XIV....307, 385, 386
Louis X le Hutin....414
Loupiac (33)....150
Lourdios-Ichère (64)....500
Louvie-Juzon (64)....509
Lucq-de-Béarn (64)....487
Ludon-Médoc (33)....211
Lurbe-Saint-Christau (64)....499
Lustrac, moulin (47)....570
Luxey (40)....272

M

Maâ (40)....327
Macau (33)....211
La Madeleine (64)....422
Madiran....66
Magescq (40)....309
Magrigne, église (33)....206
Mail-Arrouy, pic (64)....499
Maison de l'huître, Gujan-Mestras (33)....256
Makhila....26
Malagar, domaine (33)....151
Malandain, Thierry....371
Marguerite d'Angoulême....80, 455
Marie-Thérèse, infante d'Espagne et reine de France....386
Marmande (47)....542
Marquèze, écomusée (40)....268
Martel, Édouard Alfred....438
Mascaraàs, château (64)....519
Mascaret....44
Le Mas-d'Agenais (47)....545
Mâture, chemin (64)....503
Maubuisson (33)....234
Maucaillou, château (33)....212
Mauléon-Licharre (64)....442
Mauriac, François....151
Médoc, fort (33)....212
Médoc, vignoble....213
Meilhan-sur-Garonne (47)....545
Météo....12
Mézin (47)....538
Midi d'Ossau, pic (64)....48, 512
Mimizan (40)....325
Moirax, église (47)....531
Moliets (40)....327
Momas, château (64)....459
Moncrabeau (47)....538
Monein (64)....487
Monflanquin (47)....571
Mongenan, château (33)....158
Monségur (33)....175
Monsempron-Libos (47)....576
Montagnac-sur-Auvignon (47)....539
Montagne (33)....186
Montaigne, Michel de....96
Montalivet-les-Bains (33)....226
Montaner, château (64)....518
Montaut (40)....301
Mont-de-Marsan (40)....284
Montesquieu (47)....539
Montesquieu, Charles de....159
Montfort-en-Chalosse (40)....300
Montijo, Eugénie....354, 365, 371
Morlaàs (64)....459
Morlanne (64)....460
Mouillac (33)....194
Moulis-en-Médoc (33)....217
Mourenx (64)....476
Moustey (40)....267
Mugron (40)....301
Musique....97

N

Napoléon III....371
Naturisme....22
Nautisme....28
Navarre, Henri de....455
Navarrenx (64)....485
Nay (64)....461

Nérac (47) 535
Nive, rivière (64) 353
Nivelle, vallée (64) 400
Nogaret de La Valette, Jean-Louis de 150
Noisette 560
Notre-Dame-de-Buglose (40) 309
Notre-Dame-de-la-Course-Landaise, chapelle (40) 286
Notre-Dame-de-Piétat (64) 461
Notre-Dame-des-Cyclistes, chapelle (40) 287
Notre-Dame-du-Rugby (40) 294

O

Oloron-Sainte-Marie (64) 491
Onesse-et-Laharie (40) 326
Ornithologie 51, 249, 272
Orthe, pays (40) 314
Orthez (64) 474
Ortillopitz, maison (64) 400
Orx, marais (40) 340
Oseraie de l'île, Barie (33) 175
Ossau, vallée (64) 506
Ostabat-Asme (64) 420
Ostréicoles, villages (33) 254
Oteiza, Jorge 368
Ours 50, 502, 506
Oxocelhaya, grotte (64) 415

P

Pacherenc 66
Pain-de-Sucre (33) 202
Pair-non-Pair, grottes (33) 207
Palissy, Bernard 95, 527, 573
Parachutistes, musée national (64) 458
Parentis-en-Born (40) 322
Paris, traité 76
Pastoralisme 51
Patrimoine 23
Pau (64) 450
Pau, gave (64) 461
Pauillac (33) 214
Pavlovsky, André 387
Pays des Serres 48
Pays Quint 434
Pêche 24, 48
Peinture 96
Pèlerinage de Saint-Jacques de Compostelle 81
Pelote basque 24, 70, 402
Penne-d'Agenais (47) 568
Pereire, frères 241
Pessac (33) 135
Petit-Palais-et-Cornemps (33) 186
Peyrehorade (40) 313
Phare de Richard (33) 228
Phébus, Gaston 80, 455
Pibales 54, 315
La Pierre-Saint-Martin, col (64) 495
Pignada, forêt du (64) 374
Pilat (ou Pyla), dune (33) 257
Pimbo (40) 293
Piment d'Espelette 56, 407
Pinasse 250
Pin maritime 46
Piraillan, réservoirs (33) 254
Pissos (40) 268
Planckaert, Charles 353
Planète Bordeaux (33) 135
Plassac (33) 201
Podensac (33) 159
Poitiers, Alphonse de 558
Pomarède, château (47) 538
Pomarez (40) 300
Porc basque 432
Portalet, fort (64) 503
Port-de-Goulée (33) 229
Port-de-Lanne (40) 314
Port-de-Richard (33) 229
Portets (33) 158
Pourtalet, col (64) 513
Pouydesseaux (40) 288
Poyaller, moulin (40) 301
Prés-Salés, réserve naturelle (33) 254
Prince Noir 112, 227
Princeteau, René 97, 191
Protestantisme béarnais 475
Pruneau d'Agen 54, 561, 562
Pujols (47) 563
Pujols-sur-Dordogne (33) 170
Puymirol (47) 563
Pyrénées, chaîne 48
Pyrénées, parc national (64) 511
Pyrénées, traité 386

Q

Queyrac (33) ... 229

R

Randonnée pédestre ... 25
Rauzan (33) ... 171
Ravel, Maurice ... 97, 387
Ravignan, château (40) ... 287
Rébénacq (64) ... 508
Redon, Odilon ... 96
Régnault, Paul ... 241
Reignac, château (33) ... 135
La Réole (33) ... 174
Réserve naturelle, Arjuzanx (40) ... 273
Réserve ornithologique, Teich (33) ... 255
Restaurants ... 14
La Rhune (64) ... 399
Richard Cœur de Lion ... 79, 175
Le Rigalet (33) ... 202
Rions (33) ... 148
Rollan de By, domaine (33) ... 215
Roncevaux, bataille ... 74
Roque-de-Thau (33) ... 202
Roquefort (40) ... 288
Roquetaillade, château (33) ... 279
Rostand, Edmond ... 410
Route des Ports de Cize (64) ... 422
Rudel, Jaufré ... 200
Rugby ... 26, 71, 294, 362

S

Sadirac (33) ... 165
Sagette, pic (64) ... 512
Saint-André-de-Cubzac (33) ... 206
Saint-André-de-Seignanx (40) ... 341
Saint-Avit (47) ... 573
Saint-Barthélemy (40) ... 341
Saint-Christoly-Médoc (33) ... 215
Saint-Christophe-des-Bardes (33) ... 184
Saint-Ciers-sur-Gironde (33) ... 200
Saint-Denis-de-Pile (33) ... 195
Sainte-Bazeille (47) ... 546
Sainte-Colome (64) ... 508
Sainte-Croix-du-Mont (33) ... 151
Sainte-Engrâce (64) ... 439
Sainte-Foy-la-Grande (33) ... 553
Saint-Émilion (33) ... 177, 183
Saint-Émilion, juridiction (33) ... 184
Sainte-Radegonde (33) ... 171
Saint-Estèphe (33) ... 214
Sainte-Terre (33) ... 182
Saint-Étienne-de-Baïgorry (64) ... 431
Saint-Étienne-de-Lisse (33) ... 184
Saint-Ferme, abbaye (33) ... 176
Saint-Genès-de-Lombaud (33) ... 166
Saint-Georges (33) ... 186
Saint-Hippolyte (33) ... 185
Saint-Ignace, col (64) ... 400
Saint-Jacques-de-Compostelle, chemins ... 25, 81, 314, 419, 423
Saint-Jean-de-Luz (64) ... 383
Saint-Jean-Pied-de-Port (64) ... 425, 427
Saint-Julien-Beychevelle (33) ... 212
Saint-Justin (40) ... 288
Saint-Laurent-de-Gosse (40) ... 341
Saint-Laurent-Médoc (33) ... 216
Saint-Lon-les-Mines (40) ... 314
Saint-Macaire (33) ... 155
Saint-Martin-d'Arberoue (64) ... 415
Saint-Maurin (47) ... 564
Saint-Nicolas, chapelle (64) ... 420
Saint-Paul-lès-Dax (40) ... 309
Saint-Pée-sur-Nivelle (64) ... 402
Saint-Sardos-de-Laurenque (47) ... 574
Saint-Sever (40) ... 296
Saint-Vivien-de-Médoc (33) ... 228
Salies-de-Béarn (64) ... 478
Salle de La Verna (64) ... 439
Samadet (40) ... 293
Sanche VII le Fort, roi de Navarre ... 427
Sanguinet (40) ... 322
Sarrance (64) ... 500
Saucats-La Brède, réserve naturelle (33) ... 160
Sauternes (33) ... 162
La Sauve (33) ... 167
La Sauve-Majeure, ancienne abbaye (33) ... 166
Sauveterre-de-Béarn (64) ... 480
Sauveterre-de-Guyenne (33) ... 170
Sauveterre-la-Lémance (47) ... 572

Sauvetés 85
Sculpture 96
Seignanx 341
Seignosse-Océan (40) 334
Sel de Salies 479
Siffleurs des montagnes 70
Ski 26
Socoa (64) 388
Solférino (40) 268
Somport-Candanchu (64) 504
Somport, col (64) 504
Sonnailles 26, 461
Sonneville, Georges de 97, 161
Sorde-l'Abbaye (40) 315
Soulac-sur-Mer (33) 224
Soulor, col (64) 514
Souprosse (40) 298
Soustons, étangs (40) 332
Souvenirs 26
Surf 27, 49, 371, 388

T

Tarnos (40) 341
Tauriac, église (33) 206
Taylor, Alexander 455
Teich, réserve ornithologique (33) 255
Tempêtes 46
Le Temple-sur-Lot (47) 562
Terre cuite 95
La Teste-de-Buch (33) 256
Thalassothérapie 27
Thermalisme 27
Tonneins (47) 544
Toulouse-Lautrec, Henri de 97, 151
Tour de France 514
Tournon-d'Agenais (47) 569
Traditions 68
Trains touristiques 27
Transhumance 72
Trinquet 24, 71
Tursan (40) 65, 293

U

Urepel (64) 434
Urgences 27
Urtubie, château (64) 388, 392
Ustaritz (64) 353
Uzeste, collégiale (33) 278

V

Le Verdon-sur-Mer (33) 227
Valcarlos, défilé (64) 422
Valeyrac (33) 229
Vauban 87, 198, 212
Vautours 510
Vayres, château (33) 192
Vendanges 60
Vensac, moulin à vent (33) 229
Verdelais (33) 151
La Verna, grotte (64) 439
Vertheuil (33) 216
Vianne (47) 539
Vic-Bilh (40) 519
Vielle-Tursan (40) 294
Viertel, Peter 371
Vieux-Boucau-les-Bains (40) 332
Vigne 57
Vigneron 60
Vignonet (33) 185
Villandraut (33) 278
Villascopia (47) 529
Villeneuve-de-Marsan (40) 287
Villeneuve-sur-Lot (47) 556
Villeréal (47) 572
Villeton (47) 544, 545
Vin 27, 57
Vincent de Paul, saint 309
Viollet-le-Duc, Eugène 390
Voiture 10

W

Walibi Sud-Ouest (47) 529
Wilmotte, Jean-Michel 368
Winery, centre d'information sur le vin (33) 217
Wlérick, Robert 97, 285

X

Xaintrailles (47) 539
Xalbador, Fernando Aire Etxart dit 434

LÉGENDE DES CARTES ET PLANS

Curiosités et repères

- Itinéraire décrit, départ de la visite
- Église
- Mosquée
- Synagogue
- Monastère - Phare
- Fontaine
- Point de vue
- Château - Ruine ou site archéologique
- Barrage - Grotte
- Monument mégalithique
- Tour génoise - Moulin
- Temple - Vestiges gréco-romains
- Temple : bouddhique - hindou
- Autre lieu d'intérêt, sommet
- Distillerie
- Palais, villa, habitation
- Cimetière : chrétien - musulman - israélite
- Oliveraie - Orangeraie
- Mangrove
- Auberge de jeunesse
- Gravure rupestre
- Pierre runique
- Église en bois
- Église en bois debout
- Parc ou réserve national
- Bastide

Sports et loisirs

- Piscine : de plein air - couverte
- Plage - Stade
- Port de plaisance - Voile
- Plongée - Surf
- Refuge - Promenade à pied
- Randonnée équestre
- Golf - Base de loisirs
- Parc d'attractions
- Parc animalier, zoo
- Parc floral, arboretum
- Parc ornithologique, réserve d'oiseaux
- Planche à voile, kitesurf
- Pêche en mer ou sportive
- Canyoning, rafting
- Aire de camping - Auberge
- Arènes
- Base de loisirs, base nautique ou canoë-kayak
- Canoë-kayak
- Promenade en bateau

Informations pratiques

- Information touristique
- Parking - Parking - relais
- Gare : ferroviaire - routière
- Voie ferrée
- 1 Ligne de tramway
- Départ de fiacre
- Métro - RER
- Station de métro (Calgary, ...) (Montréal)
- Téléphérique, télécabine
- Funiculaire, voie à crémaillère
- Chemin de fer touristique
- Transport de voitures et passagers
- Transport de passagers
- File d'attente
- Observatoire
- Station-service - Magasin
- Poste - Téléphone
- Internet
- H Hôtel de ville
- B Banque, bureau de change
- J POL Palais de justice - Police
- GNR Gendarmerie
- T M Théâtre - Musée
- U Université
- Musée de plein air
- Hôpital
- Marché couvert
- Aéroport
- Parador, Pousada (Établissement hôtelier géré par l'État)
- A Chambre d'agriculture
- D Conseil provincial
- G Gouvernement du district, Délégation du Gouvernement Police cantonale
- L Gouvernement provincial (Landhaus)
- P Chef-lieu de province
- Station thermale
- Source thermale

Axes routiers, voirie

- Autoroute ou assimilée
- Échangeur : complet - partiel
- Route
- Rue piétonne
- Escalier - Sentier, piste

Topographie, limites

- Volcan actif - Récif corallien
- Marais - Désert
- Frontière - Parc naturel

Comprendre les symboles utilisés dans le guide

LES ÉTOILES

★★★ **Vaut le voyage** ★★ **Mérite un détour** ★ **Intéressant**

HÔTELS ET RESTAURANTS

9 ch.	Nombre de chambres		Piscine
7,5 €	Prix du petit-déjeuner en sus	CC	Paiement par cartes de crédit
50 €	Prix de la chambre double, petit-déjeuner compris		Carte de crédit non acceptée
bc	Menu boisson comprise	P	Parking réservé à la clientèle
	Air conditionné dans les chambres	Tram	Station de tramway la plus proche
	Restaurant dans l'hôtel	M	Station de métro la plus proche
	Établissement servant de l'alcool (à l'étranger)		

SYMBOLES DANS LE TEXTE

	À faire en famille		Organisme de tourisme
	Pour approfondir		Astuce, conseil
	Promenade à pied		Adresse coup de cœur
	Randonnée à vélo	A2 B	Repère sur le plan
	Facilité d'accès pour les handicapés		

NOTE AU LECTEUR

Michelin a apporté le plus grand soin à la rédaction de ce guide et à sa vérification. Toutefois, les informations pratiques (formalités administratives, prix, adresses, numéros de téléphone, adresses Internet, etc.) doivent être considérées comme des indications du fait de l'évolution constante de ces données.

Il n'est pas totalement exclu que certaines d'entre elles ne soient plus, à la date de parution du guide, tout à fait exactes ou exhaustives. N'hésitez pas à nous signaler toute omission ou inexactitude que vous pourriez constater, ainsi qu'à nous faire part de vos avis et suggestions sur les adresses contenues dans ce guide.

Avant d'entamer toute démarche, formalités administratives ou douanières notamment, vous êtes invité à vous renseigner auprès des organismes officiels. Ces informations ne sauraient, de ce fait, engager notre responsabilité.

CARTES ET PLANS

CARTE GÉNÉRALE

Premier rabat de couverture

CARTES DES RÉGIONS

1 Bordeaux et le vignoble bordelais 102
2 Le littoral médocain et le bassin d'Arcachon 222
3 Les Landes de Gascogne et le pays de l'Adour 264
4 La Côte landaise 318
5 Le Pays basque 346
6 Le Béarn 448
7 Le Lot-et-Garonne 522

PLANS DE VILLE

Bordeaux (agglomération) 106
Bordeaux (centre-ville) 108
Bordeaux (Les Chartrons) 128
Saint-Émilion 181
Arcachon 242
Dax 306
Bayonne 350
Biarritz/Anglet 366
Biarritz 367
Saint-Jean-de-Luz 384
Saint-Jean-Pied-de-Port 427
Pau 452
Agen 526
Villeneuve-sur-Lot 558

CARTES THÉMATIQUES

Les vins de Bordeaux 63
L'État Plantagenêt à son apogée ... 75
Quelques bastides de Guyenne 86
Les chemins de Saint-Jacques en Basse-Navarre 423
Transports de Bordeaux ... Deuxième rabat de couverture

CARTES DES CIRCUITS

Vignobles au sud et à l'est de Bordeaux 168
Haut-Médoc 210
Bassin d'Arcachon 250
Parc naturel régional des Landes de Gascogne 271
La Chalosse 300
Vallée d'Aspe 499
Vallée d'Ossau 507

Collection Le Guide Vert sous la responsabilité de Philippe Orain

Édition
Anne Duquénoy, Lucie Fontaine

Rédaction
Hélène Bouchoucha, Séverine Cachat, Blandine Catta, Pierre Chavot, Lucie Dejouhanet, Anne Duquénoy, Serge Guillot, Florence Picquot, Sophie Pothier, Sandrine Salier, Pierre Olivier Signe.

Cartographie
Mihăiţă Cristian Constantin, Évelyne Girard, Thierry Lemasson, Denis Rasse

Relecture
Valérie Lajoinie-Mériot

Remerciements
Didier Broussard (Studio), Maria Gaspar (Iconographie), Marion Desvignes (Documentation), les Comités départementaux et les offices de tourisme du Béarn, du Pays basque, du Lot-et-Garonne, de la Gironde et des Landes.

Conception graphique
Christelle Le Déan

Régie publicitaire et partenariats
business-solutions@tp.michelin.com
Le contenu des pages de publicité insérées dans ce guide n'engage que la responsabilité des annonceurs.

Contacts
Michelin
Guides Touristiques
27 cours de l'Île-Seguin, 92100 Boulogne-Billancourt
Service consommateurs : tourisme@tp.michelin.com
Boutique en ligne : www.michelin-boutique.com

Parution 2016

Michelin Travel Partner
Société par actions simplifiées au capital de 11 288 880 EUR
27 Cours de l'Ile Seguin - 92100 Boulogne Billancourt (France)
R.C.S. Nanterre 433 677 721

Dépôt légal : 01-2016 – ISSN 0293-9436
Compograveur : Nord Compo, Villeneuve-d'Ascq
Imprimeur : Canale, Pantelimon Ilfov (Roumanie)
Imprimé en Roumanie : 01-2016

Usine certifiée 14001
Sur du papier issu de forêts gérées durablement (100% PEFC)

LE GUIDE VERT

Le guide de toutes les découvertes !

Nos guides sur le Monde

Argentine • Argentine Route 40 • Bali Lombok • Boston et la Nouvelle-Angleterre • Brésil • Californie • Cambodge Laos • Canada • Chine Hong-Kong • Colombie • Corée du Sud • Cuba • États-Unis Nord-Est • États-Unis Nord-Ouest • États-Unis Sud-Est • Floride • Guadeloupe • Indonésie • Japon • Maroc • Martinique • Maurice Rodrigues • Mexique • New York • Parcs de l'Ouest américain • Pérou • Québec • Rajasthan • La Réunion • Seychelles • Sud-Ouest américain • Taïwan • Thaïlande • Tunisie • Vietnam

Nos guides sur l'Europe

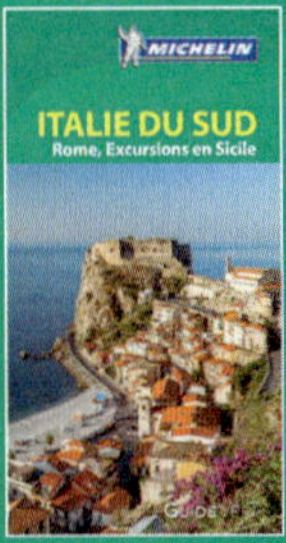

Allemagne • Andalousie • Angleterre • Autriche • Barcelone et la Catalogne • Belgique • Bulgarie • Crète • Croatie • Danemark Suède • Ecosse • Espagne Atlantique (Pays Basque Navarre Cantabrie Asturies Galice) • Espagne du Centre (Madrid Castille) • Espagne côté Est (Valence Murcie Baléares Aragon) • Grèce continentale • Iles grecques Athènes • Irlande • Islande • Italie du Nord • Italie du Sud • Londres • Moscou St-Pétersbourg • Norvège • Pays Baltes • Pays-Bas • Pologne • Portugal • Pouilles • Prague • Rome • Roumanie • Sardaigne • Sicile • Suisse • Toscane Ombrie • Turquie • Venise • Vienne

Nos guides sur la France

Alpes du Nord • Alpes du Sud • Alsace Vosges • Aquitaine • Ardèche Drôme • Auvergne • Bourgogne • Bretagne Nord • Bretagne Sud • Champagne-Ardenne • Châteaux de la Loire • Corse • Côte d'Azur • Franche-Comté • Ile-de-France • Languedoc • Limousin Berry • Lorraine • Lot Aveyron Vallée du Tarn • Lyon et sa région • Nord Pas-de-Calais • Normandie Cotentin • Normandie Vallée de Seine • Paris • Pays Basque et Navarre • Pays de la Loire • Périgord Quercy • Picardie • Poitou Charentes • Provence • Pyrénées Toulouse Gers • Roussillon Aude Pays Cathare • France

Nos guides week-end en France et à l'étranger

Aix-en-Provence • Amsterdam • Athènes • Iles Baléares • Barcelone • Berlin • Bordeaux • Bruges • Bruxelles • Budapest • Iles Canaries • Copenhague • Cracovie •

Dublin • Édimbourg • Florence • Gênes Cinque Terre & Portofino • Grenade Málaga • Hong-Kong Macao • Iles anglo-normandes • Istanbul • Lille • Lisbonne • Londres • Luxembourg • Lyon • Madère • Madrid • Malte • Marrakech Essaouira • Marseille • Milan et les lacs • Montpellier • Montréal • Munich et la Bavière • Nice • Nantes • Naples et Pompéi • New York • Paris • Porto • Prague • Québec • Rome • Saint-Pétersbourg • Séville • Stockholm • Strasbourg • Toulouse • Valence • Venise • Vienne